新世紀法學叢書

國際法編 (1)

基礎國際私法學

賴來焜

學歷／
國立政治大學法學學士、碩士、博士

經歷／
第三屆立法委員
武漢大學訪問學者
東海大學、世新大學及中國政法大學、清華大學、武漢大學、
湖南師大等校法律系所教授
著有《新海商法論》、《國際（私）法之國籍問題》、《當代國
際私法學之基礎理論》、《當代國際私法學之構造論》、《最新
海商法論》、《海事國際私法學》（上）（下）等專書

現職／
玄奘大學法律系暨法律研究所專任教授兼系主任、所長
國立中正大學法律研究所、東吳大學法律系教授
司法院國際私法研修委員
立法院顧問
中華民國仲裁協會法規委員會副主任委員
中國海事仲裁委員會及武漢、深圳仲裁委員會仲裁員

三民書局

國家圖書館出版品預行編目資料

基礎國際私法學／賴來焜著.－－初版三刷.－－臺
北市：三民，2009
　　面；　　公分
　　ISBN 978－957－14－3986－0　（平裝）

　1.國際私法

579.9　　　　　　　　　　　　　　　93007979

© 基礎國際私法學

著作人　賴來焜
發行人　劉振強
著作財
產權人　三民書局股份有限公司
　　　　臺北市復興北路386號
發行所　三民書局股份有限公司
　　　　地址／臺北市復興北路386號
　　　　電話／(02)25006600
　　　　郵撥／0009998-5
印刷所　三民書局股份有限公司
門市部　復北店／臺北市復興北路386號
　　　　重南店／臺北市重慶南路一段61號
初版一刷　2004年6月
初版三刷　2009年4月
編　號　S 585230
行政院新聞局登記證局版臺業字第○二○○號

有著作權·不准侵害

ISBN　978-957-14-3986-0　（平裝）

http://www.sanmin.com.tw　三民網路書店

自「註釋國際私法學」轉變為「理論國際私法學」：掌握當代國際私法學之蘊涵（代序）

　　告別二十世紀面對新世紀，回顧我國國際私法學研究方法，應仍處於一個缺乏改革，缺乏百家爭鳴的時代，至今仍未走出「教科書法學」之框架，大致仍是法條之註釋及一般概念之介紹。前瞻新世紀，我願提出開拓性之序言：我願突破既存國際私法理論之體系與內容，完成自「註釋國際私法學」到「理論國際私法學」之轉變，造就自「理論國際私法學」到「實用國際私法學」之蛻變，放大自「民事國際私法學」到「商事國際私法學」之視野，調整自「實體國際私法學」到「程序國際私法學」之視角，這不是結論而是開始，這不是工作而是事業！

　　《基礎國際私法學》係以完善二十一世紀國際私法哲理為中心，期待掌握當代國際私法學之蘊涵，使國際私法自「註釋國際私法學」到「理論國際私法學」之轉變，筆者立足於國際私法學、法社會學、法哲學、法史學之瞭望臺上，期以我國現行國際私法之涉外民事法律適用法及修正中司法院涉外民事法律適用法修正草案為經，各國最新國際私法（尤其九十年代）及有關國際公約為緯。以「演繹法」綜合分析古往今來各國國際私法學之理論與思潮，以「歸納法」總結我國與世界上司法實務判解與結晶，應是以國際私法之基礎理論為中心，建立我國國際私法學之哲理與體系之第一本專書。

　　本書計有「概念論」、「適用對象論」、「法律衝突論」、「本質論」、「哲理論」、「法源論」、「體系論」與「基本原則論」八章約四十三萬言。第一章「概念論」說明國際私法之定義與發生條件，歸納一百本專書之定義、範圍為九大類，提出「大國際私法論」定義、「人體構造論」與十大問題，並期待解決國際私法實例演習新思維論之建立；第二章「適用對象論」分析國際私法適用法律關係，應捨傳統「涉外私法關係」而採「國際民商事法律關係」之正名，學理爭論、特徵，構成之學說（一元論、二元論、三元論），筆者提出「四元論」，國際社會法律關係之分類、轉換與互動，我國百年判解實務（十一則）之歸納與檢討並就國際民商事法律關係之解決方法，從傳統間接解決方法（衝突法）到新興之「統一實體法」與「直接適用法律理論」；第三章「法律衝突論」介紹 Conflict of Laws 之概念、意義、特徵與原因，各種空間上衝突（區際私法）、

人際間衝突（人際私法）、時間上衝突（時際私法）、公法衝突、平面衝突、垂直衝突、立法衝突、司法衝突、守法衝突、積極衝突、消極衝突、真實衝突與虛假衝突之概念與解決方法；第四章「本質論」探究國際私法性質之複雜問題，本書對四個傳統問題（國際法抑或國內法、私法抑或公法、實體法抑或程序法、國際公法與國際私法之關係）深入分析並提出新見解，並提出國際私法應具有「間接法性」「上位法性」、「強行法性」（草案 §3）與「非政治法性」（草案 §4）新問題之概念、本質、效果與價值；第五章「哲理論」解析國際私法理論發展史之變遷，就古代國際私法之發軔（尤其中華法系之六五一年永徽律）、中世國際私法之創始（法則區別說、國際禮讓說）、近代國際私法之變遷（Story 新國際禮讓說、Savigny 法律性質說、Mancini 國籍國法、Pillet、Wächter、Schäffner）與跨世紀國際私法之革新 (Rabel、Batiffol、Francesackis、Kegel、Cook、Currie、Ehrenzweig、Leflar、Baxter)，就每一學理所產生背景條件、理論依據與學理評析加以說明。

第六章「法源論」論述國際私法之淵源與依據，就其範圍及特點分別就國內立法（法律）、國內習慣法、國內司法判決（例）、國際立法（條約）、國際慣例、國際司法之判例及法理七類法源深入分析意義、地位及實例。第七章「體系論」建立國際私法之理論體系，就國際私法之範圍、立法體系與理論體系三個問題，分別說明其含義、理論、學者見解與各國表現，尤其著重如何完善我國國際私法之理論體系與涉外民事法律適用法之立法體系。第八章「基本原則論」研究國際私法基本原則之概念，筆者特別歸納提出十個原則，即立法技術之科學性原則、立法程序之民主性原則、國家主權原則、平等互惠原則、保護弱者原則、兩性平權原則、屈服條款 (Beugungsklausel) 與親近原則 (Grundsatz der grössern Nähe)、一般安定性原則與具體妥當性原則，分別說明其概念、表現與實例，作為國際私法學之指導原則與思考基礎。

本書出版感謝三民書局發行人劉振強先生大力支持，編輯部同仁斧正誤謬，我的家人翊寧、及寧、威威之諒解與督促，嬌妻立雯長期支持寫作與學術，激發寫作之動力與助力，特此誌謝。

賴　來　焜

序於二〇〇四年四月五日

於陽明山麓

基礎國際私法學

目　次

第四章　國際私法之本質論

第五章　國際私法之哲理論

第六章 國際私法之法源論

第七章 國際私法之體系論

第八章 國際私法之基本原則論

第一章　國際私法之概念論

第二節　國際私法之成立背景

一、成立背景與條件之總覽

二、經濟條件：國際交往之開展

三、基本條件：各國法律之互異

四、主體條件：外人權利之享有

五、法權條件：內國法權之獨立

　㈠治外法權問題

　㈡領事裁判權問題

　㈢國際私法施行「法權」問題

六、實質法理條件：空間效力之衝突

七、競合條件：內外國法之並用

第一節　國際私法之定義

一、何謂「國際私法」？

　　「國際私法」（德：Internationales Privatrecht (IPR)；法：Droit International Privé (DIP)；英：Private International Law (PIL)）之定義涉及國際私法適用之對象、國際私法之作用、國際私法之範圍及國際私法之性質，故國際私法之定義應屬國際私法之第一課題。茲先舉一個實例作為國際私法之想像空間；次擇一百位東西方學者，歸納其見解；最後提出國際私法定義之新概念（管見：承先啟後）並據此深入分析。

　　西方學者敘述國際私法時，德國學者 Zitelmann 將國際私法稱為「法之法」(Rechtüber Recht)、「上位法」(überrecht) 及「學者法」、「教授法」(Professorenrecht)❶；法國學者形容是「叢雜的科學」(La science des broussailles)；美國學者 Prosser 則說：「衝突法之領域就像一個陰暗的沼澤，布滿著顫動之泥沼並住著博學且古怪的教授，用著奇怪又不可理解的術語，使神秘事件理論化。一般法院或律師在陷入或受困於其中時會全然地迷失方向。」❷ 為克服前述迷失與疑惑，筆者一則願多舉實例；二則願多歸納實務見解，尤其我國實務表現；三則願多畫圖表，分析國際私法之結構；四則國際私法既為處理國際民商事案件之流程，應建立國際私法實例「演習」(Übung) 之新思維論，每一國際私法之課題均應在實例演習流程中找到一個適當地位或步驟❸，故本章定名為「國際私法之（新）概念論」。

二、實例：值得思考之一連串問題

　　「有一懸掛甲國船旗之商船，船舶船長 A 於行經公海時與乙國籍船員 B 互毆，船舶行經丙國領海時 B 傷發死亡，該船舶最後停泊在基隆港，B 之家屬在基

---

❶　Zitelmann, *Geltungsbereich und Anwendungsbereich der Gesetze*, Festgabe für Bergbohm, 1919, s, 208.

❷　The realm of the conflict of laws is a dismal swamp filled with quaking quagmires, and inhabited by learned but eccentric professors who theorize about mysterious matters in a strange and incomprehensible jargon. The ordinary court or lawyer is quite lost when engulfed or engtangled in it.

❸　筆者正在撰寫中有《國際私法百年判解之理論體系》及《國際私法實例演習新思維論》，即在解答或構思本問題。

隆地方法院起訴，倘您是承審法官，您應如何處理?」

從上面案例事實，可以舉出下列國際私法所包括之一連串問題，均屬國際私法所欲解決者:

㈠就適用對象言: 本案是否「國際民商事案件」?

內國私法案件依內國民商法處理，但當事人（主體）、標的物（客體）及法律事實（行為）有一在外國時為「國際民商事案件」（涉外私法案件），即非依我國民商法所得解決，應依國際私法處理。

㈡就爭議解決方式言: 或審或裁原則?

解決私權爭議方式有「訴訟」、「仲裁」、「和解」、「調解」(mediation)、「協商」(negotiation)、「迷你法庭」(mini-trial) 及「替代爭議解決方式」(Alternative Dispute Resolution，簡稱 ADR)。我國原商務仲裁條例之仲裁管轄權之基礎❹，即確定爭議事項可仲裁性 (arbitrability) 限於「商務」，本問題「海上侵權行為」是否商務?而依新仲裁法第一條第二項規定:「前項爭議，以依法得和解者為限。」均具可仲裁性。就「或審或裁原則」觀察，進行仲裁解決爭議之審判基礎在當事人間有「仲裁協議」(Arbitration agreement)❺，當事人可就現在爭議或將來爭議訂立仲裁協議，但一方不遵守依協議仲裁而另行提起訴訟時，法院究應採「駁回訴訟制」抑或「停止訴訟制」❻? B 之家屬除「訴訟」外可否進行「仲裁」?

❹ 宋連斌，《國際商事仲裁管轄權研究》，武漢大學博士論文，一九九九年十月，收入韓德培、黃進主編「國際商事仲裁叢書」，法律出版社，北京，二○○○年三月第一版。

❺ 筆者在立法院審議新仲裁法時，基於四個原因而將「仲裁契約」修正為「仲裁協議」: 一則就法律行為之本質言，仲裁協議應是意思表示主體為多數人且意思表示方向為「平行的」(Gesamtakt)，並非契約屬意思表示為「對立型」; 二則就 Submission agreement 之文義言自應稱為「協議」; 三則使「仲裁協議」與原因行為之「契約」得區別，使仲裁法第三條文義清楚; 四則德國法原稱「仲裁契約」(Schiedsvertrag) 而一九九八年新法改為「仲裁協議」(Schiedsvereinbarung)。見立法院公報處印行《立法院公報》第八十六卷第五十三期㈥，一九九七年十月十七日，第九十七頁以下。

❻ 我原商務仲裁條例第三條規定:「仲裁契約，如一造不遵守，而另行提起訴訟時，他造得據以請求法院駁回原告之訴。」即「駁回訴訟制」; 而新仲裁法第四條第一項規定謂:「仲裁協議，如一方不遵守，另行提起訴訟時，法院應依他方聲請裁定停止訴訟程序，並命原告於一定期間內提付仲裁。但被告已為本案之言詞辯論者，不在此限。」第二項:「原告逾前項期間未提付仲裁者，法院應以裁定駁回其訴。」第三項:「第一項之訴訟，經法院裁定停止訴訟程序後，如仲裁成立，視為於仲裁庭作成判斷時撤回起訴。」改依

(三)就裁判管轄權衝突 (Conflict of jurisdictions) 言：我國法院有無管轄權？

當事人捨「國際仲裁程序」而採「國際民事訴訟程序」時，第一個問題即數個國家或法域有管轄權衝突，究應由何國或何法域之法院管轄？在國際民事訴訟法上究應以何「審判籍」為決定管轄權之基礎或橋樑？有關特殊主體之「豁免管轄」(immunity of jurisdiction) ❼、「未決訴訟」(lispendens, litispendance) ❽、「管轄不便利」(forum non Conueniens) ❾ 等問題，簡言之，即經由一段思維，確定我國法院究竟有無管轄權。管轄權之確定應採迅速而經濟之方法，應忽視（略）國家主權因素考慮，而專注於當事人之保障及訴訟之經濟，避免當事人 B 之家屬大量程序上之耗費，而使當事人之實質上爭執無法獲得圓滿解決。

(四)就國際民事訴訟程序言：依「程序依法庭地法原則」？

有關涉外民事訴訟程序中諸如(1)外國當事人之民事訴訟上地位：當事人能力之準據法、當事人適格之準據法、訴訟能力之準據法；(2)訴權等訴訟要件之審查；(3)國際司法協助（互助）❿；(4)國際民事訴訟之域外送達、域外取證⓫、訴訟期間與訴訟保全；(5)國際民事訴訟之和解與調解；(6)國際民事訴訟中法院判決之承認與執行⓬，均為值得承審法官逐一思考之問題。

「停止訴訟制」，蓋一則涉及時效利益；二則涉及訴訟費計算。

❼　有關「豁免管轄」文件：㈠李後政，《論涉外民事案件決定管轄法院之方法》，東吳大學碩士論文，一九八四年九月；㈡劉鐵錚，〈論國際管轄權衝突之防止〉，載《政大法律評論》第十五期，一九七七年；㈢呂曉莉，《國際私法上協議管轄》，武漢大學碩士論文，一九九九年五月。

❽　有關「未決訴訟」文獻：㈠J. H. C. Morris, The Conflict of Laws, 3rd ed., 1984, p. 93；㈡蕭凱，《未決訴訟問題研究》，武漢大學碩士論文，一九九九年五月。

❾　有關「管轄權不便利」文獻：㈠王志文，〈國際私法上「不便利法庭」原則之發展與應用〉，載《華岡法粹》第十八期，一九八七年；㈡何其生，《非方便法院原則》，武漢大學碩士論文，一九九九年五月。

❿　㈠徐宏，《國際民事司法協助》，武漢大學出版社，一九九六年第一版。
　　㈡張茂，《美國國際民事訴訟研究》，武漢大學博士論文，一九九八年五月。
　　㈢李浩培，《國際民事訴訟法概論》，法律出版社，一九九六年第一版。

⓫　我國民事訴訟法中有關規定：㈠第二百九十三條：「受訴法院，受命法官或受託法官於必要時，得在管轄區域外調查證據。」㈡第二百九十五條：「應於外國調查證據者，囑託該國管轄機關或駐在該國之中華民國大使、公使、領事或其他機構、團體為之。」「外國機關調查證據，雖違背該國法律，如於中華民國之法律無違背者，仍有效力。」

㈤就訟爭問題之歸類（定性；識別）言：依何國或何法域之定性？

　　一個具體案件在民法中有「涵攝」(Subsumtion)⓭，在刑法中有「包攝」概念⓮，即法律適用上之邏輯結構，又稱法律適用三段論法。法律之一般規定或依據是「大前提」，將具體的生活事實通過「涵攝過程」(Vorgang der Subsumtion) 歸屬於法律構成要件中，形成「小前提」，再經由三段論法之推論導出規範系爭法律事實的法律效果⓯。在國內「刑法」或「內國私法案件」關於大前提之尋找及其內容與意義之確定，係屬於「法律規定之尋找 (Rechtsgewinnung)」，在國際私法上亦有訟爭問題之定性 (Qualification, classification, characterisation) 問題，其問題更顯複雜。究應在「法律規定之尋找」上，擴充至依何國或何法域之法律為標準，除了以內國（法庭地）之民商法為定性標準外，尚有各種不同學說；本案中法官究應依我民法中之「侵權行為法」(§184～§198) 定性，抑或依甲國法（船籍國法），抑或依乙國法，抑或依丙國法，抑或依其他學說作為「定性」之標準？

⓬　有關國際民事訴訟法文獻：㈠李雙元、謝石松，《國際民事訴訟法概論》，武漢大學出版社，一九九〇年版；㈡李浩培，《國際民事訴訟法概論》，法律出版社，一九九六年第一版；㈢劉振江，《國際民事訴訟法原理》，法律出版社，一九八五年十二月第一版；㈣趙相林、宣增益，《國際民事訴訟與國際商事仲裁》，中國政法大學出版社，一九九四年二月第一版；㈤謝石松，《國際民商事糾紛的法律解決程序》，廣東人民出版社，一九九六年一月；㈥王翰，《國際私法之程序法比較研究》(中國法治探索叢書)，陝西人民出版社，一九九八年十月第一版。

⓭　黃茂榮，《法學方法與現代民法》(國立臺灣大學法學叢書(32))，自版，臺北，一九八二年十月增訂再版，第八十五頁至第八十九頁。

⓮　高仰止，《刑法總論》，自版，一九七四年六月版，第二七二頁。

⓯　所謂「法律適用三段法」即經由三段論法之推論，導出系爭的法律效果，程序為：㈠假使構成要件 T 為任何法律事實所充分，那麼法律效果 R 應用於該法律事實（大前提）；㈡某具體的法律事實 S 已充分了該構成要件 T，亦即該法律事實是該構成要件所指稱之法律事實（小前提）；㈢則該法律效果 R 應適用於該具體的法律事實 S（結論）。以上的說明可以簡單地用下述之公式表示之：

T → R（R 適用於 T 所指稱之任何案子）

S = T（S 是 T 所指稱之案子之一）

S → R（R 適用於 S）

以上所作的推論，便是學說上所謂「法律效果之確定上的三段論法」，見 Larenz, *Methodenlehre der Rechtsulissenschaft*, 3. Aufl. 1975, s. 256。

(六)就統一實體法之處理言：國際私法之趨同化？

　　國際私法之內容與範圍有傾向「大國際私法說」，應包括避免或消除法律衝突的統一實體規範 ❶ 。其內容包括⑴國際貨物買賣的統一實體法：一九六四年「國際貨物買賣統一法公約」及「國際貨物買賣合同成立統一法公約」，一九七四年「聯合國貨物買賣時效期限公約」及一九八○年的修正議定書、一九八○年「聯合國國際貨物買賣合同公約」 ❶ ；⑵國際海上貨物運輸的統一實體法：一九二四年「海牙規則」(The Hague Rules)、一九六八年「威士比規則」(The Visby Rules)及一九七八年「漢堡規則」(The Hamburg Rules) ❶ ；⑶國際航空貨物運輸的統一實體法：一九二九年「華沙公約」(Warsaw Convention)、一九五五年「海牙議定書」(Hague Protocol)、一九六一年「瓜達拉哈拉公約」(Guadalajara Convention)、一九六六年「蒙特利爾協議」(The Montreal Agreement)、一九七一年「瓜地馬拉議定書」(The Guatemala Protocol)、一九七五年修訂華沙公約之四個「蒙特利爾議定書」(The Montreal Protocol) ❶ ；⑷國際鐵路貨物運輸的統一實體法：一八九

---

❶　李雙元，《國際私法（衝突法篇）》，武漢大學出版社，武昌，一九八六年六月第一版，第三十三頁。

❶　㈠韓德培主編，《國際私法》(面向二十一世紀課程教材)，高等教育出版社、北京大學出版社出版，北京，二○○○年八月第一版，第三○一頁。

　　㈡韓德培主編，《國際私法新論》(普通高等教育九五國家級重點教材)，武漢大學出版社，武昌，一九九九年第一版第三刷，第四五一頁。

❶　有關海上貨物運輸的統一實體法：

　　(1) International Convention for the Unification of Certain Rules of Law Relating to Bills of Lading (Brussels, August 25, 1824).

　　(2) Protocol to Amend the International Convention for the Unification of Certain Rules of Law Relating to Bills of Lading (Signed at Brussels on 25th August 1924, Brussels February 23, 1968)(Visby Rules).

　　(3) United Nations Convention on the Carriage of Goods by Sea, 1978.3.31 (The Hamburg Rules).

　　(4) Protocol Amending the International Convention for the Unification of Certain Rules of Law Relating to Bills of Lading (August 25, 1924 as Amended by the Protocol of February 23, 1968, Brussels, December 21, 1979).

❶　有關國際航空貨物運輸的統一實體法：

　　㈠一九二九年十月十二日制訂的「華沙公約」，一九九三年二月十三日起生效。

〇年「國際鐵路貨物運輸公約」及一九五二年「國際鐵路貨物聯運協定」**⓴**；(5)
國際貨物多式聯運的統一實體法：國際多式聯運 (International Multimodal Transport) 有關統一實體法，有一九八〇年「聯合國國際貨物多式聯運公約」**㉑**；(6)國
際代理的統一實體法：一九八六年歐共體理事會通過「關於協調成員國間有關代
理商法律的指令」及一九八三年國際統一私法協會「國際貨物銷售代理公約」**㉒**；
(7)國際票據的統一實體法：一九三〇年「統一匯票及本票法公約」、一九三一年
「統一支票法公約」及一九八八年聯合國「國際匯票及國際本票公約」**㉓**；(8)國
際擔保的統一實體法：一九九五年十二月聯合國國際貿易法委員會通過「聯合國

㈡一九五五年九月二十八日修訂華沙公約的「海牙議定書」，一九六三年八月一日起生
效，簡稱「華沙－海牙體制」。

㈢一九六一年九月十八日補充華沙公約的「瓜達拉哈拉公約」，一九六四年五月一日起
生效。

㈣一九七一年三月八日修訂「經海牙議定書修訂的華沙公約」的「瓜地馬拉議定書」。

㈤一九七五年九月二十五日修訂華沙公約的「蒙特利爾第一號附加議定書」。

㈥一九七五年九月二十五日修訂「經海牙議定書修訂的華沙公約」的「蒙特利爾第二
號議定書」。

㈦一九七五年九月二十五日修訂「經海牙議定書和瓜地馬拉議定書修訂的華沙公約」
的「蒙特利爾第三號議定書」。

㈧一九七五年九月二十五日修訂「經海牙議定書修訂的華沙公約」的「蒙特利爾第四
號議定書」。

⓴ 韓德培主編，《國際私法新論》(普通高等教育九五國家級重點教材)，武漢大學出版社，
武昌，一九九九年一月第一版第三刷，第五三四頁。

㉑ ㈠賀萬忠，《國際貨物多式運輸法律問題研究》，武漢大學博士論文，二〇〇〇年四月。

㈡劉宗榮，〈論多式聯營經營人責任制度及其影響〉，載《台大法學論叢》，第二十卷第
二期、第二十一卷第一期。

㈢賴來焜，《新海商法論》，學林出版社，臺北，二〇〇〇年一月第一版，第七六三頁
至第七七六頁。

㉒ ㈠孫勁，《國際私法上的代理》，武漢大學碩士論文，一九九六年五月。

㈡鄭自文，《國際代理法研究》，武漢大學博士論文，一九九六年五月，收入「中國博
士文叢」，法律出版社出版，一九九八年十月第一版。

㉓ ㈠李健男，《國際票據法律問題研究》，武漢大學碩士論文，一九九七年五月。

㈡陳劍平，〈國際統一票據法運動與中國票據立法的完善〉，載《中國國際私法與比較
法年刊》，法律出版社，北京，一九九八年五月。

獨立擔保和備用信用狀公約」❷；(9)保護專利權的統一實體法：一八八三年「保護工業產權巴黎公約」、一九七○年「專利合作公約」、一九七三年「歐洲專利公約」、一九七五年「歐洲共同體專利公約」❷；(10)保護商標權的統一實體法：一八九一年「商標國際註冊馬德里協定」、一九七三年「商標註冊條約」及一九九四年「商標法條約」❷；(11)保護著作權的統一實體法：一八八六年「保護文學藝術作品伯爾尼公約」、一九二八年「保護藝術產權的公約」、一九四六年華盛頓「關於文學、科學、藝術作品的著作權公約」、一九五二年「世界版權公約」、一九六一年聯合國羅馬「保護表演者、錄音制品制作者與廣播組織公約」及一九八九年華盛頓「積體電路知識產權公約」❷。

(七)就準據法之選擇言：選擇適用何國或何法域之法律？

　　國際私法之最主要作用在於選擇適用何國或何法域之法律，即準據法選擇。例如本案係涉外侵權行為案件，有關準據法之立法例有(1)法庭地法主義；(2)侵權行為地法主義；(3)以侵權行為地法為主、以法庭地法為輔之折衷主義（德國法主義）；(4)以法庭地法為主、以侵權行為地法為輔之折衷主義（英國法主義）；(5)侵權行為地法與法庭地法之累積適用主義；(6)共同本國法主義及(7)最重要牽連關係地法主義。各國國際私法均表現「明顯衝突」❷，國際私法與民商法不同，各國民商法之比較雖重要，卻不表示立即直接效果，但國際私法卻有直接效果，例如

❷　笪愷，《國際貿易中銀行擔保法律問題研究》，武漢大學博士論文，一九九八年五月。

❷　(一)郭疆平，《工業財產權之國際私法問題》，臺大碩士論文，一九八六年六月。

　　(二)呂國民，《國際貿易中電子數據交換法律問題研究》，武漢大學博士論文，二○○○年四月。

　　(三)朱軍，《國際互聯網絡知識產權法律研究》，武漢大學博士論文，一九九九年四月。

❷　宋錫祥，〈歐盟新商標準的實施及其法律對策〉，載《中國國際私法與比較法年刊》，法律出版社，北京，一九九八年五月，第一九○頁至第二○三頁。

❷　(一)石巍，〈TRIPS (Agreement on Trade Reated Aspects of Intellectual Property Rights) 效應評估與我國的因應對策〉，載《中國國際私法與比較法年刊》，法律出版社，一九九八年創刊號，第五十三頁以下。

　　(二)薛虹，《網絡時代的知識產權法》，法律出版社，北京，二○○○年七月第一版。

❷　有關侵權行為之準據法：(一)周海榮，《國際侵權行為法研究》，武漢大學博士論文，一九八九年五月；(二)張萬明，《產品責任法研究》，武漢大學博士論文，一九九二年五月；(三)賴來焜，《涉外侵權行為問題之研究──國際私法最新的發展》，政治大學碩士論文，一九八六年六月。

法庭地國際私法與準據法所屬國國際私法之立法主義不同，有採涉外民事法律適用法第二十九條「反致」之可能；又如本國法與不動產所在地法不同時，有適用「屈服條款」❷❾之可能，例如涉外民事法律適用法第一條第三項、第十三條第三項等皆有其重要價值。

我國有關侵權行為之準據法規定於涉外民事法律適用法第九條：「關於由侵權行為而生之債，依侵權行為地法。但中華民國法律不認為侵權行為者，不適用之。」「侵權行為之損害賠償及其他處分之請求，以中華民國法律認許者為限。」故侵權行為之成立要件與效力係採「侵權行為地法」與「法庭地法」之累積適用主義❸❶。

(八)就連結因素之確認言：以何事實為橋樑或基礎？

連結因素係連結「指定原因」與「準據法」之橋樑與基礎，國際私法中之連結因素可歸納為國籍、住所、居所、慣居地、當事人意思、行為地、物之所在地、法庭地、最重要牽連關係地與網址❸❶等十大類，我國教科書仍非常傳統只列其三、四種而已。每一連結因素之歷史聲勢變遷、理論根據及實際適用困難均有待一一說明。

---

❷❾ 有關「屈服條款」(Beugungsklausel) 或「優先條款」(Vortrittsklausel) 或「親近原則」(Grundsatz der grössern Nähe)，可見：㈠久保岩太郎，《國際私法構造論》，有斐閣，東京，一九五五年初版第一刷，第二四七頁；㈡ Gerhard Kegel & Klaus Schurig, *Internationales Privatrecht*, C.H. Beck'sche Verlags Buchhandlung, München, 8., neubearbeitete Auflage, 2000, ss. 366–380.

❸❶ 所謂「累積適用主義」係指準據法適用方式有「併行適用主義」、「累積適用主義」、「選擇適用主義」、「階梯適用主義」及「補充適用主義」，所謂累積適用主義係對於同一涉外法律關係重疊適用數種準據法，即前後重複適用數種準據法，常先依外國法，後再依法庭地法，即以法庭地法抵制不良外國法，以維持法庭地之公安。見㈠劉甲一，《國際私法》，三民書局，第一四五頁；㈡劉鐵錚、陳榮傳，《國際私法論》，三民書局，第二六五頁至第二六六頁；㈢賴來焜，《當代國際私法學之構造論》(衝突法叢書 5)，神州出版社，臺北市，二〇〇一年九月，第七四〇頁。

❸❶ 有關「網址」可能為新興連結因素，見㈠張楚，《電子商務法初論》，中國政治大學出版社，北京，二〇〇〇年四月第一版；㈡呂國民，《國際貿易中電子數據交換法律問題研究》，武漢大學博士論文，二〇〇〇年四月；㈢朱軍，《國際互聯網絡知識產權法律研究》，武漢大學博士論文，一九九九年四月；㈣賴來焜，〈Internet 國際私法之網址法原則〉，載《軍法專刊》第四十八卷第九期，二〇〇二年九月，第三十六頁以下。

本案侵權行為準據法之連結因素為「侵權行為地」及「法庭地」，而侵權行為「地」在本案「行為地」（公海上），與「結果地」（丙國領海）不同，學說有「行為地說」、「結果地說」、「選擇適用說」、「區分適用說」、「累積適用說」及「最重要牽連關係地說」等不同見解❸；又海上侵權行為「地」在領海（丙國）時究應依「領海國說」（英國法），抑或「區分說（有無影響領海國公案）」（美國法）❸，在具體案件中充滿靈活性與變動性。

(九)就準據法之適用言：適用準據法面臨困難

準據法適用問題包括(1)準據法適用之方式❸；(2)準據法適用之限制（涉民法§25：公序良俗）；(3)適用法律與一國數法 (§28)；(4)適用法之範圍與反致條款 (§29)；(5)外交承認與準據法之適用❸及本國法之適用與分裂國家❸。

---

❸ 賴來焜，〈國際私法上侵權行為「地」之確定〉，載《國際私法論文集》（慶祝馬教授漢寶六秩華誕），五南圖書出版社印行，一九八九年四月再版，第二一五頁至第二五三頁。

❸ 有關海上侵權行為地之問題，在司法業務研討會第三期第一則問題：「問題要旨：侵權行為若發生於海上，應如何選擇其應適用之法律？一、法律問題：關於侵權行為之準據法，依涉外民事法律適用法第九條規定，係採侵權行為地法與法庭地法之併用主義，若侵權行為地在陸地，選擇其應適用之準據法，固無問題。惟若發生於海上，如(1)航行中之船舶內船長不法殺害船員，(2)甲船碰撞乙船，致乙船沉沒。應如何選擇其應適用之法律？

研討意見：

關於(1)部分：

甲說：在航行中之船舶內，船長不法殺害船員，如在他國領海，應以『領海國』視為侵權行為地，『領海國法』即為侵權行為地法。如其侵權行為發生在『公海』，則應以船旗國法為侵權行為地法，蓋船舶依各國通例，均視為船旗國之『浮動島嶼』也。

乙說：在航行中之船舶內，船長不法殺害船員，如在他國領海應視其是否影響及領海國政府、人民，若有影響，以領海國為侵權行為地，若無影響，則以該船旗國為侵權行為地。如侵權行為發生在公海，則以船旗國法為侵權行為地法。」見《民事法律專題研究(二)——司法院司法業務研究會第三期研究專輯》，司法周刊社印行，一九八四年初版，第二十五頁。

❸ 準據法適用方式：有「片面法則」與「雙面法則」之單一適用方式，複數適用方式可分「選擇適用方式」、「併行適用方式」、「累積適用方式」、「補充適用方式」與「梯級適用方式（逐項逐段適用）」，其含義、實例、關係與立法政策，見本書第八章「新國際私法之基本原則」之第二節立法技術之科學性原則。

❸ 有關準據法之適用與外交承認之理論，見賴來焜，《國際（私）法之國籍問題》，自版，

㈩就結論（判決）言：爭議解決

國際私法係就國際民事案件在法庭地法院有管轄權，經過定性、選擇準據法、尋找連結因素及利用準據法為審判依據之過程。

三、古往今來學者之定義

不論何種科學，冀以數字下精細之定義，使其所包含意義，網羅無遺，頗非易事；且每因觀察不同，立論紛歧，所下定義，不能盡同；美國國際私法學者 Beale 在一九三五年其著 *Treaties on the Conflict of Laws* 中，蒐集不同學者從不同角度給國際私法之定義；自 Beale 之後，又出現各種各樣新定義，尤其任何科學，無時不在生長，欲以定義闡明其意義，殊有限制其發展之嫌，吾人歸納各國學者對國際私法所下過的許多不同定義，不外從以下幾種不同角度或著重點給國際私法下定義：

㈠強調「適用對象」角度者：法律關係之性質

學者有著重國際私法「適用對象」或「調整對象」觀點，即依據國際私法所適用的法律關係之性質而定義者：

1. 德國 Nussbaum 謂：「國際私法或衝突法，從廣義上言，係處理涉外關係私法之一部分。」[37]

2. 姚壯、任繼聖謂：「國際私法是專門調整涉外民法關係的規範的總稱。」[38]

3. 韓德培謂：「國際私法是調整涉外民事法律關係的法的部門。」[39]

4. 高樹異謂：「國際私法是調整具有涉外因素的民事關係的各種規範的總稱。」[40]

5. 余先予謂：「國際私法是調整涉外民事法律關係的基本法，是總體上調整

臺北，二〇〇〇年九月第一版，第三一七頁以下。

[36] 有關本國法之適用與分裂國家之理論，見賴來焜，《國際（私）法之國籍問題》，自版，臺北，二〇〇〇年九月第一版，第二九六頁以下。

[37] Nussbaum, *Principles of Private International Law*, 1943, p. 1.

[38] 姚壯、任繼聖，《國際私法基礎》，中國社會科學出版社，北京，一九八一年初版，第八頁。

[39] 韓德培主編、任繼聖、劉丁副主編，《國際私法》（高等學校法學教材），武漢大學出版社，武昌，一九八三年初版，第七頁。

[40] 高樹異主編、孟憲偉副主編，《國際私法》（修訂本），吉林大學出版社，吉林，一九八七年十二月第二版，第一頁。

涉外民事法律關係的法律規範的總和，是為國家的對外政策服務，保護和促進各國民事交往的法律工具。」**❹**

6. 任繼聖謂：「國際私法是調整涉外民事法律關係的法律部門。」**❷**

7. 藍瀛芳謂：「國際私法是內國法秩序的一部分，是指定用於私人在國際間私權關係的法則總體。」**❸**

前述定義「專門調整涉外民事關係的規範的總稱」或「調整涉外民事關係的法律部門」，雖指出國際私法適用對象，但一則定義顯得缺乏具體性而太籠統；二則未揭示國際私法的本質特徵；三則未能反映國際私法的明確範圍。

㈡強調「法律衝突」解決者：解決涉外民商事法律衝突

學者有從國際私法係解決涉外民事關係中法律衝突之角度出發，認為國際私法即為衝突法則者：

1. 法國 Foelix 謂：「國際私法係供判定不同國家私法之間衝突規範之總和。」即國際私法者，乃解決各國人民間私法衝突之規則之集合也；換言之，即於他國之領土內，執行某國之民法與商法之規則總體也**❹**。

2. 法國 Weiss 謂：「國際私法是確定發生於兩個主權者之間涉及其私法或公民私人利益之間的衝突規則之總稱。」

3. 德國 Leo Raape 謂：「國際私法是不同私法間的衝突規範之總和。」**❺**

4. 法國 Bar 謂：「國際私法是調整各主權國家都要把自己的法律用於因特定情況而產生衝突之法律。」即國際私法者，就私法關係，以定各國之法律，及司法與行政官廳之管轄之規則也**❻**。

---

❹　《國際私法講稿》，司法部國際私法師資進修班編印，華東政法學院國際私法教研室主編，一九八七年十二月，第四十四頁；同旨見余先予主編，《國際私法教程》(財經法學系列教材十)，中國財政經濟出版社，北京，一九九八年八月第一版，第十五頁。

❷　任繼聖，《國際私法講義》(試用本)，法律出版社，北京，一九八三年六月第一版，第一頁。

❸　藍瀛芳，《國際私法導論》，自版，臺北，一九九五年一月初版，第六頁。

❹　Foelix: "The body of rules by which are judged the conflicts between the private law of different nations."

❺　Leo Raape: "den Inbegriff der Kollisionsnormen-gedacht ist hier natuerlich stets an solche, die sich auf Privatrecht beziehen" IPR (1961) p. 2.

❻　Bar: "Private international law determines the applicability of the legal systems and the ju-

5.美國 Story 謂：「國際私法是關於產生於不同國家的法律在實際運用於現代商業交往中所發生衝突之法學。」❹

6.日本寺尾亨謂：「國際私法者，就個人間之法律關係，決定國家間法律之衝突之規則。」

7.陳力新謂：「所謂國際私法，是在調整一些涉及外國法適用的涉外民事關係中，用來解決和避免法律衝突的規範的總和。」

8.楊賢坤謂：「國際私法是以解決在涉外民事法律關係中，由於各國法律規定的不同而產生的法律衝突問題為主要任務的法律，也可稱之為涉外民事法律適用法。」❹

9.《中國大百科全書‧法學卷》謂：「國際私法是指在世界各國民法和商法互相歧異之情況下，對含有涉外因素的民法關係，解決應當適用哪國法律的法律。」❹

前述定義將國際私法研究範圍限於「衝突法則」，即採「小國際私法」觀點，而有關「國際民事訴訟法」及「國際商務仲裁法」之「程序規範」，及「統一實體法」之「實體規範」即不在其研究範圍。

(三)強調「法律適用」角度者：選擇準據法

有學者從著重於劃分不同國家「法律適用範圍」之角度給國際私法下定義，其方式與前述「法律衝突」相近似，認為國際私法是法律適用之謂者：

1.德國 M. Wolff 謂：「國際私法是決定幾種同時有效的法律制度中的哪一種可以適用於一組特定的事實的法律。」❺

---

risdiction of the agencies-the courts and magistrates-of different states in private legal relations."

❹ Story: "The jurisprudence arising from the conflict of the laws of different nations in their actual application to modern commerce and intercourse."

❹ 楊賢坤，《國際私法知識》(法律知識叢書)，中山大學出版社，廣州，一九九二年七月第一版，第二頁。

❹ 李浩培主編，《中國大百科全書‧法學卷》，中國大百科全書出版社，一九八四年第一版，北京，第二二八頁。

❺ M. Wolff, *Private International Law*, 2nd ed., 1950, p. 20; Gerhard Kegel & Klaus Schurig, *Internationales Privatrecht*, C.H. Beckśche Verlags Buchhandlung, München, 8., neubearbeitete Auflage, 2000, s. 1.

2.德國 Gerhard Kegel 謂：「國際私法稱為是適用哪些國家的私法法則的總體。」❺

3.德國 Zitelmann 謂：「國際私法者，乃就各國私法問題，在場所並立之多數私法中，定其孰為應適用之法規；即關於私法之場所的適用之法規。」

4.法國 Meili 謂：「國際私法者，其本質上，乃私法的規則，及法規之總體，如因私法關係而生各國法規之競合或衝突時，於各國之法域，限定其應適用之法規者。」

5.法國 Martens 謂：「國際私法者，就當事人在國際範圍內之權利關係，定其適用內國法或外國法之法規之總合。」

6.荷蘭 Asser 謂：「國際私法定義為提供判定什麼法律適用於不同國家的當事人之間的法律關係或者能適用於在國外所為的行為的原則的法律，或者換句話，就是提供一國領域內適用他國法律的規則的法律。」

7.日本山田三良謂：「國際私法者，定內外私法之適用區域之法則。」

8.日本入江良之謂：「國際私法者，對於包有外國的要素之私法的法律關係，以定其應適用之法律之國法之全體。」

9.日本遠藤登喜夫謂：「國際私法者，確定應適用於涉外的私法關係之法規之法。」

10.日本泉哲謂：「國際私法者，定內外私法適用之區域之國內法。」

11.日本山口弘一謂：「國際私法者，對於與內容相異之內外私法有關係之事實，於內外私法中，決定其孰應適用之私法。」

12.日本佐佐穆謂：「國際私法者，對於涉外的法律關係，即國際私法的法律關係，指定其應為準則之法律之法。」

13.日本佐佐野章邦謂：「國際私法者，對於國際的私法關係，指定其應準據之法律之法則。」

14.日本館田謙吉謂：「國際私法者，對於國際私法的法律關係，於內外國之法律，指定其應適用之法律者。」

15.Jitta 謂：「國際私法者，為私法之一種，就個人間之社會關係，使之服從適合其性質之法律之規則。」

---

❺ "IPR ist die Gesamtheit der Rechtsaestze, die Sagen, welchen Staates Privatrecht anzuwendin ist."

16.李浩培謂：「國際私法指在世界各國民法與商法互異的情況下，對含有涉外因素的民法關係，解決應當適用哪國法律的法律。」❷

17.溜池良夫謂：「國際私法係指國際的私法關係應適用何國法律之法律。」❸

18.唐表明謂：「國際私法是一國的法律中指定應適用哪一國的法律去處理涉外民事法律問題的那些法律規範的總稱。」❹

19.董立坤謂：「國際私法是對於涉外的民事法律關係決定適用法律及如何適用法律的法律。」❺

20.唐紀翔謂：「國際私法者，對於涉外私法關係，就內外國之法律，決定其孰應適用之國內公法也。」其分析⑴國內公法；⑵對於涉外私法關係之國內公法；⑶對於涉外私法關係，就內外國之法律，決定其孰應適用之國內公法❻。

21.馬漢寶謂：「國際私法者，對於涉外案件，就內外國之法律，決定其應適用何國法律之法則也。」其分析⑴國際私法之對象為涉外案件；⑵國際私法之功用在對涉外案件決定其應適用法律❼。

22.何適謂：「國際私法乃就涉外民事決定其適用何國法律的一法則。」❽

23.陳顧遠謂：「……涉外的法律關係發生，決定將如何適用其所應適用之法律耳。」❾

24.梅仲協謂：「國際私法者規定內外國私法適用區域之法則也。」⑴法則也；⑵適用法則也；⑶有關內外國私法之適用之法則也❿。

❷　李浩培主編，《中國大百科全書・法學卷》，中國大百科全書出版社，北京，一九八四年第一版，第二二八頁。

❸　溜池良夫，《國際私法講義》，有斐閣，東京，一九九九年五月第二版第一刷，第四頁。

❹　唐表明，《比較國際私法》，中山大學出版社，廣州，一九八七年第一版，第二頁。

❺　董立坤，《國際私法論》，法律出版社，北京，一九八八年第一版，第二十三頁。

❻　唐紀翔，《中國國際私法論》，商務印書館發行，北平，一九三三年第一版，第九頁至第十頁。

❼　馬漢寶，《國際私法總論》，自版，臺北，一九七七年版，第一頁至第三頁。

❽　何適，《國際私法釋義》，自版，臺北，一九八三年六月初版，第七頁。

❾　陳顧遠，《國際私法總論（上冊）》，上海法學編譯社，上海，一九三三年四月第一版，第二頁以下。

❿　梅仲協，《國際私法新論》，三民書局印行，臺北，一九八二年六月第四版，第八頁至第十頁。

25.蘇遠成謂:「國際私法之意義,該當為何,可要約其涵義如下:『國際私法者,乃為保障國際上之私法生活的安全,而指定適用於該法生活所生之法律關係的私法秩序也。』易言之,決定各種涉外的私法關係之準據法的法律秩序者也。」其分析(1)國際私法所規律之法律關係必涉及其他國家;(2)國際私法僅規律私法上之法律關係;(3)國際私法係解決法律牴觸之法律規範,又稱「衝突法」 ❻。

26.行政院函立法院審查涉外民事法律適用法草案之「說明書」謂:「所謂國際私法,即決定於何種情形下、適用何國法律、及如何適用之具體法則。」 ❻

27.柯澤東謂:「國際私法者,乃私人間國際私生活法律關係之特別法律適用法總體。」其分析(1)「特別……適用法」;(2)「私人間」;(3)「國際……關係」;(4)「私生活法律關係」及(5)「法律適用法」 ❻。

28.于能模謂:「國際私法者,為公法之一支,以決定各個人之國籍,確定外國人所得享有之權秉,解決關於此等權利之產生或消滅之法律衝突,並以保證此等權利之必要尊重為對象者也。」 ❻

29.丁偉謂:「衝突法 (Law of the Conflict of Laws) 是指發生法律衝突的某一涉外民事法律關係應適用何國實體法的法律準則。」 ❻

(四)強調「立法管轄之範圍」角度者

1.德國 Savigny 謂:「國際私法者,乃就法律關係,以定法規之場所的管轄之原則。」 ❻

---

❻　蘇遠成,《國際私法》,五南圖書出版公司印行,臺北,一九八四年五月第一版,第二頁至第四頁。

❻　見㈠《立法院公報》第十一會期第八期,一九五三年七月三十日出刊,第四十一頁;㈡行政院四十一年十二月九日臺 (41) 法字第六八九〇號函。

❻　見㈠柯澤東,《國際私法》(國立臺灣大學法學叢書(55)),自版,臺北,一九九九年十月第一版,第二十八頁至第三十一頁;㈡柯澤東,《國際法 (全)》,中華電視臺教學部主編,華視文化事業股份有限公司,臺北,一九八一年八月初版,第十九頁至第二十四頁。

❻　于能模,《應用國際私法》(司法行政部法官訓練所講義),大東印書館承印,北平,年代不詳,第一頁。

❻　丁偉,《衝突法論》,法律出版社,北京,一九九六年九月第一版,第一頁。

❻　F. K. Savigny: "The local limitations of the authority of the rules of law"; F. K. von Savigny 著,李雙元等譯,《法律衝突與法律規則的地域和時間範圍》(現代羅馬法體系第八卷),

2.英國 Bustamante 謂:「國際私法者,係限制立法在空間效力之原則。」

3.英國 Dicey 曾謂:「國際私法者,規定法律在領土外之活動,及權利在領土外之承認之英國之原則。」

4.日本跡部定次郎謂:「國際私法者,就私法關係,以定各國主權之行動範圍者。」

(五)強調「權利主體國籍之不同」角度者

法國 Fiore 謂:「國際私法者,以解決各國法律之衝突,規定不同國籍人民相互之關係為目的而設定原則之科學。」**❻❼**

(六)強調「涉外民法關係應服從外國法之效力」角度者

1. Wharton 謂:「國際私法是規定在有關情況下或多或少要服從(或讓位於)別國的法律的規範。」**❻❽**

2.一九三四年《美國國際私法第二次新編》謂:「每一國家在處理某一法律問題時,決定是否應該承認某一外國法律的效力這樣一個法律部。」**❻❾**

(七)強調「列舉國際私法內容或範圍」者:「小國際私法學派」

本類經由列舉國際私法之內容、範圍或規範給國際私法之定義,尤其英美國家學者大多數認為一個法律關係有了涉外因素,不但會涉及應適用何國法律之「法律衝突」(Conflict of Laws) 問題,同時也會涉及宜由何國法院管轄之「管轄衝突」(Conflict of jurisdictions) 問題。「管轄衝突」包括「管轄權之確定」(delimitation of jurisdiction) 及「外國法院判決之承認與執行」,又「外國法院判決之承認與執

法律出版社,北京,一九九九年九月第一版,第五頁以下。

❻❼ Fiore: "The science which establishes the principles for resolving conflicts of laws, and for regulating the mutual relations of the subjects of different states."

❻❽ "The conflict of laws is that branch of the law of a country which regulates to cases more or less subject to the laws of other countries." Wharton, *Conflict of Laws* 3rd. ed., p. 180.

❻❾ No state can make a law which by its own force is operative in another state, the only law in force in the sovereign state is its own law. But by the law of each that rights or other interests in that state may in certain cases depend upon the law in force in some other state or states. That part of the law of each state which determines whether in dealing with a legal situation, the law of some other state will be recognized, given effect or be applied is called the Conflict of Law. *Restatement of the Law of Conflict of Laws*, American Law Institute, 1934, pp. 1–2.

行」之要件中，須該外國判決係具有管轄權之法院所為者，所以後者稱「間接管轄權」❼，我國大部分學者受其影響而給國際私法下定義：

1. 英格蘭 Dicey 謂：「當一件有外國因素的案件請求判決，法官在就其爭議作出判決的決定前須明示或默示的，最少找到下面兩個問題的答案。⑴他面前的案件英格蘭法院是否依英格蘭法律有（管轄）權決定呢？⑵（假定管轄問題的答案是肯定的）依英格蘭法律原則應依哪種法律來定奪當事人的權利呢？」❼

2. 英格蘭 Cheshire 及 North 謂：「英國法所理解的國際私法是在處理含有涉外因素的案件時判定，第一，法院在什麼條件下對案件有管轄權；第二，不同種類的案件應適用哪一國法律來確定當事人的權利與義務關係；第三，在什麼條件下可以承認外國的判決，以及在什麼條件下外國判決賦予的權利可以在英國執行的法律。」❼

---

❼ ⑴ Westlake: "Private International law is that department of private jurisprudence which determines before the Courts of what nation each suit should be brought and by the law of what nation it should be decided." Westlake, *Private International Law*, 1st. ed, 1898.

⑵ Minor: "Private International Law embraces those Universal principles of right and justice which govern the Courts of one state having before them cases involving the operation and effect of the laws of another state of country." Minor, *Conflict of Laws*, 1901.

⑶ Goodrich: "The Conflict of laws is that part of the law which deals with the extent to which the law of a state operates and determines whether the rules of one or another state should govern a legal situation. A Conflict of laws problem is presented whenever a legal Controversy arises in which there is a foreign element." Herbert F. Goodrich, *Hand-Book on the Conflict of laws*, 1938, p. 1.

❼ Dicey: "Whenever a case containing any foreign element calls for decision, the judge before whom it is tried must, either expressly or tacitly, find an answer to at least two questions before he can decide the dispute.

⑴ Is the case before him one which any English court has, according to the law of England, a right to determine?

⑵ What (assuming the question of jurisdiction to be answered affirmatively) is the body of law with reference to which the rights of the parties are, according to the principles of the law of England, to be determined?"

See ⑴ J. H. C. Dicey, *Conflict of Laws*, 1958, p. 4; ⑵ J. H. C. Morris, Dicey and Morris on *The Conflict of Laws*, Stevens & Sons Limited, 1980, p. 3; ⑶ J. H. C. Morris, *The Conflict of Laws*, 3ed., Stevens. 1984, pp. 5–7.

3. Ralin 謂:「國際私法者，定外國人之權利，且就私法關係，以定各國法律之管轄之規則之總體。」

4.美國 B. J. Weintraub 謂:「衝突法的三個主要問題就是: 可以在什麼地方起訴? 可以適用什麼地方的法律? 以及其他管轄權對案件作出的判決有什麼效力?」 ❼❸

5.美國 J. G. Collier 謂:「英國衝突法本身之主題有三，(1)管轄權選擇，(2)準據法選擇，(3)外國法院判決與仲裁判斷之承認與執行。」 ❼❹

6.日本山本敬三謂:「國際私法包括私人間涉外私法關係規律之準據法，外國人法問題、國籍問題、裁判管轄權及外國判決之承認。」 ❼❺

7.日本中村進午謂:「國際私法者，乃一私法關係跨於二國以上時定其法律上、裁判上及執行上之管轄之法規，而經各國承認者也。」

8.中國人民大學法律系謂:「國家在同其它國家交往過程中形成的，表現這個國家統治階級意志的，調整國際民事法律關係的衝突規範、規定外國人民事權利地位的規範和國際民事訴訟程序規範的總稱。」 ❼❻

9.法國 H. Batiffol 認為在國際私法研究範圍的問題上，法國的學者原則上採更廣泛的範圍，除了把衝突規範與程序規範都列為當然研討的問題外，造成法律衝突與管轄競合有關的實質問題，例如外國人的地位與國籍等也須加以研究。基於這樣的論點，法國學者 Henri Batiffol 即認為「國際私法的一般內容是指……國際社會的私人關係的適用法則總體」 ❼❼ 。

---

❼❷　See Cheshire & North, *Private International Law*, 12th ed., 1992, p. 3.

❼❸　Bussell J. Weintraub, *Commentary on the Conflict of Laws*, 1980, p. 1.

❼❹　⑴J. G. Collier, *Conflict of Laws*, New York, Cambridge University Press, 1987, First Published, p. 1.

　　⑵A. J. E. Jaffey, *Introduction to the Conflict of Laws*, Edinburgh Butterworths, London, 1988, pp. 1–3.

❼❺　山本敬三，《國際私法入門》(法學入門叢書)，青林書院新社，東京，昭和五十八年十二月，初版第四刷，第十五頁至第十七頁。

❼❻　中國人民大學法律系編寫，《國際私法（上冊）》，人民大學出版社，北京，第一頁。

❼❼　"L'objet general du DIP... l'ensemble des regles applicables aux seules personnes privee dans les relations de la societe internationale." See H. Batiffol, *Droit International Privé*, Paris, 5th ed., 1974, p. 3.

10.盧峻謂：「國際私法者，所以規定一國法律行使之範圍，並於數國法律併存時，決定其某國法律應適用於法之場合 (Legal situation)，使管轄法院以外之他國，承認其判決效力之法規也。」❼❽

11.洪應灶謂：「國際私法者，乃對涉外法律關係，就內外國之法院或法律，決定由何國法院管轄或適用何國法律之法則也。」❼❾

12.陸東亞謂：「國際私法者，乃一國立法機關對於涉外法律關係，就內外國之法域及法律，規定應歸於何國法院管轄，及適用何國法律之規則也。」❽⓪

13.劉甲一謂：「國際私法定義謂其係規範涉外關係而分配有關國家之制法及管轄權限並制約其行使之法律也。」即有關涉外關係之國家法權為「制法權」及「管轄權」。前者謂制定應適用於特定涉外關係之實體法之權。後者謂處理案件並依裁判及其他方式，創設足為他國所承認之權利之權❽①。

14.曾陳明汝謂：「國際私法本身並不在於直接解決系爭問題，而僅在於就國際社會之私人間的關係，指定應適用之法律。換言之，國際私法乃係就各種具有涉外因素之私法關係，指定應由何國法院管轄及應適用何國法律之法則。」❽②

15.林益山謂：「國際私法者，乃就涉外民事案件，決定其應由何國法院管轄及適用何國法律之法則也。」❽③

16.劉鐵錚、陳榮傳謂：「國際私法者，乃對於涉外法律關係，就內外國之法域及法律，決定其由何國法院管轄及適用何國法律之國內公法。」❽④

---

❼❽　盧峻，《國際私法之理論與實際》（二十世紀中華法學文叢④），原由上海，中華書局，一九三七年七月出版，今由中國政治大學出版社重新出版，北京，一九九八年四月第一版，第八頁。

❼❾　洪應灶，《國際私法》，中國文化大學出版部印行，臺北，一九八四年九月第三版，第五頁。

❽⓪　陸東亞，《國際私法》，正中書局印行，臺北，一九六七年十二月臺初版，第三頁至第四頁。

❽①　劉甲一，《國際私法》，三民書局印行，臺北，一九八二年九月修訂初版，第一頁至第二頁。

❽②　曾陳明汝，《國際私法原理（第一集）》（國立臺灣大學法學叢書⑿），自版，臺北，一九八四年五月新版，第四頁。

❽③　林益山，《國際私法新論》（國立中興大學法學叢書），自版，臺北，一九九五年六月第一版，第一頁至第二頁。

㈧強調「綜合性」定義 1.者:「中國際私法學派」

1.趙相林、趙一民、馬靈霞謂:「國際私法是以涉外民事關係為調整對象,以確定外國人民事法律地位為前提,以解決法律適用為核心,通過國際民事訴訟和仲裁程序規範進行司法保護的一個獨立的部門法。」❻

2.趙相林謂:「國際私法是以涉外民事關係為調整對象,以確定外國人民事法律地位為前提,以解決法律衝突問題為核心,由法律適用規範、規定外國人民事地位規範所組成,並通過國際民事訴訟和仲裁程序規範進行司法保護的一個獨立的部門法。」❻ 張仲伯教授亦採相同定義❼。

3.余先予謂:「衝突法是在各國民事法律規定不同而發生法律衝突的情況下,指定以何種法律作為調整某一涉外民事法律關係的標準的法律適用法。」❽

㈨強調「綜合性」定義 2.者:「大國際私法學派」

1.李雙元謂:「上述種種定義,都不足以反映我國目前較為通行的觀點。我國大多數學者對國際私法的範圍的看法,是很不同於傳統的國際私法的觀點的。因此,根據國際私法所調整的社會關係的性質,以及它所要解決的主要問題,同時考慮到我國學者對國際私法範圍的較為普遍的看法,可以對國際私法作如下定義:

國際私法是以涉外民事關係為調整對象,並以解決法律衝突為中心任務,以衝突規範為最基本規範,同時包括規定外國人民事法律地位的規範、避免或消除法律衝突的統一實體規範以及國際民事訴訟與仲裁程序規範在內的一個獨立的法律部門。」❾

---

❽ 劉鐵錚、陳榮傳,《國際私法論》,三民書局印行,臺北,一九九六年十月第一版,第一頁至第三頁。

趙相林主編、趙一民、馬靈霞副主編,《國際私法》(成人高等法學系列教材),中國政法大學出版社,北京,一九九六年十月第一版,第二十四頁。

❻ 趙相林、趙一民、馬靈霞,《國際私法》(成人高等法學系列教材),中國政法大學出版社,北京,一九九六年十月第一版,第三十四頁。

❻ 趙相林主編,《國際私法》(法學本科教材),中國政法大學出版社,一九九七年四月第一版,第十六頁。

❼ 張仲伯主編,《國際私法》(高等政法院校規劃教材),司法部法學教材編輯部編審,中國政法大學出版社,北京,一九九五年三月第一版,第十六頁。

❽ 余先予主編,《衝突法》,上海財經大學出版社,一九九九年十二月,第八頁至第九頁。

2.錢驊謂：「國際私法是調整國際交往中所產生的民事關係的國際法的一個部門。它是規定外國人民事法律地位規範，調整不同國家之間法律衝突的、確定國際民事關係雙方當事人具體權利和義務的衝突規範、統一實體規範，以及解決國際民事爭議的訴訟程序和仲裁程序規範的總稱。」❾⓿

3.浦偉良、郭延曦謂：「國際私法就是調整涉外民事關係，包括(1)外國人民事法律地位規範，(2)衝突規範，(3)統一實體規範，(4)國際民事訴訟與國際商事仲裁程序規範（動態的涉外民事關係）的上述各種法律規範的總和。」❾❶

4.章尚錦謂：「國際私法是在國際民事交往過程中形成的，體現一國國家意志的，用來調整自然人、法人和特定場合下有國家或國際組織參加的國際民事關係的，規定在國內立法、一些國家的判例、國際條約和國際慣例中的衝突規範，規定外國人民事法律地位的規範，國際民事訴訟及仲裁程序規範的總稱。簡言之，它是國際私法規範的總稱；對一個具體國家來說，國際私法是該國調整涉外民事關係的一個特殊的法律部門。」「這個定義說明了國際私法的基本問題：(1)國際私法是國家在國際民事交往過程中形成的。(2)國際私法的主體是自然人、法人、特定場合下的國家和國際組織。(3)國際私法調整的對象是國際民事關係。(4)國際私法的主要任務是通過衝突規範來調整國際民事關係。(5)國際私法的性質是體現一國國家意志的一個特殊的法律部門。(6)國際私法的規範組成，是由衝突規範、規定外國人民事法律地位的規範和國際民事訴訟及國際經濟貿易仲裁程序規範所組成。(7)國際私法的法律形成是國內立法、一些國家的有關判例、有關的國際條約和國際慣例等。」❾❷

5.黃進謂：「國際私法是以直接規範和間接規範相結合來調整平等主體之間

❽❾　見㈠李雙元，《國際私法（衝突法篇）》，武漢大學出版社，武昌，一九八七年六月第一版，第三十三頁；㈡李雙元、金彭年，《中國國際私法》，海洋出版社，北京，一九九一年三月第一版，第二十三頁；㈢李雙元、金彭年、張茂、李志勇，《中國國際私法通論》，法律出版社，北京，一九九六年九月第一版，第二十二頁。

❾⓿　錢驊，《國際私法》，中國政法大學出版社，北京，一九九二年五月第一版，第二十二頁。

❾❶　浦偉良、郭延曦，《國際私法新論》（立信法律叢書），立信會計出版社，上海，一九九五年四月第一次印刷，第七頁至第十二頁。

❾❷　章尚錦主編，《國際私法》（二十一世紀法學系列教材），中國人民大學出版社，北京，二〇〇〇年三月第一版，第七頁至第八頁。

的涉外民商事法律關係並解決涉外民商事法律衝突的法律部門。」❾

6.韓德培謂:「國際私法是以直接規範和間接規範相結合來調整平等主體之間的涉外民商事法律關係並解決涉外民商事法律衝突的法律部門。」❿

7.姚壯謂:「在把直接規定當事人間權利義務的實體規範列為國際法規範的組成部分時,有一個問題是有爭論的,即一國國內法中專門調整某些涉外民事法律關係的實體規範是否也是國際私法規範的組成部分?對那些在國際條約和國際慣例中直接規定當事人權利義務的統一的實體規範,對主張『大國際私法』學派的學者來說,它們當然是國際私法規範的組成部分,這是毫無疑問的。但對國內法中專門調整某些涉外民事法律關係的實體規範,則說法不一。作者的觀點是明確的,它也是國際私法規範的組成部分。為什麼說是?這就必須涉及到國際私法調整的對象究竟是什麼的問題。作者認為,國際私法調整的對象是涉外民事法律關係,也就是說它所要解決的是確定涉外民事法律關係中雙方當事人的權利與義務問題,而不是涉外民事法律關係中有關兩個或幾個國家之間的法律衝突問題。如果有法律衝突問題,當然要解決,但法律衝突問題解決了並不等於解決了雙方當事人的具體權利義務,上面提到的遺產繼承問題應適用中國法抑或外國法即屬一例。只有確定了涉外民事法律關係中雙方當事人的具體權利與義務後,涉外民事法律關係才最終地得到了調整。因此凡是能夠用來間接或直接地確定涉外民事法律關係當事人權利義務的規範,無論是被規定在國際條約、國際慣例還是國內立法中,都是國際私法規範的一個組成部分。」⓯

8.劉衛翔、余淑玲、鄭自文、王國華謂:「對國際私法的範圍問題,我們傾向於『大國際私法』的觀點。關於其理由,學者們有許多論述,此處從略。但要說明的一點是,對於實體規範究竟屬不屬國際私法的範圍這個問題,我們認為,

❾ 黃進主編,《國際私法》(基礎課系列)(九五規劃高等學校法學教材),司法部法學教材編輯部編審,法律出版社,北京,一九九九年九月第一版,第四十三頁至第四十四頁。

❿ ㈠韓德培主編,《國際私法新論》(普通高等教育九五國家級重點教材),武漢大學出版社,武昌,一九九九年一月第三次印刷,第二十二頁。

㈡韓德培主編,《國際私法》(面向二十一世紀課程教材),高等教育出版社,北京大學出版社,二○○○年八月第一版,第十六頁。

⓯ 姚壯主編,《國際私法理論與實務》(中國高級律師高級公證員培訓試用教材),法律出版社,北京,一九九三年九月第一版,第六頁至第七頁。

如果它是有關國家、政府之間或國家、政府與國民之間的關係的，則應屬於國際經濟法的範圍，如果屬於有關平等主體的自然人、法人之間的民商事關係，則應是國際私法的規範。」**96**

9.趙生祥謂：「本書編者認為，國際私法的範圍應當與其對象和任務相適應。由於國際私法的調整對象是涉外民事關係，任務是消除涉外民事關係法律衝突以確定當事人的權利和義務，因此，國際私法最主要的規範應當是解決法律衝突的衝突規範和避免法律衝突的統一實體規範。但除了這兩種主要規範之外，國際私法也應當包括規定外國人民事法律地位的規範、國際民事訴訟程序和國際商事仲裁程序規範。因為：規定外國人民事法律地位的規範是外國人取得民事主體資格的重要依據，是產生涉外民事關係的前提，如果沒有這樣的規範，也就不可能有其他幾種國際私法規範；國際民事訴訟程序和國際商事仲裁程序規範是解決涉外民事關係爭議不可缺少的規範，這類程序規範在保護涉外民事關係當事人合法權益方面發揮著重要的作用，如果沒有這樣的程序規範，不僅涉外民事關係發生爭議時難以得到解決，而且，國際私法的其他幾種規範也很難得到實施。」**97**

10.劉仁山謂：「國際私法是以涉外民商事法律關係為調整對象，以直接調整和間接調整為手段，以解決法律衝突為核心，由國籍規範、外國人民事法律地位規範、衝突規範、統一實體法規範、以及國際民事訴訟和國際商事仲裁程序規範所組成的一個獨立部門法。」**98**

四、管見：承先啟後

(一)承先：歸納與分析

歸納百年來東西方學者意見，各有千秋，各具特點，各有偏重，深知定義頗非易事，先歸納表列如下：

1.強調「適用對象」角度者：德國 Nussbaum、姚壯、任繼聖、韓德培、高樹異、余先予、藍瀛芳等。

---

96 劉衛翔、余淑玲、鄭自文、王國華，《中國國際私法立法理論與實踐》，武漢大學出版社，武昌，一九九五年十月第一版，第四十一頁。

97 趙生祥主編，《國際私法學》(高等學校法學教材)，法律出版社，北京，一九九九年第一版，第八頁至第九頁。

98 劉仁山主編，《國際私法》，司法部法學教材編輯部編審，中國法制出版社，一九九九年五月第一版，第二十二頁。

2.強調「法律衝突」解決者：法國 Foelix、Weiss、Bar、德國 Leo Raape、美國 Story、日本寺尾享、陳力新、楊賢坤、李浩培。

3.強調「法律適用」角度者：德國 M. Wolff、G. Kegel、Zitelmann、法國 Meili、Martens、Jitta、荷蘭 Asser、日本山田三良、入江良之、遠藤登喜夫、泉哲、山口弘一、佐佐穆、佐佐野章邦、館田謙吉、溜池良夫、江川英文、折茂豐、李浩培、唐表明、董立坤、唐紀翔、陳顧遠、梅仲協、丁偉、于能模、蘇遠成、柯澤東與馬漢寶。

4.強調「立法管轄之範圍」者：德國 Savigny、英國 Bustamante、Dicey、日本跡部定次郎。

5.強調「權利主體國籍之不同」角度者：法國 Fiore。

6.強調「有關涉外民法關係應服從外國法之效力」角度者：Wharton、《美國國際私法第二次新編》。

7.著重「列舉國際私法內容與範圍」者（小國際私法學派）：英國 Dicey、Morris、Cheshire、North、Ralin、美國 Weintraub、Collier、Jaffey、日山本敬三、中村進午、法國 Batiffol、盧峻、洪應灶、陸東亞、劉甲一、曾陳明汝、林益山、陳榮傳與劉鐵錚等。

8.強調「綜合性」定義 1.（中國際私法學派）者：趙相林、趙一民、馬靈霞、張仲伯、余先予等。

9.強調「綜合性」定義 2.（大國際私法學派）者：李雙元、錢驊、浦偉良、郭延曦、劉衛翔、余淑玲、鄭自文、王國華、章尚錦、黃進、姚壯與韓德培等。

值得說者：第一，九類中前三類，僅視角不同，有從案件之性質、有從案件之原因、有從案件之解決，彼此應可互補；第二，九類中後三類，有小國際私法學派（僅準據法與管轄權者）、中國際私法學派（包括準據法、國際民事訴訟法與國際商務仲裁法等程序法）及大國際私法學派（包括準據法、程序法規範及統一實體法規範），涉及國際私法學之內容與範圍，有其重大價值；第三，英、美、德、法、荷、日、瑞士等國學者在國際私法或衝突法之範圍與內容，大致仍採小國際私法為主，以研究準據法選擇、管轄權決定及外國判決承認與執行為內容；第四，中國大陸地區在這五年間國際私法學研究範圍自小國際私法到中國際私法，再擴及大國際私法，肇因於改革開放後，國際法內「國際公法」、「國際私法」、「國際經濟法」三者之研究範疇、對象與體系有重大討論，甚至影響授與博士、

碩士等學科與學制❾❾，現在國際私法之教科書均以論及「統一實體法」為有力說；第五，臺灣國際私法學界對國際私法之定義觀察均採「小國際私法學派」之定義，但就實質內容觀察，劉鐵錚老師與陳榮傳教授合著《國際私法論》中有「涉外民事訴訟法論」，此為筆者在民國八十一年時管見❿，應可歸類為「中國際私法學派」，惜定義未明示，筆者立足於新世紀之際，為擴展國際私法學之視野與國際私法「趨同化」之重視，當然應採「大國際私法論」，除包括「衝突法論（準據法選擇）」、「外國人地位論」等傳統研究對象與範圍外，更應擴及「國際民事訴訟法論」、「國際商務仲裁法論」、「區際私法論」與「統一實體法論」。

㈡啟後：大國際私法論

　　國際私法應是一個不斷發展的法律部門，研究國際私法之法律科學亦在不斷發展之中，國際私法之定義自應隨著國際私法本身之發展而發展，筆者懍於此為開啟後世而對國際私法為如下定義：「國際私法是以平等主體間國際民商事法律關係為適用對象，以解決法律衝突為中心任務，以衝突法選擇適用何國何『法域』之法律為核心，同時包括規定外國人民事法律地位規範為前提、避免或消除法律衝突之統一實體規範（直接規範）、並經由國際民事訴訟與仲裁程序規範進行司法程序之獨立的法律總稱。」據此可分析如下：

　　1.就適用對象言　筆者捨「涉外私法案件」而採「國際民商事法律關係」，見本書第二章「國際民商事法律關係之構成」。

　　2.就國際私法作用言　捨傳統「僅以選擇準據法」而擴及「管轄權選擇、司法互助等國際民事訴訟及國際商事仲裁」之程序法規範，更擴及「統一實體法規範」之直接規範。

　　3.就空間衝突 (interspatial conflict of Laws) 觀點言　採「國際法律衝突」(international conflict of Laws) 外更及於「區際法律衝突」(interregional conflict of Laws)，一則在定義中提出適用何國或何「法域」(territorial unit)❿❶對稱，二則在體系中專

---

❾❾　李雙元，〈關於中國國際私法學近期發展的基本態勢及重點研究課題的幾個問題〉，載《當代國際私法問題》(慶祝韓德培教授八十五華誕論文集)，武漢大學出版，一九九七年三月第一版，第三十六頁至第四十七頁。

❿　見劉鐵錚、陳榮傳，《國際私法論》，三民書局印行，臺北，一九九六年十月第一版，第七篇「涉外民事訴訟法論」，第六八七頁至第七四五頁。

❿❶　Restatement of Law, Second, Conflict of Laws, §3.

編敘述「區際私法論」，三則我國臺灣地區與大陸地區人民關係條例及香港澳門關係條例均在實務上有重要價值，四則筆者在立法院修正兩岸關係條例及制定香港澳門關係條例時均有實際立法經驗❿。

4.就**實例演習 (Übung) 新思維觀點言**　國際私法既是程序法，應提供一套可供實用或不斷使用、討論、思考的流程。筆者所蒐集訊息中有敘述國際私法之具體圖像謂「是起一種『路標』或『指示器』的作用，通過它援引出某一種特定國家的實體法」❿，或稱「橋樑法」❿，或稱「人體構造論」（圖 1–1）❿或稱「一機兩翼說」（圖 1–2）❿。

State Defined

As used in the Restatement of this Subject, the word "state" denotes a territorial unit with a distinct general body of law.

❿ 立法院秘書處印行，《港澳關係條例法案》，立法院公報法律案專輯，第二百一十三輯（上）（下），一九九七年十一月初版。

❿ 丁偉主編，《衝突法論》(高等學校法學教材)，法律出版社，北京，一九九六年九月第一版，第一頁。

❿ 沈涓，《衝突法及其價值導向》，中國政治大學出版社，北京，一九九三年十月第一版，第十一頁至第十二頁。

❿ 本說為中國政法大學國際私法錢驊教授與筆者在二〇〇〇年六月七日把酒言歡時共同所創。

❿ 韓德培教授曾謂：「國際私法就如同一架飛機一樣，其內涵是飛機的機身，其外延則是飛機的兩翼，具體在國際私法上，這內涵包括衝突法，也包括統一實體法，甚至還包括國家直接適用於涉外民事關係的法律，而兩翼之一則是國籍及外國人法律地位問題，這是處理涉外民事關係的前提；另一翼則是在發生糾紛時，解決糾紛的國際民事訴訟及仲裁程序，這包括管轄權、司法協助、外國判決的承認與執行。」見劉衛翔、余淑玲、鄭自文、王國華，《中國國際私法立法理論與實踐》，武漢大學出版社，武昌，一九九五年十月第一版，第三十七頁。

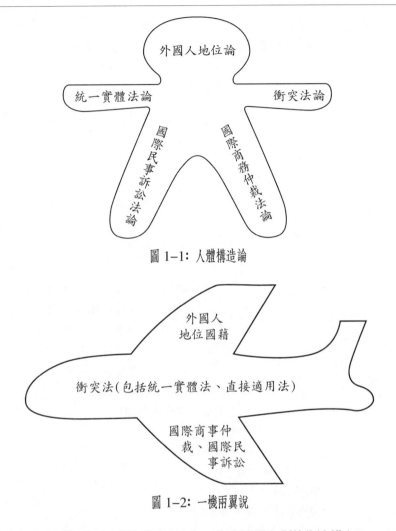

圖 1–1：人體構造論

圖 1–2：一機兩翼說

　　筆者力主「國際私法」與「電腦」結合，援引電腦之「樹狀結構」(Tree Structure) 的檔案系統 (File System)，在國際私法學之理論系統採從抽象到具體（演繹法）之樹圖法，即由「根」(Root) 到「節」(Node) 到「支」(Subdirectory) 到「葉」(Leaf)。

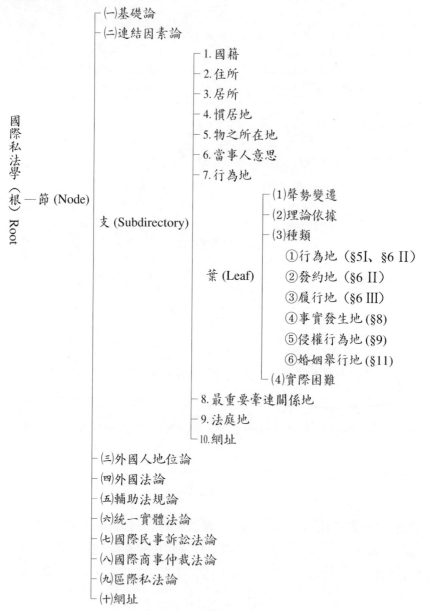

圖 1-3: 國際私法學樹圖法

國際私法在實例演習新思維論中更應向電腦之樹狀結構,先將本章第一節所
提「值得思考之一連串問題」,以流程圖表之如下:

圖 1-4：國際私法實例題演習方法流程

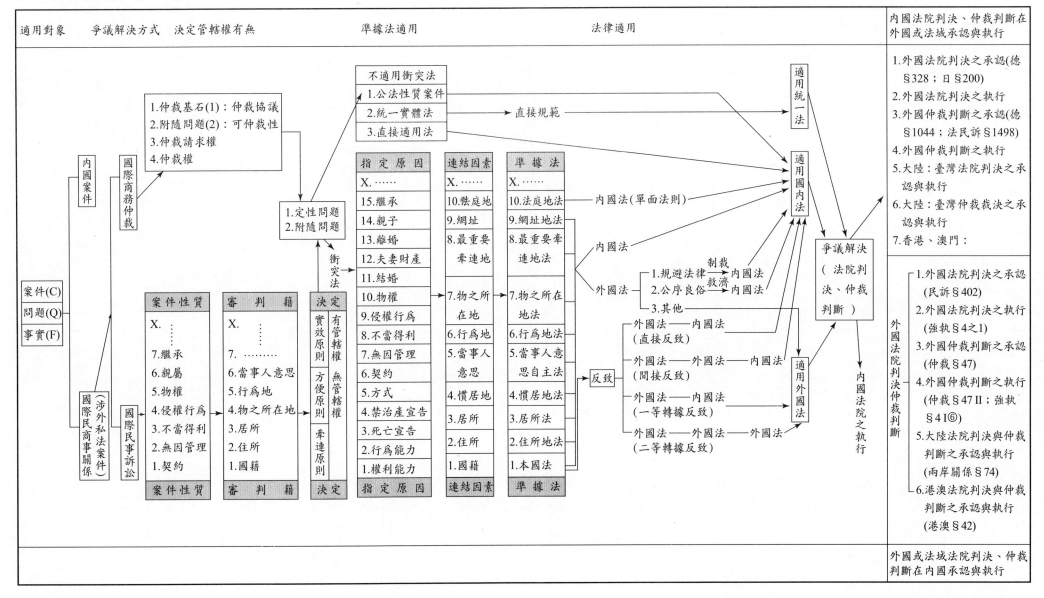

第二節　國際私法之成立背景

一、成立背景與條件之總覽

　　國際私法之成立背景是指國際私法存在之條件或發生原因，各國學者曾有大同小異說明，外國有學者認為國際私法發生最基本條件有兩個，一方面世界上併存著許多具有平等主權之國家，它們各自有著自己獨特之法律制度；二方面這些國家之自然人與法人在民法、商法、家庭法、勞動法等民商事關係中建立接觸與聯繫，其並希望得到外國之保護❼。大陸有學者認為法律衝突之發生原因主要有三方面條件：即⑴各國人民交往頻繁；⑵各國民商法互相歧異；⑶涉外民事法律關係在一定範圍內有適用外國法的必要與可能❽，我國學者亦大同小異。筆者就各國學者見解歸納有六：⑴就經濟條件言：國際交往之展開；⑵就基本或前提條件言：各國法律之互異；又國際私法趨同化有關者有「國際統一實體法」與「統一國際衝突法」二類一併說明其含義、實例與比較異同；⑶就主體條件言：外國人權利之保護與享有；⑷就法權條件言：內國法權之獨立、自主與統一，一併說明「治外法權」、「領事裁判權」與「國際私法施行法權」問題之概念、實例與比較圖表；⑸就實質法理條件言：法律空間效力之衝突，說明「外國法律域外效力與內國法律域內效力，或內國法律之域外效力與外國法律之域內效力之間的衝突」之法理與實際；⑹就競合條件言：說明「內外國法之並用」。以下茲逐一說明之。

二、經濟條件：國際交往之開展

　　國際私法中狹義的法律適用問題既以解決國際民商事法律關係為對象，則國際私法成立之首——背景，必為內外國人國際上之交流，而內外國人國際上之交流又必以「國際交往之開展」為前提。蓋各國之間無正常交往，即無涉外因素之法律關係，自無適用外國法之機會，僅依內國法之規定。古昔各國因經濟之自給，交通之阻隔，各以鎖國主義或閉關自守為政策，不特拒絕外國人之入國，亦且嚴禁內國人之出境，既未有國際私生活，涉外法律關係即少，則國際私法亦莫由發生。此際法律之目的與法律之效力當合而為一，內國人永處於內國，在內國領域

---

❼　Kalensky, *The Trends of Private International Law*, 1971, p. 20f.

❽　李浩培主編，《中國大百科全書・法學卷》，中國大百科全書出版社，北京，一九八四年第一版，第二二八頁。

之外，無一內國人，法律之目的自不能發展至國外，致有侵害他國領土主權之虞；外國人永居於外國，在內國領域以內，無一外國人，法律之效力絕對施行於全領域之內，即不致有侵害外國人民主權之險。較後，由於經濟發展，國際交通發達，國際商務漸盛，一國不足以自足，互市通商、移民僑寓、人民往來與時俱增，各國以開放門戶及經濟自由，內外國人交往日益頻繁，私人間關係日益複雜，在法律關係上含有涉外因素，國際民商事法律關係於焉發生，故國際交往之開展是國際民商事關係發生之前提，亦是國際私法賴以存生之基礎。

我國在唐朝時已有大量之國際民商事關係發生，外國人在中國居住、經商十分普遍，當時在長安、廣州等有數十萬外國人居住，他們在中國享有經商、購置不動產、婚姻、繼承、訴訟等許多民事權利，自生國際交往而生國際民事法律關係。

我國早在漢唐以前，便已有涉外民事關係發生，在唐朝《唐律疏義》卷一「永徽律」中〈名例篇〉更謂：「諸化外人，同類自相犯者，各依本俗法（即今天所說的各依他們的本國法）；異類相犯者，依法律論（即依唐王朝的法律論處，也就是今天所說的適用『法院地法』）。」即為十分典型之衝突法規範；我國在同時，經由「絲綢之路」與中東、歐洲國家有廣泛國際交往，使威尼斯、熱那亞、佛羅倫斯等城邦國家貿易自由，成為國際貿易中心。當時，義大利之法學家 Bartolus 提出「法則區別說」(Theory of Slatutes) 解決國際民商事法律關係。在歐洲，自出現含有涉外成分的國際民商事關係到產生「法律適用的衝突」，經歷了一個漫長的歷史發展過程。早在奴隸制國家產生後，在商品交換過程中，便已經出現了一些涉外民事關係。但是，第一，在當時交通還很不便利的情況下，這種涉外民事生活還未成為國家經濟生活的一個重要方面，不需要有專門的法律加以調整；第二，古羅馬國家不承認外來人 (peregrin) 在羅馬境內享有羅馬「市民法」(jus civile) 上的各種權利；第三，它更不承認羅馬以外國家的法律與羅馬法具有同等的價值，從而當然不承認外國法的域外效力。因此，儘管到了西元三世紀以後，對羅馬人與外來人之間、外來人與外來人之間的民事關係，已經適用一種不同於「市民法」的「萬民法」(jus gentile)，但這種萬民法也只是羅馬國家的國內法，根本不發生法律衝突或法律選擇的問題。到了十二、三世紀以後，義大利北部各居於當時東西方貿易孔道的城市取得了相當大的自治權力，發展成為「城邦」(city state)，各城邦都制定自己的特別法，即「法則」(statute)，同時，這些城邦為了保護和發展

涉外民事關係，彼此相互承認這種特別法的域外效力時，法律衝突才成為法學家們注意與研究的重要問題，解決這種法律衝突的國際私法也才逐漸產生和發展起來❿，故國際交往之開展為國際私法成立之第一背景。

三、基本條件：各國法律之互異

國際私法之成立有一消極背景，即各國法律之互異。國際私法之存在源於內外國法律之衝突，在一國際民商事法律關係之發生，究依何國法律為準據法。蓋法律為社會之產物，由於各國政治制度、國民精神、社會狀態、經濟基礎、歷史發展、文化傳統、宗教信仰及風俗習慣之不同，法律內容自有互異，例如有關結婚年齡，各國規定不同，從十二歲至二十二歲不等。正由於各國法律互異，對同一國際民商事關係，因適用不同國家或法域之法律而產生不同結果，即產生應適用何國或何法域之法律確定當事人權利與義務之問題。故各國法律之互異是國際民商事法律關係發生之前提條件或基本條件。

一般學者均謂各國法律苟一致相同，內國遇涉外的法律關係，即無須決定管轄問題，更不必另定法律之適用，儘可以任何國法院適用任何國法律裁判，其結果必屬一致，但筆者提出二點說明：一則各國法律一致相同，在現代「國家」與「法域」仍存在，則法律完全一致似屬不易，尤其在可預見的將來，法律衝突是仍然存在的；二則縱使各國法律完全相同，所謂「結果必屬一致」仍有待商榷，蓋國際私法中有「隱藏的衝突」，即令世界各國之選法適用法則、連結因素均無「明顯衝突」或「解釋衝突」，其國際民商事關係仍會因定性不同，致不適用同一法則而形成判決不一致，即各國民法相同，國際私法相同，就同一國際民商事關係依甲國民商法定性為侵權行為問題，但依乙國民商法卻定性為契約問題。故即使各國法律相同仍有國際私法存在之必要，更何況各國法律互異，國際私法更容易存在。

又值得說明者，國際之間各種會議與學者主張，以謀統一世界各國之法律者，有謂「趨同化」，然應可分二類，一為國際統一實體法：所謂「國際統一實體法」(Private international uniform substantive law) 係指調整平等主體之間的國際民商事法律關係的統一實體法律規範的總稱，或謂是調整國際私法關係的統一實體法律規範之總稱，例如，一九八八年生效的「聯合國國際貨物買賣契約公約」(The

---

❿　李雙元，《國際私法（衝突法篇）》，武漢大學出版社，武昌，一九八六年六月第一版，第四頁至第五頁。

United Nations Convention on the International Sale of Goods)、一九八〇年「貿易價格條件國際解釋通則」(Incoterms 1980)、一九八〇年國際統一私法協會「國際商事契約通則」(Principles of international Commercial Contracts)，其目的在統一實體法以徹底消除或避免各法系領域之法律衝突，以公約直接規定當事人權利義務之具體內容，調和不同國家甚至不同法系有關法律規定之不同；二為統一國際衝突法：避免當事人「任擇法庭」，關於某種具體問題，經由國際條約將各國衝突法統一，以防止第二次元法律衝突之謂，例如歐洲一九八〇年「歐洲共同體關於契約義務法律適用的公約」(The EEC Convention on the Law Applicable to Contractual Obligations)、一九八五年「聯合國國際貨物買賣契約法律適用公約」(The United Nations Convention on the Law Applicable to the International Sale of Goods Contracts) 等，其目的在統一衝突法程序問題。就兩者詳細比較言之，前者為民商法之統一，後者為國際私法之統一。蓋國際私法中法律適用問題是「程序法」，其統一較為間接，國際私法統一，則對於同一性質之國際民商事關係，此次判決適用某一法律得到某一結果，但下次判決之國際民商事關係，縱與前次性質完全相同，準據法立法主義相同，但具體案件應適用之實體法不同，則仍可能產生判決歧異之結果；而統一實體法律民商法統一或趨同，則判決一致，原告「任擇法庭」勢將減少，加以國際私法之統一，則同一法律關係，將選擇適用相同準據法，求得相同判決，故判決一致之目標達成。

四、主體條件：外人權利之享有

內外國人交往，國際私法之發生與發展是與外國人在內國的民事法律地位之變遷與提高密切相關的，許多學者認為賦與外國人民事法律地位是國際民商事法律關係得以正常進行之重要條件，蓋在昔閉關自守與鎖國政策時代，內外國人民既老死不相往來，則外國人權利之保護，殊無從想像，國際私法自無存在之餘地；迨後各國雖交往，視外人為夷狄，不以人類或內國人同等待遇，且經濟關係之範圍，以自給狀態為足，內外國人交往為出於偶然或暫時，認為一切權利為國民之特權，外國人既非國民，又等夷狄，外國人既不得享有權利，國際私法自不能發；再後，一方面因人權之說興起，且因經濟之擴充，各國對人權保護及國際交流，或採相互原則，或取平等主義，故近代諸先進國家承認保護外國人之權利。又外國人之權利當用如何方法保護之問題，一方面如果外國人在內國享有凌駕內國人之上之特殊地位，當無民商事法律衝突存在，例如曾有列強國家在中國享有片面

領事裁判權 (Consular Jurisdiction)，這些國家之國民在中國所生之民商事關係，由其領事裁判並適用其本國法，自不會發生國際私法；又另一方面另設一法律使外國人處於不利地位，如羅馬之萬民法，係為處理非羅馬市民之法律關係而設，比較其他不承認外國人有人格，而得自由剝奪或殺戮者固佳，但仍非國際私法所謂私人保護之道，蓋以同一內國法律保護內外國人之權利，似可使其處於表面上平等待遇，實際上則仍屬不平等待遇。因為以內國法保護外國人之權利，仍非保護權利，一則內國法常僅賦與內國人權利而外國人不能適用者，二則外國人之法律關係常有更應適用其本國法，始可以為其權利之保護者，例如成年年齡或結婚年齡不應依「內國法」而應依「本國法」。故外國人之權利保護方法，應以自主法權分別規定某項權利之保護適用「外國法」，某項權利之保護應適用「內國法」，故國際私法於焉產生。

又是否一切權利外國人與內國人均同等享有？通說認為公權為內國人所特別享有者，私權為內外國人同等享有，但實質上觀察公權中如自由權、請求權雖非完全享有，但不能謂外國人絕對不能享有；同樣地，私權中雖多為內外國得同等享有，但如土地所有權、礦業權、漁業權等則外國人多不能享有。筆者認為凡權利係以「國家」為本位，自必限於有社員資格者始能享有之，即由組成國家之國民享有；凡權利係以「個人」為本位，則不論內外國人均得享有，蓋不在其與「國」之關係而在其有「人」之資格。

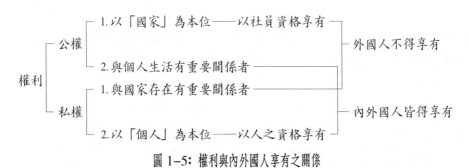

圖 1–5: 權利與內外國人享有之關係

五、法權條件： 內國法權之獨立

國際私法發生之法權背景必須為獨立自主之法權，所謂獨立自主之法權係指一國法權絕對自主而獨立地及於其全領域，不許外國法權之侵入，倘其國無獨立自主之法權，則國際私法無從存在。有關「法權」涉及外國且涉及限制者有三：

㈠治外法權問題

　　法權有時因國際禮讓之關係而受限制者，例如外交使節所享有治外法權，其人仍受其「本國法」法律支配之權利義務，而不受「住在國」法律支配之權利義務，治外法權在國際間是相互的，故不損害一國法律之獨立自主的性質（見下圖1-6）。

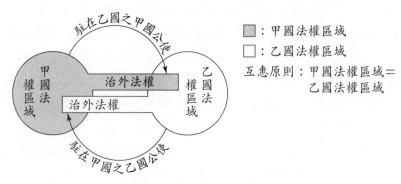

圖1-6: 治外法權──互惠原則

㈡領事裁判權問題

　　所謂一國法權受限制者為領事裁判權之存在，在此住於內國之外國人遇有法律關係，內國對其即不能行使裁判權，而由其國領事代表其國家為之。如我國於清末民國初年與外國簽訂不平等條約，在租界喪失領事裁判權。所謂領事裁判權者，外國以其獨立自主之法權，保護其國人在住（駐）在國之權利，是不特直接而積極地實現其人民主權，且更侵害其住（駐）在國之領土主權，使住（駐）在國法權失其統一，喪失獨立自主法權（見下圖1-7）。

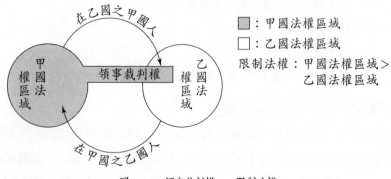

圖1-7: 領事裁判權──限制法權

㈢國際私法施行「法權」問題

一國家之「法權」無領事裁判權之限制，則內國自可依其獨立自主之法權，依國際私法選擇內外國法律為準據法，保護內外國人之權利，並可依之適用外國法律於外國人之法律關係，一方面可使外國法律之目的間接地得以維持；他方面使內國法律之效力直接地有所實現（見下圖 1-8），蓋一國具有獨立自主之法權，能在國際民商事法律關係，就其性質為適宜之規定，以確立適用何國法律之準則；反之，一國家無獨立自主法權，雖有國際民商事法律關係，卻不能由內國對外國人加以裁判，國際私法既非所需，自無由發生，縱或事實上已頒布成文的國際私法，而將無所適用而形同具文。

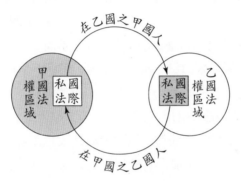

圖 1-8：國際私法施行法權圖

六、實質法理條件：空間效力之衝突

國際私法因各國民商法規定之不同，復加以內國法院在處理國際民商事法律關係時，承認外國民商法之域外效力，即產生法律適用上衝突。國際私法中法律適用上衝突之實質法理為「外國法律之域外效力與內國法律之域內效力，或內國法律之域外效力與外國法律之域內效力之間的衝突」⑩，即法律空間效力之衝突。所謂「法律域內效力」亦稱「屬地效力」，係指一法律所具有的及於其管轄領域內之一切人、物和行為之效力，其主要表現了國家之「屬地優越權」(territorial supremacy)；所謂「法律域外效力」又稱「屬人效力」，係指一國法律在制定者管轄領域以外尚能發生之效力，其常表現了國家的屬人優越權 (personal suprema-

---

⑩ ㈠ Martin Wolff, *Private International Law*, 1955, p. 252; ㈡李雙元，《國際私法》，北京大學出版社，北京，一九九一年九月第一版，第二十二頁至第二十四頁。

cy)，即一個國家的法律對其本國之一切人，不論該人在境內抑或境外均有效，均應適用。例如法國民法典第三條第三項：「有關個人身分及享受權利之能力之法律，適用於全體法國人，即使其居住於國外時亦同。」國家在行使自己的屬人優先權時會與他國的屬地優先權發生牴觸，或者國家在行使自己的屬地優先權時會與他國的屬人優先權發生衝突，因此在處理國際民商事關係時，表現主權權力之屬地優越權與屬人優越權，是一個矛盾統一體之兩個不同方面，即法律空間效力之競合。舉例說明：一個二十二歲的墨西哥公民李查蒂，在法國與一個法國人簽訂契約，後來，該墨西哥公民以他還未成年為理由，提出抗辯，不承擔違約責任。因為，墨西哥法律規定二十三歲為成年人，這一規定具有域外效力，不論他位於何處，墨西哥法律都對他有效；而一八○四年法國民法典規定，二十一歲為成年人（一九七四年修改：男或女滿十八歲者為成年人），法國法律具有域內效力，要求位於法國的外國人也必須遵守，法國法院在受理此案時，就發生了這樣的衝突：依墨西哥法律的域外效力，他無行為能力，可以不承擔違約責任；而依法國法律的域內效力，他具有行為能力，應該承擔違約責任。

故一個國際民商事關係出現一個國家法律之域內效力與另一個國家的域外效力之競合，即產生不同國家法律的域內與域外效力之衝突，國際私法選法即發生；反之，倘不同立法規定不觸及其施行之空間效力則不會發生法律衝突，國際私法即不發生，故就實質法理言，法律內外法域效力之競合是國際私法發生背景之五。

七、競合條件：內外國法之並用

我國有學者稱內外國法之並用，亦為國際私法之發生條件，蓋國際民商事法律關係既含有涉外因素，即有適用二個以上國家法律之可能，國際私法最主要目的就是對於國際民商事法律關係依其性質就內外國或法域之法律選擇應適用之法律。若內外國法不能競合並用，則國際民商事法律關係發生時，一則概由內國法院管轄，專依內國法足矣！反之，二則概由外國法院管轄，專依外國法足矣！既專依某國或某法域之法律，國際私法無成立背景，故惟有內外國法律並用，何時依國際私法選擇適用內國法抑或依國際私法選擇適用外國法，選擇準據法應有適當之準則或法則，其準則或法則即為國際私法，故內外國法並用為國際私法成立背景之六。

第二章　國際私法之適用對象論

二、間接解決方法：衝突法解決方法

㈠間接解決方法之意義

㈡間接解決方法之性質

㈢間接解決方法之分類

㈣間接解決方法之實例

㈤間接解決方法之步驟

㈥間接解決方法之重要性

㈦間接解決方法之法規範

㈧間接解決方法之局限性

㈨間接解決方法之改進

三、直接解決方法：統一實體法

㈠直接解決方法之時代背景

㈡直接解決方法之意義

㈢直接解決方法之分類

㈣直接解決方法之實例

㈤直接解決方法之優勢

㈥直接解決方法之局限性

四、間接解決方法（衝突法規範）與直接解決方法（統一實體法）間之關係

五、直接適用法律 (loid' application immediate) 方法：警察法 (lois de police)

第一節　適用對象論之概念

所謂「國際私法適用對象」係指國際私法所規範或所調整之法律關係，我國學者僅謂「涉外案件」，亦有學者將適用對象與研究範圍混為一談。而論及「涉外案件」之定義一般謂涉及外國人或外國地（似採二元論）❶，因適用對象論是國際私法之大前提，管見認為有下列七個問題值得提出討論：(1)適用對象之正名：筆者捨傳統「涉外私法案件」而採「國際民商事關係」；(2)適用對象之學理爭論：國際私法適用對象究為「國際民商事關係」抑或為「國際民商事法律關係」？究為「整體的（全部的）國際民商事關係」抑或為「特定的、部分的（特別的）國際民商事關係」？在學理上有深入討論必要；(3)適用對象之特徵：筆者認為國際民商事法律關係具有平等性、私法性、國際交往性、涉外性（國際性）、範圍具有廣泛性及「國家」(Country) 與「外國」(Foreign) 具有廣義性等等特性；(4)國際民商事法律關係之構成：學者見解有「一元論」、「二元論」、「三元論」，筆者提出「四元論」❷，即法律關係之權利義務之「主體」（人）、「客體」（物）、「內容」（法律事實）及「救濟」具有涉外因素者；(5)國際社會法律關係之分類與互動（轉換）：法律的社會關係如何分類，純國內民事關係與純國際民事關係之差異性比較，又「涉外民事關係」如何轉變為「純外國法律關係」或「客觀國際民商事關

---

❶ 稱「涉外案件」或「涉外法律關係」者有：㈠馬漢寶，《國際私法總論》，自版，一九七七年第六版，第一頁；㈡劉鐵錚、陳榮傳，《國際私法論》，三民書局印行，臺北，一九九六年十月第一版，第四頁；㈢蘇遠成，《國際私法》，五南圖書公司印行，一九八四年五月初版，第三頁至第四頁；㈣林益山，《國際私法新論》（國立中興大學法學叢書），一九九五年六月出版，第一頁；㈤梅仲協，《國際私法新論》，三民書局印行，一九八二年六月第四版，第五頁。

❷ ㈠我國學者大部分採「二元論」（外國人及外國地）：1.馬漢寶，《國際私法總論》，自版，一九七七年第六版，第二頁；2.劉鐵錚、陳榮傳，《國際私法論》，三民書局印行，臺北，一九九六年十月第一版，第五頁；3.林益山，前註書，第一頁。

㈡採「三元論」（外國人、外國物、外國行為）者有：1.劉甲一，《國際私法》，三民書局印行，臺北，一九八二年九月修訂初版，第五頁至第七頁；2.曾陳明汝，《國際私法原理》（國立臺灣大學法學叢書⑿），自版，一九八四年五月新版，第五頁；3.洪應灶，《國際私法》，中國文化大學出版部印行，一九八四年九月第三版，第六頁。

㈢我國採「四元論」者有：梅仲協，《國際私法新論》，三民書局印行，一九八二年六月第四版，第五頁至第七頁。

係」，「純外國法律關係」如何轉變為「涉外民商事關係」，即各種國際社會法律關係間之互動與轉換問題；(6)國際民商事法律關係之實務檢討：我國自清末起百年來有關司法判例、解釋、行政機關令函，就國際民商事關係可歸納十餘則，值得擇其要者提出說明與檢討；(7)國際民商事法律關係之解決方法論：除了傳統「間接」解決方法——以「衝突法」解決之方法外，筆者提出二種新興方法，即「直接」解決方法——以「統一實體法」解決之方法，及依「直接適用法律」(loid' application immediate) 理論以「警察法」或「強行法」方法解決❸。凡此七個問題分節一一說明。

第二節　適用對象：國際民商事法律關係之正名

一、傳統之見：涉外私法案件

我國國際私法學界認為國際私法適用對象為「涉外案件」(Foreign cases) 或「涉外民事法律關係」(Civil legal relations with foreign element)，筆者認為傳統之見無法建立正確法律觀念，且對大國際私法之適用範圍與理論體系無法包括，故主張捨傳統之「涉外案件」或「涉外私法案件」而採新興之「國際民商事法律關係」。

二、新興之見：採「國際民商事法律關係」

筆者捨「涉外私法案件」而採「國際民商事法律關係」，其理論依據：(1)捨「案件」而採「關係」或「法律關係」之原因：國際私法適用或遵守主體，並不限於「法院」或「仲裁庭」，更應及於「當事人」、「行政機關」❹，適用時間不

---

❸　有關「直接適用法律理論」，可見㈠胡永慶，《直接適用的法的理論研究》，武漢大學碩士論文，一九九八年五月；㈡徐冬根，〈論直接適用的法與衝突規範的關係〉，載《中國法學》，一九九〇年第三期；㈢徐冬根，〈論法律直接適用理論及其對當代國際私法的影響〉，載《中國國際法年刊》，一九九四年；㈣韓德培，〈國際私法的晚近發展趨勢〉，載《中國國際法年刊》，一九八八年；㈤肖永平，《衝突法專論》，武漢大學出版社，武昌，一九九九年五月出版，第一五九頁至第一八二頁。

❹　筆者認為「行政機關」例如國際婚姻關係登記之「戶政機關」、國際收養之公證之「公證機關」、國際船舶所有權移轉登記之「船舶管理機關」均應適用「國際私法」。再如我外交部駐外館處文件證明辦法第一條規定謂：「在中華民國領域以外之文件證明事務，除條約或法規另有規定外，由中華民國駐外使領館、代表處、辦事處或其他外交部授權機構（以下通稱駐外館處）依據本辦法辦理之。」觀之自明。

限於「紛爭發生後」，應及於「爭議發生前」（預防法學），故捨狹義「案件」而改採「（法律）關係」；(2)捨「涉外」而採「國際」之原因：傳統依「涉外」似採兩分之「涉內」與「涉外」，但一則跨國公司或法人出現甚難區別涉內或涉外；二則在海上或空中案件，尤其公海、公空發生案件，無法以「涉外」一語涵蓋；三則就權利主體言，在「無國籍人」時究為「涉內案件」抑或「涉外案件」，同樣的在有內外國雙重國籍人時究為「涉內案件」抑或「涉外案件」❺，不無疑義；四則稱「涉外」係基於「對內」之立場，稱「國際」係基於普遍性立場言；(3)捨「私法」而採「民商事」之原因：一則我國國際私法忽視「商事衝突法」，所謂「民商合一」僅立法體系（技術）而非立法重要性（實質），據筆者就我國百年判解之研究歸納，商事衝突問題多於民事衝突問題；二則很多國家係民商分立，舉「民事」無法包括「商事」；三則「公法」與「私法」區別不易，尤其最近有關競爭法、公司法、票據法、破產法、知識產權法❻等相關衝突法或法律適用應否列入國際「私法」中，無法以「公法問題依法庭地法原則」一語帶過；(4)採「國際民商關係」一語有助體系建立：是建立國際民商新秩序之起步，為國際私法學建立更完整、更新穎、更寬廣之新學術領域。

第三節　國際私法適用對象之學理爭論

一、提出問題

關於國際私法適用對象，外國國際私法教科書探討不多，但在臺灣及大陸學界討論較多，大陸學術界甚至長期爭論不休或存在著分歧❼，討論焦點有二：一

---

❺　例如(一)有一具有中美兩國國籍之甲與中國籍之乙在臺中簽訂買賣契約，標的物在臺中；(二)有一具有中加（拿大）國籍之丙在臺灣罵中國人丁「喪心病狂」；兩案是否涉外案件？

❻　有關文獻可見：(一)李金澤，《公司法律衝突研究》，武漢大學博士論文，二〇〇〇年四月；(二)許光耀，《歐盟競爭法研究》，武漢大學博士論文，一九九九年五月；(三)石靜遐，《跨國破產的法律問題研究》，武漢大學博士論文，一九九八年七月，武漢大學出版社，國家九五重點圖書，國際法研究叢書，一九九九年二月第一版。

❼　(一)張仲伯，〈關於國際私法之對象、範圍和體系〉，載《中南政法學院學報》，一九九八年第一期。

　　(二)黃進、肖永平，〈中國國際私法領域重要理論問題綜述〉，載《中國社會科學》，一九九〇年第六期。

為國際私法適用對象究為國際民商事法律關係（又稱涉外民商事法律關係），抑或為國際民商事關係（又稱涉外民商事關係）？二為國際私法的適用對象究為整體的（全部的）國際民商事關係，抑或特定部分的（特別的）國際民商事關係？凡此問題之探究與澄清，涉及決定法律區別之主要標誌與立法上問題，有其重要價值。

二、國際民商事關係？國際民商事法律關係？

㈠甲說：國際民商事關係說（從狹義說）

有學者謂「民事關係」和「民事法律關係」是兩個不同質的概念，兩者在內涵和外延上都存在區別。民事關係是社會關係中的財產關係和人身關係，其本身並不存在固有的權利義務內容；民事法律關係則是一種意志社會關係，是民事關係中具有權利義務內容的財產關係和人身關係。而且，民事法律關係是由民事關係轉變過來的，轉變的條件就是相應民事法律規範的實施，從而在法律上賦予了民事關係以權利義務內容，民事關係是民事法律調整的對象，民事法律關係是法律調整的結果，故國際私法之適用對象是國際民商事關係或涉外民商事關係，而非國際民商事法律關係或涉外民商事法律關係❽。

㈡乙說：國際民商事關係與國際民商事法律關係說（從廣義說）

有學者謂在國際私法上，國際民商事關係和國際民商事法律關係或涉外民商事法律關係是同義語，沒有實質上的區別。國際民商事法律關係或涉外民商事法律關係就是受國際私法調整的國際民商事關係或涉外民商事關係。那種否定民事關係存在固有的權利義務內容的觀點是不正確的，因為任何社會關係都是人們基於一定的規則而結成的權利義務關係。把國際私法的調整對象僅理解為國際民商事關係而非國際民商事法律關係是片面和機械的❾。

---

❽　採狹義說者有：㈠陳力新、邵景春，《國際私法概要》，光明日報出版社，一九八八年第一版，第十頁；㈡劉振江主編，《國際私法教程》，蘭州大學出版社，一九八八年版，第六十頁；㈢張仲伯主編，《國際私法學》（高等政法院校規劃教材㉙），中國政法大學出版社，北京，一九九九年一月第一版，第六頁；㈣浦偉良、郭延曦，《國際私法新論》（立信法律叢書），立信會計出版社，上海，一九九五年四月第一版，第五頁。

❾　採廣義說者有：㈠余先予主編，《簡明國際私法學》，中央廣播電視大學出版社，一九八六年第一版，第二頁至第三頁；㈡黃進主編，《國際私法》（九五規劃高等學校法學教材），法律出版社，北京，一九九九年九月第一版，第六頁至第十頁；㈢劉衛翔、余淑玲、鄭自文、王國華，《中國國際私法立法理論與實踐》，武漢大學出版社，武昌，

三、整體的（全部的）國際民商事關係？ 特定部分的（特別的）國際民商事關係？

㈠甲說： 特殊的國際民商事關係說

有學者謂國際私法只調整特殊的或特定範圍的涉外民事關係，即「涉及外國法適用的涉外民事關係」，而這種特殊的或特定範圍的涉外民事關係必須具備如下條件： 一是涉外民事關係本身必須具有外國法效力所及的法律事實； 另一是外國法的效力必須獲得內國法的承認 ❿。

㈡乙說： 特別的（局部的）國際私生活法律關係說

有學者亦認為國際私法非指一切適用於國際私生活法律關係之全部問題，而僅就與國際私生活關係直接關聯之特定問題，始有其適用。國際私法之運用因法院受理案件而開始，各國法院乃以其本國之法制為運用之基礎，而各國法制本即因文化、社會、經濟、政治背景不同而有差異。故就各國法院觀點以論國際私法，則各國國際私法本身並非涵蓋全部國際私生活法律關係之法律適用法，而實僅為其局部耳。例如一玻利維亞男子，在西班牙首都馬德里與西班牙女子結婚，依玻國法該女子取得玻國國籍（即妻隨夫國籍原則）。夫妻時住美國，時住法國。經數年後，夫先在法國訴請離婚而敗訴，嗣又在墨西哥法院訴請離婚而獲離婚判決。又其妻則在法國法院提起別居之訴。在上述案例中，法國及西班牙因接受別居之法制，而玻利維亞法無之。倘若法國法院宣告別居，亦不能以其適用於玻國人為理由，而將法國有關別居之衝突法則歸類於玻國國際私法中。誠如上述，在今日各國之實證法中，各國法院均依本國之民商法，反射適用於國際法律關係上。故在實體法上根本不接受別居之國家，當亦無別居衝突法則之可言。就此意義觀之，則國際私法乃屬各國國際私人間法律關係之特別適用法 ⓫。

㈢丙說： 整體的（全部的）國際民商事關係說

有學者認為國際私法應把國際民商事法律關係視為一個整體來進行總體調

一九九五年十月第一版，第十七頁至第十九頁。

❿ 採此說者有： ㈠陳力新、邵景春，《國際私法概要》，光明日報出版社，一九八八年第一版，第五頁至第十頁、第二十四頁至第二十六頁； ㈡張仲伯主編，《國際私法學》，中國政法大學出版社，北京，一九九九年一月第一版，第六頁。

⓫ 柯澤東，《國際私法》（國立臺灣大學法學叢書⑸⑸），自版，臺北，一九九九年十月第一版，第二十八頁。

整，國際私法的調整對象就是國際民商事法律關係，沒有受國際私法調整的國際民商事法律關係和不受國際私法調整的國際民商事法律關係之分❷。

四、管見：國際民商事法律關係之廣義說

　　有關國際私法適用對象學理上所以有上述紛歧，⑴就學說紛歧之原因言：一方面是由於學者們對國際民商事關係或國際民商事法律關係這一概念有不同的理解，另一方面也是由於學者們在國際私法的範圍上有不同的看法；⑵就國際私法與國際海商法、國際貿易法之關係言：隨著國際交往日益頻繁，國際民商事法律關係越來越複雜和多樣化。其中部分國際民商事法律關係，如國際貿易關係，得到突飛猛進的發展，規範它們的法律規範也相應增加，甚至與其他法律規範結合，形成新的獨立法律部門。國際海商法和國際貿易法就是典型的例子，它們也規範部分特定範圍的國際民商事法律關係。但是，我們並不能把脫胎於國際私法的這些部門或分支所規範的國際民商事法律關係排除在國際私法的規範對象之外。因為國際私法儘管由於國際民商事法律關係複雜化和多樣化，已不可能也沒有必要將規範國際民商事法律關係的所有問題包括在內，然而，國際私法必須對國際民商事法律關係從總體上進行全面性規範。國際海商法和國際貿易法等法律部門的產生，是國際私法發展的自然結果和其進步的明顯標誌，但不等於說有它們的存在就不需要國際私法去規範有關國際海商和國際貿易法律關係了。相反地，國際私法仍然需要有確定國際民商事法律關係的總原則或一般制度，而國際海商法和國際貿易法等新形成的法律部門自身的建立和發展，以及規範有關的法律關係，也需要借助於國際私法的總原則或一般制度；⑶就法律之重疊關係言：歷史發展到今天，隨著國際社會發展的複雜化和多樣化，任何一項國際法律關係的法律規範，任何一項國際爭議的解決，都牽涉到多方面的法律問題，須借助多方面的法律手段和途徑。而且，國際社會關係的複雜化和多樣性，不僅導致了許多新的法律部門的出現，而且使原有的法律部門也增添了新的內容。在這種情況下，各個法律部門規範對象的交叉與重疊已在所難免。對於同一對象，不同的法

---

❷　採此說者有：㈠江川英文，《國際私法》，弘文堂，一九九〇年，第一頁至第二頁謂：「國際私法是為調整各種涉外私法關係而指定私法秩序的法則的總和。」㈡黃進主編，《國際私法》（九五規劃高等學校法學教材），法律出版社，北京，一九九九年九月第一版，第七頁至第八頁；㈢余先予主編，《衝突法》（高等財經院校教材），上海財經大學出版社，上海，一九九九年十二月第一版，第四頁至第五頁。

律部門可以從不同的角度加以規範。同樣，對於同一對象，學者如果從不同的角度採用不同的研究方法進行研究，也可以把它視為不同法律部門的規範對象。作為國際私法規範對象的國際民商事法律關係亦如此，它的某一部分為其他法律部門所規範實不足為奇。我們不能因此簡單地把那些為其他法律部門交叉或重疊規範的國際民商事法律關係從國際私法的規範對象中排除出去。

第四節　國際民商事法律關係之特徵

國際私法適用對象國際民商事法律關係，即涉外民商事關係，其有以下六個特徵：(1)平等性：區別「涉外支配關係」與「涉外平等關係」；(2)私法性：區別「國際公法」與「國際私法」；(3)國際交往性：說明其產生之基礎；(4)涉外性（國際性）：區別「涉外案件」與「內國案件」；(5)範圍廣泛性：強調民商事等平等私法關係；(6)區際性：除「國際性」及於「區際性」。

一、平等性

國際法律關係依當事人地位是否互有優劣之別，而可區分為「涉外支配關係」與「涉外平等關係」。國際私法適用對象係關於涉外平等關係之法律關係，一般所謂「民商事法律關係」是一種平等主體之間的權利義務關係，其當事人都是獨立主體，其地位是平等的，其權利義務是建立在平等原則基礎之上。所謂「涉外支配關係」係法律關係一方當事人優越於他方當事人者；而「涉外平等關係」係指法律關係雙方當事人互無優劣。又所謂當事人間地位是否互有優劣係純就形式觀點而區分，即以當事人究竟係以「私人地位」抑或以「支配之權威地位」參與涉外關係為標準而為區別。例如國家政府與外國人（公司）間訂立買賣契約，係約以立於「私人地位」或「經濟地位」為行為，雙方地位互無優劣，其關係應屬涉外平等關係；又如就「普通商事約款」(allgemeine Geschaftsbedingungen) 中之涉外保險問題而言，該契約雖因保險公司經濟上優越地位，形成「附合契約」(Contrat dadhesion) 之特質，似難謂其雙方當事人互為平等，然保險公司既以私人地位參與該涉外關係，於此所發生者應為如何糾正其優越地位，以維持當事人間真正平等之問題，其仍為涉外平等關係；反之，當事人之一方以對於他方「支配地位」參與涉外關係者，無論該涉外關係之內容如何，概屬涉外支配關係。例如國家強制徵收，係國家以支配地位剝奪或撤銷外國人財產權，應屬涉外支配關係，又如國家政府對外國人之企業經營予以管制，或對於涉外平等關係上訴訟所為裁判與

執行行為，或授與國籍予個人或公司法人，均應屬涉外支配關係之範疇。國際私法適用對象限於涉外平等關係而不及於涉外支配關係，故國際民商事法律關係具有「平等性」之特徵。

二、私法性

國際私法所規範之對象僅限於私法上之法律關係，而不及於公法上之法律關係。詳言之，國際私法適用對象應以私個人間，且以其間之私生活法律關係為內容，故有關涉外之民事商事或其他特別私法上之法律關係，均應受國際私法之規範。易言之，不但普通民商法，縱使特別民商法而不逾越私法關係者，均屬國際私法之範疇，蓋其所以滿足現代生活之所必需者，舉凡人之權利能力、行為能力、債權、物權、親屬、繼承、公司、海商、保險、票據、商標、專利、著作、破產、民用航空等法律關係均屬國際私法之範疇。至於公法上之問題，例如憲法、財經、勞工、刑法、行政法及稅法等問題，蓋因為國家主權所繫，無不與國家公益有關，倘竟適用外國法，將害及內國之公益，故公法關係應不在國際私法之範疇，故國際民商事法律關係具有「私法性」❸。

值得特別注意者，因公法與私法分界已漸形難以嚴格維持，私法問題可能演變成具有公法色彩或受公法之干預；同樣的，屬公法性質之事項可視為具有私法間關係之私法色彩，凡此情形，各國國情及立法不同，究應以何國標準而定？故國際私法面臨「公法私法化」及「私法公法化」難題。(1)公法私法化問題：屬公法性質之事項，如其關係存在於私人間者有時亦應依國際私法解決之。例如政府雖管制外匯，有關匯兌之匯率究依何時之何比率為準，其所應適用之法律，仍視為私人間法律關係，可依國際私法之衝突法則定之❹；(2)「國家」受私法拘束問題：傳統國際私法適用於「私人間」，而國際公法適用於國家及國際組織間為兩法之區別，但現今個人於國際公法上日形重要，例如人權法；同樣的國家亦有受

---

❸　(一)柯澤東，《國際私法》(國立臺灣大學法學叢書(55))，自版，臺北，一九九九年十月第一版，第三十頁至第三十一頁。

　　(二)林益山，《國際私法新論》，國立中興大學法學叢書，自版，臺北，一九九五年六月出版，第一頁。

❹　(一)馬漢寶，《國際私法總論》，自版，臺北，一九七七年六月第六版，第三十三頁至第三十四頁。

　　(二)柯澤東，《國際私法》(國立臺灣大學法學叢書(55))，自版，臺北，一九九九年十月第一版，第二十九頁。

私法拘束之趨勢,例如國家與外國公司(私法人)訂立之契約,契約爭議解決常約定適用私法解決,其性質視為私人間之法律關係,蓋國家立於私人地位自屬國際私法之範疇。雖然如此,其並不因此而改變國際私法著重私人間之關係並以適用於私人關係為主之性質,即國際私法中「私法性」。

三、國際交往性

國際私法所調整或規範對象之國際民商事關係是在國際交往空間範圍產生的,蓋國際民商事關係雖表現同國籍或不同國家之「當事人間」之關係,因此種民商事關係之產生與發展,是與國家對外經濟聯繫之政策與情況密切牽連的,故國際民商事關係產生是以國際交往為前提要件,無國際交往即無國際私法關係,表面上係顯現「私人間」關係,究其實質內涵則體現了「國家間」之關係,每個涉外民商事關係均與兩個或兩個以上之國家利益緊密連繫,即數個法律衝突,究應選擇何國或何法域法律為準據法,服從或適用某國家之總體的對外政策❶,甚至可說國際私法之發展係以經濟發展為基礎,所以法院處理國際民商事關係時要受國際關係的制約。

四、涉外性(國際性)

國際私法適用對象之民商事關係都具有一個或一個以上的涉外因素 (relating foreign element),或稱「外國成分」,即以涉外案件為對象,簡言之,國際私法所規律之法律關係必涉及複數國家或其他國家,若民商事關係限於一國家之內者,無待於國際私法之適用,逕依內國法律解決,例如居住在我國之國民甲乙為夫妻,今因離婚問題在我國法院起訴,有關離婚原因逕依我國法律解決,並非屬於國際私法之問題。但法律關係有涉及其他國家或複數國家,即具有涉外要素者,不得逕引用內國之實質法 (Materielles Recht),應屬國際私法適用對象,而應依國際私法處理。何謂「涉外案件」(國際民商事關係)之標準,有採一元論(法律關係之權利義務主體),有採二元論(外國人及外國地),有採三元論(法律關係之權

---

❶ 十三至十五世紀,國際私法中的一些規範和制度首先在義大利被確定下來,是與當時義大利的經濟發展及其對外貿易的發展密切相關的。十九世紀國際私法中的規範與制度得到迅速發展,是與十九世紀資本主義經濟在世界範圍內迅速發展,國際經濟交往迅速擴大緊密相連的。見文獻:㈠錢驊主編,《國際私法》,中國政法大學出版社,北京,一九九二年五月第一版,第一頁至第二頁;㈡張仲伯主編,《國際私法學》(高等政法院校規劃教材㉙),中國政法大學出版社,北京,一九九九年一月第一版,第六頁。

利義務主體、客體、內容），筆者提出四元論（除法律關係成立之三元論外，加入法律關係救濟之「訴訟地」與「仲裁地」），其含義與轉變，將在本章第五節詳細說明。

又「國際性」或「國際……關係」可分二類：⑴主觀國際性（主觀國際關係）：係指法院或仲裁庭在受理案件「後」，就法院本身或仲裁庭本身為出發點，觀察案件事實，而認定其是否有涉外要素（而非全部為內國性要素），此「涉外要素」係指案件中事項與外國法律有接觸之關係者，而所謂「主觀」係因各案件中有部分要素係與管轄法院或仲裁庭有直接相關者 ❶❻；⑵客觀國際性（客觀國際關係）❶❼：此類係在法院或仲裁庭受理案件「前」，客觀上即存有二個或二個以上之國家法律秩序相與繫屬或接觸，其所謂「客觀性」蓋其不論由何國法院管轄或何國仲裁機構管轄，此等與國家之法律關係聯繫，均不改變，蓋其聯繫關係具有國際性，並不因不同國家法院或仲裁庭而變更其原來存在之客觀性國際聯繫關係。

又國際關係不論為主觀性，抑客觀性，兩者亦可能互有變化，端視其發生之情況及其由何法院管轄而定。如新國家獨立後，將外國公司產業國有化，由於新政府賠償之問題，常發生原外國股東在其本國法院提出賠償請求之訴，則此類事件，就新政府而言，視其為內國事件，但對外國法院而言，則視之為涉外或具國際關係事件者 ❶❽。筆者認為國際私法關係基於有「主觀國際性」與「客觀國際性」有必要提出「四元論」，有關「純外國法律關係」轉變成「涉外私法關係」，「涉外私法關係」轉變成「純外國法律關係」，「涉外私法關係」轉變成「客觀國際民商事關係」之互相轉變均將在本章第六節中一一分析。

五、範圍具有廣泛性

國際私法上所謂民商事關係是指廣義上的民商事關係。蓋世界各國有關民事

---

❶❻ 柯澤東，《國際私法》（國立臺灣大學法學叢書⑸）），自版，臺北，一九九九年十月第一版，第二十九頁至第三十頁。

❶❼ 有學者分「主體上涉外因素」(Foreign element of the subject) 與「客體上涉外因素」(Foreign element of the object)，係指法律關係之「主體」（人）與「客體」（物），與此類分法不同。

❶❽ 柯澤東，《國際私法》（國立臺灣大學法學叢書⑸）），自版，臺北，一九九九年十月第一版，第三十頁。

立法之規定，各國民事立法之適用對象——民事法律關係之範圍不是完全相同的。普通法系國家沒有民法典，其有關民事和商事方面的法律規範體現在普通法中或通過單行專門法規加以規定。如英國有關民商事方面的法律規範都寓於普通法和衡平法中，普通法中形成的法律規範主要是合同法、侵權行為法、家庭法等，衡平法中形成的法律規範主要是不動產法、信託法、破產法等，但沒有完整的體系。十九世紀末和二十世紀初，英國又制定了貨物買賣法、票據法、保險法、公司法等成文法。有些大陸法系國家採取「民商合一」的編纂方法，即將調整民事關係的法律和調整公司、海商、票據、保險、破產等商事關係的法律合併規定在民法典中，或者雖將調整商事關係的規範以單行法另加規定，但視之為民法的組成部分。瑞士、義大利和荷蘭等國便是如此。有些大陸法系國家則採取「民商分立」的編纂方法，即在制定民法典之外另行制定商法典，專門用來調整商事關係。法國、德國和日本等國便是如此。有的社會主義國家的民事立法把婚姻家庭關係排除在民事法律關係之外，單獨立法加以調整。而資本主義國家的民事立法一般視婚姻家庭關係為民事法律關係，即國際私法所指的涉外民商事法律關係，既包括涉外物權關係、涉外債權關係、涉外知識產權關係、涉外婚姻家庭關係和涉外繼承關係，也包括涉外公司法關係、涉外票據法關係、涉外海商法關係、涉外保險法關係和涉外破產法關係等。有的國家的國際私法立法和學者將涉外勞動關係也視為國際私法關係[19]。本書採平等主體之間一切私法關係要綜合考慮世界各國的法律制度，即廣義稱為國際民商事法律關係。值得一言者，我國國際私法之立法意旨雖僅提及民事關係之適用，且於條文中未就商事關係做詳盡之規定[20]；實則在一九五三年四月一日、十五日、二十二日、二十九日立法院民刑商法、外交

---

[19] (一)韓德培主編，《國際私法》(面向二十一世紀課程教材)，高等教育出版社、北京大學出版社出版，北京，二〇〇〇年八月第一版，第三頁。

(二)黃進主編，《國際私法》(九五規劃高等學校法學教材)，法律出版社，北京，一九九九年九月第一版，第三頁至第五頁。

(三)張仲伯主編，《國際私法學》(高等政法院校規劃教材㉙)，中國政法大學出版社，北京，一九九九年一月第一版，第六頁。

[20] (一)我國僅有 1.第五條第三項票據行為方式之準據法； 2.第十條第四項海事物權之準據法。

(二)賴來焜，《海事國際私法中船舶優先權之研究》，政治大學博士論文，一九九二年五月。

兩委員會舉行初步聯席審查會議報告時特別指明關於涉外商事之法律如何適用
應否規定在內一點，研討結果，認為涉外私法的法律關係以商事為最多，若將各
種涉外性質之商事法律概予列入，未免過於繁冗，似應在本法案外另有法令詳為
規定，俾資因應❷。在經半世紀後立法院原結論「另有法令詳為規定」，我國仍
未見「商事國際私法」之立法，頃近司法院涉外民事法律適用法研修會議中筆者
特別建議增列「商事法律適用」❷，筆者已有《海事國際私法學（上）（下）》專
書出版，匡正我國國際私法並未包括商事關係者，須知民商合一，僅民商法典合
一，而不是民事、商事不分❷，故在我國商事關係自屬國際私法之範疇。

六、「國家」(Country) 與「外國」(Foreign) 之廣義性

最後值得特別注意的是，很多國家尤其是普通法系國家對「涉外民事法律關
係」之「涉外因素」(foreign element) 作廣義解釋，認為一個國家內部具有獨特法
律制度之不同法域 (territorial legal unit) 或不同地區之間的民事法律關係，即「區
際民事法律關係」亦屬涉外民事法律關係。例如在英格蘭涉外民事法律關係中「涉
外因素」(foreign element) 與「外國國家」(foreign country) 係指一個非英格蘭因素
和非英格蘭國家，所謂「國家」(Country) 一詞並非憲法或國際公法意義上之國家，
僅指一個具有獨特法律制度之法域或法區 (law district) 之代名詞❷，故英格蘭、
蘇格蘭、北愛爾蘭間也如同德國、法國和義大利等這樣的「國家」之間一樣，「涉
外因素」是指涉及外法域之因素，涉外民事法律關係既包括英格蘭與法國、德國、
義大利等國家之間之國際民事法律關係，亦包括英格蘭與蘇格蘭、北愛爾蘭等法
域之間的區際民事法律關係。

區際私法或區際衝突法適用於「一國數法」（複數法域）之國家外，亦可適
用於「分裂國家」❷，在現階段我國與香港、澳門間亦適用「區際私法」，此見

---

❷ 《立法院公報》，第十一會期第八期，一九五三年七月三十日出刊，第三十四頁。

❷ 見司法院「涉外民事法律適用法修正委員會」，二〇〇〇年元月二十九日會議記錄筆者
發言。

❷ ㈠陳顧遠，《國際私法商事編》（又名「國際商事法論」），民智書局，上海，一九三四
年十一月初版。

　 ㈡賴來焜，《海事國際私法學（上）（下）》（衝突法叢書 6、7），神州出版社，二〇〇
二年八月。

❷ (1) Dicey & Morris, *The Conflict of Laws*, 1989, 11th. ed., p. 1.

　 (2) J. H. C. Morris, *The Conflict of Laws*, 1992, 4th. ed., p. 2.

香港澳門關係條例第三十八條規定自明❷，而兩岸間，臺灣與大陸間民事法律關係，我方依臺灣地區與大陸地區人民關係條例第四十一條至第七十四條規定亦適用「衝突法」之制度解決；大陸地區學者見解❷及實務見解❷均主張准予適用國際私法上的有關制度。筆者亦主張國際私法研究範圍應包括「區際私法」，代表「外國」含義之廣義性。

第五節　國際民商事法律關係之構成

一、國際（私法）關係構成之學說

有關國際私法適用之對象為「國際民商事法律關係」，傳統稱「涉外案件」，而其如何構成，學者見解不一，廣狹不同，歸納為四說：

(一)甲說：一元論

學者見解有一種觀點認為，只有其主體一方或雙方為外國自然人、無國籍人或外國法人時，民商事法律關係才成其為國際民商事法律關係，民商事法律關係並不因其內容和客體與外國有聯繫而成為國際民商事法律關係。這是一種狹隘的觀點❷。

(二)乙說：二元論

臺灣學者認為所謂「涉外案件」其情形如下：(1)涉及外國人者：當事人之一方或雙方為外國人或無國籍者；(2)涉及外國地者：當事人兩造均為本國人，但系

---

❷ 賴來焜，《國際（私）法之國籍問題》，自版，二〇〇〇年九月第一版，第二九六頁至第二九九頁。

❷ 香港澳門關係條例第三十八條謂：「民事事件，涉及香港或澳門者，類推適用涉外民事法律適用法。涉外民事法律適用法未規定者，適用與民事法律關係最重要牽連關係地法律。」

❷ 見(一)黃進，《國際衝突法》，永然文化出版社，一九九六年第一版；(二)李雙元，《國際私法（衝突法篇）》，武漢大學出版社，武昌，一九八六年六月第一版，第一頁；(三)李雙元，《國際私法》，北京大學出版社，北京，一九九一年九月第一版，第一頁至第二頁。

❷ 大陸實務見(一)一九八四年四月三十日最高人民法院《關於貫徹執行〈民事訴訟法（試行）若干問題的意見》之十二條；(二)一九八九年十月十九日最高人民法院《關於適用〈涉外經濟合同法〉若干問題的解答》第二條之規定。

❷ 引自黃進主編，《國際私法》（九五規劃高等學校法學教材），法律出版社，北京，一九九九年九月第一版，第三頁。

爭之動產、不動產，或行為發生地在國外者；(3)涉及外國人及外國地者：當事人之一方為外國人，而系爭之標的或行為亦在外國者❸。深入觀察其採二標準：一為權利「主體」（外國人或無國籍人）；二為「地點」（外國地），應為二元論。

(三)丙說：三元論

　　大陸學者通說認為所謂國際私法調整對象涉外民事關係，就是指包含有外國因素的民事關係，即在民事關係之主體、客體與權利義務據以發生之法律事實諸因素至少有一個涉外因素，即(1)法律關係之主體具有涉外因素；(2)法律關係之客體標的（物）具有涉外因素；(3)法律關係之內容，即民商事權利與義務之發生、取得、變更或消滅之法律事實具有涉外因素。法律關係由三要素組成，即主體、客體與內容（權利與義務），而國際民商事法律關係就是指權利主體、客體與內容三要素中至少有一個或一個以上之因素與涉外或國際因素有聯繫之民商事法律關係❸。

(四)管見：四元論

　　本書筆者特提出「四元論」，即除了三元論所謂國際民商事法律關係應指法律關係成立三要素（主體、客體、內容）具有涉外因素外，增加法律關係之救濟（訴訟地、仲裁地）具有涉外因素者，亦為國際民商事法律關係❸。

---

❸　(一)馬漢寶，《國際私法總論》，自版，臺北，一九七七年六月第六版，第一頁至第二頁。

　　(二)劉鐵錚、陳榮傳，《國際私法論》，三民書局印行，臺北，一九九六年十月第一版，
　　　第二頁至第三頁。

　　(三)林益山，《國際私法新論》（國立中興大學法學叢書），自版，臺北，一九九五年六月
　　　出版，第一頁。

❸　大陸地區最高人民法院審判委員在一九八八年一月二十六日通過之《關於貫徹執行
　　〈中華人民共和國民法通則〉若干問題的意見（試行）》第一七八條規定：「凡民事關
　　係的一方或者雙方當事人是外國人、無國籍人、外國法人的，民事關係的標的物在外
　　國領域內的，產生、變更或者消滅民事權利義務關係的法律事實發生在外國的，均為
　　涉外民事關係。」本說有：(一)韓德培主編，《國際私法新論》（普通高等教育九五國家重
　　點教材），武漢大學出版社，武昌，一九九九年一月第一版第三刷；(二)劉甲一，《國際
　　私法》，三民書局印行，臺北，一九八二年九月修訂初版，第五頁至第七頁；(三)曾陳明
　　汝，《國際私法原理（第一集）》（國立臺灣大學法學叢書(12)），自版，臺北，第四頁至
　　第五頁。

❸　梅仲協，《國際私法新論》，三民書局印行，臺北，一九八二年六月第四版，第五頁至
　　第七頁。

筆者提出「四元論」之論據：

1.傳統一元論、二元論及三元論之缺失　一元論僅以法律關係之主體具有涉外因素而已，其實，民商事法律關係的客體在外國或者產生、變更或消滅民商事權利義務關係的法律事實發生在外國，同其主體為涉外因素一樣，均會導致國際私法上的特殊問題產生，如法律適用、管轄權衝突和司法協助等問題。所以，我們不宜對國際民商事法律關係作如此片面的理解；二元論雖為我國學者通說，形式上以「人」（主體）及「地」二標準，實質內容一則標準含糊，二則邏輯分析不如三元論清楚；又三元論係就法律關係之「主體（人）」、「客體（物）」及「行為」為標準，但未涉及「救濟（訴訟地或仲裁地）」，其仍有缺失，例如法律關係之主體（人）、客體（物）及行為（地）均在甲國，且在甲國救濟時，其應為「純粹外國案件」而非「涉外案件」，故不得不忽視法律關係救濟（訴訟地或仲裁地）元素。

2.四元論之優點　四元論增列法律關係之救濟具有涉外因素，包括純粹內國之法律關係而訴或裁於外國法院或仲裁機構，及純粹外國之法律關係而訴或裁於內國法院或仲裁機構者，管見認為應屬國際民商事爭議或關係，一則維護在類似情況下內國當事人正當權益，英國學者 J. H. Morries 亦有相同見解；二則既採「中國際私法」，有關「國際民事訴訟法」及「國際商務仲裁法」既為國際私法之範疇，立法體系及理論上自應擴及此部門之「國際性」；三則國際私法學上有「主觀國際私法案件」與「客觀國際私法案件」，且互相間有轉變，例如「純外國民事關係」得經由或審或裁在我國而轉變成「涉外民事法律關係」，同樣的「純內國民事關係」得經由或審或裁在外國而轉變成「涉外民事法律關係」，故在學術理論與實務運用上均有其重要價值。

二、國際（私法）關係構成之分析（四元論）

國際私法適用對象為「含有涉外因素的民商事法律關係」(Civil and commercial legal relations involving foreign elements)，或稱「涉外民商事法律關係」、或稱「國際民商事法律關係」、或稱「跨國民商事法律關係」、或稱「國際私法關係」、或稱「含有國際因素的民商事法律關係」。某法律關係是否構成「國際民商事法律關係」，筆者既採「四元論」，即應就法律關係之權利義務之「主體」（人）、「客體」（物）、「行為」（內容）及「救濟」（仲裁地或法院地）四端是否具有「涉外因素」（英：foreign elements；法：elements dextranetie）而定，茲就四個要素分

別說明：

㈠法律關係之權利義務「主體」（人）具有涉外因素

　　法律關係之權利義務「主體」（人）具有涉外因素，即國際民商事法律關係主體的當事人一方或雙方或多方是「外國人」。有關「外國人」值得說明者：

　　1.**就外國「人」之含義言**　所謂「外國人」應是廣義的，包括外國自然人、法人。在法人指公司、其他私法人、公法人（有時可能是外國國家、國際組織）。其中國家具有主權，而公法人雖常藉其國家之權威，居於優越之權力地位，但在國家立於私人地位為私人交易之當事人時，自得形成國際民商事法律關係。

　　2.**就涉外性之標準言**　含有涉外性者共有三種情形。⑴關於當事人之國籍者：例如內國人與外國人間，或兩外國人間相互之法律關係，其當事人既為外國人，即係具有涉外因素之關係，內國法律是否完全當然適用即生問題；⑵關於當事人之住所或居所者：例如內國人相互間之法律關係，苟雙方住所在內國，行為地亦在內國，斯當屬「內國案件」，但若一方或雙方僑居外國，則因其住所或居所之在外國領土，因而住所或居所亦難完全否認其涉外性，即具有涉外因素，在適用法律時，實難視為純然的國內法律關係；⑶關於當事人之慣居地或營業地者：本書特別要指出，依國際私法之最新實務或國際實現中慣居地或營業地在不同國家的主體之間的民商事法律關係亦被視為國際民商事法律關係，例如一九八〇年「聯合國國際貨物買賣契約公約」第一條謂：「本公約適用於營業地在不同國家的當事人之間所訂立的貨物買賣契約。」

　　3.**就主體具有涉外因素之分類言**　就法律關係之主體具有涉外性，進一步可分析為三類。⑴權利義務主體之一方為內國人，另一方為外國人者：例如我國籍國民某小姐與德國籍男子在美國結婚、美國甲公司與我國乙公司在大陸廈門招商會上訂立購買食品契約、英國公司在臺灣投資，與我國人丙訂立租賃契約等均屬之；⑵權利義務主體雙方均是同一國籍之外國人者：例如兩個美國人在臺灣公證結婚、日本人死亡在臺灣，其妻與子生活在日本，請求繼承在臺灣之遺產等均屬之；⑶權利義務主體雙方是不同國籍之外國人者：例如甲國船舶與乙國船舶在第三國領海碰撞而請求損害賠償、在臺灣之瑞士留學生與法國留學生，請求公證結婚、又日本人與英國人在臺灣合夥經營事業合夥契約爭議等等均屬之。

㈡法律關係之權利義務「客體」（物）具有涉外因素

　　1.**客體具涉外性之意義**　法律關係成立之要素，除主體外，其次要者為物，蓋

人與人為法律關係之際，恆有其目的物、標的物，倘其客體標的（物）在外國者，即發生國際民商事關係。所謂法律關係之客體係指民商事法律關係主體的權利與義務所共同指向的對象或標的或標的物，其是具有經濟、文化、科學價值資料、貨幣、權利、作為或不作為等是。倘其法律關係之客體、標的（物）在於外國，在國際私法亦屬於具有涉外因素，即為國際民商事法律關係。

2.**客體具涉外性之範圍**　有關法律關係之標的或客體之情況，有廣狹不同之見，(1)狹義說：有謂法律關係之標的物在外國者。即法律關係因其標的物之所在地不同，而具有涉外的因素，例如買賣標的物之動產或不動產，在外國領土之內者，則不問雙方當事人均係內國人民，而其契約亦在內國訂立，其買賣之法律關係仍具有涉外要素，應適用標的物所在地之外國法律也❸；(2)廣義說：有謂作為民事法律關係的客體或標的是位於外國之物、財產、權利或需要在外國實施完成之作為或不作為。例如，我國國民向某華僑購買其所有的一項在外國申請取得的專利權、我國某工程公司在沙烏地阿拉伯承包興建一個體育館的工程、我國某歌手在香港某電視臺有競業禁止義務等等均屬之❹。

3.**客體具涉外性之「時間」標準**　有關法律關係之標的或客體在外國或外法域，就時間而言，應包括(1)民事法律關係之標的或客體，係於構成行為時或行為成立前已在外國或外法域者；(2)民事法律關係之標的或客體於構成行為時在內國，但其在成立後由內國移至外國或外法域，是否亦應屬涉外因素，我國學者採肯定說而謂標的物係於構成行為成立時或成立後，已在外國，抑或於其成立後，暫由國內移至外國，均非所問❺。筆者認為除「構成事實時」外，更須視構成之原因事

---

❸　㈠丁偉主編，《衝突法論》（高等學校法學教材），法律出版社，北京，一九九六年九月第一版，第六頁。

　　㈡陳顧遠，《國際私法總論（上冊）》，上海法學編譯社，一九三三年四月第一版，第五頁至第六頁。

❹　㈠李金澤，《公司法律衝突研究》，武漢大學博士論文，二〇〇〇年四月，第二頁。

　　㈡李雙元，《國際私法（衝突法篇）》，武漢大學出版社，武昌，一九八六年六月第一版，第五頁。

　　㈢余先予主編，《衝突法》（高等財經院校教材），上海財經大學出版社，上海，一九九九年十二月第一版，第五頁。

❺　㈠劉甲一，《國際私法》，三民書局印行，臺北，一九八二年九月修訂初版，第六頁。

　　㈡曾陳明汝，《國際私法原理（第一集）》（國立臺灣大學法學叢書⑿），自版，臺北，

實完成時（涉民法 §10 III）及訴訟時或仲裁時是否仍在外國，前述學者見解，僅因暫由國內移至外國，尤其行為成立時標的（物）在國內救濟時（訴訟時或仲裁時）亦在國內，殊無認定為具有涉外性之必要，蓋依涉外民事法律適用法第十條第三項依原因事實完成時物之所在地法，仍依內國法之法理。

(三)法律關係之權利義務「內容」具有涉外因素

1.內容具有涉外性之意義　法律關係之成立要素除「主體」、「客體」外，在其要者為「內容」（行為），質言之，法律關係必因「行為」而起，作為民事法律關係之內容，即權利義務據以成立、產生、變更或消滅的法律事實發生在外國，即具有涉外性，應為國際民商事法律關係。

2.內容具有涉外性之範圍　構成特定法律的社會關係之「行為」應包括：(1)法律行為（契約）：例如我國國民甲與乙雙方在美國訂立契約，有關契約問題，究依「當事人意思自主原則」（涉民法 §6I），抑或依內國法（涉民法 §6 II前段），抑或應適用外國法（美國法）（涉民法 §6 II中段：行為地法）；(2)侵權行為：例如我國國民甲協同友人乙赴美，甲在美國開車不慎撞及乙，即為內國人在外國所為之侵權行為；又如在外國之不法（違法性），而在內國為適法行為，或在外國之適法行為，內國視為不法行為，自生「法律衝突」與「法律適用」；(3)事實行為：例如在外國領土之內發生之無因管理、不當得利之事實，即為具有涉外因素；(4)身分行為：例如結婚登記地、宗教結婚儀式、婚姻舉行地、收養地、遺囑成立地等在外國；(5)票據行為：例如在國內發行票據，在外國為其付款地；(6)事實：例如華僑在外國死亡所生繼承；(7)訴訟行為：例如一個判決在外國取得。凡此有關權利義務之發生、取得、變更、消滅或喪失之幾種情形與法律事實，均具備涉外因素或外國因素而構成涉外關係即國際民商事關係。

3.一部行為與全部行為　構成特定法律的社會關係之行為，不論法律行為、侵權行為或事實行為等，此等行為係由數個要素合成，且亦有可分原因行為及結果者，不必全部行為或結果均發生於外國，只需其中一部分行為發生於外國者，即有一部或全部發生於外國，至於原因行為或結果行為，則非所問，均可使該法律關係因而具備「外國因素」，而構成「涉外關係」。詳言之，倘行為要素之一，例如契約之要約或承諾發生在外國，或原因行為本身發生在國內，而其結果發生在外國者，例如侵權行為之行為地在國內，而其損害發生在外國，均屬具有涉外性

第五頁。

而構成國際民商事關係。

㈣法律關係之「救濟」具有涉外因素

在法律關係成立後，因訴訟或仲裁等救濟方式之所在地不同，而具有涉外性者，就現代各國或法域之訴訟制度或仲裁制度而言，一國之審判機關所謂法院，其管轄權對象，同樣地一國之仲裁機構之仲裁庭，其審判權之範圍，其不特僅就內國人民間或內外國人民間，在內國所發生之法律關係，遇有爭議而予以「審判」或「仲裁」，即外國人民間在外國所生之法律關係亦有管轄權，例如外國夫妻在外國結婚，一方對他方配偶在我國提起離婚之訴；又例如甲國人民，對另一甲國人民，在甲國作成某一法律行為，此等法律關係，原與內國了無關涉，是即一純粹外國之法律關係，同一法律關係常因訴訟地或仲裁地之不同，轉變為具有涉外因素，即自純粹外國之法律關係變成「國際民商事法律關係」。

三、國際民商事法律關係之解剖圖

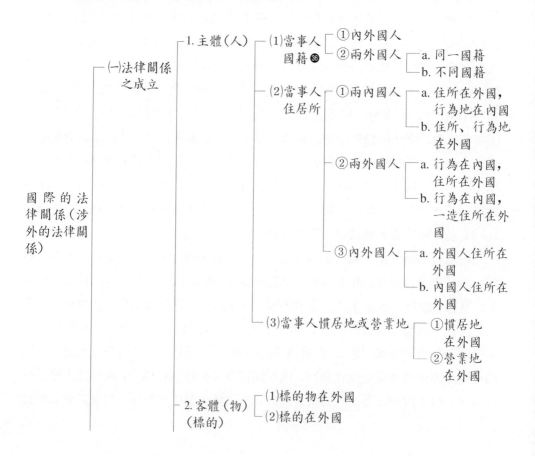

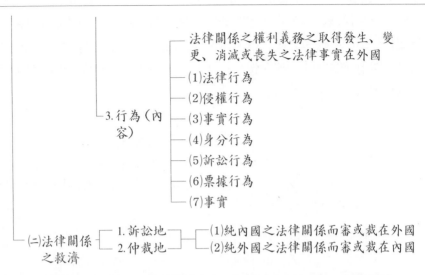

法律關係之權利義務之取得發生、變更、消滅或喪失之法律事實在外國

3.行為(內容)
- (1)法律行為
- (2)侵權行為
- (3)事實行為
- (4)身分行為
- (5)訴訟行為
- (6)票據行為
- (7)事實

(二)法律關係之救濟
- 1.訴訟地
- 2.仲裁地
  - (1)純內國之法律關係而審或裁在外國
  - (2)純外國之法律關係而審或裁在內國

第六節　國際社會法律關係之分類與互動（轉換）

一、法律的社會關係之概念

特定法律必有各自的範圍或對象，法律上有意義之社會關係即「法律的社會關係」為其規範之對象，所謂「有法律斯有社會」。法律的社會關係可分為「涉外法律關係」、「國際（國家）間法律關係」、「純國內法律關係」及「純外國法律關係」，國際私法規範對象僅為「涉外法律關係」。

二、國際社會法律關係之分類

我們從宏觀上考察世界之法律關係，可從下圖 2-1 所示，假定甲國、乙國、丙國、丁國四國組成國際社會，它們的法律關係從總體上區分可分為四大部分：(1)純國內法律關係：例如甲國、乙國、丙國、丁國純白色區域，純國內法律關係內由各國的國內法支配，專適用內國法；(2)純外國法律關係：立足於甲國白色區域，對乙國、丙國、丁國而言，為純外國法律關係，同樣的，乙國白色區域，亦為甲國或丙國或丁國之純外國法律關係，倘為外國私法關係，專適用外國法，均不發生適用何國法律之問題；(3)國家間法律關係：例如甲國、乙國、丙國、丁國

㊱　有學者謂：「國際民商事法律關係是國際社會中因不同國家的人民進行民商事交往而產生的一種社會關係，又稱為跨國民商事法律關係和國際私法關係，就一國而言，可稱之為涉外民商事法律關係。」其中「因不同國家的人民」似有誤會，見黃進主編，《國際私法》(九五規劃高等學校法學教材)，法律出版社，北京，一九九九年九月第一版，第二頁。

中間十字格區域，為主權國家間的國際法律關係，其由國際公法規範；(4)涉外法律關係：例如甲國與乙國、甲國與丙國、丙國與丁國、乙國與丁國間交錯之斜線區域，即由國際私法支配與選法，其中有關法律衝突部分，由衝突法支配，此部分為國際私法規範對象 ❸。

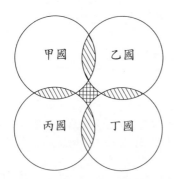

□：純國內法律關係

▨：涉外法律關係

▦：主權國家間的國際法律關係

圖 2-1：國際社會法律關係

三、純國內民事關係與國際民事關係之比較

國際私法適用對象為國際民商事關係，即「涉外民事關係」，其與純國內民事關係相比較，既有相同之處，亦有不同之點，相同處之表現為：兩者均為民商事關係，而且一些制度和規則，舉凡債權、無因管理、不當得利、侵權行為、物權、知識產權、婚姻、親子、繼承、海事物權、航空器物權、民事訴訟等指定原

---

❸ 有學者謂：「那麼，在這一民商事法律關係中，就有主體一方、法律事實和客體三個涉外因素了。國際民商事法律關係的涉外性質並不因其中涉外因素的多寡而受到影響。」有謂：「民事法律關係中的涉外因素可以是單一的，即只在一個環節上有外國的成分；也可以是多元的，在幾個環節上都有外國的成分。構成涉外民事法律關係只要在一個環節上有涉外因素就夠了。」又有謂：「既涉及外國人復涉及外國地者──即案件之當事人中有外國人，而構成案件之事實中，又復牽涉外國地者。例如，在中國有住所之美國人甲與英國人乙，在法國時，就在英國之動產，簽訂買賣契約，其後一方不履行契約，而涉訟於中國法院時，與本案有關國家有美、英、法、中四國，而此案之法律關係，既涉及外國人，復涉及外國地。」筆者認為係拘泥於二分法之說，依筆者提四分法前三段文字似有錯誤，見下列文獻：(一)黃進主編，《國際私法》(九五規劃高等學校法學教材)，法律出版社，北京，一九九九年九月第一版，第二頁；(二)余先予主編，《衝突法》(高等財經院校教材)，上海財經大學出版社，上海，一九九九年十二月第一版，第五頁；(三)劉鐵錚、陳榮傳，《國際私法論》，三民書局印行，臺北，一九九六年十月第一版，第五頁。

因與合義均是相同的；但其不同之處：(1)國際私法上的民事關係是具有外國因素的或國際因素的廣義民事關係；而國內民事關係係具有國內性，其範圍大小，各國立法規定不同；(2)國際民事關係主要部分是國際經濟貿易關係，其出發點是貫徹主權原則和平等互利原則；而國內民事關係則不必以主權原則為出發點，而以平等主體間之等價有償原則為出發點；(3)就適用法律程序比較：國內民商事關係之適用法律程序為專依內國法處理，並無選法問題；但國際民商事關係之適用法律程序則須在有牽連關係之內外國民商法中，就其案件之性質，選出應適用之法律；(4)就尊重意思自治原則比較：國內民商事關係僅能適用「契約自由原則」；但國際民商事關係除適用民商實體法上「契約自由原則」外，亦能適用國際私法上「當事人意思自主原則」❸。

四、「涉外民商事關係」轉變為「純外國法律關係」或「客觀國際民商事關係」

國際私法適用對象為「國際民商事法律關係」，又稱「涉外民商事法律關係」，即含有「涉外因素」的民商事關係，在一般學者採二元論或三元論時，以法律關係之權利義務之「主體」（人）、「客體」（物）及「內容」（行為）三者中是否含有「涉外因素」，倘其中具有一個或幾個涉外因素而非指全部由「涉外因素」所組成，即為「涉外民商事關係」。筆者認為一個法律關係全部因素均由「涉外因素」構成，將造成物極必反，即這種民商事關係與內國沒有任何聯繫關係，變成「純外國法律關係」而專依外國的國內民商法，例如，兩個美國男女，在美國結婚，由美國法院處理「結婚身分上效力」，自應依美國國內法來規範；又例如一個日本女子與一個德國男子在法國巴黎結婚，有關在瑞士財產是否為夫妻財產制問題，倘由法國法院處理，此時本案所有因素（主體、客體、內容、救濟）均為「涉外因素」，但其與我國缺乏任何聯繫關係，自屬「客觀上國際民商事關係」，應由法國法院依法國國際私法處理。

五、「純外國法律關係」轉變為「涉外民商事關係」

某些民事法律關係之所有因素均由「涉外因素」所組成，即三元論學者稱法律關係之權利義務主體（人）、客體（物）及內容（行為）均發生在外國，依前

---

❸　關於「契約自由原則」與「當事人意思自主原則」之比較與關係，見賴來焜，《當代國際私法學之構造論》（衝突法叢書 5），神州出版社，二〇〇一年九月，第二三三頁至第二三九頁。

述一般原理應為「純外國法律關係」，倘當事人依「協議管轄」或其他審判籍而在內國法院起訴，或依「仲裁協議」在內國仲裁機構仲裁，此時法院或仲裁庭將原來純為外國因素之「純外國民商事法律關係」，由於涉及內國訴訟程序及仲裁程序之有關規定之效力，應轉變為「涉外民商事法律關係」，依國際私法處理。就各國法院、仲裁實務表現及學者見解可得說明者：

(一)就法院實務見解言

中國大陸「最高人民法院」在一九八六年「關於涉外海事訴訟管轄的具體規定」中第十七條第四項規定：「雙方當事人協議在中國進行訴訟，中國海事法院也都可行使管轄權。」❸⑨

(二)就仲裁實務之仲裁規則言

依一九九八年一月一日生效「國際商會仲裁規則」第一條第一項「……，仲裁院之職責是根據本規則以仲裁方式解決國際性商務爭議。依據仲裁協議，仲裁院仍得依據本規則仲裁非國際性商務爭議」❹⓿，而中國大陸一九九五年十月一日施行「中國國際經濟貿易仲裁委員會仲裁規則」第二條第一項後段：「……以仲裁方式，獨立、公正地解決產生於國際或涉外的契約性或非契約性的經濟貿易等爭議，……。」其均不限於該爭議是否與中國大陸一方有關係，即使兩方為外國自然人、法人之間在國際經貿中產生爭議，只要雙方當事人同意將該爭議提交仲裁委員會仲裁，仲裁庭即有權受理❹①。

(三)就學者見解觀察言

英國學者 J. H. Morris 之下列觀點極具啟發性，其謂：「就理論上，英國法院是可以對除英國當事人之外的所有人關閉大門，不受理其訴訟的。但是，如果英國法院這樣做，那就不僅僅是外國人，而且英國人也同樣會遭到嚴重的不公平對待。那樣，……如果其他國家的法也採用同樣的原則，那麼契約在世界上任何國家都無法強制執行。」❹② 中國大陸學者亦謂：「我國以及外國的國際私法之所以普

---

❸⑨　大陸地區《最高人民法院公報》，一九八六年第一號，第十五頁。

❹⓿　寧敏，《國際商會仲裁制度研究》，武漢大學博士論文，二○○○年五月，第一二二頁。

❹①　原一九八九年一月一日施行的「中國國際經濟貿易仲裁委員會仲裁規則」第二條第一款關於仲裁委員會受理案件的範圍的規定，仲裁委員會有權受理產生於國際經濟貿易中的爭議案件。

❹②　J. H. Morris, *The Conflict of Laws*, 1992, 4th. ed., pp. 10–11.

遍地將上述有管轄協議或仲裁協議的純外國民事關係列入自己調整對象的範圍，其原因主要是為了維護在類似情況下的內國當事人的正當權益。」❸筆者懍於此，特別提出國際民商事法律關係構成之「四元論」，除了法律關係成立之主體、客體與行為，特別加入法律關係「救濟」之「法院地」及「仲裁地」具有涉外性，特別說明「純內國之法律關係而審或裁在外國」變成「客觀的涉外民事法律關係」，及「純外國之法律關係而審或裁在內國」變成「主觀的涉外民事法律關係」，即可謂其來有據。

第七節　國際民商事法律關係之實務檢討

一、我國百年判解之歸納（十一則）

在實務處理與實例演習中首要步驟就是區別本案是否國際民商事法律關係（即涉外私法案件），倘是國際民商事法律關係即須依國際私法處理；倘不是國際民商事法律關係時，再區分是「純內國民商事法律關係」或「國際公法關係」或「純外國民商事法律關係」，分別依內國民商法、國際公法或外國民商法處理。筆者蒐集在我國百年來國際私法之判解中有數十則有關「涉外私法案件」是實務界誤解，一類是「涉外公法案件」：一八八六年《通商章程成案匯編》中涉及案例均是違反中外條約規定的旅遊、走私軍火或其他違禁物品、租稅、採礦、殺人、搶劫、竊盜、及偽造貨幣❹，又一九一五年《華洋訴訟例案匯編》中第二、第三、第四編蒐集成案主要是錢債刑殺方面，主要是百年前「清朝」時期民刑法、公法與私法並不作細分❺；二類是民國以後直至今日，我國法院誤將「涉外私法案件」定位為「內國私法案件」者，不勝枚舉，不是表示實務界忽視（過失）國際私法，甚至是法官「故意」逃避國際私法，避免適用外國民商法，似有必要公布判解，以「壓力」形成「公平裁判」之目的❻，現擇其「要旨」簡略評析：

❸　浦偉良、郭延曦，《國際私法新論》（立信法律叢書），立信會計出版社，上海，一九九五年四月第一版，第三頁至第四頁。

❹　參見《通商章程成案匯編》，光緒十二年（一八八六年）印行。

❺　姚之鶴編，《華洋訴訟例案匯編》，商務印書館，民國四年（一九一五年）第一版。

❻　裁判書類透明化原則有很多優點，但筆者認為現行司法實務界仍有保守勢力，有日以立法委員身分拜會司法院秘書長談所有裁判上網，但司法院以「著作權」屬「法院」或「司法院」仍有爭議為由暫拒絕，殊不知判決書有「著作權」否？縱有著作權上網又有何不可？

㈠最高法院二十六年渝上字第九十六號判例

「民法總則施行法第二條所謂外國人，係指無中華民國國籍者而言。其有中華民國國籍者，雖有外國之國籍，亦非外國人。」評析一則外國人限於無中華民國國籍者，似囿於「涉外」「涉內」兩分，應提出「國際」取代過於「主觀」國際性之「涉外」；二則內外國國籍積極衝突，本判例認為非外國人，殊不知應屬「涉外」性，始有涉外民事法律適用法（民國二十六年時為「法律適用條例」）之適用，更有其第二十六條「內國國籍優先原則」（原法律適用條例第二條第一項：「依本條例適用當事人本國法時，其當事人有多數之國籍者，依最後取得之國籍定其本國法。但依國籍法應認為中國人者，依中國之法律。」）之選擇準據法，本判例似有「倒果為因」、「本末倒置」之虞。

㈡司法行政部四十三年臺鳳公參字第四五五五號函

「大函提出之問題二則，茲答復如下：民國三十六年八月十三日在上海施行者，確係民國十八年至二十年間所制定之民法，及民國七年八月五日所公布之法律適用條例。彼時上海當局及法院是否視堪尼聯醫師及夫人為德國人，須視彼夫婦當時是否依法保有德國國籍以為斷，若依當時德國法律認為彼二人已喪失德國國籍，則上海當局及法院亦即視之無國籍人。」法院「審判」時須詢問「司法行政部」，司法「獨立」何在？又因司法「改隸」後仍詢問「外交部」（外國「法」、應否「反致」（§29）、判決「承認」），何時能「獨立」判斷？

㈢法務部七十年律字第一四一四六號函

「查大韓民國涉外私法第二十六條規定，繼承依被繼承人之本國法。旅韓華僑在僑居地死亡，其遺產之繼承，自有我國民法繼承編之適用，次查民法總則施行法第二條規定：『外國人於法令限制內有權利能力。』喪失中華民國國籍者，不問其是否在其他國家具有國籍，均為民法總則施行法第二條所稱之外國人，……。」本案在國際私法選法程序中援引外國（韓國）國際私法，似違背法院應依法庭地國際私法選法原則，且援引外國國際私法似應在反致問題中比較內外國國際私法是否相同，判決中似無說明。

㈣最高法院六十六年臺上字第三七九五號判決

「涉外事件，依我國涉外民事法律適用法第六條第一項規定，應適用記載於載貨證券內之美國海上貨物運送條例，以定上訴人應否負責。縱該載貨證券以後讓與我國法人，依涉外民事法律適用法第七條規定，仍不受影響。原審僅以兩造

俱為中國法人即認本件非涉外事件，而排除美國海上貨物運送條例之適用，尚有判決不備理由之違法。」本案除了忽視國際私法適用對象之構成外，涉及債權讓與之準據法，我國涉外民事法律適用法第七條規範對象為「債權讓與對第三人效力」，若為「債權讓與本身」之準據法應如何，法無明文，本判決逕依第七條規定，尚屬可議。

㈤**最高法院六十七年第四次民庭總會決議**

「關於散裝小麥運送短少之損害賠償問題，牽涉甚廣，經由本院庭推組織研究小組，通盤研討後，擇其習見者六則決議如次。決議謂：『1.涉外事件問題：載貨證券係在外國簽發，行為地在外國，應屬涉外事件。2.……。』」構成法律關係之行為地亦為涉外因素，應屬人人皆知，本決議有何價值可言？又本案謂行為地在外國，即屬涉外事件，倘其主體、客體、行為地均在甲國，且在甲國救濟（訴訟或仲裁），其為純外國案件，而非「涉外案件」，故筆者提出四元論。

㈥**最高法院六十八年臺上字第一〇一一號判決**

「受貨人及運送人均為我國公司，依涉外民事法律適用法第六條第二項之規定，應適用本國法。託運人雖為美國公司，其在本事件訴訟標的之法律關係中並非當事人，對本件準據法之確定，要無影響。」本判決在我國實務中常見，即用各種理論規避涉外民事法律適用法第六條第一項當事人意思所選擇之準據法，例如某外國法，依「逐項逐段適用法」或「承先啟後原則」適用第六條第二項共同本國法，尤其是內國法時，即嚴格解釋「當事人意思自主原則」而行法庭地法之便利。

㈦**最高法院六十九年臺上字第一七二八號判決**

「本件兩造當事人均為日本國營利法人，在我國就涉外法律關係發生訟爭，自應依我國涉外民事法律適用法定其應適用之法律。我國涉外民事法律適用法第六條第一項及第二項分別規定：『法律行為發生債之關係者，其成立要件及效力，依當事人意思表示定其應適用之法律』，『當事人意思不明時，同國籍者依其本國法（下略）』云云。原審未依此項規定定本件應適用之法律，遽依我國法律為上訴人不利之判決，顯有違背法令之情形。」本案兩造當事人為日本國營利法人，自屬國際民商事法律關係，法院未依涉外民事法律適用法選法，顯有疏失。又本案兩造當事人均為日本國營利法人，究應依涉外民事法律適用法第六條第一項「推定」當事人意思為日本法，抑或依涉外民事法律適用法第六條第二項前段「共

同本國法」，有待討論。

(八)最高法院七十七年度臺上字第三六三號判決

「查被上訴人為外國公司，本件應屬涉外事件，原審未依我國涉外民事法律適用法第六條規定確定其準據法，遽依我國法律為上訴人不利之判決，已有可議。次查本件縱認應適用我國法律，惟依我國法律，和解契約當事人如以他種法律關係或以單純無因性之債務約束等，替代原有之法律關係時，和解固有創設之效力，倘以原來明確之法律關係為基礎成立和解時，則僅有認定之效力。」本案忽視涉外性，有使「當事人意思自主原則」與「契約（和解）自由原則」混為一談之虞。

(九)最高法院六十三年臺上字第三○七○號判決

「本件上訴人之貨物，裝船於日本，卸貨於美國，其間如有侵權行為，究發生於何時，應適用『何地』法律，為先決問題（涉外民事法律適用法第九條），原審就此未予明確，而遽依我國法律定之，尚嫌速斷。」本案原審法官不知法律關係之權利義務之內容（行為）在外國即具有涉外性。

(十)最高法院八十七年度臺上字第一二○三號判決

「查本件運送契約之運送人及簽發載貨證券之人均為外國法人，應屬涉外民事訴訟事件，原審未依涉外民事法律適用法之規定確定其準據法，逕行適用我國法律而為上訴人敗訴之判決，尚有疏略。上訴論旨，指摘原判決不當，聲明廢棄，非無理由。」本判決誤略就國際民商事法律關係構成要素之「外國主體」為判斷，顯屬適用涉外民事法律適用法之錯誤。

(土)最高法院八十七年度臺上字第二五一二號判決

「查本件上訴人主張應負侵權行為責任之被上訴人為外國法人，應屬涉外民事訴訟事件，原審未依涉外民事法律適用法之規定確定其準據法，逕行適用我國法律而為上訴人敗訴之判決，顯有疏略。」本判決明顯忽視國際民商事法律關係構成之「主體」為外國法人，逕認為內國案件。

二、我國實務判解之檢討

綜合前開判解可見，我國高等法院法官（歷經十年以上實務經驗），對國際私法之排斥，可能有二類原因：一為有過失，即最高法院法官所謂未予明確遽依我國法，尚嫌速斷，顯有疏略或尚有疏略。深感慚愧，法學院教授出來的學生經歷十年審判工作後仍無法區別「涉外私法案件」與「純內國案件」，想起王伯琦教授嘆曰：「不患其不能自由，惟恐其不知科學，不患其拘泥邏輯，惟恐其沒有

概念。」❹其非虛語；二為有故意，倘法官想起依國際私法真複雜，選擇適用外國法，還要研究比較民商法，律師亦為實務成本，紛紛轉依法庭地法❹。有謂「法律人既須執法，又須術道，既須有科學上高深的訓練，又須有道德上深潛的修養」，法官們我給了您國際私法上「科學訓練」，請您實現「進德修業」了。

第八節　國際民商事關係之解決方法論

一、從傳統走向新興

　　國際私法學者對於涉外案件之解決，有學者稱「一國法院處置私法」❹，有稱「解決涉外民事關係法律衝突之幾種途徑」❺；有稱「國際民商事法律關係的法律調整方法」❺；或有稱「涉外民事關係的法律調整」❺，臺灣學者論及此問題方法，較為傳統而謂：⑴一律不予受理：認為內國法院只能適用內國法律之案件，因此對於凡是具有涉外成分的案件，一律不予受理；⑵一律適用內國法處理：認為內國法院只能適用內國法律，因此對於無論涉及何種外國成分的案件，一概

---

❹　王伯琦，〈自然法之復興與概念邏輯——兼論私法之解釋及法源〉，載其著《王伯琦法學論著集》，三民書局，臺北，一九九九年一月，第一〇一頁。

❹　新海商法第七十七條原草案採「絕對法庭地法主義」，筆者修正為依涉外民事法律適用法為原則，採保障內國人為例外，有陳長律師提出以律師將增加成本為由，蓋不能直接採絕對法庭地法，須比較內外國海商法，對新法提出商榷之議。見㈠陳長，〈海商法第七十七條之再商榷〉，載政治大學財經法研究中心座談會之資料；㈡賴來焜，《新海商法論》，學林出版社，二〇〇〇年一月第一版，第七九九頁至第八〇七頁。

❹　見㈠ Dicey & Morris, *The Conflict of Laws*, 11th. ed., 1989, p. 6; ㈡馬漢寶，《國際私法總論》，自版，一九七七年第六版，第二頁至第三頁。

❺　李雙元，《國際私法（衝突法篇）》，武漢大學出版社，武昌，一九八六年六月第一版，第十一頁至第十五頁。

❺　㈠韓德培主編，《國際私法》(面向二十一世紀課程教材)，高等教育出版社、北京大學出版社出版，北京，二〇〇〇年八月第一版，第四頁至第五頁。

　　㈡黃進主編，《國際私法》(九五規劃高等學校法學教材)，法律出版社，北京，一九九九年九月第一版，第八頁至第十一頁。

　　㈢章尚錦主編，《國際私法》(二十一世紀法學系列教材)，中國人民大學出版社，北京，二〇〇〇年三月第一版，第六頁至第七頁。

❺　張仲伯主編，《國際私法學》(高等政法院校規劃教材㉙)，中國政法大學出版社，北京，一九九九年一月第一版，第九頁至第十頁。

適用內國法；⑶一律適用外國法：認為既有涉外因素或涉外成分，即應適用外國法；⑷依照涉外法律關係之性質加以決定：即各國必須另外樹立一種法則，以為法院處理涉外案件之準據，即對涉外案件決定其應適用之法律為何國法律 ❸，傳統學者先否決前三者後，僅認為第四種方法可行，筆者特別就國際立法、各國國內立法、國際上形成慣例及新興學說，認為傳統學者依國際私法「定性」選出準據法應為「間接解決方法」外，另有「統一的實體規範」(Uniform substantive rules) 之「直接解決方法」，又一九五八年希臘裔法國學者 Phocion Francescakis 提出「直接適用的法」(loid' application immediate) ❺ 後，各國學者 ❺、立法例均對「直接適用法理論」是否「一律適用內國法」單面法則之復興，其究是「直接解決方法」之「實體規範」(substantive rules) 抑或「間接解決方法」之「程序規範」(conflict rules)，尤其對當代國際私法之影響，將有重大貢獻 ❺，故在此提出國際私法解決國際民商事法律關係之方法有三：⑴間接解決方法：衝突法解決方法；⑵直接解決方法：統一實體法與⑶直接適用法律 (loid' applictaion immediate) 方法：警察法 (lois de police)。

二、間接解決方法：衝突法解決方法

㈠間接解決方法之意義

歷史上為解決國際民商事關係中的法律衝突問題，最早採用方法且是最主要的是「間接解決方法」，又稱「衝突法解決方法」。所謂間接解決方法係指在國內立法或國際條約中，依據「間接法律規範」來解決國際民商事法律關係，只指出

---

❸　馬漢寶，《國際私法總論》，自版，臺北，一九七七年六月第六版，第二頁至第三頁。

❺　有關 Phocion Francescakis 文獻：⑴ G. Parra-Aranguren, *General Course of Private International Law*, 210 Recueil des Cours (1988–Ⅱ), p. 129; ⑵ Frank Vischer, *General Course*, 232 Recueil des Cours (1992–Ⅱ), pp. 150–155.

❺　有關「直接適用法律理論」，可見㈠胡永慶，《直接適用的法的理論研究》，武漢大學碩士論文，一九九八年五月；㈡徐冬根，〈論直接適用的法與衝突規範的關係〉，載《中國法學》，一九九〇年第三期；㈢徐冬根，〈論法律直接適用理論及其對當代國際私法的影響〉，載《中國國際法年刊》，一九九四年；㈣韓德培，〈國際私法的晚近發展趨勢〉，載《中國國際法年刊》，一九八八年；㈤肖永平，《衝突法專論》，武漢大學出版社，武昌，一九九九年五月出版，第一五九頁至第一八二頁。

❺　Kegel 謂這是一次衝突法之「危機」。Kegel, *The Crisis of Conflict of Laws*, 112 Recueil des Cours (1964–Ⅱ), pp. 95–96.

應適用何國或何法域之法律來確定某國際民商事法律關係當事人之權利義務,或通過何種程序解決國際民商事法律爭議,並不直接規定當事人之實體權利義務。因其不直接規範國際民商事法律關係當事人之實體權利義務關係,僅起間接解決作用,故稱「間接解決方法」。

㈡間接解決方法之性質

衝突法解決方法係經由「衝突規範」(Conflict rules) 而依據各種不同性質國際民商事法律關係適用何國或何法域之法律,然後再依照所指定的國家或法律之實體法,具體確定當事人之權利與義務,而非直接的明確的規定當事人的權利義務,就其規範性質言,僅為「程序規範」或只有「間接規範」之性質,而僅能起「援引」外國法之作用,所以有人將「國際私法」稱為「間接法」(Rechtüber Recht)、「上位法」(überrrecht) 或「法之適用規範」(Rechtanwendbarkeitsnormen)❺❼。

㈢間接解決方法之分類

其依立法淵源之不同可分為二,一為「國內衝突法解決方法」──各國通過制訂國內衝突法解決與內國有關之國際民商事法律關係,二為「國際統一衝突法解決方法」──有關國家通過雙邊或多邊國際條約之形式,制定統一的衝突法來解決國際民事法律衝突❺❽。

㈣間接解決方法之實例

例如一九二八年布斯達曼特法典第一〇五條規定:「財產不論屬於何種類,皆依物之所在地法。」即國際統一衝突法解決方法;又如一九九〇年日本法例第十四條規定:「婚姻之效力,依夫妻共同本國法,國籍不同者,依夫妻共同慣常居所地法,慣常居所地不明者,依夫妻最密切關係地法。」又如一九九九年德國國際私法第四十三條第一項:「對物之權利,依物之所在地國之法律。」❺❾又如我

---

❺❼　見㈠北脅敏一,《國際私法──國際關係法》,法律出版社,一九八九年版,第六頁;㈡蘇遠成,《國際私法》,五南圖書出版公司印行,臺北,一九八四年五月初版,臺北,第五頁;㈢張仲伯主編,《國際私法學》(高等政法院校規劃教材㉙),中國政法大學出版社,北京,一九九九年一月第一版。

❺❽　肖永平,《衝突法專論》,武漢大學出版社,一九九九年五月第一版,第十三頁。

❺❾　Artikel 43

　　Rechte an einer Sache

　　⑴ Rechte an einer Sache unterliegen dem Recht des Staates, in dem sich die Sache befindet.

　　⑵ Gelangt eine Sache, an der Rechte begrundet sind, in einen anderen Staat, so Konnen

國涉外民事法律適用法第八條規定:「關於由無因管理、不當得利或其他法律事實而發生之債,依事實發生地法。」如大陸地區一九八六年民法通則第一四四條:「不動產的所有權,適用不動產所在地法律。」等等均是各國國內之衝突法解決方法,僅是間接指示適用何國或何法域之法律,而無直接規範實體權利義務。

(五)間接解決方法之步驟

通過衝突規範之間接解決方法,必須經過兩個步驟才能最終解決某個國際民商事關係;即第一步驟是適用衝突規範,找出某個國際民商事關係應依何國或何法域之法律作為準據法;第二步驟是適用準據法來確定該國際民商事法律關係當事人間之權利與義務❻。

(六)間接解決方法之重要性

衝突規範在解決國際民商事關係方面一直起著重要作用,一方面歷史最早,二方面至今仍為各國最主要的全面的採行之解決方法,而且只要世界上仍然存在著眾多國家,且各國或法域之法律仍未完全統一,間接解決方法與衝突規範將發揮其他法律無法取代之重要作用,國際化愈濃之地球村中,衝突規範與國際私法在國際民商事交往中將發揮愈來愈重要的作用。

(七)間接解決方法之法規範

衝突規範是國際私法中特有規範,用衝突規範解決國際民商事法律關係是國際私法中特有的解決方法,除「衝突規範」外,還有「程序規範」,程序規範包括「國際民事訴訟程序規範」與「國際商務仲裁程序規範」。雖然「程序規範」之性質,說者不一,有謂一般均是程序性之具體規定,也是用直接調整的方法❻,但管見寧認為程序規範調整的社會關係是法院與訴訟當事人之間的國際民事訴訟法律關係,或者仲裁庭與仲裁當事人之間的國際商事關係,它亦不直接解決國際民商事法律關係,但由於程序規範是解決國際民商事法律爭議,維護當事人民商事權益不可缺之法律手段,是實現民商事實體規範之輔助法律規範,故「程序

---

diese Rechte nicht im Widerspruch zu der Rechtsordnung dieses Staates ausgeubt werden.

❻ 李雙元,《國際私法(衝突法篇)》,武漢大學出版社,武昌,一九八六年六月第一版,第十二頁至第十三頁。

❻ 章尚錦主編,《國際私法》(二十一世紀法學系列教材),中國人民大學出版社,北京,二〇〇〇年三月第一版,第六頁至第七頁。

規範」對國際民商事法律關係均有間接解決作用，因此間接解決方法之法規範除「衝突規範」外，亦須有「程序規範」，有學者以「一機之兩翼」比喻，亦有「一身兩手」之形容 ❻。

㈧間接解決方法之局限性

衝突法解決方法僅為一種間接規範，與實體規範比較，因其不直接規範當事人之權利義務，僅依據「衝突規範」仍無法使當事人預見法律效果，一則各國有關國內衝突法本身存在著衝突 ❻，增加解決國際民事法律關係爭議之複雜性，且易導致當事人「任擇法庭」(forum shopping) 選擇有利於己之法院起訴，從而導致他當事人蒙受不利；二則國際私法長期由於受國家主權觀念、案件結果與法庭地國之利害關係、調查與適用外國法律上司法便利諸因素之干涉，逐漸形成與影響「衝突規範」相聯繫、相輔助之法律制度，舉凡反致、規避法律、公序良俗保留、外國法之證明與不明，致使從不同視角不斷限制或削弱了「衝突規範」之功能，使立法者「衝突規範」最初指引的法律與法院司法者最後據以解決國際民商事法律關係之法律不一致，凡此均顯示間接解決方法之複雜性與功能局限性。

㈨間接解決方法之改進

由於間接解決方法之複雜性與功能局限性等缺點，對國際民商事法律關係帶來不穩定前途，判決一致性無法達成，為了避免「衝突規範」之前述弊端，幾個世紀以來，許多國際私法學者均不斷去研究，以求改進。十九世紀以來，許多法學家，例如義大利 Mancini、荷蘭 Asser 等積極提倡經由雙邊或多邊國際條約，制訂各國統一適用的衝突規則，一則防止各國因適用不同的衝突規則而導致適用不同國家的實體法，獲致相互矛盾的判決結果，二則可防止當事人任擇法庭之情況發生，三則可以為各國實體法的統一奠定基礎。

三、直接解決方法：統一實體法

直接解決國際民商事法律關係之方法分點說明：

---

❻　劉衛翔、余淑玲、鄭自文、王國華，《中國國際私法立法理論與實踐》，武漢大學出版社，武昌，一九九五年十月第一版，第三十七頁至第三十八頁。

❻　㈠久保岩太郎，《國際私法構造論》，有斐閣，東京，一九五五年九月初版第一刷印行，第二五五頁至第二五六頁。

　㈡林秀雄，〈涉外民事法律適用法第一三條之研究〉，載其著《家族法論集㈠（夫妻財產制之研究）》（輔仁法學叢書專論類(6)），第二三〇頁以下。

㈠直接解決方法之時代背景

為了避免「衝突規範」之種種弊端，幾個世紀國際私法學家不斷尋找解決與改進之道，而在十九世紀末二十世紀初，國際上又產生一種解決國際民商事法律關係之途徑，即有關國家或國際組織經由國際條約或公約，制定若干「統一的實體規範」(uniform Substantive rules)，將彼此在民商法上之歧異統一起來，並供締約國之當事人直接適用於有關民商事法律關係之中，從而消除法律衝突，避免在不同國家的國內法間作選擇。這種統一實體法直接、明確地規定了當事人之間的權利義務關係❻❹，以臻其目的。

㈡直接解決方法之意義

所謂「直接解決方法」係指用直接規定當事人的權利與義務的「實體規範」(Substantive rules) 來解決國際民商事法律關係當事人之間的權利義務關係之一種方法。易言之，直接解決方法（或稱統一實體法）係通過直接規定國際民商事法律關係當事人的實體權利義務的「直接法律規範」來解決國際民商事法律關係，亦即是指調整國際民商事法律關係的法律規範直接規定國際民商事法律關係當事人的實體權利義務，規範當事人應如何作為與不該如何作為，從而對國際民商事法律關係起了調整作用，此種直接法律規範一般稱「實體規範」❻❺，由於適用統一實體法規範即避免了在國際民商交往中可能發生的法律衝突，有學者稱「避免法律衝突的規範」，而衝突規範則稱「解決法律衝突的規範」❻❻。

---

❻❹ ㈠韓德培，〈國際私法的晚近發展趨勢〉，載司法部師資班《國際私法講稿》，一九八七年十二月出版，第十五頁至第十七頁。

　　㈡李雙元，《國際私法》，北京大學出版社，北京，一九九一年九月第一版，第一頁。

　　㈢李雙元，《國際私法（衝突法篇）》，武漢大學出版社，武昌，一九八六年六月第一版，第十四頁。

❻❺ ㈠黃進主編，《國際私法》（九五規劃高等學校法學教材），法律出版社，北京，一九九九年九月第一版，第十頁。

　　㈡韓德培主編，《國際私法新論》（普通高等教育九五國家級重點教材），武漢大學出版社，武昌，一九九九年一月第一版第三刷，第五頁。

❻❻ ㈠李雙元，《國際私法（衝突法篇)》，武漢大學出版社，武昌，一九八六年六月第一版，第十三頁。

　　㈡肖永平，《衝突法專論》，武漢大學出版社，武昌，一九九九年五月第一版，第十三頁至第十四頁。

(三)直接解決方法之分類

直接解決國際民商事法律關係爭議之實體規範可以因存在之規範與內容而分為三：一為「國內法」中的直接解決或規範國際民商事法律關係的實體規範，稱為國內專用於調整國際民商事法律關係的實體規範❻；二為「國際條約」與「國際慣例」中的直接調整或規範國際民商事法律關係的實體規範，稱為「國際統一實體規範」或「國際統一實體私法規範」；三為除此之外，一般規定外國人在內國民事法律地位之規範，是規定外國人在內國的哪些範圍內享有民事權利與承擔民事義務之實體規範，既是實體規範，自適用直接調整或解決之方法❻。

(四)直接解決方法之實例

例如在解決國際貿易契約關係中的違約責任時，有關國家間事先在貿易協定或交貨共同條件中約定，一旦發生這種情況，直接適用協定中規定包括違約方應支付多少違約金及賠償損害金額的實體規則；又例如一九八〇年「聯合國國際貨物買賣契約公約」就是直接規定國際貨物買賣契約當事人之權利與義務關係❻，即是直接解決方法或統一實體法規範。

(五)直接解決方法之優勢

直接適用「統一實體規範」較之適用「衝突規範」有優勢，一則可避免法律衝突，可以更迅速、更準確、更直接地確定當事人之權利與義務；二則統一實體法較之經由衝突規範選擇適用某國之內國法，更有利於消除發展國際經濟貿易關係之法律障礙，權利義務明確與具體，符合當事人正當期待，對國際經濟交往之

---

❻　姚壯、任繼聖，《國際私法基礎》，中國社會科學出版社，北京，一九八一年版，第五、七、十二頁。

❻　㈠黃進主編，《國際私法》（九五規劃高等學校法學教材），法律出版社，北京，一九九九年九月第一版，第十頁。

　　㈡韓德培主編，《國際私法新論》（普通高等教育九五國家級重點教材），武漢大學出版社，武昌，一九九九年一月第一版第三刷，第十五頁。

❻　例如：㈠一九八〇年「聯合國國際貨物買賣契約公約」第五十二條：「1.如果賣方在規定的日期前交付貨物，買方可以收取貨物，也可以拒絕收取貨物。2.如果賣方交付的貨物數量大於合同規定的數量，買方可以收取也可以拒絕收取多交部分的貨物。如買方收取多交部分貨物的全部或一部，他必須按合同價格付款。」㈡同公約第六十六條規定謂：「貨物在風險轉移到買方後遺失和損壞，買方支付價格的義務並不因此而解除，除非這種遺失或損壞是賣方的行為或不行為所造成。」均係實體規範。

發展有所俾益，值得提倡❼。

㈥直接解決方法之局限性

　　直到今日，統一實體法規範仍未能完全取代衝突法律規範，因為直接解決方法在國際民商事關係有其自身之局限性，一則直接解決方法適用領域之有限性：例如婚姻、家庭、繼承等領域具有人身性質之法律制度，因民族、歷史、文化、風俗與習慣有異，這種統一實體法制定仍非常困難，至今尚未制定出統一實體法；二則一個統一實體法公約常只適用於某種法律關係之某些方面，其他方面仍得用「衝突規範」之間接解決方法❼；三則統一實體法主要在國際條約，國際條約原則上僅對於條約締約國與參加國有拘束力，倘國際民商事法律關係有一方非締約國或參加國之自然人或法人，該統一實體法即不能解決該國際民商事法律關係當事人之權利和義務；四則有些統一實體法並不排除當事人另行選擇法律之權利❼；五則有關國際經濟貿易方面之國際慣例之性質屬「任意性」，必須當事人選擇後始得以適用。故統一實體法規範在解決國際民商事法律關係之作用有其局限性。

四、間接解決方法（衝突法規範）與直接解決方法（統一實體法）間之關係

　　國際私法學界對解決國際民商事法律關係之方法論上存在著下列問題與意見：⑴我國臺灣地區學者均主張「小國際私法學派」，國際私法解決之方法僅有間接解決方法，國際私法等同於「衝突法」；⑵有學者主張國際私法解決方法主要是間接解決方法（衝突法規範），只不過自出現統一實體法以後，除了傳統的間接解決方法外，在解決國際民事法律衝突方面，國際私法又多了一種直接解決方法❼，學者有謂兩種調整國際民商事法律關係的方法，是國際私法調整國際民

---

❼　㈠張仲伯主編，《國際私法學》（高等政法院校規劃教材㉙），中國政法大學出版社，北京，一九九九年一月第一版，第十頁。

　　㈡李雙元，《國際私法》，北京大學出版社，北京，一九九一年九月第一版，第六頁至第七頁。

❼　例如：㈠一八八三年「保護工業產權之巴黎公約」，僅規定工業產權國際保護之四項基本制度與原；㈡一九八〇年「聯合國國際貨物買賣契約公約」僅適用於契約之成立與因契約而產生買賣雙方之權利與義務。其他凡公約許多問題的解決，仍得適用有關的衝突規範來指引應適用的法律。

❼　肖永平，《衝突法專論》，武漢大學出版社，武昌，一九九九年五月第一版，第四頁。

商事法律關係的兩種互相依存，互為補充，並缺一不可之方法，目前同時並存，完全不可能互相取代❼，有學者謂間接解決方法與直接解決方法均是為了解決國際民商事法律關係的法律適用，但兩者本質有別，方法不同，所運用的法律規範有異，在解決同一個涉外民商事關係時，只能使用其中一種方法，不能同時併用。在一般情況下，有統一實體規範時，就要先適用統一實體規範，只有在無統一實體規範可適用時，才適用衝突規範。由此可見，在解決某一個國際民商事法律關係時，兩者是互相排斥的，但就解決法律適用而言，兩者卻是相輔相成❼；(3)有學者認為國際私法解決之方法主要是直接解決方法，在主張國際私法規範包括統一實體法規範和國內專用實體規範的學者中，有認為國際私法發展的前途，將是由直接解決方法逐步取代間接解決方法❼。

五、直接適用法律 (loid' application immediate) 方法：警察法 (lois de police)

所有「直接適用法律」(loid' application immediate) 方法，值得在此說明者：

(1)理論提出：一九五八年希臘裔法國學者 Phocion Francescakis 發表專文提出「直接適用法律」(loid' application immediate) 概念，其歸納法國判例得出結論：隨著國家職能的改變及其在經濟生活中作用的提高，國家對經濟的干預與日俱增，為了能夠在國際民商事交往活動中更好地保護國家和社會的利益，國家所制定的某些具有強制力的法律規範在調整涉外民商事關係時，可以繞過傳統的法律選擇規範，從而直接適用於該涉外民商事法律關係，即「直接適用法」。

(2)各國概念：法國學者包括 Francescakis 深受「法國民法典」第三條第一項「有關於警察與公共治安的法律，對於居住於法國境內的居民具有強行力」之影響，Francescakis 先用「直接適用法律」後改為 "lois de police"，此所謂「警察法」

---

❼　肖永平，《衝突法專論》，武漢大學出版社，武昌，一九九九年五月第一版，第十五頁。

❼　㈠韓德培主編，《國際私法新論》(普通高等教育九五國家級重點教材)，武漢大學出版社，武昌，一九九九年一月第一版第三刷，第五頁至第六頁。

　　㈡黃進主編，《國際私法》(九五規劃高等學校法學教材)，法律出版社，北京，一九九九年九月第一版，第十頁。

❼　張仲伯主編，《國際私法學》(高等政法院校規劃教材㉙)，中國政法大學出版社，北京，一九九九年一月第一版，第十頁。

❼　章尚錦主編，《國際私法》(二十一世紀法學系列教材)，中國人民大學出版社，北京，二〇〇〇年三月第一版，第七頁。

是法國國際私法中特有概念，非簡單「警察」，而係廣義「維持秩序的法律」；德國學者常用「干涉法」(Eingriffsnormen)，亦有如 Kegel 稱「專屬規範」(Exclusivenormen)、Arthur Nussbaum 謂「空間受調節的規範」(Spatially Conditioned rules)；義大利學者使用「必須適用法律」(Normes application necessaire)；英美學者使用「強制性規則」(mandatory rules)；中國大陸學者李浩培使用「警察法」、「強行法」，韓德培、徐冬根、肖永平、胡永慶等均使用「直接適用之法」或「直接適用法律理論」❼，臺灣僅有柯澤東教授稱「即刻適用法」❽。

⑶有關直接適用法律之性質（公法抑私法、實體法抑程序法、原則抑例外）、理論基礎（內涵、與公序良俗之異同）、實證法表現（各國及公約之具體條款）、具體適用（每一法規之性質、各國總歸納）、適用模式與規範結構，在「輔助法規論」、「公序良俗」、「連結因素」及「實例演習論」中一一加以說明，在此特別說明就「直接適用法律」在解決國際民商事法律關係之方法上，對國際私法選法之影響。

⑷直接適用法律：直接適用法律與前述「間接解決方法：衝突法規範」及「直接解決方法：統一實體法」是不同的，直接適用法律係對傳統經由連結因素之否定與懷疑，法律之適用不是依據連結因素之指引，而是由其本身之性質與所表現之政策、目的決定的。其對國際私法選法之影響有謂「新法則區別說」(Neostatutist Theory)，亦有謂「單邊主義（片面法則）方法之復興」，亦有謂直接適用法律理論廣泛適用，法庭地國之「直接適用法律」建立一種特殊之援引規則，即為「次單邊衝突規範」(the second one-sided Conflict rule)。

---

❼ 有關 "lois de police" 稱「警察法」或「強行法」者：㈠李浩培稱「警察法」，見《中國大百科全書・法學卷》，中國大百科全書出版社，一九八四年版，第三三二頁；㈡有稱「直接適用之法」或「直接適用法律理論」者：1.韓德培，〈國際私法的晚近發展趨勢〉，載《中國國際法年刊》一九八八年，第十四頁至第十五頁；2.徐冬根，〈論法律直接適用理論及其對當代國際私法的影響〉，載《中國國際法年刊》一九九四年，第七十頁以下；㈢胡永慶，《直接適用的法的理論研究》，武漢大學碩士論文，一九九八年五月。

❽ 臺灣僅柯澤東教授稱「即刻適用法」，見其著《國際私法》(國立臺灣大學法學叢書(55))，自版，臺北，一九九九年十月第一版，第一〇六頁至第一〇九頁。

第三章 國際私法之法律衝突論

第一節　Conflict of Laws 之含義

研究國際私法或衝突法必涉及「法律衝突」(Conflict of Laws)，蓋國際私法或衝突法是在解決國際民商事法律衝突的過程中產生與發展起來的，在英文著作中 Conflict of Laws 應有兩種含義：(1)解為「法律衝突」；(2)解為調整或規範這種法律衝突之法律，即解為「衝突法」，因此在將 Conflict of Laws 使用時或譯成中文時，應依據上下文及前後意旨之不同，譯成「法律衝突」或者「衝突法」❶。

在法律領域內，法律衝突是普遍存在之現象，法律衝突應是法理學上值得研究之重要問題，但長期以來並未引起法理學學者對此問題的重視。雖然衝突法或國際私法學者應比較注意研究法律衝突，但時至今日仍非常不深入，我國學者幾乎未有提及。國際私法或衝突法之目的既是要解決國際民商事法律衝突，本章將就「法律衝突」問題為深入的、有體系的、整體的研究，首先(1)就「法律衝突之概念」，分別說明各國學者之定義，筆者管見及法律衝突發生之原因（第二節）；(2)就「空間上法律衝突：區際私法」，說明空間衝突 (Conflict of Laws in space) 可分「國際法律衝突」(international Conflict of Laws) 與「區際法律衝突」(interregional Conflict of Laws) 之概念，兩者之共性與異性，中華民族面臨一國兩岸三地四法域，我臺灣地區與大陸地區人民關係條例及香港澳門關係條例中「區際私法」之立法評析（第三節）；(3)就「人際法律衝突」，說明人際法律衝突 (interpersonal Conflict of Laws) 之概念，古代種族法、近代人際法與當代國際私法之相關規定，並就中國大陸婚姻法與日本法例 (§31) 深入說明（第四節）；(4)就「時間上法律衝突」(Intertemporal Conflict of Laws) 言，說明「時際私法」(private Intertemporal Laws) 之概念，分三大類說明意義、實例並提出解決方法（第五節）；(5)就「公法衝突」(Conflict of public laws) 與「私法衝突」(Conflict of private laws) 說明概念，存在空間之學說，筆者特別提出應就國際間理論發展、國際條約、外國立法比較、外國司法實踐、傳統國際私法觀點、我國法制及我國司法實踐六個理由依據提出公法衝突肯定論（第六節）；(6)就法律系統衝突 (intersystematic Conflict of Laws) 分別說明「平面法律衝突」(horizontal Conflict of Laws) 與「垂直法律衝突」(Vertical

---

❶　I. Szaszy, *Conflict of Laws in the Western, Socialist and Developing Countries*, 1974, pp. 25–26; J. J. Fawcett, New Distinction in Conflict of Laws, 7 *The Anglo-American Law Review*, 1978, pp. 230–242.

Conflict of Laws) 之概念、實例及其解決方法（第七節）；(7)就法律衝突發生階段可分「立法衝突」(legislative Conflict)、「司法衝突」(judicatory conflict) 與「守法衝突」(lawabiding Conflict) 三者之概念，非常近似「明顯衝突」、「解釋衝突」與「隱藏衝突」，並說明其解決之方法（第八節）；(8)就法律衝突依其內容可分「積極法律衝突」(positive Conflict of Law) 與「消極法律衝突」(negative Conflict of Law)，兩者之意義、實例及其解決方法（第九節）；(9)就政府利益分析說 (Governmental interests analysis) 下可分「真實衝突」(True Conflicts) 與「虛假衝突」(False Conflicts)，說明柯里 (Currie) 等提出之概念、實例及衝突解決方法（第十節）；最後(10)國際私法上法律衝突之特徵：總結前述各節說明最新國際私法之法律衝突，應自國際性進入兼有區際性、自私法性進入兼有公法性、自地際性進入兼有人際性與時際性、自平面性進入兼有垂直性，可歸納國際私法或衝突法中「法律衝突」之範圍擴張及新思潮接受（第十一節）。在分節說明前，先畫一圖表說明：

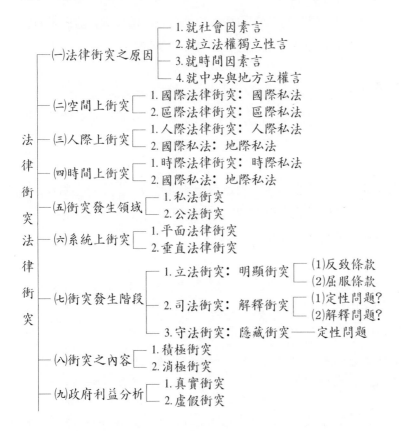

```
      ┌─ 1. 自「國際性」進入兼有「區際性」
├─(十)當代「法律衝突」之特徵 ├─ 2. 自「私法性」進入兼有「公法性」
│                              ├─ 3. 自「地際性」進入兼有「人際性」與「時際性」
│                              └─ 4. 自「平面性」進入兼有「垂直性」
```

圖 3-1：法律衝突之總覽

第二節　法律衝突之概念

一、各國學者「法律衝突」之見解

(一)德國學者

德國學者 Wengler 認為「法律衝突」(Kollisionsrecht; Conflict of Laws) 係包括當事人法律義務之矛盾、法律義務或法律規範的不一致或不平等以及各國實體法之間存在空缺等為法律衝突。

(二)英美學者

英美學者認為法律衝突，只是在法官頭腦中的一個矛盾的反映，這個矛盾就是法官應選擇何國或何法域之法律，易言之，法律衝突即是法律選擇之矛盾。

(三)日本學者

日本學者認為法律衝突是指兩個以上不同的法表面上似乎同時支配一個法律關係之情況，其最主要的形式是場所的衝突，即因場所不同而形成兩種以上法律秩序並存之情況❷。

(四)匈牙利學者

匈牙利學者謂法律衝突一詞必須在比喻意義上加以理解，它僅僅是明喻，指出由法律支配的事實或法律關係與幾種法律制度相聯繫，並且必須決定幾種法律制度的規則哪一種應適用於實際案件❸。

(五)中國大陸學者

大陸學者李浩培教授認為法律衝突乃是因內容不一致的兩個或兩個以上國家的法律，同時適用在某一種涉外民事法律關係上產生的法律牴觸現象❹。李教授提出二個觀點：一則稱「法律衝突」太嚴重太過分一點，應更傾向於使用「法

---

❷ (一)溜池良夫，《國際私法講義》有斐閣，東京，一九九九年五月第二版，第十八頁。

　　(二)日本國際法學會編，《國際法辭典》，世界知識出版社，一九八五年第一版，第五九一頁。

❸ I. Szaszy, *Conflict of Laws in the Western, Socialist and Developing Countries*, 1974, p. 25.

律牴觸」；二則法律牴觸即各國民商法相互歧異的情況。

二、法律衝突之意義

法律衝突 (Conflict of Laws) 又稱「法律牴觸」，應可分廣狹之義：

㈠廣義上言

法律衝突係指調整同一社會關係或解決同一問題之不同法律由於各自內容之差異和位階之高低而導致相互在效力上之牴觸，簡言之，僅要各法律對同一問題作了不同的規定，將不同的法律規定與某種法律規定聯繫在一起時，法律衝突即會發生。

㈡狹義上言

法律衝突係指某一法律關係涉及兩個或兩個以上國家或法域之法律，這些法律制度對同一社會關係或事實之法律規定不同，而且均主張自己之法律要適用於這一法律關係所出現的法律適用上之衝突。由於衝突法之中心任務是解決國際民商事案件所涉及的法律衝突，這種法律衝突無疑是衝突法賴於生存的重要前提條件。

三、法律衝突之原因

廣義上法律衝突既可發生在法律的不同層次和結構中，亦可能發生在法律的各個領域或各個部門，從法理學分析法律衝突之原因有四：

㈠就社會因素而言

法律受到一國經濟、文化、地理、歷史、宗教、習慣及政治體制等其他社會因素之影響，故相同社會制度國家之法律間亦存在法律差異。

㈡就立法權獨立性而言

在主權平等之國際社會，各國享有獨立之立法權，不同社會制度的國家制定的法律在本質上必然不同，不同立法權之各國立法機關制定法律內容之差異與衝突勢必不可免。

㈢就時間因素而言

法律是以一個時期的社會關係，立法者對社會關係發展變化的有限預測為依據而制定，「法與時轉則有功」，隨著時間因素與社會關係之變化，在一定地區施行法律亦隨之變化，形成時間新舊兩部法律之差異與衝突。

---

❹　李浩培，〈論條約法上的時際法〉，載《武漢大學學報》，一九八三年第六期，第六十一頁。

㈣就中央與地方立法權而言

在一國之內，其立法權由各部門或機關制定，不同機關制定的法律將會發生衝突，例如有些國家採地方分權，每一州或省或邦或郡有立法權，形成「地際私法」，有些國家中央得立法，地方省、縣、或州仍有立法權，形成「中央與地方法律衝突」，在我國依憲法第六十二條及中央法規標準法規定採中央集權立法制，但依直轄市自治法及地方制度法使地方議會仍有立法權，極易造成「垂直系統法律衝突」。

第三節　空間上法律衝突：區際私法

一、空間衝突之概念

法律衝突依在空間上性質為標準可以有空間上法律衝突 (conflict of laws in space or interspatial conflict of laws)，即不同國家、不同地區或不同區域之間之法律衝突，因而可分為二：

㈠國際法律衝突 (international Conflict of Laws)

係指不同國家的法律之間的衝突，在民商法領域內發生的國際法律衝突，即為國際私法之解決對象，當然國際法律衝突也可能發生在其他法律領域，不同的區域國際法之間的法律衝突，也應屬國際法律衝突。

㈡區際法律衝突 (interregional Conflict of Laws)

係指一個主權國家內部具有獨特法律制度之不同地區之間之法律衝突。在一般國家只有一種法律制度，即是統一的法律制度，但有些國家因為歷史因素或政治現實，內在或外在原因，其法律制度是不統一的，其國內有數量不一之具有獨特法律制度之地區或區域，稱為「法域」(law district; Rechtsgebiel) 或「法區」(legal region)。區際法律衝突在採聯邦制之美國、加拿大、澳大利亞自然存在，但在採單一制國家或地區，如英國及中國大陸地區亦均有之 ❺，即所謂「一國數法」或「複數法域」 ❻。

---

❺　黃進，《區際衝突法》，永然文化出版股份有限公司，臺北，一九九六年第一版，第八十一頁以下；黃進主編，《國際私法》，法律出版社，一九九九年五月第一版，第十二頁至第十三頁。

❻　例如我國涉外民事法律適用法第二十八條「依本法適用當事人本國法」，而其本國法律各地方不同，即形成一國數法。

二、區際私法 (Private Interregional Law) 與國際私法之共性

基於一國內部之不同地區具有不同的法律制度，在人民交往過程中將不可避免形成區際法律衝突，為解決或規範區際民商事法律衝突之法律關係自應有「區際衝突法律」或「區際私法」(Private Interregional Law)，有學者稱為「準國際私法」(quasiprivate international law)，亦有稱為「國內國際私法」(internal private international law) ❼。在十九世紀以前，歐洲許多國家內部存在封建制度，內部立法權不能統一，因而其國際私法主要是作為區際私法發展起來的。美國採聯邦制，國內各州因保留有相對獨立立法權，各有自己的私法制度，國內法律衝突便常發生，因此歐陸及美國國際私法同樣自區際私法起源，且美國至今主要是解決州際衝突。

對區際法律衝突各國主要是經由衝突法規範解決，值得說明者：

(一)就基本方法言

區際私法或國際私法均為衝突法之適用流程，法院在解決空間上法律衝突時，最先是訟爭問題之定性，再是選擇準據法方法與立法例，再確定連結因素，最後依據衝突規則，決定所應適用準據法，作為審判之依據（即筆者所稱「處理國（區）際私法實例之流程」），故國際私法與區際私法大多數原則與制度是共同的。

(二)就專門區際私法之立法言

有些國家以專門的統一的方法「區際私法」解決「區際法律衝突」，一九七九年南斯拉夫「關於解決民事地位、家庭關係及繼承法之法律衝突與管轄權衝突之法」即是專門解決南斯拉夫各省之間法律衝突之區際衝突法。

(三)就區際私法與國際私法不區分之法制言

有些國家對「區際私法」與「國際私法」採用同一衝突規範解決而不加以區分，例如一九七一年準法典化之《美國國際私法第二次新編》(*Restatement of the*

---

❼　大陸有很多學術文獻：(一)黃進，《區際衝突法》，武漢大學博士論文，一九八八年五月；(二)沈涓，《中國區際衝突法研究（總則）》，武漢大學博士論文，一九九五年五月；(三)詹美松，《我國內地和香港涉外民事案件管轄權制度比較研究》，武漢大學碩士論文，一九九三年五月；(四)王玉霞，《中國大陸與澳門國際私法比較研究》，武漢大學碩士論文，一九九七年五月；(五)鄧杰，《大陸與香港的區際法律衝突解決問題研究》，中南政法學院碩士論文，一九九七年四月。

Law, Second, Conflict of Laws)，既可解決美國與他國間之國際民商事法律衝突，亦可解決美國國內各州間之區際民商事法律衝突。

三、區際私法與國際私法之異性

區際私法與國際私法在大多數原則與制度是共同的，但兩者仍存在著許多差異性：

㈠就法律制約寬嚴言

區際私法處理一國之內各不同地區之法律，在一般而言，同一國家不同地區法律之近似性會更大，而且須受到中央憲法之制約，因而在法律選法方面會比較寬鬆。例如在美國之衝突原則適用於解決州際衝突時，就應受美國聯邦憲法中「充分誠意與信賴條款」(The full faith and credit clauses) (增修第四條第一項)、「正當程序條款」(The due process clauses) (第十四條第一項)、「優惠與豁免條款」(The privileges and Immunities clauses) 與「平等保護條款」(The equal protection clauses) 之限制，尤其在「公共政策」(public policy) 之運用於內部州際之間的法律衝突遠比運用於國際間法律衝突為少為寬鬆❽。

㈡就屬人法之連結因素言

在國際私法中「國籍」是屬人法之一個非常重要連結因素，即義大利馬志尼主張之「國籍國法」（本國法）深深影響歐陸法系，但在區際私法中「國籍」連結因素完全不起影響力與作用，在區際私法中可能引用「住所」或「慣居地」為連結因素，而採「住所地法主義」。一國國際私法運用「國籍」為連結因素即採「本國法」為屬人法之準據法，連結因素所指引者為存在多數法域之一個國家時，如何完成一國數法適用，在立法例上有直接指示主義（法庭地國際私法中明文指示），亦有間接指示主義即求助於該國之區際私法中有關規定以解決當事人之屬人法的確定問題。

㈢就區際私法與國際私法分離之趨勢言

加拿大及澳大利亞均為存在區際法律衝突之國家，目前有了一種將區際法律衝突與國際法律衝突加以區分，以分別適用不同衝突規範解決法律衝突之新趨

---

❽ 有學者謂特別表現在「公共政策」(public policy) 之運用於內部州際之間法律衝突遠比運用於國際之間法律衝突為「嚴」，李雙元著《國際私法（衝突法篇）》，武漢大學出版社，武昌，一九八六年六月第一版，第十頁至第十一頁；二〇〇一年十一月修訂版第一刷，第十五頁，似有誤會。

勢❾。

四、中華民族面對「一國」兩岸三地四法域

㈠兩岸間：臺灣地區與大陸地區人民關係條例

一九九二年七月三十一日臺灣地區援引「區際衝突法」理論，制定並公布於同年九月十八日施行之臺灣地區與大陸地區人民關係條例，計有九十六條，與「區際私法」有關者先說明如下：

1.**就立法方式言** 在第三章「民事」章 (§41〜§74) 採逐條式、細密性之規範原則，分別就總則性、公序良俗等及分則性之行為能力 (§46)、法律行為方式 (§47)、債權 (§48〜§50)、物權 (§51)、親屬 (§52〜§59)、繼承 (§60〜§61) 等一一逐條規定準據法。

2.**就立法形式言** 採行「單面法則」（片面法則）者有不少規定，例如第四十三條（補充適用）、第四十五條、第五十三條、第六十條但書、第六十一條但書、第六十六條、第六十七條等等。

3.**就屬人法之連結因素言** 我方捨國際私法（涉外民事法律適用法）之「國籍」為連結因素，即「本國法」為屬人法之準據法（涉民 §1〜§4、§11〜§24），而採「設籍地」為連結因素，採「戶籍地區法」為準據法。

4.**就大陸地區民事判決商務仲裁判斷之承認與執行言** 我第七十四條採「相互承認」之互惠說，即以臺灣地區作成之民事確定裁判、民事仲裁判斷，得聲請大陸地區法院裁定認可或為執行名義者，始適用之。

大陸地區至今尚無區際私法之立法，僅有武漢大學韓德培教授與黃進教授於一九九〇年五月在山東濟南召開中國國際私法學會提出《大陸地區與香港、澳門、臺灣地區民事法律適用示範條例》❿，其立法原則應就是學者主張的三個一點：寬鬆一點、靈活一點與多樣一點⓫，⑴所謂「寬鬆一點」是指應嚴格限制公共秩

---

❾ 見㈠劉仁山，《加拿大國際私法研究》，武漢大學博士論文，一九九七年四月；
㈡董麗萍，《澳大利亞國際私法研究》，武漢大學博士論文，一九九六年五月，後收入梁慧星主編「中國民商法專題研究叢書」，法律出版社出版。

❿ 韓德培主編，《中國衝突法研究》（武漢大學學術叢書），武漢大學出版社，一九九三年六月第一版，第四六一頁至第四六八頁。

⓫ 李雙元，《國際私法》，北京大學出版社，北京，一九九一年九月第一版，第九頁至第十頁。

序保留制度之援用；(2)所謂「靈活一點」主要是指應大量採用雙邊的或選擇的衝突規範來指引準據法，並可通過各種開放性之衝突規則，賦與當事人自主選擇法律的更大權利和法院更大的自由裁量權；(3)所謂方法與途徑應多樣一點，主要是指既可運用衝突規範，也可通過相互協商制定的統一實體規範，及經由劃分管轄權等多種方法或途徑來解決法律衝突的問題。又大陸最高人民法院於一九九八年發布了「關於人民法院認可臺灣地區有關法院民事判決的規定」❷，顯然在區際司法協助中回應了我國臺灣地區與大陸地區人民關係條例第七十四條之規定。

(二)臺灣與港澳間：香港澳門關係條例

　　臺灣在一九九七年四月二日公布香港澳門關係條例計有六章六十二條，其中第三章「民事」(§38～§42)，值得說明者：

　1.就立法方式言　捨兩岸關係條例之逐條式、細密性之立法，而改一條概括式立法，畢竟涉外民事法律適用法已經非常老陳，經由借用國際私法無法因應新事務。

　2.就立法過程言　筆者過去在立法院時所提「涉港澳事務法律適用條例草案」計有條文一百一十條，仿涉外民事法律適用法及兩岸人民關係條例係逐條式、細密性，惜後未被採取。

　3.就區際私法與國際私法間之關係言　行政院所提港澳關係條例草案第三十三條規定：「民事事件，涉及香港地區或澳門地區者，準用涉外民事法律適用法以定其應適用之法律。但其事件另涉及大陸地區，而其法律關係與大陸地區最切者，依臺灣地區與大陸地區人民關係條例第四十一條至第六十三條以定其應適用之法律。」另沈富雄委員提出第三十八條規定：「民事事件，涉及香港或澳門者，依涉外民事法律適用法以定其應適用之法律。但其法律關係另涉及中華人民共和國者，得依臺灣地區與大陸地區人民關係條例第四十一條至第六十三條之規定，定其應適用之法律。」筆者所提除本條法源規定外，另有第三章「民商事」(§37～§92)，分「通則」(§37～§42)、「自然人與法人」(§43～§46)、「法律行為」(§47～§48)、「債權」(§49～§57)、「物權」(§58～64)、「親屬」(§65～§74)、「繼承」

---

❷　見(一)一九九八年五月二十七日《人民日報》，第五版；(二)一九九八年五月二十六日，中新社北京新聞稿；(三)賴來焜，〈中國大陸地區國際私法之最新發展〉，載《國際私法理論與實踐(一)》(劉鐵錚教授六秩華誕祝壽論文集)，學林文化事業有限公司出版，一九九八年九月第一版，第四七五頁以下。

（§75～§80）、「工業財產權」（§81～§85）、「票據關係」（§86～§89）、「司法協助」
（§90～§92）十節。其中第三十七條規定謂：「民商事事件，涉及香港地區或澳門
地區者，依本條例規定，本條例未規定者，適用其他法律。其他法律未規定者，
類推適用涉外民事法律適用法。涉外民事法律適用法未規定者，適用與民商事法
律關係最重要牽連關係地區法律。」就通過之條文與三個版本對照說明❸：

	行政院版	沈富雄委員版	賴來焜委員版	通過條文
條文	第三十三條規定：「民事事件，涉及香港地區或澳門地區者，準用涉外民事法律適用法以定其應適用之法律。但其事件另涉及大陸地區，而其法律關係與大陸地區最切者，依臺灣地區與大陸地區人民關係條例第四十一條至第六十三條以定其應適用之法律。」	第三十八條規定：「民事事件，涉及香港或澳門者，依涉外民事法律適用法以定其應適用之法律。但其法律關係另涉及中華人民共和國者，得依臺灣地區與大陸地區人民關係條例第四十一條至第六十三條之規定，定其應適用之法律。」	第三十七條規定：「民商事事件，涉及香港地區或澳門地區者，依本條例規定，本條例未規定者，適用其他法律。其他法律未規定者，類推適用涉外民事法律適用法。涉外民事法律適用法未規定者，適用與民商事法律關係最重要牽連關係地區法律。」	第三十八條：「民事事件，涉及香港或澳門者，類推適用涉外民事法律適用法。涉外民事法律適用法未規定者，適用與民事法律關係最重要牽連關係地法律。」
說明立法理由	本條係規定民事事件涉有不同法域之人、事、物時如何選擇適當之法律以解決當事人之爭端。由於港澳地區法律制度之健全情形與一般民主法治國家相較，歧異較少，適用涉外民事法律適用法並無困難，將來允宜維持目前之法律適用方法。惟事件若又涉及大陸地區時，有	一、因港澳法律制度相當健全，故本條規定民事事件涉及港澳時，應適用涉外民事法律適用法決定適當法律，以解決當事人之爭端。二、若事件又涉及中華人民共和國時，得依法律行為之性質及要素，適用臺灣地區與大陸地區人民關係條例所定之選法規則，以定	本條例明定涉港澳民商事事件處理之法源種類與順序，一為本條例，二為其他法律，三為類推國際私法，四為最重要牽連關係地法。	

❸　立法院秘書處印行《港澳關係條例法案》，立法院公報法律案專輯，第二百一十三輯
　　（上）（下），一九九七年十一月初版，見第五七七頁至第五七八頁。

可能產生是否應適用兩岸關係條例之選法規定之疑義，爰規定若其事件另涉及大陸地區，而其法律關係與大陸地區最切者，則依兩岸關係條例所定選法規則以定其適用法律。	其應適用之法律。		

　　值得說明者，(1)就區際私法與國際私法間言：行政院用「準用」，民進黨沈富雄委員改「依」，最後現行法第三十八條前段依筆者意見「類推適用」，蓋「準用」仍無法完成選法，例如香港地區人民幾歲成年，區際私法「準用」我涉外民事法律適用法第一條第一項人之行為能力依其本國法，依香港所屬國籍將適用大陸地區之法律，依「類推適用」則可解為「本區法」；(2)現行法第三十八條後段捨行政院版及沈富雄委員版，而依筆者意見，蓋既與大陸地區關係最密切為何間接依兩岸關係條例依其指定之法，而何不直接依最重要牽連關係地之法律；(3)本條後段是我國第一次將最重要牽連關係原則於選法理論登入我國衝突法。

第四節　人際法律衝突

一、人際衝突之概念

　　所謂「人際衝突」(interpersonal Conflict of Laws) 係指一國之內適用不同民族、種族、宗教、部落、以及其他階級之人之間之法律衝突，解決此種人際法律衝突之法律制度，即為「人際私法」(private interpersonal Law; Interpersonales Privatrecht)，例如印度、土耳其、敘利亞等國家因宗教不同而適用不同的婚姻法，即在人際私法中因宗教場合不同形成解決各宗教徒間之法律衝突之法律，特別稱為「教際私法」與「宗教私法」(Interreligioeses Privatrecht; Interkonfessionelles Privatrecht)。

二、古代人際法：種族法

　　對於人際私法之解決早在六世紀期間，歐洲國家在法律適用方面採取絕對屬人主義，當時日耳曼人征服歐洲，但由於未建立起強大的統一的政權，在其控制

的轄區內，日耳曼人間適用日耳曼種族法 (tribe law)，法蘭克人間仍適用法蘭克種族法，羅馬人之間仍適用羅馬法，因而在一個法律關係中，如果主體來自兩個種族，發生究竟應適用其中何人所屬法律問題，即何人之屬人法問題。解決人際法律衝突一般應依據不同情形，或者適用共同種族法或者適用特別法。如此人際私法衝突的解決，在六至十世紀形成一些類似現行衝突規範之原則，如(1)對當事人締約能力各依其習慣法；(2)侵權行為責任依加害人之習慣法；(3)財產移轉依移轉人之習慣法；(4)婚姻之締約依夫之習慣法；(5)繼承依被繼承人之習慣法❶。

種族法之原則在形式上與現在的衝突法類似，而且同樣具有法律適用法或法律選擇法之性質，是現代本國法之端倪，但其與現代國際私法相較：(1)有「際」無「國」：種族法不是含有外國因素的民事關係中的法律衝突問題，而係在一個主權之下，哪一部分有人之法律應適用於有關法律關係的問題；(2)「際」其非「際」：國際私法之「際」係地理上之際，而種族法之「際」係人種因素，所以種族法係際其非際，並非現代國際私法上之衝突規範。

三、近代人際法

在第二次世界大戰以前可說明者有三：(1)奧地利一國之內的天主教徒、基督教徒和猶太教徒就適用不同的婚姻法；(2)依日本學者見解認為在第二次大戰前有關日本之內地人、臺灣人及朝鮮人中不同的人間行為，尤其在一地域內不同人際間之法律行為之關係，究應如何選法❶；(3)又如在十八世紀的印度，在最高法院中根據一七八一年「印度政府條例」，印度教徒和伊斯蘭教徒屬人法之適用，僅局限於土地之繼承和承受、租賃、商品以及當事人間之各種契約和交易事務，但當事人屬兩種不同社會時，應適用被告之法律和慣例❶，由此可見，解決人際法律衝突之規則近似解決空間上之法律衝突規則，但這類規則以規定婚姻、家庭及其他有關人的身分、能力方面為多❶。

---

❶　Rheinstein, *Trends in Marriage and Divorce Law in Western Countries, Law and Comparative Problems*, 1953, p. 3.

❶　日本在當時制定了「準國際私法」性質之共通法第二條解決，見溜池良夫，《國際私法講義》，有斐閣，一九九九年五月第二版，第三十四頁至第三十五頁。

❶　見《大不列顛百科全書》，第六卷，第十五版，第一一一五頁至第一一二〇頁。

❶　㈠韓德培主編，《國際私法新論》(普通高等教育九五國家級重點教材)，武漢大學出版社，武昌，一九九九年一月第一版第三刷，第一二九頁至第一三〇頁。

　　㈡李雙元主編，《國際私法 (衝突法篇)》，武漢大學出版社，武昌，一九八六年六月第

四、當代國際私法

　　中國大陸地區「內蒙古自治區執行中國婚姻法的補充規定」第三條規定：「結婚年齡，男不得早於二十周歲，女不得早於十八周歲。漢族男女同（與）蒙古族或其少數民族男女結婚的，漢族一方年齡按中國婚姻法規定執行。」因此，其是適用當事人各自的習慣法或特別法**⑱**；又日本在一九九〇年新法例第三十一條規定：「當事人之本國因屬人而異其法律者，以其國之規則所指定之法，如其國無此等規則，則以與當事人最密切關係地之法為當事人之本國法。」「前項之規定，於當事人常居所地係因屬人而異其法律之情形，該當事人之常居所地法，及於與夫妻有最密切關係之地係因屬人而異其法律之情形，與該夫妻有最密切關係之地之法準用之。」蓋國際私法本條乃關於因屬人而異其法律之國或地，其法律之決定之新設規定，採間接指定之方式，即當事人之本國、常居所地或與夫妻有最密切關係之地如因屬人而異其法律，則以其國或地之規則所指定之法為當事人之本國法、常居所地法或與夫妻有最密切關係地之法，其國或地無此等規則時，則以與當事人有最密切關係之法為當事人之本國法、常居所地法或與夫妻有最密切關係地之法。昭和六十三年「法例關於婚姻及親子部分之修正綱要試案」中，原將因屬人而異其法律之部分情形與因地域而異其法律（複數法域）之情形並列於本國法之決定條項，至因屬人而異其法律之其他情形，則置於常居所地法之決定條項下，由於稍嫌含混，故修正法例乃統合因屬人而異其法律情形，特設本條之規定**⑲**。

第五節　時間上法律衝突：時際私法

一、時間上法律衝突之概念

　　所謂「時際法律衝突」(Intertemporal Conflict of Laws) 係指某一法律關係產生後，由於一個在不同時間內，先後頒布的規範同一類社會關係之法律在內容上的

　　　　一版，第十一頁。

⑱　楊大文主編，《婚姻法學》，中國人民大學出版社，北京，一九八九年三月第一版，第一四〇頁至第一四一頁。

⑲　張慧瓊，〈日本一九八九年國際私法之部分修正法〉，載《國際私法理論與實踐(一)——劉鐵錚教授六秩華誕祝壽論文集》，學林文化事業有限公司出版，一九九八年第一版，第三四四頁至第三四五頁。

不一致而產生的法律衝突，即新法與舊法、前法與後法之衝突，有稱「動態衝突」(Conflicts Mobiles)；規範時間法律衝突者又稱「時際私法」(Private Intertemporal Law)。誠如荷蘭國際私法學者 O. Kahn-Freund 曾謂國際私法中 "Where" 這詞固然重要，但 "When" 這詞亦不容忽視，本句話意指國際私法主要解決應適用「何地」法律這個問題的，但他往往會提出應適用「何時」法律之問題❷。又匈牙利有學者 Szaszy 認為一般國際私法係處於同一平面的問題，但時間因素所引起衝突應歸入「二級衝突」之中，有別傳統國際私法中衝突規範之「一級衝突」的問題。

二、時間上法律衝突之種類

關於時間法律衝突可分為三類：

㈠法庭地國際私法變更所引起之新舊國際私法之衝突

例如我國國際私法在一九五三年六月六日前應是依一九一八年八月五日法律適用條例，一九五三年六月六日修正為涉外民事法律適用法，在一九五三年六月八日以後法院究應如何選擇準據法？

㈡連結因素變更所引起之新舊應適用法律之衝突

國際私法上有「可變的連結因素」：如動產所在地、當事人之國籍或住所、船籍國、航空器登記國及「不可變的連結因素」：如不動產所在地、侵權行為地、婚姻舉行地、締約地或遺囑成立地，例如夫妻財產制之準據法究應依「結婚時」夫之國籍為連結因素而據以成立之準據法，抑或應依「原因事實發生時」夫之國籍為連結因素而據以成立之準據法。

㈢應適用法律變更所引起之新舊準據法之衝突

即準據法因時間因素而引起之衝突。例如在法國，直到一九一二年以後才通過法律允許非婚生子對其父提起確認父子關係的訴訟，現在假如一個一九一〇年出生的法國人於一九六〇年在紐約州法院對一個住所在紐約的美國人提起此種訴訟，這時，該法院就不僅首先要考慮美國紐約州的法律和法國法的衝突問題（場所衝突），而且在確定應適用法國法後，還要考慮一九一二年以前和以後的法國法中不同規定之間的衝突（時際衝突）。

三、時際衝突之解決

關於時際法律衝突可分三類，其每類解決之方法亦未必相同，茲說明如下：

---

❷　O. Kahn-Freund, *General Problems of Private International Law*, 1974, 第七章第一節。

(一)法庭地國際私法變更所引起新舊國際私法之衝突

即關於法庭地國際私法之變更，究應適用何時之國際私法？在變更後始發生之國際民商事案件，固應適用後之新法，自無問題；但對變更前所發生之國際民商事案件，究應適用舊國際私法抑新國際私法？即構成時間上法律衝突，學說有三，第一，適用法庭地之過渡法（施行法）予以決定，包括法律不溯及既往之原則；第二，適用新國際私法，承認其溯及力；第三，適用新國際私法，承認其溯及力，但有例外。

(二)連結因素變更所引起新舊應適用法律之衝突

學說主張有五：第一，連結因素最近具體化所指定之法律；第二，連結因素最初具體化所指定之法律；第三，選擇適用相關聯之法律；第四，累積適用相關之法律；第五，援用另一不同之連結因素。

(三)應適用法律變更所引起之新舊準據法之衝突

應適用法律之變更，特別於其有溯及力時，法庭地法院究應如何解決，理論上有三種方法。其一，法庭地法院不理會應適用法律之變更，仍適用舊的法律；其二，法庭地法院適用法庭地之施行法以解決此問題；其三，法庭地法院適用該應適用法律之施行法。大多數學術界及司法實務，皆採第三種立場，認其係最方便、合理，而且符合國際私法之精神❷。

第六節　公法衝突與私法衝突

一、法律衝突發生領域

依法律衝突之發生領域為標準，它可分為「公法衝突」(Conflict of public laws)與「私法衝突」(Conflict of private laws)。公法與私法之區分之法律理論，按照利益說，凡以保護公共利益為目的之法律為公法，一般包括憲法、刑法、行政法和訴訟法等；凡以保護私人利益為目的之法律為私法，一般包括民法、商法。國際私法上可見國際上或在一個國家內各法域之間，大量存在著的是私法衝突，但在公法上衝突就是指保護社會公共利益之法律之間的衝突，就學理而言，公法衝突

---

❷　(一)劉鐵錚，〈時間因素引起之法律衝突〉，載《國際私法論文集》（慶祝馬教授漢寶六秩華誕），五南圖書出版公司，一九八八年四月初版，第一頁至第五十頁。

　　(二)劉鐵錚、陳榮傳，《國際私法論》，三民書局，一九九六年十月第一版，第六四九至六八四頁。

是否應存在，倘存在時，其應如何解決，以下分別討論之。

二、公法衝突之存在空間

(一)甲說：否定說

傳統的國際私法理論認為外國公法具有嚴格之屬地性而不具有域外效力，因而在適用外國法時將外國的公法規則一概予以排除，因此長期以來，國際私法學界許多學者認為法律衝突只可能發生在民商法領域或私法領域，在其他領域無法律衝突可言，故公法是不會發生法律衝突的，最多只能說是法律規定的歧異❷。

(二)乙說：有條件承認說

有學者主張隨著國際交往的頻繁發生，各國在嚴格條件下和較小範圍內，事實上也出現了適用外國法的現象，例如在訴訟程序法方面，依照外國的程序法對外國訴訟文書之送達，依外國證據法取得之訴訟證據等，就會產生公法適用上的衝突，並謂公法領域之法律衝突，目前主要是通過國際條約來協調和解決的。

(三)丙說：肯定說

匈牙利學者 Szaszy 指出，在國際私法中，包含有指引適用外國公法或憲法的衝突規範。比如，在適用外國民法以解決民事法律衝突時，就有必要適用外國的憲法規範，因為要適用該外國民法，必須考察它的效力，而這種考察必須依該國憲法的規定進行。與此類似，內國法院在裁決一項用外國貨幣支付的權利請求時，有必要適用該國貨幣法的規定；合併一個外國企業時，就不得不考慮調整這種合併行為的外國行政法的有關規定。另外，在承認外國判決的過程中，內國法院也應適用外國公法，以確定該判決的形式是否符合該外國法律的有關規定；對此，甚至紐邁耶等否定論者也認為，在解決先決問題時，在公法領域也有適用外國法的可能，巴迪福等國際私法學者認為，在刑法領域，法院在審理兼有民事因素的刑事案件時，也應考慮外國刑法中有關的屬人民事法則，而且有關民事處罰的規定應像民法規定一樣適用於案件。此外，還認為，承認依公法所獲得的權利的域外效力時，也需要適用外國公法，如在考慮一項宗教婚姻的域外效力時，該國公法中關於宗教婚姻的規定就必須予以考慮；考慮外國當事人的國籍時，必須考慮該國國籍法的規定❸。

---

❷　李雙元，《國際民事訴訟法概論》，武漢大學出版社，一九九〇年第一版，第七十七頁。

❸　許光耀，《歐盟競爭法研究》，武漢大學博士論文，一九九九年五月，第一九〇頁至第一九五頁。

三、筆者在我國提出：公法衝突肯定論

隨著經濟發展與國際間交往密切，筆者就國際間理論發展、國際條約、外國立法、國際司法實踐、我國法制與司法實踐各方面均應承認公法衝突肯定論：

(一)就國際間理論發展而言

就國際間理論發展言具有公法衝突之論據：

1.**就公法衝突之客觀要件而言** 私法衝突之得據以發生之兩個客觀要件，第一，各國或各法域法律之不一致，第二，國際間交往之存在，在公法領域間亦同樣具備客觀兩要件，各國之刑法、經濟法、行政法規定不同，且國家間公法交往亦存在與發展，例如刑法方面，中華民國船舶在停泊甲國港口時，船舶上我國籍船長 A 殺害乙國船員 B，究應適用我國刑法，抑或甲國刑法，抑或乙國刑法之法律衝突問題❷，又例如歐洲共同體中競爭法，其羅馬條約第八十五條有關限制競爭行為之規定，同樣發生競爭法在國際私法中地位，共同體法與成員國法間之衝突法問題，共同體競爭法之域外效力之適用究採「效果主義」抑或「單一經濟體理論」之問題❷。

2.**就公法衝突之主觀要件而言** 否定論者認為具備客觀二要件只是事實問題，所以僅是法律之「歧異」而非法律之「衝突」，發生法律衝突最重要條件是主觀要件，即法庭地國必須承認外國法在法庭地之效力，否定論認為外國公法之適用與內國主權相牴觸，因而內國拒絕外國法之適用，既然外國公法在內國沒有效力，當然不會產生法律效力衝突，所以有謂外國公法衝突一方面僅是單邊之衝突規範（單面法則），二方面僅是具有虛擬性質。但新的理論卻認為一則主權原則不應僅保護內國主權，亦應同時維護外國主權，二則完全忽視外國公法規定將造成國際間交往之障礙，三則尊重外國主權利益應屬必要，在不與內國利益相牴觸之前提下適用外國法，應不致減損內國主權，故主觀要件為承認外國公法在內國有效力於焉具備。

3.**就適用外國公法未必減損內國主權而言** 國家主權之完整性並不等於其具體權力或管轄權不可分配或轉讓，各種國際組織之蓬勃發展就是很好的說明，國

---

❷ 我刑法第三條規定：「本法於在中華民國領域內犯罪者，適用之。在中華民國領域外之中華民國船艦或航空機內犯罪者，以在中華民國領域內犯罪論。」

❷ 許光耀，《歐盟競爭法研究》，武漢大學博士論文，一九九九年五月，第一八八頁至第二二○頁。

家將部分主權權力轉讓給非主權屬性之國際組織，並服從其管轄權，這種管轄權源自成員國意志之協調，是成員國自願轉讓的結果，這並不是主權的侵犯，相反的，正是國家為國際交往之目的而行使主權的結果，例如歐洲共同體之成立與發展，成員國將社會與經濟領域之部分管轄權轉讓給共同體，甚至認可其權力的優先地位，並不改變成員國之主權屬性❷❻；適用外國法必定減損內國主權，應是形式上表面之誤解，並無實質上合理之理由，縱使有減損主權，則經由公共秩序與善良風俗原則之行使，亦足以消除其危險而不必因噎廢食。

4. **就公法與私法區別不易而言**　公法與私法之區別不論是採何種標準為依據均不是絕對的，雖然私法與國家利益之關係相對鬆散，但立法者制定任何法律均不可能完全不顧及公共利益之斟酌，傳統私法制度，例如契約自由原則與私有財產保護原則，仍不能說完全服務於私人目的，正好相反，其是市場經濟法律體系的基石，並且服務於這一經濟秩序之公共目標❷❼，私法固然主要表現對個體權利之尊重，但其同樣強調私有利益與公共利益之協調，為更好地保護私人權利，一定條件下必須對私權加以限制，公法與私法二者是可以統一的，因而在私法之體系內涵蓋了許多強制性規範，對私人權利予以限制。

5. **就「直接適用法律理論」與「雙邊衝突規範」而言**　就傳統國際私法認為外國公法適用僅為單邊衝突規範，但就現代經濟發展與新理論趨勢而言，雙邊衝突規範（雙面法則）並不是法律衝突的唯一解決方法，而且也不是最有效率的途徑，它是一種不得已的選擇，現代立法採取「直接規範」之「直接適用法律」，國際私法不應固守傳統觀念，將雙邊衝突規則作為存在法律衝突之唯一標誌，且任何國家立法機關得經由直接或間接調整規範來規範這些法律關係，至於立法機關如何利用這些法律來規範社會關係，僅是一個法律方法問題，其與法律關係之公法、私法性質並無直接聯繫，故不分公法、私法之法律性質，均有可能發生法律衝突與適用外國法。

（二）**就國際公約與條約之表現而言**

晚近國際條約與公約在法律適用之政策表現，強制性法律必須得到適用已獲

---

❷❻　曾令良，《歐洲共同體與現代國際法》，武漢大學出版社，武昌，一九九二年第一版，第二十頁。

❷❼　劉東華譯、趙李欣校，〈論經濟法上的衝突規則〉，載《外國法譯評》，一九九六年第三期，第二十三頁至第四十頁。

得廣泛認可，這些強制性法律表現一國之公共利益，具有鮮明公法特徵：

1.就一九八〇年歐洲共同體「關於契約義務法律適用公約」而言 一九八〇年歐洲共同體「關於契約義務法律適用公約」（羅馬公約）一則在第三條中確認當事人意思自主原則，但對近年來日益上升之對當事人選擇法律之自由之限制，即第三條第三項規定，不得以當事人意思影響該國強行性規定，將強行法與最重要牽連關係說聯繫起來，使當事人選擇法律之自由受到了與契約有最重要牽連關係之法律中的限制規定之限制；二則在公約第五條及第六條規定，為了加強保護消費者和勞動者利益，在某些消費者契約中，當事人的法律選擇不得剝奪消費者慣居地國法律之強制性規定給予消費者之保護，且規定在國人僱傭契約中，法律選擇也不得剝奪強制性法律給與受僱人之保護；三則在公約第七條及第十六條規定公約不限制法庭地法之強制性法律，在特定條件下，法院甚至可以適用法庭地國與契約準據法以外之第三國之強制性法律 ❷❽。

2.就一九八五年「聯合國國際貨物買賣契約法律適用公約」而言 海牙國際私法會議在一九五五年制訂「國際有體動產買賣法律適用公約」，一九八〇年聯合國「國際貨物買賣契約公約」對契約之實體問題有了統一的規定，使一九五五年「公約」不能適應現實要求，終於有了一九八五年「公約」規定「法律適用」之程序性統一規範，公約第十七條規定：「本公約並不阻止適用那些不論法律對契約另有如何規定，均應適用的法庭地法。」承認法庭地之強制性規定，「公約」應讓位於法庭地法之強制性規定之法律適用；且「公約」第十條規定：「本公約確定適用之法律，只有在其適用明顯地與公共政策相牴觸時才可拒絕適用。」明確規定具有公共秩序與強制性規定具有積極的必須適用之效果，而公共政策則具有消極排除本應適用的準據法之適用之效果 ❷❾。故晚近的國際條約中強制性法律表現一國公共利益，具有鮮明公法性，仍必須得到適用之法律政策，已得到廣泛認

---

❷❽ ㈠傅靜坤，《契約衝突法論》，收入梁慧星編「中國民商法專題研究叢書」，法律出版社，北京，一九九九年十二月，第一八八頁至第一九七頁。

㈡李雙元，《市場經濟與當代國際私法趨同化問題研究》，武漢大學出版社，武昌，一九九四年九月第一版，第二四一頁。

㈢劉衛翔，《歐洲共同體國際私法》，武漢大學博士論文，一九九六年五月，第六十八頁至第七十一頁。

❷❾ 劉鐵錚，〈國際公約有關契約準據法之最新規範——羅馬公約與墨西哥公約之比較研究〉，載《法學叢刊》，第一七四期。

可。

(三)就外國立法例之比較而言

　　有關直接適用法律 (loid' application immediate) 理論雖自一九五八年法國學者首次提出，但其非從理性主義角度提出全新的衝突法理論，而是採用了經驗主義方法，發現並重述了以往法國司法實踐中所體現出來的解決法律衝突之一種選擇方法而已，但從各國立法例中可歸納者：

　　1.**法國**　法國民法典第三條有關警察與公共治安有關之法律對於居住在法國境內之居民均有強行力。

　　2.**英國**　英國之成文法中有直接適用之契約法律包括防止詐欺法 (The Statues of Frauds, 1677)、賭博管制法 (The Gaming Act, 1845)、法律改革法 (The Law Reform Act, 1970)、不公平條款管制法 (The Unfair Contract Terms Act, 1977) 與僱傭保護法 (The Employment Protection Act, 1978)，均可直接適用於契約而不管契約之「自體法」❸。

　　3.**奧地利聯邦國際私法**　一九七八年奧地利聯邦國際私法第四十一條及第四十四條分別規定對受僱人和消費者不利於法律選擇條款無效，第四十一條規定：「契約之一方當事人有慣居所國家之法律，規定對消費者給與特別私法上之保護者，若契約是因企業在該國進行活動並有意締結此種契約，或受企業僱傭之人為此目的所締結時，適用該國之法律。」「在涉及該國法律之強制規定的範圍內，損害消費者之法律選擇不發生效力。」第四十四條僱傭契約規定：「只有明示的法律的協議選擇才列入考慮，但在涉及前兩項所指的法律的強制規定的範圍內，對受僱人不利的明示的法律協議選擇亦屬無效。」❸

　　4.**聯邦德國國際私法**　一九八六年七月聯邦德國國際私法第二十九條及第三十條條文對消費契約與僱傭契約均明文規定，第二十九條序文中謂「當事人的法律選擇，不允許規避消費者有其慣居所國家的法律中關於保護之強制規定。」及「在僱傭契約中，當事人選擇法律時不得取消僱傭契約所依據的法律中保護受僱

---

❸　J. H. Morris, *The Conflict of Laws*, 4th, ed., 1992, pp. 279–280.

❸　見㈠徐冬根、單海玲、劉曉紅，《國際公約與慣例（國際私法卷）》，法律出版社，北京，一九九八年五月第一版，第四五九頁至第四六○頁；㈡陳隆修，《比較國際私法》，五南圖書公司出版，臺北，一九八九年五月第一版，第三五五頁至第三五六頁、第三五九頁至第三六一頁。

人的強制規定……。」❸❷

5.瑞士聯邦國際私法　一九八九年生效之瑞士聯邦國際私法第十三條第二：
「外國法律之規定即使具有公法性質亦得加以適用。」即不得僅以其規定被認為
具有公法性質而予以排除，第十八條規定：「依據立法宗旨與案情，案情顯然有
必要適用瑞士法律的，則適用瑞士法律。」❸❸等均表現強制性法與公法性法律得
到適用且已廣泛認可。

㈣就外國司法實踐而言

　　外國的司法實踐中，法、英、荷、瑞士等國均在司法判例中出現使用外國公
法之判決：

　　⑴法國：法國最高法院一九六六年一月二十五日判決的「荷蘭公司股票案」。
荷蘭政府為查清荷蘭公司的資產在戰時的來源，於一九四四年十一月七日頒布一
項法令，要求所有荷蘭公司的股份必須在規定期間內進行登記，過期不登記的，
股票作廢。該案中，法國巴黎上訴法院認為，該法令具有公法性質，根據法國民
法典第五四五條關於「國際公共秩序」的規定，不予適用。而法國最高法院則認
為，這項法令是荷蘭公司本國法的組成部分，不論它是公法還是私法，都應適
用❸❹。

　　⑵運用客觀領域原則 (objective territorial principle) 最著名且較具效果者為國
際常設法院受理的一九二七年「荷花號案」(The Lotus Case)，法國輪船「荷花號」
在公海上撞翻了土耳其船，使八名土耳其船員喪生。土耳其當局逮捕了「荷花號」
的負責人，並對其判了刑，理由是，法國船的負責人在執行職務時殆忽職守，其

❸❷ 見㈠徐冬根、單海玲、劉曉紅，《國際公約與慣例》，法律出版社，北京，一九九八年
　　五月第一版，第五七二頁；㈡劉初枝，〈西德一九八六年新國際私法〉，載《國際私法
　　論文集》(慶祝馬教授漢寶六秩華誕)，五南圖書公司，臺北，一九八九年四月第一版，
　　第一一五頁以下。

❸❸ 見㈠陳衛佐，《瑞士國際私法法典研究》，武漢大學博士論文，一九九七年五月，收入
　　梁慧星主編「中國民商法專題研究叢書」，法律出版社，北京，一九九八年一月第一版，
　　第四十一頁至第四十三頁、第五十二頁至第五十三頁；㈡劉鐵錚等，《瑞士新國際私法
　　之研究》，三民書局，一九九一年十月第一版，臺北，第十九頁至第二十頁、第三十頁
　　至第三十一頁。

❸❹ 徐冬根主編，《中國國際私法完善研究》，上海社會科學院出版社，上海，一九九八年
　　第一版，第七十六頁至第七十八頁。

行為雖然發生在法國船上，但其危害結果卻發生在土耳其船上。按照土耳其法律的規定，犯罪結果發生在土耳其領域內的，土耳其有權管轄。因為土耳其的船隻被視為土耳其的領域，所以，「荷花號」的負責人應該受到土耳其法律的制裁。而法國以按法國法律，行為發生在法國領域的犯罪，應交法國法律管轄為由，向土耳其政府發出抗議。兩國爭執不下，最後提交國際法庭裁決。國際法庭裁決土耳其勝訴。法國對國際法庭的裁決仍然不服，但它也無法阻止土耳其政府對該案的審判❸。

(五)就傳統國際私法適用外國公法而言

國際私法體系內這些私法中所涵納的公法規範，其本身同時從屬於一定的公法部分，例如(1)關於自然人國籍之規定，屬於國籍法，但它又構成私法的基礎性規範；(2)關於公司最低資本的規定，原是國家為了經濟秩序的安全而對私人能力進行限制，具有公法性質。但在涉外民商事關係中，如此的外國公法必須適用，否則就無法認定當事人的法律地位與能力；(3)有些更能表現公法與私法之間密切的相互滲透關係，例如外交與領事人員的豁免問題，在國際公法上是外交法之主體內容之一，在國際私法中占有重要地位❸；(4)有些法律具有鮮明公法色彩，但對國際民商事關係的規範具有根本性意義，因而整體被納入國際私法研究範圍，例如國際民事訴訟法；(5)有關反致條款，反致目的有二，一為調和內外國間關於法律適用法之衝突，二為參照外國之法律適用法則，對於系爭之法律關係，選擇其最適當之準據法。外國之法律適用法則應為「強行性」之法律，立法明文可依據外國國際私法，即為適用外國公法之例證。

(六)就我國法制與司法實踐而言

我國刑法第三條後段規定：「在中華民國領域外之中華民國船艦或航空機內犯罪者，以在中華民國領域內犯罪論。」又如同法第七條規定：「本法於中華民國

---

❸　(一) (1927) PCIT Series A, No. 19.

(二)王作富，《中國刑法研究》，中國人民大學出版社，一九九八年第一版，第三十五頁至第三十六頁。

(三)陳正雲，《中國刑事法律衝突論》，中國法制出版社，北京，一九九七年九月第一版，第六頁以下。

❸　李雙元，《國際民事訴訟法概論》，武漢大學出版社，武昌，一九九〇年第一版，第七十八頁至第七十九頁。

人民在中華民國領域外犯前二條以外之罪，而其最輕本刑為三年以上有期徒刑者，適用之。」這兩個條文均發生內外國法律衝突之機會。

又我國實務上有我國旅居韓國漢城僑民王先生，因不滿我駐韓大使出售使館空地，乃率領住在漢城之僑民數人侵入大使館，搗毀門窗並衝散大使所主持之會議，事後王先生由我政府自韓引渡回國，本案究應由何國法院管轄，抑或應適用何國刑法處理? 即發生公法法律衝突問題，最高法院於一九六九年八月二十五日第一次民刑庭決議實務之見解謂：刑法第三條所稱中華民國之領域，依國際法上之觀念，固有真實的領域及想像的即擬制的領域之分。前者如我國之領土、領海、領空等是；後者如在我國領域外之我國船艦及航空機與夫我國駐外外交使節之辦公處所等是。但同條後段僅規定在我國領域外之航艦及航空機內犯罪者，以在我國領域內犯罪論，對於在我國駐外使領館內犯罪者，是否亦應以在我國領域內犯罪論，則無規定。按國際法上對於任何國家行使的管轄權，並無嚴格之限制，在慣例上，本國對於本國駐外使領館館內之犯罪者，能否實施其刑事管轄權，常以駐在國是否同意放棄其管轄為斷。是以對於我國人民在我國駐外使領館館內之犯罪者，若有明顯之事證足認該駐在國已同意放棄其管轄權者，自亦得以在我國領域內犯罪論 ❸；又我國最高法院六十六年臺上字第一三二○號判例謂：「犯罪行為不行使其管轄權而造成法上之真空，乃將屬地主義加以擴張，在刑法第三條後段明文規定『在中華民國領域外之中華民國船艦或航空機內犯罪者，以在中華民國領域內犯罪論。』此項規定與刑法第四條至第八條之規定立法旨趣迥不相侔，如果某甲係在外國領水內之我國船艦內為犯罪行為，自非不能依我現行刑法加以處罰。」係我國法律規定與司法實踐中均有公法法律衝突之例證。

隨著國家對經濟、民商生活干預的加強，民商法律也有了新的發展，不僅在其內部摻入更多的公法規範，出現了「私法的公法化趨勢」，而且出現經濟法這一法律部門，尤其是其中的競爭法的產生，對傳統民商法及其法律衝突問題產生深刻影響，因而，上述觀念已有改進的必要，公法領域的法律衝突問題，也應納入國際私法學的視野 ❸。

---

❸ 一般學者直接引之似採肯定說，見韓忠謨，《刑法原理》，第五四四頁；周治平，《刑法總論》，第六十頁；有學者認為本法並未設有在我國駐外使領館內犯罪者，以在本國領域內犯罪論之明文，為免違背類推禁止原則，自不宜比附援引第三條後段，而認為我駐外使領館內犯罪得以在我國領域內犯罪論，見林山田，《刑法通論》，第五十五頁。

四、公法衝突與私法衝突之解決

　　私法領域即民商事法律之間的衝突,各國相互承認外國私法在內國的域外效力,這使私法衝突成為「實在衝突」,即外國法律的域外效力與內國法律的域內效力之間之衝突,或外國法律之域內效力與內國法律的域外效力之間的衝突,在解決私法衝突不僅會涉及內國法的適用,且會涉及外國法的適用,因而須借助多種形式的衝突規範加以解決,此為國際私法所要研究和解決的。

　　公法領域之法律衝突,一則直到今日,公法領域的確存在適用外國公法之現象;二則這個領域直到今日尚未發展起或建立起系統的衝突規範與解決機制,所以公法衝突之體系顯得零散且尚無獨立性;三則很多公法規範效力之衝突與私法衝突,或密切聯繫,或為先決條件,或將其吸收在國際私法之中,所以常不將其列入公法衝突;四則公法衝突一般依內國法解決,蓋因公法主要涉及國家的公共利益,各國從嚴格屬地主義立場出發,原則上並不承認外國公法在內國的域外效力,因此,即使一個主權國家有權自行制定直接調整某些公法關係的法律,哪怕這種法律調整的社會關係超越本國範圍,涉及到他國自然人或法人,它們顯然只是一種虛擬的域外效力。因此,解決公法衝突的法律適用規範一般只是單邊的,即他們只限於內國公法的適用範圍,而不限定外國公法的適用範圍,換言之,公法衝突一般依內國法解決。從這個意義上講,國際刑法不是指規定某些行為由於觸犯國際法而應被認為是國際犯罪(如戰爭犯罪、滅種罪)的那種屬於國際法範疇的國際刑法;而是指規定內國人在外國實施的或身在內國的外國人犯罪,能否適用內國刑法而行使內國刑罰權對行為人定罪處刑 ❸。

---

❸　自美國柯里 (B. Currie) 教授提「政府利益分析說」,國際私法中的法律衝突問題,實質上無非是政府利益的衝突,即法律選擇無非是政府利益的選擇,所以將所有「私法衝突」問題均轉換成「公法利益衝突」。

❹　㈠韓德培主編,《國際私法》(面向二十一世紀課程教材),高等教育出版社、北京大學出版社出版,北京,二○○○年八月第一版,第八十六頁。

　　㈡肖永平,《衝突法專論》,武漢大學出版社,武昌,一九九九年五月第一版,第八頁。

　　㈢劉甲一,《國際私法》,三民書局印行,臺北,一九八二年九月修訂初版,第六十二頁謂:

法律衝突 ┌ 正常衝突──私法衝突──1.民法衝突; 2.商法衝突等等。
　　　　　└ 擬制衝突──公法衝突──1.刑法衝突; 2.稅法衝突; 3.訴訟法衝突; 4.行政法衝突等等。

第七節　平面衝突 (horizontal Conflict) 與垂直衝突 (vertical Conflict)

一、平面衝突與垂直衝突之概念

國際私法上有所謂「系統衝突」(intersystematic conflict of laws) 係指就法律縱橫角度❹或法律衝突之效力❹ 而可分為二種類型的衝突：

㈠平面衝突 (horizontal Conflict)

所謂「平面法律衝突」(horizontal Conflict of Laws) 係指發生衝突的法律處於同一層次，同一水平線上，甚至處於同等地位，例如國際法律衝突、人際法律衝突、時際法律衝突、區際法律衝突、普通法與衡平法之間的衝突❹。

㈡垂直衝突 (vertical Conflict)

所謂「垂直法律衝突」(vertical Conflict of Laws) 係指發生衝突的法律處於不同層次，它們之間的關係是上下關係或縱向關係，例如中央立法與地方立法之間衝突、一般法與特別法之間衝突、國際法與國內法之間之衝突、憲法與普通法律之間之衝突。

二、平面衝突與垂直衝突之解決

㈠平面衝突之解決

對於平面法律衝突之解決，則要根據不同的種類適用不同的規則，如國際法律衝突、區際法律衝突、時際法律衝突、人際法律衝突均有各自的解決辦法。

㈡垂直衝突之解決

對於垂直法律衝突因其縱向關係有上位與下位之關係，解決方法極為簡單，就是上位法優先於下位法，即適用處於高層次（上位的）法律。

---

❹ 黃進主編，《國際私法》(九五規劃高等學校法學教材)，法律出版社，北京，一九九九年九月第一版，第十二頁至第十三頁。

❹ ㈠韓德培主編，《國際私法》(面向二十一世紀課程教材)，高等教育出版社、北京大學出版社出版，北京，二〇〇〇年八月第一版，第八十六頁。

　㈡肖永平，《中國衝突法立法問題研究》，武漢大學博士論文，一九九三年五月，武漢大學出版社，武昌，一九九六年八月第一版，第七頁。

❹ 黃進，《區際衝突法》，永然文化事業出版公司，一九九六年第一版，第六十一頁至第六十二頁。

第八節　立法衝突、司法衝突與守法衝突

一、立法衝突、司法衝突與守法衝突之概念

依法律衝突發生階段為標準可分為三，即立法衝突、司法衝突與守法衝突，分別說明之：

㈠**立法衝突** (legislative Conflict)：**明顯衝突**

所謂「立法衝突」是指立法者立法權限的互相侵越，以及不同的立法文件在解決同一問題內容上之差異並由此而發生效力上之衝突❹，在國際私法上兩個立法適用法則表面上形成衝突，例如屬人法事項之準據法，大陸法系規定依當事人本國法為準據法，英美法系多採住所地法，即形成屬人法兩大原則，即所謂「明顯衝突」❹。

㈡**司法衝突** (judicatory Conflict)：**解釋衝突**

所謂「司法衝突」係指不同法院對同一案件行使司法管轄權的衝突和法院在解決具體糾紛時選擇所適用的法律的矛盾❹，在國際私法上二個以上之適用法則所援用之連結因素，表面上相同而實際上差異，因二個國家對此連結因素之解釋有別而形成準據法之不同，即為解釋衝突。

㈢**守法衝突** (lawabiding Conflict)：**隱藏衝突**

所謂「守法衝突」係指法律關係的當事人因立法衝突而導致其法律義務的不一致、不平等甚至相互矛盾，這樣，當事人不知道應遵守哪一種法律❹，在國際私法有所謂「隱藏衝突」係指在法庭地與另一國家之適用法則完全相同（無明顯衝突），且對該連結因素為相同含義之解釋（無解釋衝突），但因二國對訟爭問題為不同之定性，致不適用同一適用法則，因此形成判決歧異者，即為隱藏衝突。

二、立法衝突、司法衝突與守法衝突之解決

---

❹　肖永平，《中國衝突法立法問題研究》，武漢大學博士論文，一九九三年五月，武漢大學出版社，武昌，一九九六年八月第一版，第七頁。

❹　劉鐵錚，〈反致條款與判決一致〉，載其著《國際私法論叢》，三民書局，一九八八年版，第二二八頁。

❹　韓德培主編，《國際私法》（面向二十一世紀課程教材），高等教育出版社、北京大學出版社出版，北京，二○○○年八月第一版，第八十六頁。

❹　肖永平，《衝突法專論》，武漢大學出版社，武昌，一九九九年五月第一版，第七頁。

(一)立法衝突之解決

對於立法衝突的解決，(1)是可以統一立法權，即由一個機構統一行使立法權，如果說在一個國家內部尚有可能的話，在主權分立的國際社會則不可能；(2)是實現實體法的統一，就是不同立法機關制定相同的法律，在國際社會，各國可通過國際條約和國際慣例來解決立法衝突。

又不同國家「立法衝突」引起之「明顯衝突」可以二種方法解決：(1)反致條款：反致條款可以調和內外國國際私法選法法則之明顯解決，使具體個案求得判決一致；(2)屈服條款：舉凡人之能力、親屬、繼承之問題，原依本國法，但倘又涉及標的為不動產，不動產所在地法與本國法規定不同，而改依不動產所在地法（§1 III、§5 II、§13 III）。

(二)司法衝突之解決

對於司法衝突的解決，(1)是不同國家和地區加強管轄權的協調，採用相同的行使管轄權的規則。(2)是利用相同的法律適用規則，使在不同國家訴訟的案件適用相同的法律。

(三)守法衝突之解決

守法衝突是建立在立法衝突和司法衝突不可能消除的基礎上，也就是說，立法衝突和司法衝突是守法衝突的前提條件。對於守法衝突的解決，尚沒有統一的辦法，不過，對於一部分私法關係，可利用當事人意思自治原則來解決。

(四)隱藏衝突之解決

定性問題是為解決隱藏衝突而生，蓋定性者，即在確定某一法律上概念或名詞之意義，俾選擇適當的適用法則，而加以正確的適用。蓋關於涉外法律關係，各國縱有相同適用法則，惟由於對同一法律概念或名詞定性之差異，致各國判決仍難免於衝突，此為國際私法之病態，研究定性問題之目的，即在剷除此種病態，而謀國際私法判決一致理想之實現。

第九節　積極衝突與消極衝突

法律衝突依其內容可分為二：

一、積極衝突 (positive Conflict of Laws)

積極的法律衝突 (positive Conflict of Laws)：對於同一法律關係，如果有關法律的規定不同，而競相規範此一法律關係，即為積極衝突。例一，有關船舶物權

之準據法，我國涉外民事法律適用法第十條第四項前段：「關於船舶之物權依船籍國法。」又在強制執行法第一百十四條之三前段規定：「外國船舶經中華民國法院拍賣者，關於船舶之優先權及抵押權，依船籍國法。」兩者競相規定，我國外交部在一九八三年二月一日外(齊)條二字第〇二三九三號函中謂：「……且該項船籍國法之適用，係依強制執行法之規定，而非依涉外民事法律適用法之規定。」似指「特別法優先於普通法適用原則」，但筆者認為不妥當 ❹；例二，有關公司（法人）國籍確認之標準，我國涉外民事法律適用法第二條謂：「外國法人經中華民國認許成立者，以其住所地法為其本國法。」但我公司法第一條規定：「本法所稱公司，謂以營利為目的，依照本法組織、登記、成立之社團法人。」及同法第四條謂：「本法所稱外國公司，謂以營利為目的，依照外國法律組織登記，並經中華民國政府認許，在中華民國境內營業之公司。」學者通說認為是「積極的法律衝突」，有依「特別法優先於普通法適用原則」解決者 ❹，有依「後法優先於前法適用原則」解決者 ❹，有依修正說解決者 ❺，學者言之成理。

二、消極衝突 (negative Conflict of Laws)

　　所謂「消極法律衝突」(negative Conflict of Laws) 係對於同一法律關係，有關法律的規定相同，而競相規範這一法律關係；或有關法律的規定不同，但均不規範這一法律關係，即為消極的法律衝突 ❺。

---

❹　見㈠賴來焜，〈國際私法中船舶優先權準據法適用之研究〉，載《國際私法理論與實踐㈡──劉鐵錚教授六秩華誕祝壽論文集》，學林出版社，一九九九年九月第一版，第七十六頁至第八十頁；㈡賴來焜，《海事國際私法船舶優先權之研究》，政治大學博士論文，一九九二年五月，第五四六頁至第五四八頁。

❹　曾陳明汝，《國際私法原理》(國立臺灣大學法學叢書(12))，一九八四年五月新版，第一二六頁。

❹　㈠柯澤東，《國際私法》(國立臺灣大學法學叢書(55))，一九九九年十月第一版，第一八四頁至第一八五頁；㈡曾陳明汝，前註書，同頁亦採此原則。

❺　蘇遠成，《國際私法》，五南圖書公司，臺北，一九八四年五月初版，第一八七頁。

❺　㈠韓德培主編，《國際私法新論》(普通高等教育九五國家級重點教材)，武漢大學出版社，武昌，一九九九年一月第一版第三刷，第五頁至第七頁。

　　㈡肖永平，《衝突法專論》，武漢大學出版社，武昌，一九九九年五月第一版，第六頁。

　　㈢肖永平，《肖永平論衝突法》，武漢大學出版社，武昌，二〇〇二年四月第一版，第五頁至第六頁。

第十節　真實衝突與虛假衝突

一、真實衝突與虛假衝突之概念

美國學者柯里 (Currie) 及卡佛斯 (Cavers) 教授等，將法律衝突分為「真實衝突」(True Conflicts) 與「虛假衝突」(False Conflicts)，柯里教授依「政府利益分析說」(Governmental Interests Analysis) 將法律衝突分析真假衝突，這兩個概念在現代美國衝突法理論中具有重要的意義。

㈠虛假衝突 (False Conflicts)

所謂「虛假衝突」係指在國際民商事案件所涉及的各國或法域表面上存在著法律衝突，但有的國家或法域對在案件中適用其法律有利害關係，其他有關國家或法域並不存在此種利害關係，即法律上之衝突並不反應實際利益之衝突。柯里教授曾舉簡單案例說明：一個 A 州（法域）人駕駛著汽車在 B 州（法域）撞另一個 A 州人，假如 A 州和 B 州具有不同的損害賠償標準，在這個案件應適用何州法律為準據法，依傳統的衝突規範，侵權行為案件依侵權行為地法，理所當然的就依 B 州法律為賠償標準。柯里教授認為如此是不合理的，蓋表現在 B 州法律中的政策是要保護 B 州的人，本案無論侵權者抑或受害者均是 A 州人，B 州政府對該案無利益，這種僅有一方具有政府利益的衝突即是「虛假衝突」。

㈡真實衝突 (True Conflicts)

所謂「真實衝突」係指在國際民商事案件中，兩國或兩法域以上法律均具有適用可能性，且各國或各法域均具有適用其本國法或本法域法之政府利益，即其政策均因適用其法律而有所增進。柯里教授舉例謂：假如駕車的 A 州（法域）人在 B 州（法域）撞傷的是一位 B 州人，A 州法律要保護 A 州人，B 州法律要保護 B 州人，雙方法律所表現的政策均要在該案中實現，雙方均具有政府的利益，即成了「真實衝突」。

二、真實衝突與虛假衝突之解決

㈠虛假衝突之解決

柯里教授及美國許多學者普遍認為對於虛假衝突情況中，法律適用的問題很容易解決，因為在相互衝突之法律中，只有一個地方或法域有利益，因而主張直接適用與案件有利害關係之國家或法域之法律，而不應考慮依據衝突規範去盲目地選擇法律。而且柯里教授還總結出「虛假衝突」在法律衝突中占有很大比例，

蓋案件常僅涉及一國或一法域之人，而涉及兩個以上國家或法域，亦表現在一國或法域之實體法中政策 (policy) 或目的 (prupose) 並不一定在這方面保護該國國民，仍屬虛假衝突。

㈡真實衝突之解決

在兩個以上外國國家或法域具有利益者之真實衝突問題選擇法律時，問題較棘手，⑴柯里教授主張對真實衝突時法院應援引「法庭不便利」(Forum Non Conveniens) 而放棄管轄權以迴避本案件，但確實不能迴避時，法院就要扮演立法者職能去選擇一個較好實體法為準據法，即依據各有關國家或法域在案件中適用其法律所反映的利益大小來決定法律的選擇 ❷，但柯里教授又說：「要是我是一位法官的話，我寧願適用法庭地的法律而不是其他更魯莽的方法。」 ❸ 很大程度擴大了法庭地法之適用範圍；⑵卡佛斯 (Cavers) 教授則主張「優先選擇原則」(principle of preference theory) 係依據有關國家的具體規則的內容和適用結果是否符合法院審理該案的需要為標準去選擇法律 ❹；⑶ Baxter 教授倡導「比較損害」(Comparative impairment) 方式，即某一國家或法域之法律如不加以適用，將使該國或法域之根本政策受到很大損害時，則應適用該國或法域之法律 ❺。

第十一節　國際私法上「法律衝突」之特徵

隨著國際私法與衝突法之最新發展與範圍之擴大，國際私法上法律衝突應具有如下特徵 ❻：

一、兼有國際性與區際性

傳統國際私法認為國際民商事法律衝突是一種跨國法律衝突，國際民商事法

---

❷ B. Currie, *The Disinterested Third State, Selected Essays on the Conflict of Laws*, 1963, pp. 754, 765, 773.

❸ "I do not feel impelled to commit myself irrevocably to either approach at this time. If I were a judge I think I should prefer application of the law of the forum to the bolder technique."

❹ David Cavers, *The Choice-of-Law Process*, 一九六五年第一版中提出。

❺ 韓德培、韓健，《美國國際私法（衝突法）導論》，法律出版社，一九九四年版，第一二一頁至第一二六頁。

❻ 余先予主編，《衝突法》，上海財經大學出版社，上海，一九九九年十二月第一版，第五十六頁以下。

律衝突發生於國際社會，即不同主權國家之間的法律衝突。但新興國際私法除了「國際性」更兼及於「區際性」，在一國國家領土主權範圍內，不同地區之間的法律衝突，有關「一國數法」（複數法域）之區際私法，亦為國際私法上研究範圍。

二、兼有私法性與公法性

傳統國際私法是民商事法律衝突是一種「私法性衝突」，國際民商事法律衝突是不同國家之民商事法律之間的衝突，由於傳統將民事法律與商事法律視為私法，但新興國際私法應兼及於「公法性衝突」，一則商事法許多規範屬公法性或強制性；二則就理論之變遷、國際條約、外國立法例、我國法制與實務均有必要擴及公法衝突。

三、兼有（空間）地際性、人際性與時際性

傳統國際私法認為國際民商事法律衝突是一種法律在「空間上衝突」，國際民商事法律衝突是適用於不同國家領域的法律之間之衝突，其係與一定的地域相聯繫的，具有地際性；但新興國際私法除「地際性」，應擴及於適用於不同種族、宗教、民族、性別、部落或階級之人的法律間之衝突，即具有人際性之「人際法律衝突」，亦應擴及於在同一地區且涉及同一問題先後施行的新舊法律之間的時間效力上之衝突，即具有時際性之「時際法律衝突」。

四、兼有平面性與垂直性

傳統國際私法認為國際民商事法律衝突是一種平面衝突，即各國主權是平等的，各國的法律也是平等的和互相獨立的關係，本無何者優何者劣的問題，即內外國法律間平面的法律衝突；新興國際私法更應擴及垂直性法律衝突，適用於上下關係或縱向關係，不同層次或不同等級法律間衝突，例如國際條約與國內法、中央立法與地方立法間衝突，固具有垂直性。

第四章　國際私法之本質論

四、二元論（綜合論）

㈠代表學者

㈡理論依據

　1.就適用對象言

　2.就國際私法法源言

　3.就國際私法保護利益言

　4.就國際私法之內容與基本原則言

㈢二元論之具體分類

　1.國際法傾向之國內法說

　2.國內法傾向之國際法說

五、我國學者見解之歸納

㈠甲說：國內法說

㈡乙說：二元論（綜合說）

六、評論：管見

第三節　國際私法與國際公法之關係

一、國際私法與國際公法之共同性

二、國際私法與國際公法之差異性

㈠立法基礎之差異

㈡法律淵源之差異

㈢規範主體之差異

㈣法律關係之差異

㈤法律內容之差異

㈥法律本質之差異

㈦規範方法之差異

㈧適用機關之差異

㈨爭議解決之差異

三、國際私法與國際公法之聯繫性與依存性

㈠立法沿革上之關係

㈡國際私法接受國際公法之原則

　1.基本原則

　2.主權觀念

　3.國際公法捕獲法庭之判決

㈢國際公法接受國際私法之原則

　1.國籍法原則

　2.外國人地位保護

3.物之所在地法原則

4.當事人意思自主原則

5.管轄權衝突之解決原則

㈣國際私法與國際公法之共同原則與制度

㈤就法源上之關係

㈥就適用對象之關係

㈦就問題發生與運用之關係

第四節　國際私法為「公法」抑或「私法」?

一、問題提出

二、私法說

㈠就國際私法之目的言

㈡就國際私法規範之主體言

㈢就國際私法規範之法益言

㈣就國際私法規範之客體言

㈤就管轄權衝突言

㈥就國籍問題言

㈦就外國人地位問題言

㈧就「當事人之法律」(Parlerenrecht) 言

三、公法說

㈠就國際私法適用區域之性質言

㈡就國際私法之目的言

㈢就「法官之法律」(Richterrecht) 言

㈣就國籍問題言

㈤就管轄權衝突言

㈥就外國人地位言

㈦就國際私法之衝突法則言

四、我國學者見解之歸納

㈠甲說: 公法說

㈡乙說: 法律適用法說

五、管見: 綜合公法與私法之中性特殊法律說

第五節　國際私法為「實體法」抑或「程序法」?

一、問題提出

二、歐陸法系與英美法系

三、我國學者見解之歸納

第一節　面對複雜法律之本質問題

一、四個傳統問題之新興見解

　　國際私法發展非常迅速和國際私法之範圍擴大，面對複雜之國際私法，吾人可謂所有法律中最難探究分類者唯獨國際私法，欲掌握國際私法之本質，以傳統單純的國際法抑或國內法，私法抑或公法，實體法抑或程序法二分法，恐無法勉強套用於上述法律分類，本章將討論(1)國際私法究為國際法，抑或國內法，抑或二元論（綜合說）？(2)國際私法與國際公法之關係，兩部法律之共同性、差異性、依存性、聯繫性與現實性（分離性）；(3)國際私法究為私法，抑或為公法，抑或為介於公法與私法之中性法域？(4)國際私法究為實體法，抑或為程序法，抑或兼具實體法與程序法之特殊法域？傳統學者一則僅以其中二、三說明，對問題欠缺全面性，二則所採結論均二分法擇一，太傳統，面對新國際私法與大國際私法似無法確實掌握國際私法之本質。

二、四個新興問題之提出討論

　　又國際私法之本質應對下列問題深入探究，惜我國文獻幾未討論者，(1)國際私法究為直接法性，抑或間接法性？國際私法與內外國私法（實質法）間關係如何？(2)國際私法究有無上位法 (überrecht) 性？與實質法、民商法、民事訴訟法、強制執行法、仲裁法體系地位中如何排列，以上兩問題將關係著下列諸項問題，第一，民法第一條中「法理」與涉外民事法律適用法第三十條之「法理」是否相同？第二，國際私法若是間接性法，法院對國際私法準據法選擇及外國法部分是否均有民事訴訟法之闡明權？第三，國際私法為上位性法，準據法（實質法）之民商法為下位性法，有關「正義」觀念是否相同，尤其有關依「夫之本國法」或「父之本國法」（涉外民事法律適用法第十三、十四、十五、十六及十九條）究應以一般抽象準據法為標準，抑或以具體實質準據法為標準？(3)國際私法究為強行性法抑或任意性法？學者有提出「任意的衝突法理論」(Lehre vom fakultativem Kollisionsrecht)，而我涉外民事法律適用法修正草案第三條規定：「中華民國法院審理涉外民事事件時，應依職權適用本法及依本法應適用之法律。」似採行強行性法？除「法院」外，行政機關、當事人、仲裁庭是否不須遵守？(4)國際私法究為政治性法，抑或非政治性法，例如我國涉外民事法律適用法修正草案第四條規定：「涉外民事依本法應適用外國法律者，縱中華民國與該外國無相互之承認，

亦適用之。」英國在一九六七年 Carl Zeiss Stiftung v. Rayner and Keeler 堅持國際公法上「承認」與國際私法上「承認」同採形式主義，具有政治性 (politisierung)，法國在一九七三年最高法院 Scherbatoff/stronganoff 案中將國際私法與國際公法分開之現實主義，認為非政治性，我國實務上在適用強制執行法第一百十四條之三及涉外民事法律適用法第十條第四項前段船籍國法時，最高法院六十九年臺上字第三〇九六號判決及七十年臺上字第三三八號判決中均謂應適用「國際私法上相互承認原則」。此四項新興問題值得一一分節說明。

第二節　國際私法為「國際法」抑或「國內法」?

一、問題提出

　　國際私法與國際公法之本質均殊成問題，國際公法方面，有稱「法」，有否認為「法」，亦有謂折衷為「未發達之法」。國際私法之為「法」，固無爭議。但國際私法之本質究為「國際法」(International laws) 抑為「國內法」(National laws) 抑為「介於二者間之特殊法」，不論在歷史抑在當今，不論在我國抑在外國，一直是個爭論不休而莫可調解之辯論問題。國際私法冠以「國際」二字，究是否國際法，或國際公法完全對峙，因為國際私法適用對象同時有內國與外國因素，規範範圍廣泛，法源種類多樣化，歸納國內外之國際私法學者約可分為三大學派，一說認為國際私法是國際法說 (internationalisme)：即世界法學派、普通主義─國際主義學派 (Universalism-internationalism school)；二說認為國際私法是國內法說 (nationalisme) ❶：即民族主義學派、特殊主義─國家主義學派 (Particularism-nationalism school)；三說認為國際私法具有國際法性質又具有國內法性質之「二元論」或「綜合論」。先逐一分析每一學說之代表人物、學說依據，再歸納我國學者見解，最後提出管見 ❷。

---

❶ 有稱「內國法學派」者，見柯澤東，《國際私法》(國立臺灣大學法學叢書⑸)，自版，臺北，一九九九年十月第一版，第八頁至第九頁。

❷ 在國際私法中，我們常常會看到「國內法」和「內國法」這兩個概念。應該注意在使用「內國法」這個概念時，是有它的特定含義的，它與「國內法」這個概念並不完全相同。從國際私法的角度，我們可以把法律作以下的劃分：

法律 (law)⎧ 國際法 (International Law)
　　　　　⎩ 國內法 (National Law)⎧ 內國法 (Domestic Law)
　　　　　　　　　　　　　　　　　⎩ 衝突法 (Law of Conflict of Laws)

二、國際法說 (Internationalisme)：世界主義學派、普通主義—國際主義學派 (Universalism-internationalism school)

㈠代表學者

主張國際私法具有國際法之性質者，為「世界主義學派」或「普遍主義」等學派主張，以歐洲大陸法系國家之國際私法學者為代表，其主要有：德國 Savigny、Bar、Frankenstein，法國 Weiss、Pillet，義大利 Mancini、Fiore，日本跡部定次郎等學者們主張國際私法的若干原則，可以超越於國家上國際法或自然法中推演而得出，且可以依據這些原則構成一個普遍適用之衝突法體系，用以限定各國之立法管轄權，並對各國具有普遍約束力。

本說思想殆源自於德儒 Savigny 所倡之「國際法共同團體」(volkerrechtliche Gemeinschaft) 為國際私法基礎之理論，認為有「各國國民互相交通所形成之國際法共同團體」(völkerrechltiche Gemeinschaft der intereiander verkehrender Nationen) 存在，而國家為其構成主體並依此地位而處理涉外案件，無論由何國管轄，就同一涉外案件應負適用同一衝突法則並為同一內容之判決義務，即承認有某種衝突法則為各國處理涉外案件時所必須遵守的。又如法國 Bartin 主張「人類普通法律共同團體」(Communaute juridique universelle du genre humain) 及德國 Nussbaum 主張「國家間法律說」(Law of nations doctrine)，認為舉凡國際私法原則應由國際法所派生且具備強制規範效力。

㈡理論依據

主張國際私法具有「國際法」性質之主張理論依據有：

1.就國際私法產生於國際社會言　德國著名法儒 Savigny 在一八四九年出版

可見「國內法」這個概念，主要是在與「國際法」相對稱的意義上使用的。但在國際私法中有時還必須從國內法中把屬於衝突法的那一部法律劃分出來。因而除衝突法之外的那些國內法，就只有稱為「內國法」了。所以在國際私法上稱「內國法」的，只是除去衝突法以外的那些「國內法」。

由於在國際私法中，衝突規範有時還會指定適用外國法，所以「內國法」這個概念，也同時是在與「外國法」相對稱的情況下使用的。

美國國際私法中，常用 Law 來指稱包括衝突法在內的全部國內法，而另用 Local Law 來指稱一個國家除去衝突法的那一部分「內國法」。這種區別在閱讀外文資料時是應予注意的，同說，見李雙元，《國際私法（衝突法篇）》，武漢大學出版社，武昌，一九八六年六月第一版，第五頁。

名著《現代羅馬法體系》*(System des Heutigen Romischen Rechts)* 第八卷中認為國際社會的存在是國際私法發生之原因，適用外國法之根本原因亦在於涉外民事法律關係是在國際社會中產生，即國際私法之科學基礎在於各國之間相互依賴情形，所以才有國際法律社會存在，才會相互適用別國法律。

2.就國際私法適用對象與基於國家間之法律關係之分類言　國際私法所適用之社會關係本質上與國際公法所適用之社會關係應相同，均是已經超出一國範圍而具有國際性，故法國 Weiss 謂「國際私法與國際公法最終目的均在於調整國家間之關係」，立論以國家間之法律關係可分為二，規定國家間之公益而以國家為主體者為國際公法；規定國家間之私益而以私人為主體者為國際私法，但不論公的法律關係或私的法律關係，均與國家間有關，均屬國際法之領域（見下圖）。

　　國家間法律關係之內容＝（國家公益問題）＋（國家私益問題）
　　國際公法之內容＝規定國家公益之國家間法律關係
　　國際私法之內容＝規定國家私益之國家間法律關係

3.就國際私法之作用言　國際私法作用在於劃分國家間司法主權範圍或劃分國家主權擴及之範圍，德國 Bar 認為國際私法是劃分主權擴及範圍之法律部門，法國 Pillet 認為國際私法在於協調互相「衝突的主權權能」，即衝突法即是限定某一國法律適用之範圍，就是限定國家主權所擴及的範圍，故國際私法雖然適用涉外民事關係，但本質上就是規範國家之主權關係。

4.就國際私法之法源言　國際私法之淵源主要是國際條約和國際慣例，且認為國際私法之目的在於建立一大套世界性之通用規則，為了創造使不同民法體系共處的有利條件，應當建立一套世界各國均適用之規則，也基於此種考慮各國經由國際條約制定了大量的統一衝突法規範和統一程序法規範，而且制定了大量的統一實體法規範，國際私生活之安定和繁榮，實有賴各國國際私法相互協調，為達比較和諧調和之法律秩序，應促進國際私法在國際法源上求發展，故國際條約與國際慣例日益成為國際私法重要法源。

5.就國際私法基於平等互惠尊重外國主權言　國際私法固依各國主權為其存在基礎，由各獨立主權國家自由訂定，然不足以絕對排除其對外國意思之尊重，蓋每一國之國際私法應基於平等互惠尊重外國主權，立法者應相互協調與讓步，尤其是在消極衝突之際，法庭地法院通常均不願強迫適用某外國法所拒絕管轄之

法律，此即反致問題，例如甲國國際私法就某一涉外事件，指定適用乙國法律，而乙國國際私法，就同一事件則指定適用丙國法，此時甲國法院應援引「反致條款」而適用丙國法。

6.**就外國人之地位規定言** 每個國家雖可基於獨立之主權，以決定外國人在內國之地位，但各國仍宜相互尊重，一國立法不能單獨依內國立法權之絕對主義，否則必遭報復，蓋每一立法者必須將外國國家對其國民予以何等待遇加以考慮，俾能基於平等互惠原則，給予外國人適用之待遇，以換取其對內國人平等之待遇，尤其各國實常賴雙邊或多邊條約，以平等原則，規定外國人之地位。雖無條約，而相互禮讓亦為國際社會之基礎。

7.**就基於國際私法遲於國際公法發達之理由言** 有謂「近世國際私法之幼稚，由於國際立法之幼稚」，可知國際私法賴國際公法而發達，國際私法更有待法官借助國際或外國之成例、共通原則、法制、學說，兩者既有連帶關係，自必屬於同一性質。

8.**就國籍問題言** 國籍問題，雖屬於國內法之範圍，但各國在立法上，均盡量避免國籍之積極衝突與消極衝突現象之發生，經由國際間以公約統一國籍之取得、喪失、回復之要件，以避免無國籍與重國籍，達成「國籍必有原則」與「國籍單一原則」❸。

從以上列舉論據與理由可知，主張國際私法是國際法說者，實質上是將國際私法視為調整國家之間關係之法律，而未將國際私法與國際公法嚴格區分❹。

三、國內法說 (Nationalisme)：民族主義學派、特殊主義－國家主義學派 (Particularism-nationalism school)

(一)代表學者

謂國際私法為國內法說者為「民族主義學派」或「國家主義學派」主張，主要以英美日國學者為主，例如有法國 Niboyet、Batiffol，德國 Wolff、Kahn，英國

---

❸ 賴來焜，《國際（私）法之國籍問題——以新國籍法為中心》，自版，二〇〇〇年九月第一版。

❹ (一)唐表明，《比較國際私法》，中山大學出版社，廣州，一九八七年第一版，第二十七頁至第三十頁。

   (二)黃進，《中國國際私法》，三聯書店有限公司，香港，一九九七年第一版，第三十三頁至第三十五頁。

之 Dicey、North、Cheshire、Morris、Schmitthoff，美國之 Story、Beale、Cook、Reese、Ehrenzweig，日本有山口弘一、山田三良、館田謙吉等學者主張，其認為國際私法是國內法之一部分，衝突法制度中之具體衝突規則完全由每個國家依其主權自行決定，國際私法主要法源為國內立法和判例，故國際私法與國際公法應是嚴格區分的。

(二)理論依據

國內法學派（民族主義學派）主要論點是國際私法與國際法不同，國際私法是國內法的一個學科，其主要論據有：

1.**就規範之主體言** 國際法規範是以「各主權國家」之政治、軍事、經濟、外交關係；而國際私法是調整「自然人、法人間」涉民商事法律關係。

2.**就法律規範具有強制制裁性言** 依 Austin 分析法學派之「法律觀念」而認為只有「國家主權者之命令」(Commands proceeding from a sovereignty) 才是「法律」，國際私法具備「國家主權者命令」之性質，堪稱嚴格意義之法律；反之，國際公法之制定係出於各國之共同協議，尚非出於「國家主權者之命令」，故非「法律」，國際公法與國際私法是有區別的。

3.**就國際私法之法源言** 國際私法之主要法源是國內法，國內法源遠超過國際法源，且各國均有自己之國際私法，法官在處理涉外案件時對定性問題、對衝突法則及法律適用，主要是依內國有關國際私法之規定，至於國際法源有關之條約、判例等引用或參考，對法官而言，屬比較特定與限制，重要性且比較次要，蓋首先現行統一衝突規範與統一實體法為數不多；其次適用條約時與法庭地公序良俗衝突時，即不適用條約規定；最後，在國際條約中尤其國際貿易統一實體法規範均是任意性規範，當事人得以合意約定減損或改變條約有關規定。

4.**就衝突法則與主權言** 各國主權獨立，各國自主獨立形成其國際私法，依據其規定用以解決涉外案件而不考慮或顧慮外國係如何解決，又國際間無絕對強制之衝突法則，要求每個國家立法權必須遵守之共同國際私法，但內國國際私法通常是強行性法，尤其在「片面法則（單方法則）」及「直接適用法律」。

5.**就外國人地位言** 即外國人在內國公法上權利（參政權、經濟權）與私法上權利（商業權、財產權），應享有至何程度，均由一國主權自行決定係依據每一國之個別立法權所創造者，非有一國際共通標準。

6.**就國籍問題言** 有關國籍之取得、喪失、回復及其效力如何，均由內國國籍

法中明文規定，且國籍法中有最重要一原則為國籍國家主權原則，當事人有無取得甲國國籍，僅有甲國有權決定之。

7.就涉外管轄及判決承認言　有關管轄權之衝突，一國對涉外案件之受理，尤其關於外國判決在內國之承認效力如何，各國有嚴格控制要件，完全由內國司法機關所控制自主，甚至內國法院可以將一國法院判決案件重新裁判。

8.就國際私法與國際公法之「國際」言　國際法與國際私法之含義、主體（當事人）、規範對象（法律關係）、立法程序均不同（見後說明），故國際私法非國際法之一部分。

9.就法律規範之制定與適用範圍言　國際法是國家之間協議之產物，具有普遍拘束力；反之，國際私法主要是國家之立法機關制定的，不具有普遍拘束力，縱此一選法原則可能許多國家共同採用，但並不表示它們本身具有約束國家的行為規則性質。

10.就爭議解決方法言　國際公法上爭端之解決主要係經由國家間之談判、斡旋、國際調查委員會、國際仲裁以及國際法院解決；反之，國際私法上之爭議主要是民商事法律爭議，大致由法院或仲裁機構以「判決」或「判斷」，並經法院強制執行而滿足權利，又國內法院在解決爭議時，程序問題一般依內國之程序法，實體問題應依法庭地國衝突法則選擇適用之法律解決。

基於上述理由，當代現況並不存在統一的或公認的國際私法，國際私法應該是國內法之一部門或分支。

四、二元論（綜合論）

㈠代表學者

二元論認為國際私法是一個既有國際法性質與內容，又有國內法性質和內容之綜合性法律部門，其代表學者有德國 Zitelmann❺、捷克 Bystricky、其他如 Beale、Cheathman、Starke、Stowell、Brown、Jessup 等均有相對國際法說之理論，認為國際私法非單純國際法，亦非單純國內法，而是介於國內法與國際法間之綜合性法律。

㈡理論依據

二元論認為國際私法既有國內法性質，又具有國際法性質，其理由有：

---

❺　有學者誤將 Zitelmann 稱「國際法說」，見林益山，《國際私法新論》（國立中興大學法學叢書），一九九五年六月第一版，第七頁及第二十二頁註⓫。

1.**就適用對象言** 國際私法是適用國際民商事關係,國際民商事關係既有內國因素,又有外國因素,既有涉內性,又有涉外性。

2.**就國際私法法源言** 國際私法法源具有雙重性,既有國內法源(包括國內立法、國內習慣法、國內判例),又有國際法源(包括國際成文之條約、國際慣例、國際判例)。

3.**就國際私法保護利益言** 國際私法本身既涉及一國國內利益,更涉及涉外利益包括外國利益與國際利益。

4.**就國際私法之內容與基本原則言** 國際私法之基本原則及制度與國際公法基本相同,例如國家主權原則、平等互利原則、條約制度,具有國際性與共同性,國際私法體系內容與國內民商法內容,例如主體、法律行為、客體、債權、物權、親屬、繼承、公司、票據、保險、海商、知識產權等基本內容之範圍與體系相同,即具有國內性❻,故其主張國際私法不能簡單認為是國內法或國際法,而是國際私法既有國際法性質又具有國內法性質,甚至 Zitelmann 認為國際私法可分為「國際法的國際私法」與「國內法的國際私法」兩部分之綜合體。

(三)二元論之具體分類

二元論者可分為「國際法傾向之國內法說」與「國內法傾向之國際法說」二類:

1.**國際法傾向之國內法說** 本說仍以國內法為本位而傾向國際法,即承認國際私法是國內法而略具國際法性質,其說法可分二:⑴國際私法原則上是國內法,例外在特殊問題認為是國際法者: 例如美國學者 Beale 在其所著 *Treaties on Conflict of Laws* 第一冊中,明白謂衝突法規範一般而言不具有國際法效力,但承認國際私法管轄權問題,本質上可構成國際法問題,故僅在例外限制於管轄權特殊問題,始具有國際法性質;⑵國際私法原則上是國內法,例外在附條件承認具備

---

❻ ㈠韓德培主編,《國際私法新論》(普通高等教育九五國家級重點教材),武漢大學出版社,武昌,一九九九年一月第一版第三刷,第十五頁。

㈡黃進主編,《國際私法》(九五規劃高等學校法學教材),法律出版社,北京,一九九九年九月第一版,第三十七頁。

㈢浦偉良、郭延曦,《國際私法新論》(立信法律叢書),立信會計出版社,上海,一九九五年四月第一版,第十八頁至第十九頁。

㈣劉仁山主編,《國際私法》(高等學校法學教材),中國法制出版社,北京,一九九九年五月第一版,第十九頁。

國際法性質者：例如 Cheathman、Starke 等學者認為僅限於條約明文規定適用特定衝突法則或處理具體涉外案件引用國際公法原則為依據時，與國際公法發生牽連而具有國際法性。

本說認為國際私法與國際公法地位平等，應有概括性之法域包括兩者於其體系之中，既無任何一者從屬於他者之偏向關係，僅可謂兩者間互有共同關係或交錯關係。誠如 Brown 謂國際私法應不再視之為居於孤獨且低劣地位之法律，且兩者均屬於「國際法」之一部分；又如 Jessup 之主張「超國家法律」(Transnational law) 及其他構想「統一的普通法律秩序」(Einheitlich gedachte Universlordnung) 均足說明本說。

2.國內法傾向之國際法說　本說認為國際公法居主要地位，國際私法居於從屬地位，所以國際私法為國際法，其承認國際私法具備國內法，因而力圖解釋其與國際法間之關係或聯繫，例如⑴法國 Pillet 認為法律衝突實即為主權之衝突，批判國內法說僅見法律適用之外表，而忽略法律衝突問題之本質，認為國際私法之範疇問題，常涉及國家間主權關係，尤其在「管轄衝突」問題，審判權 (Droit de juge) 係國家主權之主要屬性；又例如⑵ Stowell 認為國際私法應屬國際法，但以衝突法或國際私法之法律體系係由國家法院運用並為國內司法體系之一部分，具有國內法性。

本說認為國際私法是國際公法之附屬，不應與國際公法並列討論，屢次說明「國際公法導引國際私法」或「國際私法是由國際公法所派生」，一再論述國際私法對國際公法之「從屬 (Subordination) 關係」。

五、我國學者見解之歸納

我國學者論及國際私法究為「國際法說」抑或「國內法說」抑或「二元論（綜合說）」，說者不一，可歸納為二：

㈠甲說：國內法說

我國多數學者認為國際私法在現階段應認為國際私法是「國內法」而非「國際法」，歸納我國學者論據認為：

1.就國際私法之制定言　國際私法之制定，則與其他國內法之制定，並無二致，其法則亦為一國立法機關本諸主權而得以自由決定，且現今世界各國均有其本身之國際私法。

2.就國際公法之局限性言　國際公法既無統一立法機關，又無強制執行機關，

學者對其有無「法律」性質，尚抱懷疑，且國際公法本質在美、德國憲法中及我國學者（見下圖）❼ 亦有認為國內法之一部者。

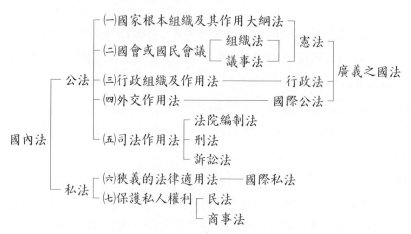

圖 4–1: 國內法說之體系

3.就國際私法與國際公法上冠以「國際」言　國際私法上之「國際」與國際公法上之「國際」兩字，其意義完全不同，國際公法上之「國際」指國家與國家間而言，而國際私法上之「國際」，並無含有國家與國家間之意義，僅指法律關係具有涉外之要素 (foreign element) 而已。

4.就國際私法規範對象言　國際私法非規定處理國家間之關係之規則，而乃一國自己規定處理「涉外個人間私權法律關係」之適用規則，換言之，國際私法所規定者，僅為解決內外國人間之能力、婚姻、及財產等之涉外私關係，非為解決國際間之公法關係，國際私法所規定者，雖屬有關私益關係事項，但非國際間之私益，而乃內外國人間之私益，此種私益法律關係，完全屬於個人相互間之內國法上之關係，並非國家與國家相互間之國際法上之關係❽，故認為國際私法與其

---

❼　陳顧遠，《國際私法總論（上冊）》，上海法學編譯社，上海，一九三三年四月出版，第七十二頁。

❽　㈠洪應灶，《國際私法》，中國文化大學出版部印行，臺北，一九八四年九月第二版，第十四頁。

　　㈡蘇遠成，《國際私法》，五南圖書出版公司印行，臺北，一九八四年五月初版，臺北，第八頁至第九頁。

　　㈢陸東亞，《國際私法》，正中書局，臺北，一九八四年五月第一版第八刷，第十頁至

謂為「國際法」，無寧謂「國內法」。

㈡乙說：二元論（綜合說）

　　我國亦有學者對傳統見解提出批判而採「二元論」（綜合說）者，例如⑴有謂由以上敘述，也可歸納出在傳統上採用問答式的國際法或國內法？實體法或程序法？公法或私法？等兩分法的標準來評定國際私法的性質很是不妥，而且不能給這門與各國私法以及部分程序法有關聯的特殊私法法則予以定位。總之，這是與各國解決涉外私法法律關係有密切關聯的綜合法學，不能在國際社會存在，而只能在各國的法律體系內成長與存立❾；⑵有學者謂就其目的加以觀察，則具有國際性，因其負有規律國際社會秩序之任務。易言之，國際私法之立法者，若未能具有國際性觀瞻，而專以增加內國法之適用機會為目的，必將違背公平正義之原則，而為國際社會所唾棄。故國際私法，實不宜單純歸入國內法之範疇，而宜稱之為具有「國際性質之國內法」較為妥當❿；⑶有學者又謂從國際私法與法院之結合、法源及法律衝突法則形成觀之，則國際私法在性質上，應屬國內法無疑。但就國際私法之目的與精神，以及國際私法之發展與理想，則其有蘊含國際法之性質，蓋國際私法於規範個人在國際社會之私生活，促進此生活關係之安定性。易言之，即在調和法律與私人在國際關係上之連帶作用，而此一關係之繼續發展與增進，國際私法之存在始有其價值。因此，國際私法之國內法性，固為大多數

　　第十二頁。

　　㈣馬漢寶，《國際私法總論》，自版，臺北，一九七七年六月第六版，第十七頁至第十八頁。

　　㈤曾陳明汝，《國際私法原理（第一集）》（國立臺灣大學法學叢書⑿），自版，臺北，第九頁至第十頁。

　　㈥林益山，《國際私法新論》（國立中興大學法學叢書），自版，臺北，一九九五年六月出版，第八頁至第九頁。

　　㈦劉鐵錚、陳榮傳，《國際私法論》，三民書局印行，臺北，一九九六年十月第一版，第十六頁。

❾　有二元論者：㈠藍瀛芳，《國際私法導論》，自版，臺北，一九九五年一月，初版，第三十六頁；㈡劉甲一，《國際私法》，三民書局印行，臺北，一九八二年九月修訂初版，第二十二頁。

❿　見㈠曾陳明汝，《國際私法原理（第一集）》（國立臺灣大學法學叢書⑿），自版，臺北，第九頁至第十頁；㈡林益山，《國際私法新論》（國立中興大學法學叢書），自版，臺北，一九九五年六月出版，第八頁至第九頁。

學者所從，但國際私法之為國際法說，就其存在之目的言，亦不失其見地也。尤其國內法說，乃採現實實證觀點；則國際法說，卻偏重理想之追求 ❶。

六、評論：管見

管見認為傳統國內法說與絕對國際法說是不能贊成的，而應將國際私法解為具有國際法與國內法之二元法規範，值得說明的：

㈠就宏觀國際法而言

在第二次世界大戰後，傳統的國際法概念，無論是其內涵或外延，均已不能容納有巨大發展之國際法律本身，國際法律的這種發展主要表現在：第一，國際上出現大量規範傳統的一般國際民事關係之法律，如一九六九年訂於布魯塞爾「國際油污損害民事責任公約」及一九七九年蒙特維地奧「美洲國家間關於國際私法中自然人住所之公約」；第二，國際上出現大量規範傳統的一般國際商事關係之法律，如一九八〇年「聯合國國際貨物買賣契約公約」及一九九〇年「國際商會國際貿易術語解釋通則」；第三，國際上出現大量規範傳統國際民事訴訟關係與國際商事關係之法律，如一九五四年海牙「國際民事訴訟程序公約」及一九五八年紐約「承認與執行外國仲裁判斷公約」；第四，國際上出現規定法人或自然人之權利義務之法律，例如「關於懲治國際犯罪之公約」及許多領事權利義務之雙邊條約；第五，許多國際組織建立了自己的行政法及保障其施行之行政法庭。基於國際法律之發展，筆者主張當代國際法應非傳統調整國家間政治、外交、軍事關係之主權關係，而係規避國家意志之協調一切國際關係之具有法律約束力行為規範之總和，故宏觀國際法是一個體系，而不是一個部門，國際法體系內應包括國際公法、國際私法、國際經濟法、國際刑法、國際行政法等，憬於宏觀國際法不再是國際公法專用領域，故國際私法具有國際性。

㈡就國內法說之評析言

純粹採國內法說之理論依據仍有不足者，一則就立法程序差異謂國際私法由各國主權者自由制定之，國際公約由各國共同協議之規約云云，實則國際公約未經各國主權者之承認，無由使其效力發生於國內；二則就內容差異謂國際私法具有差異性，國際公法具有一致性云云，實則國際私法有統一化與趨同化之趨勢，未來有趨一致之可能；三則就制裁上差異謂國際私法以強制執行為對策與救濟，

---

❶ 柯澤東，《國際私法》(國立臺灣大學法學叢書⑸)，自版，臺北，一九九九年十月第一版，第十五頁。

國際公法以強制及和平解決爭端方式制裁云云，實則國際公法違法責任與國際私法違法責任，二者間有連鎖之關係，蓋在國際私法之案件或法律關係，內國若不妥適解決，常致生國際公法上拒絕正義問題，且二者制裁與對策方法不同，殊與本質問題無關，即不得謂制裁與救濟不同，即推定其性質不同。

(三)就邏輯上二分法言

管見認為一部法律究屬何性質，屬於何一法律體系或本質，不應採絕對的僵化的二分法觀點出發，傳統說法認為不是「國際法」就是「國內法」過於僵化，應該採取從現實社會生活或實踐出發，國際私法隨著國際聯繫加強，國際關係豐富多樣，在國際法與國內法之間產生了許多邊緣的法律，跨幾個法律領域之綜合性法律均已出現，國際私法即是兼及數個法律部門之相關部分。

(四)就國際私法以國內法為基礎言

二十世紀初期，即被國聯常設國際法院有關貸款契約爭議案之判決所推翻，該判決略稱：「國際私法之衝突法則，固然有被多數國家所共同接受者，或經國際公約所確認或確定者；或有若干法則，本即為共同信守之習慣法則，此種習慣法則更拘束國家，然另一方面，上述此等法則，實又同時隸屬於內國法。」最後一語道破法官之意旨，國際私法衝突法則，固為國際上所共信共守，但仍屬內國法也。蓋各國均以立法方式或司法判例創制衝突法則，既使上述法則在國際上具共通之效力，仍須經各國立法予以制定或法院判決予以確定。故稱中華民國國際私法，德國國際私法，法國國際私法等，此乃國際私法與國家之立法或國家之司法相關聯之特性。

(五)就國際私法具有國際性言

國際私法具有國際性，蓋一則因為國際私法適用對象之法律關係為「國際民商事法律關係」或稱「涉外民事法律關係」或稱「跨國民商事法律關係」，含有「涉外因素」或「國際因素」，具有國際性；二則國際私法適用範圍涉及二個或二個以上國家，跨越國界，即法律關係之權利主體（當事人）、權利客體（標的）、權利得喪變更之法律事實（行為地）及權利救濟地中有一者跨越國界，即具有國際性；三則國際私法之法源論中，除了國內之法律、習慣及判例外，部分規範來自於國際之條約、國際慣例及國際司法機關判決，無法忽視其「國際性」。因此國際私法具有國內法本質，且具有國際法本質，為二元性法律。

第三節 國際私法與國際公法之關係

一、國際私法與國際公法之共同性

㈠共同性之理論基礎

國際私法在十九世紀時，薩維尼特別強調世界主義，認為國際私法是由各國國民所形成之共同國際社會，係以國家為構成主體，國家在處理國際民商事法律關係時，應遵守國際私法之衝突法則，以達判決一致之目的，國際私法為國際公法所衍生者；又馬志尼認為國際私法不但在空間上適用於普世之國際私生活關係，且在決定身分能力問題應依何國法適用時，應打破傳統國內之「住所」而改依世界內之「國籍」為基礎，即本國法主義、世界主義、普遍主義、國際主義下形成共同性之理論基礎。

㈡共同性之實例表現

法律中「公平」、「正義」是共同之大原則，為導引人類間之往來關係趨於秩序化，這些最基本之共同大原則，在國際公法與國際私法中均應可適用，其他共同性原則表現，例如⑴訴訟程序之一般原則：法院法官「應獨立審判」與「法官公平不偏私」原則；⑵法律文件解釋原則：法院對契約文書等解釋，原則上應探求當事人之意思為解釋基本原則，當事人真意如果無法探求時，一般文字應依通俗之解釋，專門用語應依技術性之解釋，其他如「善意原則」、「有效原則」(business Efficacy)、「國際慣例」(international Custom) 均常為國際私法與國際公法所共同適用原則。

二、國際私法與國際公法之差異性

英美等學者 Dicey、Story、North、Cheshire、Beale、Cook、Reese、Ehrenzweig 等主張國際私法為國內法而非國際法，此輩學者強調國際私法與國際公法之差異性，在研究兩者關係前，先分析兩者不同之點：

㈠立法基礎之差異

國際私法之基礎係奠立在一國主權者之承認或認定而制定，立法程序在一國立法機關之決議上，其自由制定與一般通常之國內法律無異；國際公法之基礎奠立在諸文明國之明示或默示的共同行為而成立之法則，須各國公認、承認或協議，非任由一國自由制定。

㈡法律淵源之差異

　　國際私法之法源有國際法源（包括國際條約、國際慣例、國際法院判例）及國內法源（包括國內立法、國內習慣法、國內法院判例）；國際公法之法源僅有國際法源（國際條約及國際慣例）。

(三)規範主體之差異

　　國際私法之主體主要是「私人」，包括自然人、法人，有時國家和國際組織亦可能成為國際私法之主體，但其係以立於私人地位之非國家地位參與國際民商事行為之範圍較少，應較為特殊之國際私法之主體；國際公法之主體主要是國家與國際組織 **⓬**。

(四)法律關係之差異

　　國際私法規範之法律關係係國際民商事法律關係，或稱涉外民商事法律關係，其與普通私法上之法律關係有別者僅在其具有「涉外性」（含有涉外因素）；國際公法規範對象是國家、國際組織相互間之政治、經濟、軍事和外交關係。

(五)法律內容之差異

　　國際私法係由各國自由制定，則其法律內容因國而不相同，對同一性質之國際民商事關係，有採當事人本國法者，有採當事人住所地法者，有採慣居地法者，有採最重要牽連關係地法者，不一而足，內容上不一致性；國際公法係國際社會承認而成立，既成於各國共同行為，其所規定之內容，自必一致，對所有同一性質之國際法關係均可以適用，其法律內容具有一致性。

(六)法律本質之差異

　　國際私法為「法律適用法」，係就法律關係而決定其應適用何國或何法域之法律之「間接法」；國際公法為「實質法」，係規定國家或國際組織相互間政治外交關係之「直接法」。

(七)規範方法之差異

　　國際私法之規範方法或目的係經由間接調整方法和直接調整方法（統一實體法、直接適用法律理論）**⓭**，處理國際民商事法律關係；國際公法主要係以直接

⓬　黃進主編，《國際私法》（九五規劃高等學校法學教材），法律出版社，北京，一九九九年九月第一版，第四十六頁，謂：「國際公法的主體主要是國家和國際組織，而國際私法的主體主要是不同國家的自然人和法人。儘管國家和國際組織有時也可能成為國際私法的主體，但它們參加國際民商事活動的範圍通常較窄，是較為特殊的國際私法主體。」似有誤解。

調整方法處理國家、國際組織相互之間之法律關係。

㈧適用機關之差異

國際私法之適用機關或救濟機關為國內法院，但有時應包括國內行政機關，如涉外婚姻登記之戶政機關、涉外物權登記之地政機關；國際公法之適用或處理機關，應為國際組織（例如聯合國或國際法院）或各國自己外交機構。

㈨爭議解決之差異

國際私法主要解決爭議方法係經由一國國內法院或涉外仲裁機構解決，經由「法院判決」與「仲裁判斷」，甚至法院強制執行解決國際民商事法律關係；國際公法要制裁機關是國際社會，經由誤判協商、調停、斡旋、和解、國際調查、國際仲裁、國際法院裁判等和平解決爭端方法，甚至採取報復、經濟封鎖與制裁、戰爭等強制解決爭端方法。

三、國際私法與國際公法之聯繫性與依存性

國際私法與國際公法雖有其差異性，但兩者關係如何，有謂兩者「互相平等」，交錯影響，兩者接觸之處，形成共同之國際法律；有謂國際私法與國際公法之「依存關係」 ❶，有謂「聯繫關係」 ❶，有謂「交錯關係」 ❶，茲歸納說明：

㈠立法沿革上之關係

國際私法之發生實較國際公法為早，至交通發達，國與國之關係，日見密切，因之促成國際公法之誕生。國際公法誕生後，其與國際私法愈趨接近，於是在立法沿革或立法原則出現三種交錯關係，第一，國際公法原則發生在先，形成國際私法接受國際公法之原則；第二，國際私法原則發生在先，形成國際公法接受國際私法之原則；第三，國際私法與國際公法既是產生在同一國際交往社會，有若干共同適用之基本原則與基本制度。故有學者謂國際公法之進展，亦能促進國際

---

❸ 黃進，〈論國際統一實體法〉，載《中國國際私法與比較法年刊》，一九九八年（創刊號），法律出版社，一九九八年九月第一版，第三頁。

❹ ㈠柯澤東，《國際私法》（國立臺灣大學法學叢書(55)），自版，臺北，一九九九年十月第一版，第九頁至第十頁。

㈡陸東亞，《國際私法》，正中書局，臺北，一九八四年五月第一版第八刷，第十四頁至第十五頁。

❺ 黃進主編，《國際私法》（九五規劃高等學校法學教材），法律出版社，北京，一九九九年第一版，第四十五頁。

❻ 劉甲一，《國際私法》，三民書局印行，臺北，一九八二年九月修訂出版，第三十一頁。

私法之發展，言之有據。

⼆(⼆)**國際私法接受國際公法之原則**

國際公法發生在先，國際私法受國際公法之影響，而形成法律原則者：

1.**基本原則** 我國憲法第一百四十一條強調對於條約及聯合國憲章之尊重，即本於促進國際合作、提倡國際正義、確保世界和平之原則，並遵守國際法之內容。

2.**主權觀念** 國與國間必須互相尊重主權，國際私法固在決定應適用何國法，以規範私人間國際私生活法律關係，但其決定與運用，均操之於國家，由法院控制之，故「國家」與國際私法之運作實不可分。而國際公法，亦以「國家」為最重要主體，其表現二端，一為司法管轄本屬國際私法之範圍而受各該主權所控制，基於國際禮讓 (Comitas gentium) 並對各國之主權、獨立、平等與尊嚴之尊重；二為表現司法豁免權，國家與政府之承認，亦與同屬國際法之觀念，而應為國內法院決定其對於某一國家應給予司法豁免權之考慮要件。

3.**國際公法捕獲法庭之判決** 戰爭對於契約及其他私法上法律關係之影響，吾人常尋求國際公法或國際私法上之救濟方法以回復或補償財產，涉及戰爭對國際私法之影響問題，均須接受國際公法上之原則。

⾃(三)**國際公法接受國際私法之原則**

國際私法原則發生在先，而國際公法接受國際私法之影響而形成之法律原則，包括：

1.**國籍法原則** 國際公法有關國籍之本體問題，原則上固不屬國際私法之範圍，但有關當事人國籍之積極衝突與消極衝突之有無及原因，則不能不先明瞭國籍之取得、變更、回復或消滅（喪失）等本體之事，雖國籍之決定屬於國內立法，且屬「國家主權原則」，國際法院對國籍之衝突仍不得不依國際私法原則以解決。

2.**外國人地位保護** 國際公法上關於一國保護外國人民的權利之原則或國民待遇原則，即採取國際私法上保護住在內國之外國人民權利之原則。

3.**物之所在地法原則** 不動產物權之取得、設定、變更、消滅或喪失，均應為適用物之所在地法，一般認為成為國際公法之原則。

4.**當事人意思自主原則** 契約之準據法應由當事人合意選擇應適用之法律，常設國際法院、海牙國際私法會議、國際法協會 (International Law Association) 等均以國際性之承認。

5.**管轄權衝突之解決原則** 以上均是國際私法上之重要原則。

㈣國際私法與國際公法之共同原則與制度

國際私法和國際公法都是在國際交往中產生的，有一些共同適用的原則和制度。例如，國家主權原則、平等互利原則，既是國際公法的基本原則，也是國際私法的基本原則。再如，關於外國人待遇的制度和關於國家及其財產豁免的制度，為國際公法和國際私法所共同，只不過兩者強調的角度不同而已。

㈤就法源上之關係

就法律淵源而言，國際條約與國際慣例既是國際公法之淵源，亦是國際私法之淵源；且國際私法之原則已漸有以條約定之者，將來逐漸發達成熟，或有脫離國內法之境而成為國際公法之境。

㈥就適用對象之關係

國際公法與國際私法所適用之法律關係均是超出一國範圍之法律關係，即均是一種「國際關係」；且國際私法在適用空間上普及於全體國際私法生活關係，而國際公法在適用空間上亦及於普世國家或國際組織相互間之國際關係，故在空間上之具有「普遍性」應為共同特性。

㈦就問題發生與運用之關係

國際私法所處理之法律關係，為國際民商事法律關係，則可能同時引起國際公法之問題，又國際私法之問題與國際公法之問題同時發生亦為常有之事；且在實際案件中，為了解決一個實際國際問題，常既須運用國際公法原則，又要運用國際私法之原則，因此國際公法與國際私法兩者相互依賴，互為補充，確有密切、依存聯繫之關係。

第四節　國際私法為「公法」抑或「私法」?

一、問題提出

國際私法之本質究為「私法」(private law)，抑或「公法」(public law)，抑或為其他說法，學者間見解不一，眾說紛紜，莫衷一是，學說之分歧，不僅緣起於對私法與公法之區別標準不一，並且對國際私法規範之構造，觀念上有廣狹之別，故縱對公私法區別標準見解同一，但對國際私法規範構造在觀念上有差別，本質究屬私法抑或公法，見解仍然有別。先就傳統見解「公法說」與「私法說」截然兩分法說明，再歸納我國學者見解，最後並提出管見。

二、私法說

私法說者係基於法律衝突係絕對地屬於私法案件之事實而主張國際私法為「私法」而非「公法」，其理論依據可歸納為八：

(一)就國際私法之目的言

主張凡定適用範圍之法均為實體法，即國際私法為劃分實體法適用界限之法律，實體法又必為私法，故國際私法當屬私法而非公法。

(二)就國際私法規範之主體言

主張國際私法為私法之學者，則著重於國際私法所規律之法律關係之主體，通常以私人為主，易言之，國際私法係就一定之法律關係適用民法、商法等私法，而間接規定個人之法律地位，例如涉外民事法律適用法第一條規定：「人之行為能力，依其本國法」，蓋在立法例上將各國法定年齡皆列舉，實有困難，故僅以「本國法」概括各國之法定年齡，故國際私法在實質上亦為規定個人之法律地位，與民商法之私法，應無二致。

(三)就國際私法規範之法益言

國際私法為所規範法益者為涉外關係之當事人通常為私人，且其法益為私益而非公益，故國際私法應為私法而非公法。

(四)就國際私法規範之客體言

國際私法所規律之客體應為私法關係即民商事法律關係，其所採取方法常為私法自治，關際私法上亦有當事人意思自主原則，故國際私法應為私法。

(五)就管轄權衝突言

關於國際私法所涉及管轄權之衝突問題，係為國內訴訟法之反射，是否屬公法抑私法，主私法論者認為法院管轄權之有無，並不是純粹公權力之作用，而為立法者在事前已經考慮涉外案件種類之法律關係，而對其管轄事先作肯定或否定安排，此皆私法關係決定於前，公權力作用於後。

(六)就國籍問題言

私法說者認為國家固然規定有關國籍之取得、喪失、回復及其權利義務等問題，此等問題由普通法院審理，且國籍法上之有關親屬關係、血統、血緣之證明，收養之要件與結婚之證明，繼承問題均屬私法之性質。

(七)就外國人地位問題言

除有關外國人政經權利外，有關外國人在內國之財產上權利、商業權利及經濟上權利，皆屬民商私法權利，應屬於私法之範圍。

(八)就「當事人之法律」(Parlerenrecht) 言

　　涉外事件之當事人常在著手進行或處理該事件時必須接受國際私法之指示，例如結婚之方式應依涉外民事法律適用法第十一條，依夫之本國法或妻之本國法或婚姻舉行地法三者當事人選擇其一種法律所定方式完成；又如法律行為之方式，依涉外民事法律適用法第五條規定，依法律行為實質問題之準據法與行為地法兩者選擇其一之方式完成，顯然當事人私法亦應適用。

　　綜合以上八點，認為國際私法謂其係屬私法，自非妄言。

三、公法說

　　公法說認為國際私法之本質應為公法，其理由歸納為七：

(一)就國際私法適用區域之性質言

　　國際私法並非直接規範當事人權利義務之法則，而係就有關權利義務民商法決定其適用「區域」者，性質如同法律施行法係就「時間」適用指示而言，民法施行法與刑法施行法均規定「時間」適用之時際法，國際私法是規定「地理」適用地際法，在形式上應屬公法領域。

(二)就國際私法之目的言

　　國際私法係就涉外案件定其適用之準據法，凡確定權利義務之實體法的適用範圍之法規，均為程序法而非實體法，而程序法必為公法。

(三)就「法官之法律」(Richterrecht) 言

　　國際私法為適用規範，原則上均係指示法官如何適用法律，屬於「法官之法律」(Richterrecht) 而非「當事人之法律」(parterenrecht)，在性質上應屬公法。

(四)就國籍問題言

　　國籍問題屬國家公權作用，與人口政策、社會政策息息相關，國籍原則上為規定個人與國家間之政治關係，規定國家與個人間之忠順關係、隸屬關係，決定國籍在公法上之權利義務等效力，則屬公法性質。

(五)就管轄權衝突言

　　國際私法所涉及管轄權衝突問題，為一國訴訟法之反射，屬民事訴訟程序法之問題，即為司法權力作用之關係，且民事訴訟法為公法問題，國際私法當屬公法範圍。

(六)就外國人地位言

　　外國人地位常為國際私法存在之先決條件，外國人地位每每涉及其在內國可

享受之政治、經濟、教育、工作、入境與居留等權利，此等政經權利，其性質當屬公法。

(七)就國際私法之衝突法則言

論國際私法衝突法則之性質，一其為決定關於各國司法權行使之法規，法院為判決所應遵循之法律；二其關係選擇準據法常考慮政治因素與國家公共立法政策觀察；三則國際私法之原則，諸如公共秩序、反致、規避法律，等均屬公法之精神。故國際私法之本質採公法說，亦言之有理。

四、我國學者見解之歸納

國際私法中有關其性質究為「公法」抑或為「私法」，抑或「其他性質法」，我國學者見解不一，歸納如下：

(一)甲說：公法說

我國有學者認為國際私法就形式上觀，應為公法而非私法，蓋其為規定實質法適用之程序法，凡屬程序法必為公法，且國際私法除劃分實質法適用之區域外，復規定有關國籍、外國人地位及各國法院管轄，其性質有關國家之主權，而凡規定國家主權之法律，應屬公法而非私法❶。

(二)乙說：法律適用法說

我國有學者認為國際私法甚難單純的劃歸公法或私法，因為國際私法並非以保護國家之公益為目的，且國家亦非國際私法之主體，故國際私法非公法甚明。又國際私法亦非直接規定保護私人利益之法律，自亦非單純私法可比，其應為「適用規範」(Anwendungsnorm)，故謂國際私法宜歸屬另一種特殊性質之法律，不屬於公法或私法，而稱「法律之適用法」❶。

---

❶ (一)劉鐵錚、陳榮傳，《國際私法論》，三民書局印行，臺北，一九九六年十月第一版，第十六頁。

(二)唐紀翔，《中國國際私法論》，商務印書館，上海，一九三○年九月初版，第八頁。

(三)陸東亞，《國際私法》，正中書局，臺北，一九八四年五月第一版第八刷，第十二頁。

(四)洪應灶，《國際私法》，中國文化大學出版部印行，臺北，一九八四年九月第三版，第十四頁至第十五頁。

❶ (一)馬漢寶，《國際私法總論》，自版，臺北，一九七七年六月第六版，第十九頁至第二十頁。

(二)蘇遠成，《國際私法》，五南圖書出版公司印行，臺北，一九八四年五月初版，臺北，第九頁。

五、管見：綜合公法與私法之中性特殊法律說

國際私法在傳統公法說與私法說，所持之論據，互為對立，且均言之成理，筆者認為應屬綜合公法性與私法性之中性的特殊的法律，探其原因，蓋：

(一)就傳統因角度與論點側重而觀察

傳統公法抑私法之問題，可從各種不同角度立論，且因所重視論點不同而異其結論，自公法角度即似公法性，從私法論點即如私法性，筆者認為國際私法應具有公法性，且有私法性，即以基礎理論全面綜合觀察，特列表說明：

表 4-1：私法說、公法說與中性說之比較

論據＼學說	(一)目的	(二)規範主體	(三)衝突法	(四)國籍法	(五)外人法	(六)管轄權	(七)規範法益	備考
私法說	劃分實體法界線，實體法為私法	私人間權義之「當事人法」	1.抽象準據法 2.具體準據法：私法	1.普通法管轄 2.親屬、繼承之證明	1.財產權 2.商業權	1.私法關係決定在先 2.公權力在後	私益	側重私法性
公法說	決定民商法適用區域，如同施行法	指示法官用法之「法官法」	1.司法權行使 2.考慮政治公安	1.公權：人口、政治因素 2.政治上忠順	1.政治上權力 2.財產經濟權	1.司法權力作用 2.訴訟法為公法	公益	側重公法性
綜合公私法中性說	兩面兼具	兩面兼具	兩面兼具	兩面兼具	兩面兼具	兩面兼具	兩面兼具	兼容公私法性

(二)就邏輯上言

國際私法既非單純公法抑非單純私法，若強以傳統是非題或問答題式之兩分法定其分野，勢必無法探究國際私法之本質，國際私法係自成一獨立自治體系之法律，其應綜合公法性與私法性之中性法律，有謂「法律適用法」、有謂「法律秩序法」(Recht der Rechtsordnung)、有謂「法源法」(Rechtsquellenecht)[19]、有謂

(三)曾陳明汝，《國際私法原理（第一集）》（國立臺灣大學法學叢書(12)），自版，臺北，一九八四年五月第一版，第十一頁。

(四)何適，《國際私法釋義》，自版，臺北，一九八三年六月初版，第十二頁。

❶ Zitelmann, *Geltungsbereich und Auwendungsbereich der Gesetze*, Festgabe für Bergbohm,

「形成一種特殊性質之法域」❷、有謂「與其力求使之歸屬於公法或私法之一方，不如認其為混合公法與私法而另具特殊法域」❷，甚至為超越公私法範圍之特殊法域。

㈢就國際私法之內容與構造言

當代國際私法包括了「外國人地位論」、「國籍法」、「衝突法」、「國際民事訴訟與商事仲裁（程序論）」及「統一實體法」，範圍廣泛，有鑑於國際私法內容與規範構造之廣泛，強求使之歸屬於公法或私法之一方，應有「見樹不見林」之虞，且無任何實益，應跳脫出傳統之框架，為表現國際私法兼容公法性與私法性，自成一獨立自治體系法律，吾人稱之為綜合公法與私法之中性特殊法律。

第五節　國際私法為「實體法」抑或「程序法」?

一、問題提出

國際私法之本質究為「實體法」(Substantial Law) 抑或「程序法」(Law of procedure) 抑或其他性質法律，依學者之通論，凡屬私法，必為實體法；凡屬程序法，又必為公法，但是所有實體法，則未必皆為私法，如憲法、刑法、行政法等雖為實體法，均非私法而屬公法。但國際性質究屬實體法抑或程序法，亦無定論。

二、歐陸法系與英美法系

歐陸法學派學者中有認為其為實體法，認為就形式上言，國際私法確為公法，但就實體上言，國際私法乃對涉外私權法律關係，所可適用之私法予以確定。換

1919, s. 208；江川英文，《國際私法》，有斐閣全書，東京，一九八一年四月第七版，第十三頁。

❷ ㈠蘇遠成，《國際私法》，五南圖書出版公司印行，臺北，一九八四年五月初版，臺北，第九頁。

㈡柯澤東，《國際私法》（國立臺灣大學法學叢書(55)），自版，臺北，一九九九年十月第一版，第三十六頁至第三十七頁。

❷ ㈠藍瀛芳，《國際私法導論》，自版，臺北，一九九五年一月初版，第三十五頁至第三十六頁。

㈡馬漢寶，《國際私法總論》，自版，臺北，一九七七年六月第六版，第十九頁至第二十頁。

㈢劉甲一，《國際私法》，三民書局印行，臺北，一九八二年九月修訂初版，第三十二頁。

言之，間接上確定私法上之權利、義務，故謂國際私法為私法上權利義務之間接法，以之屬於「實體法」範圍應無不可，但歐陸學者，尚無定論。而英美法學派，多數學者認為國際私法為「程序法」而非實體法，蓋任何法律均以規定有關人民之權利義務為內容，非規定權利義務之實質，即規定實現其權利義務之程序，按法律係所以保障吾人之權利，即吾人於法律上欲為某種行為時，得受正當之保護以強制他人有所行為或不行為，故任何法律中必包含應解決之問題有二：一為權利之實質，謂之原始權 (Original right)；二為權利之救濟，謂之「救濟權」(Remedial right)。實體法為於原權利受損害時，確定其救濟權之性質及範圍之法則；程序法則為規定實現權利義務之救濟權所必須遵循之程序之法律，英美學者則多數認為國際私法與民事訴訟法、刑事訴訟法同為程序法❷。

三、我國學者見解之歸納

有關國際私法究屬「實體法」抑或「程序法」抑或「其他法律」，我國學者見解不一，可歸納為二：

㈠甲說：程序法說

我國學者有認為國際私法既不直接規定內外國人間權義之實質問題，而係就涉外法律關係，確定由何國或何法域管轄權之所屬，及決定適用何國或何法域之法律，既不涉及私人權義之實質範圍，故採國際私法應為程序法而非實體法❸。

㈡乙說：法律適用法說

我國有學者認為國際私法非實體法，亦非程序法，而為「法律適用法」。蓋國際私法並非就涉外案件中之內外國人間之權利義務之實質與內容為直接之規定，而僅就涉外事件規定其應適用何國或何法域之法律，故國際私法係一種「適

---

❷ Dicey & Morris, *The Conflict of Law*, 11th. ed., 1989, pp. 465–470.

❸ ㈠劉鐵錚、陳榮傳，《國際私法論》，三民書局印行，臺北，一九九六年十月第一版，第十八頁。

㈡洪應灶，《國際私法》，中國文化大學出版部印行，臺北，一九八四年九月第三版，第十五頁。

㈢何適，《國際私法釋義》，自版，臺北，一九八三年六月初版，第十二頁。

㈣陸東亞，《國際私法》，正中書局，臺北，一九八四年五月第一版第八刷，第十二頁至第十三頁。

㈤林益山，《國際私法新論》(國立中興大學法學叢書)，自版，臺北，一九九五年六月出版，第十頁。

用法則」而非實體法，又國際私法在於就涉外事件指定其應適用何國或何法域之實體法，且並非規定該實體法之運用及施行手續，故國際私法並非程序法。換言之，國際私法為指導法官，於涉外案件，數不同國家法律併存競合時，如何運用衝突法則，選擇其中一國家法律，再依該國家之實體民商或其特別法，以規律涉外法律關係或爭議。故國際私法，非直接適用實體法，而必先通過衝突法則，由其指定之某國法（準據法），間接達到實體法律適用之適用法。故國際私法亦可稱為實體法律之適用法則。但國際私法並非法律適用法本身，而為整個涉外關係訟案中，解決法律衝突，法律適用方法之法規總體也❷。

四、管見：既有程序法且有實體法之綜合性法說

筆者認為國際私法本質包括「程序法」且包括「實體法」，即國際私法應是各國解決國際民商事法律關係之綜合性法律，蓋：

㈠就大國際私法觀點言

國際私法研究範圍除了解決國際民商事爭議之程序法外，尚包括統一實體法、外國人法在內，其明顯包括程序法與實體法。

㈡就新興選法思潮言

就美國新選法理論中如艾倫茲維格 (Ehrenzweig) 之「法庭地法說」、巴斯特 (Baxter) 之「比較損害方法說」(Comparative inpairment approach)、柯里 (Currie) 之「政府利益分析說」(governmental interest analysis)、卡佛斯 (Cavers) 之「優先選擇原則說」(principle of preference theory)、賴佛拉爾 (Heflar) 之「較佳法律方法說」(Better Law approach) 及大陸法系國家中巴迪福 (Batiffol) 之「協調論」及克格爾之「利益論」(interessen) 均從選法之結果之準據法或實體法比較、分析、選擇，筆者亦曾在我國一九九九年新海商法第七十七條但書中修正為：「但依本法中華民國受貨人或託運人保護較優者，適用本法之規定。」❷ 等等必須從結果之準據法衡量始得完成選法，故國際私法無法脫離實體法之比較。

---

❷　㈠柯澤東，《國際私法》(國立臺灣大學法學叢書(55))，自版，臺北，一九九九年十月第一版，第三十一頁。

　　㈡曾陳明汝，《國際私法原理（第一集）》(國立臺灣大學法學叢書(12))，自版，臺北，一九八四年五月第一版，第十一頁。

❷　柯澤東，《最新海商法貨物運送責任篇》(國立臺灣大學法學叢書(118))，一九九九年十一月出版，第一〇五頁至第一〇七頁。

(三)就邏輯上言

現今國際私法歸納出在傳統上採用選擇題式「實體法」或「程序法」兩分法之標準，評定國際私法之性質是不妥當的，所以我國學者中有認為既非實體法且亦非程序法而係「法律適用法」，縱採程序說之學者仍須認為國際私法與實體法互為依賴，且應由內外國實體法之比較研究著手，與其間接承認其關係密切，不如直接承認其本質上即有實體法性質。

(四)就國際私法重要問題言

公序良俗條款之依涉外民事法律適用法適用外國法如其「規定」有背於公共秩序或善良風俗 (§25)、屈服條款之夫妻財產中關於夫妻之不動產依其所在地法應從其特別「規定」者 (§13 III)、一國數法中其國內各地方「法律」不同 (§28)、準據法為外國法之證明 (民訴 §283)，定性問題之標準究依內國民商法抑或準據法所屬國之「民商法」等等無一不是實體法。

(五)就國際私法之制定言

一國制定國際私法時，首先應考查內外國私法之異同，若某種私法關係，在內外國之私法上，其規定完全相同，則國際私法無設置關於此類條款之必要，有學者謂各國均採有權利能力，所以無庸規定權利能力之準據法；其次若內外國私法上之差異，則更應根據諸國立法之精神，以求其所以不同之原因，究以內外國何種實體法作為準據法，最為允當，蓋國際私法之目的，端在調和內外國立法之目的與旨趣而存在，故於制定確定一種原則之際，必須審察內外國家私法所以不同之原因，否則即無從斷定適用法則適當否，更不能制定適當之國際私法。

(六)就國際私法之適用言

在一國發生國際民商事法律關係時，應依國際私法就內外國或法域之私法中指定其應適用之法，其所指定之實體法即為該法律關係之準據法（英：Proper Law；德：Massgebenasrecht；法：Loi Applicable），準據法學理上可分為二：一為「抽象準據法」，即國際私法上所規定應適用之實體法，例如涉外民事法律適用法第十條第一項規定：「物權依物之所在地法」，但此所謂物之所在地法僅為一種條文抽象指定，並未適用於實際，即為「抽象準據法」；二為「具體準據法」，即法院依國際私法之規定，對於某種國際民商事法律關係實際適用某國或某法域之私法，例如在日本不動產物權之準據法，依涉外民事法律適用法第十條第一項依物之所在地法，物之所在地為連結因素，物之所在地為日本，應適用日本民法

之條文為準據法，日本民法即為具體的準據法。故國際私法所規定者為抽象準據法，法院所適用者即具體的準據法，在國際私法上，無抽象準據法之規定，則雖有具體準據法，亦不能適用於實際，即內外國之實體法，必賴國際私法之規定，處理國際民商法律關係時，方得有適用之機會；反之，如具體的準據法，自始即不存在，國際私法上雖有抽象準據法之規定，亦等於具文，即國際私法中規定人之行為能力依其本國法，當事人本國法律無關於行為能力之規定，或本國法律吾人全然不知，又何能奢談國際私法之適用耶？

㈦就國際私法之研究言

吾人研究國際私法自不能捨棄內外國私法而不顧，蓋國際私法所規定準據法，實為內外國之私法，一則倘能在內外私法之立法目的及理由，考證詳明，則對於國際私法之原則，自不難判定其是否適當；二則各國實體法之比較研究，可以發現內外國實體法之異同及衝突，進而謀求其解決之道，有助於國際私法之統一，因各國實體法之比較研究後逐漸消除「明顯衝突」，法律統一而衝突漸少，國際私法之適用範圍愈形縮小；三則國際私法學者倘不知內外國之實體法，非但不易發現國際私法之原則，縱令發現其原則亦不敢斷其妥當性，故德國碩儒康恩(Kahn) 謂：「國際私法之研究，始於內外國實體法之比較研究，終於內外國實體法之適用。」識哉斯言，比較研究、法律制定、適用、邏輯推論、新興與傳統方法均證之國際私法有選擇準據法之程序法性，更有實體法性，應為綜合性法。

第六節　國際私法之間接法性

國際私法並非直接規律法律關係，而係間接規律法律關係；易言之，國際私法並非如民法、商法等實質私法 (Materielles Recht)，可以用以直接規範私法關係，國際私法為衝突法，其規定為衝突規定（牴觸規定）(Conflict rule, Rollisionsnorm, regle de Conflict)，係指定適用何國實質私法為「準據法」(Proper Law, Massgebends,Loi applicable)，然後經該準據法（即民法、商法）適用規律涉外的法律關係。例如國際私法即涉外民事法律適用法第一條第一項規定：「人之行為能力，依其本國法。」為衝突規定，國際私法並未直接規定何人有行為能力，其能力欠缺時究竟如何決定其法律行為之效果問題，依其「國籍」為連結因素，例如十八歲英國人，指定依英國法，間接解決其問題。故國際私法間接規定之法律性格，具有二段構造，國際私法先依衝突規範，就內國或外國實質私法選擇決定或指定本案

之準據法，再依該準據法適用於國際的私法關係，如下圖下半部分；反之，實質私法直接適用國內的私法關係，如下圖上半部分，故為根本差異之特性。

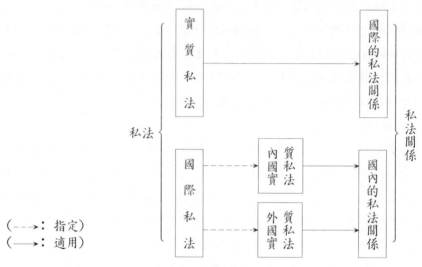

圖 4-2: 間接法性之關係

（-- →: 指定）
（—— →: 適用）

學者將國際私法須先經由「指定」內外國實質私法為準據法，再依該實質私法為準據法而適用於國際的私法關係，稱為「間接法性」或「法之法」(loides lois, Rechtüber Recht)，或「法之適用規範」(Rechtanwendbarkeitsnormen)，而準據法稱為「實質規範」(Sachnorm)，即在表現國際私法具有「間接法性」。

國際私法既然具有間接法性，值得提出⑴「法源論」問題討論者，有關「法規欠缺」補全之「法理」，我國民法第一條規定：「民事，法律未規定者，……無習慣者，依法理。」我國涉外民事法律適用法第三十條規定：「涉外民事，本法未規定者，……，其他法律無規定者，依法理。」既然民法為直接法性，而國際私法為間接法性，法律特性不同，補全之法源之「法理」在我國學者為何幾乎均舉相同之例，而謂：「正義、衡平、及利益衡量等之根本原理」，是否中其肯綮? ⑵國際私法有間接法性，法院有關「闡明權」(Aufklärungsrecht)[26]範圍之問題，筆者認為涉外民事法律適用法與當事人之權利義務息息相關，法院審理時仍應適度行使闡明權，令當事人為充分而完整之主張，並應引導當事人就法律之適用，進行充分之辯論；對於已形成適用何國法律為準據法之心證，亦應適時向當事人公

---

[26] 姚瑞光，《民事訴訟法論》，自版，一九八六年七月版，第二五六頁至第二六三頁。

開，以利程序之進行，並防止當事人有突襲性裁判之虞。

第七節　國際私法之上位法性

國際私法與內外實質私法彼此關係間具有不同位階法律，立於法位階說而言，國際私法應在邏輯上立於前提或上位位置，經由國際私法就內外國實質私法指定出適用何國實質私法為準據法，再由該實質私法（準據法）適用於國際的私法關係，故國際私法應為「上位法」(überrecht)，實質私法應為「下位法」，彼此間具有垂直的上位與下位間關係；但一般民商等實質法，彼此間具有平面的多元關係，位於同一位階關係，故國際私法具有一特性，即「上位法性」。國際私法之上位法性或間接法性，在國際私法上吾人要提出二個問題討論：

(1)第一問題，既然國際私法是上位性法律，實質私法是下位性法，有關法律中「正義」觀念是否相同，例如在國際私法上有關「兩性平等」觀念，我涉外民事法律適用法第十三、十四、十五、十六及十九條均依「夫之本國法」或「夫之所屬國法」或「父之本國法」，如此規定有無違反「兩性平權」觀念，有無違反憲法兩性平等權問題，有學者認為國際私法既是間接性法、上位性法，應為抽象決定準據法，有無違反正義與兩性平等問題，應由實質私法決定，就具體案件個別的權利義務決定，由實質私法實現正義理念，故國際私法與實質私法之「正義」觀念應是不同的，例如西德多數學者認為德民法施行法所採用的夫之本國法主義，並未違反一九四九年西德基本法第三條第二項男女平權原則的規定。此說理由乃認為「基本法第三條第二項所規定男女平等權利是『實質的平權』，而非『形式的平等』。國際私法上以準據法指定之兩性平等問題，不過是後者而已。因為男女是否平等對待，係由具體直接規定權利義務關係之實體法決定，雖然依國際私法之規定，而指定準據法，使男女受不平等的待遇；但國際私法之規定既屬不以實質正義為內之秩序規定，則該不平等待遇，亦不過是形式上的不平等。又適用夫……之本國法有時亦較妻……之本國法有利」❷；但亦有學者認為國際私法雖為上位法，但國際私法與實質法有關正義之理念及兩性平等觀念應是同一的，實質法上之兩性平權係以個別的具體的權利義務決定關於兩性平權與正義之實現，國際私法之兩性平等係以一般的抽象的準據法之決定以實現兩性平等，即德

---

❷　賴來焜，《國際私法之國籍問題》，自版，二〇〇〇年九月第一版，第三〇八頁至第三一七頁。

國有學者認為採用夫之本國法主義之民法施行法係違反基本法第三條第二項之規定，其所持之理由歸納言之，有下列三點：「1.任何人最清楚其固有之屬人法，通常感覺其固有屬人法較其他法秩序更適合於自己，多少會將之視為其本身行為之基準，因此自己的屬人法本身被適用，是對本人之利益。2.一般人因國籍及住所之變更，能在某一程度上自由選擇自己的屬人法，就這點而言，夫……之本國法主義對夫……有利。3.抵觸法上之公正不同於實質法上之公正。抵觸法在決定準據法之任務上，考慮何者公正，而實現上述原則。」❷日本亦有學者認為衝突法上之平等權，雖與適用於個別的具體權利義務之實質法內容不同，但其規定仍屬對兩性之某一方實質上有利之準據法之決定方法❷，既然位階不同，同樣應有正義理念及平權觀念，但位階不同，標準應不同。

(2)第二問題，國際私法與實質私法間有上位法性，而內國實質法、外國實質法、民事訴訟法、強制執行法、破產法、仲裁法與國際私法間之體系關係如何排列，筆者見有下列兩者排列國際私法與實質私法關係：

①日本溜池良夫：

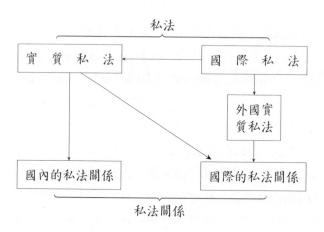

②德國 Kegel：

---

❷ 林菊枝，〈親屬法與男女平等原則〉，載《政大法學評論》，第十六期，第一頁至第三頁。

❷ 溜池良夫，〈國際私法上兩性平等〉，載《民商法雜誌》，第三十七卷第二號，第一五四頁；溜池良夫，《國際私法講義》，有斐閣，第二版，一九九九年五月，第十六頁以下，及第四三四頁。

後者較易表現國際私法之上位法性，且可擴大國際私法適用範圍，除德國學者 Kegel、Neuhaus 支持外，日本學者江川英文等亦採此圖，以建立國際私法之機能及私法秩序之構造，筆者基於國際私法應包括國際民事訴訟法與國際商務仲裁法之一機兩「翼」說，應是各國民商實體法選擇準據法之「衝突法」外，應有「統一實體法」及程序法，以建立「大國際私法」之上位法性與下位法性。

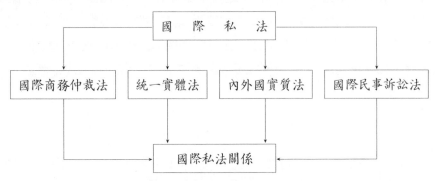

圖 4–3: 國際私法與其他法之關係

第八節　國際私法之強行法性

國際私法之規定究係強行法抑或任意法，法院應否依職權適用國際私法規定，且當事人得否以「合意」之「意定」取代國際私法之「法定」，雖然依一般通說及多數國家之立法實踐認為國際私法應具有「強行法性」，但有少數學者及一九七九年匈牙利國際私法係採「任意的衝突法理論」(Lehre vom fakultativen Kollisionsrecht)，茲先說明「任意法」與「強行法」二說之學者與立法實踐，再則說明我國涉外民事法律適用法草案第三條規定。

一、任意法說

德國有學者 Flessner、Sturm 等主張「任意的衝突法理論」(Lehre vom fakulta-tiven Kollisionsrecht)，即採國際私法之否定論 (Negierung)，有些主張訴訟標的物價格低之事件，因外國法調查之困難而遭割捨適用外國法機會；有些主張雙方當事人得以合意之「約定」適用法庭地法（內國法）而取代國際私法之「法」適用外國法，例如一九七九年匈牙利國際私法第九條規定：「雙方當事人得依合意請求不適用在無規避法律時原應適用之準據法，而適用匈牙利法，或在得合意選擇法律時，適用所選擇之法律。」其規定否決國際私法之強行法性，將國際私法之性質認為係任意法 ❸。

二、強行法說

國際私法之規定究係強行法抑或任意法，依一般通說及各數國家立法實踐，應屬「強行法制」。蓋國際私法為國際間的私法交流之圓滑與安全起見，各種法律關係就內外私法中依其所選擇指定之法律應為最適當之法律，國際私法應屬有公法之性格與公共秩序有關之法律，故應解為強行性質。即國際私法係規定涉外民事法律關係，解決法律適用、審理程序及相關問題之依據，其性質非屬任意法，故法院應不待當事人之主張，即依職權適用國際私法及國際私法規定應適用之外國法。

有關國際私法之「強行法性」在外國立法例可證之：⑴秘魯：一九八四年秘魯民法典第十編「國際私法」中有第二〇四八條規定：「法官應依本法規定，適用外國實體法規則。」⑵土耳其：一九八二年土耳其國際私法與國際訴訟程序法第二條第一項前段規定：「法官應依據土耳其衝突法規定適用有關之外國法律。」⑶奧地利：一九七八年奧地利聯邦國際私法第二條規定：「對選擇何一特定準據法具有決定性意義之事實及法律之必要要件，法官應當然依職權適用本法確定之，但當事人就一法律行為為準據法約定（第十九條、第三十五條第一段），且其主張依程序法規定應被接受時，則不在此限。」及第三條規定：「外國法被確定準據法，應由法官依職權應依該法在原管轄區之適用方式而當然被適用。」

三、我國新法草案 (§3)

我國涉外民事法律適用法修正草案第三條規定：「中華民國法院審理涉外民

---

❸ 溜池良夫，《國際私法講義》，有斐閣，第二版，一九九九年五月，第十八頁至第十九頁、第五十八頁至第五十九頁。

事事件時，應依職權適用本法及依本法應適用之法律。」本修正草案強調國際私法之「強行性」，對我國法院常捨國際私法而逕依內國案件適用內國法，有其規範價值。但值得討論者：(1)強行法規範主體除了「法院」外，應更及於「當事人」、「仲裁庭」及「行政機關」❸；(2)強行法性應如奧地利法有例外，即應擴大當事人意思自主原則，除了「契約」外，應及於「夫妻財產制」及「法定債之關係」（無因管理、不當得利、侵權行為）❸，唯「當事人意思自主原則」仍在國際私法「明文」指定得由「當事人意思」時始得適用。

第九節　國際私法之非政治法性

一、問題提出

在國際公法上對於外國之國家地位與政府之合法性，有「國家承認」及「政府承認」❸及「法律上承認」(de jure) 與「事實上承認」(de facto) 之概念，此等承認乃行政機關所為之政治行為，具有政治性 (Politisierung)；反之，在國際私法上法院適用外國法為準據法及承認外國法裁決之承認與執行，均依國際私法之規定為之，應無國際政治上或外交上之考慮，故兩者性質迥然不同，即前者具有政治性，而國際私法具有非政治性。

二、問題歸納與管見

筆者曾歸納與思考在國際私法之非政治性應就「層升性」分析包括下列範圍考量：

㈠就管轄權言

民事訴訟法第二十四條第一項規定：「當事人得以合意定第一審管轄法院。但以關於由一定法律關係而生之訴訟為限。」在國際民事訴訟法中雙方當事人均為我國人，以合意管轄時雙方約定適用外國法院管轄，該外國是否與我國有「外

---

❸　錢驊主編，《國際私法》，中國政法大學出版社，北京，一九九二年五月第一版，第二十二頁至第二十五頁。

❸　見㈠羅馬尼亞一九九二年國際私法，第二十一條允許夫妻雙方協議選擇支配其婚姻契約之內容與效力之法律；㈡義大利一九九五年國際私法第三十條允許夫妻雙方選擇支配夫妻間財產關係之法律；㈢一九九六年列支敦士登國際私法第二十九條第三項繼承允許選擇準據法等。

❸　王鐵崖主編，《國際法》，五南圖書公司出版，臺北，一九九六年第一版，第一一七頁至第一二六頁。

交承認」為限？我國最高法院六十四年臺抗字第九十六號判決❸似採「限制說」。

(二)就準據法之適用言

依國際私法指示應適用某外國法時，該外國是否須考慮國際上政治或外交承認？在我國涉外民事法律適用法第十條第四項前段：「關於船舶之物權依船籍國法。」而強制執行法第一百十四條之三規定：「外國船舶經中華民國法院拍賣者，關於船舶之優先權及抵押權，依船籍國法。」有關準據法「船籍國法」之適用時，是否該國與我國有外交承認為限，肇端於一九七五年修正強制執行法時之「立法說明書」中謂：「……但關於船舶之優先權及抵押權，參照涉外民事法律適用法第十條第四項規定，及國際私法上相互承認其效力，准其享有優先受償之權利。」云云，我國最高法院六十九年臺上字第三○九六號及七十七年臺上字第三三八號民事判決❸中均據之謂應適用同條後段規定，於主張有優先權或抵押權之人訴請法院裁判時，法院認定其有無優先權或抵押權，仍應斟酌國際私法上相互承認之原則，即外國法院如不承認依中華民國法律所定優先權或抵押權之效力，亦得拒絕適用外國法有關優先權或抵押權之規定，非謂法院所定優先權或抵押權之效力，當然及於我國領域云云，此項見解有待商榷❸。

(三)就外國判決之承認言

在國際民事訴訟中有關外國判決之承認應否考慮「外交承認」，即如我國民

---

❸ 最高法院六十四年度臺抗字第九十六號民事裁定要旨：「按當事人為中華民國國民，依法其訴訟原應由我國法院管轄，如以合意定外國法院為第一審管轄法院者，為保護當事人之利益，解釋上始認以該外國之法律須承認當事人得以合意定管轄法院，且該外國法院之判決，我國亦承認其效力者為必要，如當事人兩造均為外國人，其訴訟原非應由我國法院管轄，（普通審判籍不在我國，亦非專屬我國法院管轄）而又以合意定外國法院為管轄法院者，一經合意之後，即生排斥得由我國法院管轄之效力，至於該外國之法律是否承認當事人得以合意定管轄法院，以及該外國法院之判決我國是否承認其效力，我國法院已無考慮之必要，應聽任該外國當事人之自由，而承認其合意管轄之效力。」

❸ (一)最高法院六十九年臺上字第三○九六號判決，最高法院法律叢書編輯委員會《最高法院民刑事裁判選輯》第一卷第四期，第五八○頁至第五八四頁；(二)最高法院七十年臺上字第三三八號民事判決，最高法院法律叢書編輯委員會《最高法院民刑事裁判選輯》第三卷第一期，第五五七頁至第五六四頁。

❸ 最高法院七十一年臺上字第三六二○號判決，最高法院法律叢書編輯委員會《最高法院民刑事裁判選輯》第三卷第三期，第四○五頁至第四○九頁。

事訴訟法第四○二條第四款規定:「外國法院之確定判決,有左列各款情形之一者,不認其效力: 1.……; 4.無國際相互之承認者。」此「國際相互承認」在我國實務上有外交部七十五年四月四日外㉝條二字第○七九二○號函中有謂:「本案經與法國法界人士討論,均認為在兩國無外交關係之情況下,法國似不可能承認我國法院之確定判決。」之限制說。

㈣就外國判決之執行言

依強制執行法第四條之一第一項規定:「依外國法院確定判決聲請強制執行者,以該判決無民事訴訟法第四百零二條各款情形之一,並經中華民國法院以判決宣示許可其執行者為限,得為強制執行。」其要件中亦有「國際相互之承認者」要件。

㈤就外國仲裁判斷之承認與執行言

依仲裁法第四十九條第二項規定:「外國仲裁判斷,其判斷地或判斷所適用之仲裁法規所屬國對於中華民國之仲裁判斷以不予承認者,法院得以裁定駁回其聲請。」對外國仲裁判斷承認要件亦須「相互承認」。

基於國際私法之非政治性,前述第㈢至第㈤之「承認」均應解為「事實上承認」而非「政治上承認(外交上承認)」,而有關第㈠合意外國法院管轄權之最高法院採限制說,為最高法院法官之誤解,有關第㈡船籍國法須適用國際私法相互承認原則,實務見解一則就誤解立法沿革言:據吾人探求立法者主觀意旨係以我國法院對於外國船舶之執行言之,依涉外民事法律適用法第十條第四項前段:「關於船舶之物權,依船籍國法」之規定,參照國際私法上相互承認既得權之慣例,應承認其效力,准其享有優先受償之權利,從立法意旨為承認外國船舶優先權之既得權利,應許其行使權利,與國際私法相互承認原則無關;二則就國際私法選法程序言:按國際私法之原理係將涉外案件依管轄權決定、定性、尋找連結因素而適用準據法,若有國際私法上政治承認原則,推及於所有案件,無異否定國際私法之規定,違反國際私法選法程序;三則就我國外交處境言:按以我國目前外交處境,若堅持法院須依國際私法之相互承認原則,且此相互承認原則又依「政治承認(外交承認)」而不依「事實承認」(defacto recognition),則因與我有邦交者寥寥無幾,國際間政治外交上不承認我國者眾,並進而不承認我法律者,不在少數,採國際政治相互承認原則將完全否定國際私法之適用 ❸❼。

❸❼　一般學者見解贊成最高法院見解:㈠楊與齡,《強制執行法論》,自版,臺北,一九八

三、我國新法草案 (§4)

為杜絕爭議，匡正實務表現，我涉外民事法律適用法修正草案第四條規定：「涉外民事依本法應適用外國法律者，縱中華民國與該外國無相互之承認，亦適用之。」雖有學者表示反對 ❸，但吾人認為應值得贊同。

(一)就比較法言

一九九二年羅馬尼亞國際私法第六條規定：「外國法律之適用並不取決於互惠待遇的存在，除非以下條款或其他特定法律有不同規定。」「如果要求存在互惠，應推定其存在，除非有相反證據。司法部應與外交部經過協商查明情況並提供證明。」又一九七九年匈牙利國際私法第六條第一項規定：「除法律另有規定外，外國法之適用不依賴相互原則。」均認為國際私法非政治性之明文化。

(二)就學理上言

在國際法上法律上或事實上俱不承認之國家與政府，能否適用其法律為準據法，學說上有兩種不同之見解，一為積極說，認為國際私法係就在空間併存的多數法律秩序之內，選擇與成問題之生活關係具有最密切關聯的法律，且此一法律在一定法域內必須有具體的妥當性。至於國際法上之承認，原不過具有政治與外交的意義 ❹，與法律是否具體妥當無關。因此，未被承認之國家或政府，其法律亦可適用為準據法。二為消極說，即認為國際私法以劃定有關國家主權之立法管轄所及範圍為目的。國際私法上對某一涉外生活關係適用某法律為準據法，即表示承認該生活關係服從其準據法所屬國主權之管轄。因此，可成為準據法之法律，

六年六月第七版，第五八二頁；(二)陳世榮，《強制執行法詮解》，自版，臺北，一九八八年七月修訂版，第三五〇頁以下；(三)吳鶴亭，《新強制執行法實用》，自版，臺北，一九八四年十一月增訂三版，第三六七頁至第三六八頁。

筆者見解：(一)賴來焜，《海事國際私法中船舶優先權之研究》，政治大學博士論文，一九九二年五月，第五五一頁至第五五八頁；(二)賴來焜，〈國際私法中船舶優先權準據法適用之研究〉，載《國際私法理論與實踐(一)——劉鐵錚教授六秩華誕祝壽論文集》，學林文化事業有限公司出版，一九九七年九月第一版，第七十二頁至第八十頁。

❸ 有學者對涉外民事法律適用法修正草案第四條採反對意見，見王志文教授在研修會發言，見一九九九年三月五日司法院涉外民事法律適用法研究修正委員會第二次會議紀錄，第三頁至第四頁。

❹ 江川英文，《國際私法》(改訂)，有斐閣，東京，一九八九年二月二十八日第十七版第二十四刷，第七十三頁。

似應屬於國際社會正式承認其主權主體之國家。未承認國或未承認政府之法律，雖仍能視為存在事實，但不可視為法律而予以適用 ❹。

⑶就實務表現言

日本學者大多採積極說，實務界則於京都地判昭和三十一年七月七日判決稱：「原本國際私法以尋出最適合於涉外私生活關係特質的法律，維持私法範圍內涉外關係的法律秩序為目的；並未關聯被承認國主權之相互調整，也無理由將國際私法適用對象的外國法，限定於被承認國家或政府之法律。國家或政府的承認，是具有政治與外交性質之國際法上的問題，是否承認與外國法之實定性並無關聯，不能以未承認為理由，而否定某特定社會通行某種法律的事實。」❹嗣後昭和三十四年十二月二十二日最高法院判決，也支持此見解 ❹；但我國實務見解有採消極說者，例如最高法院六十四年臺抗字第九十六號判決，「相互承認原則」適用於合意選擇之外國法院；最高法院六十六年臺上字第一一三七號判決、六十七年臺上字第三〇六四號判決、七十年臺上字第三三八號判決，司法院於一九八三年五月二日召開司法業務第三期研討會，其中即提出問題謂強制執行法第一百十四條之三規定：「外國船舶經中華民國法院拍賣者，關於船舶之優先權及抵押權，依船籍國法。當事人對於優先權與抵押權之存在、所擔保之債權額及優先次序有爭議者，應由主張有優先權及抵押權之人訴請法院裁判。」如當事人對於優先權與抵押權之存在有所爭執，主張有優先權或抵押權之人訴請法院裁判時，法院是否仍應斟酌國際私法上相互承認之原則？ ❹最後司法院第一廳研究意見仍

---

❹　山本敬三，《國際私法入門》，青林書院新社，東京，昭和五十四年十二月廿日初版第一刷發行，第一四四頁至第一四五頁。

❹　京都地判昭和三十一年七月七日判決，見《下級民集》七卷七號，第一七八四頁。

❹　昭和三十四年十二月二十二日判決，見山本敬三，前揭《國際私法入門》，第一四五頁。

❹　「……二、研討意見：

甲說：按強制執行法第一百十四條之三，係民國六十四年四月二十二日修正時所增列，其立法理由稱：『外國船舶停泊於我國港口，或航行於我國領域內，依屬地主義之原則，為我國法權所及，我國法院得予強制執行。但關於船舶之優先權及抵押權，參照涉外民事法律適用法第十條第四項之規定，及國際私法上相互承認其效力，准其享有優先受償之權利。惟優先權係不經登記之權利，而外國官署所為抵押權登記，屬於外國政府之公法行為，執行債務人對其存在及其所擔保之債權額或優先次序有爭議者，就本法第四十三條及民事訴訟法第四百零二條之意旨觀之，該優先權及抵押權之效力，並

謂：「外國法律雖不當然適用於我國，惟我國涉外民事法律適用法制定之初，為兼顧內外國情，於確認外國人合法權益中，業已注及我國人民利益之保護，與夫公序良俗之維持，此涉外民事法律適用法第二十五條規定：『依本法應適用外國法時，如其規定有背於中華民國公共秩序或善良風俗者，不適用之。』觀之甚明，是依該法就案件之性質，定其應適用內、外國法為準據法時，該外國法仍不失其為外國法，僅依涉外民事法律適用法之規定加以適用而已，並無須再斟酌相互承認的問題，強制執行法第一百十四條之三規定，具有國際私法之性質，自不能違背此項原則，另作相異之解釋，本件研討結論採乙說，並無不合。」

(四)就草案檢討言

筆者認為我國前列草案條文，一則適用範圍僅限於「適用外國法律」之準據法而已，未及於「管轄權之合意」、「外國法院判決之承認」、「外國法院判決之執行」及「外國仲裁判斷之承認與執行」，有掛一漏萬之虞；二則就立法意旨言：僅消極的謂不採相互承認原則，筆者認為應參照現德國民事訴訟法第三百二十八條第二項精神採積極態度改採「禮讓說」，以恢宏大度對待外國「法律」、外國法院「管轄」、外國法院「裁」「決」；三則就立法技術文字使用謂：「……縱……亦適用。」為學術用語宜改為：「……雖有……，不影響……。」可觀之票據法第八

非當然及於我國領域，故增設本條，以杜糾紛。』云云，準此以觀，該條前段所定：『外國船舶經中華民國法院拍賣者，關於船舶之優先權及抵押權，依船籍國法。』僅在當事人對於優先權與抵押權之存在，所擔保之債權額及優先次序無爭議之情形，始有其適用。如當事人對此有所爭執，則應適用同條後段之規定，於主張有優先權及抵押權之人訴請法院裁判時，法院認定其有無優先權或抵押權，仍應斟酌國際私法上相互承認之原則，即外國法院如不承認依中華民國法律所定優先權或抵押權之效力，亦得拒絕適用外國法有關優先權或抵押權之規定，非謂法院所定優先權或抵押權之效力，當然及於我國領域（最高法院六十九年臺上字第三○九六號、七十年臺上字第三三八號民事判決）。

乙說：按依案件之性質，選擇適用內、外國法為準據法，乃係我國涉外民事法律適用法所採一貫之立場，縱為維持內國公序良俗，以排斥本應適用之外國法，涉外民事法律適用法亦有公序良俗條款（第二十五條）之規定，已足達成維持內國公益之使命，殊無斟酌所謂「國際私法相互承認之原則」餘地（按：國際私法只有判決相互承認之原則）。

三、研討結論：

採乙說。」

條、第十五條、仲裁法第三條之使用立法用語；四則就比較法言：基於現實主義，乃在國際私法之運用上，將本來為國際公法之因素加以過濾。即將承認之問題，視為政治，不全部適用於國際私法上，而另審視外國法在該未被承認或無外交關係國家中及其國民間之實效性如何，以決定該法律具備適用之妥當性。此一現實主義自本世紀初以來，曾陸續被外國法院所確認，已具影響力。法國一九七三年最高法院 Scherbatoff/Stroganoff 一案之判決，略稱：「外國政府雖未經承認，法國法官仍不得忽視該政府在其有效統治領土上所制定之私法法規。」惟在英國司法實務上尚採形式主義，堅持承認之原則（Carl Zeiss Stifung v. Rayner and Keeler, 1967 一案）。雖然各國之司法實務態度不盡相同，但從上述法國若干司法實務及學說對承認形式主義之修正，而偏向於現實主義觀之，在國家及政府承認問題上，對國際公法，雖尚屬重要，但在國際經濟貿易關係及私法關係上乃漸趨於萎縮。近年來美國、日本及西歐法院之判決乃有持此態度之趨勢。而邁進二十一世紀之新潮流，乃以現實主義為主導❹。

❹　見柯澤東，《國際私法》（國立臺灣大學法學叢書(55)），自版，臺北，一九九九年十月第一版，第十一頁至第十二頁。

第五章　國際私法之哲理論

㈣基特爾曼 (Zitelmann)：超國家國際私法說

㈤薩維尼 (Savigny)：法律關係本據說

五、新法國學派：畢勒 (Pillet) 法律目的性質說 (1923)

㈠畢勒 (Pillet) 學說

㈡法律目的性質說之依據

㈢法律目的性質說之評論

六、新義國學派：馬志尼 (Mancini) 本國法唯一原則 (1851)

㈠馬志尼本國法主義之歷史條件

㈡馬志尼本國法主義之緣起

㈢馬志尼本國法主義之主要觀點

  1.國籍原則——民族主義原則——本國法原則

  2.自由原則——當事人意思自治原則

  3.主權原則——公共秩序保留原則——屬地原則

㈣馬志尼本國法主義之影響

第五節　跨世紀：國際私法之革新

一、邁入二十一世紀：追求「彈性」、「機動」與「具體妥當性」之思潮

二、歐陸法系之最新思潮

㈠拉貝爾 (Rabel)、薩瑟 (Szaszy)：比較國際私法說 (Comparative private international Law)(1945、1974)

㈡巴迪福 (Batiffol)：協調論 (1956)

㈢克格爾 (Kegel)：利益論 (interessen)(1964)

㈣佛郎西斯卡基斯 (Francescakis)：直接適用法律理論 (1958)

三、英美法系之最新思潮：百家爭鳴、學說林立

㈠庫克 (Cook)：當地法說 (local law theory)

㈡艾倫茲維格 (Ehrenzweig)：法庭地法說 (Lex Fori theory)

  1.「適當法庭」(proper forum) 理論

  2.「方便法院」(forum conveniens)

㈢巴克斯特 (Baxter)：比較損害方法 (Comparative impairment approach)

㈣柯里 (Currie)：政府利益分析說

㈤卡佛斯 (Cavers)：優先選擇原則 (Principle of Preference)

㈥賴佛拉爾 (Leflar)：較佳法律方法 (Better Law Approach)

㈦集大成之結晶：最重要牽連關係原則

第一節　總覽：國際私法理論發展史之變遷

一、分四時期

國際私法理論發展史可追溯至西元二一二年古羅馬法時代，在這一千八百年之理論變遷中，對指導與支配國際私法之原理原則應是國際私法學中最重要的，筆者分四個時期：

㈠**古代——國際私法之發軔**

包括古羅馬法之「萬民法時代」（二一二年）、歐洲屬人法之「種族法時代」（四七六年）、封建時期之「屬地法時代」（九世紀）、基輔俄羅斯王國法（九一一年），尤其在六五一年中華法系中唐朝永徽律及《唐律疏義》中均有國際私法之萌芽，但前四者有些是有「國」而無「際」，有些是有「際」而無「國」，唯獨我唐律中規定有「國」有「際」，應屬世界之最。

㈡**中世——國際私法之創始**

在十三世紀至十八世紀五百年間為國際私法之「法則區別說」（法規分類主義）時代，例如十三、十四世紀義大利學派 (Bartolus、Ubaldis)、十六世紀法國學派 (Dumoulin、D'Argentre)、十七世紀荷蘭學派之國際禮讓說 (Burgundus、Huber) 及十六、十七世紀德國學派之法則三分法，此時期有德國巴伐利亞法典及普魯士法典，及十九世紀初，一八○四年法國民法典，均受「法則區別說」之支配。

㈢**近代——國際私法之變遷**

自十九世紀至二十世紀，國際私法為追求「一般安定性」之公平法理，選法方法為「硬性」法則，得分別就新美國學派之史托雷 (Story) 教授之「新國際禮讓說」、新英國學派之戴瑟 (Dicey) 之「既得權說」、新德國學派有巴爾 (Bar)、衛西特 (Wächter)、薛福那 (Schäffner)、基特爾曼 (Zitelmann) 及薩維尼 (Savigny) 等「法律關係性質說」、新法國學派畢勒 (Pillet) 之法律目的性質說及新義國學派馬志尼 (Mancine) 之本國法唯一原則，首度呈現形形色色，學說林立。

㈣**跨世紀——國際私法之革新**

在這二十一世紀之時，國際私法呈現傳統國際私法與新興國際私法之交錯，呈現英美國際私法與歐陸國際私法交流之際，追求「具體妥當性」與期待「機動」、「彈性」選法方式出現，就歐陸法系之最新思潮，有德國拉貝爾 (Rabel)、匈牙利薩瑟 (Szaszy) 之「比較法說」、法國巴迪福 (Batiffol) 之「協調論」、德國克格爾之

「利益論」(interessen) 及法國佛郎西斯卡基斯 (Francescakis) 之「直接適用法律說」；另外美國國際私法之最新思潮更是百家爭鳴、學說林立，有庫克 (Cook) 之「當地法說」(Local Law theory)、艾倫茲維格 (Ehrenzweig) 之「法庭地法說」(Lex Fori theory)、巴克斯特 (Baxter) 之「比較損害方法」(Comparative impairment approach)、柯里 (Currie) 之「政府利益分析說」、卡佛斯 (Cavers) 之「優先選擇原則」(Principle of Preference)、賴佛拉爾 (Leflar) 之「較佳法律方法」(Better Law approach) 及集新思潮大成之「最重要牽連關係原則」。在分節逐一說明前，先畫一國際私法理論發展史變遷之總圖。

二、歷史變遷總圖

（見下頁圖 5-1）

第二節　古代：國際私法之發軔

一、五個端倪

在西元三世紀至十世紀左右，因關於國際私法成立之條件尚未完備，有些因當代特殊背景，而有出現國際私法之端倪，或見其萌芽約有五端：⑴在古羅馬帝國全盛時西元二一二年「萬民法」(jus gentium)；⑵歐洲黑暗時期西元四七六年西羅馬帝國滅亡而「種族法」(Perild of recial) 時代生；⑶九世紀因封建時期建立領土與法律關係，形成「領土法時代」之屬地法則 (territorialite des lois)；⑷值得說明我國在西元六五一年唐永徽律及《唐律疏義》有世界最早之涉外關係依「共同本國法」（本俗法）及「法庭地法」分別處理、「外國人無人繼承歸國庫」及「外國人必須遵守所在地國法」之規定；⑸又西元九一一年基輔俄羅斯王國規定等等均有國際私法發軔或萌芽之出現，就此五端逐一說明，並提出「小結論」。

二、古羅馬法（西元二一二年）：萬民法時代

西元二一二年在古羅馬隨著商業的發展和羅馬征服地區之擴大，羅馬公民與異邦人以及被征服地區之居民間，關於適用法律之矛盾與衝突發生，異邦人與被征服地區之居民不能享有羅馬公民權，不受「市民法」(jus civile)，為了規範其權利義務而有了「萬民法」(jus gentium)。所謂「市民法」專以適用於羅馬市民間之法律關係為限，為其固有之法律；又「萬民法」係規範無市民權之外籍人民相互間及其與羅馬市民間之法律關係所適用之法律，究其性質為一種「實體法」之規定，而非適用法則，故萬民法自非屬現代國際私法之淵源，應為羅馬法之「統一

圖 5-1：國際私法理論發展史變遷總圖

「私法」，萬民法與市民法兩者皆為羅馬實質的民法，相並而行，其為近代各國「民法」之淵源，但國際私法非基於羅馬之萬民法❶。

有學者謂國際私法由羅馬之萬民法變化而來，實則不然，蓋欲探討國際私法之起源，不能求諸於羅馬法，國際私法與萬民法就「性質」、「對象」、「作用」、「依據」、「制定」或「稱謂」等大異其趣，不宜誤解。

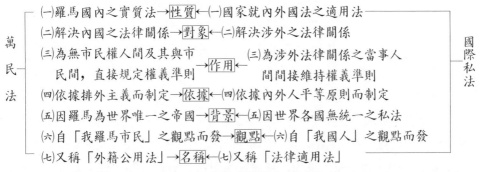

萬　民　法
- (一)羅馬國內之實質法→ 性質 ←(一)國家就內外國法之適用法
- (二)解決內國之法律關係→ 對象 ←(二)解決涉外之法律關係
- (三)為無市民權人間及其與市民間，直接規定權義準則→ 作用 ←(三)為涉外法律關係之當事人間間接維持權義準則
- (四)依據排外主義而制定→ 依據 ←(四)依據內外人平等原則而制定
- (五)因羅馬為世界唯一之帝國→ 背景 ←(五)因世界各國無統一之私法
- (六)自「我羅馬市民」之觀點而發→ 觀點 ←(六)自「我國人」之觀點而發
- (七)又稱「外籍公用法」→ 名稱 ←(七)又稱「法律適用法」

國　際　私　法

圖 5-2：萬民法與國際私法之比較

三、歐洲屬人法時期（西元四七六年）：種族法時代

西元四七六年西羅馬帝國滅亡後，歐洲大陸各民族遷徙頻繁，形成各種民族雜居一地的格局，此一黑暗時期，並無施行於各地之統一法律，然而因國家及領地之觀念甚為薄弱，儘管遷徙不一，但各民族依其種族而服從其固有之習慣法律，例如拉丁 (Latin) 民族適用羅馬法，德意志 (German) 民族適用日耳曼法，法蘭克 (Frank) 民族則適用法蘭克法，同樣地，舍拉人遵守舍拉族法，薩克遜人遵守薩克遜族法，法律只規範本民族，不以領土來劃分法域，學者稱之為「種族法時代」(period of racial laws) 或「屬人法時代」(period of personal laws)，這一時期可能持續至西元十一世紀，因一個民族易地居住，但仍保留原有法律習慣，永遠受其民族固有法律和習慣支配，故可稱「極端屬人法時代」，其法律概念係依據日耳曼法所謂「族裔和平秩序」(Friedensordnung des Stammes) 而建立，依此原則，只有本族人才能參與法律之制定並受族法之保護，而族法不適用於異族人❷。

---

❶　Gerhard Kegel & Klaus Schurig, *Internationales Privatrecht*, C.H. Becḱsche Verlags Buchhandlung, München, 8., neubearbeitete Auflage, 2000, ss. 145–146.

❷　(一)劉甲一，《國際私法》，三民書局印行，臺北，一九八二年九月修訂初版，第九十九頁。

又因數種族人來往混居，必致數種族法衝突，而此種族當係以適用各該當事人之族法為其解決之方法，例如九世紀初，法國里昂有位大主教 Agabardus 寫道：「五人聚居一處，其中無人與他人同其所屬族法 (Nullus communem oegem cum altero habet)。」即「常常是走在一起或坐在一起五個人中，每個人都在自己的法律的效力下生活」❸，即「人須依其血統法律之規範生活」，形成一則在審判程序中法官不得不提出「你是受什麼法律支配」或「你是依什麼法律生活」詢問，二則在很多契約中表明契約當事人所服從的法律，例如在義大利很多出賣人表明「受舍拉族法保護的」。故有學者謂此種族法所示適用之範圍，如私法關係，依父之系統為規律，繼承依被繼承人之血統，也稱「血統法時代」，且契約各依當事人出生法，生命賠償依被害人之出生法，故又稱「出生法時代」❹。

現代國際私法中建立在法律選擇基礎上的「屬人法」之意義與種族法時代之「極端屬人法主義」是不同的，雖可謂現代國際私法上的「屬人法」是在早期「屬人法主義」基礎逐漸嬗變而來的，其提醒國際私法學者，對「屬人法」保持其相當之適用，故不能不認為「種族法」有關於國際私法之發軔也。但因種族法即是國際私法之雛形或萌芽，萬民法時代，雖有「國」，而過於龐大，自認為世界唯一之國，根本取消「外國人」地位，即無國際私法之存在，種族法時代，帝國之局雖破，而又處於無「國」之情勢下，幾如各種族互為同一土地之主，此國際私法之難於成立，國際私法「學」無由發生，其賜給國際私法學者，隱約間之一種事實上之伏線而已。

四、封建時期（九世紀）：屬地法時代

九世紀以後，歐洲社會劇變，在阿爾卑斯山以北的廣袤土地上，最初移住於一地之各民族，隨著各種族之同化、融合，漸養成共同之特種風俗習慣，種族法時代因而終了。同時封建時代興起，西歐形成諸侯割據，領土觀念逐漸加強，上

㈡劉仁山主編，《國際私法》(高等學校法學教材)，中國法制出版社，北京，一九九九年五月第一版，第四十七頁。

❸ ㈠ Martin Wolff, *Private International Law*, 2nd ed., (Oxford: Clarendon Press, 1950), pp. 43-44.

㈡余先予主編，《衝突法》，法律出版社，北京，一九八九年第一版，第四十二頁至第四十三頁。

❹ 陳顧遠，《國際私法總論 (上冊)》，上海法學編譯社，上海，一九三三年四月出版，第一五八頁至第一六○頁。

自王公，下至庶民，概依其占有土地之多寡決定其法律地位之高低，封建制幾以「土地」為主，人為其從，公私之關係概以土地利益分配定之，「領土」觀念既如此發達，法律在其領土內即有最高無限之權力，在一國領域內居住之任何人民或民族，必須絕對服從當地的法律與習慣，此即所謂「絕對的屬地主義」，是法律與領土有不可分離之關係，法律適用亦以「領土」之界限為標準，故又稱「領土法時代」❺，亦可稱「極端的屬地法時代」，其應是封建社會生產力和生產關係發展變化的必然要求。

絕對的、嚴格的、極端的屬地法時代，一國之法律於其領土以內，既得支配一切法律關係，在此狀態下，國際私法應無由發生，蓋一則嚴格限制了外國人之法律地位，一人從此領土移居彼領土，既可能喪失財產與自由，格於居留地法律，致無法結婚、成立遺囑或為其他民事行為，將影響通商貿易發展，阻礙各國人民交往；二則整個國際私法實難存在於有其「國」而不能「際」之時代，各領土即屬行屬地主義，內外人民之交通與經貿發展，人們漸漸認識有必要限制法則之嚴格屬地性，國際私法之發達在封建制度極盛以後，正在限制法則屬地性中因需要而誕生。

五、中華法系（西元六五一年）：永徽律及《唐律疏義》

在七世紀中葉，即西元六五一年唐永徽律（通稱唐律）公布施行，唐太宗李世民，指示長孫無忌等十九人，對永徽律進行疏義（注釋），編成《唐律疏義》。筆者認為我中華法系在唐永徽律及《唐律疏義》中已有了類似今日衝突法之規定，可作為國際私法之發軔或萌芽，且為「世界之最」。蓋唐永徽律之第一篇〈名例律〉中規定謂：「諸化外人，同類自相犯者，各依本俗法；異類相犯者，依法律論。」❻且《唐律疏義》解釋條文謂：「化外人，謂蕃夷之國別立君長者，各有風俗，制法不同。其有同類自相犯者，須向本國之制，依其俗法斷之。異類相犯者，若高麗之與百濟相犯之類，皆以國家法律論定刑名。」❼所謂「化外人」顯然指

---

❺ ㈠陳顧遠，《國際私法總論（上冊）》，上海法學編譯社，上海，一九三三年四月出版，第一六〇頁至第一六一頁。

㈡韓德培主編，《國際私法》（面向二十一世紀課程教材），高等教育出版社、北京大學出版社出版，北京，二〇〇〇年八月第一版，第三十五頁。

❻ 張晉藩主編，《中國法制史》，群眾出版社，北京，一九八二年第一版，第二一四頁。

❼ 長孫無忌等，《唐律疏義》，中華書局，北京，一九八三年出版，第一三三頁。

「外國人」並不是指國內少數民族；所謂「同類」就是具有相同國籍之當事人；所謂「異類」係指不同國籍的當事人，「相犯」就是爭議或爭執的事件，「各依本俗法」即各自依其本國法，「依法律論」及「以國家法律論」即依唐朝法律論處，即永徽律。意即具有同一國籍之外國人在中國發生相互侵犯權益之行為，依當事人共同本國法，不同國籍之當事人在中國發生相互侵犯權益之行為，依法庭地法❽。由於在中國古代的法律，是民刑法合一的，雖然唐律大部分是刑法，但它也有一部分民法規定，因此，唐律上述規定，既是刑法規定，又是國際私法規定。就中外文獻中，在同一時期的外國法律中未見有如此明確者，應屬全世界最早的成文的衝突法，距現今一千多年前就知對涉外民事法律關係，分別依不同法律解決，不可不謂中國人真是文化古國！

在唐律中尚有一些國際私法發軔之原則：㈠外國人無人繼承遺產歸國庫原則：《唐律疏義》及其論述有謂「海商客死，官籍其貨，滿三月，無妻子詣府者，則沒入」；㈡外國人必須遵守所在地國法律原則：有謂「既入吾境，當依吾俗，要用島夷俗哉」❾，唐朝是中國封建社會之全盛時代，當時是亞洲乃至世界之政治、經濟和文化活動之一個中心，敢於對外開放，對外國人實行「招徠」政策，有許多「化外人」來華學習文化和進行交易，所謂「貞觀開元，蕃街充斥」之盛況，在中國境內外國人多，各類涉外民事法律關係於焉發生，政府勢須有解決之成文法，此些衝突規範無疑是唐朝與外國交往中應運而生的。

又唐朝以後，直到清末，雖有類似唐律之規定，但都未超越唐律❿，明朝在司法實踐中曾借唐律的上述規定處理涉及居住澳門之葡萄牙人事務⓫。唐律以來

---

❽　㈠余先予主編，《衝突法》(高等財經院校教材)，上海財經大學出版社，上海，一九九
　　九年十二月第一版，第四十四頁至第四十五頁。

　　㈡黃進主編，《國際私法》(九五規劃高等學校法學教材)，法律出版社，北京，一九九
　　九年九月第一版，第九十二頁至第九十三頁。

　　㈢章尚錦主編，《國際私法》(二十一世紀法學系列教材)，中國人民大學出版社，北京，
　　二〇〇〇年三月第一版，第二十六頁。

❾　沈涓，《中國區際衝突法研究》，武漢大學博士論文，一九九六年五月，收入中國政法
　　大學出版社出版《中青年法學文庫》，北京，第二十七頁。

❿　竇儀，《宋刑統》，中華書局，北京，一九八四年版，第九十七頁。

⓫　㈠黃進主編，《國際私法》(九五規劃高等學校法學教材)，法律出版社，北京，一九九
　　九年九月第一版，第九十三頁。

規定一方面有關衝突法規範仍非常原始，非常簡單，他方面尚未形成有系統的國際私法學理論，故應屬國際私法之萌芽或發軔。

六、基輔俄羅斯王國之規定（西元九一一年）

公元九一一年有基輔俄羅斯王國之倭利格王與希臘人訂立了一條約，第十三條涉及俄羅斯人在希臘死亡時有關遺產處理問題。本條文規定大意謂：「若有人死亡（旅居希臘的俄國人），其財產未經遺囑處理，且在希臘無同住親屬，則其財產應發回俄羅斯，交由其幼輩近親屬；如其財產已經遺囑處置，則其財產由其指定繼承產業之人接受。」❷ 大陸地區有學者認為這種規定，依照它的性質，是國際私法最古老的法則，雖然該法則尚非內容完整的衝突法的規定，但其確實是解決涉外民事法律衝突問題的一條規則，可以說是國際私法的萌芽❸。

七、小結論：中華法系為世界之最

前述說明中可知：(1)中華法系中唐律永徽律及《唐律疏義》為發軔期中與現代國際私法最接近；(2)其餘「種族法」、「萬民法」、「領土法」均有與國際私法相關者，亦有與國際私法相反者，茲畫二圖說明其「相關」與「相反」者：

圖5-3：古代三法與國際私法相關圖

　　㈡黃漢強、吳志良，《澳門說覽》，澳門基金會，一九九六年第二版，第十三頁。

❷　A.隆茨著，陸豐譯，《蘇聯國際私法教程》，大東書局，北京，一九五一年第一版，第四十八頁。

❸　㈠黃進主編，《國際私法》（九五規劃高等學校法學教材），法律出版社，北京，一九九九年九月第一版，第九十三頁至第九十四頁。

　　㈡余先予主編，《衝突法》（高等財經院校教材），上海財經大學出版社，上海，一九九九年十二月第一版，第四十五頁至第四十六頁。

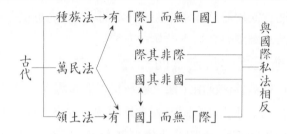

圖 5-4: 古代三法與國際私法相反圖

第三節　中世：國際私法之創始

一、十三世紀至十八世紀：法則區別說時代

　　法則區別說在歐洲長達五百年，自十三世紀至十八世紀，首先說明⑴十三、十四世紀義大利法則區別學派，分別就歷史背景，代表學者如法則區別說鼻祖 Bartolus、及其學生 Baldus Ubaldis 之觀念及其評論；⑵十六世紀法國學派：Dumoulin 及 D'Argentre 之學說；⑶十七世紀荷蘭法則區別說，Burgundus 及 Huber 主張國際禮讓說；⑷十六、十七世紀德國學者乃判例之「法則三分說」，除此四個學說時期外；十八世紀法則區別說孕育成文國際私法有一七五六年巴伐利亞法典及一七九四年普魯士法典；最後在十九世紀初一八〇四年法國民法典第三條，對國際私法建立、國際私法作用之擴大及本國法主義之創立，均有重大貢獻。本節依時間先後順序一一說明。

　　本學派肇因許多學者參加復古運動，以「合理主義」之啟蒙思想，打破中世紀神秘之黑幕，導進文藝復興之自由而富於創造精神之時代，並因十字軍東征之結果，打破了田園自給的經濟制度，於是各地商業興起，內外國人交通需要益急，遂不能不限制屬地法之適用，遂開始國際私法研究之曙光。

二、十三、十四世紀義大利學派：法則區別說 (Theory of Statutes)

㈠歷史背景

　　1.經濟條件：經濟貿易關係之發展　自十世紀開始，義大利半島位置得天獨厚，其沿海城市威尼斯、熱那亞、米蘭、波倫那、佛羅倫斯等城市，由於交通發展，使義大利成為東方（中國、波斯）與西歐間必經之地，地理條件促進資本主義經濟發展，帶來手工業與商業之繁榮，城市居民間通商往來頻繁，同時還與海外建立了經貿關係，故涉外民事商事案件與日俱增，此為義大利法則區別說之經濟條

件。

2.**政治條件: 城邦共和國之出現**　隨著手工業與商業之發展，形成了許多大城市，這些大城市中之市民階級逐漸擴大，日漸要求擺脫封建領土統治，改變自己無權狀態，經長期抗爭，最後爭取了自治權，逐漸形成獨立的城市共和國，即所謂「城邦」(City-states)。城邦可以組織自己的政權機關——大議會，選舉自己的行政長官，並有權審判、鑄幣、徵稅、頒布法令等，甚至取得宣戰和締結和約之權力，城邦共和國為義大利法則區別說之政治條件。

3.**法律條件: 不同城邦間法則之衝突**　義大利各城邦共和國有兩種法律適用，一是被視為普通法之羅馬法，二是各城市共和國自己的特別法，即所謂「法則」(Statuta)。在法律適用產生三種問題: (1)羅馬法與城市法則規定有矛盾時，就依「特別法優先於普通法適用原則」，應依特別法規定，即依各城市國家之法律解決; (2)城市共和國在處理涉外民商事案件時，各城市國家「法則」有規定者，則依城市法則解決; 如果本城市法則無規定者，則依羅馬法之規定解決; (3)各城市法則間規定衝突時，應適用何法，羅馬法並未提及，依傳統「屬地主義」，則對各城邦間之商業貿易非常不利，迫切需要解決此法則衝突成為義大利法則區別說產生之法律條件。

4.**理論條件: 後期註釋法學派之興起**　所謂「後期註釋學派」(Post-Glossarist) 係相對「註釋學派」(Glossarist) 而言，在十一世紀時有了涉外各城市間法則衝突，由於各自城市都不願放棄自己之管轄權，因而求助於羅馬法，但因羅馬法終究是幾世紀前之產物，已經很難適應新的經濟、政治、法律環境需要，許多新法律問題，羅馬法無規定或規定不完善，必須加以註釋 (Gloss)，即為註釋學派。例如在十二世紀初法學家 Irnerius (1055–1130) 在 Bologna 大學建立法學院羅馬法研究所，將自己之註解寫在查士丁尼法典 (Justinan's Code) 之邊頁或行距之間，早期註釋學派將羅馬法看作是超時間和超國家之永恆原則，天真地認為羅馬法經註釋後便能解決新形勢與新環境出現之問題。所以自十四世紀起，為解決城邦間法則之衝突問題，因而有了「後期註釋學派」取代，該學派不只是研究羅馬法本身，還開始探討外國法適用理論，工作重點在從註釋羅馬法中引申出新原則，以適應城邦之間新的法律關係發展需要，探討現實生活中的新問題，提出新的理論，逐漸形成一些流傳至今之衝突法則，Bartolus 之法則區別正是「後期註釋學派」所提供理論條件而為研究成果之總成。

㈡代表學者及觀點

義大利及法國學者在十二、十三世紀時提出早期法則區別說或衝突法則之理論，例如⑴ Aldricus (1170–1200) 主張法律選擇時應適用「更好的法律」(better law)；⑵ Balduinus (1235) 提出「場所支配行為」原則及程序法與實體法區分，程序法依法庭地法；⑶ Accursius (1228) 提出法庭地法優先理論；⑷法國 Belleperche (1285) 將實體法一分為二，提出「人法法則」(Statuta personalia) 與「物法法則」(Statuta realia)。但一般公認真正創立「法則區別說」者當推義大利之 Bartolus (1314–1357)，後有其學生 Ubaldis (1327–1400) 進一步完善。

1.**法則區別說之祖: 巴託魯斯 (Bartolus)**　義大利法則區別說的主要代表當推集「後期註釋學派」大成之巴託魯斯 (Bartolus de Saxoferrato, 1314–1357)，其為一代碩儒，頗受學者崇拜，或稱之「法律之父」(Pater juris)，或稱之「法律之光」(lucerna juris)，或稱之「學派之師」(Le maitre de l'ecole) ❹，或稱「國際私法之鼻祖」❺，一如 Grotius 在國際公法之地位。巴託魯斯為比薩大學、波倫亞大學、佩魯查大學之著名教授，他主張將法則分為三類，歸為「人法法則」(Statuta personalia)、「物法法則」(Statuta realia) 及「混合法則」(Statuta mixta) 而將其每一類規定一個衝突法法則，分別適用不同種類之法律衝突:

⑴關於「人法」的法則: 以屬人法為衝突原則，適於有關人的權利能力、行為能力方面的衝突。巴氏認為，人的身分能力具有穩定性和持續性，並不因為他所處的地域不同而有所改變，因此本城市國家的法則無論對其領域內的居民或在其領域外的本國居民都應適用，故又稱「域外法」(extraterritorial law)。

⑵關於「物法」法則: 以物之所在地法為衝突原則，主要適用於動產方面的衝突。巴氏認為，對不動產的物權若不適用物之所在地法，勢必造成不動產制度的混亂，故亦稱為「屬地法」(territorial law)。

⑶關於「行為」之法則: 即混合法應以行為地法為衝突原則，即採用「場所支配行為」的原則，該原則適用於有關法律行為方式方面的衝突。巴氏認為，法

---

❹　Batiffol, *Droit International Privé*, Paris, 1975, p. 215.

❺　㈠曾陳明汝，《國際私法原理（第一集）》（國立臺灣大學法學叢書⑿），自版，臺北，第十九頁。

　　㈡陳顧遠，《國際私法總論（上冊）》，上海法學編譯社，上海，一九三三年四月出版，第一六四頁。

律行為方式應由行為地法來決定，只要某一行為符合行為地法的規定，各國均應承認其合法性。

巴託魯斯教授完全接受肯定前人之探索與註釋，更有焦點置於「外國法適用」問題，提出兩個關於法律適用之基本問題，抓住法律之域內效力與域外效力衝突之關鍵，提出了各城邦交往中兩個普遍性的法律問題，第一，城邦法則能否在其立法者之領域內，對於不屬其地方之人得否適用?(utrum statutum porrigatur ad non stbditos?)；　第二，城邦法則效力得否逾於其立法者領域之外而發生效力? (utrum effectus statuti porrigatur extra territorium statuentium?)，基於此兩個基本問題，推繹形成其法則區別說之理論。

巴託魯斯教授就第一個問題，其首先指出法則原則上只對於立法者之人民有所適用，但其分別舉契約、侵權行為、物權、遺囑等為法規適用之例，例外地一個城邦法則可以適用於非本城邦人民：

⑴關於法律行為之方式：法律行為方式，應依行為地法，外國人依照行為地法方式所作行為，不必遵守其固有之屬人法。

⑵關於法律行為本身之效力：契約或法律行為本身之效力，若能正常履行的，依行為成立地法；不能履行者，依履行地法；遲延或過失問題，依法庭地法；有關契約關係之行為，非本城邦之人民應分別依契約行為成立地、履行地或法院地的標準適用該城邦的法律。

⑶關於侵權行為：關於一般侵權行為，應適用侵權行為地法，行為人在特定地域違反該地域之禁止法規而為侵權行為時，如其久住該地域而明知該禁止法規之存在，則適用侵權行為地法，如其善意而不知禁止法規之存在者，不在此限。

⑷關於物權：關於物權，如土地權利，應依物之所在地法；外國物權關係人應受其所有物所在城邦之法律支配。

⑸關於遺囑：遺囑方式，應依遺囑作成地法；外國立遺囑人不必遵守其屬人法規定；即關於遺囑之成立及內容，適用遺囑作成地法，關於遺囑能力，依遺囑人之屬人法 (Quia statuta uon possunt legitimare personam sibi non subditam)。

⑹關於法定繼承：無遺囑之繼承，應依標的物所在地法；遺產所在地法可適用於外國人的法定繼承關係。

⑺關於訴訟程序：訴訟程序依法庭地法；外國訴訟當事人應依法庭地法處理其訴訟程序問題。

關於第二個問題「一個城邦法則之效力能否存在於立法者城邦領域之外」，巴託魯斯教授之法則區別說在本問題上最能表現其特色，其討論問題先將法則區分為「禁止法則」(Statuta probibitiua) 與「許可法則」(Statuta permissiua) 兩類。關於禁止法則，則特別視爭執事件係關於方式、物、或人而再細分法規，關於人之部分，則特別分為「有利法則」(Statuta favorabile) 與「不利法則」(Statuta odiosum)。據氏意見，一個城邦法律之效力，可以存在於本城邦領域之外者有下列諸事：

⑴關於個人權利能力及行為能力，不適用契約地法，應依其本城邦之法律。故本城邦人在其他城邦簽訂契約，雖契約本身效力須依他城邦法律，但當事人是否有締約能力，應依本城邦法律決定之。

⑵關於夫妻財產關係之契約，依夫之住所地法，而不必依契約締結地法。

⑶關於遺囑能力之規定，例如在某城邦法則明文指示「遺囑能力之規定，地方人不得適用」之規定，即明確指示其他城邦人不准適用，則其他城邦之人可以在該城邦適用其屬人法。

⑷關於限制個人行為之規定者，若對其人為不利者，則其人一經出境，即停止效力而不適用該不利益之規定；若對其人為有利時，雖至境外，仍適用該利益之規定。

⑸關於繼承：本城邦法則如有「長子繼承財產」之規定，其用意注重以「人」為準則，所以財產雖在境外，亦不依財產所在地法 ❶。

2. Ubaldis　巴託魯斯教授之學生 Baldus de Ubaldis (1327–1400)，在巴託魯斯教授基礎上將法則區別說進一步完善與發展，其中最為重要者：

⑴關於權利能力與行為能力應受當事人住所地法支配，而不應適用其出生地法 (lex originis)，蓋在貿易發達之社會，住所地法確定能力應是一個實際便利標準。

⑵關於繼承問題，其反對巴託魯斯教授意見而主張應該尊重被繼承人之主觀意圖，且提出所有關於繼承之法則均應為「屬物法則」 ❶。

---

❶　Gerhard Kegel & Klaus Schurig, *Internationales Privatrecht*, C.H. Becḱsche Verlags Buchhandlung, München, 8., neubearbeitete Auflage, 2000, ss. 152–153.

❶　Gerhard Kegel & Klaus Schurig, *Internationales Privatrecht*, C.H. Becḱsche Verlags Buchhandlung, München, 8., neuvearbeitete Auflage, 2000, s. 153.

㈢巴託魯斯之學說綱領

1.發生之問題

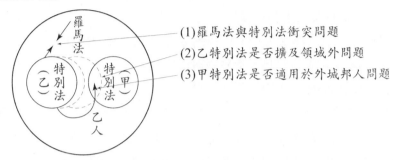

(1)羅馬法與特別法衝突問題
(2)乙特別法是否擴及領域外問題
(3)甲特別法是否適用於外城邦人問題

圖 5–5: 巴託魯斯學說之問題

2.學說之綱領

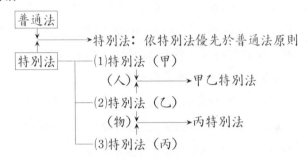

圖 5–6: 巴託魯斯學說之綱領

㈣評　論

巴託魯斯教授完成之「法則區別說」應可歸納下列特點:

1.具有國際性　本說試圖圓滿的回答為何應適用外國的問題,即本城邦法則是否及於外領域與本城邦法則是否及於在本城邦之外城邦人等涉外性問題。

2.具有普遍性　本學說具有普遍主義,其試圖提供一些普遍實用之選法原則,例如「場所支配行為原則」、「程序問題依法庭地法」、「物權依物之所在地法」等原則。

3.具有雙面性　本學說匡正「絕對屬地主義」之弊端,抓住了法律域內與域外效力之法律衝突之根本問題,並以雙面的、全面的就內外法域之法律均有適用可能,而非單面的、片面的僅適用內法域之法律。

4.具有理論性　歐洲政治上受封建主義和教會經義之雙重束縛,在學術研究上

深受經院哲學之理論與方法占有統治地位，巴託魯斯教授將新興工商階級及文藝復興所鼓吹之人文主義思想帶入國際私法領域，反對封建主義之「絕對屬地主義」，而提出另一條屬人主義路線。

5.**具有發展性** 本學說在當時有助於對外經貿發展，符合當時之需要，促進工商資本主義因素之成長，深具經濟發展與進步意義。

6.**具有自然法與彈性** 本學說係建立在「自然法」基礎之上，且留有當事人在經由明示或默示選擇法律之空間，尤其創立之一些國際私法基本原則，對後來國際私法之成長與發展的需要，許多重要理論奠定了國際私法深入發展之基礎。

巴託魯斯教授「法則區別說」並非無懈可擊，值得說明者：

⑴法則區別說致使傳統國際私法選法方法具有「機械性」而毫無「機動性」，完全是硬性法則 (hard and fast rules)，欠缺法律追求具體妥當性。

⑵就根本錯誤言：法則區別說僅重在「法律自體之分析」，而完全不重視「法律關係之性質」，蓋法律並非可以一律判為「人法」或「物法」，大都同時關於人亦關於物，其性質概為規定人事之關係而已 ❸。

⑶就適用法律方法言：法則區別說應適用之法律完全取決於有習慣之文句結構 (Verba Consuetudinis attendenda sunt)，巴託魯斯教授亦舉例從文句結構及語詞構造分析，其認為如果要處理一個英國死者遺留在義大利的土地的無遺囑繼承，英國的長子繼承制能不能用於採用羅馬法在近親屬之間平分制的義大利領域內的土地，也全看英國該項規定詞語結構如何。如果英國法的規定為 "immobilia veniant ad primogenitus"，因其主詞是「不動產」，故這一規定是物的，它只能嚴格地適用於死者在英國的財產，因而在義大利的土地就應採近親屬平分制；但是，如果英國法的規定為 "primogenitus succedat immobilia"，因其主詞是「長子」，故這一規定是人的，便可適用於義大利，那麼他的長子就可以完全取得位於義大利的土地，故我國學者有將「法則區別說」譏為「文句區別說」❹或「文典區別說」❺。

---

❸ Niederer, *Einfürung in die all gemeinen Lehren des internationalen Privatrechts*, 1956, ss. 38–39.

❹ ㈠劉鐵錚、陳榮傳，《國際私法論》，三民書局印行，臺北，一九九六年十月第一版，第三十七頁以下。

㈡梅仲協，《國際私法新論》，三民書局印行，臺北，一九八二年六月第四版，第二十八頁。

　　然巴託魯斯教授之法則區別說，並不因而損其地位，而且主張人法具有域外效力，但人法中具有「令人厭惡之法則」(Statuta odiosa) 不具域外效力，應為國際私法公序良俗條款之最早形態，就矯正絕對屬地主義之弊害，就內外國法則之適用區域予以限制，則奠定近代國際私法之基石，功不可沒。抑且關於能力依屬人法，方式依行為地法，物權依所在地法，訴訟程序依法院地法，凡此諸大原則，皆為氏所倡導而為後世所師承，洵足後世學者尊敬。

三、十六世紀法國學派

㈠歷史背景

　　十六世紀「法則區別說」之世界中心，自義大利移轉至法國，蓋其歷史背景為：

　　1.各地方習慣法衝突　　十五、十六世紀法國政治上雖已經統一國王在形式上統治全國，但在法制方面各省仍然適用原來的習慣法，各省內部仍處於封建割據狀態，法律極不統一，各地實權操縱在地方封建領主之手，南部成文法地區，羅馬法仍然有效，而自己習慣法仍在適用；北部地區主要為習慣法，但習慣法又有「一般習慣法」（淵源於法國之法律傳統而經官方文件記錄者）與「各省地方習慣」之分，因而非但「成文法與習慣法」衝突，甚至「一般習慣與地方習慣」有衝突，更有「各地方習慣間」衝突。

　　2.新興商人要求建立比較統一市場　　法國在十六世紀以後，資本主義工商業已非常發達，尤其南部地中海沿岸各港口已與西班牙、義大利、亞洲、及非洲一些有著頻繁的商業交往，隨著各省人民之間以及法國人與外國人之間的交往發展，法律衝突問題提出於法學界面前。

　　3.就三分法之不當言　　法國學者鑑於義大利法則區別說採用「二分法」不當，其無法解決介乎「屬人」與「屬物」間之法則問題，例如繼承事件，不但與「人」有關，而且也與「物」不可分，故在「人的法則」與「物的法則」外，有介乎二者間之第三類的「混合法則」(Statuta mixta)。為了解決「易一驛馬，換一法律」狀況，往還交通，極感不便，咸思排除，復以新工商業人迫切要求有一個統一法律，義大利之人文主義思想傳入法國，主權政府，亦漸興起，諸侯法律，頗有加以統一必要，法國學界接受義大利「法則區別說」，形成「法國法則區別說」(French

---

❷　陳顧遠，《國際私法總論（上冊）》，上海法學編譯社，上海，一九三三年四月初版，第一六七頁至第一六八頁。

theory of statutes) 或者法則區別說之法國學派 (the French school) ❷。

㈡代表學者

法國對法則區別說之研究，學者輩出，Charles Dumoulin (1500–1566)、D'Argentre (1519–1590)、Froland、Boullenois、Bovhier、Gui、Coquille 等皆一時碩彥，以 Dumoulin 與 D'Argentre 影響最大，集法則區別說之大成。

1.杜慕蘭 (Dumoulin)：意思自治理論　杜慕蘭 (Charles Dumoulin, 1500–1566) 是巴黎律師、教授，生活在當時經濟發達的南部，在法國學者間以「羅馬主義學者」(Roman isten) 聞名，基於其實務上經驗及羅馬法理論上之淵源，終於繼受法則區別說並將其發展，為了適應早期資本主義商業交往的需要，在其著作《巴黎習慣法評述》(*Commentaire sur la Coutume de Paris*) 一書中，擁護王權，倡法律統一論，主張在法國實行法律統一，克服法律封建性，削減宗教法庭的權力，以消除各省之間的法律衝突，並主張盡量擴大關於屬人法之支配範圍，縮小關於屬物法則之適用。

杜慕蘭 (Dumoulin) 對國際私法上重要貢獻有：

⑴第一次提出「意思自治原則」(autonomie de la volonte; autonomy of ulill)：對於契約實實問題，應該適用當事人雙方意思決定選擇適用什麼習慣法，對於未明確表示意思的，應推定當事人默示之意思，被奉為「契約自由的明珠」之「意思自治原則」，因此，現代國際私法學者，討論當事人意思自主原則，經常以杜氏說為其淵源，亦因此而然。

⑵法則區別說之延續與發展：基於法則區別說，杜氏主張「物法從物」，無論對於內國人抑或外國人，凡涉及境內之物，均應依「物之所在地」法，而「人法從人」，其效力僅及於境內外自己之屬民，但其極力主張擴大「人法」之適用範圍，而縮小「物法」之適用範圍（見下圖）。

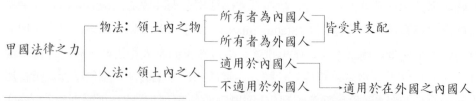

❷　⑴Gerhard Kegel & Klaus Schurig, *Internationales Privatrecht*, C.H. Becḱsche Verlags Buchhandlung, München, 8., neubearbeitete Auflage, 2000, ss. 151–152.

　⑵F. K. Juenger, *Choice of Law and Multistate Justice*, 1993, pp. 16–19.

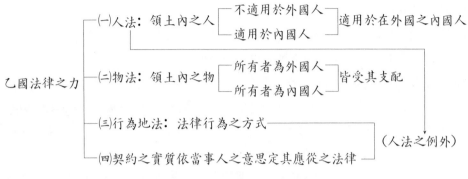

圖 5-7：杜慕蘭法則區別說圖表

　　(3)「當事人意思自主原則」是「法則區別說」之革命：當事人意思自主原則的提出是國際私法法律適用理論上之變革，甚至可說是傳統法則區別說之革命，正與當時時代思潮聯繫在一起，蓋十六世紀西歐進入封建制度解體的歷史時期，西歐社會經濟關係發展到了一個新的階段，在法律面前人人平等的思想得到提倡。而法律面前人人平等意味著個人獨立，因此，個人可以自由訂立契約，並通過平等交換方式處理財產和其他民商事問題。另一方面，此時自然法思想正在悄然興起。近代的自然法思想就是從個人立場出發，強調利己主義。人們受自然法思想的影響，也不再熱衷於從神權中尋求法律的根據和權威，放棄了封建神學，轉而從人的頭腦中尋找這種根據。人生來自由的思想取代了神權思想。這種注重人的自由，強調人的權利的思想成為意思自治原則的思想先導❷，杜氏吸取前輩經驗，提出了意思自治原則，契約這種權威性又恰恰來源於當事人意思，由於當事人意思支配這種契約關係的法律獲得了一種建立在契約之上的權威，當事人可以通過他們之意思表示將其權利義務置於其選擇的某一法律支配之下。

　　(4)當事人意思自主原則被各國接受之原因：很多國家學者及立法實踐上接受當事人意思自主原則，一方面受天賦人權與民主革命影響，蓋提出自由、平等與天賦人權之西方民主革命，以反對封建專制，其重要表現賦與人民更多自主權，而表現最為突出的是在契約方面給以「當事人意思表示」為主要依據以判斷契約效力；二方面係受國內民商法影響，自由資本主義之民商法，主張人類有理性與價值判斷，表現私法自治、契約自由與企業自主原則，而私法自治與契約自由原

❷　Gerhard Kegel & Klaus Schurig, *Internationales Privatrecht*, C.H. Beckśche Verlags Buchhandlung, München, 8., neubearbeitete Auflage, 2000, ss. 154–156.

則都強調當事人在契約方面自主權利，但它們根源又在於當事人之意思自主原則，隨著「民主革命」與「國內民法」使當事人意思有進一步發展。

2.達讓特萊 (D'Argentre)：屬地主義　達讓特萊 (Bertrand D'Argentre, 1519–1590) 係法國北方貴族、法官，擁護封建制度，非難 Dumoulin 之學說，力主法律應以屬地主義為原則。其著有《布列塔尼習慣法釋義》(*Commentaire sur la Coutume de Bretagne*) 和《布列塔尼歷史》(*Histoire de Bretagne*) 二書，在當時封建勢力仍強大，在其出生之布列塔尼 (Bretagne) 實行閉關自守政策，其一方面繼承了義大利之法則區別說，二方面加入自己理論觀點，背離改革義大利法則區別說，與 Dumoulin 之見解對立，出於封建主把一切領域內之一切人、物、行為均置於當地習慣控制之下的需要，反對契約當事人意思自主原則，極力鼓吹屬地主義原則，推崇一種具有封建割據性之地方自治，代表地方分權與地方習慣法 ❷。

達氏除「物法」(Statuta realia)、「人法」(Statuta Persenalia) 外，另創「混合法」(Statuta Mixta)，其主要觀點有三：

⑴一切習慣法原則上都是屬地的，僅在立法者的境內有效，由於主權是屬地的，主權只及於它的境內，所以法律也只及於它的境內，在其境外無效。根據這個原則，他提出物權問題依物之所在地法，不動產的繼承依不動產所在地法。

⑵在適用屬地原則的條件下也有例外，關於純屬人的身分能力的法律，如規定成年年齡的法則，規定親權的法則等，可例外地適用屬人法。

⑶除了人法和物法之外，還有一種「混合法則」，即同一法則兼及於人和物兩個方面，他認為「混合法則」也適用屬地法，例如因貴族平民等身分之不同，而異其不動產繼承份之法則是。唯此種法則，與標的物所在地，關係至密，毋寧歸入於屬地法之範疇。要之，氏認為一切法律，原則上均係屬地的，唯關於身分能力，則有例外，乃係屬人的。法則區別說之基礎，因氏之力，而益臻鞏固，且其倡導之法則三分主義，亦漸見流行於當世。

---

❷　Gerhard Kegel & Klaus Schurig, *Internationales Privatrecht*, C.H. Beck'sche Verlags Buchhandlung, München, 8., neubearbeitete Auflage, 2000, ss. 155–157.

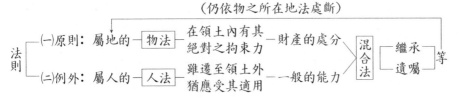

圖 5-8: D'Argentre 氏法則三分說表

㈢評　析

　　法國之 Dumoulin 主張「當事人意思自主理論」與 D'Argentre 主張「屬地主義」，正是思想對立學者，值得評析者：

　　1.**就所代表之利益言**　分別生活在法國南方與北方，分別代表新興工業商業利益與封建主之利益，故理論觀點是完全不同的。

　　2.**就理論基礎言**　杜氏提倡羅馬法主義而依其統一法國之帝制為思想之基礎，擁護帝國統一；達氏強調地方的習慣代表封建的分立政治思想，循地方分權，地方封建方向；但兩者共同點，都是建立在法則區別說基礎之上，將法規分為「人法」、「物法」、「混合法」等三類，置重於法規之文義，作為解釋法律衝突之基本觀念。

　　3.**就國際私法之價值言**　代表當時主流之中央集權論，則以「個人意思」為適用法依據之基礎，以許多法則之適用均與個人之意思自主有關，其認為凡是不適用「物法」的法律關係均一概依「人法」而適用；代表地方分權與地方習慣法者強調屬地法之重要性，認為一切法則與所屬地域有關，無法歸類為「人法」與「物法」時，一概依「物法」之原則依所在地法律。兩類推論都與法律關係之「定性」有關，對國際私法理論之擴張有重要貢獻，但兩說只重視本地「人法」與「物法」之選用，忽視外國法或外地法適用之探討，值得留意。

　　4.**就對國際私法之發展言**　法國杜慕蘭教授之學說代表新興商人階級之利益，在客觀上有利於促進貿易發展和統一市場的形成。蓋依據「當事人意思自治原則」，雙方當事人可以自由選擇一個習慣法作為契約之準據法，從而擺脫本地習慣法的束縛，衝破屬地法原則之禁錮，一方面先進的法國商業中心巴黎的習慣法，就可適用於法國全境，有利於實現法國法律統一，促進法國工商發展；二方面杜慕蘭教授當事人意思自主原則已發展成為國際上普遍接受的確定契約準據法的重要原則；又達讓特萊教授理論表現當時封建勢力要求，極力推崇具有封建割據

性質之地方自治，主張一切法律附著於制定者之領土，由於主權僅能而且必須在境內行使，法律也只能而且必須在境內行使，這個有關法律適用問題幾乎返回往昔絕對屬地主義原則，亦阻礙了國際私法之發展與倒退❷。

四、十七世紀荷蘭學派：國際禮讓說 (Comitas gentium)

㈠歷史背景

在十七世紀，法則區別說之中心又由「法國」轉移至「荷蘭」，究其歷史條件與時空背景為：

1.**歐洲第一個共和國**　荷蘭原稱尼德蘭，十六世紀時紡織工業、造船業頗負盛名，工業及航海業都相對發達，但政治上受西班牙的專制統治，阻礙資本主義發展，衝突日益尖銳，一五六八年爆發反專制革命，一六四八年取得勝利，訂立了 Peace of Westphalia，但荷蘭內部有十七個省區，每一省區均有很大的獨立權，依一五七九年省區間條約，各省區有行使民事立法的權力，有自己的習慣法體系，傳統上都是各省習慣管轄其領域內的一切人和物，因而法律衝突現象普遍存在。

2.**資本主義經濟發展**　資本主義制度確立，生產力大增，加以荷蘭船隊走遍世界各地，有「海上馬車夫」之稱，往昔義大利法則區別說著重於城市與城市間法則之解釋與適用，法國則側重於地方習慣法與省習慣法之適用為對象，荷蘭則大不同，因地理環境與交往對象不再侷限於國內，荷蘭以「國際觀」為探討方向。建立共和國之後，其仍處在封建專制國家包圍之中，荷蘭一方面要解決國內存在之法律衝突，二方面要求保護自己主權，三方面要防止其他外國法律之大量適用而削弱剛統一的政治統治，四方面防止周圍封建國家干涉以保證資本主義順利發展之任務，學者們試圖尋找一種適用自己政治經濟需求之法律適用理論。

3.**國家主權觀念之建立**　義大利與法國之「法則區別說」理論基礎建立在《國法大全》(*Corpus Juris*) 確認之原則──立法權力之區分，適用法律時應尊重立法權力區分，抱有一種建立在國際法基礎之上的普遍主義，但是十七世紀深受法國 Bodin (1540–1596) 在一五七七年發表《論共和》(*De republique*) 及被稱為「國際公法之父」之荷蘭學者 Grotius (1583–1645) 在一六二五年所著《戰爭與和平法》(*De jure belli ac pacis*) 所奠定之國際公法基礎，提出了「國家主權」這個現代國際公法的基本概念，荷蘭學者得到啟示認為：國家之間立法權力之區分並不使國

---

❷　韓德培主編，《國際私法新論》(普通高等教育九五國家級重點教材)，武漢大學出版社，武昌，一九九九年一月第一版第三刷，第五十七頁至第五十八頁。

家在具體案件中適用外國法之責任，在國際關係中立法權力區分並不必然導致相互適用對方之法律制度。故在此歷史背景下荷蘭學者對外國法適用之理由深入探討並對義大利之普遍主義提出嚴重挑戰。

㈡代表學者

荷蘭學派之代表學者有 Nikolaus Burgundus (1586–1649)、Paul Voet (1619–1677)、Johannes Voet (1647–1714) 及 Ulrich Huber (1636–1694) 等學者，Voet 父子認為主權概念本身意謂排除外國法之適用，適用外國法是出於事實上需要且是例外的，擇 Burgundus 及 Huber 說明：

1. Burgundus　Burgundus 認為解決法律衝突時，主要應依屬地原則，因為物法即關於財產的法律，有著特別重要意義，財產構成一個人的血與靈魂，其更從新主權觀念出發，認為每一獨立主權國家，是必然有排除任何適用外國法的權利的，但基於商業上需要，只要與內國主權及利益不相悖，基於「禮讓」，仍有承認外國法之域外效力❷❺。

2. Huber　真正奠定「國際禮讓說」者是 Ulrich Huber，其出生於荷蘭北端弗里斯省，長期從事歷史、政治和法律領域的研究和教學工作，其曾任大學教授，晚年任弗省高級法院法官。其在一六八九年著《論羅馬法與現行法》(*Pracelcctiones Juris Civilis Romani et Hodierni*) 中第二編「法律衝突」(de Conflictu legum)，其為最早使用 de Conflic tu legum 一語，並提出著名「Huber 三原則」：

⑴一國家法律專適用於該國領域，並且適用於該國領域內之全體人民 (Leges cuiusque imperii uim habent intra teminos eiusdem Republicae ommesque ei subiectos obligant)。

⑵舉凡在一國領域之內者，不論其為永居的或暫時的，概屬其人民 (pro subjectis imperio habendi sunt omnes, qui intra terminos eiusdem reperiuntur, sive in perpetuum, sive ad tempusibi commouenlur)。

⑶在他國領域內有效適用之法律，在一國領域內亦可依據禮讓原則准其適用 (Rectores impe riorum id comiter agunt, ut iura cujusque populi intra terminos eius excercita, teneant ubique suam uim)。

Huber 見解與 D'Argentre 同採「屬地原則」，其第三原則謂每一國家的法律只

---

❷❺　Gerhard Kegel & Klaus Schurig, *Internationales Privatrecht*, C.H. Beckśche Verlags Buchhandlung, München, 8., neubearbeitete Auflage, 2000, s. 157.

在其國內領域內有效，但各國統治者為「禮讓」起見，應互相尊重他國法律，在不妨礙內國權益之限度內，使其保持其效力，即前兩原則是屬地原則，其是根據主權者管轄權的劃分，建立起來之國際公法原則，第三原則謂適用外國法之根據與條件，即是國際私法原則，學者將荷蘭的「法則區別說」稱為「國際禮讓說」(comitas Gentium; doctrine of Comity) ❷。

(三)評　析

以 Huber 為代表之荷蘭「法則區別說」有下列影響與評析：

1.就 Huber 與 D'Argentre 之實質不同而言　Huber 學者有其時空背景，有不少學者指出係從一種從義大利、法國「說」立場上的倒退，表現國際私法學說自基督教普遍主義到特殊主義，從「國際主義」到「國家主義」之轉變 ❷，但其雖然都主張屬地原則，Huber 學說代表新興的資產階級的利益，有利於保護荷蘭共和國之獨立主權與經濟發展，而 D'Argentre 則主張閉關自守代表著封建領主之權益，不利於資本主義經濟發展。

2.就荷蘭學派本身包含「矛盾性」而言　本說一方面保護自己的主權，另一方面又主張依據國際商業之要求，依據國際禮讓這一原則，使在自己管轄權下能有效行使之權利，在別的管轄權下也能得到承認。

3.就荷蘭學派之最大貢獻而言　荷蘭學派這種主張有二大貢獻，第一，義大利法則區別說學者們持「自然人」觀點，因為其本身具有的性質，當然具有域外適用之普遍效力，但荷蘭學派主張承認不承認外國法之域外效力，適用不適用外國法，完全取決於各國國家主權考慮，並非不基於法律本身性質；第二，荷蘭學派已經把適用外國法的問題置於國家關係和國家利益的基礎上斟酌，因為適用外國法理論上之一大進步，其對國際私法之發展產生了深遠的影響。

4.就承先啟後之影響而言　荷蘭學派在國際私法發展史上有承先啟後作用，一

---

❷　(1) J. H. C. Morris, *The Conflict of Laws*, 4th ed., 1993, pp. 439–440.

　　(2) Cheshire & North, *Private International Law*, 12th ed., 1992, pp. 20–21.

　　(3) Gerhard Kegel & Klaus Schurig, *Internationales Privatrecht*, C.H. Beck'sche Verlags Buchhandlung, München, 8., neubearbeitete Auflage, 2000, ss. 157–159.

❷　(一)韓德培主編，《國際私法新論》(普通高等教育九五國家級重點教材)，武漢大學出版社，武昌，一九九九年一月第一版第三刷，第五十六頁。

　　(二)黃進主編，《國際私法》(九五規劃高等學校法學教材)，法律出版社，北京，一九九九年九月第一版，第九十六頁。

方面其是對義大利和法國法則區別說，特別是對其中屬地主義思想之繼承和發展；二方面其建立起來的禮讓理論曾經對很多國家的衝突法有著廣泛的影響，先後傳入蘇格蘭、英格蘭及美國，美 J. Story (1779–1845) 繼承了「禮讓說」，英國 A. V. Dicey (1835–1922) 接受其「主權觀念」而拋棄了禮讓說並發展成為保護既得權 (Vested rights) 之思想❷，構成國際私法理論之奠基石；就國際私法之立法影響而言：法則區別說經歷了三個發展時期與階段，統治國際私法領域長達五百餘年，對十八世紀末至十九世紀初歐洲國家國際私法之立法產生了重大影響，例如一七五六年巴伐利亞法典、一七九四年普魯士法典、一八〇四年法國民法典和一八一一年奧地利民法典均受了很大影響。

五、十六、十七世紀德國學派：法則三分說

法則區別在十六、十七兩世紀曾推行於德國，德國學者及判例所承認之學說有三個原則，簡稱「法則三分說」，原則有三：⑴關於物之權利，應專依物之所在地法，此為「物法」之原則；⑵關於人之事項，凡設有地域之限制者，不依人法；故欲決定其人是否有處分某物之能力者，不應依處分者之住所地法，而須依物之所在地法，此為「混合法」之原則；⑶關於行為之方式，應依據行為地法為準據法，雖在外國所為法律行為，仍依行為地法，又為另一原則。

德意志學說與判例之「法則三分說」，與法國學者 D'Argentre 之說理略有不同，即行為地法亦屬混合法之一，說者謂法則三分說之混合法，實即行為地法即為德國學說，實僅部分正確，蓋行為地法在混合法中，其適用與其謂以物法為原則，毋寧謂以人法為原則，本說主張雖在領地外仍有效，自不得再以屬地主義視之，故第三原則之本身，實為決定方式之法則，其效力及於領域之外之原則，即現今國際私法學者與立法例仍採行者。

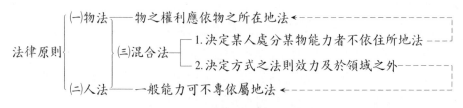

圖 5–9: 德國學說之「法則三分說」

---

❷　J. Story, *Commentaries on the Conflict of Law*, 1834，有學者形容其學說為「由混沌中產生秩序」(produce order out of chaos)。

六、十八世紀: 國際私法國內立法之雛形階段: 巴伐利亞法典及普魯士法典

法則區別說歷經十三、十四世紀義大利學派、十六世紀法國學派、十七世紀荷蘭學派、十六、十七世紀德國學派,其影響長達五百年,該學說孕育了十八世紀歐洲國內成文國際私法之規範,尤其德國深受影響。德國十八世紀前半葉因處分裂局面,工商不如英美及歐洲其他先進國家,但下半葉後資本主義興起,商品流通和交換達到了一定規模,政治上求統一,法律上求合理解決王國間之法律衝突問題,故國際私法之成文化、法典化,歐洲第一部成品在德國產生。

㈠一七五六年巴伐利亞法典

一七五六年巴伐利亞法典關於國際私法規則規定在第一編第二章第十七節第二條,其衝突法方面接受了「法則區別說」之一些普遍性原則,但在物權方面,其適應動產不斷增加之新形勢,第一次揚棄了「法則區別說」長期採用「動產隨人」之原則,而規定不分動產與不動產、有形財產與無形財產,一概應依物之所在地法。

㈡一七九四年普魯士法典

同一時期另一個受「法則區別說」影響較大的法典為一七九四年普魯士法典,國際私法法則在「總論」中第二十二節至第二十四節,其規定除接受了「法則區別說」之一些重要原則外,還首次提出了住所積極衝突應適用何者認為契約或行為有效之住所地法,並第一次提出在普魯士締訂且涉及標的在普魯士財產之契約關係,當事人之行為能力除了可適用其屬人法外,應可以依締約地法,這規定在當時是有創意的。

這兩部法典在國際私法發展歷史中之地位是值得肯定的,但由於它們只是一個封建王國法典,所以其影響力應較小。

七、十九世紀初: 一八〇四年法國民法典

十九世紀「法則區別說」對同時期立法產生了重大影響,以一八〇四年法國民法典及一八一一年奧地利民法典為代表,其中法國民法典不僅在法國為整個十九世紀之法院實踐奠定了基礎,且對全球有了深遠之影響。

一八〇四年法國民法典前加編第三條規定了三大原則: (1)「凡居住領土內之人,均應服從有關警察及安寧之法律。」此係明示是項法律乃絕對的屬地法,無論內國人民抑外國人民,皆可對之強制施行;(2)「凡不動產,即令屬於外國人民

之所有，亦須受法蘭西法律之支配。」此明示一切關於不動產之法律關係，無論是否為物權關係，概依所在地之法律。是則採用 Bartolus 以來所謂物法之原則也；(3)「關於人之身分及能力之法律，對於法蘭西人民在外國者，亦得支配之。」此明示關於身分及能力之法律，即所謂人法或屬人法，亦即法國民法，對於法國人民之在法國國內，當然受其支配，縱在外國，仍須對之服從，是則概括的採用 Bartolus 以來所謂屬人法之原則。

　　昔日「法則區別說」係專以解決地方間、城邦間法律衝突問題之理論，法國民法典編纂在國際私法上有劃時代意義，主要表現有三：

(一)成文國際私法之確立

　　自來認為國際私法法源主要是習慣法，雖然在一七五六年巴伐利亞法典中已有成文法典，但因封建王國制度影響甚微，迨法國民法典第三條規定了上述三原則後，歐美諸國民法典紛起仿效，同時宣告國際私法由「學說法」進到了「制定法」，且表現國際私法告別「法則區別說」而走進新的歷史發展時代。

(二)國際私法作用之擴大

　　在義大利城邦共和國建立以來，國際私法偏向一國之內各城市間或各地區間之法律衝突之研究，具有「區際私法」之性質，自法國民法典施行後，法國國內各地方法律得以統一，地方間法律衝突不復存在，尚待解決者，係內外國法律間衝突問題，於是純粹的、名副其實之「國際」私法才真正取得「國際」之意義。

(三)本國法主義之誕生

　　自 Bartolus 以來，各城市國家和各地區間，所謂屬人法者指當事人住所地法。蓋在往昔，在一國之內，法律隨地域而異，屬人法自須以當事人之住所地為標準，然則法則區別說上所謂屬人法不得不為住所地之法律；自法國民法典施行以後，屬人法之含義在法律上有明確規定：不論是居住在外國之法國人抑或居住在外國之外國人，其身分能力，一律適用本國法。準是以言，法國民法，確係變更向所遵行之住所地法主義，而建樹一嶄新之本國法主義。

第四節　近代：國際私法之變遷

一、十九世紀至二十世紀：追求「硬性」與「一般安定性」法理

　　國際私法歷經十三世紀至十八世紀五百年中世紀之發展，進入十九世紀漸有成文法典化與定型化，大致以追求國際私法規範國際民商事法律關係之判決結果

一致性 (Uniformity of Result)、可預見性 (Predictability) 與確定性 (Certainty)，貫徹「簡單」(Simplicity)、「方便」(Convenience) 原則，適用「機械」、「硬性」追求「一般安定性原則」為基本原則，應為近世國際私法之變遷，就各國代表學說有：⑴新美國學派：有史托雷 (Story) 教授所倡「新國際禮讓說」(一八三四年)；⑵新英國學派：有戴瑟 (Dicey) 教授所主張「既得權說」(一八九六年)；⑶新德國學派：有薩維尼 (Savigny) 教授、巴爾 (Bar)、衛西特 (Wächter)、基特爾曼 (Zitelmann) 及薛福那 (Schäffner) 等五位教授主張法律關係性質說等 (一八四九年)；⑷新法國學派：畢勒 (Pillet) 教授主張法律目的性質說 (一九二三年)；⑸新義大利學派：馬志尼 (Mancini) 採「國籍」為基礎之本國法唯一原則說 (一八五一年) 等等均是國際私法重要之哲理與學說，茲分段逐一說明就時代背景、歷史條件、代表學說、理論依據與對國際私法之影響。

二、新美國學派：史托雷 (Story) 新國際禮讓說 (1834)

㈠美國「國際禮讓說」之緣起

美國在獨立後，整個法律體制之模式基本上承襲了英國法律，但有關國際私法方面則接受荷蘭「法則區別說」。在一八二八年美國學者李夫摩爾 (Livemore) 出版了美國第一本國際私法專論《論不同州和國家成文法衝突所產生之問題研究》 (*Dissertations in the Questions Which Arise from the Contrariety of Private Law of Different States and Nations*)，其在著作中探討了荷蘭 Huber 之「國際禮讓學說」，並將法則區別說介紹到美國 ❷。又有學者肯特 (Kent) 在一八二六年至一八三〇年間發表了《美國法評論》(*Commentaries of American Law*)，討論了衝突法問題，但前述著作在美國並沒有發生很大影響。因此可謂在十九世紀三十年代美國國際私法主要是接受了歐洲學說與實踐之影響 ❸。

史托雷 (Joseph Story, 1779–1845) 係美國最高法院法官和哈佛大學法學教授，其在一八三四年 ❸ 出版了名著《衝突法評論》(*Commentaries on the Conflict of Laws*) ❷ 一書，該書被響為自十九世紀以來最傑出的衝突法著作，其理論論點對

---

❷　Martin Wolff, *Private International Law*, 2nd ed., (Oxford: Clarendon Press, 1950, p. 50).

❸　F. K. Juenger, *Choice of Law and Multistate Justice*, 1993, p. 29.

❸　我國有學者誤植為「一八三一年」，見劉甲一，《國際私法》，三民書局印行，臺北，一九八二年九月修訂初版，第一一五頁。

❷　本書全名為 *Commentaries on the Conflict of Laws, Foreign and Domestic, in regard to*

美國和英國法律思想產生了巨大影響 **㉝**，亦有稱本書盡將當時歐陸國家法界所採衝突法原則冶於一爐，並以之應用於美國法律體系中，當時英美學界之衝突法理論，尚屬草昧，而有關判例又復寥寥無幾，其內容亦未臻明確，氏能應時造此傑作，堪稱「由混沌中產生秩序」(Produce order out of chaos) 之偉績 **㉞**，或被形容為最淵博及最具影響力之著作 **㉟**。

　　史托雷教授之衝突法理論博採歐陸學者長處而建立，尤其係荷蘭學派「法則區別說」代表人物 Huber 學說「國際禮讓說」，用匯集、編纂、解釋判例方法提出了其屬地主義之學說和一些符合美國國情之衝突原則，繼承了荷蘭學派，並且把屬地主義路線進一步發展，應為英美屬地學派之創始人。

(二)美國「國際禮讓說」之原則

　　1. Story 國際禮讓說之新解　　史托雷教授對於國際禮讓說之意義，則予以新解釋而謂：「國際禮讓之者，係一國法官之適用外國法，非係根據國際之好意，有自由裁量之權，而實為正義之要求，立法政策之必要，不得不適用之耳。」緣「國際禮讓說」係與屬地原則互相配合而適用，其開宗明義謂：「各國在其領域範圍內享有絕對主權和專屬管轄權，此乃向為眾所承認之最基本且普通之定律或定義」，又謂：「所以適用外國法律者，實由於國家相互間之禮讓所使然，並非當然如此。申言之，其適用並非由於各國之負擔此一義務，而係出於恩惠或寬讓。」因此一國法律在他國適用並創設義務，係以他國法律及其內國法令明定准其適用且發生義務之效力為唯一原因 **㊱**，故適用外國法是由於國家之間的禮讓，且一概聽由各國之明示規定，始可適用。

　　2. Story 國際禮讓說之三原則　　史托雷教授在其著作中接受和吸收荷蘭法則區別說，尤其是 Huber 之學說，並以 Huber 之禮讓說為其理論體系之基礎，結合美國本身的司法實踐，創立了自己之禮讓說，其依據 Huber 之三原則，亦提出自

Contracts, Rights and Remedies, and especially in regard to Marriages, Divorces, Wills, Successions and Judgements.

㉝　J. H. C. Morris, *The Conflict of Laws*, 4th ed., 1993, p. 440; E. Lorenzen, *Selected Articles on the Conflicts of Law*, 1947, pp. 193–194.

㉞　劉甲一，《國際私法》，三民書局印行，臺北，一九八二年九月修訂初版，第一一五頁。

㉟　劉鐵錚、陳榮傳，《國際私法論》，三民書局印行，臺北，一九九六年十月第一版，第四十八頁。

㊱　劉甲一，《國際私法》，三民書局印行，臺北，一九八二年九月修訂初版，第一一六頁。

己國際私法學中類似的三原則為其立論基礎：

(1)基於國家主權之觀念，每一國家在其領域內，享有絕對的主權和專屬的司法管轄權，因而每一國家之法律，直接對位於其領域內之財產、所有居住在領域內之居民，所有在領域內締結契約和所為法律行為，均具有約束力與效力。

(2)基於國家平等之觀念，每一國家法律都不能直接對其領域以外之財產發生效力或拘束力，也不能約束不在其領域內之國民，一個國家能自由地去拘束不在其境內的人或事物，那是與所有國家的主權不相容的。

(3)基於國際禮讓之觀念，一個國家之法律，在另外一個國家有無效力與能否適用，應完全取決於該另一國家法律上的明示或默示的規定，即該另一國家法律未設規定者，法院認為外國法律在不違反法庭地之國策、公共秩序及利益之限度內，係一種「私的萬民法」(Jus Gentium Privatum) 賦與效力，適用外國法。故法院有此權能者，係基於國與國間相互之便利，亦即依據所謂「國際禮讓」(Countas Getium) 而非依據「法律」也。

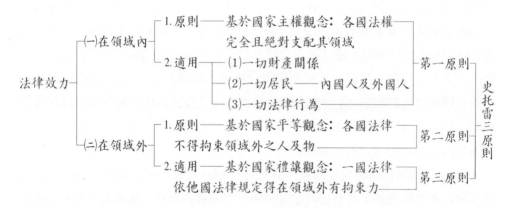

圖 5-10: Story 國際禮讓說

(三)美國「國際禮讓說」之評論

史托雷教授之學說有學者謂「史托雷的學說完全是抄襲荷蘭人 Huber 的，實際上只不過是一種譯述而已」**❸**，有謂「與 Huber 的學說大同小異，其前兩原則與 Huber 的原則幾乎完全相同」**❸**，有謂「這一嚴格的屬地主義與荷蘭 Huber 的

---

❸ (一) Martin Wolff, *Private International Law*, 2nd ed., Oxford: Clarendon Press, 1950, p. 58.

　　(二)黃進主編，《國際私法》(九五規劃高等學校法學教材)，法律出版社，北京，一九九九年九月第一版，第一〇三頁至第一〇四頁。

國際禮讓說相比並無多少創新」❸，但值得說明者：

1.**就學說之創新言**　史托雷教授將「國際禮讓」表述為一種國內法上的規定，從而完全否認國際禮讓是一項「習慣國際法」加於國家的一種義務，完全將衝突法看成是一種國內法，理論體系上屬於國家主義學派。

2.**就學說之開明言**　史托雷教授為了有利於國家之間的貿易交往之發展，其主張只要外國法與內國主權不相牴觸，即可以推定這個外國法已被法院國所默示接受，亦即只要內國法上沒有特別禁止適用外國法之規定，依據國際禮讓原則，法院便可以適用外國法，此為本說在法律適用理論上之開明之處。

3.**就學說之本質言**　在學說本質上觀察，史托雷教授放棄了「法則區別說」係從「法則」本身的性質入手，來探討其域外適用問題之傳統方法，採取自「不同法律關係」之性質入手，以分析解決法律適用問題。

4.**就歷史背景言**　史托雷教授學說適應了美國統治者之實際需要，蓋美國獨立後，一方面要在工業與貿易上抵制英國壟斷，二方面又要對抗歐洲「神聖同盟」，三方面美國是一個接受大宗移民的國家，不同國家居民的民事紛爭日增，四方面受美國當時「門羅主義」之影響，採納屬地主義可以擴大美國法之適用範圍。

5.**就方法論之貢獻言**　史托雷教授學說在思想上或理論體系上對歐洲影響不大，但他的「方法論」（以判例歸納法代替原則演繹法）則對歐洲有很大影響，例如薩維尼對該書是作過很高評價的；法國的弗利克斯教授也承認從史托雷教授著作中獲益不淺；戴瑟教授在完成既得權說時也採用了他的方法，即通過大量判例的分析得出各種可以普遍適用的衝突原則。史托雷教授還拋棄了法則區別說把法律分為物法、人法、混合法的傳統作法，而是根據不同法律關係的性質，去分析法律適用的問題，並且是通過把法律關係分為人的能力、婚姻、離婚、合同、動產、不動產、遺囑、法定繼承、監護、審判權、證據、外國判決等事項來建立自己的體系的❹。

---

❸　丁偉主編，《衝突法論》（高等學校法學教材），法律出版社，北京，一九九六年九月第一版，第二十頁至第二十一頁。

❸　劉仁山主編，《國際私法》（高等學校法學教材），中國法制出版社，北京，一九九九年五月第一版，第三十八頁。

❹　㈠柯列斯基，《英美國際私法的理論與實踐概論》，中國人民大學出版社，北京，第六頁。

6.就指導法律適用基本原則之形成言　我國有學者謂史托雷教授主張為美國國際私法開一新途徑，蓋以歸納法代演繹法，尤注意法院實際管轄涉外案件及適用法律之情形，而不偏於致力建立若干原則，是其有異於歐陸學者之處❹，但史托雷教授學說雖建立在分析美國各州州際衝突之判例基礎之上，且仍然強調應該形成一些指導法律選擇的基本原則，並且這些原則應該是在國際私法關係中有利於促進各州之間合作與交往的，其不偏廢理論是值得注意的。例如：⑴在屬人法的適用法律原則：由於他主要為了解決美國內部州際衝突，且美國為接受大宗移民的國家，因而採取住所地法。⑵在關於契約準據法問題：史托雷教授接受了一七六〇年英國大法官 Mansfield 在 Rabinson 訴 Bland 案中確定之原則，即當事人在簽訂契約時，是意圖把契約置於該締約地法律之下的，但 Mansfield 主張去推定當事人的這種意圖，而他卻認為，契約的有效性之所以應適用締結地法，是因為當事人在一地訂立締約，就表示服從該地的法律，從而默示應適用該地的法律，並不必通過推定來加以認定。

7.就學說之影響言　史托雷教授所著《衝突法評論》(*Commentaries on the Conflict of Laws*) 之學說開創了真正的英美國際私法理論，且被認為是衝突法領域「最有影響之著作」，至今仍然被視為西方國家衝突法的經典著作之一，英國學者 Geoffrey Cheshire 謂史托雷教授帶來了國際私法學科之復興，且有美國學者甚至將其尊為「衝突法之父」❷，因其理論非常符合當時美國國情對衝突法之要求，而被美國之司法實踐所採納，一九三四年之《美國國際私法第一次新編》(*Restatement of the Law, Conflict of Laws*) 就反映了該學說的法律適用思想，其屬地學說統治英美國家衝突法領域達一世紀之久，且對拉丁美洲國家亦有重大之影響。

三、新英國學派：戴瑟 (Dicey) 既得權說 (1896)

㈠既得權說之緣起

㈡李雙元，《國際私法 (衝突法篇)》，武漢大學出版社，武昌，一九八六年六月第一版，第八十九頁至第九十頁。

❹ 劉鐵錚、陳榮傳，《國際私法論》，三民書局印行，臺北，一九九六年十月第一版，第四十九頁。

❷ ㈠曾陳明汝，《國際私法原理 (第一集)》(國立臺灣大學法學叢書⑿)，自版，臺北。
　㈡劉仁山主編，《國際私法》(高等學校法學教材)，中國法制出版社，北京，一九九九年五月第一版，第三十八頁。

戴瑟 (A. V. Dicey, 1835–1922) 係英國牛津大學法學院教授，是一個跨世紀的人物，其在一八九六年其代表名著《關於法律衝突的英格蘭法匯纂》(*A Digest of the Laws of England with Reference to the Conflict of Law*)，簡稱《衝突法》(*The Conflict of Law*)，系統的闡述了「既得權說」(Theory of Vested Rights) 理論，與美國法學家 Story 齊名，係國際私法英美學派之奠基人之一。

在十九世紀以前，英國基於種種原因，英國的國際私法發展得比較遲，法律衝突問題在歐洲大陸已討論了幾百年，對英國並無多大影響，因此英國一直無自己的國際私法學，蓋一則在一○六六年諾曼人 (Norman) 征服英國以前，不列顛島上中央政權軟弱無力，各地方自主權頗大，且各有自己的法律與基於古代習慣的法律制度，在適用上採絕對屬地說；二則一○六六年威廉征服英國，將歐陸封建制度帶進英國，建立強大統一的中央專制政府，亦建立了統一的法律，在此產生之普通法，對英國各地均應共同適用的；三則一二七五年頒布了 Statute of Westmnster 強調判例法作用，且肯定了普通法體系，因而在內部發生法律衝突不多，而涉及歐洲之法律衝突問題，英國法院採行二種方法，一是當作管轄權問題來解決，蓋認為有管轄權時，就只適用英國法而不考慮外國法，反之，英國普遍法院認為自己對該案件無管轄權，則案件就根本不能在英國處理；二是適用統一商人法 (Law merchant) 而可避免就內外國法律作出選擇，蓋商事爭議若是發生在公海上的案件，則應由海事法院 (Court of Admiralty) 或由商人設立之仲裁院 (Court of Arbitration) 適用統一商人法；四則一六八八年光榮革命後，擁戴 Mary 為女王，和她的丈夫荷蘭的執政者 William 為國王，William 既係荷蘭的總督，又是英國國王，荷蘭法律思想自然地傳入英國，荷蘭學派一些原則是選擇需要而吸收的，例如物之所在地法與住所地法深受喜好，因為物之所在地法符合英國之土地利益，但關於人的身分與能力問題，其本國法不被重視，至於行為地法，一方面因英國早就廢除「公證制度」，二方面有土地利益上原因，對法律行為適用行為地法因而未被接受。直到一八六一年 Lord Kingsdown's Act 通過後才承認「行為地法」 **❹**；五則在一七七五年 Lord Mansfield 法官在審理 Holmana v. Johnson 案中提出：「每一訴訟都必須依英國法進行審理，但是英國法說，在某種特別情況下，如考慮在外國依法簽訂的契約時，則應適用訴因發生地國家的法律。」 **❹** 其

---

❹　Dicey & Morris, *The Conflict of Laws*, 12th ed., 1993, pp. 61–62.

❹　Holman v. Johnson (1775), Dicey & Morris, *The Conflict of laws*, 12th ed., 1993, pp. 61–

採荷蘭屬地主義，不但強調了一般法律的屬地性質，強調了國際私法的國內法性質，更值得說明其主張適用「訴因發生地法」即是一種既得權觀點，因此 Mansfield 是英國國際私法早期發展之奠基人。

㈡既得權說之內容與原則

十九世紀上半葉英國國際私法深受美國 Story「國際禮讓說」之影響，十九世紀下半葉戴瑟 (A. V. Dicey) 從法律的嚴格屬地性出發，認為一國法院既不能直接承認和適用外國法，也不能直接執行外國法院的判決，因為法院之任務僅是絕對地適用內國法律，但其認為為了保障合法涉外法律關係的穩定性，對於依據外國法律有效設定的權利，除了與內國公共政策、道德原則和國家主權發生牴觸者外，均應予以承認與保護。文明國家的全部衝突法正是建立在依據一國法律正當取得的權利，必須也為其他任何國家承認與保護之基礎上，即所謂「既得權說」(theory of vested rights)。

戴瑟教授一方面消極「除舊」：批判傳統「禮讓」說認為「如果認為承認與適用外國法是出於禮讓，是指沒有一個國家法律具有超出其立法國之領域以外之效力，除非其他國家允許其在境內適用，如此說法雖然模糊，但其表明了一個重要的事實。但倘認為承認或適用外國法出於禮讓，是一國的法官或法院出於對另一國之『禮貌』，其僅不過說明思想混亂而已」❹，其認為適用外國法並不是反覆無常的或任意的，並不是由一個主權國家對另一個主權國家表示禮貌的願望而產生的；相反的，其是基於一個事實，即在應承認或適用外國法而不去承認或適用，便有可能在決定整個案件時，給本國或外國當事人之訴訟造成重大的不便與不公正❻；二方面積極「佈新」：戴瑟教授揭櫫六大原則認為係國際私法之根本原理，除第三、四原則均係關於審判管轄之原則，暫且從略，茲臚列重點：

1.**第一原則** 凡在文明國家，依他國法律所適當取得之權利，英國法院應予承認並得為執行；其非適當取得之權利，英國法院則不應承認，且亦不執行。

2.**第二原則** 依外國法律適用取得之權利，而有下列事由之一者，英國法院則無庸執行者：⑴此項權利之執行，係與「效力及於領域外」之英國成文規定相牴

62.

❹ Dicey & Morris, *The Conflict of Laws*, 12th ed., 1993, pp. 10–11.

❻ 李雙元，《國際私法（衝突法篇）》，武漢大學出版社，武昌，一九八六年六月第一版，第九十二頁至第九十三頁。

觸者。(2)此項權利之執行，係與英國立法政策、道德原則或公共制度維持相牴觸者。(3)此項權利之執行，係與該外國國家主權之存在，有受侵害之虞者❹。

3. **第五原則**　在某一文明國家法律所取得之權利，為了判定某種既得權利之性質如何，應依其所據以取得權利之法律定之。

4. **第六原則**　原則上以既得權理論保護，為適用法律之標準，但有一個例外，即堅持「意思自治原則」，凡關於法律行為之效果如何得依當事人之意思而定其可受支配或定其所服從之法律者，應依當事人所欲受支配之法律或依其所預採之法律定之。綜合言之，戴瑟教授理論核心是一國法院在利用外國法律處理涉外案件時，它並不是承認與執行外國法，而是承認與執行依外國法取得之權利。

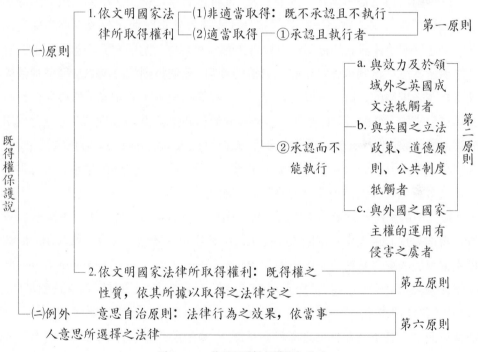

圖 5-11：戴瑟既得權保護說之原則

---

❹　舉例言之，外國人之宣告失蹤，雖其國許有死亡之推定，應與之承；但果因承認而執行之，則不特使當事人喪失其人格，且因此種處置，為其人所屬之國，對於其人秉之特權，更不免有侵害其權力之嫌，故只承認而不能執行也。

(三)既得權說之影響

　　戴瑟教授之既得權保護說是為了調和外國法和國家主權原則之間之衝突而創設出來，其受不少國家學者贊同，曾經有了積極的影響作用，值得說明者：

　　1.就時代背景言　十九世紀英國是殖民主義國家，擁有世界各地眾多殖民地，其主張一方面不承認外國法律的域外效力，他方面又企圖保護依據外國法律所取得之權利，正迎合殖民國家保護自己既得權益的需要。

　　2.就維護案件穩定性言　因為在國際民事交往中，保護根據外國法律所取得之既得利益，有利於維護涉外民事法律關係的穩定性，有鑑於此，戴瑟既得權說曾得到許多國家法學家的擁護，因穩定性是國際私法之重要目的與任務。

　　3.就理論可進可退特色言　進的方面，他打著尊重依他國法律有效取得的權利的旗幟似乎很公平，實際上是為了其他國家尊重依英國法律有效取得的權利服務，使受英國法律保護的權利在世界各地都得到保護。退的方面，他設下了公共秩序保留制度來抵制依外國法有效取得的權利，即使英國法院承認某種權利依外國法是有效取得的，但仍可以用它違反了「英國成文法的規定」、「英國的公共政策和道德原則」等理由予以否定。這種理論的核心是認為一國的法官只負有適用內國法的任務，他不能直接適用外國法，僅僅可以承認依外國法有效取得的權利。這種理論在十九世紀末和二十世紀上半葉，很受帝國主義各國的重視，因為它能為保護帝國主義者已經掠奪到的權利緊密服務。

　　4.就《美國國際私法第一次新編》言　戴瑟之既得權說，得到不少美國學界支持，當推美國哈佛大學法學院 Joseph Beale 教授熱烈響應，一九三四年 Beale 教授主編《美國國際私法第一次新編》(*Restatement of the Law, Conflict of Laws*) 將既得權學說作為理論基礎，將既得權說之地位予以提升，成為其體系之理論基礎，其謂：「當法律產生一個權利時，這個權利本身就成了一事實，除非其被自己之法律所改變，其應該在任何地方得到承認。」❹並將其學說在美國加以宣揚，從而結束 Story 之「禮讓說」在美國國際私法學中之統治地位。

　　5.就美國法官及判例言　有關既得權理論受到美國知名法官之支持，包括 Holmes 和 Cardozo 兩法官。Holmes 法官在 Slater v. Mexican National Railway 一案中說：「若這種責任（侵權行為責任）在侵權行為地以外之管轄領域中被執行，顯然非意謂該行為之性質或結果完全受法庭地法支配；另一方面，亦非意謂行為

---

❹　Joseph Beale, *A Treatise on Conflict of Laws*, 1935, p. 169.

地法可在其領域外運作。該外國訴訟之理論為：雖然受訴行為不受法庭地法之支配，但仍產生一種義務，這個義務跟隨著行為人，且可在發現行為人之地方執行之。」Cardozo 法官在 Loucks v. Standard Oil Co. of New York 一案中說：「外國法規雖非訴訟地國之法律，但仍產生一種義務，若該義務可歸數地管轄，將跟隨著行為人，且可在發現行為人之地方執行之……。原告所有之物，我們助其取回，除非有堅強的公共政策因素，使得我們的協助顯得不智，否則我們就應協助他。」更著名的是 Holmes 法官在 Mutual Life Insurance Co. v. Leibijng 一案中之說明：「憲法以及法律思想的首要原則，允許以締約地法決定締約行為之效力及結果。」❹ 所以在十九世紀與二十世紀之交，本說風行於英國與美國，可以說它在英國與美國的國際私法理論的發展歷程中，有繼往開來的作用。

㈣**既得權說之評論**

戴瑟教授之「既得權保護說」有其時代作用，但非萬無一失，值得評論者：

1.**就循環論法之虞言**　按既得權保護謂一國政府既然負有通過它的法院承認並執行外國法律創設的權利和義務，實際上也就是負有適用外國法之義務，因為保護某一權利，無非就是承認賦與該權利的外國法之域外效力。一項權利並不是一個不證自明的事實，而是法律之結論與作用。蓋一般而言，在承認與保護外國既得權之前，必須首先確定該既得權所賴以產生之外國法，但本說以既得權所在之法律，為決定法律適用之根據，但依何法律而知其既得權，更依何法律而定其既得權，其終未予以說明，故不免有循環論斷之虞，理論上難以自圓其說❺。

2.**就外國人取得既得權之性質言**　外國人取得的既得權在法庭地法而言是依程序法取得的，而在國際私法上，一般規則是程序問題依法庭地法，故對於依外

---

❹　劉鐵錚、陳榮傳，《國際私法論》，三民書局印行，臺北，一九九六年十月第一版，第五十頁。

❺　㈠陳顧遠，《國際私法總論（上冊）》，上海法學編譯社，上海，一九三三年四月出版，第二○八頁。

　　㈡梅仲協，《國際私法新論》，三民書局印行，臺北，一九八二年六月第四版，第三十六頁。

　　㈢李雙元，《國際私法（衝突法篇）》，武漢大學出版社，武昌，一九八六年六月第一版，第九十三頁至第九十四頁。

　　㈣張仲伯主編，《國際私法學》（高等政法院校規劃教材），中國政法大學出版社，北京，一九九九年一月第一版，第四十四頁。

國程序法取得的權利是否應該得到承認與保護，既得權說在理論上沒有解決之。

3.就戴瑟之所著言　在第二次世界大戰以後一方面各國司法實踐中，法院均依據自己國家之國際私法之指引而適用外國法，二方面英美各國際私法著作中均放棄了既得權理論，而戴瑟教授所著《衝突法論》一書，在一九四九年第六版時由其學生 J. H. C. Morris 對既得權的學說進行了修改，到一九六七年第八版時則已完全刪除 ❺ 。

4.就《美國國際私法第二次新編》言　Beale 教授主編之《美國國際私法第一次新編》採以既得權說為其體系之理論基礎，但「美國法律學院」(American Law Institute)，在哥倫比亞大學教授 Willis L. M. Reese 主持下進行《國際私法新編》之修正工作，歷時十餘年，終於在一九七一年宣告完成，《美國國際私法第二次新編》(*Restatement of the Law, Second, Conflict of Laws*) 已完全揚棄了 Beale 教授依據既得權說所建立之理論體系，而係與個別案件具有最重要牽連關係國家，作為選擇法律之彈性、機械原則 ❻ 。

5.就英美學者之修正言　美國耶魯大學 Walter W. Cook 教授及英國 Cheshire 教授均提出批判，尤其 Cheshire 原係既得權之支持者，後來放棄了其理論，蓋一則既得權說學理將國內法解釋過狹，實際上應包括實體法與衝突法，倘僅採實體法說，則法官依據自己國家的衝突法適用外國法是否與國家主權相容，有待商榷；

---

❺　丁偉主編，《衝突法論》(高等學校法學教材)，法律出版社，北京，一九九六年九月第一版，第二十三頁。

❻　Choice-of-Law Principles

　1. A court, subject to constitutional restrictions, will follow a statutory directive of its own state on choice of law.

　2. When there is no such directive, the factors relevant to the choice of the applicable rule of law include

　⑴ the needs of the interstate and international systems,

　⑵ the relevant policies of the forum,

　⑶ the relevant policies of other interested states and the relative interests of those states in the determination of the particular issue,

　⑷ the protection of justified expectations,

　⑸ the basic policies underlying the particular field of law,

　⑹ certainty, predictability and uniformity of result, and

　⑺ ease in the determination and application of the law to be applied.

二則 Cheshire 指出既得權說試圖以一個未經證明之假定來進行推論，故其毫無意義；三則本學說事實上也是不真實的且不符合各國實踐，蓋世界各國國際私法中均含有若干規則，允許法院法官去承認並保護一個不為有關外國法所承認之權利，同時，亦含有一些規則，要求自己的法院去否定某些外國法創設之權利 **❸**。

四、新德國學派：Schäffner、Wächter、Bar、Zitelmann、Savigny 法律關係性質說

㈠薛福那 (Schäffner)：法律關係發生地說

　　薛福那 (Schäffner) 在一八四一年著《國際私法學發達史》問世，首創「國際私法」之名 **❹**；其中對於舊時學說，一一批評謬誤，自立「法律關係發生地說」。尤其就當時權威學說中「既得權保護說」者，抨擊頗力，法學界為之震驚而醒悟，氏認為既得權保護說推論，在決定某一權利係依何種法律而取得時，即不能不先依該項法律而為權利取得之前提，其循環論斷，互為因果，套套邏輯，殊不可取。薛福那教授主法律關係發生地說，主張一切法律關係關於法律適用問題，有成文法規定者依成文法規，無成文法規定者，則應依其法律關係之成立地法以決定之 **❺**。例如⑴人之能力，以人之繼續住所地為其法律關係之成立地，則應依人之住所地法；⑵法律行為之方式，係發生於該行為地之法律關係，故應依行為地法；⑶法律行為之實質問題，如純然為債權債務關係者，既發生於行為成立地之法律關係，故應依行為地法；⑷關於概括財產之法律關係，既發生於財產所有人住所之法律關係，應依財產所有人住所地法；反之，關於個別財產之法律關係，既基於標的物而生之法律關係，自應依物之所在地法。

　　薛福那教授之學說，雖附和者眾，實則理論未妥，蓋一則乍然視之似甚明晰，表面觀察，誠持之有理，言之成理使然；二則法律關係，未必皆有其一定之發生地，且若欲知某一特定事實，可以發生若何法律關係，必先明悉究應依何種法律，始能斷定該項事實，果否構成某一法律關係，薛福那教授學說對此疑問，是難加

---

❸　劉鐵錚、陳榮傳，《國際私法論》，三民書局印行，臺北，一九九六年十月第一版，第五十頁至第五十二頁。

❹　我國有學者將「一八四一年」誤植為「一八一四年」，且將姓名誤植為 "Schaeffer"，見劉甲一，《國際私法》，三民書局印行，臺北，一九八二年九月修訂初版，第一〇八頁。

❺　Gerhard Kegel & Klaus Schurig, *Internationales Privatrecht*, C.H. Beck'sche Verlags Buchhandlung, München, 8., neubearbeitete Auflage, 2000, s. 166.

解釋；三則對於何時為法律關係之成立，既未明說，則所謂法律關係發生地者，何由確定？即有一事實發生於其地，此事實究為「法律行為」抑為「法律關係」，自應先定其依何法律而知其所以，其說不思此，直接的、簡化的以法律關係發生地，為其法律關係中適用法律之準則，此不只謂「國際私法者國際私法」，有陷於循環論斷，且與其批評之「既得權保護說」亦有同一謬誤；四則法律關係發生地說在實際適用上有扞格難行之虞，蓋法律關係發生地常有成立地不在同一法域內之隔地行為，究應依何地為法律關係成立地，且常有「不作為」所生法律關係，其成立地究應為何者，甚至法律關係發生地常為無「法」者，例如公海、公空等，難免發生適用法律時究從何地之困難；五則薛福那教授在國際私法學上，誠無建樹之成績，但對國際禮讓說之破壞無餘，為斯學另闢他途，別開生面，應屬功不可沒。

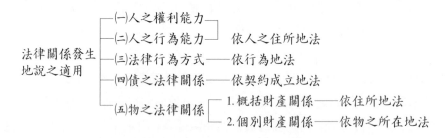

圖 5–12: 薛福那之法律關係發生地說圖

(二)衛西特 (Wächter)：法律衝突依三原則解決說

衛西特 (Wächter, 1798–1880) 曾著《私法衝突論》及在一八四一年發表論文《論數國國際私法之衝突》(*Die Collision der Privatrechtsgesetze verschiedener Staaten*)，非難「法則區別說」及傳統各說，並宣布法則區別說在歐洲已壽終正寢之理由，自創立三大原則為基礎，用以解決法律衝突問題之依據。

1.第一原則　「立法者就法律衝突問題設特別規定時，法官當從其規定，適用外國法律。」換言之，法官原僅須受其內國法律之拘束，故應解決外國法適用問題，其基本原則，首先應調查明悉內國法律，關於法律衝突問題有無特殊規定，如有規定者，應從其規定，蓋法官為國家司法機關，自應受其國法律之拘束。

2.第二原則　「若無特別規定，法官當研究該當內國的實體法之立法精神及目的，以為可否適用外國法之決定。」易言之，法官應就現實法律問題或系爭事件

之法律關係，按照內國之法律研究其意義之所在，決定其可適用之法律，究應依外國法，抑應依內國法。

3.第三原則　「若依內國的實體法之立法精神及目的，仍不知當依何國法時，概依內國法。」簡言之，既不能從實體法之意義與精神，發現有關系爭事件之解決方法者，不能得確定適用內外國法律，致成疑問時，則仍應適用內國法律處理❺❻。

衛西特學說，可謂「有破壞而無建設」，批評向來各學說，可告成功，創立新說，則尚未能，就後儒對各原則批評可知❺❼。

(1)關於第一原則，學者見解不一，持「國內法主義」者，稱「固屬允當」❺❽，但持「國際法主義」者，則謂「實屬費辭」，蓋國內法主義者，闡明國際私法為一國內法律者，法官應依其內國之衝突規則而適用法律，打破以往國際私法為國際法之謬解，故較向來學說為進步；但持「國際法主義」者，認為適用外國法為國家間對國際法所負擔之義務，故當適用之際，法官亦宜自擬於外國法官之列而忠實適用之，故列適用外國法首須依其國之特別規定為第一原則，不僅隱然反對國際私法為國際法性質，且屬無謂之原則❺❾。

(2)關於第二原則，值得評論者有三：一則不免有誤解國際私法與實體法之關係之虞，蓋內外國家之實體法，甚少定其適用之區域者，倘未有適用法則存在，而僅研究實體法之意義與精神，即可發現內外國法律之適用區域，則別無國際私法存在之需要，故有現實涉外問題，立法者未規定特殊適用法則時，法官應研究者應非「內外國實體法」之立法精神與目的如何，應是其「內國現行國際私法」之立法精神與目的；二則國際私法之目的與精神，既非直接規定權利義務之實體

---

❺❻　Gerhard Kegel & Klaus Schurig, *Internationales Privatrecht*, C.H. Beckśche Verlags Buch-handlung, München, 8., neubearbeitete Auflage, 2000, ss. 164–165.

❺❼　陳顧遠，《國際私法總論（上冊）》，上海法學編譯社，上海，一九三三年四月出版，第一九〇頁。

❺❽　㈠梅仲協，《國際私法新論》，三民書局印行，臺北，一九八二年六月第四版，第三十八頁。

　　㈡劉鐵錚、陳榮傳，《國際私法論》，三民書局印行，臺北，一九九六年十月第一版，第四十一頁。

❺❾　陳顧遠，《國際私法總論（上冊）》，上海法學編譯社，上海，一九三三年四月出版，第一九〇頁。

法，本原則違反國際私法之目的，將國際私法之性質誤置；三則衝突法則中有「法規欠缺」時，法官必應有其當依之標準，以適用法律，衛氏但謂應研究實體法之目的與精神，未言當依何之標準，探其學說，終將「無法」可用。

　　(3)關於第三原則，值得評論者有四：一則其概依內國法，非但違背國際私法之基本精神，而且適用結果，德國當時之法律，關於適用法則甚少規定，殆法官幾無適用外國法律之機會；二則法官常以假立法精神與目的不明之名，而行一概適用內國法之虞；三則在完全無成文國際私法國家，其流弊益為顯然；四則「實體法立法之精神與目的不明者概依內國法」，似採內國法為優而有違反內外國法平等之嫌，其深受封建屬地主義之餘波，竟踏前人覆轍，不能自拔。

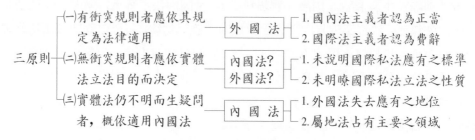

圖 5–13：衛西特學說表

㈢巴爾 (von Bar)：事物性質說

　　巴爾 (von Bar, 1836–1913) 為德碩儒，補充 Savigny 學說，其在一八六二年著有《國際私法及刑法論》，一八八九年在其名著《理論與實務國際私法》中❻，除了承先 Savigny 之國際私法之原則，及主張國際私法為國際法等等基本思想之見解，但關於國際私法係法律之關於場所之效力限界論及各種準據法則之規定，即係法律關係之本據說。巴爾教授否定並提出卓見，主張應依據國際內外交通之必要，研究各種法律關係之事實，觀察事物之自然性質，而斟酌其當以何種法律為準據法則，而非以探討法律關係之本據。換詞以言，當以法律關係所由構成之當事人之國籍、住所、居所、物之所在地、法律行為地、侵權行為地及法庭地為研究之基礎，即依此等事實，以定事物之自然性質上應當適用何國法律。例如：

---

❻　L. von Bar, *Theorie und Praxis des internationalen Privatrechts.* 2 vols., ed. e. Hannover, 1889, Tr. by G. R. Gillespie. 我國有學者誤植為「一八六九」年，見陳顧遠，《國際私法總論（上冊）》，上海法學編譯社，上海，一九三三年四月出版，第二〇〇頁。

1.**關於能力問題**　依 Savigny 見解所以依當事人之住所地法，能力之本據為其住所地，故依住所地法；而巴爾教授認為，關於能力之有無，所以適用當事人本國法之理由，並非認能力係屬於其本國領域以內，住所地法、行為地法、物之所在地法或法庭地法，原應可以適用，氏從事物自然性質上研究，身分能力之規定，實以其所屬之國之法則，最適宜於其人之遵守，故直改為用本國法。

2.**關於債之關係問題**　巴爾教授認為應依當事人自由意思決之，倘意思不明者則從債權人意思定之。

3.**關於物權問題**　物權因尊重領土主權，故依物之所在地法，其結果雖與 Savigny 相同，但理由與推論則有不同。

巴爾教授學說出，Savigny 缺陷即補，集其大成，實為德國國際私法學之權威，歐陸斯學之泰斗，其著作亦多譯成外國文字，流行甚廣，即在英美，不失權威，其與 Savigny 同在國際私法學壇上，有其重要地位。雖其主張國際私法為「國際法主義」者，有待討論，但對於氏之衝突規則本體之研究，有其相當之價值。

㈣**基特爾曼 (Zitelmann)：超國家國際私法論**

1.**超國家國際私法之緣起**　德國民法學者基特爾曼 (Zitelmann, 1852–1923) 教授，在一八九七年著有《國際私法》第一卷，氏見國際公法學者，曾有人分為「普通國際公法」與「特別國際公法」，或「純理國際公法」與「實用國際公法」，所謂普通或純理係偏於統一的原則之說明，擬為特別或實用法之所宗。基特爾曼教授在研究國際私法即襲用此方法，將國際私法分為二，一為超國家的國際私法(即純理的國際私法、普通的國際私法)，二為國內的國際私法 (即實用的國際私法、特別的國際私法)，在一九一二年完成偉大之第二卷，認為純理國際私法在研究各國所共通之基本原則，實用國際私法再以此項基本原則，應用於各種法律關係，藉此以明定其準據法。

基特爾曼教授在其大著《國際私法》第一卷純理國際私法中所下國際私法定義，認為係確定內外國私法適用區域之法則，並以為並世各國，現行適用法則，極不完善，故國際私法學之目的，除闡明一國現行之適用法則外，尚須進一步加強補充現行法之缺陷，搜求若干統一的原則，足以指導各國未來立法與修法。又對於統一性原則之發現，應適用演繹法，從抽象到具體，將人人所承認之原則為基礎，加以鋪陳推衍；而不宜採用歸納法，從具體到抽象，僅將各國現行不完善之適用法則，加以調整而已。唯能用演繹方法，在國際法上，始可要求各國立法

者，制定一種法則之有關同一的國際私法之規定，亦即證明同一的國際私法法則存在，在國際間足以拘束國家者**⑪**。

2.**超國家國際私法之構成**　基特爾曼教授之超國家國際私法係以「就各種權利分別定其應適用之法律」一義，為研究國際私法之中心論點，其說明超國家國際私法亦以此為開始之論，國際私法上問題，雖感複雜，但就某一法律關係應適用內外國何一法律，可歸併其疑問為不外應適用某國法律於某種法律關係之問題而已，其實即係當事人一方有否向相對人主張其權利之問題。例如債權當事人甲向債務人乙為債權起訴，此時應決定是否適用債務人之本國法，不外債務人能否主張「在其本國法上所授與債務保護之權利」之問題。所謂「權利」一語，並非廣義上認為「天生而賦與」，係依據國家法律所賦與之法律上之力，而國家賦與私權必以國家本身有權賦與為其前提要件，是故國家若不有國際法上所承認之權力，而為權利賦與者，則其所賦與之權利即非國際法上所認許之權利。換言之，權利者，實為國家所授與法律上之效力而使當事人得據以主張之，既為國家在立法中所授與，同理亦只有此種國家得使此項權利歸於消滅或取回，權利之取得、授與或取回、消滅皆出自國家。本問題行之國際間即生困難，國際私法之問題即為「授與」與「消滅」當事人之權利問題，何以對於外國人之為當事人之際內國仍有此「授與」與「消滅」之權利。要言之，苟非先行確立此一國際法上之原則，國際私法上之問題，便無從解決，故欲在國際上能貫徹此授與、消滅權利，則非在國際法上承認其法律之效力不可。故國際私法實具有國際法之性質，僅因現所存在而實用之國際私法，稱為「國內國際私法」，至國際私法之本體，則專為決定國際間當事人權利之授與及消滅問題，則不能限於一國內，即所謂「超國家國際私法」，就此點言，國際私法實國際法之從屬物。

3.**超國家國際私法之原則**　基特爾曼教授關於國際私法上之當然而普遍適用之原則，即超國家國際私法中所討論之原則，係以純理論、演繹法論國際私法上之準據法，不外以根據各種權利，分別定其應適用之法律基礎。基特爾曼教授認

⑪　㈠陳顧遠，前註書，第二一六頁。
　　㈡梅仲協，《國際私法新論》，三民書局印行，臺北，一九八二年六月第四版，第四十七頁至第四十八頁。
　　㈢劉鐵錚、陳榮傳，《國際私法論》，三民書局印行，臺北，一九九六年十月第一版，第四十七頁至第四十八頁。

為共有三原則：

(1)關於直接支配人身之權利，及命特定人為某項給付之權利，應依被支配人之本國法。蓋國際法上承認一國的人民主權之作用，內國人民無論至何國，皆有服從內國主權之義務，亦即其人民有受本國法保護之權利，故國際私法之實際立法，自應依對之享有人民主權之國之法律而定「屬人法」之界限。舉例申言，關於人之身分、能力、繼屬關係等問題，固無論矣，即在債之關係亦應依債務人本國法，又侵權行為所生之損害賠償債務，則依據領土主權之作用，應依侵權行為地法定之。

(2)關於直接支配動產或不動產之權利，依該物之所在地為領土上，對之享有領土主權之國家之法律，即應依其物之所在地之領土所屬國之法律。蓋國際法上承認一國的領土主權之作用，在內國領土以內，不許他國主權之行使，今關於物之權利既由所在地之法律而定，他國不得越俎代庖，故國際私法之實際立法，應依對之享有領土主權之國家之法律而定「屬地法」之界限。

(3)關於不屬於以上兩種權利，不受屬人主權或屬地主義保護之權利，應依其主張其權利時，領土所屬國之法律，即依主張權利地法。蓋智慧財產權、商標權、著作權、專利權及一切無形財產權，依其意旨，當然應歸於其權利所以成立的法律，為其適用之法律。故國際私法之實際立法，應依主張其權利領土所屬國家之法律而定此項法則之界限。

嚴格而論，基特爾曼教授理論認為「權利之為國際所承認」，係為國際私法問題之要義，而欲其如此，必以主宰權利之國家支配權，實為國際所承認為其先決條件，故國際私法上之原則，係以國家支配權為基礎之原則演繹，故有稱「國家支配權之界限論」。

4.超國家國際私法之實用　國家支配權所能及之範圍內，就其國民及領土行使「人民主權」與「領土主權」，得為人的及物的限制。依據人民主權對於國民可行使無限之權力，其他國家應予以承認，且不能予以妨害；又依據領土主權，得支配一切在其領土，可行使其無限之權力，而亦得統治外國人民，是故國家關於私法事件立法權之範圍即所謂私法所支配之區域，亦不得不受此人的及物的限制。詳言之，國家基於人民主權，對於國民，不問其住所居所何在，均得命其為積極的及消極的行為，又基於其領土主權之作用，在不侵害外國人民主權之限度內，在其領土內，得容許一切行為或禁止一切行為。從而對於外國人民，就其因

侵權行為所生之損害賠償責任，得命其為給付，國家基於其領土主權之作用，得支配一切在領土內之物，則對於關涉物之行為之內容，不問其在於何地或與何人有關，均應受領土主權之支配。有關國權之範圍，各國關於私法之立法權，僅在上述範圍內始承認其為有效。

又在實用上欲將超國家的國際私法之原則，用諸於一切國家使其皆依此原則而適用法律，基特爾曼教授固知其不可能，仍主張超國家國際私法應處於為國內國際私法之補充法之地位。蓋當涉外民商事法律衝突問題發生之際，首先宜依國內國際私法決定準據法，故國內已有成文的衝突規則與習慣法之存在者，法官自須依其規定而選擇應適用法律；其次，倘無此等規定之法律可依據，即是國內國際私法之法規欠缺或不完全，須決定應否適用內國法。其標準應依國家所默認自己之立法的支配權，所應有之界限而定；再次，法官依據國內法，探求國家對於支配權界限，若某種法律關係倘國內法有其管轄權者，則適用內國法，反之，倘國內法無管轄權，則應依超國家的國際私法中之原則，適用相當之外國法；最後，超國家的國際私法即在實用中發展其作用，國家支配權之範圍則又本諸國際法之原則決定，就適用觀點，超國家國際私法僅為國內國際私法之補充的、備位的法律適用規則。

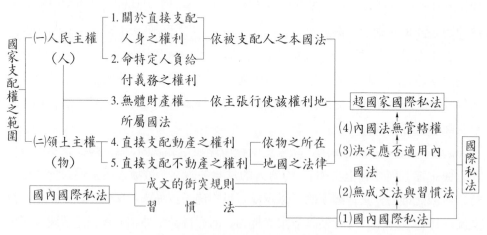

圖 5-14: 基特爾曼學說: 超國家國際私法

5.超國家國際私法之評論　基特爾曼之超國家國際私法論，雖其目的顯然襲國際法之原則，在將國際私法置於國際法之範圍內，並以之而創設一個統一的國際

私法，應為依據其法律哲學上之特殊見解，一則其未足以動搖現實的國際私法之基礎，本說甚至根本不否認所謂國內國際私法之存在；二則在實用上僅以超國家的國際私法為其補充法，則其主張似非用以解決現實問題；三則超國家的國際私法僅為法律哲學上之見解，自擬若干原則以統轄一切，似非真有「法」；四則超國家的國際私法的根本原則為一種說明，縱各國實際國際私法之立法與規則中依此三原則而定，應仍不外為國際私法法源之性質，仍非國際私法之自體。

(五)薩維尼 (Savigny)：法律關係本據說

1.歷史條件　十九世紀以前，德國學者多受「法則區別說」之影響，法規三分說將其分為人法、物法和混合法，一八四八年德國革命雖失敗，但德國工商業有了較迅速的發展，對外經濟貿易人員交流日益加強，這就推動了國際私法之發展。十三世紀「法則區別說」歷經五百多年後，十九世紀，德國學界掀起了擺脫傳統國際私法理論，糾正法則區別說流於幼稚之形式主義，蓋法則區別說從法則入手，首先明確法則之性質而後研究其應適用之法律關係，倒果為因。進一步另創新派之風潮。

薩維尼 (Frederich Carl von Savigny, 1779–1861) 係德國歷史法學派之主要代表人，也是普魯士之立法大臣，一八〇〇年十月三十一日獲法學博士，曾在馬爾堡大學、柏林大學任教四十二年，其主張羅馬法法理可以古為今用，一八四九年完成名著《現代羅馬法體系》(*System des heutigen Roemischen Rechts*)[62]，其研究對象為「構成現代德國及其他歐洲大陸國家普通法之大部分」，其中第八卷專門論述國際私法，一方面消極指出「國際禮讓說」之不妥，糾正「法則區別說」缺失；另一方面積極提出「法律關係本據說」(Sitz des Rechtsuerhaeltnisses) 揭示普遍主義作為國際私法理論之基礎，國際私法學者 Rahn-Freund 認為薩維尼學說是國際私法發展史上的「哥白尼革命」(Copernican revolution)[63]。

2.薩維尼「法律關係本據說」之主要觀點

(1)薩維尼學說之破舊說　薩維尼教授對於傳統國際私法學說，提出「破」舊學說者有三：

①就專置重主權獨立原則而言：以往學者在討論法律衝突問題，有過於置重

---

[62] 李雙元等譯，《法律衝突與法律規則的地域和時間範圍》(現代羅馬法體系第八卷)，法律出版社，北京，一九九九年九月第一版。

[63] O. Kahn-Freund, *General Problems of Private International Law*, 1976, p. 98.

「主權獨立原則」，恆多主張一國之法律在其領域內，有絕對完全效力，同時堅持一國之法律在他國領域之內，不能有其效力，此種結論必偏於屬地主義，過於單純之推論，其似無法尋法解決外國法適用之途徑。

　②就國際禮讓原則而言：荷蘭學派認為適用外國法係出於國際禮讓說，既出於屬地主義不得不以適用外國法係出於「雅量」(Grossmuth) 或「恣意」(Willkur)，甚或內外國法應有優劣之別，而偏重於內國法之適用，據國際禮讓原則適用國際私法問題，其結果有違內外國法平等原則。

　③就關於外國人私權保護而言：又近代各國法律，關於外國人私權之保護，雖咸認為內外國人民一律平等之主張，且其為所以需要國際私法之前提，但一則專依或僅憑內外人民一律平等之原則以敘述，亦失之空泛，對此項問題不能解決或不能充分說明；二則因其所受審判之國家有不同，常不能獲同一法律之保護，真正平等似尚難達到。故薩維尼認為國際私法應更進一步探求理論根據。

　⑵薩維尼學說之立新說　薩維尼教授學說之中心理論有二，以「法律關係本據說」及「國際主義：內外國法平等原則」分別說明如下：

　①法律關係本據說 (Sitz des Rechtsuerhaeltnisses)　被形容為國際私法中的哥白尼革命之著名理論—— 法律關係本據說：

　　A. 就理論提出言：係指自一種普遍主義（國際主義）之觀點出發，認為存在著一個「相互交往的國家所組成的國際社會」(Volkerrechtliche Gemeinschaft der mit einander Verkehrenden Nationen)，處在該國際社會中之任何法律關係總是與一定地域相聯繫的，即它們具有各自的本座，各該法律關係的準據法應是其「本據」所在地之法律，解決法律地域衝突之任務即成了尋找各種不同法律關係之「本據」❻❹，此所謂「本據」（德：Sitz；英：Seat）應是一種抽象概念，即是現代人所使用之「連結因素」❻❺。

　　B. 就理論適用順序言：首先，任何法律關係均有其適合性質之本據 (seiner Natur entsprechender Sitz)；其次，應先精細地分析法律關係之性質並將其性質加

---

❻❹　薩維尼教授謂：「每一法律關係有其所屬的法律領域，而此法律關係有其特殊的性質，依此所屬或所歸而有其本據」(bei jedem Rechtsverhaltnis das jenige Rechtsgebiet aufgesucht werde, welchem dieses Rechtsverhaltnis seiner eigentumlichen Natur nach angehort order unterworfen ist worin dasselbe seiner Sitz hat), s. 28, 108.

❻❺　藍瀛芳，《國際私法導論》，自版，臺北，一九九五年一月初版，第十九頁。

以分類；最後，再依其「本據」確定其所應適用之法律。

C. 就「法律關係本據說」與「法則區別說」比較言：薩維尼教授最偉大之「法學發現」在於選擇適用法之方法突破，「法則區別說」依照過去方法係以「法則性質」為出發點，先確定法規之性質，而後研究其應適用之法律關係；「法律關係本據說」係提倡「問題之本質」(Natur der Sache)，應先從「涉外法律關係」本身之確明開始，而後始及於法則（法規）之分類，即「關於各該法律關係應適用該法律關係本質上 (Seiner eigentremlichen Natur Nack) 所應歸屬之法律」，可知法則區別說係研究或適用程序錯誤，本末倒置。

D. 就「涉外法律關係」或「問題本質」分類言：薩維尼將涉外法律關係分為「人」、「物」、「契約」及「訴訟程序」四種，分別決定了各自的「本座」，即依「問題之本質」確定其「本據」應屬何國，分別其所應適用之法律，即：第一，關於「人」之法律關係，其認為「住所」為「人」歸屬之處，故人之身分能力法律關係，應以「住所地」為其「本據」，因此應適用「住所地法」為準據法，當事人住所地在內國，則住所地法為內國法；住所地在外國則為外國法，惟隨其事實性質定之，而不以預存內外國法律優劣之見。又有數住所者，各住所地法均可適用。無住所者，適用以前之住所或出生住所 (Origi) 地法；出生住所地不明者，適用居所地法。又其舉例說明關於「繼承」，薩維尼認為繼承制度就是將被繼承人的財產轉移於他人，所以繼承制度實際上是延長被繼承人之權力和意志，使之及於自然的生命時間之外，故繼承關係之本據應當是被繼承人死亡時之「住所地」，無論標的是動產抑或不動產之繼承，亦無論其坐落在內國或外國，都應適用被繼繼承人死亡時的住所地法；第二，關於「物」之法律關係，舉凡「物」均係「可以感知存在」(Sinnlich Wahrnehmbar)，並且必須占有一定之「空間」(Raum) 為其本質。無論是「動產物權」與「不動產物權」並無二致，對於「動產」之物權關係，無庸另外適用「動產隨人」(Mobilia personam sequitur) 原則，因此關於「物」之法律關係，「物之所在地」即是其法律關係之本據，應一概適用「物之所在地法」(Lex rei sitae)；第三，關於「契約」或「債」之法律關係，「契約」債權係「無體物」，原非可見，且不占有「空間」能力，故常需要借助其某種可見「外觀」(Anschein) 表現其形態，並以此形態之所在以明確其「本據」，這外觀形態之所在地通常有二，一是債的發生地，二是債之履行地，兩者中「債務履行地」是實現債權場所，最適合於表現其債權「外觀」形態之所在，故關於契約債權應

以債務履行地為本據，應適用「履行地法」；行為之方式無論財產行為抑或身分行為，均應依「行為地」為其本據，應適用「行為地法」；同理，「侵權行為」損害賠償之請求權亦應以「損害發生地」而不以「侵權行為地」為其本據，從而應適用「損害發生地法」而不宜適用「侵權行為地法」；第四，關於「訴訟程序」及「強制執行」之法律關係，程序問題應以「法庭地」為本據，則在法庭地各依其本據所屬地之法律，而受支配者，應依法庭地法。故借助「法律關係本據」概念，吾人可以通過對各種法律關係性質之分析，方便地制定出各種「雙面法則」去指導法律之選擇，「本據」概念之提出豐富和發展了國際私法學之理論體系和哲理思潮❻。

②國際主義：內外國法平等適用原則　薩維尼教授首先主張內外國法律皆平等之原則，蓋一個涉外民事法律關係應適用內國法抑或外國法，僅能依據法律關係之性質以決定，得其應適用之法律，該適用內國法者即適用內國法，應適用外國法者即適用外國法，內外國法平等適用原則是依據法律關係本據論。薩維尼教授認為內外國法律平等，其原因有二：

A. 就「法律共同團體」言：蓋現代各國莫不互相承認其國格與主權完整，從而亦承認他國之憲法與其他法律，故國與國間有如國際的共同團體，則各國之法律與法律間，因此亦形成有一「法律共同團體」(Rechtsgemeinschaft)，在國際團體中，國與國為平等，不以大小強弱而別；在法律共同團體中，各國之法律與法律亦皆平等，不因其內外國而分，故內外國法律，有優劣之區別者，有誤失矣！在以國與國交往形成的「國際法團體」(Volkerschtliche Gemeinschaft) 中，內外國家之法律，應屬平等，而依據法律關係之「本據」以確定，故原則上法律均得支配屬於其「法域」(Rehts gebiet) 之一切法律關係，此其一也。

B. 就「區際私法」（準國際私法）言：又內外國人所發生涉外法律關係，欲決定其應適用何國法律時，其事理就如同一國家內各地方間之特別法所生法律衝突問題，即一般所謂「準國際私法問題」或「區際私法問題」是❼，只須就法律關係之性質，以決定何種法律可適用，而無庸考慮該項可適用法律，究為內法

---

❻　陳顧遠，《國際私法總論（上冊）》，上海法學編譯社，上海，一九三三年四月出版，第一九四頁至第一九六頁。

❼　Gerhard Kegel & Klaus Schurig, *Internationales Privatrecht*, C.H. Beck'sche Verlags Buchhandlung, München, 8., neubearbeitete Auflage, 2000, ss. 167–168.

域法抑或外法域法，並未曾以某法優於某法為取捨，內外國間，內外法域間，事例相近，應即同視，而依同原則辦理，故內外（國）法律應平等對待，事理當然，此其二也。

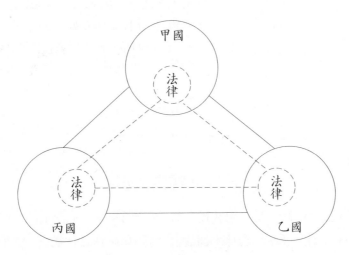

圖 5-15：法律共同團體圖

（3）薩維尼學說之變通（例外）　薩維尼教授主張內外國法律平等適用原則，不以內國法優先原則，但其認為在特殊情形下亦有「例外」，即在具體運用時在法律關係之本據，縱有應依外國法時，則仍當依內國法，即為學說之變通，其舉例外者有二：

①就內國法律之性質具有絕對強行法言：薩維尼教授區分法律有強行法與任意法，任意法者，不以內外關係而設輕重之別，強行法者，雖往往於某種情形得拒絕外國法之適用，在相對強行法時，為了對於權利者利益而圖司法行政之劃一為目的，例如成年年齡規定，此一強行法雖在原則上不得有兩歧之適用，但遇國際民商事關係不得不適用外國法。在絕對的強行法非為權利者之利益而設，乃根據社會上、道德上、政治上、經濟上之理由，而以絕對的強為目的者，例如禁止賭博、禁止重婚及禁止猶太人取得土地所有權等等事件，外國法律如有違背，則在任何情形，皆不予以適用。

②就外國法律之性質而言：外國法律或其制度為內國完全否認者，則不能在內國主張有任何之權利，故若外國人承認奴隸制度或一夫多妻制度，縱依法律關

係之性質，應依外國法，但內國既根本否認，關於此種外國法或制度，即應絕對拒絕。但關於上列二例外，其範圍如何，誠屬國際私法學上困難問題。

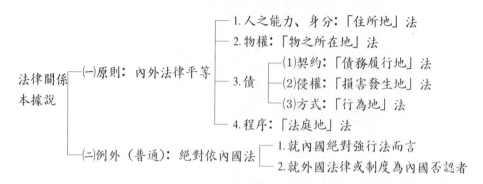

圖 5-16: 法律關係本據說圖表

3.薩維尼學說之影響　薩維尼教授之鼓吹「超國家論」(Suprenational Theory) 採行「普遍主義理論」、「法律關係本據說」，對開創解決法律衝突、進行法律選擇之新途徑，在西方被稱為國際私法之「哥白尼革命」(Copernican Revolution) 或「法律上重大發現」(Juristische Entdeckungen) ⑱，究其貢獻或影響主要表現在下列六端：

⑴就國際私法基礎之創立而言：薩維尼主張國際私法是國際法性質，主張內外國法律平等原則及應依法律關係之「性質」或「本據」而決定應適用法律，其最偉大之貢獻，與其謂內外法平等論，毋寧謂其對現代國際私法基礎之創立與國際私法選擇適用法上之重大突破，自十三世紀至十八世紀「法則區別說」自然主義，捨棄「法則」本身的性質出發，而是從「事件」或「法律關係」性質分析、研究與確定法律選擇出發，應是法則區別說統治國際私法理論五百年後，在國際私法方法論上實現了根本的變革。

⑵就外國法適用之性質而言：荷蘭「法則區別說」認為法院適用外國法是基於「國際禮讓」，其性質基於法官之自由裁量權；薩維尼教授之根本思想認內外國法平等，一切法律關係均應依其性質，服從其所屬「法域」(Rehtsgebiet) 之法

---

⑱　德國學者 Hans Doelle 在一九五八年德國法學家第四十二屆年會上以 Juristische Ent-deckungen 為題提出七個法學上發現，其中與國際私法有關者有 Savigny 之「法律關係之本據說」及 Kahn 與 Bartin 之定性理論，見王澤鑑〈法律上發現〉，載其著《民法學說與判例研究（第四冊）》，一九八六年二月版，第一頁以下。

律，故適用外國法並非基於法官之自由裁量，而係為增進各國人民相互間之共同利益，法官應認外國法係法律，且適用外國法為「義務」。

(3)就推動十九世紀後半葉歐洲國際私法成文化而言：薩維尼教授「法律關係本據說」，立法者僅須通過對各種法律關係性質之分析，就可以制訂出各種「全面法則」或「雙邊衝突法則」去指導法律選擇，故其學說大大推動歐洲十九世紀後半葉國際私法成文法典之產生與發展，有積極的影響力。

(4)就對德國及其他國家之影響而言：薩維尼教授學說對德國避免受荷、法等國屬地主義路線影響，且適合德國自由資本主義需要之學說，統治德國達四十五年之久；又其對英美國家而言，其巨著在一八八〇年由 Guthrie 譯成英文，其理論普及英美，頗能得英美法界支持，尤其其力倡「住所地法主義」與英美法所採之屬人法原則相同，有同類相聚之感，且如 Westlake 所著 *A Treatise on Private International Law* (1858) 及 Phellimore 所著 *Commentaries upon International Law* 均受其理論與原則之影響；又本巨著直到一九九九年仍被譯成中文出版《法律衝突與法律規則的地域和時間範圍》 ❽，可見其理論與方法對各國的影響。

(5)就法律哲學之價值而言：薩維尼教授是德國歷史法學派之主要代表，其學派之發展過程中，出現了日耳曼法學派與羅馬法學派，前者主張「國家主義」，後者宣揚「世界主義」(Cosmopolitan)，薩維尼教授屬後者，其是以「民族精神」的產物，要求把德國之民族精神擴廣到全世界，以實現世界主義，其整個理論受「歷史唯心主義」支配，歷史現象是複雜的，在國際私法學上批判「法則區別說」，提出「法律關係本據說」，要求平等適用內外國法律，其理論與自由資本主義，尤其是國際自由貿易之需求相配合，具有創新與改革之歷史進步意義，因為國際關係中法律適用之統一將促進自由貿易之發展。正因為如此，薩維尼教授正如黑格爾的歷史唯心主義哲學中包含著辯證法之合理內核，相同的，薩維尼教授之歷史唯心主義法學中包含著「法律關係本據說」。有關當價值之意見或法理學外殼中包藏著對國際私法深具參考價值之內核，吾人對其國際私法學與法哲學上貢獻應實事求是地加以肯定。

(6)就學說對後世之影響而言：近世國際私法學中「法律關係重心說」、「最重

---

❽　F. K. von Savigny 著，李雙元、張茂、呂國民、鄭遠成、程衛東譯，《法律衝突與法律規則的地域和時間範圍》(現代羅馬法體系) 第八卷，法律出版社，北京，一九九九年九月第一版。

要牽連關係說」、「最強聯繫說」之理論出現，許多國家國際私法立法與司法實踐中顯現，例如一九七八年奧地利聯邦國際私法第一條強調「與外國有連結之事實，應依與該事實有最強聯繫 (Crundsatz der Staerksten Beziehung) 之法律裁判」**⑳**，實質上均是「法律關係本據說」之再現或受其方法影響**㉑**。

4.薩維尼學說之評論　薩維尼學說所以為舉世尊崇在於基礎思想之偉大，而其尚非完美無瑕，值得說明者:

⑴就法律關係本據之標準而言: 本學說認為國際私法，係法律之關於場所的效力之限界論，而謂一切法律關係，皆須依據其所屬地之法律予以決定，更為近今學者所非難，良以法律關係，乃存在於人與人之間之關係，未必皆有一定土地之所屬，然則認一切法律關係，各有其一定處所為其本據，而以此作為適用法律之前提，自難加以贊許**㉒**。

⑵就法官適用外國法之義務說而言: 有學者認為主張法官有適用外國法之義務應有誤，一則學說中有二例外應絕對適用內國法而拒絕適用外國法，既為義務，自不應顧慮內國之道德、公安及強行法等問題，及重視內國否認外國法乙節; 二則理論有矛盾，蓋既依法律關係之性質而定其準據法時，倘為外國法，法官即有

---

⑳　一九七八年奧地利聯邦國際私法第一條規定: " 1. Factual situations with foreign contacts shall be judged, in regard to private law, according to the legal order to which the strongest connection exists. 2. The special rules on the applicable legal order which are contained in this Federal Statute (conflicts rules) shall be considered as expressions of this principle."

　　一九八九年瑞士聯邦國際私法第十五條規定:「1.依本法指定適用之法律，如從周遭環境觀察，很顯然地此特殊案件與該法僅有些微不足之牽連，而與另一法域之法律，卻有更密切率連關係時，則例外的不予適用。2.前項規定於當事人合意選擇法律時，不適用之。」

㉑　㈠韓德培主編，《國際私法新論》(普通高等教育九五國家級重點教材)，武漢大學出版社，武昌，一九九九年一月第一版第三刷，第一六三頁。

　　㈡李雙元，《國際私法(衝突法篇)》，武漢大學出版社，武昌，一九八六年六月第一版，第八十六頁至第八十七頁。

㉒　㈠劉鐵錚、陳榮傳，《國際私法論》，三民書局印行，臺北，一九九六年十月第一版，第四十三頁。

　　㈡梅仲協，《國際私法新論》，三民書局印行，台北，一九八二年六月第四版，第四十頁至第四十頁。

適用之義務；反之，依性質或本據為「內國法」時，何有適用「外國法」之義務？

　　(3)就本據說有循環論法之虞而言：蓋既謂依法律關係之性質，定其所當適用之法律，但所謂法律關係之性質或本據，究應依何「法律」而決定之，倘依法律關係所屬地法如何定之，則難免有限於「套套邏輯」或「循環論斷」之嫌❼。

　　(4)就實際適用之困難而言：如果說債的關係有本據的，那麼沒有約定準據法的雙務契約就有兩個本據，即契約有兩個履行地，究竟適用哪個國家的法律呢？按薩維尼教授的學說，有兩個本據就應適用兩個國家的法律，如果這兩個國家的法律不同，仍然會陷入矛盾，難以解決法律衝突，所以有人批評：薩維尼教授的學說只能給人一個印象，並不能給人以解決法律衝突的方法❼。

　　(5)就具體方法而言：薩維尼教授謂國際社會存在著「國際法律共同體」但目前仍停留在一種幻想，且其「法律關係本據說」，將複雜的法律關係過於簡單化，更未能明確指出解決法律衝突問題時法律關係本據之具體方法❼，誠如德國學者 Martin Wolff 謂：「薩維尼學說不指示到達目的地之途徑，而只指示該途徑之方向。」❼

五、新法國學派：畢勒 (Pillet) 法律目的性質說 (1923)

(一)畢勒 (Pillet) 學說

　　法國巴黎大學教授畢勒 (Pillet, 1857–1926) 在一八九四年至九六年數年間在國際私法雜誌發表解決法律衝突問題之一般原則，在一九〇三年著有《國際私法

---

❼　(一)陳顧遠，《國際私法總論（上冊）》，上海法學編譯社，上海，一九三三年四月出版，
　　　　第一九八頁。

　　(二)梅仲協，《國際私法新論》，三民書局印行，臺北，一九八二年六月第四版，第四十
　　　　三頁。

　　(三)劉鐵錚、陳榮傳，《國際私法論》，三民書局印行，臺北，一九九六年十月第一版，
　　　　第四十三頁。

❼　(一)余先予主編，《衝突法》，上海財經大學出版社，上海，一九九九年十二月第一版，
　　　　第五十七頁。

　　(二)丁偉主編，《衝突法論》，法律出版社，北京，一九九六年九月第一版，第二十一頁
　　　　至第二十二頁。

❼　韓德培主編，《國際私法新論》(普通高等教育九五國家級重點教材)，武漢大學出版社，
　　武昌，一九九九年一月第一版第三刷，第一六三頁。

❼　Martin Wolff, *Private International Law*, 2nd ed., Oxford: Clarendon Press, 1950, p. 61.

之原理》闡述其學理，一九二三年更刊《國際私法實用論》二卷以其學說，應用
於實際問題之解決，洵最近法國權威國際私法學家，畢勒教授對於德國之事物自
然性質說，認為失諸浮泛，殊不足以解決各種複雜問題，倡導「法律目的性質
說」**⑰**。

㈡法律目的性質說之依據

畢勒教授主張法律衝突問題，必須研討立法者最高意思，所表示於法律本身
之性質如何，以謀解決之道，即以「適合法律之目的」一詞為解決法律衝突問題
之關鍵，蓋法律之衝突原由於立法之紛歧而生，國際私法之目的在確保各國立法
之效果。欲知法律目的之如何，當先知法律性質之如何，而法律性質則因從來所
謂之「屬人法」及「屬地法」而異，某一法律為一定之領土而制定，於其領土以
內，不分內外人民，一體皆為適用者，係為「屬地法」。謂「屬地法」云者，不
外指此項法律，在其積極方面，於領土以內有完全之效力，凡領土內之人民皆應
服從之；在其消極方面，亦不能擴張其效力於領土以外；某一法律，對於內國人
之在外國者，亦必欲追隨，而對於在內國之外國人，不為適用者，此係「屬人法」。
謂「屬人法」不僅在領土以內支配其人民，並可追隨其人民於領土以外，使其繼
續遵守之。故所謂「屬地法」對於任何皆可適用，亦即一般的適用之法規，僅具
有普通之適用性，可謂為「法律之固有性」；所謂「屬人法」即超領土法，不問
在何種情形對於該法律適用對象之人，其效力具有永續性、連續性，有稱永續法，
其有連續之適用性，可稱為「法律之涉外性」。就國內關係言，凡屬法律，皆具
有永續的與一般的兩種性質，兩種性質在國內之法律關係上，各發展其作用而不
衝突，實際上亦無庸為此種區別；就國際關係言，欲使此二種性質同時並存，則
各國法律，將無法調和，因其起於一國法律之國內的效力，與他國法律之國外目
的兩不相容之故，而謀有以解決之，則兩種性質之分別，實屬必要，蓋在此時兩
性質即發生衝突問題，主張外國法律之連續性、永續性，必侵害內國法律之普通
性、一般性；維持內國法律之普通性、一般性，必拒絕外國法律之連續性。兩不
並立，必去其一；而取捨之標準，即以適合法律目的而定之**⑱**。

---

⑰ (1) Pillet, *Traité pratique de droit international Privé*, 1923, pp. 101–119.

(2) Gerhard Kegel & Klaus Schurig, *Internationales Privatrecht*, C.H. Beckśche Verlags Buchhandlung, München, 8., neubearbeitete Auflage, 2000, s. 171.

⑱ ㈠陳顧遠，前揭書，第二一三頁至第二一四頁。

　　按法律之為物本具有屬地性質，而同時亦兼具屬人性質，與其概括的謂法律係以屬地法為原則，抑或以屬人法為原則，毋寧就各種法律之規定，研討其立法上之目，究側重於屬地的效力，抑側重於屬人的效力之為愈也。屬地法既具有普通適用性質，其在法律目的方面，必可達保護社會一般利益之目的；屬人法既具有連續適用性質，在其法律目的方面，必可達保證各個私人利益之目的。故遇有法律衝突問題發生之際，如需要保護社會之法，自應以屬地法為其適用；如需要保護個人之法，自應以屬人法為其適用；然後再依屬地法或屬人法，分別適用為其據準之實質法，簡言之，凡法律之所規定者，自其社會的目的以觀察，審認其所保護之直接目的，究為個人之私益，抑係社會之公益，而區別為個人保護法與社會保護法之二種，最為允當。國際私法上之問題，便可依此區別而為解決，前者即屬人法（永續法），後者即屬地法（一般法）也❼。

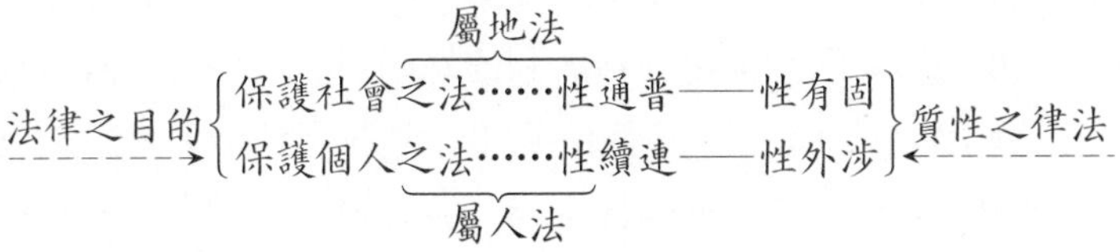

圖 5-17：畢勒之法律目的性質說

㈢法律目的性質說之評論

　　畢勒教授對於向來所謂國際的公共秩序所以限制外國法之適用之一問題，作一種有力說明，並指摘法義學派所倡屬人法主義之弊病，在國際私法學上之貢獻，至為偉大。但法律目的性質說有其缺失，值得說明者：

　　1.**就理論實質內容而言**　畢勒教授理論就表面上觀察，固極新穎，實則仍係自德國 Savigny 教授、Bar 教授主張稍改變而來，有謂其僅將國際私法問題，改變外觀，並未有何進一步實質說明，蓋 Savigny 教授謂法律衝突問題之解決，須依照各種法律關係之特別性質，求其應從屬之法域；Bar 教授謂法律衝突問題之解決，須依照事物自然之性質，求其應準據之法律，與 Pillet 教授主張同係就各種

　　㈡梅仲協，前揭書，第四十六頁至第四十七頁。

❼　㈠Gerhard Kegel & Klaus Schurig, *Internationales Privatrecht*, C.H. Becksche Verlags Buchhandlung, München, 8., neubearbeitete Auflage, 2000, s. 172.

　　㈡藍瀛芳，《國際私法導論》，自版，臺北，一九九五年一月初版，第十八頁。

性質上而為此理論研究之提綱；但所不同者，Savigny 教授係就「整個的法律關係」，Bar 教授特就「發生法律關係之事物」，Pillet 教授就「法律本身」，差距不大。

2.就實際適用而言　畢勒教授理論就實際適用恐遜於 Savigny 教授等主張，蓋一方面欲就一切法律之規定嚴為區別，孰為個人保護法，孰為社會保護法，殊不易辯明；二方面畢勒教授根本思想，原只在就法律之社會目的加以研究，藉此以發見一種確定內外國私法之適用區域之原則，此種理論，與中世紀國際私法之創始時之「法則區別說」似不免重蹈覆轍；三方面屬地法不必完全與保護個人無關，屬人法亦不必完全與保護社會相反，均為本說之弱點 **⑧**。

六、新義國學派：馬志尼 (Mancini) 本國法唯一原則 (1851)

(一)馬志尼本國法主義之歷史條件

義大利自十二世紀起成立許多獨立的、分割的城市共和國，隨著資本主義工商業經濟之進一步發展，政治上統一義大利的思潮日益高漲。十六世紀文藝復興運動就是爭取民族獨立統一的革命運動，同時，隨著經濟發展，出現大批流向海外的移民，許多國家必須保護這些移民利益。義大利原為國際私法之發源地，但是由於歐洲其他國家特別是法國與荷蘭國際私法的發展，義大利之法則區別逐漸落後。

(二)馬志尼本國法主義之緣起

馬志尼 (Pasquaie Stanislao Mancini, 1817–1888) 係義大利著名政治家、法學家和外交家，其在一八五一年一月二十一日在 Turno 大學以「國籍為國際法之基礎地位」(La nationalita come fondemento del diritto delle genti)(Nationality as the Foundation of the Law of Nations) 為題，強調以「國籍」明確的法律概念，作為國際法之基礎，並把民族利益置於重要地位，認為國籍是國際私法及國家管轄法律之基礎，一則代表義大利革命派，鼓吹愛國思潮，激勵義大利人民之革命熱情，二則代表統一義大利之思想，其國際私法理論正好符合義大利政治形勢要求，三則其特別重視國籍之意義，蓋國籍之構成要素包括地理、氣候、宗教、生活習慣、語言文化、人民種族及歷史傳統，這些因素通過國籍這種共同意識而創造出一種整體精神，個人的存在經由承認其國籍而實現，故馬志尼主張民族主義，認為國

---

⑧　(一)梅仲協，《國際私法新論》，三民書局印行，臺北，一九八二年六月，第四十七頁。
　　(二)陳顧遠，前揭書，第二一四頁至第二一六頁。

際法的「理性基礎」不是國家，而是民族和國籍，大力鼓吹以當事人之國籍國法
或本國法為屬人法之國籍法主義。

(三)馬志尼本國法主義之主要觀點

　　馬志尼以國籍原則及民族主義提高到國際私法基本原則，推翻自荷蘭「法則
區別說」以來強調的「屬地主義」和 Savigny 以「住所地法」為屬人法之主張，
賦與屬人法新內容——本國法。其認為構成法律選擇基礎的是「國籍」、「當事人」
和「主權」三種因素，而其中以「國籍」為核心，無論任何法律關係，其應適用
之法律，原則上應以「國籍」為連結因素，國籍因素成為國際私法之指導原則，
只有在「當事人」另有意思表示（自由原則），及適用外國法與內國之公序良俗
（主權原則）發生衝突時，才可適用國籍以外之其他連結因素指引應適用之法
律[81]。茲分析馬志尼所提出以「國籍」為核心之國際私法三原則：

　　1.國籍原則——民族主義原則——本國法原則　馬志尼倡民族主義說，國家之
成立必應以同一國民性之民族為基礎，國籍、當事人、國家主權三構成基礎，其
中以「國籍」為最重要因素，即主張舉凡一切法律關係，無論其種類如何，原則
上應用「國籍」為連結因素，以當事人的「國籍國法」或「本國法」為準據法，
蓋其認為每個人在自己國內有不可剝奪之個人自由權，而每個人都與其所屬民族
緊密聯繫，其無論在何國，這種權利均應保留，同一民族之人民，無論在何處，
均僅服從其本國之法律，依自己國家之法律而生活，故法院審理涉外民事法律關
係原則上應適用「本國法」或「國籍國法」，表示尊重該民族與國家之主權。

　　2.自由原則——當事人意思自治原則　即凡契約關係、債權關係，甚至物權關
係等財產法律關係，尊重當事人意思自治與理性，只有在當事人另有「意思表示」
指定應適用於其相互關係之法律者，始可例外地以其所指定之法律為其準據法，
即例外採用「國籍」以外其他連結因素，以「當事人意思」為連結因素，依當事
人意思所選擇之法律為準據法，稱「當事人意思自主（治）原則」[82]。

　　3.主權原則——公共秩序保留原則——屬地原則　即國家有義務尊重外國法
律，但依公共秩序保留原則，若外國法律違反內國公法法規或公共秩序者，依「主

---

[81]　Gerhard Kegel & Klaus Schurig, *Internationales Privatrecht*, C.H. Becḱsche Verlags Buch-
　　handlung, München, 8., neubearbeitete Auflage, 2000, ss. 169–170.

[82]　Gerhard Kegel & Klaus Schurig, *Internationales Privatrecht*, C.H. Becḱsche Verlags Buch-
　　handlung, München, 8., neubearbeitete Auflage, 2000, s. 170.

權」之基礎概念，因其有礙內國主權之行使，則應視為「國籍國法」之例外，而改適用內國法律。即一國與公共秩序或公共利益目的有關法律，應當適用於該國領域內之一切人，不論其為內國人或外國人，即為屬地主義原則。

㈣馬志尼本國法主義之影響

1.馬志尼本國法主義之明文化　馬志尼主張「國籍國法」或「本國法」而成為近世義大利學派之創始人，本國法主義遂在義大利風靡一時，其對義大利立法產生了鉅大之影響，一八六五年義大利民法第一章第一節「關於一般法律之公布、解釋及適用之規定」(Disposizione sur la pu blicazione, interpretazione ed applicazione delle leggi in generale) 就採納「國籍國法」或「本國法」為國際私法之基本原則。屬人法事項逐漸有以「國籍」為連結因素之「國籍國法主義」，或以「住所」為連結因素之「住所地法主義」，形成二大原則分庭抗禮之勢。

2.馬志尼本國法主義對他國之影響　馬志尼提倡本國法主義對他國之影響：

⑴德國：德國法學界原來採「住所地法主義」，至馬志尼「國籍國法主義」一出，群起仿效，一八八九年 von Bar 在其名著《國際私法之理論與實務》中，主張「國際主義」為「屬人法連結原則」，且一八九六年德國民法施行法採行本國法主義，德國自「住所地法」變更至採「本國法主義」，有謂係德國國際私法之一「重要革新」(Wichtigste Neverung)，可見本國法主義對德國有極大影響。

⑵法國：法國學者巴黎大學 Weiss 教授承襲馬志尼之本國法主義，在其名著《理論與實用國際私法》第三卷中，說明屬人法原則謂：「凡關於規定私益之法律，常以個人之便利為目的，故此種法律，僅在支配充當其目的之人，在原則上不問其人之在何處，其一切法律關係，皆須受其支配。但基於國際的公共秩序、場所支配行為之原則，及當事人之自由意思而設之限制，則不在此限。」即採「私法目的說」支持本國法主義。

⑶比利時：一八八〇年 Laurent 以馬志尼之「本國法主義」為其《國際民法》理論體系之樞紐，其中有本國法主義之論題，力附馬志尼說，認為人格附於國籍，國籍與人格不可相離，今既承認外國人之人格，則關於規範外國當事人人格之「本國法」，自當承認，否則外國人被承認之人格亦等諸空言，故凡關於身分、親屬、繼承、能力等屬人法問題，自應依當事人之本國法。

⑷其他：馬志尼學說對於十九世紀國際私法有重大影響，一八九八年日本法例、十九世紀之西班牙、波蘭、奧地利、南斯拉夫、智利等均在國際私法上關於

人之屬人法事項採納馬志尼學說，適用當事人本國法的準據法。

　　(5)國際私法統一運動之推動：一九二八年《布氏國際私法法典》(*Codigo Bus-tamante*) 基本上完全依馬志尼本國法主義之體系，後來「海牙國際私法條約」中關於婚姻之權利，未成年人保護等公約，均大量採「國籍國法」或「本國法主義」❸。

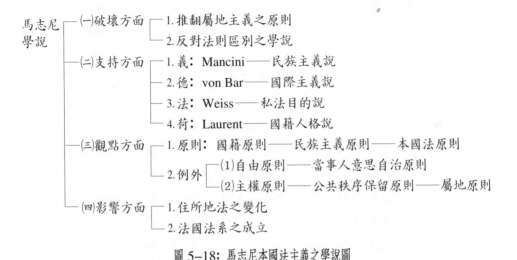

圖 5–18：馬志尼本國法主義之學說圖

第五節　跨世紀：國際私法之革新

一、邁入二十一世紀：追求「彈性」與「具體妥當性」之思潮

　　在二十世紀中葉起至今已邁入二十一世紀，筆者見國際私法不論在大陸法系與英美法系均面臨最新思潮變動與革新，其共同特徵應是對傳統國際私法追求判決結果之一致性與可預見性，流於「機械」與「硬性」之非難，認為國際私法應追求具體案例之判決公平與正義，使「具體妥當性」法理實現。在歐陸法系之最新思潮有 Rabel, Szaszy 教授之「比較國際私法說」(Comparative private international Law)、法國 Batiffol 教授之「協調論」、德國 Kegel 之「利益論」(interessen)、法國 Francescakis 之「直接適用法律理論」(Loid application immediate)；在英美法系之最新思潮則更是百家爭鳴，學說林立，有 Cook 之「當地法說」(local law theory)、Ehrenzweig 之「法庭地法說」、Baxter 之「比較損害方法」(Comparative im-

---

❸　Gerhard Kegel & Klaus Schurig, *Internationales Privatrecht*, C.H. Beck'sche Verlags Buchhandlung, München, 8., neubearbeitete Auflage, 2000, ss. 170–171.

pairment approach)、Currie 之「政府利益分析說」、Cavers 之「優先選擇原則」(Principle of preference theory)、Leflar 之「較佳法律方法」(Better law Approach)、及最重要牽連關係原則 (theory of the most significant relationship)。就每一學說之時代背景、代表學者、理論依據及影響一一說明。

二、歐陸法系之最新思潮

㈠拉貝爾 (Rabel)、薩瑟 (Szaszy)：比較國際私法說 (Comparative private international Law) (1945、1974)

1.比較法說之緣起　在第一次世界大戰與第二次世界大戰間產生，在德國被稱為第三學派，以示與普通主義─國際主義學派 (universalism-international school)、特殊主義─國家主義學派 (Particularism-national school) 區別而產生。蓋因一國一定時期制定國際私法，將阻礙國際民事經濟交往之廣泛開展，許多學者為試圖消除衝突法產生衝突，此為比較國際私法說產生的歷史根源和動力，二戰後湧現一批比較國際私法研究之學者，例如：德國之 Rabel、Reape、Lewald、法國之 Maury 及匈牙利之 Szaszy，其中以 Rabel 與 Szaszy 之學說較有代表性。

2. Rabel　德國學者 Ernst Rabel (1874–1955)，歷任巴塞爾、基爾、格廷根大學教授，在一九四五年至一九四八年間出版了四卷本的《衝突法比較研究》，是國際私法中比較法巨著，該學說的主導思想結論是：主張用比較研究的方法，研究各國獨特的國際私法規則，特別是衝突法制度，比較它們之間的聯繫、區別、得失、優劣，尋求各國衝突法中的共同點，通過條約形式使各國不同的衝突法規範一體化❽。

3. Szaszy　匈牙利國際私法學者 Szaszy 在一九七四年出版《西方國家、社會主義和發展中國家之衝突法》一書，對不同類型國家衝突法的內容，法律傳統以及歷史發展進行了詳細之比較研究，使我們能夠比較清楚地看到社會制度不同的國家之間衝突法制度的不同與聯繫，是研究不同類型國家國際私法制度的可資鑑鑒之成果。

4.比較國際私法說之評論　比較國際私法說又稱「比較法說」，又因代表了歐洲國家衝突法學發展的新趨勢，有著廣闊之發展前途，又被稱為「未來學派」，其主要貢獻有：

---

❽　Ernst Rabel, *The Conflict of Laws (A Comparative Study)*, Volume 1–4, 1945–1948, Ann Arbor, The University of Michigan Press.

⑴比較法學派代表了歐洲大陸國際私法學發展之一種趨勢，很大程度上推動了第二次世界大戰後歐洲衝突法之一體化，更通過海牙國際私法會議等形式締結有關條約，促成世界各國國際私法趨同化。

⑵比較法學派學者積極從事實體法的比較研究，以協調內國法（即法庭地法）與外國法的適用，重視實體法之比較，本學說對各國國際私法立法，特別是歐洲各國國際私法立法具有很大的啟迪作用，更促使對國際私法案件追求判決公正性之崇高目的。

㈡巴迪福 (Batiffol)：協調論 (1956)

巴迪福 (Henri Batiffol, 1905–1990) 係法國國際私法學者，曾任里爾大學、巴黎大學教授，一九五六年其名著《國際私法之哲學》(*Aspects philosophiques de Droit International Privé*) 提出國際私法的使命在於尊重各國實體法體系的獨立性，其任務是充當法律制度「協調人」的觀點，協調不同國家在發生法律衝突時的法律適用問題，巴迪福教授反對從各種先驗原則出發的演繹方法，主張從系統地考察各種法律為基礎，採用經驗的、實證的和對比的方法，從事國際協調，因此巴迪福之學說被稱為衝突法適用的「協調論」，尤其在一九四九年出版的《國際私法要論》(*Traite Elementaire de Droit In-ternational prive*) 即已充分表現這種方法❽。

㈢克格爾 (Kegel)：利益論 (interessen) (1964)

克格爾 (Gerhard Kegel) 係德國當代著名國際私法學者，海德堡大學教授，比較學派與未來學派的代表人物，除了名著《國際私法》(*Internationales Priva-trecht*)❻ 外，與國際私法學哲理與學派有關論著者有：⑴一九六四年《衝突法之危機》(*The Crisis of Conflict of Laws*)；⑵一九六六年《家長制之家與夢想之家》(*Paternal Home and Dream Home: Traditional Conflict of Laws & the American Re-formers*)。在第二次世界大戰之後，其非常重視在新的立場上以新的方法來研究

---

❽　Henri Batiffol Paul Lagarde, *Droit International Privé*, Paris, 1949；本書中譯本：㈠陳洪武、陳林洪、張淡足、王安譯，《國際私法總論》，中國對外翻譯出版公司，北京，一九八九年；㈡曾陳明汝譯，《國際私法各論》，正中書局印行，臺北，一九七五年三月臺初版。

❻　Gerhard Kegel & Klaus Schurig, *Internationales Privatrecht*, C.H. Beckśche Verlags Buch-handlung, München, 8., neubearbeitete Auflage, 2000.

國際私法問題，一方面比較歐洲大陸國家法與英美國家法之異同，二方面研究美國國際私法學說思想歷史之基礎，克格爾教授在前述著作中提出了「利益論」(interessen) 學說，主張不僅研究「國家的利益」，尚且需要研究「國際的利益」，並且兩者綜合加以考慮分析，從而確定應適用準據法，故其為「利益論」的積極倡導人與推行人，在國際私法學界建立了利益學派，並以所謂的「利益法學」(interesse jurisprudenz)❽ 來改造德國的國際私法，形成一種在國際上有較大影響之新趨勢。

克格爾教授之「利益論」可得言者有二：

1.就「宏觀」觀點言　大陸法系學理上充滿矛盾性，一方面既嚮往如現代美國國際私法之變革，一方面又期待維護自己傳統國際私法之體系，簡言之，既要改良，又不得超越自己傳統理論體系之範圍。

2.就「微觀」觀點言　英美國際私法大量採「最重要牽連關係原則」之際，大陸法系國家有採「例外原則」者、有採「補充原則」者❽，克格爾教授創立所謂

---

❽　Gerhard Kegel & Klaus Schurig, *Internationales Privatrecht*, C.H. Beckśche Verlags Buchhandlung, München, 8., neubearbeitete Auflage, 2000, s.139、166、267、276.

❽　最重要牽連關係原則之立法例，就德國、奧地利、瑞士、日本法制之大陸法系之新創舉，各國立法技術仍有不同，吾人可歸納為三：

　㈠為「除外條款」之規定，即國際私法中仍採剛性法則，惟在國際私法中明白為「除外條款」規定，依其規定，就某種涉外法律關係，依國際私法指示應適用某國法為準據法時，就周遭情況觀察，包括對各種牽連關係之分析，認該案件與準據法國僅有些微不足之牽連，而與另一未被指定為準據法之法域，卻關係密切，此時法院為求個案之適用法律正確，判決公平，即得依本規定不適用原應適用之法律，而例外地適用原未被指定為準據法之法律，例如一九八九年一月一日施行之瑞士國際私法第十五條規定：「1.依本法指定適用之法律，如從周遭環境觀察，很顯然地此特殊案件與該法僅有些微不足之牽連，而與另一法域之法律，卻有更密切牽連關係時，則例外的不予適用。2.前項規定於當事人合意選擇法律時不適用之。」

　㈡為「補充條款」之規定，即在國際私法中原則上仍採剛性法則，惟乃在國際私法中明白規定「本法關於準據法之特別規定，均被認為最重要牽連原則之表現，即法律明示選擇準據法之規定均為剛性法則，似乎僅在法律無明示準據法之案件，始有最重要牽連原則之適用，其僅為補充「法規欠缺」之漏洞而已，故為「補充條款」，如一九七八年六月十五日奧地利聯邦國際私法第一條規定謂：「1.涉外民事事件，依與事件有最重要牽連之法律定之。2.本法關於準據法之特別規定，均應視為本原則之

「克格爾階級適用論」，即增加連結因素之數量而增加可選擇性，以「軟化處理」方法，筆者自創「逐項逐段適用法」及「承先啟後適用法」❽，德國一九八六年德國聯邦國際私法法規 (EGBGB) 中即以克格爾教授「階梯適用形式」來解決國際「結婚」、「離婚」法律適用之方法問題❾。

明示表現。」

(三)為「特定副次條款」之規定，即在國際私法中原則上一般案件均選定一、二連結因素而非絕對硬性規定，僅在特定一、二種類型案件，將最重要牽連說為劣後適用之連結因素，如日本一九九〇年「法例」部分修正時，就已修正之「身分法」部分，舉凡「婚姻成立要件」(第十三條)、「夫妻財產制」(第十五條)、「離婚」(第十六條)、「婚生子女」(第十七條)、「認領」(第十八條)、「準正」(第十九條)、「收養」(第二十條)、「親子關係」(第二十條)、「監護」(第二十四條)、「繼承」(第二十六條)與「遺囑」(第二十七條)均不採彈性法則，仍採硬性規定，僅特定案件，即第十四條：「婚姻效力」之準據法規定謂：「婚姻之效力，依夫妻共同本國法，國籍不同者，依夫妻共同慣常居所地法，慣常居所地不明者，依夫妻最密切關係法。」其僅限立法者明示之案件且此特定案件，先依「國籍」為連結因素，次依「慣居地」為連結因素，僅無共同國籍且又無共同慣居地時，始適用「最密切關係地」為連結因素，其為副次之地位，又西德一九八六年七月二十五日新國際私法（民法施行法）亦採此立法例。

❽ 我國涉外民事法律適用法第六條第一項規定：「法律行為發生債之關係者，其成立要件及效力，依當事人意思定其應適用之法律。」

我國涉外民事法律適用法修正草案第九十五條規定：「夫妻財產制，準用前條之規定。但夫妻得合意選擇夫妻一方之本國法或住所地法，為其夫妻財產制應適用之法律。」「前項關於夫妻之不動產，如其所在地法與前項應適用之法律規定不同者適用不動產所在地法。」

❾ 德國一九八六年國際私法第十四條規定：

"Artikel 14【Allgemeine Ehewirkungen】

1. Die allgemeinen Wirkungen der Ehe unterliegen

(1) dem Recht des Staates, dem beide Ehegatten angehoren oder wahrend der Ehe zuletzt angehorten, wenn einer von ihnen diesem Staat noch angehort, sonst

(2) dem Recht des Staates, in dem beide Ehegatten ihren gewohnlichen Aufenthalt haben oder wahrend der Ehe zuletzt hatten, wenn einer von ihnen dort noch seinen gewohnlichen Aufenthalt hat, hilfsweise

(3) dem Recht des Staates, mit dem die Ehegatten auf andere Weise gemein sam am engsten verbunden sind.

㈣佛郎西斯卡基斯 (Francescakis)：直接適用法律理論 (1958)

　　佛郎西斯卡基斯 (Francescakis) 是希臘著名的國際私法學家，他於一九五八年發表了〈反致理論與國際私法的體系衝突〉一文，首次提出了「直接適用的法律」(loid' application immediate) 的概念，並在以後的著作中闡述了他的法律直接適用的理論。他認為，隨著國家職能的改變及其在經濟生活中作用的增加，國家對經濟的干預與日俱增。為了使法律在國際經濟和民商事交往中更好地維護國家利益和社會經濟利益，國家制定了一系列具有強制力的法律規範，用以調整某些特殊的法律關係。這些具有強制力的法律規範在調整涉外民事關係中，可以撇開傳統衝突規範的援引，而直接適用於涉外民事法律關係。這種能被直接適用的法律規範，就是「直接適用的法律」。法律直接適用說的問世，給歐洲國際私法理論注入了一股清新的空氣，尤其在方法論上，它引導人們對現代國際法律生活中的一些基本問題進行深思，引起了許多學者對法律直接適用現象的研究 **❾**。

---

2. Gehort ein Ehegatte mehreren Staaten an, so konnen die Ehegatten ungeachtet des Artikels 5 Abs. 1 das Recht eines dieser Staaten wahlen, falls ihm auch der andere Ehegatte angehort.

3. Ehegatten konnen das Recht des Staates wahlen, dem ein Ehegatte angehort, wenn die Voraussetzungen des Absatzes 1 Nr.1 nicht vorliegen und

(1) Kein Ehegatte dem Staat angehort, in dem beide Ehegatten ihren gewohnlichen Aufenthalt haben, oder

(2) die Ehegatten ihren gewohnlichen Aufenthalt nicht in demselben Staat haben.
　　Die Wirkungen der Rechtswahl enden, wenn die Ehegatten eine gemeinsame Staatsangehorigkeit erlangen.

4. Die Rechtswahl muss notariell beurkundet werden. Wird sie nicht im Inland vorgenommmen, so genugt es, wenn sie den Formerfordernissen fur einen Ehevertrag nach dem gewahlten Recht oder am Ort der Rechtswahl entspricht."

❾　㈠柯澤東，《國際私法》(國立臺灣大學法學叢書⑸)，自版，臺北，一九九九年十月第一版，第一〇五頁至第一〇九頁。

　　㈡韓德培，〈國際私法的晚近發展趨勢〉，載《中國國際法刊》，一九八八年，第十四頁至第十六頁。

　　㈢徐冬根，〈論法律直接適用理論及其對當代國際私法的影響〉，載《中國國際法年刊》，一九九四年，第六十八頁至第八十四頁。

　　㈣胡永慶《直接適用的法的理論研究》，武漢大學碩士論文，一九九八年五月。

三、英美法系之最新思潮：百家爭鳴、學說林立

㈠庫克 (Cook)：當地法說 (local law theory)

　　庫克 (W. W. Cook, 1873–1943) 係美國著名學者，歷任密蘇里、威斯康辛、芝加哥、耶魯、哥倫比亞、約翰霍布金斯等大學教授，一九四二年出版了《衝突法之邏輯與法律基礎》(*The Logical and Legal Bases of the Conflict of Laws*) 而提出「當地法說」(local law theory) ❷，不僅批判「國際禮讓說」，亦批判「既得權說」。庫克教授認為法院審理涉外民事案件總是適用自己國家之法律（內國法）而不適用外國法，但法院出於社會的利益和司法實踐的方便，法院可以適用外國法，但適用外國法只不過是將外國法規則併入內國法之中，拋棄了傳統之「國際禮讓說」、「既得權說」等衝突法理論，對於當事人依據外國法產生的權利，法院將其轉化為依據內國法產生之權利予以承認，因此法院以強制力保護的不是依據外國法產生之權利，而是依據內國法或當地法所產生之權利 (a local right)，故有稱「吸收論」或「合併論」❸。

　　庫克教授對傳統既得權理論之批判有了重要之影響，故就理論上言，庫克教授有二方面貢獻，一則徹底批判了既得權說，二則在方法上主張不要從哲學或法理學家之邏輯推論中去獲取應適用的衝突原則，其認為某一法律選擇之所以正確，並不在於符合某種「固有的原則」，而在於它代表了過去之「司法態度」(judicial attitude)；但一則把美國國際私法中之屬地說推到了極點，充滿了保守主義與實用主義；二則有破壞性，但並未提出建議性之解決方案 ❹。

---

❷　㈠張仲伯主編，《國際私法學》(高等政法院校規劃教材㉙)，中國政法大學出版社，北京，一九九九年一月第一版，第四十五頁至第四十六頁。

　　㈡丁偉主編，《衝突法論》(高等學校法學教材)，法律出版社，北京，一九九六年九月第一版，第二十四頁。

　　㈢李雙元，《國際私法 (衝突法篇)》，武漢大學出版社，武昌，一九八六年六月第一版，第九十五頁至第九十八頁。

　　㈣劉甲一，《國際私法》，三民書局印行，臺北，一九八二年九月修訂初版，第一一六頁。

　　㈤劉仁山主編，《國際私法》(高等學校法學教材)，中國法制出版社，北京，一九九九年五月第一版，第四十二頁至第四十三頁。

❸　劉仁山主編，《國際私法》(高等學校法學教材)，中國法制出版社，北京，一九九九年五月第一版，第四十三頁。

㈡艾倫茲維格 (Ehrenzweig)：**法庭地法說 (Lex Fori theory)**

　　Albert Ehrenzweig(1906-1974) 是美國加利福尼亞大學教授，在二十世紀六十年代提出解決法律選擇問題的理論，其經由對國際私法學說史的研究，在分析和考察以往判例的基礎得出結論：國際私法所賴以建立和發展的基礎是優先適用「法庭地法」，而外國法之適用只是一個例外。由於衝突法是法庭地法的一部分，在不存在成文之法律選擇規範或判例法中之法律選擇規範時，必須考慮法庭地法中之政策，而對法庭地法中之政策進行分析往往導致法庭地法之適用。依 Ehrenzweig 教授見解，傳統衝突法中識別、先決問題、反致、外國法證明、公序良俗保留等制度，均旨在適用法庭地法，因此只要堅持法庭地基本原則，這些傳統制度即可拋棄，而適用法庭地法之目的亦可實現❾❺。

　　Ehrenaweig 教授為防止當事人「任擇法庭」(forum shopping)，其提出：

　　1.「適當法庭」(proper forum) 理論　必須就每類法律關係確定一個最適當的法院，即在考慮法院與當事人或事實之實質聯繫後確定所謂適當的法院。

　　2.「方便法院」(forum conveniens)　就當事人出庭、書狀送達及法院調查證據須便利或方便之法院，否則得以「法庭不方便」原則駁回當事人請求。

　　「法庭地法說」具有明顯的實用主義、本位主義之色彩，並且將有助長當事人任擇法庭之趨勢，使紛爭在實質上不能得到公正的解決，被批評為是一種使衝突法從屬於法庭地實體法之國家主義學說，帶有一定之不確定性和不完整性。

㈢巴克斯特 (Baxter)：**比較損害方法 (Comparative impairment approach)**

　　美國著名國際私法學者巴克斯特 (William Baxter) 於二十世紀六〇年代提出的一種新學說。為解決「真實衝突」的問題，一九六三年他發表了〈法律選擇與聯邦制度〉(Choice of Law and the Federal System) 一文，詳盡闡述了他的「比較損害方法」。他認為，每一個地方的法律都存在著兩種不同的政策或目的，即內部目的和外部目的。內部目的是解決每個州內私人利益之間衝突的基礎，外部目的則是不同州私人利益發生衝突時所產生的政策。在「真實衝突」情況中，就是兩個州的外部目的發生了衝突，這時只能服從其中一個州的外部目的。確定的標準是：內部目的在一般範圍內受到較小損害的那個州，其外部目的應該服從另一個州的外部目的，換言之，在具體案件中應當比較兩個有關州的內部目的，看哪

---

❾❹　J. H. C. Morris, *The Conflict of Laws* 4th ed., 1993, pp. 446-447.

❾❺　Albert Ehrenzweig, *A Treatise on the Conflict of Laws*, st. Paul, Minn., 1962.

一個受到了更大的損害。如果內部目的受到了較大的損害，那麼它的外部目的就應該得到實現，即適用它的法律。但巴克斯特比較的不是哪個州的利益大些或重要些，而是比較它們的利益所受到的損害程度，以損害的大小來決定法律的適用，即內部利益受到損害大一些的那個州的法律將得到適用。實際上，「利益」和「損害」正是一個問題的兩個方面，哪個州所遭受的損害大些，其切身利益必然也就大些。相反，並沒遭受什麼損害的州，它與案件的關係也就相對疏遠一些。巴克斯特只不過是換了個角度來加以論述，因此，「比較損害方法」是柯里「政府利益分析說」的一個補充和發展。

㈣柯里 (Currie)：政府利益分析說

　1.**政府利益分析說之緣起**　柯里 (Brainerd Currie, 1912–1965) 教授，歷任庫德大學、洛杉磯大學、加州大學、匹茲堡大學、芝加哥大學教授，一九六三年將自己早年發表的學術論文收集彙編成《衝突法論文選集》(*Selected Essays on the Conflict of Laws*)，集中提出其「政府利益分析說」(governmental interest analysis theory) 之核心內容，以政策導向作為法律選擇的基本依據，在此基礎上，國際私法的法律選擇出現了新的特點，即法院開始提高法律選擇之質量，增強準據法之適當性，在必要時對準據法進行調整 ❾❻，對傳統的衝突法制度進行了猛烈之抨擊，認為「沒有法律選擇規則，我們會更好些」❾❼，主張廢除傳統選法規則，包括反致、定性和公共秩序學說採納「利益分析」，分別「虛假衝突」(false conflict) 與「真實衝突」(true conflict)，以自創之各種表格分析說明，俾使整個體系運作順暢。

　2.**政府利益分析說之主要觀點**　柯里教授之政府利益分析說提出一種全新方法，主要內容有幾個既獨立又互有關聯的問題：

　⑴就「政策問題」而言：柯里教授認為任何國家或法域之法律規範均是用以表現政府政策的，法律規範背後隱藏著立法者之某種政策，立法者不是法官，不是其他人，而是政府政策的制訂者，政策包括社會政策、行政政策與經濟政策等

---

❾❻　B. Currie, *Selected Essays on the Conflict of Laws*, 1963, p. 183.

❾❼　㈠鄧正來，《美國現代國際私法流派》，法律出版社，北京，一九八七年第一版，第一二六頁以下。

　　㈡韓德培、韓健，《美國國際私法（衝突法）導論》，法律出版社，北京，一九九四年第一版，第一二一頁以下。

等，立法者制定某一法律規範之目的是在通過適用該法律規範而促使政府之某一特定政策得到實現。

(2)就「利益問題」而言：柯里教授認為因某國家或法域適用其法律之目的在於實現其政府之相應政策，所以該國或法域在適用其法律規範方面就存在某種利益，而這種利益顯然是政府利益。但在美國各法域或各國在適用其自己的法律方面均存在著某種利益，但在具體情況下，各國或各法域所主張的利益並未必是「合法的」或「合理的」，故法院在處理具體案件時，只能適用具有合法的或合理的政府利益之國家或法域之法律。

(3)就「分析方法問題」而言：柯里教授認為法院在確定法律適用問題時，應如何判斷各有關國家或法域在具體案件是否具有合法的或合理的利益？其主張應當採行「政府利益分析」方法解決，法官在運用時方法論應採行兩程序，即先應確定構成某條實體法規範基礎的政府政策是什麼政策，具有什麼目的；次則，必須確定制定此實體法之國家或法域將此政策適用於具體案件時是否有利益❾。

(4)就「真實衝突與虛假衝突問題」而言：柯里教授將法律衝突分為二，一為「虛假衝突」(false Conflict)，指某個具體案件所涉及的兩個以上國家或法域之法律在具體規定上發生了衝突，但兩者所表現的政府利益並沒有發生衝突，即僅有一個國家或法域有正當利益，其他國家與法域均無正當利益者；二為「真實衝突」(true Conflict)，係指某個具體案件所涉及兩個以上國家或法域之法律不僅在具體規定上法律衝突，而且在兩者所表現的政府利益也存在衝突。柯里教授認為只有在真實衝突情況才會發生法律衝突問題，而解決法律衝突之最好方法即為「政府利益」分析法。

(5)就分析程序問題而言：柯里教授認為法官確定適用法律審理涉外案件時，首先，法官必須就涉及適用不同於法院地法之外國法或外法域法，應考慮有關法律各自所表現之政策及有關國家實施政策所主張利益，即政策利益進行分析；其

---

❾ Currie 從徹底分析 Milliken v. Pratt 一案後，開始攻擊該體系。他指出，該案中兩州之政策相衝突，麻州法之政策係保護該州之已婚婦女，緬因州法之政策係對當事人之合理期待賦予效力，以保護交易安全。然後他以一些獨創的表格說明：締約地法之適用會產生更多的虛幻問題，然後經常以顯然不能接受的方法，即以毀掉兩州之利益，或者毀掉一州之利益而未增加另一州之利益，來解決虛幻問題，見劉鐵錚、陳榮傳，《國際私法論》，三民書局印行，臺北，一九九六年十月第一版，第五十四頁。

次，法院如發現是「虛假衝突」情形，既是某一國家或法域在實行其法律所表現之政策方面有利益，而另外國家或法域無政策利益，法院應用唯一有利益國家或法域之法律；法院如發現是「真實衝突」情形，法院應對雙方之政策或利益作出更合適的或更有限制的解釋，盡可能地避免衝突，如果發現真實衝突無法避免，而其一為法庭地政府時，法院應無條件適用「法庭地法」；最後，法院如發現兩個外國或法域均有合理及合法利益，且衝突不可避免，法院地政府為無政策利益之第三方，只要不違背公正原則，法院得以「法庭不便利」為由，經由放棄管轄權來迴避問題，又法院如果不能迴避問題，則可以適用法庭地法，亦可以適用法院依自由裁量認為應適用之法律。

　3.政府利益分析說之評論　柯里教授政府利益分析說對傳統英美衝突法進行猛烈之抨擊，揭示法律衝突之本質，在美國法學界及各州法院產生了強烈回響，得到了普遍承認，但柯里教授的理論也有若干值得評論與質疑：

　(1)就理論基礎言：柯里教授以法庭地法原則為核心，過度追求法庭地法利益，且主張在解決法律衝突時一切取決於政府利益之分析，企圖徹底拋棄衝突規範及其各種制度（公序國際私法、反致、定性），等於否定衝突法有存在必要，動搖了幾百年來歷史國際私法之體系與理論基礎，理論過於極端，受到許多學者之反對，曾如英國學者 Morris 謂柯里「試圖拋棄法律選擇規範之做法，就如要拋掉一塊石頭卻砸到了自己的腳上一樣」[99]，有謂完全拋棄衝突規範及其制度而否定國際私法的最基本內容的東西是不足取得[100]，有謂柯里教授之規則可以異於傳統者，其仍屬規則，且同樣拘束法院，因此企圖丟棄選法規則，就像丟回力棒一樣仍會回到原處[101]。

　(2)就法律為政府利益言：政府利益分析說一方面在衝突法領域強調絕對的政府利益，有「法律為官僚制定」之質疑，二方面將衝突法問題視為「公法衝突」

---

[99]　J. H. C. Morris, *The Conflict of Laws*, 4th ed., 1992, p. 516.

[100]　(一)黃進主編，《國際私法》（九五規劃高等學校法學教材），法律出版社，北京，一九九九年九月第一版，第一八八頁。

　　(二)鄧正來，《美國現代國際私法流派》，法律出版社，北京，一九八七年第一版，第九十七頁。

[101]　劉鐵錚、陳榮傳，《國際私法論》，三民書局印行，臺北，一九九六年十月第一版，第五十六頁至第五十七頁。

而非「私法衝突」之趨勢，審判者利益將超越當事人之利益，何公平之有？

　　(3)就狹義州或法域利益言：特別強調州或法域之政府利益，一方面法官無法公平的、獨立的審判；二方面有違反內外國或法域之人民公平待遇之原則。

　　(4)就憲法環境而言：柯里教授理論，深受美國憲法充分信任條款、正當法律程序條款、法律特許、豁免和平等保護條款之影響，顯然在美國法院及美國各法域間衝突角度衡量，若在不同環境、國情，其理論將如何運用與憲法制衡？

　　(5)就適用結果言：法院在實際適用時，一方面須對隱藏在法律背後之「政府利益」進行分析，將大大增加法院之負擔❿，二方面擴大內國或法域之法律適用，將使法院假「政府利益」之名，行內國法或內法域法之實，違反內外國法平等適用之虞。

(五)卡佛斯 (Cavers)：優先選擇原則 (Principle of Preference)

　　卡佛斯 (David Cavers) 係美國紐約及麻州律師，一九二九年起在哈佛、耶魯、芝加哥大學法學院擔任教授，一九三三年其論文〈法律選擇問題之批判〉(A Critiqe of Choice of Law Problem) 中提出「公正論」(Justice theory)，其認為傳統通過衝突規範以選擇管轄權來解決法律衝突之方法應是不公平的，解決涉外案件真正具有意義的是適用案件的實體法，而不是空洞的管轄權，其主張應通過直接「法律選擇」而可實現「結果選擇」之目的，他為法律適用的結果提供了二個標準，一是要對當事人公正，二是要符合一定的社會目的。為符合這二個標準，法院在決定是適用內國法抑外國法之前，要考慮三方面，首先，要認真審查涉外事件與當事人之間的法律關係；其次要仔細比較適用不同法律可能導致之結果；最後是衡量這種結果對當事人是否公正以及是否符合社會之公共政策❿。

　　一九六五年卡佛斯教授出版《法律選擇程序》(The Choice of Law Process) 一書中提出了著名的「優先選擇原則」(Principle of preference Theory)，認為法院在審理涉外民事案件時，不應選擇管轄權規定之舊說，而應當在對有關法律規定進行分析之基礎上，優先選擇那些不僅能調整法律間的衝突，而且適用結果對當事人更為公正的法律。其提出了七項解決法律衝突案件之優先選擇原則，其中有五

---

❿　張仲伯主編，《國際私法學》(高等政法院校規劃教材㉙)，中國政法大學出版社，北京，一九九九年一月第一版，第四十七頁。

❿　韓德培主編，《國際私法》(面向二十一世紀課程教材)，高等教育出版社、北京大學出版社出版，北京，二〇〇〇年八月第一版，第四十九頁至五十頁。

項有關侵權行為❿與二項有關契約與債之讓與❿，完善了「公正論」。學說是首次提出直接對實體法進行選擇之假設，雖然一則太抽象模糊，適用上不容易；二則帶有明顯「屬地主義」傾向，對傳統學說批判不徹底，甚至有人視為一種毫無價值之「價值判斷法」❿。

㈥賴佛拉爾 (Leflar)：較佳法律方法 (Better Law Approach)

賴佛拉爾 (Rebert Leflar) 係美國紐約大學教授，於一九六六年在《紐約大學法律評論》第五十一卷發表論文，提出「較佳法律方法」(Better Law Approach) 理論，即有「影響法律選擇的五點因素」(Five Choice-influencing Considerations)，其歸納總結影響法院選擇法律之五個基本方面，其基本內容如下：⑴判決結果的可預見性是國際私法理論所一直追求的主要目標；⑵維持州際秩序和國際秩序，

❿　有關侵權行為領域五原則：㈠若受害法域之法律所設定之行為或財產保護標準，高於被告行為或住所地所設定者，應適用前者。㈡若被告之行為和造成傷害地法域之法律所設定之行為或財產保護標準，低於原告住所地法所設定者，應適用前者，一個附屬的原則規定，若原告和被告所住之法域並非受害法域，而受害法域之法律所設定之財產保護標準，低於兩造住所地法所設定者，則應適用設定較低保護標準者。㈢若被告之行為地法域對於被告在另一法域對原告造成可預見傷害之行為，設立管制（包括民事責任），但該另一法域並無這種管制，則應適用前者法域之法律。㈣若兩造關係所在地法域之法律，為當事人一方之利益，對另一方之行為或財產保護所課之標準，高於受害法域所課者，則應適用前者。㈤若兩造關係所在地法域之法律，為當事人一方之利益，對另一方之行為或財產保護所課之標準，低於受害法域所課者，則應適用前者。見劉鐵錚、陳榮傳《國際私法論》，三民書局印行，一九九六年十月第一版，第五十七頁至第五十八頁。

❿　有契約與債之讓與有二原則：㈠若為避免無能力、輕率、無知或不平等交易力量之結果，一法域之法律對締約、轉讓財產或設定擔保之權利課以限制，倘若符合下列條件，其保護性條款可予以適用：1.受保護之當事人住在該法域；且2.受影響之交易或受保護之財產利益集中於該法域。㈡若當事人明示，或推定其意圖，應適用合理關係到交易法域之法律，若該法律肯定該交易之效力，則即使當事人皆不住在該法域，或交易亦未集中於該地，亦應適用該法。但若其與上述原則相衝突，或若交易包括一土地契約，而土地所在地法之強制規定否認該契約形式或所生利益之效力，則不適用本原則，見劉鐵錚、陳榮傳，《國際私法論》，三民書局印行，一九九六年十月第一版，第五十八頁。

❿　丁偉主編，《衝突法論》（高等學校法學教材），法律出版社，北京，一九九六年九月第一版，第二十五頁至第二十六頁。

使相互衝突的主張和對主權的要求降到最低限度；(3)司法任務的簡單化，以避免法院在選擇機械性衝突規範時所引起的不便；(4)法院地政府利益優先，以促使與案件有某種確定關係的法院認真查明所適用的法律，是否具有充分真實的利益；(5)適用較佳的法律規範，保證判決結果的公正和合理。尤其第五點是關鍵部分，因而又被稱為「較佳的法律規範說」(doctrine of the better rule of law)。又對美國司法實踐產生較大的影響，但並無一個普遍標準供判定適用法律之好壞，亦遭到許多學者之批評和指責。

(七)集大成之結晶：最重要牽連關係原則

1.**最重要牽連關係原則之緣起**　二十世紀中期在美國衝突法之理論與實踐中出現抨擊傳統衝突法律適用原則之浪潮，各種改良法律適用原則之理論紛紛出現。最重要牽連關係原則 (theory of the most Significant relationship) 是英美國際私法的最新發展，又稱「最密切牽連關係理論」(theory of the closest connection)、「最強牽連關係理論」(theory of the strongest connection) 或「最真實牽連關係理論」(theory of the most real connection)。其主要產生於美國有關司法判例，其主要含義是在選擇某一法律關係的準據法時，要綜合分析與該法律關係有關的各種因素，從質與量這二個角度將主客觀連結因素進行權衡，尋找或確定何一國家或法域與案件之事實和當事人有最重要牽連關係，即法律關係之「重力中心地」，該中心地所屬之法律為法律關係之準據法。它是二十世紀最富有創意、最有價值和最實用的國際私法理論。該理論的獨特之處在於不是某一個學者或法官之觀點和思想，而應是數代國際私法學者之學術思想和智慧的集合體，故是理論和實踐不斷融合的結晶。

2.**最重要牽連關係原則之淵源**　最重要牽連關係原則思想可淵源至薩維尼之「法律關係本據說」，薩維尼教授認為每一種法律關係都有其「本據」❿，而「本據」就是該法律關係與某一法域之牽連關係之所在，則該法律關係應受本據地法支配，故薩維尼教授強調了某一法律關係與法域間之牽連關係或聯繫。嗣有些學者繼承薩維尼教授之思維但又認為「本據」一詞太含混和不具體，Gierke 用「重心」或「引力中心」(Center of gravity) 敘述以代替「本據」，提出用法律關係本身之「重心」地之法律來調整該法律關係，「重心說」已在薩維尼教授「法律關係

---

❿　Gerhard Kegel & Klaus Schurig, *Internationales Privatrecht*, C.H. Beck'sche Verlags Buchhandlung, München, 8., neubearbeitete Auflage, 2000, ss. 179–180.

本據說」基礎上向前邁了一大步❿。又後繼有英國國際私法學者 J. Westlake 在著《國際私法論》中拋棄「地域」關係，主張法律關係應受與其法律關係有最密切聯繫之法律 (the law of the most closely connected) 之支配❿。至此最重要牽連關係原則應已初步形成。但最重要牽連關係理論不是簡單繼承薩維尼教授之學說，而是對其學說的「否定之否定」，蓋薩維尼教授認為任何法律關係僅有一個「本據」，依此種學說所制定出衝突法則，就是一種「硬性」的衝突法則，法院僅得「機械地」依這種衝突規範去選擇法律；反之，依最重要牽連關係原則所制定出衝突法則，就是一種「彈性」的衝突法則，法院得「機動地」、「彈性的」依此種衝突法則去選擇準據法，避免了傳統衝突規範之硬性與機械化，平添了法律選擇之彈性或靈活性。

3.**最重要牽連關係原則之司法實踐（Fuld 法官）** 二十世紀五十年代美國司法實踐對最重要牽連關係理論有進一步發展，美國紐約州法院首席法官 Fuld 是最早適用本理論確定準據法的，最有影響力的名案，有一九五四年 Auten v. Auten 及一九六三年 Babcock v. Jackson，前者是最早適用該學說確定「契約之債」，後者是最早適用該學說確定「侵權行為之債」，這兩個案件均是出自 Fuld 法官，其依據「引力中心」與「聯繫聚集」之思想，強調讓與法律關係有重大利害關係之法律對該問題有絕對的控制權，從而同意法院適用有最重要牽連關係之地方之法律。

⑴ Auten v. Auten：一九五四年美國紐約上訴法院在審理 Auten v. Auten 時，Fuld 法官闡述了「最重要牽連關係」的基本觀點，並運用「最重要牽連關係說」選用了與契約最有密切牽連關係之國家或法域之法律為準據法，使用「重力中心地」、「關係聚集地」這種概念，取代了傳統衝突法理論與實踐中單純依據「契約訂立地」或「履行地」等單一標誌確定準據法之方法❿。

⑵ Babcock v. Jackson：一九六三年在美國紐約上訴法院審理 Babcock v. Jackson 案中，Fuld 法官又一次運用「最重要牽連關係說」選擇與侵權行為有最密切聯繫之紐約州法律作為侵權行為之債的準據法，放棄了美國判例中機械地照搬「侵權行為地法」的傳統作法。案例事實是：一九六一年九月家住紐約州

❿ Martin Wolff, *Private International Laws*, 1950, 2nd ed., p. 37.

❿ J. Westlake, *A Treatise on Private International Law*, 7th ed., 1925, p. 302.

❿ Auten v. Auten (1954) 308 N.Y. 155, 124 N.E. (2d) 99.

Rochester 城的 Jackson 夫婦，邀請同住該城的 Babcock 小姐開車前往加拿大。當車開到安大略省時，汽車突然失去了控制，衝出公路，撞在一堵牆上，為此 Babcock 受了重傷。回到紐約後，Babcock 便對 Jackson 的駕駛疏忽行為提起訴訟。用傳統的國際私法觀點來看這個案件，適用法律的問題非常簡單：侵權的損害賠償依侵權行為發生地法，事件發生在安大略省，則適用安大略省的法律。但是，Fuld 認為，案件的行為人和受害人都是紐約人，汽車、駕駛執照、車庫以及保險都在紐約，旅行的出發地和終結地也是紐約，而安大略僅僅是事故偶然發生地，因此整個案件中，紐約州比起安大略省來說對案件有著更為直接的、密切的「聯繫」，適用紐約州的法律更為合理 ⑪。

4.最重要牽連關係說之文獻　在 Fuld 法官所採用之「最重要牽連關係」選擇法律之方法，其根源可以追溯到一九三二年哈佛大學教授 Cavers 在《哈佛法律評論》發表專文為〈法律選擇問題之批判〉，Cavers 教授對傳統衝突法進行批評，其認為傳統英美國際私法理論在解決涉外爭端時，適用單一法律適用原則確定準據法，導致法官只重視「管轄權之確定」與「法律適用原則之確定」，而對於真正解決紛爭之實體法並不關心，通常法官並不知悉所要適用之該外國法內容，如此審理案件之結果會違背法律公正原則。Cavers 教授認為法院之根本任務在於公正地解決紛爭，不明智地選擇法律，不考慮所選擇法律對紛爭所引起後果，是無法完成其根本任務的。在當時僅具有理論上意義，到了六十年代 Cavers 之學生們成了法官、律師，其主張在實務中得到運用，其對傳統選擇法律方法提出批評，在「最重要牽連關係原則」之形成有重要作用。

5.一九七一年 Reese 教授:《美國國際私法第二次新編》之採行　對美國國際私法之理論與實踐最有影響，也最有價值的成果是一九七一年以 Reese 教授為報告人之《美國國際私法第二次新編》(*Restatement of the Law, Second, Conflict of Laws*) 對最重要牽連關係說作了理論性之概括。《美國國際私法第一次新編》係由哈佛大學教授 Beale 負責起草，經「美國法律學院」組織編定，在一九三四年公布，其指導思想係以 Dicey 教授之「既得權理論」為依據，其內容上有機械的、公式化之法律選擇模式，因而受到柯里 (Currie) 教授等「政府利益分析說」之激進派強烈反對；在哥倫比亞大學法學院教授 Reese 主持下，《美國國際私法第二次新編》編纂完成，其不贊成激進派完全拋棄法律選擇規範之方式，高度稱讚 Fuld

---

⑪　Babcock v. Jackson (1963), 12 N.Y. 2d473, 191 N.E. (2d) 279.

法官在審理 Babcock 案之觀點，Reese 教授是對美國各種學說之一種折衷，一方面力圖去反映它們，另一方面又不能完全同意它們，在許多矛盾學說中採取一種折衷態度之新面貌出現。其根據美國司法判例中的「引力中心」、「聯繫聚集地」等觀念，其主張法院在處理涉外案件時應適用與案件之事實與當事人有最重要牽連關係之國或法域之法律，提出「最重要牽連關係」(the most significant relationship) 的概念，雖然《國際私法新編》是民間性示範法，仍沒有法律效力，但因為經由大量判例之整理和研究，通過對各種學說之分析和綜合而歸納為若干規則與原則，對美國國際私法之理論和實踐有著重大意義，故一則最重要牽連關係原則為《美國國際私法第二次新編》所採行，本學說應為眾多美國衝突法理論中居於較為突出地位；二則《美國國際私法第二次新編》規定的最重要牽連關係原則有一特徵，其並不硬性規定何地或何國法律是法律關係之最重要牽連關係地法，只提供一些可供選擇之連結因素，而讓法院結合案件之具體情形去確定法律關係之最重要牽連關係地法，表現極大彈性與機動性，使法院賦與充分之自由裁量權；三則一九七一年《第二次新編》正式公布，表示著《第一次新編》「既得權理論」之終結，而「最重要牽連關係原則」之誕生與形成，使美國學界四十年之吵吵嚷嚷混亂局面趨向穩定。

6.**最重要牽連關係原則之成文化**　二十世紀上葉，最重要牽連原則之立法與司法實踐僅在有限的範圍和領域，例如契約準據法與解決國籍積極衝突（關係最切國）❷；二十世紀七十年代起本原則在國內立法、國內司法實踐和國際條約中得到廣泛適用，且其適用領域自契約與國籍積極衝突擴展到侵權、信託、夫妻財產制、扶養、住所、居所及營業所的衝突、多法域國家準據法的確定、管轄權、商事仲裁等領域。事實上，不少國家把最密切聯繫原則作為其國際私法的基本原則。例如一九七八年奧地利聯邦國際私法法規第一條規定：「與外國有連結的事實，在私法上，應依與該事實有最強聯繫的法律裁判。」「本聯邦法規（衝突法）所包括的適用法律的具體規則，應認為體現了這一原則。」❸一九八九年瑞士聯邦國際私法法規是現代國際私法立法的典範，它不僅有多條規定涉及最密切聯繫理

---

❷　一九四六年希臘民法典，該法典第三十條第二項規定，如果一個人兼有幾個外國國籍，適用同他有最密切聯繫的那個國家的法律。

❸　陳隆修，〈奧地利聯邦國際私法條款〉，載《比較國際私法》，五南圖書公司，臺北，一九八九年十月初版，第一八一頁以下。

論，而且在總則第十五條更加靈活地規定，根據所有情況，如果案件與該法指定
的法律明顯地僅有鬆散的聯繫，而與另一法律具有更密切的聯繫，則可以例外地
不適用該法所指定的法律⑭。

---

⑭ ㈠劉鐵錚等，《瑞士新國際私法之研究》，三民書局印行，臺北，一九九一年十月，第
　二十二頁至第二十四頁。

㈡陳衛佐，《瑞士國際私法法典研究》，武漢大學博士論文，一九九七年五月，收入梁
　慧星主編「中國民商法專題研究叢書」，法律出版社，北京，一九九八年一月第一版，
　第四十五頁至第四十八頁。

第六章　國際私法之法源論

（三）實質國際私法：隱藏國際私法

第三節　國內習慣（法）

一、國內習慣（法）之概念

二、國內習慣（法）之發生條件

三、國內習慣（法）之重要性

四、國內習慣（法）在我國法源之地位

第四節　國內司法判決（例）

一、司法判決（例）之概念

二、英國法系國家：判例是直接法源

三、大陸法系國家：判例是重要法源

四、中國大陸地區對司法判決之立場與態度

五、司法判例在我國國際私法之法源地位

六、判例在我國「契約」準據法（當事人意思）之重要性

七、判例在我國「海上侵權行為」準據法之重要性

（一）單一船舶上之侵權行為

（二）船舶碰撞侵權行為之準據法

第五節　法理與學說

一、問題提出：公平正義是國際私法之法源？

二、法理存在之原因

（一）就國際私法發展歷史言

（二）就國際民商關係言

（三）就國際私法法律之內容觀察言

三、法理存在之形式與內容

（一）法理之形式有三：學說、國際私法規則之比較原則、一般法律原則

（二）法理之內容有二：程序上法理、實體上法理

四、有關「法理」法源之立法例

五、法理之實用：法規欠缺及其補全（§30後段）

（一）法理之法源依據

（二）法理之含義

（三）法理之適用條件：法規欠缺（Lücken）

　1.完全法規欠缺（全部欠缺）

　2.不完全法規欠缺（一部欠缺）

（四）法規欠缺之補全：法理

第七節　國際慣例

第一節　國際私法法源論之概念

一、國際私法法源論之概念

所謂法律之法源 (Les Sources; die Quellen) 有多重含義，有指法律規範表現之法律形式（形式意義）者，有指法律之組成部分者，有指法律規範之創制者，有指構成一實證法總體素材之淵源及適用上位階順序者，有指法律之由來者，有指具有拘束力可作為行為規範與判決依據者，不一而足；有就「形式上」觀察，有就「實質上」敘述，有就「效力」分析，有就「源本」說明。故綜合而言，國際私法之法源即研究國際私法之由來，組成部分，表現形式，法規創制，總體素材，判決依據及適用位階順序者而言。

二、國際私法法源論之特點

國際私法法源與國內民商法（如我國民法第一條，海商法第五條）、國際公法之法源等比較，國際私法法源具有五個顯著特點：

㈠兩重性

因國際私法適用對象為國際民商事法律關係，其具有複雜性與特殊性，國際私法法源中既有「國際性」又有「國內性」，國際性表現有國際條約，國際習慣，國際判例等；國內性表現為國內立法，國內習慣法，國內判例等，法理及學說應包括國內性及國際性，此充分表現國際私法在法源上不同於一般國內民商法之最重要特點❶。

㈡多樣性

國際私法法源的多樣性，蓋有的法律僅以國內立法為法源，有的法律僅以國際條約與國際慣例為法源，而國際私法之法源卻囊括了國內立法，國內習慣，國內判例，國際條約，國際慣例，國際判例等各種不同表現形式。

㈢不成文性（習慣法）

就國際私法發展之特殊歷史條件觀察，十八世紀上半葉以前大致以「習慣法」狀態存在，十八世紀下半葉才進入成文之制定法階段，故不成文性之習慣法在國際私法早期為決定性之法源，直到今日仍具有舉足輕重地位。

---

❶ 法源之特徵有「法源單元論」與「法源多元論」之爭議，有認為方便說明而將之分為「國際的法源」與「國內的法源」而論述，即為「法源多元論」；有採取反射法源二分法而認為法源本質上只有一個，即為「法源單元論」。

㈣**學說性**

十八世紀前西方國際私法處於「法學與科學之國際私法」階段，即以「學說」或「法理」形態表現其形式，雖在十八世紀下半葉進入「立法的國際私法」階段，一方面學說仍在國際私法之立法與實際判例中有著重要作用；二方面國際私法係開展中法學，這門法學研究非但不能「閉門造車」，更要參考各國學說，開創與耕耘國際私法學。

㈤**差異性**

由於各國國情不同，在同一國內學者對國際私法之內容與範圍之認知不同，先就國家不同而法源不同言，在羅馬法系與社會主義法系國家，法源位階係採成文法優先於習慣法；但在採普通法之英美國家，較重判例法，並無成文法優先於習慣法之安排；又如社會主義法系一般均不承認「法院判決」具有法源價值。其次，就同一國家之內不同學者形成法源範圍不同而言，例如在採成文法之我國國際私法學者，有採小國際私法與大國際私法之別，我國其他法律中哪些條文是「隱藏國際私法」，哪些國際條約是國際私法之法源，同樣存在較大差異。綜合而言，國際私法之法源內容是豐富的，多樣的，值得較深入研究。

三、國際私法法源之總覽

國際私法法源具有多樣性、兩重性，其內容可依不同標準而分類，例如依其具有涉外因素與否可分：一為國際法源，二為國內法源，前者為國際條約、國際判例、國際慣例（習慣）等方式，後者包括國內立法（成文法）、國內習慣法及國內法院判例等；依其具有成文性與否可分為二：一為成文法源，二為不成文法源，前者採國內立法、國際條約方式，後者包括國內習慣法、國內判例、國際習慣、國際慣例、學說及法理等法源。

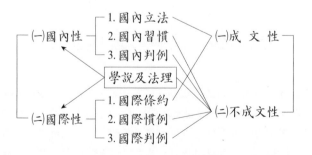

我國民法第一條規定：「民事，法律所未規定者，依習慣；無習慣者，依法

理。」其規定法源指「成文法」、「習慣」及「法理」三者，並先後適用順位；又海商法第五條規定：「海商事件，依本法之規定，本法無規定者，適用其他法律之規定。」僅提及國內成文立法一者❷；我國涉外民事法律適用法第三十條則規定：「涉外民事，本法未規定者，適用其他法律之規定，其他法律無規定者，依法理。」其規定之形式有二，「法律」（成文立法）及「法理」二者，其餘「習慣」（國內及國際）、「判例」（國內及國際）及「國際條約」雖涉外民事法律適用法未以文字規範其為法源，仍有其重要地位，筆者依下列順序分節說明：⑴法律（國內立法）：說明國內立法之歷史總覽，衝突規範之六種立法體例，成文法典化之最新發展，我國形式國際私法之法源，立法沿革，新修法草案及隱藏國際私法之法源與實質內容；⑵國內習慣：說明其概念，發生條件，重要性及在我國國際私法法源中地位；⑶國內判例：分析國內司法判例之概念，英美法系國家之直接法源，大陸法系國家之判例仍是重要法源，中國大陸地區對司法判決之立場與態度，司法判例在我國國際私法之法源地位，並舉判例在我國「契約」與「海上侵權行為」準據法中重要性說明；⑷法理與學說：提出一般學者謂「公平正義」是國際私法之法源之問題討論，法理存在之條件，法理存在之形式與內容，法理為法源之立法例，法理之實用（法規欠缺與補全）及我國法理實踐之足跡（判例）；⑸國際條約：分別解釋國際條約之基本概念，國際私法趨同化工作之國際組織（十一個），國際條約規範內容之具體表現（分十二類歸納），我國參加國際私法之條約，國際條約在國際私法法源之效力及國際條約在國際私法法源之發展趨勢；⑹國際慣例：闡釋國際慣例之概念，國際慣例之條件，分類，內涵與外延，具體內容，效力及我國實證立法；⑺國際判例：解析國際司法機關判例之概念，舉六則實例，並說明其法源價值。據此先「國內法源」，後「國際法源」分七節深入研究。

第二節　法律：國內立法

❷　有關新海商法第五條有下列問題值得評論：㈠刪除「民法」字樣而忽視海商法之獨立性；㈡重「國內法源」而忽視「國際法源」；㈢重法源動態之「法律適用順序」而忽視現代法源之「範圍多元化」之特性；㈣重「實體法」法源而忽視「準據法」法源。見賴來焜，《新海商法論》，學林出版社，臺北，二〇〇〇年一月第一版，第三一八頁至第三三一頁。

一、成文法是國際私法的主要法源

在國際私法之發展史上，國際私法係於國內習慣中形成，後來隨著國際交往之發展，國際私法在國內成文法中得到很大發展，所以國內立法之成文法無論在歷史上抑或當今均是國際私法之主要法源。成文法最早在七世紀中葉中國唐律中有「化外人相犯條」謂：「諸化外人，同類自相犯者，各依本俗法；異類相犯者，以法律論。」《唐律疏義》解釋謂：「化外人謂蕃夷之國，別立君長者，各有風俗，制法不同，其有同類相犯者，須問本國之制，依其俗法斷之；異類相犯者，如高麗之與百濟相犯之類，皆以國家法律論定刑名。」（卷六）即國籍相同外國人在中國發生爭訟，適用當事人本國法作為判決之準據，不同國籍外國人在中國發生爭訟以適用法庭地法，即依中國法作為處理案件之依據。而在歐洲最早成文法應以一七五六年之巴伐利亞法典 (Bavarian Code) 及一七九四年之普魯士一般法典 (Prussian General Code) 為代表。然具有影響力與重要性之國內立法，當以一八○四年法國拿破崙民法典，其影響於其他歐洲大陸之立法，至深且鉅。

筆者見我國一般學者及教科書，有關各國國內之立法，一則略舉太少，無法窺其全貌；二則所引資料太舊，近二十年之立法例國際私法立法「革命」均未見，筆者願採用歷史研究方法，對國際私法立法例進行分析、歸納，尤其分析國際私法立法法典化之發展趨勢、特點與原因。

二、國內立法之歷史總覽

㈠十八世紀至十九世紀：民法分散式之草創期

十八至十九世紀除一七五六年巴伐利亞法典 (Bavarian Code) 及一七九四年普魯士一般法典 (Prussian General Code) 外，法國（一八○四年）、奧地利（一八一一年）、荷蘭（一八二九年）、羅馬尼亞（一八六五年）、義大利（一八六五年）、葡萄牙（一八六七年）、西班牙（一八八八年）等國的民法典中，均受法國民法典影響較大，或多或少地規定了一些國際私法規範。

㈡十九世紀末二十世紀初：單行法草創期

十九世紀末二十世紀初，國際私法的國內立法開始向系統的、全面的單行法方向發展，一八九六年德國民法施行法可稱為世界上第一部成文的國際私法單行法規。一八九八年日本頒布了以調整涉外民事關係的衝突規範為主要內容的法例。受德國日本法影響我國於一九一八年頒布單行的法律適用條例。

㈢二十世紀：國內立法繁榮期

　　到二十世紀，尤其是第二次世界大戰後，各國國際私法立法有了長足的發展，國際私法的國內立法出現了空前繁榮的局面，一方面，越來越多的國家在民法典或其他專門法中規定了國際私法規範，如巴西、智利、阿根廷、墨西哥、秘魯、加彭、塞內加爾、英國、義大利、希臘等國。另一方面，各國國際私法立法逐步向法典化方向發展。如泰國（一九三九年）、捷克斯洛伐克（一九四八年）、阿爾巴尼亞（一九六四年）、波蘭（一九六六年）、民主德國（一九七五年）、奧地利（一九七九年）、匈牙利（一九七九年）、南斯拉夫（一九八二年）、聯邦德國（一九八六年）、瑞士（一九八九年）等國，相繼頒布了單行的國際私法法規，其中一九八八年十一月十二日頒布並於一九八九年一月一日施行的瑞士聯邦國際私法法規，堪稱當代國際私法立法的代表作。該法共十三章，凡二百條，內容涉及自然人、婚姻、親子關係、監護、繼承、物權、智慧產權、債權、公司、破產與和解協議、國際仲裁等，是迄今為止世界上最為詳盡、完備的一部國際私法典。

㈣九〇年代新國際私法

　　有關九〇年代新國際私法之立法例有：⑴一九九〇年生效日本法例❸，⑵一九九二年羅馬尼亞國際私法❹，⑶一九九五年義大利國際私法制度改革法案❺，⑷一九九一年加拿大魁北克國際私法❻，⑸一九九二年澳大利亞國際私法❼，⑹一九九六年列支敦士登國際私法❽，⑺一九九九年德國國際私法❾等均表現新立

---

❸　張慧瓊，〈日本一九八九年國際私法之部分修正法〉，載《國際私法理論與實踐㈡——劉鐵錚教授六秩華誕祝壽論文集》，學林文化事業有限公司出版，臺北，一九九八年九月，第三一九頁至第三四八頁。

❹　㈠ Civil code of Que'bec, Private International law, Title 2-Conflict of laws, Acts 1991, No. 923, §1, eff. Jan. 1, 1992. 資料來源：http://www.legis.state.la.us/tsrs/search.htm.

　　㈡賴來焜，〈國際私法最新資料選編〉，載《國際私法理論與實踐㈡——劉鐵錚教授六秩華誕祝壽論文集》，學林文化事業有限公司出版，臺北，一九九八年九月，第三七九頁以下。

❺　杜濤，《九〇年代外國國際私法立法比較研究》，武漢大學碩士論文，一九九九年五月，第五十五頁至第七十二頁。

❻　粟烟濤、杜濤譯，韓德培校，〈加拿大魁北克國際私法〉，載《中國國際私法與比較法年刊（第二卷）》，法律出版社，一九九九年九月第一版，第五五八頁以下。

❼　董麗萍，《澳大利亞國際私法研究》，武漢大學博士論文，一九九七年五月，收入「中國民商法專題研究叢書」，法律出版社，北京，一九九九年五月第一版。

❽　杜濤，前揭碩士論文，第七十三頁至第八十七頁。

法趨勢。

三、衝突規範六種立法體例

所謂「立法體例」係指衝突法在國內立法體系中之表現形式或地位。

又國際私法主要包括衝突規範和國際統一實體法規範，同時還涉及外國人民事法律地位規範和國際民事訴訟與仲裁程序規範，後兩種規範主要散見在憲法，外國人法，民事訴訟法，仲裁法等相關法律中，我們在此所論及的國際私法立法模式主要是針對衝突規範而言的。早在十八世紀中期，衝突法進入立法時期，隨後衝突法立法陸續在各國開展，第二次世界大戰後，隨著國際交往頻繁和涉外民商事法律關係大量出現，衝突法有了長足進步，綜觀歷史，其立法體例可歸納為六種：分散立法式、專編專章式、特別法規定式、條約法規定式、外國人法式與單行法規式，分別說明歸納與評析。

㈠分散立法式：法國法系

1.分散立法式之概念　所謂「分散立法式」係將衝突法規範分別或零散規定在民法典或其他法典的有關條款中，即在民法典有關編章中附帶規定相關的衝突規則之立法形式，深受一八〇四年法國民法典影響，國際私法學者稱為「法國法系」❿。十八世紀中期到十九世紀末期的國內立法，基本上採取這種方式。

2.分散立法式之立法　採分散立法式之法典主要有：

⑴一七五六年巴伐利亞法典：關於國際私法規則之規定在第一編，第二章，第十七節，第二條；

⑵一七九四年普魯士法典：關於國際私法規則在「總論」中第二十二節至第二十四節；

⑶一八〇四年法國民法典：第三、六、十一、十四、十五、四七、四八、一七〇、九九〇、一〇〇〇、二一二三、二一二八條規定了國際私法之規則；

⑷一八一一年奧地利民法典：關於國際私法之規定共有六個條文；

⑸一八二九年荷蘭王國立法總則：計有七個條文是關於國際私法規定；

⑹一八五六年希臘民法典：關於國際私法之規定是第三條至第八條計有六條，希臘民法直至進了二十世紀以後仍然保留在民法典中；

---

❾　賴來焜，〈德國一九九九年新國際私法〉，載《法令月刊》，二〇〇〇年五月出版。

❿　肖永平，《中國衝突法立法問題研究》，武漢大學博士論文，一九九三年五月，武漢大學出版社，武昌，一九九六年八月第一版，第五十頁至第五十一頁。

⑺一八六五年義大利民法：關於國際私法之規定，計有七個條文，至一九七八年義大利民法典中仍維持本立法體例，但一九九五年義大利國際私法制度改革法案則採單行法立法體例；

⑻一八六八年葡萄牙民法：關於國際私法之規定共計有七個條文；

⑼一九八七年巴拉圭民法典：本世紀末之巴拉圭新民法，將國際私法之一般原則置於民法通則部分，而將專門選法法則零星分散在民法典之相關部分。

⑽一八八九年西班牙民法：關於國際私法之規定僅有四個條文；

⑾其他國家：十八世紀中至十九世紀末期之立法，例如埃及、巴西、智利、墨西哥、比利時、瑞典等國家在同時期也採取本立法體例；

3.分散立法式之評析　歐洲最早將國際私法之衝突規則規定在國內成文法中為一七五六年巴伐利亞法典，而在立法體例影響力最大當推一八〇四年法國民法典，綜合觀察值得說明者：

⑴就巴伐利亞法典之「法則區別說」原則而言：巴伐利亞法典深受「法則區別說」之影響，接受「法則區別說」提出之一些普遍原則將其明文化、成文化，但值得說明的是第一編第二章第十七條有關物權準據法規定未接受「法則區別說」所主張「動產隨人」原則，其規定「物權不論不動產或動產，亦不論有形物或無形物，應適用物之所在地法」❶。

⑵就普魯士法典之「維持法律行為有效原則」言：一七九四年普魯士法典原則上仍採用「法則區別說」之原則制定條文，但其創立了一些新規則，例如將民法中「維持法律行為有效原則」適用於國際私法範疇中，具體規定有二個條文，一、如果一個行為人有二個以上住所，依一個住所地法律認為有關之契約或其他行為為「有效」，但依另一個住所地法律則認為「無效」時，應該依認為有效之前一個住所地法為準據法；二、如果一個行為人住所在外國，其在普魯士訂立一個有關在普魯士領土上之動產契約，如果依據其住所地法，其有訂立此契約之能力，但依據行為地法，其沒有訂約能力；或者情形相反，依據行為地法，其有訂約能力，而依據住所地法，其無訂約能力，普魯士民法典規定，應適用認為契約有效之法律為準據法。上述建立之新規則一則既使行為有效，二則保護國際民商交往權益，促進交易安全❷。

---

❶　Martin Wolff, *Private International Law*, 1950, 2nd ed., pp. 55–56.

❷　肖永平，《中國衝突法立法問題研究》，武漢大學博士論文，一九九三月五月，武漢大

⑶就法國民法典首創「國籍」為連結點及分散立法影響歐洲而言：一八○四年法國民法典對國際私法立法影響力最大，一則第三條規定：「有關警察與公共治安的法律，對於居住於法國境內的一切居民均有強行力。」「不動產，即使屬於外國人所有，仍適用法國法律。」「關於個人身分與法律上能力的法律，適用於全體法國公民，即使其居住於國外時亦同。」⑬不僅在十九世紀為法國十分廣泛之法院實踐奠定了基礎，而且在國際私法有了深遠的影響；二則本條文第一個重要特點在於其第一次將「國籍」作為決定個人身分及法律上能力之連結因素，成為國際私法立法史上一個新里程碑，蓋過去「法則區別說」中所謂各城市國家或各地區間都有不同之法律，其所謂屬人法實際上即指居民的「住所地法」，法國民法典明確將「國籍」作為處理身分與能力問題之連結點，嶄新的「本國法」主義應運而生，使屬人法含義趨於完備⑭；三則本條文第二個重要特點在於「警察法」與「強行法」，形成國際私法上「直接適用法律」(loid' application immediate) 理論之來源與依據⑮，直接適用法律理論在大陸法系之影響與革命，與美國「最重要牽連關係原則」(The Doctrine of the most significant Relationship) 均有揚棄傳統概念論之國際私法體系，旨在改造傳統的準據法選法方法；四則就立法體例觀察，法國民法典採分散立法方式，在民法典有關編章節中附帶規定有關國際私法相關規定之形式，使歐洲及其他地區（前面所列舉）國家紛紛仿效，故許多國家國際私法學者將其稱「法國法系」。

⑷就本立法體例之規定範圍有限與單向硬性規則言：本立法體例立法模式一則在民法中分散加入衝突規範條文，不僅規定極為簡單，而且規範之事項及調整範圍十分有限，前述國家幾乎均為四、五條，掛一漏萬，國際私法體系無法建立⑯；

學出版社，武昌，一九九六年八月第一版，第五十頁。

⑬ ㈠羅結珍譯，《法國民法典》，國際文化出版社，北京，一九九七年十二月第一版，第一頁。

　㈡李浩培、吳傳頤、孫鳴崗譯，《拿破崙法典（法國民法典）》，漢譯世界學術名著叢書，商務印書館，北京，一九九七年二月第六刷，第一頁。

⑭ 肖永平，《中國衝突法立法問題研究》，武漢大學博士論文，一九九三年五月，武漢大學出版社，武昌，一九九六年八月第一版，第五十頁。

⑮ ㈠胡永慶，《直接適的法的理論研究》，武漢大學碩士論文一九九八年五月。

　㈡柯澤東，《國際私法》（國立臺灣大學法學叢書(55)），自版，一九九九年十月出版，第一○五頁至第一○九頁。

二則民法為實體法，國際私法性質不限「實體法」一元論，兩者性質不合，況置於民法中，修法不易，使國際私法有立法延滯；三則就內容言所有國家立法中多以「本國法」為屬人法，有使屬人法適用範圍過度擴張之虞；四則就「立法類型」 ⑰ 觀察，為數不多衝突規範大多只採用一個硬性的、單向的、片面的連結因素來構成「單面法則」(One-sided rules; einseitige Kollisionsnormen)，即以「法庭地」為連結因素適用法庭地法，例如法國民法典中大部分衝突規範，或只涉及與法國有關之法律關係，或僅指定應適用法國法律為準據，前者與法國無關之涉外民商事法律關係，法規並未明示，形成「法規之不完全欠缺」 ⑱；後者僅適用內國法，形成十分封閉的選法，適用上非常機械，欠缺機動與靈活。

㈡專篇專章式

1.**專篇專章式之概念**　所謂「專篇專章式」係指在民法典或其他法典中列入專章或專篇，比較系統地集中地規定衝突規範，蓋早期分散立法式有明顯缺陷，隨著國際人民交往之發展，顯然不能滿足司法實踐需要，直到十九世紀中葉，在民法或其他法典中以專篇專章方式規定衝突法之立法方式，取代分散立法式，直至今日仍有許多國家採專篇專章式立法 ⑲。

2.**專篇專章式之立法**　採專篇專章式之立法例，擇其重要者有：

(1)一九四二年義大利民法典：第十七條至第三十一條規定計有十五個條文是有關衝突法規範；

---

⑯　例如在法國民法典中，把涉及國籍的取得和恢復的規定以及外國人在法國的民事法律地位的規定，連同衝突法方面的有關涉及法國警察與治安法律的適用、有關公共秩序、有關位於法國的不動產的法律適用、有關法國公民個人身分及能力的法律適用、有關法國人與外國人結婚的法律適用、有關在外國的法國人成立親筆遺囑和公證遺囑的法律適用以及有關就在法國的不動產設定抵押權的規定等都計算在內，也不過十餘條條文而已。

⑰　馬漢寶，《國際私法總論》，自版，一九七七年第六版，第四十六頁至第四十九頁。

⑱　劉鐵錚、陳榮傳，《國際私法論》，三民書局印行，一九九六年十月第一版，第二五二頁。

⑲　㈠肖永平，《中國衝突法立法問題研究》，武漢大學博士論文，一九九三年五月，武漢大學出版社，武昌，一九九六年八月第一版，第五十一頁至第五十二頁。

　　㈡黃進主編，《國際私法》，法律出版社，北京，一九九九年九月第一版，第五十七頁以下。

(2)一九四六年希臘民法典：有關衝突法規範係第四條至第三十三條計有三十個條文；

(3)一九四八年埃及民法典：第十條至第二十八條計有十九條有關衝突法規範；

(4)一九六一年蘇聯和各加盟共和國民事立法綱要第八章，一九六一年蘇俄民法典第八篇及一九六九年蘇俄婚姻和家庭法典第五篇均是有關衝突法的專門規定；

(5)一九七二年塞內加爾家庭法典：最後條款第二節第八四〇條至第八五二條專門規定衝突規範；

(6)一九七二年加彭民法典：第四章第二十九條至第五十八條；

(7)阿拉伯葉門共和國民法典：第二十三條至第三十五條；

(8)葉門人民民主共和國民法典：第二十五條至第三十九條；

(9)阿拉伯聯合大公國民事關係法典：第一篇第一章是衝突法；

(10)一九八五年秘魯民法典：第十編第二〇四六條至第二一一一條；

(11)一九八六年中國大陸民法通則：第八章「涉外民事法律適用」第一四二條至第一五〇條；

(12)一九九五年越南社會主義共和國民法典：第七編「涉外民事關係」第八二六條至第八三八條等等採專篇專章式，在民法或其他法中集中式，有系統式的規定衝突法規範。

3.**專篇專章式之評析**　專篇專章式之規定，值得說明者：

(1)就其特徵言：將衝突法採集中地有系統地立法，不論以專節、專章、或專編方式規定，比較系統，適用上便利，查閱上方便，可謂進步中方式。

(2)就發展過程言：十九世紀中葉後衝突法自分散立法式轉向專篇專章式立法，例如希臘原一八五一年經一九四六年修訂，集中規定三十條衝突規範；例如義大利一八六五年採分散立法式，至一九四二年民法「前加編」規定十六條衝突規範，已採專篇專章式，又一九九五年義大利國際私法制度改革法案則採單行法規式；又如，採分散立法式的法國於一九五五年，一九五九年，一九六七年三次提出國際私法草案，一九五九年第二草案在民法典「前加篇」有二十一條；一九六七年第三草案則列出第四編作為民法典之補充，即往專篇專章式走向。

(3)就專篇專章之位置言：有些國家將衝突法規範置於民法前之「序編」或「前

加編」內者，如義大利，西班牙、阿拉伯聯合大公國等；有些國家則置於民法末之「末編」或「附加編」內者，如秘魯、中國大陸民法通則、塞內加爾及越南。

(4)就專篇專章式之內容與法律性質言：有關在民法中專篇專章式，一則就其規範內容之規定觀察，除秘魯民法典規定較全面外，大多數國家規定仍然是不全面的；二則將國際私法之主要規範放在民法內，不僅性質不符，且修法不易；三則由於民法典本身之內容和體系之限制，不僅不能反應國際私法之全貌，而且體系上無法完全建立大國際私法之內涵。

㈢特別法規定式：隱藏國際私法

1.特別法規定式之概念　所謂「特別法規定式」係指在不同個別單行法規中，就該法規所涉及涉外問題規定國際私法之衝突規範，為法制立法過程中愈來愈完備之表現。

2.特別法規定式之立法　採特別法規定式之立法國家，特別是採普通法國家之英國，例如一八八二年英國匯票法 (Bills of Exchange Act, 1882)，一九六三年英國遺囑法 (Wills Act, 1963)，一九四八年公司法 (Companies Act, 1948)，一九七一年承認離婚和別居法 (Recognition of Divorces and Legal Separation Act, 1971) 等 [20]；又如中國大陸地區，一九八五年繼承法，一九八五年涉外經濟合同法，一九九二年海商法，一九九三年公司法，一九九四年對外貿易法，一九九五年票據法，一九九五年民航法及一九九九合同法 [21]。

㈣條約法規定式

所謂「條約法規定式」係為在國際私法趨同化，由國際間或特定地區間經由「條約」方式規範國際私法之衝突規範。例如一九六九年比荷盧「國際私法統一法條約」，一九六九年北歐國際私法聯盟，歐洲共同體關於國際私法之公約有一九六八年布魯塞爾「民商事管轄權和判決承認執行的公約」，一九八○年羅馬「契約義務法律適用公約」，一九七二年「關於契約與非契約義務法律適用的公約的初步草案」，一九八○年「關於破壞，清算，調解，和解及同類程序的公約草案」

---

[20] 李雙元，《國際私法 (衝突法篇)》，武漢大學出版社，武昌，一九八六年六月第一版，第三十七頁。

[21] 賴來焜，〈中國大陸地區國際私法之最新發展〉，載《國際私法理論與實踐㈠——劉鐵錚教授六秩華誕祝壽論文集》，學林文化事業有限公司，臺北，一九九七年九月，第四四七頁以下。

等❷。

(五)國際私法與外國人法同規定者

因外國人民商法律地位是國際私法之前提，所以有些國家將國際私法與外國人法一起同為規定者，例如一九八六年為施行的瓜地馬拉外國人法中規定衝突法規範，實施新移民與外國人法；又如一九八六年薩爾瓦多之國際私法與外國人法規定在同一法。

(六)單行法規式

1.單行法規式之概念　所謂「單行法規式」係指以專門法典或單行法規的形式系統確立衝突法規範，十九世紀末二十世紀初開始有以單行法規定，以一八九六年德國民法施行法頒行為先導，國際私法立法進入了法典化階段，嗣許多國家開始採行專門法典或單行法典之立法體例，又稱「單行立法模式」或「法典化模式」。

2.單行法規式之立法　採行單行法規式之立法體例，有：

(1)一八九六年德國民法施行法：自一九○○年生效，計有二十五條；

(2)一八九八年日本法例：原有三十一條，經一九四二年，一九四七年，一九六四年及一九八九年四次修改後計有三十四條及附則二條；

(3)一九一八年我國法律適用條例：計有七章二十七條；

(4)一九二六年荷蘭國際私法：一九二六年頒布二個法律，即國際私法，一部區際私法典，一九六六年新波蘭國際私法計有十二章三十八條；

(5)一九三九年泰國國際私法計有六章四十二條；

(6)一九四八年捷克斯洛伐克國際私法：一九六四年修正為國際私法和國際民事訴訟法典，有二編七十條；

(7)一九七五年德意志民主共和國關於國際民事，家庭和勞動法律關係及國際經濟契約適用法律條例：有二十九條；

(8)一九七八年奧地利聯邦國際私法：自一九七九年生效，有七章五十四條；

(9)一九七九年匈牙利國際私法：有十一章七十五條；

(10)一九七九年南斯拉夫解決關於民事地位、家庭關係法及繼承法的法律衝突、管轄權衝突的法律：有六章四十條，又一九八二年修正南斯拉夫社會主義聯邦共和國法律衝突法，一九八三年生效，有六章一○九條；

---

❷　柯澤東，《國際私法》(國立臺灣大學法學叢書(55))，自版，一九九九年十月，第一版，第四十六頁至第四十九頁。

⑾一九八二年土耳其國際私法和國際訴訟程序法：有三章四十七條；

⑿一九八六年聯邦德國國際私法：有五節三十六條；一九九九年六月一日修正生效之國際私法新法 (Gesetz Zum Neuregelung des Internationalen Privatrecht's)，增訂十四條條文（詳見拙著〈德國一九九九年新國際私法〉，載《法令月刊》第五十一卷第四期）；

⒀一九八八年瑞士聯邦國際私法：有十三章二百條，是目前最完備立法；

⒁一九九二年羅馬尼亞關於國際私法：有十三章一百八十三條；

⒂一九九五年義大利國際私法制度改革法案：計有五篇七十四條；

⒃一九九六年列支敦士登關於國際私法的立法：分八部分五十三條等等均採單行法規式立法。

　3.單行法規之評析　綜合單行法規之法制可得而言：

⑴就規範內容言：有些國家採最狹義國際私法者，即僅規定準據法之衝突規範者，有泰國（一九三九年）、荷蘭（一九六六年）、德國（一九八六年）、日本（一九八九年）；有採狹義國際私法，除衝突規範兼及於管轄規範者，例如匈牙利（一九七九年）、南斯拉夫（一九八二年）、土耳其（一九八二年）；有採廣義國際私法者，例如捷克（一九六三年）、瑞士（一九八七年）、羅馬尼亞（一九九二年）、義大利（一九九五年）等在國際私法之「規範內容」包括「衝突規範」、「管轄規範」、「判決承認與執行之司法互助」及「國際破產及國際仲裁」。

⑵就立法形式（類型）有從「單面法則」歸向「雙面法則」之趨勢言：早期立法採「單面法則」，蓋當時立法者認為，各國應該以自己國家主權管轄範圍內為界限，規定內國民法的適用範圍，如果規定外國法適用，即會從政治上刺激外國主權者，所以幾乎皆採用「單邊衝突規範」（單面法則），現行各國國際私法則幾乎皆採行「雙邊性規範」（雙面法則）。

⑶就準據法適用方式言：早期採「單一適用」為原則，即以單一「連結因素」選出「單一準據法」；現行新國際私法採行「圓錐體結構規則」（階梯適用方式），例如一九八六年聯邦德國國際私法中有關婚姻一般效力、婚姻制度、離婚、婚生子女之認領等制度，將以下列連結因素：一、夫妻現在之共同國籍；二、無共同國籍者，依夫妻之一保留之最後共同國籍；三、無最後國籍者，依夫妻共同慣居地；四、無共同慣居地，依夫妻之一保留最後共同慣居地；五、無以上連結因素者，依最密切牽連關係地，一方面增加連結因素達軟化選法方法，二方面維持兩

性平等，三方面採行最重要牽連關係原則達成彈性選法之目的。

　　(4)就尊重當事人意思原則言：將「當事人意思」得選擇準據法適用之範圍，早期從「契約」，現行擴及於「侵權行為」、「不當得利」、「無因管理」，甚至「物權」所生之法律關係，亦得由當事人意思選擇準據法。但單行規定立法體制在第二次大戰後，世界各國掀起了國際私法立法新高潮，單行立法模式逐步形成二十世紀國際私法立法法典化的基本走向和發展趨勢。

四、我國有關「法律」之法源

㈠「法律」為法源之「法源」

　　我國涉外民事法律適用法第三十條前段規定：「涉外民事，本法未規定者，適用其他法律之規定，……。」故「法律」有二：(1)為「形式國際私法」：即冠以涉外民事法律適用法之名，得為解決國際民商事法律關係之用者，依前開第三十條前段：「涉外民事，本法未規定者」之反面解釋：「涉外民事，本法有規定者」即依本法處理；(2)為「實質國際私法」或稱「隱藏國際私法」：即未冠以涉外民事法律適用法之名，而得以解決國際民商事法律關係者，即前開第三十條前段：「涉外民事，本法未規定者，適用其他法律之規定」中「其他法律」。

㈡形式國際私法：涉外民事法律適用法

　　1.舊法：法律適用條例　我國國際私法之立法始於「單行法規式」，即一九一八年八月六日公布施行之法律適用條例，係仿日本法例之體例而來，其分七章二十七條，比較列之：

㈠第一章「總綱」（§1～§4）
- 1.外國適用之限制 (§1)：「公共秩序或善良風俗」
- 2.國籍積極衝突 (§2 前)：採「統一說」之最後國籍
- 3.國籍消極衝突 (§2 中)：「住所」代之
- 4.一國數法 (§2 後)：採「間接指定主義」之「依其所屬地方之法」
- 5.外國法人：以其住所地法為其本國法 (§3)
- 6.反致：只採「直接反致」(§4)

㈡第二章「人法」（§5～§8）
- 1.能力 (§5)：依其本國法
- 2.禁治產 (§6)
- 3.準禁治產 (§7)
- 4.死亡宣告 (§8)

㈢第三章「親屬」（§9～§19）
- 1.婚姻成立要件：依當事人各該本國法 (§9)
- 2.婚姻效力：依夫本國法 (§10 I)
- 3.夫妻財產制：依婚姻成立時夫本國法 (§10 II)

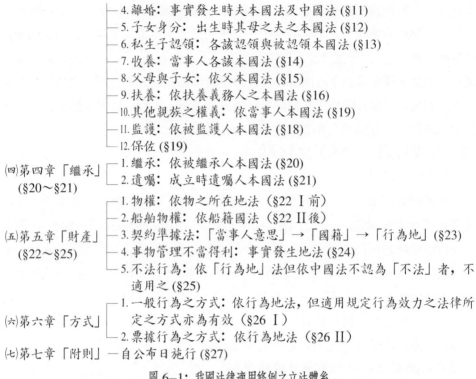

— 4.離婚：事實發生時夫本國法及中國法 (§11)

— 5.子女身分：出生時其母之夫之本國法 (§12)

— 6.私生子認領：各該認領與被認領本國法 (§13)

— 7.收養：當事人各該本國法 (§14)

— 8.父母與子女：依父本國法 (§15)

— 9.扶養：依扶養義務人之本國法 (§16)

— 10.其他親族之權義：依當事人本國法 (§19)

— 11.監護：依被監護人本國法 (§18)

— 12.保佐 (§19)

(四)第四章「繼承」 — 1.繼承：依被繼承人本國法 (§20)
(§20～§21) — 2.遺囑：成立時遺囑人本國法 (§21)

(五)第五章「財產」 — 1.物權：依物之所在地法 (§22 I 前)
(§22～§25) — 2.船舶物權：依船籍國法 (§22 II 後)
— 3.契約準據法：「當事人意思」→「國籍」→「行為地」(§23)
— 4.事物管理不當得利：事實發生地法 (§24)
— 5.不法行為：依「行為地」法但依中國法不認為「不法」者，不適用之 (§25)

(六)第六章「方式」 — 1.一般行為之方式：依行為地法，但適用規定行為效力之法律所定之方式亦為有效 (§26 I)
— 2.票據行為之方式：依行為地法 (§26 II)

(七)第七章「附則」— 自公布日施行 (§27)

圖 6-1：我國法律適用條例之立法體系

2.現行法：涉外民事法律適用法修法過程

(1)法律案之草擬：專家立法：郭雲觀：涉外民事法例草案　一九四七年十一月間在南京舉行全國司法行政檢討會議，司法行政部參事處暨上海高等法院及地方法院分別提案，僉以方今法權全面收回，涉外案件驟增，現行法律適用條例實太簡略，擬請修正，以應急需等由，當經大會併案討論，決議：「請司法行政部聘請專家，從速擬訂修正法律適用條例草案，呈由行政院轉送立法院審議。」經記錄在卷，彙送司法行政部辦理在案。謝冠生部長以上海法院受理涉外案件特繁，函命郭雲觀擬具修正意見，爰有法律適用條例修正芻議之作。於一九四八年提出草案，一為建議定名涉外民事法例草案，二則條文共計有三十四條，三則不分章節，四則每一條文附有修正理由外，有「芻議」三十四篇詳細說明❷。

(2)法律案之提出：行政院函請審議涉外民事法律適用法草案　一九五二年十二月九日行政院院長陳誠以臺 (四十一) 法字第六八九〇號函立法院審議涉外民

---

❷　郭雲觀，《涉外民事法例草案》，一九四八年提出，計有二百六十頁。

事法律適用法草案，其說明有二：一、據司法行政部呈以現行法律適用條例頒行於民國七年北京政府時代，國民政府成立，經以民國十六年八月十一日令暫准援用迄今，時越廿載，與實際情形多不適應，且其若干用語與現行民法不符，亟待修正，俾符一致，經根據原條例之規定，參酌外國法例，詳審內實情，集多人之意見，經長期之研討，擬就涉外民事法律適用法草案一種，連同現行法律適用條例條文對照暨草案說明，呈請鑒核等情。二、茲經行政院第一七〇次會議修正通過，送立法院審議相應檢送涉外民事法草案（附法律適用條例條文對照），暨涉外民事法律適用法草案說明❷。

⑶法律案之審查

①一讀　立法院於一九五二年十二月十六日第十會期第二十二次會議，對關於行政院函議涉外民事法律適用法草案一案決定，交立法院民刑商法、外交兩委員會審查❷。

②聯席審查：交初步審查委員會　一九五二年十二月二十五日立法院民刑商法、外交兩委員會等第十會期第二次全體委員聯席會議討論，請有司法行政部林部長彬、韓秘書忠謨相繼說明起草經過。嗣經決議：先由兩委員會各推初步審查委員四人會同審查，當由本會等推定何佐治、陳顧遠、錢劍秋、邵華、陳茹玄、杜光塤、趙惠謨、阿不都拉八人為初步審查委員，由何委員佐治召集。

③初步審查委員會報告：決議另立「涉外商法」並修正通過　初步審查委員會報告謂：「案准函交初步審查行政院函請審議涉外民事法律適用法草案，經於本年四月一日舉行初步聯席審查會議，邀由司法行政部代表韓忠謨、外交部代表王虛顯列席說明起草經過。復於四月十五日、二十二日及二十九日繼續會議三次；首就本案要點廣泛研討，其中關於涉外商事之法律如何適用應否規定在內一點，研討結果，認為涉外私法的法律關係以商事為最多，若將各種涉外性質之商事法律概予列入，未免過於繁冗，似應在本法案外另有法令詳為規定，俾資因應。次就原草案條文逐條審查，當將全案條文中『中國』二字，一律修正為『中華民國』，『中國人』三字，一律修正為『中華民國國民』，『中國法』三字，一律修正為『中華民國法律』；第十四條『離婚依』三字下『其』字刪除，第十五條新增第二項，文為『前項所稱之夫為贅夫者，依其妻之本國法』；其餘悉照原條文通過，全案

❷　《立法院公報》，第十一會期第八期，第三十六頁至第三十七頁。

❷　四十一臺處議三九五一號函。

條文共計三十一條，相應抄附初步聯席審查修正涉外民事法律適用法草案一份，函請查照提報兩會全體委員聯席會議討論。」

④聯席會審查：照初步審查委員會意見通過　經提本年五月六日第十一會期第二次全體委員聯席會議討論。列席者計有司法行政部代表汪禕成，外交部代表薛毓祺，相繼對初步修正意見發言。嗣由各委員就全案條文逐條研討，照初步審查意見修正通過。相應抄附本會等聯席審查修正涉外民事法律適用法草案行政院原函並原草案各一份；函請查照提報院會公決為荷。

⑷法律案之討論（二讀、三讀）　立法院於一九五三年五月十五日及五月十九日第一屆第十一會期第二十次及第二十一次會議審查立法院民刑商法、外交兩委員會報告審查行政院函請審議涉外民事法律適用法草案完成二讀❷，立法院並於一九五三年五月二十二日第一屆第十一會期第二十二次會議完成三讀❷作成決議二點：①涉外民事法律適用法草案修正通過；②法律適用條例予以廢止。

⑸我國法之內容　本法內容有三十一條，不分章節，我國「適用法」重要條文共三十條，其內容歸納如下：①第一至二十四條規定法律衝突法則，或稱準據法；②第二十五條規定國際公序原則；③第二十六條至第二十八條規定國籍與住所之連結因素及其衝突與調和之規定；④第二十九條規定反致原則；⑤第三十條規定以其他法律規定，無者，以法理適用之，以補充本法規定之不足或欠缺❷。

3.新法：涉外民事法律適用法「初步」修正草案

⑴催生過程　筆者在立法院多次向司法院及法務部建議，政府不斷主張國際化、自由化而國際私法貧乏落伍，有礙國際觀瞻及形象，無法因應加入世界貿易組織後國際新局面之發展。在八十七年年中筆者代表立法院赴司法院召開編列司法概算會議，當筆者再度提出編列國際私法研究修正委員會預算，主席司法院施啟揚院長，有高瞻遠矚，立即裁示林國賢秘書長及民事廳廖宏明廳長以第二預備金迅速成立國際私法研究修正委員會，否則待「概算」到「預算」到「會計年度」

---

❷　《立法院公報》，第十一會期第八期，第一三一頁至第一四四頁。

❷　同前註，第一七四頁至第一七七頁。

❷　有學者將分為二類者：一為「主要條文」（§1～§24），二為「輔助條文」（§25～§30），有學者分三類者：一為「抵觸法規」（§1～§24），二為「管轄法規」（§3、§4、§14），三為「準則法規」（§26～§27）；見劉甲一，《國際私法》，三民書局印行，臺北，一九八二年九月修訂初版，第四十二頁至第四十三頁。

應兩年後，經與林秘書長國賢兄，廖廳長宏明兄多次聯繫，敦請十五位學者專家為研修委員，由馬前大法官漢寶，劉大法官鐵錚為召集人，第一次會議在同年十月三十日召開，並委託三位年輕學人組成研修小組，由研修委員提出立法方向與原則，由研修小組提出初步修法草案，以供研修委員會作深入討論及修正，原預計二年定稿，但二年期限已屆修法小組「涉外民事法律適用法修正草案」尚未定稿。筆者忝為國際私法教席之一員，且忝為研修委員，樂提出淺見，完善我國國際私法。

　　(2)修正方向與原則　　近二年來研修委員及研修小組努力，就修法原則與「初步」修正草案內容言，值得說明者：一為修法方向與原則有①現行涉外民事法律適用法未分章節，且條文僅有三十一條，過於簡單；現初步草案計有五章一百四十四條，表現出完整架構與理論體系分明配合，應屬大幅度修正；②國際私法上選法之新趨勢：例如最重要牽連原則，慣居地法及直接適用法律理論均將有重要地位；③採行保護弱者原則與兩性平權原則：現行法第十二條，第十四條，第十五條等均提出依夫之本國法，有無違反憲法第七條之「違憲」，學理上素有爭論 ❷，但新法避免爭議，落實保護弱者原則與維護兩性平權原則；④對各種法律關係準據法之規定宜考慮予以補充或明文化：我國現行涉外民事法律適用法對各類指定原因常採用概括式或包容式，未再細分其行為之細類或規定有欠缺，例如契約未細分而一概依第六條，故對銀行交易、票據、保險、消費、僱傭等行為，新型態之法律關係如基於信用卡、金融卡、網際網路行為所生之法律關係，其準據法應詳規定；⑤當事人意思自主原則之考慮擴大適用範圍：自傳統依契約原因得適用外，無因管理，不當得利，侵權行為，甚至物權，得考慮適用當事人意思自主原則；⑥國際私法上輔助法規範圍應加強規定：例如定性，規避法規，調整時間因素，附隨問題，有明文規定必要 ❸。

　　(3)修法之成果　　自民國八十七年至今約六年間，司法院國際私法研修委員會已有三個版本，第一版本（原稿）即民國八十八年三月至八十九年三月（第二次會議至第五次會議）討論「涉外民事法律適用法修正草案（原稿）」，其內容計有

---

❷　賴來焜，《國際私法之國籍問題》，自版，二〇〇〇年九月第一版，第三〇八頁至第三一七頁。

❸　劉鐵錚，〈論「涉外民事法律適用法」之修正〉，載《法令月刊》第五十卷第五期，第三頁以下。

「總則」、「程序」、「法律適用」、「外國法院裁判之承認與執行」與「附則」五章，條文有一百四十四條（見下圖6-2），體系完備、內容豐富❸；第二版本（初稿）為民國九十年五月至九十一年五月（第六次會議至第十六次會議）討論「涉外民事法律適用法修正草案(初稿)」，其內容計有「通則」(§1~§16)、「準據法」(§17~§64)及「附則」(§65~§67)三章，條文僅剩六十七條（見下圖6-3），相較於原稿內容就粗略許多，且僅限於「準據法選擇」，為小國際私法❸；第三版本為「涉外民事法律適用法部分條文修正草案」，自民國九十二年九月第十七次會議開始討論，其架構分為七章，第一章「通則」八條、第二章「權利主體」五條、第三章「債」二十條、第四章「物」七條、第五章「親屬」十四條、第六章「繼承」四條、第七章「附則」二條，條文合計六十條（見下圖6-4），其內容較之前兩稿更為精簡。

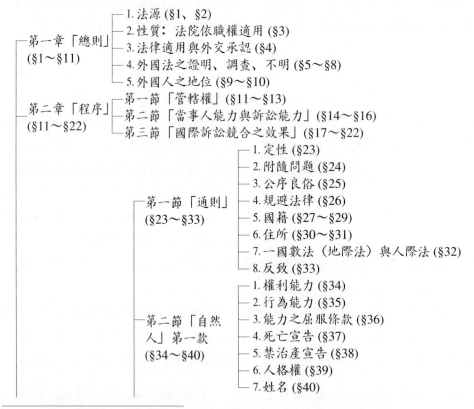

❸　司法院編印，《司法院涉外民事法律適用法研究修正資料彙編(一)》，二〇〇二年十一月，第三十五頁以下。

❸　同上註，第三百四十一頁以下。

第三章「法律適用」
(§23～§127)

第二款「法人」
(§41～§45)
- 1. 外國法人定義 (§41)
- 2. 依住所地法之事項 (§42)
- 3. 名稱專用權 (§43)
- 4. 無權代表所生法律關係之準據法 (§44)
- 5. 法人合併準據法 (§45)

第三款「法律行為」(§46～§50)
- 1. 方式 (§46～§47)
- 2. 代理 (§48～§50)

第四款「債」(§51～§81)
- 1. 法律行為發生債 (§51～§64)
- 2. 無因管理 (§65)
- 3. 不當得利 (§66)
- 4. 海上事故 (§67)
- 5. 侵權行為 (§68)
- 6. 商品製造人責任 (§69)
- 7. 不正競爭 (§70)
- 8. 不動產溢散而生債 (§71)
- 9. 媒介侵權行為 (§72)
- 10. 責任保險請求權 (§73)
- 11. 船舶航空器碰撞 (§74)
- 12. 外國貨幣之債 (§75)
- 13. 共同債務 (§76)
- 14. 債權讓與與移轉 (§77～§78)
- 15. 代位清償 (§79)
- 16. 消滅時效 (§80)
- 17. 債之變更與消滅 (§81)

第五款「物權」(§82～§91)
- 1. 物之定義、性質、占有 (§82)
- 2. 不動產物權 (§83)
- 3. 動產物權 (§84)
- 4. 物之變動 (§85～§87)
- 5. 船舶、航空器物權 (§88)
- 6. 無體財產物權 (§89)
- 7. 權利物權 (§90)
- 8. 載貨證券 (§91)

第六款「親屬」(§92～§106)
- 1. 婚約 (§92)
- 2. 婚姻成立 (§93)
- 3. 婚姻效力 (§94)
- 4. 夫妻財產制 (§95～§97)
- 5. 離婚 (§98)
- 6. 別居 (§99)
- 7. 子女身分 (§100)
- 8. 認領 (§101)
- 9. 準正 (§102)

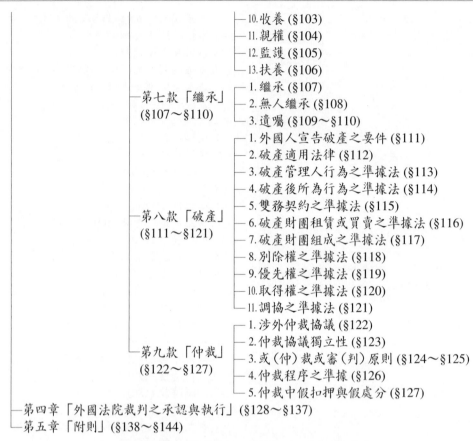

```
                          ┌─ 10. 收養 (§103)
                          ├─ 11. 親權 (§104)
                          ├─ 12. 監護 (§105)
                          └─ 13. 扶養 (§106)
         ┌─ 第七款「繼承」  ┌─ 1. 繼承 (§107)
         │  (§107～§110)  ├─ 2. 無人繼承 (§108)
         │                └─ 3. 遺囑 (§109～§110)
         │                ┌─ 1. 外國人宣告破產之要件 (§111)
         │                ├─ 2. 破產適用法律 (§112)
         │                ├─ 3. 破產管理人行為之準據法 (§113)
         │                ├─ 4. 破產後所為行為之準據法 (§114)
         │                ├─ 5. 雙務契約之準據法 (§115)
         ├─ 第八款「破產」  ├─ 6. 破產財團租賃或買賣之準據法 (§116)
         │  (§111～§121)  ├─ 7. 破產財團組成之準據法 (§117)
         │                ├─ 8. 別除權之準據法 (§118)
         │                ├─ 9. 優先權之準據法 (§119)
         │                ├─ 10. 取得權之準據法 (§120)
         │                └─ 11. 調協之準據法 (§121)
         │                ┌─ 1. 涉外仲裁協議 (§122)
         │                ├─ 2. 仲裁協議獨立性 (§123)
         └─ 第九款「仲裁」  ├─ 3. 或(仲)裁或審(判)原則 (§124～§125)
            (§122～§127)  ├─ 4. 仲裁程序之準據 (§126)
                          └─ 5. 仲裁中假扣押與假處分 (§127)
─ 第四章「外國法院裁判之承認與執行」(§128～§137)
─ 第五章「附則」(§138～§144)
```

圖 6-2：第一版本「涉外民事法律適用法修正草案（原稿）」

```
                     ┌─ 1. 法源 (§1)
                     ├─ 2. 外國法牴觸公序良俗 (§2)
                     ├─ 3. 國籍積極衝突 (§3)
                     ├─ 4. 國籍消極衝突 (§4)
                     ├─ 5. 住所之衝突 (§5)
                     ├─ 6. 一國數法 (§6)：因地及因人
   ┌─ 第一章「總則」 ├─ 7. 反致 (§7)
   │  (§1～§16)     ├─ 8. 規避法律 (§8)
   │               ├─ 9. 先決問題 (§9)
   │               ├─ 10. 管轄不便利法院 (§10)
   │               ├─ 11. 國際訴訟競合 (§11)
   │               ├─ 12. 外國仲裁條款妨訴抗辯 (§12)
   │               ├─ 13. 當事人合意外國法院管轄 (§13)
   │               └─ 14. 承認外國法院身分判決 (§14)
```

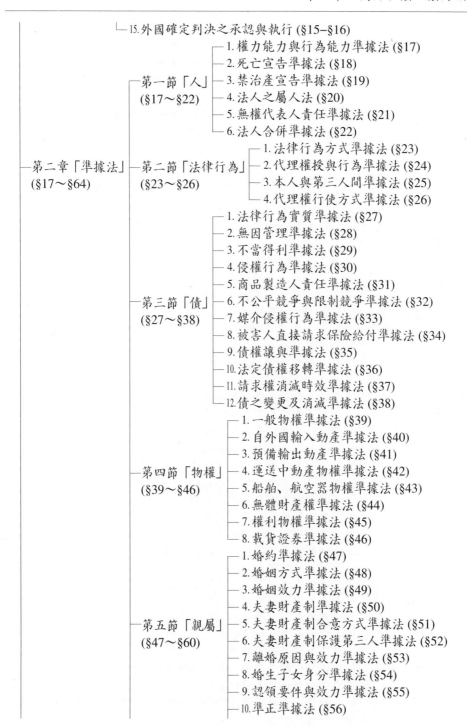

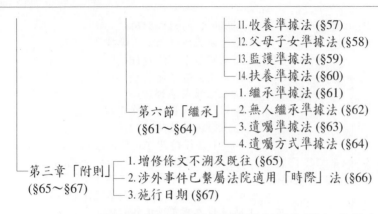

```
                                  ┌─ 11. 收養準據法 (§57)
                                  ├─ 12. 父母子女準據法 (§58)
                                  ├─ 13. 監護準據法 (§59)
                                  └─ 14. 扶養準據法 (§60)
                                  ┌─ 1. 繼承準據法 (§61)
              ┌─ 第六節「繼承」    ├─ 2. 無人繼承準據法 (§62)
              │   (§61～§64)      ├─ 3. 遺囑準據法 (§63)
              │                   └─ 4. 遺囑方式準據法 (§64)
  ┌─ 第三章「附則」┌─ 1. 增修條文不溯及既往 (§65)
  │   (§65～§67) ├─ 2. 涉外事件已繫屬法院適用「時際」法 (§66)
  │             └─ 3. 施行日期 (§67)
```

圖 6-3：第二版本「涉外民事法律適用法修正草案（初稿）」

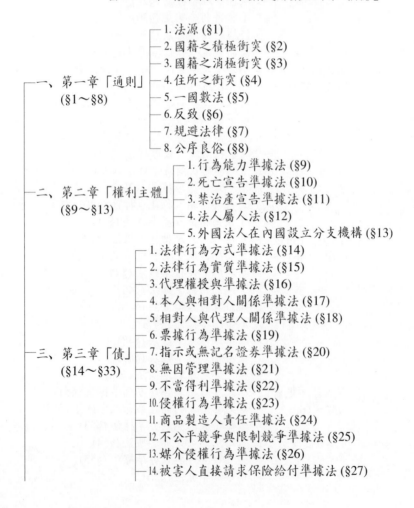

```
                          ┌─ 1. 法源 (§1)
                          ├─ 2. 國籍之積極衝突 (§2)
                          ├─ 3. 國籍之消極衝突 (§3)
  一、第一章「通則」       ├─ 4. 住所之衝突 (§4)
     (§1～§8)            ├─ 5. 一國數法 (§5)
                          ├─ 6. 反致 (§6)
                          ├─ 7. 規避法律 (§7)
                          └─ 8. 公序良俗 (§8)
                          ┌─ 1. 行為能力準據法 (§9)
                          ├─ 2. 死亡宣告準據法 (§10)
  二、第二章「權利主體」   ├─ 3. 禁治產宣告準據法 (§11)
     (§9～§13)           ├─ 4. 法人屬人法 (§12)
                          └─ 5. 外國法人在內國設立分支機構 (§13)
                          ┌─ 1. 法律行為方式準據法 (§14)
                          ├─ 2. 法律行為實質準據法 (§15)
                          ├─ 3. 代理權授與準據法 (§16)
                          ├─ 4. 本人與相對人關係準據法 (§17)
                          ├─ 5. 相對人與代理人關係準據法 (§18)
                          ├─ 6. 票據行為準據法 (§19)
  三、第三章「債」         ├─ 7. 指示或無記名證券準據法 (§20)
     (§14～§33)          ├─ 8. 無因管理準據法 (§21)
                          ├─ 9. 不當得利準據法 (§22)
                          ├─ 10. 侵權行為準據法 (§23)
                          ├─ 11. 商品製造人責任準據法 (§24)
                          ├─ 12. 不公平競爭與限制競爭準據法 (§25)
                          ├─ 13. 媒介侵權行為準據法 (§26)
                          └─ 14. 被害人直接請求保險給付準據法 (§27)
```

15.非因法律行為之債合意選擇法庭地法 (§28)
16.債權讓與準據法 (§29)
17.債務承擔準據法 (§30)
18.共同債務人求償權準據法 (§31)
19.請求權消滅時效準據法 (§32)
20.債之消滅準據法 (§33)

四、第四章「物權」(§34～§40)
1.一般物權準據法 (§34)
2.物權行為方式準據法 (§35)
3.自外國輸入動產準據法 (§36)
4.運送中動產物權準據法 (§37)
5.智慧財產權準據法 (§38)
6.載貨證券準據法 (§39)
7.集中保管有價證券準據法 (§40)

五、第五章「親屬」(§41～§54)
1.婚約準據法 (§41)
2.婚姻要件準據法 (§42)
3.婚姻效力準據法 (§43)
4.夫妻財產制準據法 (§44)
5.保護第三人準據法 (§45)
6.離婚原因與效力準據法 (§46)
7.子女身分準據法 (§47)
8.認領準據法 (§48)
9.準正準據法 (§49)
10.收養準據法 (§50)
11.父母子女準據法 (§51)
12.監護準據法 (§52)
13.扶養準據法 (§53)
14.其他親屬關係準據法 (§54)

六、第六章「繼承」(§55～§58)
1.繼承準據法 (§55)
2.無人繼承準據法 (§56)
3.遺囑準據法 (§57)
4.遺囑方式準據法 (§58)

七、第七章「附則」(§59～§60)
1.增修條文不溯及既往原則 (§59)
2.施行日 (§60)

圖6-4：第三版本「涉外民事法律適用法部分條文修正案」

(三)實質國際私法：隱藏國際私法

1.隱藏國際私法之概念　所謂「隱藏國際私法」(Verteckte Kollisionsnormen) 係指隱藏在「其他法律」中，其法律雖不冠以國際私法或涉外民事法律適用法之名，而具有解決國際民商事法律關係性質之法律，又稱「實質國際私法」，蓋各國國

際私法的制定法不問採何立法體例，並無法僅賴單一的法律予以規範，因此，各國除有形式國際私法外，仍許有關國際私法的法則還是分別見諸於其他制定法，學理上即稱為「隱藏國際私法」❸或稱「隱匿抵觸法規」❹。

　　2.隱藏國際私法之依據（法源）　我國涉外民事法律適用法第三十條「前段」規定：「涉外民事，本法未規定者，適用其他法律之規定」中所謂「其他法律」即為「隱藏國際私法」，應包括憲法、民法、商法，其他民事特別法，國籍法、行政法、民事訴訟法、強制執行法、公證法、仲裁法、香港澳門關係條例、臺灣地區與大陸地區人民關係條例等等法律。

　　3.我國隱藏國際私法之立法　有了單行法規式之涉外民事法律適用法後，基於完善法制建立有關各種特別單行法之立法中宜就其涉外法律關係中規定解決方法，筆者就平日思考，立法經驗所得，提出隱藏國際私法之實例，並提出所思考過問題，並檢驗國際私法基礎概念。

　　⑴民法 §202：中華民國法律作為履行地法？　民法債編第二○二條規定：「以外國通用貨幣定給付額者，債務人得按給付時，給付地之市價，以中華民國通用貨幣給付之。」值得說明者：①本條係給付之標的為外國貨幣，我國學者涉外因素為二元論，即「外國人」及「外國地」，應採三元論（人、物、行為）或四之論（人、物、行為、裁審地）較妥；②本條雖然未明文直接規定準據法，但實質上含有將中華民國法律作為「履行地法」為準據而予以適用？

　　⑵民法總則施行法 §2§11～§12、§15：外國人（法人）權利能力之準據法？

　　我國民法總則施行法❺第二條規定：「外國人於法令限制內有權利能力。」第十一條規定：「外國法人，除依法律規定外，不認許其成立。」第十二條第一項：「經認許之外國法人，於法令限制內與同種類之中國法人有同一之權利能力。」第十五條規定未經認許成立之外國法人所為法律行為之責任，值得思考者，我國有關權利能力之準據法究應「類推適用」涉外民事法律適用法第一條第一項人之行為能力依其本國法而採「本國法主義」？抑或應「依」民法總則施行法第二條外國

---

❸　藍瀛芳，《國際私法導論》，自版，臺北，一九九五年一月初版，第二十九頁。

❹　劉甲一，《國際私法》，三民書局印行，臺北，一九八二年九月修訂初版，第四十三頁至第四十四頁。

❺　有學者誤稱「民法施行法」，見蘇遠成，《國際私法》，五南圖書出版公司印行，臺北，一九八四年五月初版，第三十五頁。

人、第十二條外國法人中均有「於法令限制內」含有中國法令為準據意義而採「法庭地法（內國法）主義」?

(3)公司法 §1、§4、第七章 (§370～§386)　我國公司法第一條:「本法所稱公司，謂以營利為目的，依照本法組織、登記、成立之社團法人。」第四條規定:「本法所稱外國公司，謂以營利為目的，依照外國法律組織登記，並經中華民國政府認許，在中華民國境內營業之公司。」而第七章 ❸ 自第三七〇條至第三八六條規範「外國公司」，值得思考問題: 第一、我國公司法第三七一條第一項規定 ❸:「外國公司非在其本國設立登記營業者，不得申請認許。」是否「隱匿衝突規範」? 謂既須依其「本國法」登記成立，取得公司之社團法人資格，可否解釋為其係就公司之權利能力依其「本國法」為準據法? 第二、公司（法人）依其國籍為標準可分為「外國公司（法人）」與「內國公司（法人）」，我國學者將「內國公司（法人）」稱為「本國公司（法人）」，就國際私法觀點究竟「內國」與「本國」是否相同? 第三、內外國公司（法人）區別標準，我公司法第一條及第四條稱「依照」法說，而我國學者不稱「依照法」或「依據法說」，而稱「準據法說」，國際私法對「準據法」專有意義應否及於本問題? 第四、我國涉外民事法律適用法第二條謂:「外國法人經中華民國認許成立者，以其住所地法為其本國法。」所謂「本國法」即「所屬國法」，故以其「住所地」法為其「所屬國（本國）法」，第二條之規範含義? 其與公司法第一條、第四條之關係如何? 應如何適用法律?

(4)票據法 §130 ③: 涉外支票提示期間之準據法　票據法第一三〇條第三款:「支票之執票人，應於左列期限內，為付款之提示: ……三、發票地在國外，付款地在國內者，發票日後二個月內。」為涉外支票提示期間之規定。值得思考者，與本款相反者，發票地在國內，付款地在國外者，涉外支票提示期間應如何選擇準據法? 有學者認為應類推適用票據法第一三〇條第三款規定「發票日後二個月

---

❸　有學者誤稱「第八章」，雖一九八〇年公司法即重大修正，且該書係一九八四年五月初版，見蘇遠成，《國際私法》，五南圖書出版公司印行，臺北，一九八四年五月初版，第三十五頁至第三十六頁。

❸　有學者謂:「同樣的，公司法第二百九十二條規定外國公司申請認許者，須依其本國法律登記成立，取得公司之社團法人資格，可解釋謂其係就公司之權利能力，默示以其本國法為準據法。」一則條號不對，二則內容已修正，見劉甲一，《國際私法》，三民書局印行，臺北，一九八二年九月修訂初版，第四十三頁。

內」❸，抑或應依涉外民事法律適用法第五條第三項❸「行使或保全票據上權利之法律行為，其方式依行為地法」，即依行為地之法律定之❹。

(5)海商法 §77：準據法之至上條款？　　我國一九九九年七月十四日通過海商法增列第七十七條謂：「載貨證券所載之裝載港或卸貨港為中華民國港口者，其載貨證券所生之法律關係依涉外民事法律適用法所定應適用法律。但依本法中華民國受貨人或託運人保護較優者，應適用本法之規定。」原草案謂：「載貨證券所載之裝載港或卸貨港為中華民國港口者，其載貨證券所生之法律關係，應適用本法之規定。」而其立法說明謂：「一、本條新增。二、海商事件之爭訟，固可依『涉外民事法律適用法』之規定，定其應適用之法律，惟在具體個案，因託運人、受貨人與運送人之國籍互異，依法律規定，往往須適用外國法律或外國運送人故意以載貨證券之約款以排除本法之適用，對我國託運人、受貨人之保護未免不周，為使載貨證券所載之裝載港或卸貨港為中華民國港口之託運人、受貨人有依本法受裁判之機會，俾免外國運送人以載貨證券上之準據約款，排除本法之適用，爰參照一九三六年美國海上貨物運送條例 (Carriage of Goods by Sea Act, 1936)Sec 13–This Act shall apply to all contracts for carriage of goods by sea to or from ports of

---

❸　有採類推適用票據法第一三○條第三款者，見梁宇賢，《票據法論》，五南圖書公司印行，臺北，一九八三年三月再版，第二十五頁及第四四○頁。

❸　有學者將「第三項」誤稱為「第二項」，見陳雄，《學說判解實用票據法論》，三民書局，一九八六年三月出版，第六五三頁。

❹　見㈠姜建初，《票據法原理與票據法比較》，法律出版社，北京，一九九四年一月第一版，北京，第二○一頁謂：「發票地在國內，付款地在國外的，則屬於適用付款地國家的票據法問題。」㈡陳雄，前揭書，第六五三頁；㈢最高法院七十二年度臺上字第二○一九號判決：「票據系在香港作成，付款地亦在香港，則依涉外民事法律適用法第五條第二項及第六條第二項規定，認定系爭字據是否屬於本票，應以行為地及香港法律為準據法。查該字據係以英文作成，內稱：被上訴人願於民國六十四年（即西元一九七五年）十月十日起算二年後，給付上訴人美金五十萬元，以換取由文興克林頓公司出具同額借據。該借據所載權利及利息應讓與於被上訴人，並指定香港美國銀行西角分行為付款人。經原審函請外交部囑託我國派駐香港地區之機構中華旅行社調查，認為依香港法律規定，被上訴人出具之上開字據，應具有本票之效力。雖其中載有上訴人應為對待給付之條件，其票據並不因而歸於無效，上訴人於提示付款時，應證明該記載之條件經已履行（成就），付款人始可付款。故上訴人因行使追索權，請求被上訴人給付票款時，仍應依本票所載為對待給付，所附條件始屬成就。」

the United States in foreign trade. 及一九七一年英國海上貨物運送條例 (Carriage of Goods by Sea Act 1971)(b) In Relation to Ho-Vercraft Article X: The provisions of these Rules shall apply to every bill of lading relating to the carriage of goods between hoverports in two different States if (b) the carriage is to or from a hoverport in the United Kingdom. (載貨證券所載之裝載港或卸貨港為英國港口者,應適用本條例之規定) 等規定,增訂本修正條文。」但立法院第三屆於一九九九年元月五、六日立法委員賴來焜等、學者施智謀教授、交通部代表及司法院代表,召開朝野協商海商法修正草案會議時,筆者認為第七十七條有關至上條款之規定:「載貨證券所載之裝載港或卸貨港為中華民國港口者,其載貨證券所生之法律關係應適用本法之規定。」係採法庭地法主義與第九十三條同旨,但因①本條將使第五十五條 (原 §99) 與第六十一條 (原 §105) 之規範形成具文;②適用本法 (法庭地法) 之結果,遠不如適用「忠實繼受海牙威士比規則」國家之法律,對我國受貨人保護欠缺;③立法說明謂:「…對我國託運人、受貨人之保護未免不周……」,其係保護中外運送人而非內國受貨人或託運人,故應改為:「載貨證券所載之裝載港或卸貨港為中華民國港口者,其載貨證券所生之法律關係,依涉外民事法律適用法所定應適用法律,但依本法中華民國受貨人或託運人保護較優者,應適用本法之規定。」本條施智謀教授說,依英美國會之習慣應稱為「賴來焜條款」❹。

(6)海商法 §78: 仲裁權與管轄權之至上條款　我國一九九九年七月十四日通過新海商法增列第七十八條規定:「Ⅰ裝貨港或卸貨港為中華民國港口者之載貨證券所生之爭議,得由我國裝貨港或卸貨港或其他依法有管轄權之法院管轄。Ⅱ前項載貨證券訂有仲裁條款者,經契約當事人同意後,得於我國進行仲裁,不受載貨證券內仲裁地或仲裁規則記載之拘束。Ⅲ前項規定視為當事人仲裁契約之一部。但當事人於爭議發生後另有書面合意者,不在此限。」係有關涉外載貨證券所生爭議之管轄權與仲裁權之至上條款,筆者認為一則「仲裁契約」應改正為「仲裁協議」與新仲裁法規定相符合;二則此項規定在各國立法例間尚無前例,效果如何,有待觀察;三則第二項增入「經契約當事人同意後」九字,即使第二項及第三項應已無意義❷。

❹　賴來焜,《新海商法論》,學林文化事業有限公司,二〇〇〇年一月第一版,第七九九頁至第八〇一頁。

❷　賴來焜,《新海商法論》,學林文化事業有限公司,二〇〇〇年一月第一版,第七七八

(7)海商法 §100、§101、§94：船舶碰撞之扣押、管轄與準據法　海商法第一
〇〇條規定：「Ⅰ船舶在中華民國領海、內水、港口、河道內碰撞者，法院對於
加害之船舶，得扣押之。Ⅱ碰撞不在中華民國領海、內水、港口、河道內，而被
害者為中華民國船舶或國民，法院於加害之船舶進入中華民國領海後，得扣押之。
Ⅲ前兩項被扣押船舶得提供擔保，請求放行。Ⅳ前項擔保，得由適當之銀行或保
險人出具書面保證代之。」第一〇一條規定：「關於碰撞之訴訟，得向下列法院起
訴：一、被告之住所或營業所所在地之法院。二、碰撞發生地之法院。三、被告
船舶船籍港之法院。四、船舶扣押地之法院。五、當事人合意地之法院。」及第
九十四條規定：「船舶之碰撞，不論發生於何地，皆依本章之規定處理之。」許多
值得思考問題其中船舶碰撞之準據法究應「依」涉外民事法律適用法第九條採「侵
權行為地法」與「法庭地法」之累積適用主義，抑或「依」海商法第九十四條規
定採「法庭地法主義」 **❹**？ 抑或「準用」涉外民事法律適用法第九條**❹**？

頁至第七七九頁、第八一六頁至第八一七頁。

❹ 見㈠一九八三年司法業務第三期研討會：「一、法律問題：關於侵權行為之準據法，依
涉外民事法律適用法第九條規定，係採侵權行為地法與法庭地法之併用主義，若侵權
行為地在陸地，選擇其應適用之準據法，固無問題。惟若發生於海上，如⑴航行中之
船舶內船長不法殺害船員，⑵甲船碰撞乙船，致乙船沉沒。應如何選擇其應適用之法
律？二、研討意見：關於⑴部分：（略）；關於⑵部分：甲說：船舶碰撞，係指船舶衝
突，致一方或雙方發生損害而言，亦屬民法上侵權行為之一種，唯我國海商法第六章，
對船舶碰撞責任之成立及損害賠償之請求，另設特別規定，依第一百三十四條及第一
百四十條之規定，『船舶之碰撞，不論發生於何地，皆依本章之規定處理之』，不因其
在他國領海或公海而有所不同。乙說：船舶碰撞，係指船舶衝突，致一方或雙方發生
損害而言，其性質屬於侵權行為之問題，可直接適用涉外民事法律適用法第九條之規
定。我國海商法第一百三十四條之規定從文義上解釋似謂凡除我國有管轄權之船舶碰
撞案外，其他船舶之碰撞無論發生在公海或一國領海上，也不論是否有我國之船舶在
內，亦應一律適用該條之規定，此對我國在此案件適用上，固較簡便，但此係違反我
對涉外案件所採一貫之立場，故適用上應解釋從嚴，即船舶碰撞發生在公海上，船旗
國相同時，依其共同之船旗國法，船旗國不同時，適用法庭地法。發生在領海上時，
依領海國法。三、研討結論：⑴採甲說。⑵採乙說。四、座談機關：司法院司法業務
研討會第三期。五、司法院第一廳研究意見：同意研討結論。」㈡賴來焜，〈國際私法
上船舶碰撞之比較研究〉，載《政大法學評論》，第四十二期，一九九〇年十月。

❹ 法務部七十八年三月三十一日法七八律字第五七四六號函：「一、按我國『志〇號』漁
船與韓國漁船相撞，係一船舶碰撞事件。關於國際間船舶碰撞海事糾紛之處理，於一

(8)保險法 §6 II、§137 III IV V　保險法於一九九二年二月二十六日修訂第六條第二項:「II本法所稱外國保險業,指依外國法律組織登記,並經主管機關許可,在中華民國境內經營保險為業之機構。」又第一三七條第三、四、五項規定:「III外國保險業非經主管機關許可,並依法為營業登記,繳存保證金,領得營業執照後,不得開始營業。IV本法有關保險業之規定,除法令另有規定外,外國保險業亦適用之。V外國保險業之許可標準及管理辦法,由主管機關定之。」係有關外國保險業開放至我國營業之相關規定。

(9)民事訴訟法 §46、§96 I、§108、§283、§295、§356、§402 I　民事訴訟法有關國際民商事法律關係有:

①外國人訴訟能力:　第四十六條規定:「外國人依其本國法律無訴訟能力,而依中華民國法律有訴訟能力者,視為有訴訟能力。」

②涉外訴訟擔保金:　第九十六條第一項規定:「原告於中華民國無住所、事務所及營業所者,法院應依被告聲請,以裁定命原告供訴訟費用之擔保;訴訟中發生擔保不足額或不確實之情事時,亦同。」

③外國人訴訟救助要件:　第一〇八條規定:「對於外國人准予訴訟救助,以依條約、協定或其本國法令或慣例,中華民國人在其國得受訴訟救助者為限。」

④外國法之證明:　第二八三條規定:「習慣、地方制定之法規及外國法為法院所不知者,當事人有舉證之責任。但法院得依職權調查之。」

⑤外國調查證據:　第二九五條規定:「I應於外國調查證據者,囑託該國管轄機關或駐在國之中華民國大使、公使、領事或其他機構、團體為之。II外國機

九五八年之公海公約、一九八二年之聯合國海洋法公約、一九五二年關於船舶碰撞事件之民事管轄公約、一九一〇年關於船舶碰撞若干規定統一公約等均有相關規定。惟我國因非簽約國,自不受其拘束,然是否基於國際慣例予以尊重,本部無意見。本件船舶碰撞事件,其發生地點,位於我國東北海域,距基隆約一四五浬,距釣魚臺約七十五浬,究歸何國法院管轄,宜先確定之,再據以定其應適用法律。二、⋯⋯;三、『志〇號』所應負之民事責任及管轄法院部分:參酌一九五二年關於船舶碰撞事件之民事管轄公約第一條之規定,韓方如向我法院起訴,我國法院有管轄權。又我國涉外民事法律適用法無關於船舶碰撞準據法之相當規定,宜準用涉外民事法律適用法第九條侵權行為之規定解決較為妥適。依該條規定,船舶碰撞如發生於公海,其『侵權行為地法』,究指何國法律,因目前尚無一致見解,宜認為法庭地法,即我國法為其準據法。至於韓國對我漁船船員造成精神上及作業損失部分,宜參酌前開意見辦理。」

關調查證據，雖違背該國法律，如於中華民國之法律無違背者，仍有效力。」

⑥外國公文書之證據力：第三五六條❹規定：「外國之公文書，其真偽由法院審酌情形斷定之。但經駐在該國之中華民國大使、公使、領事或其他機構證明者，推定為真正。」

⑦外國判決之承認：第四〇二條❹第一項規定：「外國法院之確定判決，有下列各款情形之一者，不認其效力：一、依中華民國之法律，外國法院無管轄權者。二、敗訴之被告未應訴者。但開始訴訟之通知或命令已於相當時期在該國合法送達，或依中華民國法律上之協助送達者，不在此限。三、判決之內容或訴訟程序，有背中華民國公共秩序或善良風俗者。四、無相互之承認者。」值得思考問題，第一、當事人適格之準據法應如何選擇；第二、外國人當事人能力之準據法，又外國法人或外國公司當事人能力之準據法如何；第三、外國判決承認要件中有「相互承認」之「承認」，究應採「外交承認」，或採「事實承認」，抑或採「禮讓說」？

⑽強制執行法 §4 之 1：外國法院判決之執行　有關外國法院判決之執行原強制執行法第四十三條，一九九六年十月九日修正為第四條之一規定：「Ⅰ依外國法院確定判決聲請強制執行者，以該判決無民事訴訟法第四百零二條各款情形之一，並經中華民國法院以判決宣示許可其執行者為限，得為強制執行。Ⅱ前項請求許可執行之訴，由債務人住所地之法院管轄。債務人於中華民國無住所者，由執行標的物所在地或應為執行行為地之法院管轄」，其「執行名義」究為「外國法院判決」，抑或「內國法院裁定」，抑或「外國法院判決與內國法院裁定合併執行」？

⑾強制執行法 §114 之 3：外國船舶之抵押權與優先權之處理　強制執行法第一一四條之三❹：「外國船舶經中華民國法院拍賣者，關於船舶之優先權及抵押權，依船籍國法。當事人對優先權與抵押權之存在所擔保之債權額或優先次序

---

❹　有學者誤植為 §256，見藍瀛芳，《國際私法導論》，自版，臺北，一九九五年一月初版，第三十頁。

❹　有學者仍依舊民事訴訟法誤植為第四〇一條者，見劉甲一，《國際私法》，三民書局印行，臺北，一九八二年九月修訂出版，第四十三頁至第四十四頁。

❹　有學者誤將「強制執行法」稱為「破產法」者，見藍瀛芳，《國際私法導論》，自版，臺北，一九九五年一月初版，第三十頁。

有爭議者，應由主張有優先權或抵押權之人，訴請執行法院裁判；在裁判確定前，其應受償之金額，應予提存。」值得思考問題：第一、本條與涉外民事法律適用法第十條第四項前段船舶物權依船籍國法間之關係如何？第二、適用「船籍國法」時得否依涉外民事法律適用法第二十九條適用「反致」？第三、適用「船籍國法」時，應否考慮「外交承認」問題❽？

(12)破產法 §4：外國和解或破產之效力　我破產法第四條規定：「和解在外國成立或破產在外國宣告者，對於債務人或破產人在中國之財產，不生效力」，值得思考，倘為在我國成立「和解」或我國法院宣告之破產，對於債務人或破產人在外國之財產有無效力，究應採「屬地主義」，抑或採「普及主義」？

(13)公證法 §76 Ⅰ Ⅱ：授權書之提出與其證明　新公證法係一九九九年四月二十一日公布，於二○○一年四月二十三日施行，有關授權書之提出與其證明，原規定於第二十二條，新法規定於第七十六條謂：「Ⅰ由代理人請求者，除適用前三條之規定外，應提出授權書；事件依法非受特別委任不得為之者，並須有特別之授權。Ⅱ前項授權書，如為未經認證之私文書者，應依下列方式之一證明之：一、經有關公務機關證明。二、於境外作成者，經中華民國駐外使領館或經外交部授權之駐外機構或經其他有權機關授權之團體證明。三、外國人或居住境外之人作成者，經該國駐中華民國使領館或經該國授權之機構或經該地區有權機關授權之團體證明。Ⅲ授權書附有請求人之印鑑證明書者，與前項證明有同一效力。」

(14)仲裁法第七章「外國仲裁判斷」(§47～§51)　原商務仲裁條例於一九九八年六月二十四日修正為仲裁法，第七章有關「外國仲裁判斷」，規定外國仲裁判斷之意義、效力、聲請承認、停止承認與執行。何謂「外國仲裁判斷」，何謂「內國仲裁判斷」，如何區別，原商務仲裁條例採「作成地說」，新仲裁法第四十七條改採「作成地說兼準據法說」。

(15)國籍法　新國籍法中有關國籍之原始取得、繼受取得、喪失、回復及其效力，一般國際私法學者均論述之❾。

(16)臺灣地區與大陸地區人民關係條例第三章「民事」(§41～§74)　臺灣地區

---

❽ 賴來焜，《海事國際私法中船舶優先權之研究》，政治大學博士論文，一九八二年五月，第五四三頁至第五五八頁。

❾ 賴來焜，《國際（私）法之國籍問題——以新國籍法為中心》，自版，二○○○年九月第一版。

與大陸地區兩岸人民間之「區際私法」，就兩岸間之行為能力 (§46)，法律行為之方式 (§47)，債權契約 (§48)，事實行為發生債 (§49)，侵權行為 (§50)，物權 (§51)，夫妻財產制 (§54)，認領 (§55)，收養 (§56、§65)，父母子女 (§57)，監護 (§58)，扶養 (§59)，繼承 (§60、§66、§67～§68)，遺囑 (§61)，捐助行為 (§62) 等之準據法與判決之承認與執行問題 (§74)。

⑴⑺香港澳門關係條例第三章「民事」(§38～§42)　臺灣涉及香港或涉及澳門之民商事法律關係應如何處理？在立法院審議時有下列三說：

①甲說：準用涉外民事法律適用法說　區際私法準用國際私法，行政院所提出❺港澳關係條例草案第三十三條：「民事事件，涉及香港地區或澳門地區者，準用涉外民事法律適用法以定其應適用之法律。但其事件另涉及大陸地區，而其法律關係與大陸地區最切者，依臺灣地區與大陸地區人民關係條例第四十一條至第六十三條以定其應適用之法律。」其說明謂本條係規定民事事件涉有不同法域之人、事、物時如何選擇適當之法律以解決當事人之爭端。由於港澳地區法律制度之健全情形與一般民主法治國家相較，歧異較少，適用涉外民事法律適用法並無困難，將來允宜維持目前之法律適用方式。惟事件若又涉及大陸地區時，有可能產生是否應適用兩岸關係條例之選法規定之疑義，爰規定若其事件另涉及大陸地區，而其法律關係與大陸地區最切者，則依兩岸關係條例所定之選法規則以定其應適用之法律。

②乙說：依涉外民事法律適用法說：區際私法依國際私法？　沈富雄立法委員等所提港澳事務管理條例第三十八條規定：「民事事件，涉及香港或澳門者，依涉外民事法律適用法以定其應適用法律。但其法律關係另涉及中華人民共和國者，得依臺灣地區與大陸地區人民關係條例第四一條至第六三條之規定，定其應適用之法律。」其說明謂：一、因港澳法律制度相當健全，故本條規定民事事件涉及港澳時，應適用涉外民事法律適用法決定適當法律，以解決當事人之爭端。二、若事件又涉及中華人民共和國時，得依法律行為之性質及要素，適用臺灣地區與大陸地區人民關係條例所定之選法規則，以定其應適用之法律。

③丙說：逐條式、細密性及類推適用國際私法　筆者等提出涉港澳法律適用條例草案第三章「民商事」計有五十六條採逐條式、細密性規範，分十節，第一節「通則」(§37～§42)、第二節「自然人與法人」(§43～§46)、第三節「法律行為」

❺　「據悉」行政院版為蔡英文教授主筆起草。

(§47～§48)、第四節「債」(§49～§57)、第五節「物權」(§58～§64)、第六節「親屬」(§65～§74)、第七節「繼承」(§75～§80)、第八節「工業財產權」(§81～§85)、第九節「票據關係」(§86～§89) 與第十節「司法互助」(§90～§92)，原則上採列舉式，並在草案第三十七條規定謂:「民商事事件，涉及香港地區或澳門地區者，依本條例規定。本條例未規定者，適用其他法律。其他法律未規定者，類推適用涉外民事法律適用法。涉外民事法律適用法未規定者，適用民商事法關係最重要牽連關係地區法律。」其說明謂本條例明訂涉港澳民商事事件處理之法源種類與順序，一為本條例，二為其他法律，三為類推國際私法，四為最重要牽連關係地法。

筆者提出涉港澳法律適用條例草案較之前兩個版本有下列特點:

A.本版本採列舉式、逐條式、細密性，前兩版本規範原則陳舊，且過於簡陋，實不足以充分因應未來臺港澳間之民商事事件，面對此類複雜的法律適用問題，筆者改採兩岸關係條例第三章之逐條式、列舉式、細密性規範之原則，實際適用上較便利❺¹。

B.筆者認為區際私法與國際私法間適用上，究應如沈委員版採「依」，抑或如行政院「準用」關係，前者認為臺港澳間屬國際私法，自不妥當，後者認為「準用」國際私法，筆者認為經「準用」似無法完成選法，蓋實體法間準用較易理解與運用，但國際私法性質較獨特，使用「準用」字樣，將來實務上易生爭議。例如香港人甲在臺灣為行為，其行為能力之準據法如何?區際私法準用國際私法，即準用涉外民事法律適用法第一條，人之行為能力依其本國法，即依所屬國法將依大陸地區之法律，無法依香港地區法律，故筆者特別提出雖有明文卻仍用「類推適用」涉外民事法律適用法，亦獲國際私法學者支持❺²。

---

❺¹ 王志文，〈兩岸三地民事法律適用問題之研究〉，載《國際私法論文集》(慶祝馬教授漢寶七秩華誕)，五南圖書出版公司印行，一九九六年九月第一版，第三四八頁至第三四九頁謂:「本文以為，該草案第三十五條之規範原則顯然過於簡略，且我國現行涉外民事法律適用法之規定亦過於陳舊，實不足以充分因應未來臺港澳間之民事事件。面對此類複雜的法律適用問題，如改採兩岸關係條例第三章中之逐條式、細密性之規範原則，似更能切合實際。」

❺² 大陸有學者謂:「新黨的草案是原臺灣『立法委員』賴來焜提出的，基本主張是:『民商事事件，涉及香港地區或澳門地區者，依本條例之規定。本條例所未規定者，適用其他法律。其他法律未規定者，類推適用涉外民事法律適用法。涉外民事法律適用法

　　C.前兩版本後段「但其事件另涉及大陸地區者，而其法律關係係與大陸地區最切者，依臺灣地區與大陸地區人民關係條例第四十一條至第六十三條之規定，定其應適用之法律。」筆者認為既與大陸地區關係最密切，為何不依「關係最密切原則」(Theory of the most significant contacts) 適用大陸地區法律，且依兩岸關係條例之結果均採單面法則 (one-sided rules, einseitige kollisionsnormen)，即大多單向指向臺灣地區法律，筆者提出最重要牽連關係原則，此為一九六三年美國 Babcock v. Jackson 案❸創下彈性選法後，在一九七八年奧地利、一九八五年大陸地區、一九八六年德國、一九八九年瑞士、一九九〇年日本等國均在國際私法中採行最重要牽連關係原則，我國終於在香港澳門關係條例區際私法中有了國際私法選法最新趨勢之原則。

　　最後完成三讀之條文，即第三十八條規定：「民事事件，涉及香港或澳門者，類推適用涉外民事法律適用法。涉外民事法律適用法未規定者，適用與民事法律關係最重要牽連關係地法律。」大致採行筆者草案中第三段、第四段之文字，採行筆者立法精神。

　　⒅其他法律　除了前述我國之相關規定外有①土地法第十條、第十八條、第十九條及第二十四條；②遺產稅及贈與稅法第一條；③外國法院委託事件處理法；④其他外國人服務法等等均為隱藏國際私法。

第三節　國內習慣（法）

一、國內習慣（法）之概念

　　未規定者，適用與民商法律關係最重要牽連關係地區之法律。』草案詳細列出了各類跨區的民商事關係的法律適用規則。新黨的主張也未見得很完善，但有新意：第一，『類推適用』之謂，說明其立論的基礎是把區際法律衝突與國際法律衝突分開，臺灣與港澳的法律衝突，屬區際法律衝突的範圍，它與國際法律衝突不同，既不能『依』也不能『准用』涉外民事法律適用法，只能類推適用之；第二，它第一次把最密切關係原則適用於臺灣衝突法的立法，明確法類推適用涉外民事法律適用法時，適用與民商事法律關係最重要牽連關係地區的法律。這是符合公平選法原則的。臺灣立法機構經過辯論，三讀通過的香港澳門關係條例（下稱港澳條例），基本上採納了新黨草案的精神，處理與港澳的法律衝突。」見余先予主編，《衝突法》（高等財經院校教材），上海財經大學出版社，上海，一九九九年十二月第一版，第四四九頁。

❸　Babcock v. Jackson, 12 N.Y. 2d 473, 191 N.E. 2d 279 (1963).

　　國際私法之法源有關「習慣（法）」，除有在國際間所建立之「國際習慣法」(internationales Geuiohnheitsrecht) 外，亦有以「國內習慣（法）」者，所謂「國內習慣法」係以多年慣行之事實並為全國各地區一般人普遍確信有法之效力者，國際私法法規所未備者，而國內習慣所有者，即有謂可依習慣解決之。

二、國內習慣（法）之發生條件

　　習慣之形成法律規範，必須同時具備時間上同一事項反覆之同一性，及全國各地區普遍確認此一同一性之心理上拘束力，而形成之條件：(1)客觀要件：一事實須多年慣行，即時間上同一事項反覆之同一性；(2)主觀要件：須全國各地區普遍確認此一同一性之心理拘束力；(3)法院要件：有關主客觀要件須經法院判決上一致之反覆同一性，則更確立習慣之權威，而終具法律之拘束力，即一般所謂習慣之形成，最直接之證據，可以從「判例」中獲得。

三、國內習慣（法）之重要性

　　在採判例法之國家，如英美法系國家，對國際私法之問題本就著重於案例之研究，因成文法規缺如，鮮有詳密之成文規定，國際私法之發展均由判例確立其原則，國際私法之極大部分即由判例所構成，習慣法為其主要及直接法源。反之，在採成文法之國家，如德國、法國、日本及我國，亦因規定非失其簡略，即多所缺漏，在處理國際民商事法律關係，常因法規未備，乃援引習慣、法理、學說而形成判例，而確立國際私法原則，即對國內習慣法亦未曾加以忽視。

四、國內習慣（法）在我國法源之地位

　　我國民法第一條規定：「民事，法律所未規定者，依習慣；無習慣者，依法理。」足見習慣優先於法理而為民法法源；而有關國際私法之涉外民事法律適用法第三十條規定：「涉外民事，本法未規定者，適用其他法律之規定，其他法律無規定者，依法理。」其雖未規定「習慣」為法源，而實非我國際私法忽視「習慣」，蓋由於習慣之具有權威性者，乃融合於判例之中，而以法理襯托表現之，故習慣與法理常為一體，蘊藏於判例，或以判例確認之❺❹，我涉外民事法律適用法第三十條後段「……法律無規定者，依法理」，既可保留「習慣」之法源地位，復可反射出判例之重要性。

---

❺❹　柯澤東，《國際私法》(國立臺灣大學法學叢書⒂)，自版，臺北，一九九九年十月第一版，第四十頁至第四十一頁。

第四節　國內司法判例（決）

一、司法判決（例）之概念

所謂「司法判決（例）」(judicial decisions) 係指法院對具體案件的判決具有法律拘束力，可以成為以後審理同類案件之依據。一國法院的判例是否可以成為該國國際私法的淵源，在國際私法實踐中是有分歧的。在英、美等普通法國家，判例是國際私法的主要法源；在德、日、法等資本主義成文法國家，判例仍占相當重要地位，蓋一方面在成文法中，法條有限，案件無窮，法規欠缺時，有待判例作為判決之依據；二方面成文法中，法條文義不明，有待判決解釋；三方面這些國家發展成文法衝突法則之主要法則的主要來源。但在社會主義之中國大陸，學者幾乎均不承認判例為國際私法之法源。

本節「司法判決」係指「國內判決」，倘非「國內判決」，例如國際法院判決與外國法院判決，均非本節所述，一般學理上對非國內判決效力，應對國內法院無當然拘束力，但其對國內法院於受理同類涉外案件時應有「說服力」(persuasive authority)。

二、英美法系國家：判例是直接法源

在採判例法之英美國家由於是「法官制法」(judge made law)，因為成文法較少，法院判例即成為其普通法 (Common law) 之直接法源或主要內容；其國際私法亦不例外，英國在若干成文法中有衝突法規定外❺，其國際私法之原則與制度，多賴權威判例而建立。例如英國有關契約準據法採當事人意思自主原則，係一七六〇年在 Lord Mansfield 對 Robinson v. Bland 一案判決，並經著名判例支持而建立；同樣的，有關侵權行為之準據法，係採法庭地法與侵權行為地法之折衷主義，係自一八七〇年大法官 Willes 在 Phillips v. Eyre 案判決，迭經其他名案支持而建立。

在英美普通法系國家，權威的判例不僅是國際私法的直接法源，而且是主要法源，其大量的主要的國際私法規範則來自法院之司法判例。由於這些國際私法

---

❺ 英國雖然是判例國家，但在若干單行成文法中，也有關於衝突法的規定。除前面提到的十九世紀的幾個外，還有一九四八年的公司法 (Companies Act)，一九五〇年的婚姻訴因法 (Matrimonial Causes Act)，一九六三年的遺囑法 (Wills Act)，一九七一年的承認離婚和司法別居法 (Recognition of Divorces and Legal Separations Act) 等。

規範散見在長期的、浩瀚的法院判決中，內容繁多，十分零散，互相牴觸，給國際私法的適用帶來困擾。國際私法學者或民間機構開始系統整理編纂，成果或著作即為這些國家處理國際民商事法律關係的權威依據。其中一八三四年美國學者 Story 編著出版 *Conflict of Laws* 及一八九六年英國學者 Dicey 編著出版 *The Conflict of Laws* 均成為名著。後者在一九四九年起由 Morris 等人相繼修訂，自一九九五年已出版第十二版，英國處理涉外私法案件主要仍以該書為依據。在美國有「美國法律學會」(American Law Institute) 承擔美國國際私法編纂任務。一九三四年哈佛大學法學院教授 J. H. Beale 任報告員出版了《美國國際私法第一次新編》，一九七一年由哥倫比亞大學法學院教授 W. L. M. Reese 任報告員，出版了《美國國際私法第二次新編》❺⑥，這兩次新編可謂是美國國際私法判例規則的重要總結。誠如英國 Graveson 謂：「英格蘭法大多數是法官的著述，他們在衝突法則方面所作貢獻為其他法律所不及。」(English law is largely the work of judges, and in no branch of it have they contributed more than in the conflict of laws.) ❺⑦

三、大陸法系國家：判例是重要法源

大陸法系國家採用成文法是主要法源，不少國家在民法典或相關單行法中規定國際私法規範，有的國家頒布了單行國際私法法典，但判例在這些國家法院在處理國際民商事事件時，占有不可忽視的地位，構成國際私法之重要法源，蓋一則一般國家之成文法規，其內容非失於簡括，即多所闕漏。法官在實際處理涉外案件時，難免感覺不足，而時須「自立其法」以為解決問題之根據；二則國際私法法條大多是抽象規定，文義不明，因此法院在適用上須對此法條作解釋，這項闡釋法條的判決為數不少，使不少成文法國家法院的判決形成了國際私法的重要法源，此種盛況有若美英判例法國家；三則基於國際私法之獨特性：有的學者指出，在國際私法這領域，不管成文法如何發展，也不論如何強調編制成文法的意義，都不能免除法院或法官造法 (judge-making Law) 的作用，都不能免除法院或法官的自由裁量權。其所以如何，在於沒有哪一個法律部門像國際私法這樣容易受到政治事件和經濟活動的影響，沒有哪一個法律部門像國際私法這樣涉及極其廣泛而複雜的生活領域。因此，立法者不可能預見並提出一切可能發生的情況❺⑧，

---

❺⑥ 見劉鐵錚譯，《美國法律整編國際私法》，司法院印行，一九八六年四月。

❺⑦ Graveson, *Conflict of Laws*, 7th ed., 1947, p. 9.

❺⑧ 李雙元，《國際私法》，北京大學出版社，北京，一九九一年九月第一版，第二十九頁。

故法國、德國、日本等國均非常重視「司法判例」之作用。

法國學者 Batiffol 認為法國國際私法就是以該國民法第三條為基礎，同時採用法庭的「判例」而形成的，例如 Lizardi 案、Forgo 案等判例確立了國際私法規則❺；日本在第二次世界大戰後對於國際私法判例工作日顯重要，有《判例時報》發行最新判例，且在一九六五年、一九六六年出版《判例體系中的國際私法》第一卷及第二卷；在一九六七年《ジェリスト》第十六號出刊《涉外判例百選》，並於一九七六年出版《涉外判例百選（增補版）》❻，日本有學者歸納其判例主要表現有三：⑴因為法例對國際民事訴訟「管轄權」問題並無規定，因而須以判例填補，例如一九六二年判例肯定原告住所為離婚之管轄法院；⑵法例中對婚姻、親子關係原只採「本國法主義」，實際案件中當事人本國法與法庭地法（日本法）衝突時，一般均依法庭地法，獲得法院判例肯定；⑶有關船舶物權法律關係，日本法例法無明文，學說林立，世界罕見，有船籍國法單一說，原因債權準據法單一說，標的物所在地法單一說，債權準據法與船籍國法累積適用說，債權準據法與法庭地法累積適用說，物之所在地法與債權準據法之累積適用說，區分說等等，經過實務上判例先期確立以船籍國法為通說，但頃近實務有採區分說之趨勢，即船舶優先權之成立準據法，依債權準據法及船籍國法之累積適用說，而船舶優先權效力改依船籍國法單一適用說❻。

四、中國大陸地區對司法判決之立場與態度

大陸地區學者大都認為在現行法律體制下，判例不是法律之淵源，僅對具體案件具有一定的指導或參考作用，不能作為法院處理國際民商事案件的法律依據❻，但學者特別基於三方面說明法院判例對法院處理涉外案件之意義：⑴由於

---

❺ ㈠ Batiffol, *Droit International Privé*, 1975, Paris, p. 20.

㈡在涉外事件的審理中，如果能參考外國經驗，應用法院的「造法」功能，其權能雖只限於適用法律上之漏洞的情況，但因其參考外國實例，利用比較法的方法所完成的「司法造法」(judicial law making) 也是有其作用。例如德國在修改現行的國際私法以前，法院在受理涉外離婚事件中為維護男女平等原則所作出的判決即是具體的實例。

❻ 池原季雄，《涉外判例百選（增補版）》，有斐閣，一九七六年十月，第十六號別冊。

❻ 賴來焜，《海事國際私法中船舶優先權之研究》，政治大學博士論文，一九八二年五月，第二五八頁至第二六八頁。

❻ ㈠余先予主編，《衝突法》（高等財經院校教材），上海財經大學出版社，上海，一九九

涉外民商事案件的特殊性及複雜性，僅依現行成文法是不足以應付涉外經濟關係飛速發展的需要，應允許法院經由判例來彌補成文法之不足；(2)在涉及適用外國法之情形，如該外國係普通法國家，既以司法判例為主要的法源，更需要承認其判例之法源作用，並直接援引有關判例作為審判依據；(3)國際私法之原則與制度，需要經由判例加以發展。蓋承認司法判例對國際私法理論研究，指導法院審判，推動國際私法立法進程均有重大意義 ❻。

　　大陸地區有關司法實踐中所謂「司法判例」主要有三種方式：(1)最高人民法院對涉外民事審判之立法或司法審判中出現具體問題所作之解答、通知、批復等指示性司法解釋 ❹，其對法院、其他機關及個人具有拘束力，且學者謂為司法判

　　　九年十二月第一版，第十九頁至第二十頁。

　　㊁張仲伯主編，《國際私法學》(高等政法院校規劃教材㉙)，中國政法大學出版社，北京，一九九九年一月第一版，第二十頁至第二十九頁。

　　㊂章尚錦主編，《國際私法》(二十一世紀法學系列教材)，中國人民大學出版社，北京，二〇〇〇年三月第一版，第十一頁至第十二頁。

❻　㊀韓德培主編，《國際私法新論》(普通高等教育九五國家級重點教材)，武漢大學出版社，武昌，一九九九年一月第一版第三刷，第三十六頁以下。

　　㊁李雙元，《國際私法(衝突法篇)》，武漢大學出版社，武昌，一九八六年六月第一版，第三十九頁。

❹　中國大陸最高人民法院在對有關法律解釋的同時，對其中的國際私法規定也作了大量的解釋。比較重要的涉及國際私法規定的最高人民法院的司法解釋有：㊀一九八五年九月十一日《最高人民法院關於貫徹執行「中華人民共和國繼承法」若干問題的意見》，㊁一九八六年一月三十一日《最高人民法院關於涉外海事訴訟管轄的具體規定》，㊂一九八六年八月十四日《最高人民法院、外交部、司法部關於我國法院和外國法院通過外交途徑相互委託送達法律文書若干問題的通知》，㊃一九八七年四月十日《最高人民法院關於執行我國加入的(承認及執行外國仲裁裁決公約)的通知》，㊄一九八七年十月九日《最高人民法院關於適用「涉外經濟合同法」若干問題解答》，㊅一九八八年二月一日《最高人民法院關於執行中外司法協助協定的通知》，㊆一九八八年四月二日《最高人民法院關於貫徹執行「中華人民共和國民法通則」的若干問題的意見(試行)》，㊇一九八九年五月十三日《最高人民法院關於印發(關於海事法院收案範圍的規定)的通知》，㊈一九九一年七月一五日《最高人民法院關於中國公民申請承認外國法院離婚判決程序問題的規定》，㊉一九九二年三月四日《最高人民法院、外交部、司法部關於執行(關於向國外送達民事或商事司法文書和司法外文書公約)有關程序的通知》，㊉㊀一九九二年五月十六日《最高人民法院關於審理涉外海上人身傷亡案件損害賠償的

例之高級表現形式 ❺；⑵最高人民法院針對地方各級人民法院的個案請求所作出的各種「答復」、「批復」等，雖不具有普遍意義，但由於這類批復反映了最高審判機關對個案審判中具體問題的看法、意見，對下級人民法院審理同類案件無疑具有指導和借鑑作用；⑶最高人民法院定期在《最高人民法院公報》中公布的一些典型案例，其中不乏國際私法方面的案例，這些案例的公布表明最高法院對其審判處理結果的認可態度，對地方各級人民法院雖無法律約束力，卻對法院審判有重要的指導作用和很大的影響力，在一般情況下，地方各級人民法院在審理相同或類似涉外民事案件時，均會遵循這些案例所體現的原則和規則，按照這些判例作出判決。

五、司法判例在我國國際私法之法源地位

依照國際法院章程第三十八條，司法判決 (Judicial decision) 是「決定法律規則的補充方法」(As subsidiary means for determination of rules of Law)，其價值仍有重要意義，筆者認為：

㈠建立我國國際私法百年判解之理論體系

有關我國清末無國際私法，迨一九一八年八月五日法律適用條例，至一九五三年六月六日涉外民事法律適用法，所有教科書幾乎未引判例，解釋，令函，且以「在我們國內涉外事件也是不少，只是法院有否依國際私法的原則作判決，因對外公開的資料欠缺，我們無法置評。這種難得『見』到涉外私法判決的現象，應是國家步上法治化、自由化與推展國際貿易的重要工作」❻ 而感嘆! 或謂：「近時涉外事件日增，尤以經濟權利、身分關係事件涉訟成案者，亦有之。諒因大多願在訴訟上或訴訟外達成和解，迄未有第三審新判例可稽，雖然第一、二審法院判決可見數則，因其至多為從屬法源，故茲不另予引示。」❼ 或謂「但由於我國歷經戰亂，政府遷臺，地偏一隅，國際私法運用機會較少或因涉訴訟案件以和解

具體規定（試行）》 一九九二年七月十四日《最高人民法院關於適用「中華人民共和國民事訴訟法」若干問題意見》,㈦一九九二年九月一九日《司法部、最高人民法院、外交部關於印發（關於執行海牙送達公約的實施辦法）的通知》等。

❺ 韓德培主編,《國際私法新論》(普通高等教育九五國家級重點教材),武漢大學出版社,武昌，一九九九年一月第一版第三刷，第三十六頁至第三十七頁。

❻ 藍瀛芳,《國際私法導論》,自版，臺北，一九九五年一月初版，第三十二頁。

❼ 劉甲一,《國際私法》,三民書局印行,臺北，一九八二年九月修訂初版，第四十六頁。

達成解決，或於第一、二審即定讞，或屬爭議之從屬法，未有大爭議。因而，缺乏最高法院重要判例可資說明」[68]，筆者見清末有《通商章程成案匯編》[69]而民國初年有《華洋訴訟例案匯編》及《華洋訴訟判決錄》[70]，而正為建立編纂中國百年來國際私法百年判解之理論體系。

㈡建立融「判例」、「習慣」與「法理」三者於一爐之國際私法重要法源

我國涉外民事法律適用法第三十條後段謂：「……，其他法律無規定者，依法理。」未將「習慣」「判例」列入，蓋非我國際私法忽視習慣，乃由於習慣之具有權威性者，乃融合於判例之中，而以法理襯托表現之，故習慣與法理常為一體，蘊藏於判例，或以判例確認之。而我國法律體制乃承襲大陸法制，判例對法官本無直接之拘束力，且適用涉外民事法律適用法乃承民法之體例，所為國際私生活涉外法律關係之重新安排。為與民法第一條法源規定相呼應，則第三十條在法源之規定上，亦未將判例列入，而乃以法理為於欠缺法律規定時之救濟。另一方面，如明定判例為法源時，將被曲解，以為判例在國際私法為直接法源，如此將與大陸法體制法律解釋與適用原則相牴觸也。故雖無對習慣之明訂，習慣仍不因之而喪失其地位也，而規定法理為法無明文時之適用，既可保留習慣之法源地位，復可反射出判例之重要性[71]。

㈢司法判例有「司法造法」助促國際私法新發展

由於有關國際私法之規定簡陋，涉外民商事件，悉賴法院發揮判例領導法律發展之功能，可謂無判例，即無國際私法也。故判例為國際私法之重要法源，其理甚明。我國未參與國際私法之國際公約，亦鮮訂立雙邊條約以定兩國間人民之法律地位，則內國法源，悉賴單薄之立法法律，實不足因應今後內外國民之民商

---

[68] 柯澤東，《國際私法》（國立臺灣大學法學叢書(55)），自版，臺北，一九九九年十月第一版，第四十頁。

[69] 《通商章程成案匯編》，商務印書館，光緒十二年（一八八六年）印行。

[70] ㈠姚之鶴，《華洋訴訟例案匯編》，商務印書館，上海，一九一五年十月初版。
㈡直隸高等審判廳，《華洋訴訟判決錄》（二十世紀中華法學文叢⑥），中國政法大學出版社重新出版，一九九七年十二月第一版。

[71] ㈠劉甲一，《國際私法》，三民書局印行，臺北，一九八二年九月修訂初版，第四十六頁。
㈡柯澤東，《國際私法》（國立臺灣大學法學叢書(55)），自版，臺北，一九九九年十月第一版，第四十一頁。

關係，而以立法方式，實又遲緩，則司法機關誠負重要使命，外國法院創制判例補充法律之不足**❷**，領導國際私法發展之精神與技術，可為我國重要之參考。內國判例為一定時空中，該國對國際私法有關法律關係在實踐上之具體反應，另一方面亦表示司法人員對國際私法理論接受之態度，所以判例對國際私法之發展，有極大之鼓勵作用**❸**。

六、判例在我國「契約」準據法（當事人意思）之重要性

我國國際私法中「判例」不多見，但不得因此而解為我國國際私法無待判例解釋充實之，試舉「契約」準據法為例。我國涉外民事法律適用法第六條第一項規定「法律行為發生債之關係者，其成立要件及效力，依當事人意思定其應適用之法律」，惟「當事人意思不明」時，第二項、第三項採「硬性」規則，即採「逐項逐段適用法」（承先啟後適用法），國籍相同者，依本國法，國籍不同者依行為地法；行為地不同者，以發要約通知地為行為地；承諾時不知發要約通知地者，以要約人住所為行為地；兼跨數國或不屬任何國家者，依履行地法。今何謂「當事人意思」（§6 Ⅰ）？何謂「當事人意思不明」（§6 Ⅱ Ⅲ）？兩者如何分界？法官似不外有二種途徑可循：⑴認為當事人無明示的意思時，即屬意思不明而逕行適用法定之標準；⑵認為當事人無明示的意思時，尚非意思不明，而先就契約有關之一切事實加以考慮，以求發現當事人「默示的意思」，俟認定契約並無更強之事實足以表示當事人「默示的意思」時，再適用法定之標準。在我國學者見解不一，有採廣義說者，蓋就一般各國法制言：採用「當事人意思自主原則」之法制，對於「當事人的意思」，除極少數國家限其為「明示的意思」以外，一般均解為兼指「明示的意思」與「默示的意思」。換言之，當事人如於契約內未明白表示契約準據法為何時，法官應審察與契約有關之各種事實（如所用文字、專門名詞、有爭訟時之法院地或仲裁地、訂立地、履行地、當事人國籍等），視與契約關係最切之事實為何或多數事實指向何地，即據以確定當事人之「默示的意思」**❷**，

---

❷ 北京大理院民國三年上字一五五號判例中有言：「凡審判居內國之外國人相互間，或與內國人民間，因不法行為所生債權之訴訟，審判衙門應適用何國法律，各國之立法例及學說不能盡同。有取法庭地主義者，有取事實發生地主義者，有兼取兩主義者；其第三主義在條理上較為允當，為多數國所採用。現在民國關於國際私法之條規，尚未頒行，自應由審判衙門擇至之條理，以為適用法律之準據。」

❸ 柯澤東，《國際私法》，三民書局印行，臺北，一九八二年九月修訂初版，第四十一頁。

進一步就我立法原意以為，對於上述我國法條，亦宜作兼指明示的意思與默示的意思解釋。換言之，契約如無明文規定當事人合意選定之法律者，法官亦應就契約之文字、內容及性質等，以確定當事人默示的意思何在。且適用法第六條之「立法說明」，亦曾強調當事人意思自主原則為近代各國國際私法所公認。故亦唯作廣義解釋，似更能貫徹立法之原意❼❺；有學者更謂：「適用時究應如何決定當事人意思？由於在我國尚無司法判解以為依據，本人認為應比照前述當事人自治原則時所分兩種情形，分別以論。換言之，在當事人無明示意思時，尚不得視為意思不明，仍應由法院適用最重要牽連主義，審查一切與契約有關之各種牽連事實，包括契約之條款、用語，及各種與契約有關之連結因素，就面對締約時周遭環境，以一個合理商人所應選擇適用法律之意思，作為當事人之意思，以定契約之準據法，始不論其名稱為何──當事人默示意思、推定意思、抑法院所賦予之意思，採取此種解釋，不僅符合外國之實例、學者之見解，且也屬貫徹當事人意思自治原則之立法本意，當事人言，要比法院逕行適用第二項之硬性法則為公平合理。」❼❻嗣又變更意見而改採「狹義說」而謂：採取後一解釋，似不僅符合外國之實例、學者之見解、且也屬貫徹當事人意思自主原則之立法本意，對當事人言，要比法院逕行適用第二項之硬性規則為公平合理。

　　惟就我國而言，本人現今則較贊成採取前說，即當事人無明示意思，即為意思不明。理由為(1)若法官必須探求當事人默示意思，以確定應適用之法律，對習慣於援用成文法硬性規則之大陸法系法官，恐有不便、增加困擾、浪費時間之缺點；(2)若雙方當事人皆不同意法院發現之默示意思，則理論上亦難自圓其說；(3)如前所述，默示意思與推定意思，二者界限難以劃分，發現方式也難以區別，若必貫徹之，則第二項及第三項之硬性規則，將難有適用之機會，此應非立法者之本意❼❼，可見學者見解不一，甚至同一學者前後意見不同，同一書中意見亦前後

---

❼❹　馬漢寶，《國際私法總論》，自版，臺北，一九七七年六月第六版，第三十五頁至第三十六頁。

❼❺　馬漢寶，《國際私法總論》，自版，臺北，一九七七年六月第六版，第一四〇頁。

❼❻　劉鐵錚，《國際私法論叢》(國立政治大學法律學系法學叢刊⒀)，三民書局印行，一九八二年九月再版，第八十八頁至第八十九頁。

❼❼　劉鐵錚、陳榮傳，《國際私法論》，三民書局印行，臺北，一九九六年十月初版，第一三〇頁。

不一，宜由法院在實際此類國際民商事法律關係之案件創立先例。

七、判例在我國「海上侵權行為」準據法之重要性

有關海上侵權行為應如何選擇其應適用之法律，可分二類問題討論：

(一)單一船舶上之侵權行為

關於侵權行為之準據法，依涉外民事法律適用法第九條規定，係採侵權行為地法與法庭地法之併用主義，若侵權行為地在陸地，選擇其應適用之準據法，固無問題。惟若發生於海上，如航行中之船舶內船長不法殺害船員，應如何選擇其應適用之法律，學說意見有二：

1.甲說　在航行中之船舶內，船長不法殺害船員，如在他國領海，應以領海國視為侵權行為地，領海國法即為侵權行為地法。如其侵權行為發生在公海，則應以船旗國法為侵權行為地法，蓋船舶依各國通例，均視為船旗國之「浮動島嶼」也。

2.乙說　在航行中之船舶內，船長不法殺害船員，如在他國領海應視其是否影響及領海國政府、人民，若有影響，以領海國為侵權行為地，若無影響，則以該船旗國為侵權行為地。如侵權行為發生在公海，則以船旗國法為侵權行為地法。

(二)船舶碰撞侵權行為之準據法

關於侵權行為之準據法，依涉外民事法律適用法第九條規定，係採侵權行為地法與法庭地法之併用主義，若侵權行為地在陸地，選擇其應適用之準據法，固無問題。惟若發生於海上，如甲船舶碰撞乙船舶，致乙船沉沒，應如何選擇其應適用之法律？

1.甲說　船舶碰撞，係指船舶衝突，致一方或雙方發生損害而言，亦屬民法上侵權行為之一種，唯我國海商法第六章對船舶碰撞責任之成立及損害賠償之請求，另設特別規定，依第一百三十四條及第一百四十條之規定，「船舶之碰撞，不論發生於何地，皆依本章之規定處理之」，不因其在他國領海或公海而有所不同。

2.乙說　船舶碰撞，係指船舶衝突，致一方或雙方發生損害而言，其性質屬於侵權行為之問題，可直接適用涉外民事法律適用法第九條之規定。我國海商法第一百三十四條之規定從文義上解釋似謂凡除我國有管轄權之船舶碰撞案外，其他船舶之碰撞無論發生在公海或一國領海上，也不論是否有我國之船舶在內，亦應一律適用該條之規定，此對我國在此案件適用上，固較簡便，但此係違反我對涉

外案件所採一貫之立場，故適用應解釋從嚴，即船舶碰撞發生在公海上，船旗國相同時，依其共同之船旗國法，船旗國不同時，適用法庭地法。發生在領海上時，依領海國法。

　　以上兩問題，實務上素有爭論❼，且學者見解極不一致❼，宜由最高法院立

<hr>

❼　一、法務部七十八年三月三十一日七八律字第五七四六號函：

(一)按我國「志○號」漁船與韓國漁船相撞，係一船舶碰撞事件。關於國際間船舶碰撞海事糾紛之處理，於一九五八年之公海公約、一九八二年之聯合國海洋法公約、一九五二年關於船舶碰撞事件之民事管轄公約、一九一○年關於船舶碰撞若干規定統一公約等均有相關規定。惟我國因非簽約國，自不受其拘束，然是否基於國際慣例予以尊重，本部無意見。本件船舶碰撞事件，其發生地點，位於我國東北海域，距基隆約一四五浬，距釣魚臺七十五浬，究歸何國法院管轄，宜先確定之，再據以定其應適用之法律。

(二)「志○號」所應負之民事責任及管轄法院部分：參酌一九五二年關於船舶碰撞事件之民事管轄公約第一條之規定，韓方如向我國法院起訴，我國法院有管轄權。又我國涉外民事法律適用法尚無關於船舶碰撞準據法之相關規定，宜準用涉外民事法律適用法第九條侵權行為之規定解決為妥適。依該條規定，船舶碰撞如發生於公海，其「侵權行為地法」，究指何國法律，因目前尚無一致見解，宜認為法庭地國，即我國法為其準據法。至於韓國對我漁船船員造成精神上及作業損失部分，亦宜參酌前開意見辦理。

二、七十二年司法業務研討會

(一)法律問題：

關於侵權行為之準據法，依涉外民事法律適用法第九條規定，係採侵權行為地法與法庭地法之併用主義，若侵權行為地在陸地，選擇其應適用之準據法，固無問題。惟若發生於海上，如(1)航行中之船舶內船長不法殺害船員，(2)甲船碰撞乙船，致乙船沉沒。應如何選擇其應適用之法律？

(二)研討意見：

關於(1)部分：

甲說：在航行中之船舶內，船長不法殺害船員，如在他國領海，應以領海國視為侵權行為地，領海國法即為侵權行為地法。如其侵權行為發生在公海，則應以船旗國法為侵權行為地法，蓋船舶依各國通例，均視為船旗國之「浮動島嶼」也。

乙說：在航行中之船舶內，船長不法殺害船員，如在他國領海應視其是否影響及領海國政府、人民，若有影響，以領海國為侵權行為地，若無影響，則以該船旗國為侵權行為地。如侵權行為發生在公海，則以船旗國法為侵權行為地法。

關於(2)部分：

甲說：船舶碰撞，係指船舶衝突，致一方或雙方發生損害而言，亦屬民法上侵權行為

下判決先例供法院處理涉外海上侵權行為準據法時之參考。

第五節　法理或學說

一、問題提出：公平正義是國際私法之法源？

　　我國涉外民事法律適用法第三十條「後段」規定：「其他法律無規定者，依法理。」何謂法理？如何成為國際私法之法源？我國學者僅以數語謂：法理者多數人所承認之共同生活的原理，例如正義、衡平、及利益較量等之自然法的根本原理❽⓪。值得思考問題，國際私法主要內容為衝突法規範，尤其我國學者均採小國際私法（狹義國際私法），衝突法與國際私法幾乎同義，衝突法既係就國際民商事法律關係就案件之性質選擇適用何國或何法域之法律，在解決某一國際民商事法律關係時缺乏明文法律規定時，需要根據何法理確定用何連結因素或適用什麼衝突原則，筆者常問既為小國際私法之性質是程序法，公平、正義、誠信等是

之一種，唯我國海商法第六章，對船舶碰撞責任之成立及損害賠償之請求，另特別規定，依第一百三十四條及第一百四十條之規定，「船之碰撞，不論發生地，皆依本章之規定處理之」，不因其在他國領海或公海而有所不同。

乙說：船舶碰撞，係指船舶衝突，致一方或雙方發生損害而言，其性質屬於侵權行為之問題，可直接適用涉外民事法律適用法第九條之規定。我國海商法第一百三十四條之規定從文義上解釋似謂凡除我國有管轄權之船舶碰撞案外，其他船舶之碰撞無論發生在公海或一國領海上，也不論是否有我國之船舶在內，亦應一律適用該條之規定，此對我國此案件適用上，固較簡便，但此係違反我對涉外案件所採一貫之立場，故適用上應解釋從嚴，即船舶碰撞發生在公海上船旗國相同時，依其共同之船旗國法，船旗國不同時，適用法庭地法。發生在領海上時，依領海國法。

㈢研討結論：

⑴採甲說。

⑵採乙說。

座談機關：司法院司法業務研討會第三期。

司法院第一廳研究意見：同意研討結論。

❽⑨　我國學者見解可歸納為四說：甲說：絕對法庭地法主義、乙說：限制法庭地法主義、丙說：法理補充說及丁說：利益分析說，見賴來焜，《新海商法論》，學林文化事業有限公司，臺北，二〇〇〇年一月，第八二〇頁至第八二三頁。

❽⓪　劉鐵錚、陳榮傳，《國際私法論》，三民書局印行，臺北，一九九六年十月第一版，第二十四頁。

實體法價值判斷，如何能適用在國際私法上，傳統學者見解將使涉外民事法律適用法第三十條後段「法理」與民法第一條後段之「法理」無法或不必區別。

筆者願以不同角度思考(1)法理發生原因為何?(2)法理存在之方式、種類為何?(3)法理與學說有何區別? (4)國際私法之法理與民法之法理有何不同? (5)關於法理或學理能否作為國際私法法源，理論上有何討論? 國際間立法例有何表現? (6)法理是對法規欠缺問題而言，法規欠缺之含義、種類為何? 如何利用「法理」補充或填補法規欠缺?(7)又一般原則既係實體價值判斷,如何與國際私法有牽連關係? 均為本節值得思考與討論。

二、法理存在之原因

法理與學者見解在國際私法法源中有其價值或空間係因「法律欠缺」(Lücken) 或「法律發現」(Rechts findung)，究其存在之原因:

㈠就國際私法發展歷史言

國際私法係由學說或法理發展起來，十八世紀以前國際私法可稱為「學者法」，國際私法在此時僅表現為一種學說或學理狀態，十八世紀下半葉後國際私法有「制定法」，時至今日國際私法尚屬年輕，與其他法律相較仍屬一個正在發展的法律，發展較晚，許多法律規則尚未定型、成熟，正屬發展和形成階段，權威學說與法理對國際私法立法和國際民商事審判深具重要價值，尤其近世紀來發展迅速，例如美國「最重要牽連關係原則」(Theory of the most significant Contacts) 與大陸法系「直接適用法律」(loid' application immdiate) 理論主要是得力學理之貢獻。

㈡就國際民商關係言

國際涉外私法關係，因各國國民之接觸與交流，法律關係因實體民商內容之演進，更形複雜，國際私法立法相關法文有限，各國遂不得不仰賴司法就案件個別處理時，創造法律，追求具體妥當性，學者及法學專家就判決批評，歸納出國際私法之原理與原則，即總稱之為法理[81]。

㈢就國際私法法律之內容觀察言

一般國家國際私法有關「法律適用」條文不多，且條文規定多屬概括簡略，加以國際民商事法律關係日益繁雜增多，其他法律少設有關涉外民商事之規定，

---

[81]　柯澤東，《國際私法》(國立臺灣大學法學叢書(55))，自版，臺北，一九九九年十月第一版，第四十一頁至第四十二頁。

法院處理國際民商事關於其國際私法及其他法律中找不到直接可適用之條文，法院又不能以法無規定為由而拒絕裁判，有賴「法理」補充以濟其窮。故內國法律無明文，或無習慣及判例時，則外國國際私法有明文，或外國國際私法有習慣、判例，此成文法律、判例、習慣，經我國國際私法之學界及法院有共識具有權威者，應屬「法理」。最後須特別說明者，國際私法之法理應非學者憑空所創立，而係法院在實務上作出判決，經學者加以歸納、探討、評述而形成國際私法之法理，以彌補、補充法規規定不足或闕如，即為國際私法之法源。

三、法理存在之形式與內容

國際私法中「法理」究以何形式存在，其實質內容應如何分類，可就形式方式與實質內容而區分：

㈠法理之形式有三：學說、國際私法規則之比較原則、一般法律原則

就法理之外觀方式可分為「學說」、「國際私法規則之比較原則」及「一般法律原則」三類。

1.**學說** 學說者⑴就意義言：學者闡釋國際私法成文原則之規範意義及其法律政策而被法界認為權威者，應屬法理之範疇，足為國際私法之法源；⑵就理論上探討言：有採否定說者：認為學者之學說基於立法或實踐對法律之概念，規則或制度所作之闡釋或提出觀點、理論或主張，應僅是個人之意見或著作之表現，或眾人集合之發表與決議，沒有法律效力，不應解為國際私法之法源[82]，但有採肯定說者：學術權威者之意見，包含著人類最崇高的正義，應當起立法者之作用，學說應可以作為國際私法之法源；⑶就立法法系言：大陸法系成文法較有爭議，在英美普通法權威學者的學說及著作作為衝突法之重要法源，例如英國學者Dicey、Cheshire，美國學者 Story、Beale、Reese 之著作，均被其國家之法院視為國際私法之法源，故有學者謂學者之學說或著作之真正價值，表現在其對普通法國家法院所發揮的具有決定性的作用[83]；⑷就學說與法理之關係言：有學者認為「學說」是法理內容之一[84]，有學者認為國際私法上之法理與學說具有密切不可

---

[82] ㈠章尚錦主編，《國際私法》(二十一世紀法學系列教材)，中國人民大學出版社，北京，二○○○年三月第一版，第十四頁。

㈡余先予主編，《衝突法》(高等財經院校教材)，上海財經大學出版社，上海，一九九九年十二月第一版，第二十七頁至第二十八頁。

[83] O. Kahn-Freund, *General Problems of Private International Law*, 1976, pp. 128–142.

分割之性質**⑧**，甚至認為二者「事實上是不能加以區別的」，因而無法單獨將法理列為國際私法之必要**⑧**。

　　管見認為在理論上言，學說對一個國家國際私法立法與國際私法學之推展均有引導作用與催化作用**⑧**，在實踐上，有助於了解國際私法理論之特殊意義，運用其公正合理地處理國際私法案件，維護內外國國家與當事人之權益。學說在國際私法法源之重要性已非其他法律可比擬的。故無論在普通法系國家抑或大陸法系國家，在國際私法領域，司法機關在判決中引述學者之學說來論證其裁判，解釋成文立法，甚推翻先例，比比皆是，甚屬重要。

　　2.**國際私法規則之比較原則**　所謂國際私法規則之比較原則係基於國際私法法則與實體法不同，具有超越各國風俗習慣之特殊性質，較易互相協調，制成共通規則，因此，歸納與比較各國國際私法法規，形成法理，作成國際私法之法理。國際私法主要內容為衝突法，有關「法規欠缺」後，如何補全法規欠缺，填補法律漏洞，本「比較原則」深具重要性。

　　3.**一般法律原則**　所謂「一般法律原則」(general principles of law) 應為各國國內法律體系和國際法中所包含的共同原則或法律理念。一般法律原則應為各國所承認，它決不著眼於只是偶然一致的一切法律規定，而是著眼於那些以一般的法律理念為基礎並可以移用於國際往來的法律原則。然其究包括哪些基本原則，國際私法上雖乏明文規定，筆者歸納曾被常設國際法院，國際法院及其法官，一些仲裁庭及學者引述之「一般法律原則」有：⑴契約（約定）必須遵守原則；⑵誠實信用原則；⑶公平原則；⑷情事變更原則；⑸人道原則；⑹特別法優先於普通法適用原則；⑺禁止權利濫用原則；⑻同時履行抗辯原則；⑼公允善意原則；⑽保護弱者原則**⑧**；⑾公平互惠原則；⑿敗訴當事人負擔訴訟費用原則**⑧**等等一般

---

⑧　劉甲一，《國際私法》，三民書局印行，臺北，一九八二年九月修訂初版，第四十七頁。

⑧　柯澤東，《國際私法》（國立臺灣大學法學叢書(55)），自版，臺北，一九九九年十月第一版，第四十一頁至第四十二頁。

⑧　李雙元，《國際私法（衝突法篇）》，武漢大學出版社，武昌，一九八六年六月第一版，第四十三頁。

⑧　Savigny 之「法律關係本據說」、馬志尼 (Mancini) 之本國主義、Story「訴訟地法說」及 Schäffner 主張「法律關係發生地」等等均對國際私法學上有重大影響，見本書第五章「國際私法之哲理論」。

⑧　田園，《論國際私法中的保護弱者原則》，中南政法學院碩士論文，二〇〇〇年五月。

法律原則均以法理之形式構成國際私法之法源。

㈡法理之內容有二：程序上法理、實體上法理

就國際私法之法理之實質內容可分為下列二者：一為程序上法理：即在處理國際民商事關係問題缺乏成文規則時，需要依據法理以確定連結因素或應適用何衝突規則；二為實體上法理：在國際私法中主要條文指定應適用某國家或法域之法律，倘該法律之實體法中欠缺規定時，所需要適用解決問題之法理。

四、有關「法理」法源之立法例

國際私法之規定有欠缺者，應依「法理」或「條理」(Natur der Sache, Vernunft der Dinge) 以補充，一般學者應支持，成文法中有明文規定者亦有不少。⑴國際法院章程第三十八條第一項卯款明確規定，法院可適用「各國權威最高之公法學家之學說，作為確定法律原則之補助資料」。⑵一九三九年泰國國際私法第三條規定：「本法及其他泰國法所未規定的法律衝突，依國際私法之一般原理。」⑶一九七六年約旦國際私法第二條第三項：「無此種原則，則依習慣；無習慣，則依公平原則裁決。」⑷一九八四年秘魯民法典第二〇四七條第二項規定：「國際私法的原則和公認的準則可以補充適用。」⑸我國涉外民事法律適用法第三十條後段：「涉外民事，……其他法律無規定者，依法理。」❿揆諸意旨，以「法理」補充法律之欠缺。

值得說明者，我國一九一八年八月五日法律適用條例中並無對「法源」規範，涉外民事法律適用法草案之起草人郭雲觀院長增列修正案謂：「涉外民事，本法例所未規定，或規定未備者，由法院依照中國法律之精神及國際私法之原理，臨案酌定應適用之法。」其謂未來司法寬留迴翔餘地，使得就審判上之實際經驗，參考國際法學之精理新義，因社會生活之演進，特殊事實之發生，陸續創設切合時境之適當判例，期於歐陸法條、英美判例，兩系制度之間，劑量折衷，自具特

---

❽ ㈠黃進主編，《國際私法》，法律出版社，北京，一九九九年十月第一版，第八十八頁至第八十九頁。

㈡柯澤東，《國際私法》(國立臺灣大學法學叢書(55))，自版，臺北，一九九九年十月第一版，第四十二頁。

❾ 其他國家之立法例，可見：㈠原奧地利民法第七條規定，以「自然的法律原理」(die naturliche Rechtsgrundsatze) 補充法規之欠缺，㈡義大利法例第三條第二項規定，有疑問依「法之一般原則」(general principles of law) 補充之規定等是。

色，積久成中，以為我國將來再度修訂法例之重要資源。綜觀內容一則說明所謂「法理」係國際私法之法源；二則法理係中國法律之精神與國際私法之原理，更須參考國際法學之精理新義；三則表示「判例」、「法理」、「學說」間之關係甚為密切，並非互為對立之概念。

五、法理之實用：法規欠缺及其補全（§30 後段）

㈠法理之法源依據

我國涉外民事法律適用法第三十條規定：「涉外民事，本法未規定者，適用其他法律之規定，其他法律無規定者，依法理。」值得說明者，第一就「本法未規定者」含義言：涉外民事本法未規定之「法規欠缺」範圍，並不限於衝突規範（準據法指示）條文未規定之法規欠缺，亦包括有關涉外民商事問題之管轄規範及其他準則規範之法規欠缺，均待法理補全；第二就法理適用之條件言：形式國際私法（涉外民事法律適用法、臺灣地區與大陸地區人民關係條例、香港澳門關係條例）有規定者，依其規定；形式國際私法未規定者，依實質國際私法；實質國際私法未規定者，依法理補充。

㈡法理之含義

國際私法中「法理」之定義，傳統學者似與民法第一條之「法理」幾無差別，有學者謂：「法理者，乃多數人所承認之共同生活的原理，例如正義、衡平、及利益較量等之自然法的根本原理是。」❿ 有學者謂：「何謂法理？乃指法律之一般原理、原則及學說而言。舉凡公平正義原則、誠實信用原則、情事變遷原則及權威學說等均包括在內，而成為國際私法之法源。」❿ 筆者認為有「以偏概全」之虞，蓋國際私法上「法理」，探源於國際私法之範圍與目的，查國際私法既係解決國際民商法律關係之法律秩序，其包括選擇準據法之衝突法規範為主要規範，同時包括外國人之民商法律地位，避免或消滅法律衝突的統一實體規範，以及國際民事訴訟與仲裁程序之規範，所以國際私法之法理，應以維持實現國際社會之正義、秩序為其目的，國際私法之規定，如有全部欠缺（完全欠缺）或一部欠缺（不完全欠缺）者，首先應探求該系爭法律關係之性質或該國際私法問題之旨趣

---

❿　劉鐵錚、陳榮傳，《國際私法論》，三民書局印行，臺北，一九九六年十月第一版，第二十四頁。

❿　林益山，《國際私法新論》（國立中興大學法學叢書），自版，臺北，一九九五年六月出版，第十五頁。

究為如何，然後就我國國際私法規定之旨趣、精神、原理，以及參酌外國國際私法之法制、判例、精理新義，衡酌權威學說、國際私法規則之比較原則至一般法律原則，處理國際民商事法律關係之依據。筆者認為國際私法上「法理」，在性質上與範圍上即與民法上「法理」有所不同，所以定義應有差異。

㈢法理之適用條件：法規欠缺 (Lücken)

國際私法適用「法理」為法源之條件為「法規欠缺」(Lücken der Gestxe) 或「法律發現」(Rechts findung)，即法律規定之不足，而法規欠缺可分為二種，一為完全法規欠缺（全部欠缺）；二為不完全法規欠缺（一部欠缺）。

1.**完全法規欠缺（全部欠缺）**　係指就特定涉外民商事法律關係，在國際私法中完全無規定，法院完全找不到應適用之條文。例如⑴我國涉外民事法律適用法第十一條規定婚姻成立要件之準據法（依各該當事人之本國法），第十二條規定婚姻效力之準據法（依夫之本國法）。但對涉外婚約之成立及效力，則未有條文規定其準據法；⑵德國原國際私法中對「關於債權關係之衝突法規定」均為缺漏；⑶日本法例中有關於「船舶物權之準據法」亦隻字未提。均為完全法規欠缺（全部欠缺）之適例。

2.**不完全法規欠缺（一部欠缺）**　係指對特定涉外法律關係，在國際私法法規內，雖非完全無可資適用的條文，就與爭之涉外私法問題同一種類之其他事項問題有所規定，惟就該系爭之法律問題之一部分事實，不合乎該條文之適用要件，因此不得直接適用該條文。例如⑴法國民法第三條第三項規定有關法國人之身分與能力之準據法，至於有關外國人之身分與能力之問題，法國法第三條第三項屬「片面衝突法」(einseitige Kollisionsnorm, one-sided conflict rules)，即易生不完全法規欠缺；⑵又如我國涉外民事法律適用法第十三條第二項關於夫妻財產制，只規定外國人為中國人之贅夫，夫妻財產制依中華民國法。但同是「贅夫與其妻間之夫妻財產制」，倘中國人為外國人之贅夫，或甲外國人為乙外國人之贅夫，因我國第十三條第二項所規定當事人身分關係特殊，其就贅夫與其妻之國籍觀點不合乎規定，因與條文規定要件不完全符合，故不能直接適用該案件，即生「不完全法規欠缺」，又稱「一部欠缺」。

㈣法規欠缺之補全：法理

法規欠缺時究應如何依「法理」或依何種原則補全，尤其在國際私法中選法法則（主要條文），關於此點應分「完全法規欠缺之補全」與「不完全法規欠缺

之補全」二類。

1.**完全法規欠缺（全部欠缺）之補全**　完全法規欠缺應依「法理」予以補全。
補全方法學說紛紛不一，可將其大別為「內國法說」及「類推適用說」兩種：

(1)甲說：內國法說　適用內國法說係認為法規完全欠缺之發生，是由於立法
者之有意省略，因此於涉外案件發生時，法律既未明文規定適用外國法，法院應
專一的適用內國法，即以內國法為該涉外法律關係的準據法。例如涉外婚約案件
繫屬於吾國法院時，因涉外民事法律適用法既未規定可適用之衝突規範，所以應
適用中華民國民法法律為涉外婚約之準據法。

關於此問題，德國 Wächter 則依據「屬地主義」及「國家主義」之思想，提
倡以內國法代替之國際私法補充論，首先依成文法為法源，依成文法尚不能解決
者，應依「有疑問者依訴訟地法 (in dubio lex fori)」之原則，一概適用內國法 ❸，
本學說言之成理，且法庭適用上便利，但值得說明者：一則誤為法規欠缺是立法
者之有意省略，其實法規欠缺應認為立法者之疏忽；二則一概適用內國法，其違
反內外國法平等適用原則；三則就適用結果言，查在國際私法上，內國實質法與
外國實質法應立於「平等」地位，應無優劣之分，但 Wächter 理論基於國家主義
與屬地主義，主張內國法優於外國法，易使法院假「有疑問」之名，排斥外國法
適用，而行內國法適用之實，違背國際私法之理想與目的。

(2)乙說：類推適用說　類推適用說係認為法規完全欠缺時，法院應先研究、
討論、分析內國實定法對於該系爭事件之法律關係所作規定之意旨與精神，就該
法律關係之性質，判明其類同何一具有明文規定之涉外關係，並類推適用相關之
衝突法規範，以探求其所系爭法律關係之準據法。誠如前述涉外「婚約」案件，
究應類推適用「契約」準據法 (§6)，抑或應類推適用「收養」（同為身分契約）
準據法 (§18)，抑或應類推適用「結婚」之準據法 (§11)，論著不一，我國學者通
說認為涉外婚約案件，確定其應屬於以成立夫妻關係為目的之身分契約，論其性
質婚約係準備成立夫妻關係的身分上契約，且婚約下一步即為結婚，其性質與婚
姻最相似，婚約應由婚姻成立要件吸收，因而類推適用涉外民事法律適用法第十
一條有關婚姻成立要件之規定，並確定各「婚約」當事人之本國法為準據法 ❹。

---

❸　跡部定次郎，《國際私法論（上卷）》，弘文堂書房，東京，昭和十七年三版，第一六三
　　頁。

❹　(一)劉鐵錚、陳榮傳，《國際私法論》，三民書局印行，臺北，一九九六年十月第一版，

　　本說一則不採法規欠缺係由於立法者之有意省略，二則避免直接適用內國法符合發展雙方衝突法規之時代潮流，三則最重要者類推適用說，相較於內國法說，使內外國法律有平等適用機會，符合法律選擇之「公平原則」，實現「公平」之法理。本說較為妥當，但無法類推適用時，究應如何補全，似仍有缺陷。

　　⑶丙說：綜合說（管見）　　管見認為完全法規欠缺時依法理，法理應「與時俱進」，筆者在起草香港澳門關係條例時，面臨同一思考，區際私法應「類推適用」國際私法（涉外民事法律適用法），當不能或無法「類推適用」時應如何處理，應知大陸法系與英美法系之國際私法兩大「革命」，大陸法系依「直接適用法理論」，應立刻直接適用法庭地法（內國法），美國採「彈性」政策，依「最重要牽連關係原則」，所以香港澳門關係條例第三十八條但書依管見採「最重要牽連關係原則」，一則表現「具體妥當性」法理，二則實現「內外國（法域）法律平等」原則，表現「公平」原則，三則最重要牽連關係原則可包括直接適用法律理論，即認為法庭地之強行法、警察法為最有牽連關係之法律。關於本問題，筆者認為提倡「最重要牽連關係原則代替之國際私法補充論」，主張下列流程或原則：①法院原則上應首先確認內國國際私法實定法對此問題有無明文規定，如有明文規定，應從成文規定；②內國國際私法實定法如有欠缺，則應研究、討論、分析內國實定法對系爭事件之法律關係所作規定之意旨與精神，依類推適用說，以探求其所系爭法律關係之準據法；③如前述原則與學說不能或無法解決者，依最重要牽連關係原則，適用有最重要牽連關係地之法律為準據法，其包括「有疑問依法庭地法」(in dudio Lex fori) 內國法原則，「直接適用法律」(loid' application immediate) 理論學說，國際私法選法之比較原則，一般法律原則等，法院綜合選擇準據法解決問題。

　　2.不完全法規欠缺（一部欠缺）之補全　　國際私法規定有不完全法規欠缺（一部欠缺）之情形，應如何處理，學說上有二種敘述，⑴類推適用說，⑵平衡適用法：

　　⑴甲說：類推適用說　　所謂「類推 (analogy) 適用說」係指國際私法規定一部欠缺者，應援引「類推」之法理，適用類似或同一種類事項之規定，以資補充其

　　　第五五二頁至第五五三頁。

　　㈡劉甲一，《國際私法》，三民書局印行，臺北，一九八二年九月修訂初版，第八十五頁。

規定之欠缺。即應將國際私法之單面法則或不完全雙面法則依比附援引之類推方式，類推擴張為完全雙面法則，而據以決定所系爭之法律問題之準據法，例如法國民法第三條第三項規定關於身分、能力之法律，在外國之法國人亦受支配，然關於外國人之身分與能力之問題，法國民法第三條第三項即有欠缺，關於法國人之身分能力問題，依該條項之規定，概依其本國法。即關於外國人之身分、能力問題，亦應比附援引為依該外國人之本國法處理，德國、日本之通說，我國亦有學者採此說❾❺，我國一九一八年至一九五三年之法律適用條例第十七條規定：「前八條以外之親族關係，及因其關係所生之權利義務，依當事人之本國法。」似亦採此說而立法。

(2)乙說：平衡適用法 (Harmonie-Anwendung)　按平衡適用法係對不完全法規欠缺係就國際私法中「單面法則」或「不完全法規欠缺」經此適用法改為完全雙面法則，以補全法規欠缺❾❻。其將單面法則變更為雙面法則之程序與步驟有三：①首先，即應先確定單面法則或不完全雙面法則中，該法律關係係以何種連結因素為基礎為構成或決定，以確定連結因素之歸屬關係，即一般所謂「依中華民國法律」究以何種連結因素；②其次，俟其連結因素經確定後，則利用該連結因素為基礎或橋樑，制定一抽象之準據法之選法法則；③最後，在具體案件中將涉外法律關係之事實，適用於所制定的抽象的準據法選法法則，據事實之連結因素歸屬關係，據以決定其所屬國家之法律為應適用之法律（準據法），即可補全不完全法規欠缺之法理。例如涉外民事法律適用法第十三條第二項規定：「外國人為中華民國國民之贅夫者，其夫妻財產制依中華民國法律。」就立法形式或類型係「單面法則」或「片面抵觸法則」，故在中華民國國民為德國國民贅夫之案件，其夫妻財產制之準據法為何，即發生不完全法規欠缺（一部欠缺），不能直接適用涉外民事法律適用法第十三條第二項，倘採平衡適用法，應先確定條項中適用法律之「中華民國法律」係以何連結因素，該以「妻之國籍」（妻之中華民國國

---

❾❺　蘇遠成，《國際私法》，五南圖書出版公司印行，臺北，一九八四年五月初版，臺北，第五十一頁至第五十二頁。

❾❻　(一)劉甲一，《國際私法》，三民書局印行，臺北，一九八二年九月修訂初版，第八十五頁至第八十六頁。

　　(二)劉鐵錚、陳榮傳，《國際私法論》，三民書局印行，臺北，一九九六年十月第一版，第五五三頁至第五五四頁。

籍）為基礎而決定；其次，再以「妻之國籍」為基礎制定一抽象準據法之選法法則，即涉外招贅婚之夫妻財產制，應依妻之本國法；最後，在本具體案件適用於抽象選法法則，由於妻為德國國民，即妻之「本國法」為德國法，關於該夫妻財產制之準據法自應適用德國法律，即依平衡適用法補全不完全法規欠缺之涉外法律關係。蓋「平衡適用法」將婚姻分「嫁娶婚」與「招贅婚」，嫁娶婚之夫妻財產制，以「夫之國籍」為連結因素，採「夫之本國法」為準據法；招贅婚之夫妻財產制，以「妻之國籍」為連結因素，採「妻之本國法」為準據法，實現法律「公平」、「平衡」與「對稱」之法理。

筆者在此提出二點看法：第一，「平衡適用法」與「類推適用說」應是不衝突的，類推適用說較抽象、較廣泛，平衡適用法則較具體、較微觀，應可交互使用，例如涉外民事法律適用法第十三條第二項在兩說中均可適用及解決；第二，就我國國際私法立法史言：我國一九一八年至一九五三年法律適用條例有關法源之依據係第十七條規定：「前八條以外之親族關係，及因其關係所生之權利義務，依當事人之本國法。」原條例第十七條係一種「補充規定」，但只限於親族關係，應用範圍較狹；一九四八年有法律適用條例修正草案第三十一條規定：「涉外民事，本法例所未規定，或規定未備者，由法院依照中國法律之種類，及國際私法之原理，臨案酌定應適用法。」較之「補充規定」更為「抽象概括」，修正案既增訂「概括之補充規定」，則凡民法、商法以及其他民事特別法，如有系爭涉外事項，其準據法為本法所規定，或規定未備者，法官於是可隨時以判例填補，並不以原條例第十七條所列為限，新訂之補充規定，可概括無遺❾❼；一九五三年六月六日有了涉外民事法律適用法第三十條，可見「法規欠缺」之原因及如何補全之概況。

六、我國法理實踐之足跡：判例

我國法院判決或解釋令函中有關「法理」實踐過程之足跡，可擇其重要者：
㈠大理院民國三年上字第一五五號判例

前大理院民國三年上字第一五五號判例：「凡審判寄居內國之外國人民相互間，或與內國人民間，因不法行為所生債權之訴訟，審判衙門應適用何國法律，各國之立法例及學說不能盡同，有取法庭地主義者，有取事實發生地主義者，有兼取兩主義者，其第三主義在條理上較為允當，為多數國所採用，現在民國關於

---

❾❼　郭雲觀，《涉外民事法例草案》，一九四八年提出，第二四八頁。

國際私法之條規，尚未頒行，自應由審判衙門擇適當之條理，以為適用法律之準據。」民國三年當時尚無法律適用條例制定，法院綜合比較各國「國際私法規則之比較原則」中，以兼取「法庭地主義」與「事實發生地主義」兩主義，成為法院擇適當之「法理」或「條理」(natur der Sache; vernunft der Dinge)，故本判例為法理存在形式中「國際私法規則之比較原則」之適例。

㈡法務部七十八年法七八律字第五七四六號函

法務部在民國七十八年三月三十一日法七八律字第五七四六號函謂：「『志○號』所應負之民事責任及管轄法院部分：參酌一九五二年關於船舶碰撞事件之民事管轄公約第一條之規定，韓方如向我國法院起訴，我國法院有管轄權。又我國涉外民事法律適用法尚無關於船舶碰撞準據法之相當規定，宜準用涉外民事法律適用法第九條侵權行為規定解決較為妥適。依該條規定，船舶碰撞如發生於公海，其『侵權行為地法』，究指何國法律，因目前尚無一致見解，宜認為法庭地國，即我國法為其準據法。至於韓國對我漁船船員造成精神上及作業損失部分，亦宜參酌前開意見辦理。」前段函示：「參酌……公約」顯示「國際私法規則之比較原則」之法理；後段謂：「……我國涉外民事法律適用法尚無關於船舶碰撞準據法之相當規定，宜『準用涉外民事法律適用法第九條侵權行為之規定解決較為妥適』。……」係在法源有「完全法規欠缺」時採「類推適用說」之適例。

第六節　國際條約

一、國際條約之基本概念

所謂「條約」(Treaties) 係指國家與國家間之契約，蓋一個國家不僅通過制定國內法，而且可以經由締結或參加國際條約來處理涉及內國之國際民商事法律關係，國際條約是國際私法之一種最重要法源。所謂「國際條約」係指國家間所締結並受國際法支配之國際書面協定，不論其載作一項單獨文書或二項以上相互有關的文書內，也不論其特定名稱為何均是 ❾❽。

作為國際私法法源之國際條約可以從不同之標準或角度，分為不同種類：(1)依締約國之數量可分為「雙邊條約」(Bilateral treaties) 係指兩個國家間個別締結者，及「多邊條約」(Multilateral treaties) 係指多數國家共同締結者 ❾❾；(2)依締約

---

❾❽　見一九六九年五月二十三日「維也納條約法公約」第二條。

❾❾　㈠馬漢寶，《國際私法總論》，自版，臺北，一九七七年六月第六版，第三十六頁。

國之範圍可將多邊條約區分為「世界性國際條約」及「區域性國際條約」，前者
是全球化的國際條約，如現今海牙國際私法會議所簽訂四十餘個公約，已包括世
界各洲各國；後者如美洲國家所簽訂的一系列國際私法條約，如蒙特維地奧
(Montevideo) 條約、布斯達曼特法典 (Código Bustamante) 等；⑶依條約之內容而
分：有關於國際私法之國際條約有，「綜合性之國際統一私法條約」、「規範外國
人地位之國際統一私法條約」、「規範債權關係之國際統一私法條約」、「規範國際
航空運輸之國際統一私法條約」、「規範海商之國際統一私法條約」、「規範物權關
係之國際統一私法條約」、「規範婚姻家庭關係之國際統一私法條約」、「規範繼承
關係之國際統一私法條約」、「規範國際支付關係之國際統一私法條約」、「規範智
慧財產權關係之國際統一私法條約」、「關於國際民事訴訟程序公約」及「關於國
際商事仲裁之公約」等，我國甚少學者深入探究，故將在下列分別就國際私法趨
同化工作之「國際組織」及「規範內容」兩觀點，分兩段深入敘述。

又國際條約尤其多邊條約在國際私法中有著重要作用：

㈠發揮國際私法趨同化或統一化作用

在世界各國以及海牙國際私法會議、羅馬國際統一私法協會、聯合國國際貿
易法委員會、美洲國家組織等國際組織的共同努力下，大量的私法領域的國際條
約被制定，私法的國際統一正在迅速發展，一個被稱為「國際統一私法」或「私
法國際統一法」的法律分支正在形成。

㈡國際條約具有法律功能

一方面條約雖規律締約國間特定事項，但其所訂立之條款足以視為合理且正
當之法律原則者，除締約國外，並對非締約國有拘束力，二方面其條約條文有時
係將國際習慣法制定為成文法，二者均具有法律功能，故有謂條約在國際私法上
對不同制確有「避免衝突」（英：conflict avoidance；德：Konfliktuermeidung）。

㈢國際條約可補足國內法律不足作用

蓋條約固可創設特定權利與義務，亦可用以調整各國內國法立法及政策上之
歧見，使國際關係之基礎得以調和，漸趨於一致，故條約又可以補足內國法律之

㈡劉鐵錚、陳榮傳，《國際私法論》，三民書局印行，臺北，一九九六年十月第一版，
第二十三頁。

㈢林益山，《國際私法新論》（國立中興大學法學叢書），自版，臺北，一九九五年六月
出版，第十六頁。

欠缺，革新內國法律之觀點，是以國際條約在促進各國人民間往來及商務交易上有重要之貢獻。故十九世紀中葉開始國際私法學界為避免「任選法庭」(forum shopping) 現象及達成國際私法「判決一致」之目的，經由締結國際條約進行國際私法統一化與趨同化，另大力著手制定統一實體法，以謀求各國民商法之統一。

二、國際私法趨同化工作之國際組織

在國際私法統一化或趨同化之運動中起核心作用的是有關的國際組織。按照不同的標準，我們可以將這些國際組織分為不同的類別，如普遍性的國際組織與區域性的國際組織，政府間的國際組織與非政府間的國際組織，常設性的國際組織與臨時性的國際組織，一般性的國際組織與專業性的國際組織等，這些國際組織為國際私法的統一或類同作出了重要貢獻，以下擇其重要者說明❿：

（一）利馬 (Lima) 會議 (1877)：利馬條約

自美國學者 Story 在一八四五年主張國際私法趨同化運動之願望，及歐洲義大利政治家及法學家 Mancini 倡導統一國際私法後，首由中南美洲諸國開始行動。第一次國際私法國際會議，在一八七七年❶秘魯政府邀請中南美洲若干國家之代表，在其首都利馬 (Lima) 召開，集會討論議決關於國際私法、刑法、訴訟法等八章六十條之條約，即所謂「利馬條約」。本條約雖經數國簽字批准，但實際上未予實施。

（二）蒙特維地奧 (Montevideo) 會議：蒙特維地奧條約

利馬條約成立後，未幾南美洲各國由阿根廷 (Argentina) 及烏拉圭 (Uruguay) 兩國發起，在一八八八年至一八八九年間各國包括阿根廷、烏拉圭、玻利維亞 (Bolivia)、巴拉圭 (Paraguay)、秘魯 (Peru) 等國代表，在烏拉圭首都蒙特維地奧 (Montevideo) 集會，由烏國法學家 Gonzalo Ramirez 領導下，以討論統一國際私法事項。其中一八八九年二月十二日議決締結了「國際民法」與「國際商法」兩項條約，

---

❿　關於國際統一私法條約的統計，參見（一）韓德培主編，《國際私法》，武漢大學出版社，一九八九年修訂版，第二十四至二十七頁；（二）盧峻主編，《國際私法公約集》，上海社會科學院出版社，一九八六年版；（三）徐國建，〈國際統一私法法源研究〉，載《比較法研究》，一九九三年第四期，第三四二頁至第三四七頁。

❶　一八七七年在利馬召開之「統一私法大會」即「美洲法學家大會」(The Congress of Junists Congreso americano de Jurisconsulos)，但我國有學者誤植「一八七八年」，見蘇遠成，《國際私法》，五南圖書公司印行，臺北，一九八四年五月初版，第二十八頁。

不但範圍廣泛，包括國際民法，商法訴訟法，著作權法，商標法，專利法等內容，而且關於屬人法事項則採取「住所地法主義」，頗有特色。曾有阿根廷、玻利維亞、巴拉圭、秘魯、烏拉圭等五個採「住所地法主義」之國家參加，但採「本國法主義」之智利 (Chile) 則未簽字。本條約在一九四○年作了全面性修改，一般稱之「蒙特維地奧條約」(Montevideo Treaties)。

㈢**汎美 (Pan-American) 會議：布斯達曼特法典 (Código Bustamante)**

國際私法趨同化運動之擴張至全美洲大陸，始於一八九○年至一八九一年在美國首都華盛頓召開第一屆汎美會議 (Pan-American Conference)，提倡全美洲國際私法統一運動。一九二二年第五次會議時，根據南美各國代表之建議，囑託美國國際法學會預行起草統一國際私法法典。該學會旋即組織編纂委員會，推舉古巴法學家布斯達曼特 (Antonio Sancheg de Bustamante y Sirven) 主稿，擬成草案。在一九二八年二月二十日在古巴首都哈瓦那 (Havana) 召開之第六屆汎美會議，經與會二十一個國家通過批准布氏起草之國際私法法典草案，此被稱為「布斯達曼特法典」(Código Bustamante)。其中有十五個國家批准的國家中生效實行❿❷，共四百三十七條，內容除原則外並規定極為詳細，包括國際民法，國際商法，國際刑法及國際民事訴訟法之涉外適用法規。但該法典對於人之身分能力事項，究應依「住所地法」或「本國法」，未有一致規定，乃任諸各國自己決定。同時很多簽署法典之國家，均附帶保留條款，致使法典之效力大打折扣，尤其致力於該法典成立之美國，並未批派參加，實屬美中不足之事。

㈣**海牙 (Hague) 國際私法會議**

海牙國際私法會議是目前國際上最主要的統一國際私法的常設的政府間國際組織。荷蘭政府由法學家 Tobias Asser 之促而發起自一八九三年❿❸九月第一屆海牙國際私法會議，有德國、法國、奧匈帝國、比利時、丹麥、義大利、盧森堡、葡萄牙、羅馬尼亞、俄國、瑞士、西班牙及地主荷蘭十三個國家共派代表二十九人，設立四個專門委員會分別就「婚姻」、「公文」、「法定繼承、遺囑繼承及遺贈」

---

❿❷ 批准該統一法典之拉丁美洲國家計有玻利維亞、巴西、智利、哥斯大黎加、古巴、瓜地馬拉、多明尼加、厄瓜多爾、薩爾瓦多、海地、宏都拉斯、尼加拉瓜、巴拿馬、秘魯、委內瑞拉等十五個國家。

❿❸ 有學者誤植為「一八八三年」，見柯澤東，《國際私法》(國立臺灣大學法學叢書⑸)，自版，臺北，一九九九年十月第一版，第四十六頁。

及「程序（委託搜集證據）」四個問題，各國代表同意向各自政府提出四方面的法律及條約計劃，至第十八屆一九九六年九月三十日至十月十九日，百年來十八屆例會及二次特別會議，共制定了四十四項公約，第十九屆在二〇〇〇年十月底召開，其中最重要工作為通過「關於民商事管轄權和判決承認與執行公約」，茲列舉重要者：

(1)一八九六年「國際民事訴訟程序公約」（一八九九年五月二十五日生效，一九〇五年，一九五四年，一九八〇年修訂）；

(2)一九〇二年「關於婚姻法律衝突的公約」；

(3)一九〇二年「關於離婚與別居管轄權及法律衝突公約」；

(4)一九〇二年「關於未成年人監護管轄權及法律衝突公約」（一九〇四年六月一日生效）；

(5)一九〇二年「關於繼承、遺囑、遺贈法律衝突問題公約」（因俄、匈反對，提交下屆）；

(6)一九〇五年「關於禁治產及類似保護措施公約」（一九〇五年七月十七日生效）；

(7)一九五五年「解決本國法和住所地法衝突公約」（尚未生效）；

(8)一九五五年「國際有體動產買賣法律適用公約」；

(9)一九五六年「承認外國公司、社團、財團法律人格公約」（尚未生效）；

(10)一九五六年「扶養兒童義務法律適用公約」；

(11)一九五八年「國際有體動產買賣所有權轉移法律適用公約」（尚未生效）；

(12)一九五八年「國際有體動產買賣協議管轄權公約」（尚未生效）；

(13)一九五八年「扶養兒童義務判決的承認與執行公約」；

(14)一九六一年「關於未成年人保護的管轄權和法律適用公約」（代替一九〇二年未成年人監護公約）；

(15)一九六一年「遺囑處分方式法律衝突公約」；

(16)一九六一年「取消要求外國公文書認證公約」；

(17)一九六五年「收養管轄權、法律適用和判決承認公約」；

(18)一九六五年「協議選擇法院公約」（尚未生效）；

(19)一九六五年「民商事件訴訟和非訴訟文件的國外送達公約」；

(20)一九七〇年「承認離婚和分居公約」；

(21)一九七〇年「民商事件國外調查證據公約」;

(22)一九七一年「公路交通事故法律適用公約」;

(23)一九七一年「民商事件外國判決的承認和執行公約附加議定書」;

(24)一九七三年「扶養義務判決的承認和執行公約」;

(25)一九七三年「產品責任法律適用公約」;

(26)一九七三年「扶養義務法律適用公約」;

(27)一九七三年「遺產國際管理公約」;

(28)一九七八年「結婚儀式和承認婚姻有效公約」(代替一九〇二年關於婚姻的法律衝突公約);

(29)一九七八年「夫妻財產制法律適用公約」;

(30)一九七八年「代理法律適用公約」;

(31)一九八〇年「國際非法誘拐兒童民事方面公約」;

(32)一九八〇年「關於國際司法救助公約」;

(33)一九八四年「關於信託的法律適用及其承認公約」;

(34)一九八六年「關於國際貨物買賣契約法律適用公約」;

(35)一九八八年「關於死者遺產繼承的法律適用公約」(尚未生效);

(36)一九九三年「關於跨國收養方面保護兒童及合作公約」;

(37)一九九六年「關於父母責任和保護兒童措施的管轄權、法律適用、承認、執行與合作公約」。

值得說明:一則海牙會議主要為歐洲國家,歐洲國家高唱「國籍主義」(本國法主義)為統一國際私法之基本原則,英美有關屬人法向採「住所地法主義」,實難妥協,故英美法系國家迄未正式參加,此為第一缺陷;二則海牙國際私法會議制定的各項條約有一部分還未生效,已經生效的部分,批准的國家仍不多,此為第二缺陷;故反映各國國際私法之統一或趨同是艱難工作,尚待努力!

㈤日內瓦 (Geneva) 會議

日內瓦會議有關之公約有二類:

1.「仲裁」有關公約　關於仲裁之日內瓦國際私法條約主要有二,一為一九二三年九月二十日之「關於仲裁規定之議定書」(Protocol on arbitration clauses);二為一九二七年九月二十六日之「關於外國仲裁判斷執行公約」(Convention on the Execution of Foreign Arbitral Awards)。

2.國際「票據」有關公約　關於票據之公約亦有二，一為一九三〇年六月七日「關於匯票、本票之法律衝突之條約」(Convention for the settlement of certain conflicts of laws in connection with bills of exchange and promissory notes)；二為一九三一年三月十九日「關於支票之法律衝突之條約」(Convention for the settlement of certain conflicts of laws in connection with checks) 等均是頗具重要性之國際私法條約。

㈥北歐「斯堪地納維亞」(Scandinavian) 聯合

一九三一年以來，北歐之挪威、丹麥、瑞典、芬蘭、冰島等五國所謂「北歐聯合」(Skandinavische Union) 國家在斯德哥爾摩 (Stockholm) 簽訂有關國際私法之統一條約並實施，一九三一年至一九三四年間統一條約有：(1)關於婚姻、收養及監護之條約（一九三一年）；(2)關於扶養之條約（一九三一年）；(3)關於判決之承認及執行之條約（一九三二年）；(4)關於破產程序之條約（一九三三年）；(5)關於繼承之條約（一九三四年）等事項訂立國際私法統一公約，惟在此等條約中，關於屬人法係採「住所地法主義」，顯與主要由歐洲大陸諸國參與之海牙國際私法會議採「本國法主義」，恰為相反，互為對比。

㈦美洲國家組織

美洲國家組織成立於一九三八年，依據該組織憲章的規定「發展與編纂國際公法與國際私法」是主要任務，美洲國家會議於一九七一年決定召開國際私法特別會議，並分別於一九七五年、一九七九年、一九八四年、一九八九年及一九九四年召開了國際私法特別會議，先後通過三十餘個公約，擇其重要者：

　　(1)一九七五年「美洲國家間關於代理人國外行使代理權法律制度公約」（巴拿馬城）；

　　(2)一九七五年「美洲國家間關於匯票、本票和發票法律衝突公約」（巴拿馬城）；

　　(3)一九七五年「美洲國家間關於支票法律衝突公約」（巴拿馬城）；

　　(4)一九七五年「美洲國家間關於國外調取證據公約」（巴拿馬城）；

　　(5)一九七五年「美洲國家間關於囑託書公約」（巴拿馬城）；

　　(6)一九七五年「美洲國家間關於國際商事仲裁公約」（巴拿馬城）；

　　(7)一九七九年「美洲國家間關於國際私法通則公約」（蒙特維地奧城）；

　　(8)一九七九年「美洲國家間關於貿易公司法律衝突公約」（蒙特維地奧城）；

⑼一九七九年「美洲國家間關於執行預防措施公約」(蒙特維地奧城);

⑽一九七九年「美洲國家間關於外國法證明和查詢公約」(蒙特維地奧城);

⑾一九七九年「美洲國家間關於外國判決和仲裁裁決域外效力」(蒙特維地奧城);

⑿一九七九年「美洲國家間關於囑託書的公約附加議定書」(蒙特維地奧城);

⒀一九八四年「法人權利能力和行為能力公約」;

⒁一九八九年「關於扶養之債的美洲公約」;

⒂一九九四年「關於國際契約法律適用的美洲國家間公約」。

㈧聯合國及其前身國際聯盟

藉由各別國家或特定地區組織所發起之國際會議,究不如國際組織之規模宏大而具有統一討論之權威,尤以由普遍性之國際組織,如「國際聯盟」與「聯合國」,國際聯盟曾依一九二四年九月二十二日之決議,設立「發展國際立法專門委員會」(Committee of Experts of the Progressive Codification of International Law),致力於國際立法之推行,並於一九二七年九月決議召開統一國際立法會議 (Codification Conference)。該會議於一九三〇年召開,並制定「解決國籍法律衝突之公約」,該公約係由三十一個國家所簽訂,其條文是否創設國際法原則,雖有爭議,然因其能吸收多數國家參加,故亦被認為確認現有關國際法則者。其對於策進國際私法之國際法源之發展,曾收功效,殆為公認之事實,國際聯盟在第二次世界大戰以前制定了一系列公約,內容涉及自然人及其能力、票據法和國際商事仲裁等,其中有關統一票據法的兩個日內瓦公約與關於仲裁的兩個日內瓦公約取得了很大成功,不少國家批准了這幾個公約❿。

三、國際私法中國際條約規範內容之具體表現

依國際條約對國際私法之「規範內容」觀察具體表現,我國學者有謂條約與國際私法有關者不多,實則有綜合性者,有涉及國際私法之前提(外國人地位)者,有涉及國際統一私法(統一實體法,債權、物權、家庭、婚姻、繼承、智慧財產權、海商、航空交通運輸等法律關係)者;有涉及國際民事訴訟及國際商務仲裁者,茲歸納如下:

---

❿ 國際聯盟主要制定公約有: ㈠一九三〇年解決匯票與本票法律衝突公約; ㈡一九三一年解決支票法律衝突公約; ㈢一九二三年仲裁條款議定書; ㈣一九二七年關於執行外國仲裁裁決的公約; ㈤一九三一年關於國籍法衝突若干問題的公約。

㈠「綜合性」之國際統一私法條約

規範的具體法律關係係全面性的，綜合性的國際統一私法條約主要有：

　　⑴「國際民法條約」，蒙特維地奧，一八八九年二月十二日；

　　⑵「國際商法條約」，蒙特維地奧，一八八九年二月十二日；

　　⑶「國際私法公約」（即布斯達門特法典），哈瓦那，一九二八年二月二十日；

　　⑷「國際統一私法協會章程」，羅馬，一九四〇年三月十五日；

　　⑸「國際民法條約」，蒙特維地奧，一九四〇年三月十九日；

　　⑹「國際通商航行法條約」，蒙特維地奧，一九四〇年三月十九日；

　　⑺「陸上國際商法條約」，蒙特維地奧，一九四〇年三月十九日；

　　⑻「荷蘭、比利時、盧森堡關於國際私法統一法公約」，海牙，一九五一年五月十一日；

　　⑼「海牙國際私法會議章程」，海牙，一九五一年十月三十一日；

　　⑽「美洲國家間關於國際私法通則公約」，蒙特維地奧，一九七九年五月八日。

㈡規範「外國人法律地位」之國際統一私法條約

規範具體內容是自然人、法人之國籍、住所與法律地位之國際統一私法條約主要有：

　　⑴「保護工業產權公約」，巴黎，一八八三年三月二十日（締約國間國民待遇原則）；

　　⑵「關於外國人地位公約」，哈瓦那，一九二八年二月二十日；

　　⑶「關於雙重國籍某種情況下兵役義務的議定書」，海牙，一九三〇年四月三十日；

　　⑷「關於無國籍情況議定書」，海牙，一九三〇年四月十二日；

　　⑸「關於無國籍特別議定書」，海牙，一九三〇年四月十二日；

　　⑹「關於執行自由職業條約」，蒙特維地奧，一九四〇年八月四日；

　　⑺「本國工人與外國工人關於事故賠償的同等待遇公約」，日內瓦，依一九四六年最後修訂的文本訂正；

　　⑻「關於宣告失蹤者公約」，一九五〇年四月六日；

　　⑼「保障人權及基本自由公約」，羅馬，一九五〇年十一月四日；

　　⑽「男女同工同酬公約」，日內瓦，一九五一年元月二十九日；

⑾「關於難民地位公約」，日內瓦，一九五一年七月二十八日；

⑿「關於無國籍人地位公約」，紐約，一九五四年九月二十八日；

⒀「解決本國法和住所地法衝突公約」，海牙，一九五五年元月十五日；

⒁「關於居留的歐洲公約」，巴黎，一九五五年十二月十三日；

⒂「承認外國公司、社團和財團法律人格公約」，海牙，一九五六年六月一日；

⒃「已婚婦女國籍公約」，紐約，一九五七年二月二十日；

⒄「減少無國籍狀態公約」，紐約，一九六一年八月三十日；

⒅「經濟、社會、文化權利國際盟約」，紐約，一九六六年十二月九日；

⒆「關於難民地位議定書」，紐約，一九六七年一月三十一日；

⒇「關於相互承認公司和法人團體公約」，布魯塞爾，一九六八年二月二十九日；

(21)「美洲國家間關於國際私法中自然人住所公約」，蒙特維地奧，一九七九年五月八日；

(22)「美洲國家間關於貿易公司法律衝突公約」，蒙特維地奧，一九七九年五月八日；

(23)「聯合國兒童權利公約」，紐約，一九八九年十一月二十日。

㈢規範「債權關係」之國際統一私法條約

規範「債權關係」之統一實體法，應包括各種契約（買賣、運輸）、侵權行為、產品責任、單據關係等有關國際統一私法條約有：

⑴「統一船舶碰撞若干法律規定國際公約」，布魯塞爾，一九一〇年九月二十三日；

⑵「統一海上救助某些規則公約」，布魯塞爾，一九一〇年九月二十三日；

⑶「統一提單之若干法律規則國際公約」（海牙規則），布魯塞爾，一九二四年八月二十五日；

⑷「統一國際航空運輸若干規則公約」（華沙公約），華沙，一九二九年十月十二日；

⑸「國際鐵路貨物聯運協定」（國際貨協），索非亞，一九五一年十一月一日；

⑹「國際有體動產買賣法律適用公約」，海牙，一九五五年六月十五日；

⑺「國際貨物買賣統一法公約」，海牙，一九六四年七月一日；

(8)「國際貨物買賣契約成立統一法公約」，海牙，一九六四年七月一日；

(9)「便利國際海上運輸公約」，倫敦，一九六五年四月九日；

(10)「國際油汙損害民事責任公約」，布魯塞爾，一九六九年十一月二十九日；

(11)「交通事故法律適用公約」，海牙，一九七一年五月四日；

(12)「產品責任法律適用公約」，海牙，一九七三年十月二日；

(13)「國際紡織品貿易協議」，日內瓦，一九七三年十二月二十日；

(14)「聯合國國際貨物買賣時效期限公約」，紐約，一九七四年六月十四日；

(15)「美洲國家關於代理人國外行使代理權法律制度公約」，巴拿馬城，一九七五年一月三十日；

(16)「一九六九年國際油汙損害民事責任公約議定書」，倫敦，一九七六年十一月十九日；

(17)「代理法律適用公約」，海牙，一九七八年三月十四日；

(18)「聯合國海上貨物運輸公約」（漢堡規則），漢堡，一九七八年三月三十一日；

(19)「關於契約義務法律適用公約」，羅馬，一九八〇年六月十九日。

㈣規範「國際航空運送」之國際統一私法條約

國際航空法中有關規範「國際航空運送」責任體制之國際統一私法條約有：

(1)「統一國際航空運輸若干規則公約」，華沙，一九二九年十月十二日制訂，一九三三年二月十三日起生效；

(2)「修訂統一國際航空運輸若干規則公約的議定書」（華沙—海牙體制），海牙，一九五五年九月二十八日修訂，一九六三年八月一日起生效；

(3)「統一非締約承運人承擔國際航空運輸的若干規則以補充華沙公約的公約」（瓜達拉哈拉公約），瓜達拉哈拉，一九六一年九月十八日補充，一九六四年五月一日生效；

(4)「修訂經海牙議定書修訂之華沙公約」（瓜地馬拉議定書），瓜地馬拉，一九七一年三月八日；

(5)「修訂華沙公約的蒙特利爾第一號附加議定書」，蒙特利爾，一九七五年九月二十五日；

(6)「修訂經海牙議定書修訂華沙公約的蒙特利爾第二號附加議定書」，蒙特利爾，一九七五年九月二十五日；

(7)「修訂經海牙議定書與瓜地馬拉議定書修訂華沙公約的蒙特利爾第三號議定書」，蒙特利爾，一九七五年九月二十五日；

(8)「修訂經海牙議定書修訂華沙公約的蒙特利爾第四號議定書」，蒙特利爾，一九七五年九月二十五日。

㈤規範「海商」之國際統一私法條約

海商法之國際性最強，故有關海商之國際統一私法條約較完備，茲分「船舶所有人有限責任」、「海事優先權與船舶抵押權」、「載貨證券」、「核子」與「國際油汙」五類歸納：

1.船舶所有人有限責任

(1)「海船所有人責任限制統一公約」，布魯塞爾，一九二四年八月二十五日；

(2)「船舶所有人責任限制之國際公約」，布魯塞爾，一九五七年十月十日；

(3)「海事索賠責任限制公約」，倫敦，一九七六年十一月十九日；

(4)「修正一九七六年海事索賠責任限制公約之議定書」，倫敦，一九九六年四月。

2.海事優先權與船舶抵押權

(1)「船舶優先權及抵押權公約」，布魯塞爾，一九二六年四月十日；

(2)「統一關於海上優先權與抵押權若干規定之國際公約」，布魯塞爾，一九六七年五月二十七日；

(3)「一九九三年船舶優先權與抵押權公約」，日內瓦，一九九三年五月六日。

3.載貨證券

(1)「統一關於提單部分法律規則之國際公約」（海牙規則），布魯塞爾，一九二四年八月二十五日；

(2)「修改統一關於提單部分法規則之國際公約的議定書」，布魯塞爾，一九六八年八月二十五日；

(3)「聯合國海上貨物運送公約」（漢堡規則），漢堡，一九七八年三月三十一日。

4.核　子

(1)「核子船舶運用人責任公約」，布魯塞爾，一九六二年五月二十五日；

(2)「海運核物料之民事責任公約」，布魯塞爾，一九七一年十二月十七日。

5.國際油汙

⑴「國際油汙損害民事責任公約」，布魯塞爾，一九六九年十一月二十九日；

⑵「關於非油類汙染之國際合作之決議」，倫敦，一九七六年十一月十九日。

㈥規範「物權關係」之國際統一私法條約

⑴「國際有體動產買賣所有權移轉法律適用公約」，海牙，一九五八年四月十五日；

⑵「信託法律適用及其承認公約」，海牙，一九八五年七月一日；

⑶「船舶優先權和抵押權國際公約」，日內瓦，一九九三年五月六日。

㈦規範「婚姻家庭關係」之國際統一私法條約

⑴「婚姻法律衝突公約」，海牙，一九○二年六月十二日；

⑵「未成年人監護公約」，海牙，一九○二年六月十二日；

⑶「離婚及分居法律衝突與管轄衝突公約」，海牙，一九○二年六月十二日；

⑷「婚姻對夫妻身分和財產關係的效力的法律衝突公約」，海牙，一九○五年七月十七日；

⑸「禁治產及類似保護措施公約」，海牙，一九○五年七月十七日；

⑹「關於婚姻、收養和監護的某些國際私法規定的公約」，斯德哥爾摩，一九三一年二月六日；

⑺「扶養兒童義務法律適用公約」，海牙，一九五六年十月二十四日；

⑻「關於未成年人保護的機關的權限和法律適用的公約」，海牙，一九六一年十月五日；

⑼「收養管轄權、法律適用和判決承認公約」，海牙，一九六五年十一月十五日；

⑽「扶養義務法律適用公約」，海牙，一九七三年十月二日；

⑾「夫妻財產制法律適用公約」，海牙，一九七八年三月十四日；

⑿「結婚儀式和承認婚姻有效公約」，海牙，一九八○年十月二十五日；

⒀「國際性誘拐兒童民事方面公約」，海牙，一九八○年十月二十五日；

⒁「關於跨國收養的兒童保護和合作的公約」，海牙，一九九三年五月二十九日；

⒂「關於保護兒童的父母責任和措施的管轄權、準據法、承認、執行和合作的公約」，海牙，一九九六年十月十九日。

㈧規範「繼承關係」之國際統一私法條約

⑴「丹麥、芬蘭、冰島、挪威、瑞典關於遺產繼承和清理的公約」，哥本哈根，一九三四年十一月十九日；

⑵「遺囑處分方式法律衝突公約」，海牙，一九六一年十月五日；

⑶「遺產國際管理公約」，海牙，一九七三年十月二日；

⑷「國際遺囑方式統一法」，華盛頓，一九七三年十月二十六日；

⑸「死亡人遺產繼承法律適用公約」，海牙，一九八九年八月一日。

㈨規範「國際支付關係」之國際統一私法條約

⑴「統一匯票及本票法公約」，日內瓦，一九三〇年六月七日；

⑵「解決匯票及本票若干法律衝突公約」，日內瓦，一九三〇年六月七日；

⑶「匯票及本票印花稅法公約」，日內瓦，一九三〇年六月七日；

⑷「統一支票法公約」，日內瓦，一九三一年三月十九日；

⑸「解決支票若干法律衝突公約」，日內瓦，一九三一年三月十九日；

⑹「支票印花稅法公約」，日內瓦，一九三一年三月十九日；

⑺「美洲國家間關於匯票、本票和發票法律衝突的公約」，巴拿馬城，一九七五年一月三十日；

⑻「美洲國家間關於支票法律衝突的公約」，巴拿馬城，一九七五年一月三十日。

㈩規範「智慧財產權關係」之國際統一私法條約

⑴「保護工業產權的巴黎公約」，巴黎，一八八三年三月二十日（一八九一年於馬德里完成解釋議定書，一九〇〇年十二月十四日於布魯塞爾修訂，一九一一年六月二日於華盛頓修訂，一九二五年十一月六日於海牙修訂，一九三四年六月二日於倫敦修訂，一九五八年十月三十一日於里斯本修訂，一九六七年七月十四日於斯德哥爾摩修訂，一九七九年十月二日修正）；

⑵「保護文學和藝術作品的伯爾尼公約」，伯爾尼，一八八六年九月九日（一八九六年五月四日於巴黎補充，一九〇八年十一月十三日於柏林修訂，一九一四年三月二十日於伯爾尼補充，一九二八年六月二日於羅馬修訂，一九四八年六月二十六日於布魯塞爾修訂，一九六七年七月十四日於斯德哥爾摩修訂，一九七一年七月二十四日於巴黎修訂）；

⑶「商標國際註冊馬德里協定」，馬德里，一八九一年四月十四日（一九〇〇年十二月十四日於布魯塞爾修訂，一九一一年六月二日於華盛頓修訂，一九二

五年十一月六日於海牙修訂，一九三四年六月二日於倫敦修訂，一九五七年六月十五日於尼斯修訂，一九六七年七月十四日於斯德哥爾摩修訂，一九七九年十月二日修正）；

⑷「制裁商品來源的虛假或欺騙性標誌協定」，馬德里，一八九一年；

⑸「工業品外觀設計國際保存協定」，海牙，一九二五年；

⑹「關於知識產權的條約」，蒙特維地奧，一九三九年八月四日；

⑺「世界版權公約」，日內瓦，一九五二年九月六日（一九七一年七月二十四日於巴黎修訂）；

⑻「關於商標註冊用商品和服務國際分類的尼斯協定」，尼斯，一九五七年七月十五日；

⑼「保護原產地名稱及其國際註冊協定」，里斯本，一九五八年；

⑽「保護植物新品種國際公約」，日內瓦，一九六一年；

⑾「保護表演者、錄音製品製作者和廣播組織公約」，羅馬，一九六一年；

⑿「建立世界知識產權組織公約」，斯德哥爾摩，一九六七年七月十四日；

⒀「建立工業品外觀設計國際分類的洛迦諾協定」，洛迦諾，一九六八年；

⒁「專利合作條約」，華盛頓，一九七〇年六月十九日；

⒂「國際專利分類的斯特拉斯堡協定」，斯特拉斯堡，一九七一年；

⒃「保護錄音製品製作者防止未經許可複製其錄音製品公約」，日內瓦，一九七一；

⒄「商標註冊條約」，維也納，一九七三年六月十二日；

⒅「建立商標圖形要素國際分類的維也納協定」，維也納，一九七三年；

⒆「印刷字體的保護及其國際保存協定」，維也納，一九七三年；

⒇「歐洲專利公約」，慕尼黑，一九七三年十月五日；

(21)「關於播送由人造衛星傳播的載有節目信號的公約」，布魯塞爾，一九七四年；

(22)「歐洲共同體專利公約」，盧森堡，一九七五年十二月十五日；

(23)「國際承認用於專利程序的微生物保存的布達佩斯條約」，布達佩斯，一九七七年；

(24)「科學發現國際登記的日內瓦條約」，日內瓦，一九七八年；

(25)「避免對版權使用費收入重複徵稅多邊公約」，馬德里，一九七九年；

(26)「保護奧林匹克會徽條約」，奈洛比，一九八一年；

(27)「視聽作品國際登記條約」，日內瓦，一九八四年；

(28)「關於集成電路的知識產權條約」，華盛頓，一九八九年五月二十六日；

(29)「商標國際註冊馬德里協定有關設定」，馬德里，一九八九年六月二十一日。

㈡關於「國際民事訴訟程序」之公約

(1)「關於統一國有船舶豁免的若干規則的公約」，布魯塞爾，一九二六年四月十日；

(2)「國際民事訴訟程序法公約」，蒙特維地奧，一九四〇年三月十九日；

(3)「關於扣留海運船舶的國際公約」，布魯塞爾，一九五二年五月十日；

(4)「關於船舶碰撞中民事管轄權若干規則的國際公約」，布魯塞爾，一九五二年五月十日；

(5)「民事訴訟程序公約」，海牙，一九五四年三月一日；

(6)「國際有體動產買賣協議管轄權公約」，海牙，一九五八年四月十五日；

(7)「扶養兒童義務判決的承認和執行公約」，海牙，一九五八年四月十五日；

(8)「關於取消外國公文認證要求公約」，海牙，一九六一年十月五日；

(9)「關於向國外送達民事或商事司法文書和司法外文書公約」，海牙，一九六五年十一月十五日；

(10)「協議選擇法院公約」，海牙，一九六五年十一月二十五日；

(11)「關於提供外國法資料的歐洲公約」，倫敦，一九六八年六月七日；

(12)「關於民商事件管轄權及判決執行的公約」，布魯塞爾，一九六八年九月二十七日；

(13)「關於從國外調取民事或商事證據的公約」，海牙，一九七〇年三月十八日；

(14)「承認離婚和分居公約」，海牙，一九七〇年六月一日；

(15)「民商事件外國判決的承認和執行的公約」，海牙，一九七一年二月一日；

(16)「民商事件外國判決的承認和執行的公約附加議定書」，海牙，一九七一年二月一日；

(17)「關於國家豁免的歐洲公約」，巴塞爾，一九七二年五月十六日；

(18)「扶養義務判決的承諾和執行公約」，海牙，一九七三年十月二日；

⒆「美洲國家間關於國外調取證據的公約」，巴拿馬城，一九七五年一月三十日；

⒇「美洲國家間關於囑託書的公約」，巴拿馬城，一九七五年一月三十日；

(21)「美洲國家間關於執行預防措施的公約」，蒙特維地奧，一九七九年五月八日；

(22)「美洲國家間關於外國法證明和查詢的公約」，蒙特維地奧，一九七九年五月八日；

(23)「美洲國家間關於遺托書的公約的附加議定書」，蒙特維地奧，一九七九年五月八日；

(24)「美洲國家間關於外國判決和仲裁裁決域外效力的公約」，蒙特維地奧，一九七九年五月八日；

(25)「國際司法救助公約」，海牙，一九八〇年十月二十五日。

㈥關於「國際商事仲裁」之公約

(1)「仲裁條款議定書」，日內瓦，一九二三年九月二十四日；

(2)「關於執行外國仲裁裁決的公約」，日內瓦，一九二七年九月二十六日；

(3)「承認及執行外國仲裁裁決公約」，紐約，一九五八年六月十日；

(4)「關於國際商事仲裁的歐洲公約」，日內瓦，一九六一年四月二十一日；

(5)「規定統一仲裁法的歐洲公約」，斯特拉斯堡，一九六六年一月二十日；

(6)「關於解決國家與他國國民之間的投資爭端的公約」，華盛頓，一九六五年三月十八日；

(7)「關於解決因經濟、科學和技術合作而發生的民事法律爭議的仲裁公約」，莫斯科，一九七二年五月二十六日；

(8)「美洲國家間關於國際商事仲裁的公約」，巴拿馬城，一九七五年一月三十日。

四、我國所締結或加入有關國際私法之條約

我國所參加之有關國際私法事項之條約，為數不多，可就「雙邊條約」與「多邊公約」而言❶：

---

❶ 中國大陸地區參加或締結之國際公約有：一九二九年「統一國際航空運輸某些規則的公約」（一九五八年七月二十日簽署）；一九五五年「修改一九二九年十月十二日統一國際航空運輸某些規則的華沙公約的議定書」（一九七五年八月二十日簽署）；一九六

(一)雙邊條約

就我國與外國締結之雙邊條約而言，曾有若干通商條約曾涉及有關國際私法之問題。例一、民國三十五年簽訂之「中美友好通商航海條約」中曾規定：(1)無論有限責任或無限責任以及營利或非營利之法人，兩國均應互相認許，並准許在彼此境內執行業務（第三條）；(2)不動產物權應依物之所在地法；不動產之繼承及受遺贈能力如有限制，應許變動辦理（第八條）；(3)侵權行為之責任，應依侵

九年「國際油汙損害民事責任公約」（一九八○年一月三十日簽署）；一九六七年「建立世界知識權組織公約」（一九八○年三月四日簽署）；一九八○年「聯合國國際貨物銷售合同公約」（一九八一年九月三十日簽署）；一九六七年「關於難民地位的議定書」（一九八二年一月二十四日簽署）；一九五一年「關於難民地位的公約」（一九八二年九月二十四日簽署）；一九七三年「國際紡織品貿易協議」（一九八四年一月十八日簽署）；一九二五年「本國工人與外國工人於事故賠償的同等待遇公約」（一九八四年六月十一日簽署）；一八八三年「保護工業產權的巴黎公約（一九六七年斯德哥爾摩修訂文本）」（一九八四年十二月十九日簽署）；一九八四年「修正一九六九年國際油汙損害民事責任公約的議定書」（一九八五年十一月二十二日簽署）；一九四○年「國際統一私法協會章程」（一九八六年一月一日簽署）；一九七六年「一九六九國際油汙損害民事責任公約的議定書」（一九八六年九月二十九日簽署）；一九五八年「承認及執行外國仲裁裁決公約」（一九八七年一月二十二日簽署）；一九五一年「海牙國際私法會議章程」（一九八七年七月三日簽署）；一九八四年「多邊投資擔保機構公約」（一九八八年四月二十八日簽署）；一八九一年「商標國際註冊馬德里協定（一九六七年斯德哥爾摩修訂文本）」（一九八九年七月一日簽署）；一九六五年「關於解決國家與他國國民之間投資爭端的公約」（一九九○年二月九日簽署）；一九八九年「關於集成電路的知識產權條約」（一九九○年五月一日簽署）；一九八九年「聯合國兒童權利公約」（一九九○年八月二十九日簽署）；一九五一年「男女同工同酬公約」（一九九○年九月七日簽署）；一九六五年「關於向國外送選民事或商事司法文書和司法文書公約」（一九九○年三月二日簽署）；一八八六年「伯爾尼保護文學和藝術作品公約」（一九九二年七月一日簽署）；一九七一年修訂「世界版權公約」（一九九二年七月一日簽署）；一九七○年「專利合作條約」（一九九三年八月二日簽署）；一九七五年「關於商標註冊用商品和服務國際分類的尼斯協定」（一九五五年五月五日簽署）；一九九三年「一九九三年船舶優先權和抵押權國際公約」（一九九四年八月十八日簽署）；一九六五年「便利國際海上運輸公約」（一九九四年十二月二十九日簽署）；一九八九年「關於商標國際註冊馬德里協定的議定書」（一九九五年九月一日簽署）；一九七○年「關於從國外調取民事或商事證據的公約」（一九九七年七月三日決定加入）。

權行為地法（第十三條）；例二、民國五十四年八月三十一日簽訂之「中華民國與美利堅合眾國間關於在中華民國之美軍地位協定」第十五條規定 ⑩ 等是。

㈡多邊公約

我國曾參加之國際多邊公約中涉及國際私法者有 ⑩：例一、一九五〇年在紐約簽訂，一九五七年延長效力之「失蹤人死亡宣告公約」(Convention on the Declaration of Death of Missing Persons)；例二、一九五六年在紐約簽訂之「自國外獲取贍養費公約」(Convention on the Recovery Abroad of Maintenance)；例三、一九五七年在紐約簽訂之「已婚婦女國籍之條約」(Convention on the Nationality of Married Women)；例四、一九三〇年在海牙簽訂之「國籍法公約」、「關於無國籍之特別議定書」、「關於無國籍之議定書」；例五、一九六八年之「解決國家與他國國民間投資爭端公約」，並於一九六九年公布「解決國家與他國國民間投資爭端公約施行條例」以實施該公約等是。

五、國際條約在國際私法法源之效力

就法律秩序概念觀察，每一國家之國際私法，均受國內法源與國際法源之影響，在此有必要討論國際統一私法條約與國內的國際私法之關係，簡言之，兩者在法源位階中何者為高，何者為低，在現階段各國立法與實踐不盡相同，就比較法與歸納言，應有四種不同主張：⑴國內法優先適用說：即在國際條約與國內法的規定發生衝突時，優先適用國內法；⑵國內法與條約同等適用說：即國際條約與國內法屬於同一位階法源，當國內國際私法與國際條約的規定發生衝突時，依「新法優先於舊法適用原則」或「後法優先於前法適用原則」分別適用國際條約或國內法；⑶國際條約絕對優先適用說：即在包括國內憲法在內之一切國內法規範與國際條約的規定發生衝突時，均應優先適用「國際條約」；⑷國際條約相對優先適用說：即在國內憲法以外之其他國內法與國際條約之規定發生衝突時，優先適用「國際條約」 ⑩。就理論言，採「國際條約絕對優先適用原則」是一種最

---

⑩　司法行政部編印，《處理在華美軍人員刑事案件有關法規及法令、釋示、會議紀錄彙編》附錄二。

⑩　外交部條約司編，《中國參加之國際公約目錄初稿》。

⑩　㈠王鐵崖，《國際法引論》，北京大學出版社，北京，一九九八年十一月第一版，第五十六頁以下。
　　㈡黃進主編，《國際私法》，法律出版社，北京，一九九九年十月第一版，第七十八頁

理想的模式，但僅「荷蘭」等有限國家採取，大多數國家採「國際條約相對優先適用原則」。

我國涉外民事法律適用法修正草案第二條規定謂：「前條規定之事項，條約另有規定者依條約之規定。」其立法說明謂：一、按國際條約亦為國際私法之法源，此處所稱之條約係指中華民國與其他國家或國際組織所締結之國際書面協定，包括用條約或公約之名稱，或用協定等名稱而其內容直接涉及國家重要事項或人民之權利義務且具有法律上效力者而言；二、有關國際私法之國際條約，如為我國已加入並批准者，除我國有所保留外，自應依其性質拘束我國法院。條約規定之內容，有待立法院立法予以履行者（即非自動履行之條約），固應由立法院立法以為適用之依據，如其內容可由法院直接適用（即自動履行之條約），則其規定亦為我國國際私法之法源，爰參考各國晚近之立法例，明定其效力優先於國內之法律，俾由我國法院依序適用之。本條應仍屬「國際條約相對優先適用原則」，與國際上通說相同 ⑩。

至第八十一頁。

⑩ (一)民國二十年七月二十七日司法院對司法行政部第四五九號訓令核示：「法律與條約相牴觸，除條約批准在前，應將其牴觸時呈核外，應以條約為優」。

(二)民國八十二年十二月二十四日司法院釋字第三二九號解釋之解釋文：「憲法所稱之條約係指中華民國與其他國家或組織所締結之國際書面協定，包括用條約或公約之名稱，或用協定等名稱而其內容直接涉及國家重要事項或人民之權利義務且具有法律上效力者而言。其中名稱為條約或公約或用協定等名稱而附有批准條款者，當然應送立法院審議，其餘國際書面協定，除經法律授權或事先經立法院同意簽訂，或其內容與國內法律相同者外，亦應送立法院審議。」其解釋理由謂：「總統依憲法之規定，行使締結條約之權；行政院院長、各部會首長，須將應行提出於立法院之條約案提出於行政院會議議決之；立法院有議決條約案之權，憲法第三十八條、第五十八條第二項、第六十三條分別定有明文。依上述規定所締結之條約，其位階同於法律。故憲法所稱之條約，係指我國（包括主管機關授權之機構或團體）與其他國家（包括其授權之機構或團體）或國際組織所締結之國際書面協定，名稱用條約或公約者，或用協定等其他名稱而其內容直接涉及國防、外交、財政、經濟等之國家重要事項或直接涉及人民之權利義務且具有法律上效力者而言。其中名稱為條約或公約或用協定等名稱而附有批准條款者，當然應送交立法院審議，其餘國際書面協定，除經法律授權或事先經立法院同意簽訂，或其內容與國內法律相同（例如協定內容係重複法律之規定，或已將協定內容訂法律）者外，亦應送立法院審議。其無

一九八九年瑞士聯邦國際私法第一條第二項：「國際條約不受在法之影響。」一九九五年義大利國際私法制度改革法案第二條規定：「本法規定並不妨礙任何對義大利有效國際公法之適用。」「對此類公約的解釋應考慮到其國際性特徵及其統一適用的必要性。」一九八二年土耳其國際私法和國際訴訟程序法第一條第二項：「土耳其參加的國際條約有不同規定的，不適用本法。」一九七九年匈牙利國際私法第二條：「本法不適用於國際條約規定的問題。」一九八二年南斯拉夫國際衝突法第三條：「如果本法第一條中之法律關係已由其他的聯邦法律或國際條約所調整，則不適用本法的規定。」均強調「國際條約優先適用原則」 ❿。

六、國際條約在國際私法法源之發展趨勢

國際條約在國際私法法源，當代有不少明顯之發展趨勢，就現今國際條約可歸納其最新發展為：

㈠就具體內容言：從「一般民事關係」向「國際經貿關係」發展

從國際私法條約規範之具體內容言，正從「一般民事關係」向「國際經濟貿易關係」發展，早期國際私法條約大都規範涉及屬人法，舉凡人之身分、親屬、婚姻、繼承等問題，現今愈來愈多條約涉及法人地位、所有權移轉、貨物買賣、產品責任、交通事故、商業票據、代理、信託、商事仲裁等問題之法律衝突，一則正實現「從身分到契約」發展，二則早期因二次大戰引發國籍、無國籍、難民異國婚姻、收養等很多人之身分問題，有必要以條約規範之。

㈡就適用範圍言：從「區域性條約」向「全球性條約」發展

國際私法條約適用範圍漸突破「地區性」限制，而正往「全球性」發展趨勢，蓋衝突法之條約原為地區性，區域性比較明顯，蓋一則早期國際私法趨同化之組織舉凡中南美利馬 (Lima) 會議，中南美之蒙特維地奧 (Montevideo) 會議，美洲之汎美 (Pan–American) 會議，北歐之斯堪地納維亞 (Scandinavia) 聯合，早期海牙國

須送立法院審議之國際書面協定，以及其他由主管機關或其授權之機構或團體簽訂而不屬於條約案之協定，應視其性質，由主管機關依訂定法規之程序，或一般行政程序處理。外交部所訂之『條約及協定處理準則』，應依本解釋意旨修正之，乃屬當然。」

❿ ㈠劉甲一，《國際私法》，三民書局印行，臺北，一九八二年九月修訂初版，第三十六頁。

㈡蘇遠成，《國際私法》，五南圖書出版公司印行，臺北，一九八四年五月初版，臺北，第三十六頁。

際私法會議主要在歐洲國家適用，成員國越來越多，海牙國際組織越來越全球化，其通過之條約，已不只具有統一歐洲衝突法之意義，而更有統一全球衝突法之意義；二則聯合國與其前身國際聯盟及其分支機構，正在制訂普遍性，全球化之國際私法條約，且已有具體成果。

㈢就條約形式言：從「機械硬性選法」向「機動彈性選法」發展

早期以身分能力等屬人法等條約為主，不採「住所」為連結因素之住所地法主義，即採以「國籍」為連結因素之本國法主義，但鑑於國際民商事法律關係之複雜性、多樣性，現今不論聯合國等組織，拉丁美洲會議，歐洲會議及海牙國際私法會議均有二個新方向，一則制定條約並非「普遍性，全面式」國際私法，而係朝「單一的、具體的」一個具體問題訂一個條約；二則國際私法條約之立法形式採多樣化選法，例如遺囑方式之準據法採多元化，契約準據法依最重要牽連關係原則，朝「機動」「彈性」選法方法，追求「具體妥當性」之理想。

第七節　國際慣例

一、國際慣例之概念

所謂「國際慣例」之「習慣法」（法：loi coutummière；德：Gewohnheitsrecht；英：Customary law）之含義為何，真是紛歧：

⑴「國際法院規約」第三十八條：國際慣例是謂「作為通例 (general practice) 之證明而經接受為法律者」。（李雙元、余先予等教授）

⑵武漢大學韓德培教授：國際慣例是在國際交往中逐漸形成的不成文的法律規範，它只有經過國家認可才有約束力。（《國際私法新論》p. 46）

⑶中國政法大學錢驊教授：國際慣例是在國際交往中經過反覆實踐所形成的行為規範。（《國際私法》p. 21）

⑷人民大學章尚錦教授：國際慣例是指在國際交往實踐中反覆使用而形成的，具有固定內容，經立法程序制定的，如果為一國所承認或為當事人所採用，就對其具有約束力的一種習慣做法和常例。（《國際私法》p. 13）

⑸中南政法大學張仲伯教授謂：國際慣例是在國際交往中，經過長期反覆的實踐，逐步形成，具有確定內容，為世人所共知的行為規則。國際慣例的運用必須得到國家的承認和允許，經過當事人選用。（《國際私法》p. 22）

⑹武漢大學黃進教授謂：國際慣例又稱國際習慣，它也是一種國際行為規範。

又謂國際慣例是在國際交往中逐漸形成的具有法律效力之規範。(《國際私法》p. 81 及 p. 82)

(7)劉甲一先生謂：文明國家間就特定問題往往採行同一作為，積久成習，遂成規律，俟於國際社會上養成遵守該規律之法的確信時，該規律乃成為國際習慣法。(《國際私法》p. 33)

(8)曾陳明汝先生謂：國際社會間，存在著若干不成文法則，亦即國際習慣，乃反覆實施於國際社會之事實，而為文明國家所遵守，並成為國際社會生活規範。(《國際私法原理》p. 32)

(9)柯澤東先生謂：國際習慣者乃國際社會中共同遵守之非成文規範。(《國際私法》p. 43)

(10)林益山先生謂：國際習慣者，即文明國家間就特定事實，往往反覆為同一行為，積久成習，遂形成若干不成文法則，而為大家所共同遵守者。(《國際私法新論》pp. 20-21)

(11)藍瀛芳先生謂：國際法上，習慣具有拘束力，都是長期已存在而被普遍接受的「通例」(General practice) 或「確立的實務」(established practice)。(《國際私法導論》pp. 30-31)

筆者在此提出問題：(1)就名稱「國際慣例」是否即為「國際習慣」? 或「國際習慣法」? (2)國際慣例應具備哪些要件? (3)在國際私法上國際慣例有何內涵及外延?(4)有哪些國際慣例之具體內容?(5)各國法律中國際慣例實證法中如何規定?(6)國際慣例在國際私法之法源論中具何地位，其與國內法之關係如何?

二、國際慣例之條件

國際慣例作為國際私法法源必須具備條件，即構成國際慣例必須包括那些構成要素，應分「強制性慣例」與「任意性慣例」：

(一)強制性國際慣例之條件

依據「國際法院規約」第三十八條第一項規定，國際慣例是「作為通例之證明經接受為法律者」，西方學者據此將國際慣例之構成歸結為兩個因素，即「實踐」和「法律確念」**⑪**，詳言之，即一是「客觀因素」(物理因素)：即各國共同實踐重複類似行為，形成「通例」(general practice)，簡言之，謂為「實踐」；二

---

⑪　王鐵崖譯，《奧本海國際法 (第一卷第一分冊)》，中國大百科全書出版社，一九九五年第一版，第十六頁。

是「主觀要素」(心理要素):即被「接受為法律」,慣例必須經國家或公認為具有法律拘束力,簡言之,謂為「法律確念」。

有學者認為國際私法之「國際慣例」必須具備兩個條件:一是國際慣例必須是在長期的實踐中連續有效,並且有確定的內容;二是從國家主權原則出發,某一慣例對某國有拘束力必須經該國明示或默示承認 ⑫,其對國際慣例之客觀要素除「通例」要件外更強調有效且有確定內容;主觀要素除「法律確念」外,強調方式為國家明示或默示承認。

㈡任意性國際慣例之條件

有關任意性國際慣例之條件,尤其國際交易慣例在何種條件才能具備法律效力,有學者認為須具備下列條件之習慣才有法律效力:⑴有合理性,⑵有確定性,⑶與契約相符合,⑷已普遍被接受,⑸不違反法律規定 ⑬。筆者認為對任意性慣例有必要以條件限制。

三、國際慣例之分類

㈠依法律規範性質:「強制性慣例」與「任意性慣例」

國際慣例依法律規範之性質可分為兩種:一為「強制性國際慣例」:具有直接的、普遍的拘束力,當事人必須遵守,例如通過長期國際實踐形成的「國家及其財產豁免原則」 ⑭ 即屬這種慣例;二為「任意性國際慣例」:不具有直接的、普遍的拘束力,不能自動地適用,一般只有在當事人約定或選擇適用時才具有拘束力,即任意慣例。例如,在國際貿易中存在有 "FOB"(離岸價格)、"CIF"(到岸價格)等常見的貿易條件。任意性國際慣例一般只有經過國家認可才有法律拘束力。有學者謂國際私法中的國際慣例大多數是任意性國際慣例 ⑮。

㈡依法律體系地位:「國際公法慣例」與「國際私法慣例」

國際慣例依法律體系地位可分為二:一為「國際公法慣例」,即國際公法上

---

⑫ 錢驊主編,《國際私法》,中國政法大學出版社,北京,一九九二年五月第一版,第二十一頁至第二十二頁。

⑬ 藍瀛芳,《國際私法導論》,自版,臺北,一九九五年一月初版,第三十一頁。

⑭ 黃進,《國家及財產豁免問題研究》,武漢大學碩士論文,中國政法大學出版社,北京,一九八七年六月第一版。

⑮ 韓德培主編,《國際私法新論》(普通高等教育九五國家級重點教材),武漢大學出版社,武昌,一九九九年一月第一版三刷,第四十六頁。

之國際習慣，是一般國際法規範，具有普遍約束力。例如「條約必須遵守原則」(Pacta Sunt seruanda)、一國不得在他國領土內行使其警察權；二為「國際私法慣例」，例如「場所支配行為原則」(hocus regit actum)，「程序法問題依法庭地原則」。

㈢依慣例之效力：「法律範疇慣例」與「非法律範疇慣例」

　　國際慣例依其規範效力可分為二：一為「法律範疇慣例」即「國際法院規約」第三十八條規定所稱作為「通例」並為「經接受為法律」，具有法律效力；二為「非法律範疇慣例」，即國際貿易慣例，蓋國際貿易慣例只有任意法性質，且嚴格地說，其須經當事人接受於契約中才具有法律上拘束力**⓰**。

㈣有學者將國際慣例分：「國際習慣」與「國際常例」

　　有將國際慣例分為「國際習慣」和「國際常例」兩類。他們認為，國際習慣一般是指在國際交往中各國重複類似行為而形成的具有法律約束力的不成文原則或規則。國際常例是指在國際交往中經反覆實踐而形成的具有確定內容的不成文規則，也是「國際法院規約」在給「國際習慣」下定義時所指的「通例」之意。國際常例是國際習慣的初級表現形式，不具有法律約束力。當國際常例被國際社會確認為具有法律約束力後，即轉化為國際習慣**⓱**。

㈤依其規範方式分：「具體規範式慣例」及「抽象觀念式慣例」

　　國際慣例規範內容方式可分為：一為「具體規範式慣例」：國際習慣法有時具體規範例示應遵守之作為或不作為者，例如「關於不動產物權依物之所在地法」及「一國不得在他國領土內行使警察權或財政權」等均是；二為「抽象觀念式慣例」：國際習慣法有時以抽象觀念方式規定，其內容十分不具體之慣例者，例如「情事變更原則」、「條約必須遵守原則」、「誠實信用原則」等是**⓲**。

㈥依國際慣例之具體內容分

　　關於外國人之民商事法律地位、衝突（程序）規範性質、國際民商程序、實體規範性質及關於抽象觀念五方面之國際慣例（詳見本節五、國際慣例之具體內

⓰　李雙元，《國際私法》，北京大學出版社，北京，一九九一年九月第一版，第三十五頁至第三十六頁。

⓱　黃進主編，《國際私法》（九五規劃高等學校法學教材）法律出版社，北京，一九九九年九月第一版，第八十一頁至第八十二頁。

⓲　劉甲一，《國際私法》，三民書局印行，臺北，一九八二年九月修訂初版，第三十三頁至第三十四頁。

容)。

四、國際慣例之內涵與外延

(一)國際習慣、國際常例與國際慣例

各國學者有關國際習慣、國際常例與國際慣例之內涵與外延有三種不同觀點，(1)國際慣例與國際習慣，在法律生活中，互相交換使用，「國際慣例」就是指「國際習慣」；(2)有學者謂，在國際法學領域，「國際慣例」與「國際習慣」這兩個名詞應作明確之區分，蓋依據「國際法院規約」第三十八條第一項，國際習慣須具有「作為通例之證明」(實踐，客觀要素)及「經接受為法律」(法律確念，主觀要素)，反之，國際慣例則不僅包括具有法律拘束力之「習慣」而且包括尚不具法律效力之「通例」，即兩者均具備❶；(3)有學者認為國際慣例僅指國際常例者，即認為國際慣例僅指各國長期普遍實踐所形成的尚不被各國認可而不具有法律拘束力的「常例」，以示與國際習慣區別❷。筆者認為應從廣義觀點解釋國際慣例。

(二)國際公法慣例、國際私法慣例

國際慣例依所存在法律體系可分為國際公法上國際慣例與國際私法上國際慣例，但本課題之內涵與外延，有學者謂上述規定所指的「國際慣例」只是指國際私法上的國際慣例，不包括國際公法上的國際慣例(在國際公法上通常稱為「國際習慣」)❸；但筆者認為本課題的國際慣例既包括國際私法上的國際慣例，也包括一些國際公法上的國際慣例，因為有些國際慣例在國際私法和國際公法上是通用的，既是國際私法上的國際慣例，也是國際公法上的國際慣例，例如從國家主權原則直接導引出的國際慣例，國家彼此平等者間無裁判權，即國家及其財產豁免權之慣例。

(三)實體規範國際慣例、程序規範國際慣例

---

❶ (一)韓德培主編，《國際私法新論》(普通高等教育九五國家級重點教材)，武漢大學出版社，武昌，一九九九年一月第一版三刷，第四十六頁至第四十七頁。

(二)黃進主編，《國際私法》(九五規劃高等學校法學教材)，法律出版社，北京，一九九九年九月第一版，第八十三頁。

❷ 韓德培主編，《國際私法》(面向二十一世紀課程教材)，高等教育出版社、北京大學出版社出版，北京，二○○○年八月第一版，第三十一頁。

❸ 梁西主編，《國際法》，武漢大學出版社，一九九三年版，第三十頁至第三十二頁。

國際私法上國際慣例究指實體規範國際慣例，抑或指程序規範國際慣例，抑或指包括兩者之國際慣例二元說，學者見解有不同觀點，尤其中國大陸地區之實證法中有規定於(1)民法通則第八章「涉外民事關係的法律適用」中第一四二條第三項規定：「中華人民共和國法律和中華人民共和國締結或者參加的國際條約沒有規定的，可以適用國際慣例。」(2)涉外經濟合同法第五條第三項規定：「中華人民共和國法律未作規定的，可以適用國際慣例。」等法律中規定，因分散在各法中，形成依體系解釋而眾說紛紜，故立法上值得留意與思考，茲就國際私法學者之「實體規範國際慣例說」、「程序規範（衝突規範）國際慣例說」及「國際慣例二元說」分別說明：

1.甲說：**實體規範國際慣例說**　國際私法學者認為國際慣例是指實體法意義上的國際慣例並無適用衝突法上的國際慣例可言❶，甚至有學者根本上認為國際私法領域不存在具體的衝突規範國際習慣規則❶，其理由主要深受民法學界影響，蓋中國大陸民法通則第一四二條第一項意在規定應依據其衝突規範選擇用以調整國際民商事關係的實體法，第二項則相應規定，在適用其實體法與國際條約相抵觸時，應優先適用國際公約；據此推論，該法同條第三項規定在大陸地區法律與國際條約無規定時「可以適用國際慣例」，亦應僅指實體規範國際慣例❶。

2.乙說：**程序（衝突）規範國際慣例說**　國際私法上「國際慣例」有學者認為應理解為僅指程序規範國際慣例，蓋一則國際私法領域，經長期的實踐，已經形成了一系列國際上通行的衝突規範性質之國際慣例，有些已被內國國際私法法律採納，有些內國成文法尚未規定者，應可以借助處理國際民商事法律關係；二則大陸地區學者認為其民法通則既規定在第八章「涉外民事關係法律適用」，而第八章是有關衝突規範之專門規定，由此可以認為「國際慣例」應理解為只是指有關衝突規範之國際慣例❶。

❶ 黃進，〈中國關於涉外合同的法律適用問題〉，載《經濟與法律》，一九九二年十二月，第十二期，第三十一頁。

❶ 徐崇利，〈我國衝突法欠缺之補全問題探討〉，載《法學雜誌》，一九九一年，期，第十三頁。

❶ 佟柔主編，《民法通則簡論》，中國政法大學出版社，北京，一九八七年第一版，第二八七頁。

❶ ㈠李雙元，《國際私法》，北京大學出版社，北京，一九九一年九月第一版，第三十五頁。

3.丙說：國際慣例二元說　筆者贊成國際私法學者大多數認為國際私法上法源之「國際慣例」應指廣義的，不論是在衝突法規範國際慣例、實體法規範國際慣例抑或程序法規範國際慣例均包括在內**⑫**，一則就大國際私法觀點，國際民商事法律關係之解決方法既包括「直接解決：統一實體法」、「間接解決：衝突法」及「直接適用法」三者，凡與此有關之國際慣例之解決民商事法律關係者均應適用，即在「可以適用國際慣例」時，就既可以適用實體規範國際慣例直接確定涉外民商事法律關係當事人的實體權利義務，又可以以衝突規範國際慣例來援引相關國家的實體規範去間接解決涉外民商事法律關係，僅指「衝突規範國際慣例」，抑或僅指「實體規範國際慣例」均失之偏頗；二則一般所謂「法律」及「國際條約」未規定者，就文義解釋並未限定是有關實體規範之「法律」或「國際條約」，或者有關程序規範之「法律」或「國際慣例」，故填補「法律」或「國際條約」欠缺之「國際慣例」理應包括實體規範國際慣例及程序規範國際慣例，即採國際慣例二元說。

五、國際慣例之具體內容

所謂國際慣例在國際私法上得為法源且應大量存在，就各國學者及實務曾例舉者，歸納為五類：

㈠關於外國人之民商事法律地位之國際慣例方面者

例如有「國民待遇原則」、「外國人必須遵守所在國法原則」、「國家行為應受尊重原則」及「國家及其財產豁免原則」。

㈡關於國際民商程序之國際慣例方面者

例如「程序問題依法庭地法原則」、「國際商務仲裁不得違背仲裁地法原則」及「法庭地國訴訟法優先主義」。

㈢關於衝突規範性質之國際慣例方面者

㈡余先予主編，《衝突法》(高等財經院校教材)，上海財經大學出版社，上海，一九九九年十二月第一版，第二十七頁。

⑫ ㈠王常營，《中國國際私法理論與實踐》，人民法院出版社，北京，一九九三年第一版，第三十五頁。

㈡韓德培主編，《國際私法》(面向二十一世紀課程教材)，高等教育出版社、北京大學出版社出版，北京，二〇〇〇年八月第一版，第三十一頁至第三十二頁。

㈢黃進主編，《國際私法》，法律出版社，北京，一九九九年十月第一版，第八十四頁至第八十六頁。

例如「不動產依不動產所在地法原則」(Lex Rei Sitae)（屈服條款）、「當事人意思自主原則」(L'Autonomie de la Volonte)、「場所支配行為原則」(Locus Regit Actum)、「法律行為方式依行為地法原則」、「保護與尊重既得權原則」、「國家公序良俗原則」、「保護弱者原則」及「個人身分法律之域外效力原則（屬人主權）」等等，有的已被國內立法或國際條約採用，故仍屬「國際慣例」方面應數量不多。

㈣關於實體規範性質之國際慣例方面者

國際私法慣例表現為經貿領域中的商事慣例，這些商事慣例在國際上被長期反覆使用，其有確定的內容，可用以確定交易當事人的權利義務關係，構成當事人交易行為的準則。為了便於使用，商人及一些商人組織逐漸把這些慣例規則化，通過編纂制定為明確的系統規則，即所謂「國際商事慣例」、「國際商業慣例」或「國際貿易慣例」，其又得細分為四：⑴有關國際貿易用語方面者：主要有國際商會制定的「一九九○年國際貿易術語解釋通則」（一九九○年修訂本），國際法協會制定的「一九三二年華沙─牛津規則」和美國商會，美國進口商協會及美國全國對外貿易協會所組成的聯合委員會通過的「一九四一年美國對外貿易定義修訂本」等。⑵有關運送及保險方面者：主要有國際商會制定的「聯合運輸單證統一規則」（一九七五年修訂本），國際海事委員會制定的「一九七四年約克─安特衛普規則」以及英國倫敦保險協會制定的「倫敦保險協會貨物保險條款」等。⑶有關國際貿易支付方面者：主要有國際商會制定的「跟單信用狀統一慣例」（一九九三年修訂本）和「託收統一規則」（一九七八年修訂本）等。⑷有關支付擔保方面者：主要有國際商會制定的「合同擔保統一規則」（一九七八年）和「見票即付擔保統一規則」（一九九一年）等。此一慣例是在長期商業實踐之基礎上建立，經過統一編纂和解釋而變得更為準確，從而在國際私法起著「統一實體私法」之重要作用。

㈤關於抽象觀念之國際慣例者

例如「誠實信用原則」、「情事變更原則」及「條約必須遵守原則」(Pacta sunt Servanda) 等。

六、國際慣例之效力：其與成文法之關係

依據「國際商會仲裁規則」第十三條第五款的規定「在一切事件中，仲裁人應遵守合約的約定與相關的交易慣例」(in all cases the arbitrators shall take account of the provisions of the contract and the relevant trade usages)，可見國際慣例在涉外

交往中具有相當重要的地位。

處理國際民商事法律關係時在適用「國際慣例」與「成文國內法或條約」之關係或適用順序時，立法例及學者見解不一：

(一)國際慣例補充效力說

一般國家均在法律中明文規定，現有的成文國內法及國內締結或參加國際條約之規定優先於不成文的國際慣例規定，例如一九九五年義大利國際私法制度改革法案第二條第一項：「本法的規定並不妨礙任何對義大利有效的國際公約的適用。」中國大陸一九八六年民法通則第一四二條第三項規定：「中華人民共和國法律和中華人民共和國締結或者參加的國際條約沒有規定的，可以適用國際慣例。」及一九八五年涉外經濟合同法第五條第三項規定：「中華人民共和國法律未作規定的，可以適用國際慣例。」均採處理國際民商事法律關係時，在沒有立法和條約沒有規定時，可以依國際慣例，國際慣例為補充成文法規定之不足，故具有補充效力說。

(二)國際慣例優先效力說

國際法上有所謂「習慣勝於法律」(Consuetudo vincit communen legem) 之法諺，許多國際慣例經彙整、編纂或解釋時，有著「統一實體法」之國際慣例作用，國際慣例即有優先於國內成文法之法律或其他規範，日本法例第二條及日本商法第一條均有此含義，我國民法中第六八條但書、第二〇七條、第四五〇條第二項但書、第八三四條均有明文，即國際慣例優先說。

總而言之，一般法律無特別規定「國際慣例優先效力」時，自應採「國際慣例補充效力」，故其「優先效力」仍以有「成文法規定者」為限。

七、我國實證立法與國際慣例

我國涉外民事法律適用法第三十條規定：「涉外民事，本法未規定者，適用其他法律之規定，其他法律無規定者，依法理。」較之民法第一條及第二條規定之「法源」，謂：「民事，法律所未規定者，依習慣；無習慣者，依法理。」「民事所適用之習慣，以不背於公共秩序或善良風俗者為限。」及「法理」，前者應屬有法規欠缺，故應在涉外民事法律適用法中增加「國際慣例」為法源。

我國原海商法第五條規定：「海商事件本法無規定者，適用民法及其他有關法律之規定。」在修正案中有「海發會」所提海商法修正草案條文規定，除第一項與原法內容相同，並增訂第二項：「依前項適用法律，有欠缺、不足或不合海

商事件之性質者，依現行國際海商慣例。無慣例者，應依法理，就國際公約相關規定適用之。但其適用有違背我國法律之強制或禁止規定，或與我國公序良俗相牴觸者，不得適用。」惜通過之新海商法第五條為：「海商事件，依本法之規定，本法無規定者，適用其他法律之規定。」筆者認為「海發會」案可採，新法有缺點：⑴刪除「民法」字樣而忽視海商法之獨自性；⑵新海商法仍重「國內法源」而忽視「國際法源」；⑶重法源之動態「法律適用順序」而忽視現代法源「範圍多元性」之特性；⑷海商法重「實體法」法源，而忽視「準據法」法源❷。

　　我國現有涉外民事法律適用法草案第一條規定：「涉外民事法律之適用，本法未規定者，適用其他法律之規定；其他法律無規定者，依法理。」「涉外民事事件之法院管轄及審理程序，外國法院判決及仲裁判斷之承認與執行，本法未規定者，適用其他法律之規定。」草案第二條規定「條約」之法源，就草案第一條可言者：⑴其採列舉「涉外民事法律之適用」及「法院管轄及審理程序……」，就中國際私法言已無法列舉、掛一漏萬；⑵適用主體似僅指「法院」，而仲裁機構、行政機構及當事人則不包括；⑶第一項僅「法律」及「法理」，第二項「法律」，就國際慣例之法源，隻字未提，顯有忽視。

第八節　國際（司法機關）之判例

一、國際（司法機關）判例之概念

　　所謂「國際司法判例」(international Jurisprudence) 係指國際民商事法律關係之案件引發國際訴訟時，有管轄權之國際司法機關包括常設國際法院、海牙常設仲裁法院、混合仲裁法庭 (Mixed Tribunal of Arbitration) 及其他司法機關，其就當事國之國際私法規則抽出共同原則，或超越當事國法律而尋求具備普遍效力之法則，據以審判之國際私法有關若干判例成案，構成國際私法之國際判例法源，為各國際主義者所推崇，亦為國際私法研究之重要文獻。

二、國際（司法機關）判例之舉例（六則）

　　國際司法機關最主要有：「國際常設法院」、「聯合國國際法院」及「混合仲裁庭」。其中判例主要涉及「自然人國籍」、「法人國籍」、「外國人地位」及「法律衝突」，分別說明：

---

❷　賴來焜，《新海商法論》，學林文化事業公司，臺北，二〇〇〇年一月，第三二二頁至第三三一頁。

㈠國際常設法院 (Permanent Court of International Justice)

國際司法機關最主要為「國際法院」，國際法院在二次世界大戰前「國際常設法院」(Permanent Court of International Justice) 自第一次世界大戰後所創立之常設國際司法機構，依「國際聯盟盟約」及「常設國際法院規約」組成，自一九二二年至一九四二年共受理案件六十五起，其中共判決有三十三起，發表諮詢意見為二十八起，後因二次世界大戰而中斷、解散。茲擇其判例數則與國際私法有關者：

1. Nationality Decrees Issued in Tunis and Morocco, Advisory Opinion: 有關「國籍」問題　本案事實：一九二一年十一月十八日法國總統頒布了兩項命令，分別規定在法國的被保護國突尼斯或摩洛哥領土上出生的子女，如其雙親中的一方雖是外國人，但也出生在突尼斯或摩洛哥領土上，這種子女就是法國國民，但以他（她）年滿二十一歲以前，其父親或母親同他（她）的親子關係已依其父或母的本國法和法國法確定者為限。這兩項命令同英國當時的國籍法相牴觸。依照英國國籍法，英國籍男子在外國所生的子女是英國國民。因此，英國政府反對這些命令適用於英國人，並向法國提議將這個爭端提交仲裁。法國以這個爭端不能仲裁為理由，拒絕交付仲裁。英國政府即依國際聯盟盟約第十五條，將該問題提交國聯行政院。法國政府援用該條第八款的規定，主張國籍事項是純屬國內管轄的事項，因而國聯行政院對這個問題不能提出任何建議。國聯行政院就「法英間關於一九二一年十一月十八日在突尼斯和摩洛哥（法屬區）頒布的國籍命令及其適用於英國臣民所發生的爭端，按國際法是否純屬國內管轄事項」的問題，請求常設國際法院提供諮詢意見。

常設國際法院在一九二三年二月七日提供的諮詢意見中指出：「純屬國內管轄」這幾個字似乎是意指某些事項，這些事項雖然和一個以上的國家的利益密切關係，但是原則上不由國際法加以規定。對於這些事項，國家是唯一的裁判者。

關於某一事項究竟是否純屬一國管轄，主要是一個相對的問題，它依國際關係的發展為轉移。因此，在國際法的現在狀態下，國籍問題，按照本法院的意見，原則上是屬於這個保留範圍之內的事項。

很可能發生這樣的情形，在一個原則上不由國際法規定的事項上，如像在國籍事項上那樣，一個國家使用其自由裁量的權利，仍然可能在於它對其他國家所承擔的國際義務而受到限制。在這種情形下，原則上屬於國家的管轄權就被國際

法規範所限制。

　　本案強調國籍主權性原則，即國際法有關國籍問題確認各主權國家有權根據其國家利益與需要，制訂有關國籍的法律與條例，但同時承認有若干例外限制，不能違反國際公約、國際習慣或公認的法律原則，不能違反其所簽署的條約或協定中承擔的責任。

　　2. Laffaire de l'usine de Chorzow Case: 關於外國人地位　一九二六年五月二十五日常設國際法院第七號判決，其事實: Chorzow 乃位於 Haute-Silesie 地方，屬於德國國民所有之工廠。第一次世界大戰後，Haute-Silesie 收歸波蘭，波蘭政府遂將該工廠無條件變更登記為波蘭國所有。德國認為波蘭政府違反國際公約，於是向常設國際法院訴請賠償。後者判波蘭政府應給予原丘左工廠德籍所有權人以補償。該案判決，對有關外國人之財產權，確立兩項重要原則: (1)除條約特別准許徵收者外，關於德國人 Haute-Silesie 地方之財產、權利與利益均應依國際法原則保護之。換句話說，外國人財產權之保護，為國際法之一般原則，並非僅指 Haute-Silesie 地方之德國人的財產而言; (2)任何國家不得藉口無償沒收本國國民之財產而無償沒收外國人之財產，蓋此乃違反國際法原則。此點表明，外國人之財產權，優於本國國民而受保護❷。

　　3. Serbian Loans Case: 契約法律衝突問題　塞爾維亞債券案 (Serbian Loans Case) 係一八九五年到一九一三年間，塞爾維亞王國政府發行了五筆債券，相當於十億法郎。這些債券主要是通過銀行賣給法國人，其償付條件是: 金法郎、黃金支付和 4.5% 的黃金支付。在一九一九和一九二八年間，因法郎貶值，法國的債券持有人要求按黃金支付，但沒有成功。法國政府代表其國民提出要求並與塞爾維亞政府談判。一九二八年四月十四日，兩國簽訂特別協議把爭端提交國際常設法院解決。國際常設法院在一九二九年七月十二日作出判決，判定法國勝訴。法院判稱: (1)本案雖然只涉及塞爾維亞政府和法國債券持有人之間根據國內法履行債券協議的問題，但行使外交保護的法國政府與塞爾維亞政府之間確已存在國際性爭端，法院的職能是解決國際爭端，但不排除法院解決需要適用國內法去解決的爭端，因此法院對本案有管轄權。(2)雖然根據法國法律，國內商業事務以黃金支付的規定已經無效，但本案涉及的是國際商業事務，爭議中的債券契約是根據發行國的法律實行的。(3)債券契約已規定按一定比例的黃金標準來支付。本判

---

❷　L'Arr'et N 7du25 Mai 1926 de la C.P.J.I.R. 1934, 335.

決揭示國際私法之國內法源與國際法源各具重要性。

㈡聯合國國際法院 (International Court of Justice)

國際常設法院因二次大戰而解散，戰後繼之而起有「聯合國國際法院」(International Court of Justice) 係一九四六年在海牙正式成立當代國際上運用法律方法解決國際爭端的主要司法機構，主要是依「聯合國憲章」及「國際法院規約」組成，擇其數則判例與國際私法有關者：

1. The Nottebohn Case: 有關國籍　本案的事實是：弗里得立希·諾特包姆一八八一年生於德國漢堡，其父母均為德國人。依德國國籍法規定，諾特包姆出生時即取得了德國國籍。一九〇五年，在他四歲時離開了德國到瓜地馬拉（以下簡稱瓜國）居住並在那裏建立了他的商業活動中心和發展事業。他有時出差到德國，或到其他國家渡假，還曾經去探望他自一九三一年起就居住在列支敦士登（以下簡稱列國）的兄弟，但直到一九四三年他的永久居所地都在瓜國。大約在一九三九年他離開瓜國到漢堡，並於同年十月到列國做短暫的小住，然後於同年十月九日，以德國進攻波蘭標誌的第二次世界大戰開始的一個多月後，他申請取得了列國的國籍。

依列國一九三四年一月四日公布的國籍法規定，外國人取得列國國籍必須的條件有：必須證明他已被允許若取得列國國籍就可以加入列支敦士登的家鄉協會。免除這一要求的條件是須證實歸化後將喪失他以前的國籍——至少在列國居住三年，但這個條件在特殊情況下可以作為例外而免除；申請人與列國主管當局簽訂一項關於納稅責任的協議並交納入籍費。如符合上述規定的條件並經列國主管機關的審查批准，列國國王可以賦予他國籍。

諾特包姆申請取得列國國籍，同樣適用該法的規定。但他尋求了三年居留期的例外，並交了 25000 瑞士法郎給列國的摩倫公社和 12500 瑞士法郎的手續費，以及 1000 瑞士法郎的入籍稅，並交了申請應交納的一般稅和 30000 瑞士法郎的安全保證金以滿足了規定。同年十月十三日，列國國王發布敕令，准他入籍和發給國籍證明。十月十五日他取得了列國摩倫公社公民資格，十月十七日得到完稅證明，十月二十日他行了效忠宣誓，十月二十三日簽訂了納稅協議。十月二十日他得到了列國政府頒布的國籍證書和護照❷。

---

❷　黃惠康、黃進，《國際公法國際私法成案選》，武漢大學出版社，一九八七年第一版，第六十頁至第六十三頁。

國際法院於一九五三年十月十八日對它的管轄權作出裁決,確認它對本案有管轄權,否認了瓜國關於管轄權的初步反對。之後,對本案進行了審理,並於一九五五年四月六日作出判決:駁回列國的請求,支持瓜國的抗辯,認為瓜國提出了一項很好的原則,即國籍是個人與國家間聯繫的基礎,也是國家行使外交保護的唯一根據。但法院並不認為由於列國賦予了諾特包姆國籍,他就有了對抗瓜國的根據,法院也沒有考慮諾特包姆列國的國籍效力。

國際法院認為,國籍是屬於國家的國內管轄範圍,國籍的取得是國內法規定的,行使保護權是國際法問題。國際實踐證明,國家行使國內管轄的行為不是必然地或自動地具有國際效力。當兩個國家都賦予一個人國籍時,問題就不再屬於其中一個國家的國內管轄,而擴展到了國際領域,如果它們的觀點限於國籍專屬國內管轄,處理這種事件的國際仲裁者們或第三國法院將允許衝突存在。為了解決這種衝突,它們恰恰相反要確定,是否如此賦予的國籍就加諸了有關國家承認該國籍效力的義務。為了解決這個問題,它們提出了一項標準,選擇了真實有效的國籍,即該國籍符合基於個人與國籍間有最密切的實際聯繫的事實。所謂最密切的實際聯繫的事實包括慣常居所地和利益中心地、家庭聯繫、參加公共生活、對子女的灌輸、對特定國家流露出的依戀等,不同的因素在不同的案件中的重要性是不同的。

2. Barcelona Traction Co. Case: **有關公司國籍**　國際法院判決的案件,巴塞羅那電車、電燈和電力有限公司(簡稱「巴塞羅那電力公司」)於一九一一年成立於加拿大,是控制西班牙幾個電力企業股份的控股公司。該公司發行的股票在第二次世界大戰前已大部分為比利時人所持有。一九四八年,西班牙法院根據幾名西班牙股票持有人以該公司未能支付股票利息的理由宣布該公司破產,宣布其股票無效,由其財產管理人發行新股票。該公司的國籍國加拿大曾行使外交保護,但到一九五五年就停止行使。英、加、美、比等國政府曾代表該公司向西班牙政府提出抗議,均未能解決。一九五八年九月十五日,比利時政府根據一九二七年「比利時—西班牙和解條約」向國際法院提出請求書,指控西班牙侵犯巴塞羅那電力公司權利,要求對比利時股東給予賠償。後來,由於比利時請求庭外解決,國際法院於一九六一年四月十日的命令終止訴訟。但庭外解決沒有成功,比利時又於一九六二年六月提出新的請求書,西班牙對此提出了四點初步反對主張:(1)訴訟既已終止,再度提出即為無效;(2)國際法院沒有要求西班牙接受其管轄的根

據；(3)比利時政府無權代表其國民行使外交保護，因為他們是加拿大公司的股東而不是比利時公司的股東；(4)這些股東尚未在西班牙用盡當地救濟辦法。

　　國際法院在一九六四年七月五日作出判決，駁回了西班牙的前兩項反對主張，並把後兩項併入案情實質審理。法院判稱：訴訟程序的中斷不等於撤回訴訟，原訴訟仍可繼續進行。一九二七年的條約到一九五五年仍為有效，其接受國際常設法院強制管轄權的義務不因國際常設法院的解散而失效，其義務已因西班牙加入聯合國而恢復。關於案情實質，國際法院在一九七〇年二月五日的判決中判稱：對一個公司的外交保護只能由該公司的國籍國行使。巴塞羅那具有加拿大國籍，與加拿大保持密切的關係，加拿大政府一直為該公司所受損失與西班牙交涉，雖然交涉業已停止，加拿大仍保有行使外交保護的能力。比利時是為其國民因該公司的損失而行使外交保護的，這些股東所受的損失，是對一個外國公司採取措施的結果而不是這些股東的「直接權利」受到損害的結果。公司國籍國的權利是第一位的，股東國籍國的權利是第二位的，當第一位的權利仍然存在時，第二位的權利就不得行使。因此，法院認為比利時行使外交保護是不適當的。由於第三項反對主張已被駁回，關於用盡當地救濟辦法的第四項反對主張，就沒有作判決的必要了。

　　3. The Boll Case: 有關法律衝突　　波爾案係一九五八年國際法院審理的一起涉及公共秩序問題的監護案件。案情是：一九四五年出生的未成年人瑪莉‧愛麗莎白‧波爾，其父係荷蘭人，母係瑞典人。瑪莉依血統具有荷蘭國籍，居住在瑞典。後來其母死亡，根據荷蘭民法典有關規定，其父自動成為她的監護人。以後，又根據她本人的意願，另外指定一名婦女為其監護人。而瑞典有關當局按其本國法律的有關規定，把瑪莉置於所謂「保護教育」措施之下。但荷蘭卻認為瑞典當局這樣做違反了一九〇二年「海牙監護公約」。該公約規定，兒童監護問題適用其本國法。荷蘭與瑞典兩國均是「海牙監護公約」的成員國。荷蘭遂向國際法院對瑞典提起訴訟。一九五八年十一月二十八日，國際法院判決決定，瑞典關於「保護教育」的法令不在調整的範圍之內，因而不能認為瑞典政府違反了該公約，從而否定了荷蘭的訴訟請求。值得注意的是，在作出這一判決時，法官們所根據的理由是各不相同的。多數法官認為，瑞典的「保護教育」措施與荷蘭的監護法令截然不同。他們還認為，一九〇二年的公約雖然規定了未成年人的監護依其本國法，但它並不禁止那些具有不同目的、間接地限制監護權力的一切其他法令。瑞

典關於「保護教育」措施的規定不屬於未成年人監護法，因「保護教育」和監護目的不同。「保護教育」措施有著社會保障的目的，對居住於施行這種措施國家內的所有青少年都適用；而監護是為了保護未成年人的人身，需要按照未成年人本國法律規定進行。但法官 Hersch Lawterpacht 與其他法官不同，他主張把判決建立在公共秩序原則基礎上。他認為，公共秩序保留作為一個排除外國法適用的理由，是得到相當普遍承認的，以致可以把公共秩序保留看作是國際私法領域中的一個「一般法律原則」，即「國際法院規約」第三十八條所規定之「一般法律原則」。瑞典有關機關對波爾採取「保護教育」措施是從維護自己公共秩序出發的。他還指出，國際法院運用的公共秩序概念不是瑞典的概念，而是一般的法律概念，其內容的確定必須參考文明國家內國法實踐和經驗，因此，國際法院運用的公共秩序概念的標準是國際標準。

(三)混合仲裁庭 (Mixed Tribunal of Arbitration)

依「凡爾賽和約」所設立之「混合仲裁庭」(Mixed Tribunal of Arbitration) 係根據第一次世界大戰後一九一九年至一九二〇年間協約國與原敵國簽訂的各種和平條約，以裁決相互間部分懸案而設立的特別仲裁庭，其中有關契約之不履行，均有重要價值，又有關國際私法上「管轄」一詞原係以說明「混合仲裁庭」及「混合訴訟委員會」(Mixed Claims Commission) 處理國際私法案件之職能而創用者，故必有許多國際私法判例。

三、國際（司法機關）判例之法源價值

關於國際法院判例是否可成為國際私法之法源，即其在法源中地位問題，學者意見不一：

(一)甲說：肯定說

我國學者有提及者均認為肯定說，而認為構成國際私法之國際判例法源❽具有法源作用；有更擴張而謂海牙常設仲裁院以及其他國際性的常設仲裁機構（如國際商會仲裁院）的仲裁裁決所反映的法律見解在國際私法上亦具有淵源意

---

❽　(一)柯澤東，《國際私法》(國立臺灣大學法學叢書(55))，自版，臺北，一九九九年十月第一版，第四十三頁至第四十四頁。

　　(二)曾陳明汝，《國際私法原理（第一集）》(國立臺灣大學法學叢書(12))，自版，臺北，第三十二頁。

　　(三)劉甲一，《國際私法》，三民書局印行，臺北，一九八二年九月修訂初版，第四十頁。

義 ❶ 。

㈡乙說：否定說

有國際公法學者認為在國際公法上，按照「國際法院規約」第三十八條，司法判例只能作為確定法律原則的輔助資料。該規約第五十九條也規定，國際法院的裁判除對於當事國及本案外，無拘束力，蓋一則該拘束力不具有強制性，而其本質上仍是任意性的；二則國際法院不採取先例主義 (doctrine of precedent)，即判例除對「當事國及本案外」而無普通之效力 ❷ 。

筆者認為國際法院判例對國際私法之理論和實際有極大影響且極密切關係，蓋就各國國際私法之教科書中對一九二九年 Serbian Loans Case、一九五八年 Boll Case 與一九二六年 Affaire de I'usine de Chorzow Case 等案均加以援引 ❸ 並討論。

---

❶ 黃進主編，《國際私法》，法律出版社，北京，一九九九年十月第一版，第八十七頁至第八十八頁。

❷ 王鐵崖，《國際法引論》，北京大學出版社，北京，一九九八年十一月第一版，第九十九頁。

❸ ㈠黃進主編，《國際私法》，法律出版社，北京，一九九九年十月第一版，第八十七頁至第八十八頁。

㈡曾陳明汝，《國際私法原理（第一集）》（國立臺灣大學法學叢書⑿），自版，臺北，第三十一頁至第三十二頁。

第七章 國際私法之體系論

6.就社會生活關係之複雜化與多樣化言

7.就國際私法範圍與國際私法立法體系之分離言

8.就衝突法規範與實體法規範之相輔相成言

一七、國際私法內容之基本結構

一八、法律衝突之問題

㈠法律衝突規範之概念

㈡法律衝突之範圍

1.民法與商法

2.民事訴訟法、破產法、仲裁法

3.國際刑法與國際刑事訴訟法

一九、國籍（Nationality）問題

㈠問題提出：國籍問題是否國際私法範圍

1.國籍衝突問題

2.國籍自體（本身）問題

㈡各國學說見解歸納

1.甲說：否定說（不應研究者）

2.乙說：肯定說（應研究者）

3.丙說：相對說（應相對研究者）

㈢我國學者見解歸納

1.甲說：國籍衝突問題說（一部說）

2.乙說：國籍法全部說

㈣管見：應採「肯定說」之國籍法全部說

一十、外國人地位問題

㈠外國人地位之概念

㈡外國人地位之學說歸納

1.甲說：否定說（不應研究）

2.乙說：肯定說（應行研究）

3.丙說：折衷說（相當研究）

㈢我國學者見解之歸納

1.甲說：私法說（相當研究）

2.乙說：肯定說（應行研究）

㈣管見：兼及公法之全部法說

一十一、國際統一實體法

㈠國際統一實體法之概念

㈡國際統一實體法之主要內容

十二、國際民商事爭議解決規範

(一)我國學者：僅限於「法院管轄權」

(二)管見：提出國際民商事爭議解決規範說

十三、準國際私法（區際私法）(Quasi-international Privatrecht; interregional Conflict Laws)

(一)區際私法之概念

(二)區際私法是否國際私法範圍之學說

1.甲說：消極說

2.乙說：積極說

(三)管見：我國應重視「區際私法」研究

1.就國際私法之沿革言

2.就我國區際衝突法之歷史沿革言

3.就中國面臨不統一法律之現況言

4.就我國之實定法規定言

5.就國際私法之適用外國法與複數法域言

第三節　國際私法學之理論體系

一、國際私法學體系之概念

二、國際私法理論體系之歸納

(一)英美普通法系

(二)法國法體系

(三)小國際私法體系

(四)中國際私法體系

(五)大國際私法體系

三、各國國際私法之理論體系

(一)法國 Batiffol 教授之理論體系

(二)德國 Kegel 教授之理論體系

(三)蘇聯（俄羅斯）隆茨教授之理論體系

(四)英國 Dicey 與 Morris 教授之理論體系

(五)日本之理論體系

(六)中國大陸地區之理論體系

四、我國國際私法學之理論體系

(一)何適教授之理論體系

(二)陸東亞教授、梅仲協教授與洪應灶教授之理論體系

(三)劉甲一教授之理論體系

第四節　國際私法之立法體系：完善我國涉外民事法律適用法之體系

第一節 體系論之概念

一、國際私法範圍與國際私法體系之關係

　　法學體系應指法學內部結構、內部聯繫、關係與其編排之邏輯結構。在研究理論時吾人可知十八世紀中葉以前，主要表現為「法理學或科學的國際私法」，亦即係以一種法理學或法學的形態出現，十八世紀中葉以後，國際私法才進入「立法國際私法」階段。國際私法體系與國際私法範圍（內容）是兩個互相聯繫或有密切之問題，一般而言「範圍」是「體系」的前提，只有在確立了國際私法之範圍後才能對國際私法體系作出安排；易言之，國際私法學者或立法者在國際私法範圍上所持之觀點、主張或立場常直接或間接影響其建立何種國際理論體系或國際私法立法體系，值得說明者，事實是多樣且複雜的，在國際私法範圍上採相同主張、觀點或立場之學者，其對國際私法理論體系或立法體系之具體編排或結構未必會相同。故吾人首先要探討的是「國際私法之範圍」。

二、國際私法之立法體系與理論體系

　　國際私法體系有二種含義：一是國際私法立法體系；二是國際私法理論體系或學說體系，兩者既有區別，又有聯繫，⑴就區別而言：國際私法立法體系是在一個法制統一的國家內部，國際私法立法體系在一定時期內有一個，且調整或規範對象是國際民商事關係，其具有法律約束力；但國際私法理論體系，在一個法制統一國家內部在同一時期內，理論體系則可能多樣化而學說林立，且研究對象除了「國際私法之法規」外，還包括國際私法歷史、哲理與理論，國際私法理論體系本身並無法律約束力；⑵就聯繫而言：國際私法學理論體系常以國際私法立法體系為依據或參考；同樣的，國際私法學理論體系之觀點或理論，對國際私法立法體系之形成或發展常有很大影響，促進著國際私法立法體系之發展，所以國際私法理論體系與國際私法之立法體系常相互影響，值得說明者，某種國際私法立法體系之存在縱使反映或代表某種國際私法理論體系，並不能因此否定其他國際私法理論體系之合理性及其存在，開放多元社會，多種多樣國際私法理論體系存在，表現學者在各種不同角度與立場追求國際私法真理。

三、體系論之三個問題

　　國際私法體系論應有三個問題：⑴國際私法之範圍問題：所謂國際私法之範圍係指規範內容而非規範對象，我們只能從概括角度說明，不作具體化分析，國

際間有「大國際私法學派」、「中國際私法學派」與「小國際私法學派」，值得就國際私法範圍理論、各國學者見解、我國學者觀點，尤其有關法律衝突之範圍、國籍、外國人地位、統一實體法、國際民事訴訟法、國際商事仲裁法及準國際私法（區際私法）問題均值得一一討論；(2)國際私法之理論體系：首先各國理論體系可歸納為五大類型，其次就各國著名學者著作之理論體系，最後就我國所有學者著作理論體系說明並提出評論與管見；(3)國際私法之立法體系：首先世界各國國際私法立法體系可歸納為六類；其次逐一說明當代跨世紀各國國際私法之立法體系；最後我國國際私法立法體系並完善我國涉外民事法律適用法草案之立法體系。茲就此三大問題分三節研究。

第二節　國際私法之範圍

一、國際私法範圍之含義

對於國際私法範圍之含義如何，學者見解不一，可歸納為下列三說：

(一)甲說：規範內容說

有採國際私法之範圍係指國際私法包括哪些規範，即國際私法規範之組成範圍與種類，包括何內容而言❶。

(二)乙說：調整對象說

有採國際私法之範圍係指國際交往中所產生的涉外民事關係中哪些問題由國際私法來調整，即調整或適用之對象而言❷。

(三)丙說：折衷說（兼採說）

有學者認為前述兩種不同的理解是從兩個不同的角度去認識的，其實質是一樣的。因為，前者看來，國際私法有什麼樣的規範，就可以解決涉外民事關係中什麼樣的問題。後者看來，涉外民事關係中什麼樣的問題應該由國際私法來解決，

---

❶ 採規範內容說者：(一)韓德培主編，《國際私法新論》（普通高等教育九五國家級重點教材），武漢大學出版社，武昌，一九九九年一月第三次印刷，第六頁；(二)李雙元主編，《國際私法》，北京大學出版社，北京，一九九一年九月，第十二頁；(三)劉衛翔、余淑玲、鄭自文、王國華，《中國國際私法立法理論與實踐》，武漢大學出版社，武昌，一九九五年十月第一版，第三十八頁。

❷ 採此說者有：(一)錢驊，《國際私法》，中國政法大學出版社，一九九二年第一版，第四頁；(二)馬漢寶，《國際私法總論》，自版，一九七七年第六版，第二十五頁；(三)林益山，《國際私法新論》，自版，一九九五年六月第一版，第十一頁至第十三頁。

就必須有什麼樣的法律規範❸。

　　筆者認為甲說可採，蓋國際私法「學」之研究對象與國際私法之規範對象兩者不可混淆，後者是國際私法適用對象。

二、國際私法範圍之總覽

　　國際私法究以何法律規範或規定內容為國際私法之範圍，國內外歷來就存在爭論不已，此種現象在其他法學並不存在，由此可見國際私法的複雜性，且學者對國際私法學之流派與內容，構成國際私法學之理論體系及立法機關立法時即構成國際私法之立法體系，均是以國際私法範圍為基礎。本節先將國際私法範圍所有可能學派加以總覽後，次說明各國學者之國際私法範圍之學說，再說明筆者採取見解，最後就細部具體所有問題逐一討論說明。

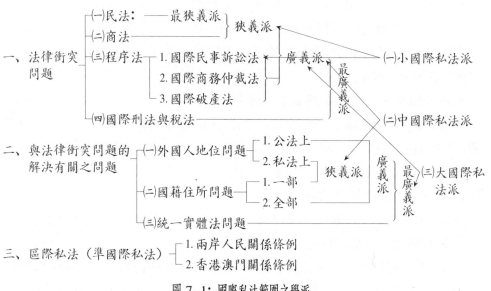

圖7-1：國際私法範圍之學派

　　國際私法之範圍問題，各國學者見解不一，有關上圖中三大部分：

㈠有關法律衝突問題

　　究應採最狹義的僅以民法衝突問題者，抑或應包括民商事法律衝突問題，抑

---

❸　㈠張仲伯主編，《國際私法學》，中國政法大學出版社，北京，一九九九年一月第一版，
　　第十一頁至第十二頁。

　　㈡趙相林主編，《國際私法》，中國政法大學出版社，北京，一九九八年四月第二次印
　　刷，第九頁。

或應擴及國際民事訴訟中之管轄權競合問題，抑應更擴及外國判決之承認與執行問題，抑應及於國際商務仲裁法問題，甚至有特別擴大認為國際私法範圍應不限於私法衝突問題，凡與其有關係之公法衝突問題亦在其中，所以國際刑法與國際稅法亦包括，採最狹義說有比利時 Lawrent 與德國 Zitelmann；採最廣義說者如法國學者 Laine。

(二)與法律衝突問題的解決有關之問題

例如外國人在內國法律上地位問題，見解不一，有採不應列入國際私法範圍，有採只研究外國人之私法上地位者，有採擴及外國人公法上之地位者；又例如有關國籍住所問題，有採僅敘述國籍之有關於解決法律衝突問題之各端者（一部說），有採就國籍法全部而研究者（全部說）；嗣例如有關國際私法範圍應否擴及於哲學方面，而以「統一私法」或「統一實體規範」，即以「直接法律規範」之研究為其研究範圍之主要目的者，有關「統一私法」肯定說有荷蘭 Jita、前蘇俄及中國大陸學者主張，甚至以此決定「中國際私法」與「大國際私法」區別標準，我國學者尚無人提及。

(三)有關區際私法（即準國際私法）問題

因中華民族正面臨「一國」兩岸三地四法域問題，有關區際私法理論日顯重要，尤其我國之臺灣地區與大陸地區人民關係條例與香港澳門關係條例在理論體系與立法體系，均應列入國際私法之範圍。

三、國際私法範圍之理論

國際私法規範之範圍如何，學者主張各有不同，筆者就學說分類可歸納為五：

(一)最嚴格限制說（最狹義說）

國際私法僅以內外國民法之衝突問題為範圍，例如比利時 Lawrent 與德國 Zitelmann，就我國涉外民事法律適用法第一條至第二十四條均以「民法」五大編為內容，甚少包括商法中有關保險法、票據法、公司法、海商法、航空法之法律衝突，故我國國際私法就立法內容範圍似採此說。

(二)嚴格限制說（嚴格狹義說）

採嚴格限制說者謂國際私法係專以解決法律衝突為其職責，從而舉凡與法律衝突無關之法律規範不包括於國際私法範圍，即國際私法規範，應以解決法律衝突之「衝突法則」(Kollisionsnormen) 一種為限，不包括其他涉外實體規範與涉外程序規範，例如德國學者 Leo Raape, Martin Wolff, 及 G. Kegel 在一九八七年以

前著作均採嚴格限制說。Martin Wolff 在其著作《德國國際私法》(*Das internationale Privatrecht Deutschlands*) 中認為國際私法係決定應適用何國法律以解決涉外特定關係，且以其所具備之要件能發生何種法律效果之問題為其功能，國籍法與「外人法」(Fremdenrecht) 對特定涉外關係發生數種法律競合之情形，應如何擇一適用未為規定，應不及於國際私法範圍內。但採此說者論及國籍、住所等因其為屬人法兩大原則之連結因素，故以之為「連結因素論」之一部分研討而已。

(三)限制說（狹義說）

採限制說者認為國際私法其一部分係關於一國在某種範圍內得由其立法或執行部門管制在其領域內或他國所行為之法律效果，並規定一國對何人或何案件具有管轄權，即國際私法包括「衝突規範」及「管轄規範」，而不包括「國籍法」與「外國人法」。例如美國 Goodrich、Béale 英國 Dicey 及 Cheshire 等學者採行。

(四)概括說（廣義說）

採概括說者認為國際私法研究者不應僅限於「衝突法」及「國際民事管轄」，舉凡涉外關係之問題均應受到國際私法之規範，法國學者 Lerebours、Rigeomiere 均主張國際私法規範應包括「衝突法」、「外國人地位法」、「國籍法」及「管轄法規範」四種，其中「國籍法」常以「住所地法」為輔助，所以國籍法亦論及「住所地法」❹。

(五)最廣義說

採最廣義說者認為國際私法應包括三大部分，一為「衝突法」；二為程序法：包括國際民事訴訟法與國際商務仲裁法（規則）等爭議解決之程序；三為統一實體法。

表 7–1：國際私法範圍之學說

學說	國際私法規範
(一)最嚴格限制說	(1)民法衝突問題。
(二)嚴格限制說	(1)民法衝突問題。(2)商法衝突問題。
(三)限制說	(1)衝突法。(2)管轄權問題。
(四)概括說	(1)衝突法。(2)國際民事管轄權。(3)外國人地位。(4)國籍法。
(五)最廣義說	(1)衝突法。(2)程序法（訴訟、仲裁）。(3)統一實體法。

---

❹　劉甲一，《國際私法》，三民書局出版，一九八二年九月修訂初版，第十一頁。

四、各國學者之見解

(一)德國：自「嚴格限制說」到「限制說」

德國學者認為法律衝突之法律適用規範為國際私法最重要之規範，而認為「國籍法」問題應歸入憲法，外國人民事法律地位規範歸入「外國人法」，國際民事訴訟程序規範不應歸入國際私法，簡言之，早期德國國際私法學者認為國際私法主要目的或全部任務是解決法律衝突問題，國際私法範圍應僅包括規範涉外民商事法律關係之衝突規範或法律適用規範，例如學者 Leo Raape, Martin Wolff, 及 G. Kegel 早期著作均採嚴格限制說。德國著名學者 G. Kegel 在其名著《國際私法》(*Internationales Privatrecht*) 早期以「衝突法則」為研究內容，自一九八七年第六版時，其「前言」中認為國際私法研究範圍有日益擴展之勢；筆者見在其西元二〇〇〇年第八版最新著作之最後「附錄」(Anhang) 中有二章，第二十二章「國際訴訟程序法」(Internationales Verfahrensrecht) 及第二十三章「國際公法衝突法」(Internationales Oeffentliches Recht) ❺，又如德國國際私法新秀 Christian von Bar 所著一九八七年《國際私法》中亦將「國際民事訴訟問題」列為重要部分，故德國國際私法學界對傳統上國際私法範圍採「嚴格限制說」已開始變化而趨向於「限制說」。

(二)法　國

法國多數學者認為應從立法者或法學教育者之立場出發，認為既然國際私法是以涉外民事法律關係為調整對象，國際私法首先就必須要解決涉外民事法律關係之主體國籍問題（全部法說）與民事法律地位問題，一方面法國法有關當事人屬人法採本國法主義，二方面國籍與外國人地位問題是涉外民事關係發生之前提，所以法國學者對「國籍」及「外國人地位」均非限於與國籍衝突解決或外國人私法地位，而係就國籍一般地討論與外國人公私法地位研究，即採「全部法說」。又如果當事人間爭議需要訴諸法院或仲裁機構時，就需要解決法院或仲裁機構的管轄權問題及對外國法院判決或仲裁裁決之承認與執行問題。故彼等認為國際私法主要由國籍規範、外國人民事地位規範、衝突規範和國際民商事管轄權規範四者構成。誠如法國 Batiffol 教授認為：「法國的傳統將國籍、外國人地位、法律衝突和管轄衝突歸為同一類問題，這樣就對個人在各種國際私法關係中的法律地位

---

❺ Gerhard Kegel und Klaus Schurig, *Internationales Privatrecht*, C.H. Beckśche Verlags Buchhandlung, München, 8., neubearbeitete Auflage, 2000, ss. 891–995.

問題給與了一個完整的答案，法國傳統的國際私法依次研究權利主體（國籍和外國人地位）、權利之行使（法律衝突）與權利之承認（管轄權衝突）」❻。

日本學者北脅敏一所著《國際私法》❼與中國大陸地區武漢中南政法大學張仲伯教授著《國際私法》❽也持此近似觀點。

(三)英美普通法

英美普通法系國家的學者大多主張國際私法就是衝突法，故其國際私法著作一般稱為 "The Conflict of Laws"（衝突法或法律衝突）。這些國家學者從法院立場出發，認為國際私法主要解決三個方面問題，即簡稱「三步走」方法：第一個問題，是一國或法域之法院在什麼情況下對一個涉外案件有管轄權，第一步法院首先應確定對該案件有無管轄權；第二個問題，是一個國家或法域之法院在確定自己對某一涉外案件有管轄權後，應決定適用何種法律來確定當事人之權利與義務，即第二步應解決法律之選擇就是法律衝突問題；第三個問題，是在什麼條件下承認與執行外國法院之判決以及外國仲裁判斷，即第三步法院就應解決判決承認與執行問題❾，故他們認為國際私法之範圍應包括三種規範組成：(1)管轄權規範、(2)衝突規範、(3)承認與執行外國法院判決之規範。

(四)日本學者

日本學者深受德、法、英、美等國學者影響，致使國際私法範圍產生各種見解，日本多數學者受德國法影響，國際私法之全部目的或主要任務在解決涉外民商事法律關係中如何選擇法律，即法律適用規範。採國際私法範圍應僅及於「法律適用規範」，而不及於涉外實體問題與涉外國際訴訟程序規範，例如日本學者折茂豐、溜池良夫❿等著作均維持最嚴格狹義說。但日本亦有學者受英美學者影

---

❻　(一) Henri Batiffol, *Droit International Privé*, Paris, 1974, pp. 6–7。

　　(二)巴迪福著，陳洪武、陳林洪、張凝、王安譯，《國際私法總論》，中國對外翻譯出版公司，一九八九年第一版，第七頁至第八頁。

❼　北脅敏一著，姚梅鎮譯，《國際私法——國際關係法 II》，法律出版社，北京，一九八九年，第九頁。

❽　張仲伯主編，《國際私法》，中國政法大學出版社，北京，一九九五年第一版，第八頁至第十五頁。

❾　(1) Cheshire and North, *Private International Law*, 1979, p. 3.

　　(2) A. V. Dicey and C. G. J. Morris, *The Conflict of Laws*, 11th. ed., 1987.

❿　(一)折茂豐，《國際私法講話》，有斐閣，昭和五十三年（一九七八年）版。

響，而認為國際私法應是「三步走」，包括：(1)涉外事件裁判管轄權、(2)涉外事件之準據法與(3)涉外事件判決之承認與執行三部分，如學者石黑一憲、山本敬三、江川英文❶等著作採後說；甚至有學者北脅敏一等著作採行法國學者概括說之態度❷。故日本學者見解表現多樣化。

(五)原蘇俄與東歐：大國際私法學

原蘇俄與東歐各國國際私法學者對國際私法之範圍雖有各種不同見解，但比較普遍性、傾向性的觀點是主張最廣義的，包括(1)外國人之民事地位規範、(2)衝突規範、(3)國際民事訴訟規範、(4)國際商務仲裁規範與(5)國際統一實體規範均包括在國際私法範圍❸。中國大陸國際私法之大國際私法學亦深受原蘇俄之影響。

(六)中國大陸：學說林立

中國大陸地區自因「文革」與「反右」廢法至今二十年間國際私法範圍究包括幾類規範之問題，大陸學者見解可歸納為五類：(1)甲說：認為國際私法就是衝突法，故應只包括衝突規範❹，採嚴格限制說；(2)乙說：認為國際私法主要是衝突法，它舉凡在所涉國家民商法發生衝突時，解決法律適用問題之法律，除法律衝突外，還應包括「管轄權規範」與「外國判決承認與執行規範」者，例如中山大學唐表明教授❺；(3)丙說：認為國際私法範圍應包括「衝突規範」、「外國人民事法律地位」與「國際民事訴訟程序的規範」三者，例如深圳大學董立坤教授❻；

(二)溜池良夫，《國際私法講義》，有斐閣，東京，一九九九年五月第二版。

❶ 見(一)石黑一憲，《國際私法（補訂版）》，有斐閣，一九八七年十二月採四章「序章」、「國際私法總論」、「國際民事訴訟法」、「國際私法各論」；(二)山本敬三，《國際私法入門》，青林書院新社，一九八三年十二月初版第四刷，分三大部分「涉外事件之管轄權」、「涉外事件之準據法」及「涉外事件判決之承認與執行」。

❷ 北脅敏一著，姚梅鎮譯，《國際私法——國際關係法II》，法律出版社，北京，一九八九年出版。

❸ 隆茨、馬蕾舍娃、薩季科夫著，吳雲琪、劉楠來、陳綏譯，《國際私法》，法律出版社，北京，一九八六年六月第一版。

❹ 《中國大百科全書·法學卷》，中國大百科全書出版社，北京，一九八四年第一版，第二二八頁。

❺ 唐表明，《比較國際私法》，中山大學出版社，廣州，一九八七年第一版，第十五頁至第二十三頁。

❻ 有：(一)中國人民學法律系國際法教研室編，《國際私法（上冊）》，一九八七年出版，第十頁；(二)董立坤，《國際私法論》，法律出版社，一九八八年，第十一頁至第十二頁。

⑷丁說：認為國際私法除了「衝突法規範」、「外人法規範」、「國際民事訴訟程序規範」外，應包括「經由條約所規定國際貿易關係之統一實體規範和國際慣例」者，例如武漢大學韓德培教授、李雙元教授、黃進教授、武漢中南政法大學張仲伯教授、劉仁山教授❶；⑸戊說：認為國際私法除前述第四說中四種規範外，應包括「國內法中專門適用於涉外民事關係的實體規範」者，例如北京中國政法大學錢驊教授、人民大學章尚錦教授、西南政法學院劉振江教授、吉林大學高樹異教授、華東財經大學余先予教授、中國社科院姚壯與任繼聖教授❶。一般而言採前述第一說者為「小」國際私法；採第二說及第三說觀點為「中」國際私法；採第四說及第五說者為「大」國際私法。

五、我國學者對國際私法範圍之見解

㈠前　言

　　就我國國際私法學者對國際私法範圍之廣狹，有學者謂：「在漢文有關國際私法的著述也因出版地區而有不同。在臺灣地區出版的著述大都循德國例採最狹窄的研究範圍，雖有少數涉及範圍較廣，也只及於國籍等問題的介紹，而很少及於涉外的程序規範。至於中國大陸的出版物大多採相當廣義的研究範圍。」有關中國大陸之見解已在前段歸納，在臺灣地區出版中吾人就三個標準：⑴有關國際私法定義；⑵有關國際私法範圍及⑶有關其著作之整體內容，觀察我國學者見解。

㈡我國學者見解歸納

---

❶　採此說有：㈠韓德培主編，《國際私法新論》（普通高等教育九五國家級重點教材），武漢大學出版社，武昌，一九九九年一月第三次印刷，第九頁至第十二頁；㈡黃進主編，《國際私法》，司法部法學教材編輯部編審，法律出版社，北京，一九九九年九月第一版，第二十七頁；㈢劉仁山主編，《國際私法》，中國法制出版社，北京，一九九九年五月第一版，第十頁至第十一頁；㈣李雙元主編，《國際私法》，北京大學出版社，北京，一九九一年九月第一版，第二十七頁。

❶　採「大」國際私法學者有：㈠姚壯、任繼聖，《國際私法基礎》，中國社會科學出版社，北京，一九八一年版，第三頁至第七頁；㈡錢驊，《國際私法》，中國政法大學出版社，北京，一九九二年五月第一版，第六頁；㈢張仲伯主編，《國際私法》，中國政法大學出版社，北京，一九九九年一月第一版，第十二頁；㈣余先予，《簡明國際私法學》，中央廣播電視大學出版社，北京，一九八六年第一版，第十三頁；㈤劉振江主編，《國際私法教程》，蘭州大學出版社，一九八八年第一版，第十二頁；㈥高樹異主編，《國際私法》，吉林大學出版社，一九八七年第一版，第六頁至第十一頁。

1.陳顧遠教授

⑴就國際私法定義言:「國際私法遇涉外的法律關係發生,決定將如何適用其所應適用之法律。」**⑲** 似僅採最狹義說。

⑵就國際私法範圍言:在其敘述範圍時將①民法與商法衝突列入法律衝突範圍;②國籍與住所問題;③外國人地位問題等均列入,但認為①民事訴訟法及刑法、破產法等;②準國際私法(區際私法);③統一私法問題均不列入國際私法範圍。似採「狹義說」**⑳**。

⑶就著作整體觀察言:陳顧遠教授著有《國際私法總論》及《國際私法本論(民法衝突法)》外,更著有《國際私法商事編》,敘述商人與商業、公司法、票據法、海商法、航空法、保險法等商事法律衝突 **㉑**,據其將國際私法分四冊敘述應屬較廣泛的。

2.唐紀翔教授

⑴就國際私法定義言:「國際私法者,對於涉外私法關係,就內外國之法律,決定其孰應適用之國內公法也。」**㉒**似採「最狹義說」。

⑵就國際私法範圍言:「余既以國際私法為私法適用法,故如刑法,刑事訴訟法,民事訴訟法,破產法等適用問題,均不認其在國際私法研究範圍之內,依正當之理論,在研究範圍之內者,惟關於民法之適用,及商法之適用而已,但本書則專述民法之適用;因本書之目的,在研究中國之國際私法,故以中國法律適

---

⑲ 陳顧遠,《國際私法總論(上冊)》,上海法學編譯社,上海,一九三三年四月第一版,第二頁。

⑳ 陳顧遠,《國際私法總論(上冊)》,上海法學編譯社,上海,一九三三年四月第一版,第二十四頁至第四十頁。

㉑ 見㈠陳顧遠,《國際私法本論(民法衝突法)》,上海法學編譯社,上海,一九三二年五月,有上下二冊;㈡陳顧遠,《國際私法商事編》(又名「國際商事法論」),民智書局,上海,一九三四年十一月初版,第四五九頁。此三本書須說明:㈠陳顧遠教授主張民商合一,不過是民商法典合一,而不是民事、商事不分,所以其敘述商之事實,研究法理,有關商事編為研究最詳盡;㈡本後書北京、重慶二大圖書館無此藏書,上海圖書館有書目並無藏書,臺灣文化大學圖書館據獲陳教授遺產藏書贈書,但亦有書目(卡)而無藏書,筆者藏有影印本。

㉒ 唐紀翔,《中國國際私法論》(大學叢書),商務印書館發行,上海,一九三〇年九月初版,第九頁。

用條例之規定，為研究之範圍。查中國法律適用條例，除第二十二條及第二十六條之附帶規定外，不涉及於適用；故本書專述民法之適用，亦僅於法律適用條例之涉及於商法者，略述商法之適用而已。」又謂：「余於此三派中，取第三派；但余雖述外國人之地位，亦非如他之學者，以外國人之地位，另立一編，亦不過附各論『關於人之法律』編內，述其大略而已。」又謂：「余以為國籍問題，本應屬於國際法之範圍；即不然亦應於憲法及行政法中研究之，斷不應以國籍法之全部附入國際私法研究範圍之內；惟其與適用法律有關係者，應於國際私法中研究之而已。我國法律適用條例第二條第一項，規定當事人有多數國籍，又第二項，規定當事人無國籍，是皆與適用法律有關係者，即所謂國籍之衝突是也。故本書所述之國籍，即以國籍之衝突為限，而不及於國籍之全部，且不另設一編，祇述之於總論而已。」❷就僅限於「民法」，外國人地位採私法說，國籍採一部法，故應為「狹義派說法」。

3.盧峻教授

　　⑴就國際私法之定義謂：「國際私法者，所以規定一國法律行使之範圍，並於數國法律併存時，決定其某國法律應適用於法之場合 (Legal situation)，使管轄法院以外之他國，承認其判決效力之法規也。」❷似採廣義派。

　　⑵就國際私法適用範圍謂：「我國商法，漸臻完備，國際私法，關於商法問題，自亦不難研究，故認國際私法，僅係研究民法衝突為限者，竟無其人矣。」且謂：「認國際私法具私法性質者，謂民事訴訟法及國際破產法均為程序法。有公法性質，不能於國際私法內研究之，以故大陸學者，對於管轄權之衝突問題多未於國際私法內論及。雖然，目今國際私法之性質，為公法抑為私法，尚是議論紛歧，即認其為公法，但民事訴訟法為民商法所必需之助法，國際破產法具有商法性質，宜與民商法之衝突問題，共同討論之，此所以卜耳、羅萊瑞諸氏均以裁

---

❷　唐紀翔，《中國國際私法論》(大學叢書)，商務印書館發行，上海，一九三〇年九月初版，第四十四頁至第四十六頁。

❷　盧峻，《國際私法之理論與實際》(二十世紀中華法學文叢④)，上海商務印書館，一九三四年七月國難後一版，第八頁。又值得介紹者北京中國政法大學出版社將二十世紀中華法學文叢重新出版者，有王世杰、錢端升，《比較憲法》、孫曉樓，《法律教育》、胡長清，《中國民法總論》、梅仲協，《民法要義》、直隸高等審判廳，《華洋訴訟判決錄》、黃尊三譯，《法律進化論》等書。

判管轄問題，為國際私法之當然內容而先於實質問題之衝突討論之也。」❷亦採
較廣義說。

4.洪應灶教授

(1)就國際私法之定義謂：「國際私法者，乃對涉外法律關係，就內外國之法
院或法律，決定由何國法院管轄或適用何國法律之法則也。」❷採廣義說。

(2)就國際私法之範圍謂：「以前之法律適用條例，除第二十二條及二十六條
或現行涉外民事法律適用法第五條及第十條有附帶規定商法外，別無規定，對於
商法殊可從略，須知該條例及現行法，不過就國際私法問題約略規定，其未規定
者，當由其他法規或法理以求解決。我國商法，漸趨完備，故國際私法實應包含
民法及商法在內也。」且謂：「國際私法具私法性質者，謂民事訴訟法及國際破產
法均為程序法。有公法性質，不能於國際私法內研究之，以故大陸學者，對於管
轄權之衝突問題，多未於國際私法內論及。雖然，現今國際私法之性質，為公法
抑為私法，學者意見，尚未一致。即認其為公法，但民事訴訟法為民商所必需之
助法，國際破產法具有商法性質，宜與民商之衝突問題，共同討論之。此所以英
美諸學者多以裁判管轄問題，為國際私法之當然內容先於實質問題之衝突而討論
之。」❷

5.梅仲協教授

(1)就國際私法之定義言：「國際私法者規定內外國私法適用區域之法則。」❷
顯採狹義說。

(2)就國際私法之範圍言：「就實際情形而論，英美學者之著作，關於審判管
轄權及外國判決效力之研究，居其內容之半，法意學者，常於國際私法著書之卷
末，說明關於民事訴訟法及破產法上諸問題。惟就理論上言，關於內外國家審判
管轄權之限制，及外國判決或破產效力之承認諸問題，與國際私法上所欲研究之
問題，性質截然不同，蓋國際私法，原以研討內外國私法之抵觸，為其固有範圍
也。再者，關於審判管轄諸問題，非有賴國際條約之協定，究屬難為澈底之解決，

---

❷ 盧峻，前註書，第十八頁至第十九頁。

❷ 洪應灶，《國際私法》，中國文化大學出版部印行，臺北，一九八四年九月三版，第五
   頁。

❷ 洪應灶，前註書，第三十二頁至第三十三頁。

❷ 梅仲協，《國際私法新論》，三民書局印行，臺北，一九八二年六月第四版，第五頁。

故此等問題之研究，應另立專攻之科目，別稱之為國際民事訴訟法或國際破產法，而置諸國際私法研究範圍之外，較為適宜。」且謂：「上列諸端，均為國際私法學上所欲研究之對象。茲為說明之便利計，分為四篇論述：第一篇，闡明國籍之得喪與國籍牴觸，及住所與住所之牴觸，第二篇敘述外國人及外國法人之地位，第三篇說明內外國私法之牴觸問題。而以國際民法殿焉，即本書之第四篇也。」❷❾

6.劉甲一教授

⑴就國際私法之定義言：「國際私法定義謂其係規範涉外關係而分配有關國家之制法權（制定應適用於特定涉及關係之實體法之權）及管轄權（謂處理案件及依裁判及其他方式，創造足為他國所承認之權利之權）並制約其行使之法律。」❸⓿ 似採廣義說。

⑵就國際私法之範圍言：「就此觀點言之，非僅『抵觸法規範』一者，即國籍法與外國人法亦均就涉外問題發生同一之規範作用，概括主義（①抵觸法規範、②管轄法規範、③外國人法、④國籍法及⑤住所法）既有法律同一性之根據，並能協調形式與實質之構造，比較妥切。」❸❶ 似採廣義說。

⑶就國際私法之理論體系言：劉甲一教授所著《國際私法》有八編，①序論、②抵觸法、③抵觸法理論發展史之研討、④抵觸法之適用、⑤涉外民事法律關係與其準據法、⑥涉外商事關係準據法上之幾個問題、⑦準則規範（包括國籍法則、住所法則、外國人地位法則）與⑧管轄法規範（管轄、民事訴訟證據程序準據法、外國判決之效力及其執行），其採廣義說。

7.馬漢寶教授

⑴就國際私法定義言：「國際私法者，對於涉外案件，就內外國之法律以決定其應適用何國法律之法則也。」❸❷ 採狹義說。

⑵就國際私法範圍言：「本書對象，大體上亦係如此。除強調國際私法固有的問題為『私法之衝突』或『私法之選擇』外，對國籍、住所及外國人之地位等，皆有所討論。因為我國對屬人法事項，亦採本國法主義；凡身分、能力、親屬、

---

❷❾ 梅仲協，前註書，第七十二頁至第七十四頁。

❸⓿ 劉甲一，《國際私法》，三民書局印行，臺北，一九八二年九月修訂初版，第一頁至第四頁。

❸❶ 劉甲一，前註書，第十一頁至第十二頁。

❸❷ 馬漢寶，《國際私法總論》，自版，臺北，一九七七年六月第六版，第一頁。

繼承等問題，悉依當事人之本國法。於是，在決定屬人法事件之準據法時，『國籍』成為主要之『連結因素』(connecting factor)。因此對於有關國籍之種種問題，逐一加以說明，在我國自有其道理。」且謂：「關於國際私法上法院管轄權問題，本書僅說明其意義而不及其內容。」❸似採廣義說。

8.劉鐵錚教授與陳榮傳教授

(1)就國際私法定義言：「國際私法者，乃對於涉外法律關係，就內外國之法域及法律，決定其由何國法院管轄及適用何國法律之國內公法。」❹一則「法域」(territirial legal unit) 係獨立立法主權區域，其與「國家」相對而非與「法律」相對，二則國際私法目的有二：管轄權與準據法選擇，採限制說，未列及判決承認與執行、爭議解決方式、區際私法。

(2)就國際私法範圍言：「國際私法之研究範圍，係指國際私法究應以何種事項為其研究之對象而言。關於國際私法之研究範圍，學者間主張，頗不一致。姑無論其細目取捨不同，即其大綱，亦各因意見之紛歧，而不能一致。惟為一般所公認必當研究者，即 1.國籍及住所， 2.外國人地位， 3.法律之衝突。」❺似採狹義說，惜未對①國際民商程序法論，②區際私法準國際私法一一討論，未與理論體系配合。

(3)就國際私法之理論體系言：劉鐵錚教授與陳榮傳教授合著《國際私法論》之體系，共分八篇，①基礎論、②連結因素論、③外國人地位論、④外國法適用論、⑤準據法適用論、⑥輔助法規論、⑦涉外民事訴訟法論（涉外裁判管轄權與外國法院判決之承認與執行及涉外仲裁之國際私法論）與⑧區際私法論採廣義論。

原來《國際私法論》係有邀筆者參加，所以本書體系係吾人所擬，所以劉鐵錚老師在序言中謂：「本書在體例編排與資料提供上，學棣賴來焜博士協助甚多，……。」後因故筆者未撰稿，但有關「『中』國際私法」理論體系加上「統一實體法」均為我國第一次提出與見到。

9.蘇遠成教授

---

❸ 馬漢寶，前註書，第二十八頁至第二十九頁。

❹ 劉鐵錚、陳榮傳，《國際私法論》，三民書局印行，臺北，一九九六年十月第一版，第一頁。

❺ 劉鐵錚、陳榮傳，前註書，第二十七頁。

⑴就國際私法定義言：「國際私法，乃為保障國際上之私法生活的安全，而指定適用於該私法生活所生之法律關係的私法秩序也。」❸採狹義說。

⑵就國際私法之理論體系言：蘇遠成教授所著《國際私法》分二編，第一編「總論」（分概念、沿革、法源、基本問題四章，第四章分九節：（定性、法規欠缺、反致、連結點、外國法適用、外國法限制、規避法律、裁判管轄權、外國判決承認與執行），第二編「各論」（九章，均為民事法律衝突），似採狹義說。

10.曾陳明汝教授

⑴就國際私法之定義言：「國際私法本身並不在於直接解決系爭問題，而僅在於就國際社會中之私人間的關係，指定應適用之法律。換言之，國際私法乃係就各種具有涉外因素之私法關係，指定應由何國法院管轄及應適用何國法律之法則。」❸採廣義說。

⑵就國際私法之範圍言：「以上所舉四大部門（㈠法律衝突、㈡法院管轄衝突、㈢外國人之地位與㈣國籍及住所之確定），對解決法律之衝突，具有密切不可分之關係。是以法律衝突之解決，雖為國際私法之重心問題，然則，其他各部門之研究，亦不容忽視。我國國際私法書籍，雖亦涉及此四項課題，然篇幅均有限，此亦可想見，我國學術界對國際私法之研究，尚未普及與深入。當今國際交通發達，國際貿易興盛，內外國人交往頻繁之際，國際私法之推廣研究，誠有其必要。」❸採廣義說。

11.柯澤東教授

⑴就國際私法之定義言：「國際私法雖為法律適用法則，但此等法則與若干國際私法之運作原理與必要相結合，有法院管轄權、住址、國籍等先決要件，為訴訟上之基本要素。故國際私法之運用，不能與法院相脫節。亦即，國際私法為法院受理涉外案件前後，依據所謂國際管轄或稱國際審判籍之原理、功能，以及衝突法則，決定管轄與否及應適用何國法以為判決。故就國際私法整體概念言，實包括：管轄權、法律衝突，以及法律適用動態過程中，所欲予解決之諸問題。」❸

---

❸　蘇遠成，《國際私法》，五南圖書公司印行，臺北，一九八四年五月初版，第二頁。

❸　曾陳明汝，《國際私法原理（第一集）》（國立臺灣大學法學叢書⑿），自版，一九八四年五月新版，第四頁。

❸　曾陳明汝，前註書，第十四頁至第十五頁。

❸　柯澤東，《國際私法》（國立臺灣大學法學叢書⑸），自版，一九九九年十月第一版，第

採廣義說。

(2)就國際私法之理論體系言：柯澤東教授所著《國際私法》計有四篇，①導論、②國際民事關係法律適用、③涉外民事關係準據法、④國際特別商事法律關係，尤其第四篇分四章，①國際貿易契約與國際私法之依存、②國際貿易統一公約補充國際私法方法、③國際貿易習慣代替國際私法、④國際商務仲裁在國際經貿發展上之地位。故就面而言，應採廣義說。

12.陸東亞教授

(1)就國際私法之定義言：「國際私法者，乃一國立法機關對於涉外法律關係，就內外國之法域及法律，規定應歸於何國法院管轄，及適用何國法律之規則也」❹，其定義與劉鐵錚教授及陳榮傳教授所述完全相同，有關法域之誤亦同。

(2)就國際私法之範圍言：「以內外民事法律之衝突問題及涉及此問題有關之㈠國籍、㈡住所、㈢外國人之地位等為範圍者。」❹ 亦採廣義說。

13.何適教授

(1)就國際私法之定義言：「國際私法，乃就涉外民事決定其適用何國法律的一種法則。」❷ 採狹義說。

(2)就國際私法之理論體系言：何適先生之《國際私法》第一編「緒論」、第二編「國籍及住所」、第三編「外國人之地位」、第四編「法律之衝突」、第五編「屬人法」、第六編「屬物法」、第七編「法律行為與事實」與第八編「裁判管轄之衝突」，似採廣義說。

14.林益山教授

(1)就國際私法之定義言：「國際私法者，乃就涉外民事案件，決定其應由何國法院管轄及適用何國法律之法則也。故國際私法本身並不直接解決系爭問題，而僅在於尋找應適用之法律而已。」❸ 似採廣義說。

(2)就國際私法之適用範圍言：「國際私法研究範圍者，即指國際私法就以何

二十五頁。

❹ 陸東亞，《國際私法》，正中書局，臺北，一九八四年五月第一版第八刷，第三頁。

❹ 陸東亞，前註書，第二十頁。

❷ 何適，《國際私法釋義》（大學用書），自版，臺北，一九八三年六月第一版，第七頁。

❸ 林益山，《國際私法新論》（國立中興大學法學叢書），自版，臺北，一九九五年六月出版，第一頁。

種事項為研究之對象也。對此問題，學者間見解分歧，未臻一致；不過均認為『法律之衝突』，乃為國際私法之主要研究重心與對象。但欲解決『法律衝突』之前，尚有許多問題需先加以解決，例如：國籍、住所、法院管轄及外國人之地位等。」❹似採廣義說。

15.**藍瀛芳教授**　藍瀛芳教授謂：「在臺灣地區出版的著述大都循德國例採最狹窄的研究範圍，雖有少數涉及範圍較廣，也只及於國籍等問題之介紹，而很少及於涉外的程序規範。」且謂：「關於本書係考慮到讀者的需要而把國內一般著述為探討的程序規範，尤其是國際破產與國際保全列為敘述的內容（理由請閱「前言」），看來似採相當廣泛的範圍，可是事實上，與外國的某些著述或立法例如一九八七年的瑞士立法比較，本書的內容與範圍還是望塵莫及！」❺

六、管見：跨世紀國際私法範圍在追求國際民商新秩序之大國際私法

㈠大國際私法提出：統一實體私法 (private international uniform substantive law)

　　我國國際私法學者對國際私法範圍通說採非常狹義的觀點，值得深入分析說明者：

　　1.**就國際私法之定義言**　認為國際私法僅在涉外案件選擇準據法，即法律適用衝突規範，而對衝突規範中「國際統一衝突法」甚少提及，其他有程序法僅及於管轄權選擇，國際民事訴訟法與國際商務仲裁法，甚至以實體法解決爭議方式，我國學者均隻字未提。

　　2.**就國際私法之性質言**　通說認為是「國內法」且是「公法」及「程序法」，忽視「國際法」、「私法」與「實體法」性質。

　　3.**就國際私法之「法源」言**　重視國內法源而忽視「國際法」法源（國際條約、國際慣例與國際法院判例）。

　　4.**就國際私法之範圍言**　就「衝突法」、「程序法」（訴訟法、仲裁法）與「實體法」（各國專門涉外實體法、國際統一實體法）三者言，我國學者幾乎以「衝突法」為限制或為主要目的，採「小」國際私法者僅限於「衝突法」及一些前提

❹　林益山，前揭書，第十一頁。

❺　蘇遠成，《國際私法》，五南圖書出版公司印行，臺北，一九八四年五月初版，臺北，第二十二頁至第二十三頁。

「國籍問題」及「外國人地位問題」；採「中」國際私法者應包括「衝突法」及「程序法」，程序法應包括國際民事訴訟法（裁判權、管轄權、當事人能力、訴訟能力、司法互助、訴訟程序及判決承認與執行）及國際商務仲裁法（包括仲裁權、可仲裁性、仲裁協議方式、仲裁協議本身與效力、仲裁程序及仲裁判斷之承認與執行）；採「大」國際私法說除「衝突法」及「程序法」，更應包括「實體法」係指「統一實體私法」(Private international uniform substantive Law) 在調整平等主體之間的國際民商法律關係的統一實體法律規範之總和，例如一九二四年「統一提單（載貨證券）的若干法律規則國際公約」、一九七八年「聯合國國際貨物運送契約公約」、一八八六年「伯爾尼保護文學和藝術作品公約」、一九二九年「統一國際航空運輸某些規則的公約」**⑯**。

筆者在此提出：⑴國際統一實體私法是國際私法發展之必然結果；⑵國際統一實體私法是規範國際民商事法律關係和解決國際民商事法律衝突之重要方式與手段；⑶國際統一實體法是國際私法之重要組成部分。筆者認為，隨著國際統一實體私法在調整國際民商事法律關係和解決國際民商事法律衝突中的作用日益增大，無論是從國際私法本身的歷史發展來看，還是以國際統一實體私法本身的調整對象和功能來看，國際統一實體私法已成為國際私法中不可缺少的組成部分。我們不能僅僅因為國際統一實體私法直接調整國際民商事法律關係的方法同傳統國際私法中衝突規範的間接調整方式有所不同而否定前者成為國際私法的一部分，不能僅僅因為傳統的國際私法不包括國際統一實體私法規範而否定國際私法本身的自然發展以及其內容和範圍的逐漸擴大，不能僅僅因為某一立法和條約的立法體系沒有規定衝突規範或實體規範而否定國際私法作為一個法律部門或法學學科有自己的完善體系，也不能僅僅因為某一學者不能全面、系統的深入地研究包括國際統一實體私法在內的國際私法的廣泛而豐富的內容而否定國際

---

⑯ 華沙公約 (The Warsaw Convention) 官方正式名稱為「統一有關國際空運若干規則的公約」(Convention for the Unification of Certain Rules Relating to International Transportation by Air)，有關國際公約文獻可見：(一)劉鐵錚，〈航空運送人對旅客損害賠償責任之研究〉，載其著《國際私法論叢》，三民書局印行，一九八四年六月增訂三版，第二九七頁至第三五六頁；(二)王瀚，《華沙國際航空運輸責任體制法律問題研究》，武漢大學博士論文（一九九八年五月)，陝西人民出版社，西安，一九九八年十月第一版；(三)趙維田，《國際航空法》，社會科學文獻出版社，北京，二〇〇〇年一月第一版。

統一實體私法在國際私法體系中的存在。

㈡建構大國際私法之基本論據

　　管見提出「概括說」及大國際私法觀點，吾人自各國及我國國際私法範圍之比較與總覽中，各種不同主張吾人可以看出幾點：⑴衝突規範或謂法律適用規範，或謂準據法選擇規範，不論在何種主張中，均被視為國際私法之規範，所以吾人仍認為就現階段衝突規範是國際私法最基本之規範；⑵大多數學者包括一些國際私法與衝突法兩概念相同者，都認為應該把衝突規範以外而與規範涉外民商事法律關係與解決國際民商事法衝突有關之規範納入國際私法範圍，所以國際私法研究範圍不宜採取絕對化觀點，且「小」、「中」、「大」之區分亦為非正式之大概區分；⑶討論國際私法規範究竟有哪些規範，應分清主從，不能停滯、更不能與時代思潮脫節，要有理論依據、有發展觀點、有實務出發、有國際觀、有哲理基礎、掌握核心問題與時代潮流。

　　1.就概括說之理論依據言　國際私法規範之範圍，應以其「構成規範之同一性」(hemogenéité normative) 為標準而定之，所謂「規範同一性」係因限制說與概括說學者所採之觀點不同。限制說學者認為解決法律之衝突為其規範同一性，以「衝突法規範」係以「法律衝突」為存在之基礎，並以解決其衝突為職責。因此「國籍法」及「外國人法」既非以「法律衝突」為基礎，故不具有與「衝突法規範」同一之規範基礎，自應由國際私法規範中排除，值得思考問題卻在依據何種理由為法律規範之同一性。限制說學者之同一性觀念實源自於「法律衝突」狀態與解決法律衝突之作用，其不外是偏重法律技術之形式表徵主義，而忽視其為特定社會共同規範涉外關係之實質本義，且因其固執形式表面，在日益複雜之國際社會關係必發生與現實脫節之弊，故傳統國際私法限制說未便稱妥適。筆者認為國際私法應為謀求私益之公平保護及國際社會交易之健全發展，而規範法人權益在國際社會上所發生之國際民商事問題之一切功能目的之觀點，亦可作為確定法律規範同一性之依據，據此觀點，非但「國籍法」、「外國人法」，甚至「國際民商程序法」及「統一實體法」均就涉外問題或國際民商事問題發生構成規範之同一性作用，故最廣義說既有法律同一性依據，且能協調國際私法形式與實質之構造，此為概括論論據之一。

　　2.就二十一世紀國際私法發展觀點言　國際私法是規範國際法律體系中基礎性法律部門在二十一世紀應有新發展觀點，面對二十一世紀整個國際法律秩序均

將建立在國際民商新秩序中發揮作用至獲得新發展之際，時代給與國際私法一個嶄新機遇，而機遇需要把握，應該說國際私法學術界與實務界之任務可謂大矣！欲使國際私法順應時代潮流，真正擔負起建立新的國際新秩序重任，需要法學界首先在觀念上揚棄傳統國際私法之偏頗見解，重新考慮國際私法之基本功能，並確實明認國際私法在建立新的國際秩序中的角色定位。國際私法不論在國際私法「學」或國際私法「立法學」中，世界上向來就無一個統一化、絕對化之體系，也不必強求一個統一體系，因此有幾點是吾人應提出的：(1)國際私法研究範圍是學術問題，所以提學術自由、學術爭論，吾人應貫徹「百家爭鳴，百花齊放，學說林立」；(2)國際私法學是不斷發展演變的，我們不能囿於國際私法等於衝突法之偏限性的束縛，一方面改造衝突法之機械、僵化與缺乏可預見性與靈活性而以彈性、靈活性、具體妥當性之軟化處理 (Softening process)，二方面應尋找一條新的途徑來發展與繁榮國際私法，即以「實體法規範」來彌補「衝突法規範」之不足，且隨著國際經濟交往之不斷擴大，自傳統國際私法（純衝突法規範）走進現代國際私法（包括衝突法、實體法、程序法）之發展演進歷程，故新世紀國際私法因國際經濟一體化進程之進一步加強，適應國際化大市場運作的需要，國際私法將呈現出許多新的特徵，並將以求得國際民商法律新秩序為自己追求之目的，大國際私法論正是新發展之表現。

3.就國際私法實務實際出發言　歷史發展到千禧年之際，國際私法適用對象之複雜性已遠非「法則區別說」時代所能比擬，任何一個國際民商事爭議之解決均牽涉到多方面的法律問題，國際私法之範圍與體系方面持限制說之偏限性束縛，觀念太狹隘，勢必會影響國際私法之實務上適用性，國際私法有賴其功能轉換，功能轉換有賴於國際私法自身之革新與體系的重構，傳統國際私法理論有重大缺點，一則首先表現在對國際私法本質認識走入誤區，誤認國際私法完全以衝突法規範取代全部法律機制位置，認為其為程序法完全漠視實體法，致國際私法根本目標完全扭曲；二則傳統國際私法理論上形成之體系完全是衝突法制度方面之體系，並未將頃近大量出現的統一實體法條約與國際商事規則涵納在內，與蓬勃發展的國際民商新法律關係極不協調。實際上「衝突法規範」與「實體法規範」在國際私法之不同領域發揮特殊作用，近二十年來兩者都有了飛速的發展，其相輔相成，共同負擔著調整與穩定國際民商事關係之任務，如果強加分開，將會使國際私法變得殘缺不全，而無法在實際適用上規範國際民商事關係。從現今國際私

法學範圍與體系頻現新端倪中，筆者可以預見隨著國際交往的發展以及國際社會法律趨同化趨勢日增，「統一實體規範」不斷增加，有朝一日將成為國際私法之主要規範與規範國際民商關係之一種最主要方法。所以吾人提出：(1)統一實體法直接規範國際民商事法律關係與衝突法之間接規範國際民商事法律關係，均為規範國際民商事法律關係行為，前者其更能符合國際民商事關係之本質，吾人無任何理由排斥在國際私法之外；(2)重新認識國際私法範圍與建立國際私法理論體系之際，應奠基於國際民商新秩序之構建，從實務便利與理論發展觀點，認為今日及未來國際私法早已超出傳統僅限於衝突法之範圍；(3)當今國際私法之法源亦不限於國內法源，其已發展成包括「國內法源」與「國際法源」，包括衝突法、程序法與實體法三大規範群之一個龐大的國際私法系統。

4.就歷史沿革觀察國際私法範圍逐漸擴大言 就歷史沿革觀察國際私法範圍經歷了以下三個階段逐漸擴大：

(1)統一各國衝突法規則(西方學者稱「統一國際私法」)：自中世紀義大利「法則區別說」時代起，在相當長時期中，國際私法係依據法學家之理論和國內立法中的衝突規範以解決涉外民事法律關係之法律適用問題，各國依據自己考慮來解決準據法方面之衝突，國際民事關係之安全與穩定，則仍是得不到有力的保障，各國不同之衝突法規則會導致適用不同實體法，而發生判決不一致後果，至今引起當事人任擇法庭 (forum shopping)。直到十九世紀中葉義大利政治家、外交家、法學家馬志尼 (Mancini) 倡導，開始提出國籍為國際私法之基礎，採本國法唯一原則，開始出現了統一各國國際私法之國際嘗試，此種「統一國際私法」實質上是想經由統一衝突規則，選擇一個國家之實體法作為同一國際民商事關係之準據法，期待同一案件不論在何國起訴，均得適用同一國之實體法為準據，作出判決一致結果，此一階段在追求「衝突法統一」，但已含有開始尋求「實體法統一」價值。

(2)統一程序法：解決涉外民事關係在法律適用方面之衝突，常常也是和解決各國國際民事訴訟法上的衝突聯繫在一起，最值得說明有關管轄權與外國判決之承認與執行問題，前者有稱「直接管轄權」，後者稱為「間接管轄權」，為此，在國際私法這新的發展階段，統一程序法亦被納入國際私法之範圍。

(3)統一實體法(西方稱「統一私法」)：經由國際私法中衝突規範的統一而求得統一適用的實體法，畢竟是某一國家的內國法，其未必符合其他國家的法律觀

點，因而也並不一定能為其他國家所接受，在國際私法中公序保留條款即為最直接原因，且統一國際私法是間接性規範統一，隨著適應國際經濟貿易關係之發展，國際經濟大循環是通過全球統一大市場內之國際商品資本、技術、人才、信息等資源要素實現，全球每年出口貿易已超過四萬億美元，約占全球生產總值百分之二十，每天在世界範圍金融網路中流動和運轉之資金高達一萬億美元。為適應國際經貿發展需要，即通過國際努力，就不同的國際民商事關係制定統一的實體法，其直接規範國際民商事法律關係，國際私法又往前跨進了一個新的階段。

5.就比較國際私法學觀點言　筆者在劉鐵錚教授與陳榮傳教授合著《國際私法論》構思理論體系中突破傳統國際私法只包括衝突法規範，而擴及於「程序法」（國際民事訴訟法及國際商務仲裁法等爭議解決之程序），《國際私法論》構思自一九九六年十月至今，筆者認為有再度往前跨進必要，除了「衝突法規範」、「程序法規範」外，更應包括「實體法規範」，並非筆者個人之獨家主張或武斷看法，就比較國際私法學觀點，應該指出的，有謂無論是在中國抑或是在外國，無論是在發展中國家抑或在發達國家，無論是在社會主義國家抑或在資本主義國家，均有學者主張將國際統一實體法納入國際私法之範疇❹。各國國際私法學與新立法觀察均認為當代國際私法在規範範圍上已經突破了原先只含衝突法規範之傳統觀點，吾人認為「多規範理論」的存在已是客觀事實：

⑴美國：美國國際法著名學者 Hackworth 先生在一九二九年「統一國際航空運輸某些規則的公約」制訂後，其認為公約屬於國際私法之範疇❹。

⑵德國：德國著名學者 G. Kegel 在其著作《國際私法》在第六版前均僅有衝突法，但在一九八七年第六版起均有「附錄」(Anhang) 敘述「裁判籍」與「外國法院判決之效力」，在二千年版中第二十二章「國際訴訟程序法」(Internationales Verfahremerecht) 及第二十三章「國際公法衝突法」(Internationales öffentliches Recht)❹；另有國際私法新秀 Christian von Bar 在一九八七年出版之著作中均把國際民事訴訟法列為其著述之重要部分。

---

❹　黃進主編，《國際私法》(九五規劃高等學校法學教材)，法律出版社，北京，一九九九年九月第一版，第五三六頁。

❹　G. H. Hackworth, *Digest of International Law*, Vol. 4, 1943, p. 370.

❹　Gerhard Kegel & Klaus Schurig, *Internationales Privatrecht*, C. H. Beck´sche, Verlags Buchhandlung, München, 8., neubearbeitete Auflage, 2000, ss. 891–995.

⑶法國：《法國世界百科全書》主張，國際私法有廣、狹兩義，認為「從廣義說，所有涉及國際性的私人法律關係的規範都可以視為國際私法；從狹義說，國際私法就是對某個國際性私人關係決定應適用何種法律的一種規範」❺⓿。

⑷日本：日本國際私法新秀東京大學法學院石黑一憲教授在其著作《國際私法の解釋論的構造》及《國際私法》❺❶中有「統一法」及「國際民事訴訟法」均為重要內容。

⑸中國大陸地區：中國國際私法學會會長、武漢大學國際私法博士導師韓德培教授曾有二段敘述，謂「國際私法的基本任務是解決產生於涉外民事法律關係中的法律衝突問題，無論是衝突規範還是統一實體規範，都是解決法律衝突的手段，因此，這兩種規範都是國際私法規範，都應屬於國際私法規範」❺❷，其有一段精彩、形象的論述及有名的「一機兩翼說」，其謂：「國際私法就如同一架飛機一樣，其內涵是飛機的機身，其外延則是飛機的兩翼。具體在國際私法上，這內涵包括衝突法，也包括統一實體法，甚至還包括國家直接適用於涉外民事關係的法律。而兩翼之一則是國籍及外國人法律地位問題，這是處理涉外民事關係的前提；另一翼則是在發生糾紛時，解決糾紛的國際民事訴訟及仲裁程序，這包括管轄權、司法協助、外國判決的承認與執行。」❺❸又中國國際私法學會副會長、中國政法大學國際私法錢驊教授與筆者有共同創造具體敘述即「人體一頭四肢論」，即人之身體中「頭部」與「手腳四肢」，頭部如「外國人地位」是國際私法之前提，四肢分別是「衝突法規範」與「統一實體法規範」為上兩肢（雙手），及「國際民事訴訟法」與「國際商務仲裁法」兩部分程序法即為雙腳，顯示為「大國際私法」說明；其他不少學者均認為國際私法學包括衝突法、程序法與實體法❺❹。

---

❺⓿　引自唐表明，《比較國際私法》，中山大學出版社，廣州，一九八七年第一版，第三八八頁。

❺❶　石黑一憲，《國際私法の解釋論的構造》，東京大學出版社，昭和五十五年；及其著《國際私法》，有斐閣，昭和六十二年，第六頁至第十六頁、第一二九頁至第二〇六頁。

❺❷　韓德培主編，《國際私法新論》（普通高等教育九五國家級重點教材），武漢大學出版社，武昌，一九九九年一月第一版第三刷，第八頁至第九頁。

❺❸　劉衛翔、余淑玲、鄭自文、王國華，《中國國際私法立法理論與實踐》，武漢大學出版社，武昌，一九九五年十月第一版，第四十頁至第四十一頁。

❺❹　見㈠李雙元、徐國建主編，《國際民商新秩序的理論建構——國際私法的重新定位與功能轉換》，武漢大學學術叢書，武漢大學出版社，一九九八年二月第一版，第九十二頁

6.就社會生活關係之複雜化與多樣化言　吾人認為隨著社會生活關係之複雜化與多樣化，出現了許多新的法律部門，原有的法律部門的邊緣也增添了新的內容，因而一些新的法律應運而生，導致一些法律規範對象與規範種類上發生交叉與重疊，此種現象是難免的，甚至是一種正常的現象。任何學科均不斷發展，例如物理學在今日出現高能物理學、地球物理學之範疇，又例如國際公法近來亦有較大發展，分出許多分支，空間法、海洋法等分支也有進一步擴大，所以擴大範圍不是壞現象，有實際需要。直至今日國際法與國內法，國際私法與國際貿易法、國際私法與國際經濟法，仍很難截然兩分，所謂重疊並不等於重複，首先重疊的只是相鄰的兩個或幾個法律部門之一部分，其次統一實體法可能會在國際私法與國際貿易法有一些重疊，但兩者著眼點不同，國際私法應始終圍繞解決或消除法律適用上之衝突這個中心去討論統一實體法；但國際貿易法需要全面地從國內法制度與國際法制度之結合去研究，對於同一對象，從不同角度採用不同研究，這就不存在重複問題，因此所謂這兩者可能發生重疊或重複為依據而否定「多規範理論」是缺乏依據的，吾人認為沒有必要保持國際私法之「純潔性」而砍掉統一實體法部分，相反的，隨著社會生活關係日增複雜化而多樣化，我們主張在國際私法中應包括調整與規範國際貿易關係的一些統一實體法，我們不能墨守十三世紀「法則區別說」之陳觀，使國際私法真正發展成為一個全面、有效地調整與規範國際民商事法律關係之法律，使其隨著國際私法生活與經濟民事生活之迅速發展而得到發展。

7.就國際私法範圍與國際私法立法體系之分離言　國際私法學為一門獨立法學，國際私法學範圍與某一項具體的國際私法立法的內容是不能相提並論的，因為國際私法範圍常常包含在多項國際和國內立法中，我們不能從具體的國際私法立法體系來推定國際私法學之體系與範圍。首先就國際私法立法體系言，各國國際私法是否要將國際私法多重規範全部包括在一個單行法中，目前國際間已有大量的統一實體法出現，給國際交往帶來便利，但是否將它們一一納入國內國際私法立法當中，頗有困難，蓋一則統一實體規範也不是一個國家能夠決定的；二則有統一實體法者需先遵循統一實體法，無統一實體法存在者，則須依據有關的衝突法規範去確定準據法，所以有無將其納入，適用上則無任何困難；三則有謂統

至第九十三頁；(二)黃進主編，《國際私法》，法律出版社，北京，一九九九年十月第一版，第五三六頁。

一實體法在法源地位上應屬「憲法」層次問題，不宜在「法律」層次之國際私法中規定。

又在不同國家或不同時代，把同一法律部門之規範對象或規範種類增加或減少一種或數種應是常見之事，民法如此，國際私法亦如此，例如⑴民法是一個古老法律，法國、德國、日本的民法中並不包括商法，另有專門商法典，而瑞士與義大利民法則包括商法；又如有些國家民法均包括婚姻家庭法，但許多社會主義國家則不認為包括婚姻家庭法；⑵國際私法在十三世紀時仍簡單，常為數個原則，十九世紀末、二十世紀初各國有二三十條而已，民商法條文多，國際私法條文少，形成不對稱、不協調；⑶社會主義國家認為在國內法體系上，根本不應該包括婚姻家庭法，但這些國家的國際私法又將涉外婚姻家庭法律關係包括在其規範範圍中，從而又把它當作一種民事法律關係處理，這種現象均是對法律區分與法律規範的分類採取機械的、絕對的人所無法解釋的；⑷國際私法範圍還是一個有爭論問題，本諸學術自由，學說林立，百家爭鳴，百花齊放，但鑑於立法時不能將所有不同學說一一列入，所有學說爭論不利於立法的順利進行，所以國際私法學得以廣義範圍，但國際私法立法體系應盡量系統化符合國際上之最新發展趨勢，做到體系完整，層次分明，體例統一。

8.就衝突法規範與實體法規範之相輔相成言　就衝突法規範與實體法規範之關係言：

⑴首先，國際統一實體法規範係匡正傳統衝突法規範：蓋傳統衝突規範是在主權國家並存，世界被分割成不同法律體系，各主權者法律歧異之情況下不得已而採用之一種方法，衝突法規範來解決國際民商事法律衝突是行之有效的方法，但是衝突法規範只指定有關國際民商事法律關係應適用何種法律，而沒有明確而直接地規定當事人之權利與義務，因而它對國際民商事法律關係只起間接調整的作用，其一則缺乏應有之明確性、預見性及針對性；二則既是立法準據法之選擇，不問該管轄權國家調整該國際民商事法律關係之法律之有無和具體內容如何；三則各國衝突法規範本身並不一定相同，有關國家之衝突法規範之間而產生明顯衝突，同一具體案件在不同國家之法院審理就將產生判決不致後果，形成當事人「任擇法庭」。因而國際民商新秩序應是一個有序、開放、靈活的大系統，國際私法需建立與維持一套健全和科學之國民商法律體系，統一實體法將同一法律關係置於一個共同的、統一的實體法律規範之下，可以明確地約束當事人行為，公平確

定當事人權利義務，及時解決當事人之間的糾紛，並且對當事人之民商法律行為有直接指引作用，相對於衝突法規範，更符合國際民商事關係本質要求，國際統一實體法是一種解決法律衝突之更高級方式，且是一種徹底解決法律衝突之方式。

(2)國際統一實體法與衝突法規範間補充關係：實體法加入規範涉外民事法律關係行列，是國際私法往前發展與新發展，但現今世界至今仍為不同的法律體系所分割，國際私法賴以產生和存在條件仍未改變，統一實體法方式至今不可能完全取代衝突法，但只能對衝突法有一定補充作用，值得說明者，一則從國際私法所涉及的涉外所有權、涉外債權、涉外知識產權、涉外婚姻與親權、涉外繼承權和涉外民事法律關係的主體資格這六類問題來看，目前統一實體法和專用國內實體法主要涉及債權和知識產權兩類，其餘四類基本上是衝突法一統天下。就是涉外債權領域，也仍是以衝突法為基礎，衝突法同樣有自己廣泛的活動餘地，非締約國間的問題要依賴衝突法，締約國之間條約上未做明確規定的問題也要依靠衝突法；二則儘管在一些領域已出現了統一實體法，但締約國不可能是世界上所有的國家，因此締約國與非締約國之間以及非締約國相互之間的民商事法律衝突仍要靠衝突規範來解決；三則國際私法的產生和發展是以國際社會存在民事法律衝突為前提的，解決法律衝突，調整好涉外民事法律關係是國際私法的中心任務。因此，衝突法始終處於國際私法的核心地位，而避免或排除法律衝突的統一實體法和國內專用實體法，只能是以衝突法為基礎來解決法律衝突問題的總體結構的一個補充部分；四則在締約國對條約中的統一實體規定聲明保留時，在保留問題上，聲明保留的締約國和非聲明保留的締約國之間的法律衝突仍應適用衝突規範來解決。

(3)就形式上觀察，統一實體法衝擊甚至排斥著衝突規範，但從國際私法的發展趨勢觀察，統一實體法對國際私法的自我完善產生積極作用，使理論家與實務工作家，從國際私法的觀念與制度之束縛中解脫。因此，新世代國際私法學的內容普遍出現了衝突法、程序法、實體法三者緊密結合之趨勢。

七、國際私法內容之基本結構

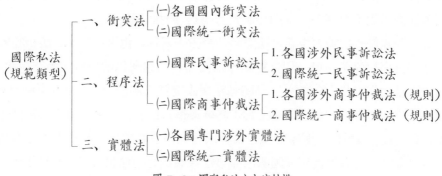

圖 7-2: 國際私法之內容結構

　　基於以上分析我們可以得出這樣的結論: 當代國際私法不再完全等同於衝突法, 衝突法只是國際私法的一個重要分支。同樣, 國際私法規範也不僅僅只指衝突法規範, 它還包括大量的其他類型的規範。我們認為國際私法包括衝突法、實體法和程序法三大部分。衝突法包括各國衝突法和統一衝突法; 實體法包括各國專用涉外實體法和國際統一實體法 (國際條約、公約和國際商事慣例); 程序法包括各國涉外程序法和國際統一程序法。

八、法律衝突問題

㈠法律衝突規範之概念

　　1.法律衝突規範之定義　所謂「衝突規範」(conflict rules) 係國際私法之目的或核心任務就是解決涉外民事關係之法律適用問題, 即就內外國或法域之法律衝突究選擇何者為「準據法」(Applicable law), 適用準據法確定涉外民事關係雙方當事人之具體權利義務, 又稱「法律適用規範」、「法律選擇規範」或稱「國際私法規範」(rules of private international law), 例如我國涉外民事法律適用法第十一條第一項但書:「結婚之方式依當事人一方之本國法, 或依舉行地法者, 亦為有效。」第二項規定:「結婚之方式, 當事人一方為中華民國國民, 並在中華民國舉行者, 依中華民國法律。」又我海商法第九十四條規定:「船舶之碰撞, 不論發生於何地, 皆依本章之規定處理之。」即為一典型的法律衝突規範, 這種規範是指明某種國際民商事法律關係應適用何種法律之規範。

　　2.法律衝突規範之性質　法律衝突規範具有下列主要性質:

　　⑴間接規範 (indirect rules) 性: 蓋衝突規範沒有具體規定國際民商事關係中

當事人之權利與義務，而只規定適用何國或何法域之法律作為準據法，來調整某種國際民商事關係，故此種規範本身不能直接調整國際民商事關係，故衝突規範對國際民商事關係之調整是「間接調整」，具有間接規範性。

(2)主要規範性：衝突規範是國際私法最古老規範，也是最重要、最核心的規範，在十九世紀之前，唯一用來規範國際民商事法律關係的只有「衝突規範」，當時國際私法僅僅指「衝突法」，國際私法與衝突法為同義語；在十九世紀之後，國際私法立法得到迅速的發展，尤其「直接調整方法」在有關國內立法和國際條約中，直接地、具體的、明確的規定某種國際民商事關係中各方當事人之權利與義務。但直至今日調整或規範國際民商事法律關係之方法仍然以「間接規範」之「衝突規範」為主要方法，而「直接規範」之「實體規範」仍基於輔助地位，故衝突規範仍基於重要組成部分之主要規範性。

(3)發展趨勢（時勢性）：衝突規範隨著時代發展，就傳統「機械」硬性選法到現狀新方法，新衝突規範具有很多特色，例如一則衝突規範採用「靈活性規範」代替傳統「硬性規範」(black-letter conflict rules)；二則採「分割規則」(Dépecage rules) 對於一個法律關係之不同方向進行分割對其不同方向適用不同法律；三則增加連結因素的數量，規定複數連結因素以提高可供選擇的法律體系的數量；四則對同種法律關係劃出一些次類別等等進行「軟化處理」(softening process)，在新興或最新頒布之國際私法法典、法規中充分表現。

㈡法律衝突之範圍

國際私法之本論專指法律衝突問題，但其範圍如何，各家之說不同❺，茲分述之：

1.民法與商法 在今日國際生活中，除民法上之法律關係以外，泰半為商法上之法律關係，民法衝突問題應歸入國際私法之範圍，學者一致肯定，毫無問題，但商法之衝突問題，則學者見解不一，本問題筆者認為應採肯定說（見前：「六、管見：跨世紀國際私法範圍在追求國際民商新秩序之大國際私法」）。且應加強國際私法商事編之研究❻。

---

❺ 劉鐵錚、陳榮傳，《國際私法論》，三民書局印行，臺北，一九九六年十月第一版，第三十頁至第三十二頁。

❻ 筆者在博士論文《海事國際私法中船舶優先權之研究》，一九八二年五月，第一章中特別為我國「海事國際私法」或「商事國際私法」催生。

2.**民事訴訟法、破產法、仲裁法**　此程序法之衝突問題應否列入國際私法之範圍，學者意見不一致，有從性質不符或不相容採否定說，有僅討論「管轄權問題」，筆者採概括說，見前筆者提出「國際民商事爭議解決規範說」。

3.**國際刑法與國際刑事訴訟法**　刑法及刑事訴訟法上之法律衝突問題，應否列入國際私法範圍而與其他衝突問題相提並論，學者間主張有正反二說。有主張應列入其內者，如法學者 Niboyet、Laine 等，以為刑法刑訴之問題與其他法律衝突問題，目的雖各不同，但其含有涉外要素而發生衝突則一，故於國際私法中研究之，殊為便利。有主張不應列入其內者，如英美學者 Goodrich、荷蘭學者 Assor 等，以為刑法及刑訴，有關於刑罰權問題，與一國之主權有關，且其規定往往根據一國之特殊政策，其效力，只限於本國之領域內，他國無服從之義務，故其性質亦與國際私法之一般衝突問題，迥然不同，自不得併合討論之，筆者雖常見國際私法有不正競爭經濟法等公法衝突研究，而國際刑法衝突則單獨研究而不列入國際私法範圍者。

九、國籍 (Nationality) 問題

(一)**問題提出：國籍問題是否國際私法範圍？**

　　國際私法之主要內容固以解決法律衝突問題為主要事項，但欲確定法律衝突問題之如何解決當先知「外國人在內國之地位」；然如何之人始為「外國人」而非「內國人」，自又須先決定其國籍，有關「國籍」(Nationality) 問題有二類：

1.**國籍衝突問題**　在國際私法之適用上倘某事項應用當事人之本國法，惟事實上當事人無國籍者，究如何而為其選定應適用之本國法，即為當事人國籍之消極衝突。當事人有雙重國籍者，究如何而選定應適用之本國法，即為當事人國籍之積極衝突，應否列入國籍私法之範圍問題。

2.**國籍自體（本身）問題**　即國籍自體之取得、喪失、變更、回復及其效力之國籍法自體（本身）問題，應否在國際私法學中研究。凡此學者意見不一，可先歸納各國學者意見、我國學者意見並提出管見。

(二)**各國學說見解歸納**

　　有關國籍衝突問題，各國學者幾一致主張當然屬於國際私法之範圍，但有關國籍自體（本身）問題，學者間見解可歸納為三說：

1.**甲說：否定說（不應研究者）**　有謂舉凡國籍之取得、變更、喪失、回復及其效力，其性質應屬國際公法之問題而非屬於國際私法範圍之問題。退一步言，

即不認為國際公法範圍之問題，亦僅能認為其屬國內憲法或國內行政法上之問題，德國多數學者及美國學者 Minor 等主張。

2.乙說：肯定說（應研究者）　有謂國籍之意義、取得、變更、喪失、再取得或回復等自體本身問題，均應列入國際私法之範圍，蓋一則國籍為國際私法上決定是否具有涉外因素之重要關鍵；二則與當事人有關屬人法一事項之最重要連結因素 (connecting factor)。故有關解決內外國人之資格之標準，決定當事人之本國法為準據法，不能不先確定當事人之所屬國，故以國籍為國際私法之先決問題，而與全部國際私法有關，自應屬國際私法範圍，法國學者 Batiffol、Weiss、Niederer、Pillet、英國學者 Dicey、日本學者山田三良、及義大利多數學者主張。

3.丙說：相對說（應相對研究者）　有謂國籍之自體（本身）問題有關取得、變更、喪失、再取得與回復不全屬於國際私法問題，故欲事實上知國籍衝突問題，即不得不明瞭國籍自體問題，例如欲解決國籍積極衝突與消極衝突之方法，常採區分說（不統一說），即區分生來衝突（因出生取得而產生）與傳來衝突（因出生以後其他原因而產生）而有不同解決方法，所以一定應先瞭解國籍之生來取得與傳來取得，故英美學者認為國籍自體(本身)問題在國際私法中多簡單說明之。

圖 7–3：國籍問題在國際私法範圍之學說圖

(三)我國學者見解歸納

我國學者見解多數採肯定說，但有關國籍法之全部問題（國籍衝突問題與國籍自體本身問題）抑或僅及於國籍衝突問題（一部），見解仍不一致：

1.甲說：國籍衝突問題說（一部說）　有認為國籍問題本應屬於國際法之範圍；即不然，亦應於憲法及行政法中研究之，斷不應以國籍法之全部附入國際私法研究範圍之內；惟其與適用法律有關係者，應於國際私法中研究之而已。我國法律適用條例第二條第一項，規定當事人有多數國籍，又第二項，規定當事人無國籍，是皆與適用法律有關係者，即所謂國籍之衝突是也。故本書所述之國籍，即以國

籍之衝突為限，而不及於國籍之全部且不另設一編，只述之於總論而已❺。

2.乙說：國籍法全部說　有認為國際私法應否研究國籍問題，不應以關於國籍法律之性質為準，而當以國際私法有否同時研究國籍問題之必要。蓋各國國際私法，往往有採當事人之本國法為準據法者，設當事人有多數國籍，或無國籍，而發生衝突時，則不得不同時謀其解決之方法，以決定其適用之本國法，故國籍衝突問題之研究，應屬於國際私法之範圍。至國籍之本體問題，既與國際私法中所應解決之管轄選擇及法律選擇問題無關，原則上不屬國際私法範圍；如欲知國籍之有否或如何衝突，即不能不先知國籍之取得變更或喪失本體之事，故雖與國際私法不發生直接關係，實有間接上研究之需要。是故國際私法對於國籍之衝突，固應詳加討論，即對於國籍問題之本體，亦當涉及也❺。

(四)管見：應採「肯定說」之國籍法全部說

管見認為我國應採「國籍法全部說」，蓋一則在我國國際私法上採本國法主義，於適用屬人法之原則時，尤以研究當事人之國籍自屬重要，否定即無從知其本國法；二則當事人具有兩個以上國籍，或無國籍而發生衝突時，然欲知國籍是否或如何衝突，即不能不知國籍之取得、變更、喪失、回復及其再取得之事，故國籍衝突與國籍自體本身問題應一併研究；三則國籍問題攸關國際私法中(1)外國人地位、(2)涉外性構成、(3)管轄權選擇、(4)準據法選擇、(5)反致條款（我涉外民事法律適用法第二十九條依本法適用當事人「本國法」）、(6)時間因素所引起法律衝突（動的衝突）、(7)兩性平權與夫之本國法、(8)積極衝突與消極衝突、(9)一國

---

❺　採「一部說」有：㈠梅仲協，《國際私法新論》，三民書局印行，一九八二年六月第四版，第七十三頁至第七十四頁；㈡唐紀翔，《中國國際私法論》，商務印書館印行，大學叢書，一九三○年九月初版，第四十四頁。

❺　㈠洪應灶，《國際私法》，中國文化大學出版部印行，臺北，一九八四年九月三版，第二十六頁至第二十七頁。

㈡曾陳明汝，《國際私法原理（第一集）》（國立臺灣大學法學叢書⑿），自版，臺北，第十四頁至第十五頁。

㈢馬漢寶，《國際私法總論》，自版，臺北，一九七七年六月第六版，第二十六頁。

㈣陸東亞，《國際私法》，正中書局，台北，一九八四年五月第一版第八刷，第二十頁至第二十一頁。

㈤劉鐵錚、陳榮傳，《國際私法論》，三民書局印行，臺北，一九九六年十月第一版，第二十八頁。

數法、⑽分裂國家與本國法、⑾外交承認與本國法等等問題是國際私法之基礎，與國際私法關係密切而不可分，我國學者在國際私法書籍中通說縱採全部肯定說，但有關國籍之自體本身及衝突問題在內，篇幅均極有限，鑑於我國學術界明為「全部法說」（肯定說）而實為「相對肯定說」（對國籍自體本身仍簡單說明而已），更應採全部法說❺❾。

十、外國人地位問題

㈠外國人地位之概念

1.**外國人地位之定義**　所謂「外國人民事法律地位規範」(Rules for the civil status of foreigners) 係指確定外國自然人、法人甚至外國國家和國際組織在內國民商事領域之享受權利、負擔義務與民商事待遇之規範。簡言之，指外國人在內國法上之地位，各國國內立法及一些國際條約中有這方面規定，例如我國民法總則施行法第二條規定：「外國人於法令限制內有權利能力。」同法第十二條第一項：「經認許之外國法人，於法令限制內與同種類之中國法人有同一之權利能力。」均為有關規範。

2.**外國人地位規範之性質**　外國人地位規範具有下列性質：

⑴前提性：外國人地位規範是國際私法產生的一個前提，蓋國際民商事交往中，只有承認外國人在內國具有民商事主體之資格，能夠享有民商事權利，且其權利能夠得到保護，且能夠承擔相當之民商事務，國際民商事交往得順利進行，國際私法之其他規範才能得到適用。

⑵傳統性：外國人地位規範出現比國際私法之其他規範都先出現，如羅馬法中之「萬民法」中就已出現，故學者認為這種規範是國際私法中最古老之規範。

⑶實體法性與直接規範性：外國人地位規範不論出現在國內憲法、民法、商法等，抑或規定單行法中，抑或規定國際條約中，由於這種規範規定外國人在內國有權從事某種民商活動，享有民商事權利，取得民商事地位，或者限制外國人在內國從事某種民商事活動，不得享有某種民商事權利或待遇，故此種規範具有直接規範性與實體法性。

㈡外國人地位之學說歸納

外國人在內國享有權利負擔義務規範之問題，是否應屬於國際私法研究範圍之內，各國學者意見不一，可歸納為二說：

❺❾　賴來焜，《國際（私）法之國籍問題》，學林出版社，臺北，二〇〇〇年九月第一版。

1.甲說：否定說（不應研究）　有英美國家學者謂國際私法專為決定法律適用問題，故外國人地位不應在國際私法內研究之，蓋一則外國人地位與法律適用之實質上並不相同，既管轄權之選擇無關，且與準據法選擇無涉❻；二則外國人地位問題乃純一國政策問題，實不宜作為國際私法之研究對象；三則外國人地位問題性質為直接規範性與實體法性，而純由法庭地國依其內國法解決之。故英美學者多採本說，日本學者池原季雄亦採本說❻。

2.乙說：肯定說（應行研究）　本法義學者謂外國人地位應為國際私法研究範圍，重視外國人法律地位之問題，在國際私法著述之開端即詳加論述者，蓋一則國際私法以外國人享有一定權利為其成立之先決條件，因外國人在內國不得享有一定權利，則法律之衝突莫由發生；二則外國人地位在國際私法領域內有其特殊現實意義，外國人權利受保護，當外國人權利受到侵害時，始能主張受正義之保護；三則有謂外國人地位係直接規範與實體法性，而國際私法是間接規範與程序法性云云，筆者認為國際私法具有間接規範性且具有直接規範性，具有程序法性且具有實體法性（統一實體性）。誠如法國學者 Pillet 謂在解決涉外之法律關係，應適用何國法律問題之先當首知外國人所享有之權利❻，故法義學者多數從之。

3.丙說：折衷說（相當研究）　德奧學者認為外國人地位問題性質屬公法範圍，應在國際公法或國際關係中研究，但外國人在內國享有權利，尤其關於外國人享有私權部分，亦應在國際私法中加以相當之研究。故一方面欲嚴定國際私法之範圍，一方面關於外國人私權享有之大原則亦欲略為敘述，將其列入國際私法範圍內。

㈢我國學者見解之歸納

　我國學者見解通說原則上採應行研究，但究為肯定之全部（公法、私法）說，抑或折衷說（私法說）則意見不一，可歸納為二：

---

❻　趙相林主編，《國際私法》（法學本科教材），中國政法大學出版社，北京，一九九七年四月第一版，第十五頁。

❻　見㈠池原季雄，《國際私法總論》（法律學全集 59），有斐閣，一九七三年六月第六刷，第十一頁至第十二頁；㈡ Cheshire and North, *Cheshire's Private International Law*, 1987, 11th ed., p. 8.

❻　見㈠ Pillet, *Pratique de Droit, International Privé*, 1923, p. 310；㈡巴迪福，《國際私法總論》，中國對外翻譯公司，一九八九年中文版，第七十六頁至第二九八頁。

1.**甲說: 私法說（相當研究）**　　有學者認為折衷說專以外國人私法享有之大原則，列入國際私法範圍之內，既無缺漏之嫌，亦無寬泛之弊，即雖述外國人之地位，亦非如他之學者，以外國人地位另立一編，亦不過附於各論「關於人之法律」編內，述其大略而已；又有謂關於調整外國人法律地位的規範，有屬於公法範圍的，如外國人的出入境、居留、驅逐等，這些當然與私法衝突無關。但關於外國民事法律地位的實體規範，卻是發生法律衝突的前提條件之一，當然應該在國際私法中一併加以研究 ❻。

2.**乙說: 肯定說（應行研究）**　　有學者認為外國人之地位自體本身通常基於私權之保護，多限於私法上之地位，實則公權之保護恆有之，故其公法上之地位亦不能盡屏除之 ❻。

(四)**管見: 兼及公法之全部法說**

筆者認為否定說所定範圍，雖甚嚴謹，但外國人之地位，絕口不談，於法律適用時，恐不免發生障礙，既生缺漏；第二說肯定說有關外國人地位，公法私法說明甚詳，甚至有學者公法說明多於私法說明 ❻即大半皆侵入國際私法之範圍，亦有寬泛之弊，亦非適當方法。筆者採全部法說，即公法私法地位上均須研究，蓋一則外國人公法上與私法上地位甚難區分，例如「財產權」有憲法第十五條、第二十三條，有土地法、礦業法、漁業法、民法物權；二則國際私法範圍為學術

---

❻　採私法說者：㈠李雙元，《國際私法（衝突法篇）》，武漢大學出版社，武昌，一九八六年六月第一版，第二十八頁至第二十九頁；㈡馬漢寶，《國際私法總論》，自版，臺北，一九七七年六月第六版，第一五三頁；㈢蘇遠成，《國際私法》，五南圖書出版公司印行，臺北，一九八四年五月初版，臺北，第二〇〇頁至第二一〇頁；㈣洪應灶，《國際私法》，中國文化大學出版部印行，臺北，一九八四年九月三版，第九十四頁第一〇二頁。

❻　採肯定說者：㈠曾陳明汝，《國際私法原理（第一集）》（國立臺灣大學法學叢書⑿），自版，臺北，第七十五頁至第一七五頁；㈡梅仲協，《國際私法新論》，三民書局印行，臺北，一九八二年六月第四版，第一三九頁至第一九五頁；㈢劉甲一，前揭書，第三九九頁至第四〇八頁；㈣陸東亞，前揭書，第九十八頁至第一三〇頁；㈤何適，前揭書，第一〇七頁至第一四二頁；㈥劉鐵錚、陳榮傳，前揭書，第二十九頁至第三十頁；㈦陳顧遠，前揭書，第三十一頁；㈧林益山，前揭書，第九十一頁至第一一五頁。

❻　有學者論及公法中如引渡問題多於私法問題，見劉甲一，《國際私法》，三民書局，一九八二年九月修訂版，第三九九頁至第四〇八頁。

問題，將國際民事訴訟法列入，有關訴願與訴訟權等公法上權利自應列入；三則
國際私法發展中法學，筆者既提出「大國際私法學」且國際私法之本質為具有公
法性與私法性之特殊性質，自應將廣義外國人地位列入國際私法中；四則外國人
地位論中應包括歷史變遷沿革、外國自然人地位、外國人公法上地位、外國人私
法上地位、外國法人（包括意義、認許、地位、未經認許地位）及國家參與民事
交往之法律地位問題，即國家及其財產豁免權問題❻。

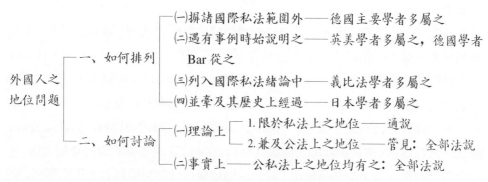

圖 7-4：外國人的地位如何敘述之意見

十一、國際統一實體法

(一)國際統一實體法之概念

所謂「國際統一實體法規範」(international uniform substantive law rules) 係指
國際私法中「直接法律規範」(Direct legal rules)，即國際條約中的規範涉外民事
法律之實體規範。一般而言「直接法律規範」可分為：(1)國內法中專門調整或規
範國際民商事關係之實體規範；(2)國際統一實體法規範兩者，均係直接確定國際
民商事關係中雙方當事人之權利和義務，因而能對國際民商事關係進行直接規
範，較之間接規範國際民商事關係的「衝突規範」更為方便，跨世紀國際私法中
自然應包括「統一實體規範」。

(二)國際統一實體法之主要內容

就當代國際統一實體法之規範觀察，吾人可歸納為下列十二類：

---

❻　一八八〇年國際法學者在牛津 (Oxford) 會議議定國際私法八大原則，居其首者，即係
外國人私權享有之平等原則。故各國學者多採肯定說：(一)錢驊，《國際私法》，中國政
法大學出版社，北京，一九九二年五月第一版，第八十五頁以下；(二)黃進，《國際私法》，
法律出版社，北京，一九九九年十月第一版，第一五九頁至一七五頁。

1.**民商事主體規範** 這類規範主要確定自然人、法人、公司（尤其是跨國公司）的身分、能力和法律地位。例如，一九五六年訂於海牙的「承認外國公司、社團和財團法律人格的公約」和一九六八年訂於布魯塞爾的「關於相互承認公司和法人團體的公約」，即屬確立這類規範的公約。

2.**國際侵權規範** 這類規範主要支配海事侵權、跨國汙染等事項。例如，一九一〇年「統一船舶碰撞若干法律規定的國際公約」和一九六九年「國際油汙損害民事責任公約」等。

3.**國際代理、勞務、擔保、拍賣和投標規範** 在國際代理、擔保、勞務、拍賣和投標等領域，一些國際慣例亦已形成。

4.**國際貨物買賣規範** 這類規範不僅存在於國際條約中，而且大量地以國際慣例的形式表現出來。前者如一九六四年「國際貨物買賣統一法公約」和「國際貨物買賣合同成立統一法公約」、一九七四年「聯合國國際貨物買賣時效期限公約」以及一九八〇年「聯合國國際貨物銷售合同公約」等；後者如國際商會擬定的「一九九〇年國際貿易術語解釋通則」等。這類規範用於調整國際貨物買賣關係，特別是國際貨物買賣合同的訂立以及買賣雙方因此種合同而產生的權利義務關係。

5.**國際運輸規範** 這類規範包括海上運輸規範、空中運輸規範、鐵路運輸規範、公路運輸規範以及多式聯運規範等，用於調整國際運輸關係。確立這類規範比較有名的公約有：一九四二年「統一提單的若干法律規則的國際公約」（海牙規則）、一九二九年「統一國際航空運輸某些規則的公約」（華沙公約）、一九五一年「國際鐵路貨物聯運協定」、一九五五年「修改一九二九年十月十二日統一國際航空運輸某些規則的華沙公約的議定書」（海牙議定書）、一九六八年「修改一九二四年八月二十五日在布魯塞爾簽訂的統一提單的若干法律規則的國際公約的議定書」（威士比規則）、一九七八年「聯合國海上貨物運輸公約」（漢堡規則）以及一九八〇年「聯合國國際貨物多式聯運公約」等❻。

---

❻ 海上運輸統一實體法有下列，其全名為：

(1) International Convention for the Unification of Certain Rules of Law Relating to Bills of Lading (Brussels, August 25, 1924).

(2) United Nations Convention on the Carriage of Goods by Sea, 1978.3.31 (The Hamburg Rules).

(3) Protocol to Amend the International Convention for the Unification of Certain Rules of

6.**國際保險規範**　目前，尚無調整國際保險關係的統一實體法公約，但在國際實踐中已形成一些國際慣例。例如，關於國際貨物運輸保險合同的存在，國際慣例要求必須用由保險人簽發的書面文件來證明，而且，書面文件主要是保險單，但又不限於保險單，保險人或其代理人簽發其他書面保險憑證也可作為用於證明的書面文件。有些被廣泛接受的慣例已被一些成文文件固定下來。例如，倫敦保險協會擬定的「協會貨物險條款」和聯合國貿易和發展會議於一九八七年擬定的「海運貨物保險示範條款」等❻❽。

7.**國際支付規範**　這類規範用於調整在國際商事活動中產生的支付關係以及票據關係。這類規範既訂立於國際條約，也表現為國際慣例。國際條約如一九三〇年「統一匯票及本票法公約」、一九三一年「統一支票法公約」以及一九八八年「聯合國國際匯票和國際本票公約」。國際慣例如國際商會擬定的「跟單信用證統一慣例」（一九九三年修訂本）和「託收統一規則」（一九九五年修訂本）等。

8.**知識產權規範**　關於知識產權的國際統一實體私法規範在國際上最早為國際公約所確定。這類國際統一實體私法條約比較多，例如一八八三年「保護工業產權的巴黎公約」、一八八六年「伯爾尼保護文學和藝術作品公約」、一八九一年「商標國際註冊馬德里協定」、一九五二年「世界版權公約」和一九七〇年「專利合作條約」等公約確立了這類規範❻❾。

9.**國際投資規範**　這類規範是調整國際私人直接投資關係以及有關國際投資保護與鼓勵的國際統一實體私法規範。確立這類規範的多邊國際條約不多，目前有一九八六年簽訂的「多邊投資擔保機構公約」(MIGA)。但在國際投資保護方面，各國締結了大量的雙邊投資保護協定。這種雙邊協定一般都對無差別待遇原則、政治風險的保證、投資的項目及內容、營業活動的限制和外籍人員的僱傭等問題加以規定。

Law Relating to Bills of Lading (Signed at Brussels on 25th August 1924, Brussels, February 23, 1968) (Visby Rules).

⑷ Protocol Amending the International Convention for the Unification of Certain Rules of Law Relating to Bills of Lading (August 25, 1924 as Amended by the Protocol of February 23, 1968, Brussels, December 21, 1979).

❻❽　何紹軍，《國際貨物保險法律制度研究》，武漢大學博士論文，一九九九年十月。

❻❾　郭疆平，《工業財產權之國際私法問題》，臺灣大學碩士論文，一九八六年六月。

10.**國際技術轉讓規範** 這類規範用於調整營業地在不同國家或具有不同國家國籍的當事人之間以有償形式進行的跨國技術轉讓關係。但也有人主張，居住在同一國家或在同一國家內沒有營業所的當事人之間的技術轉讓，如果一方當事人是直接或間接受外國人控制的企業或公司，且所轉讓的技術又不是在技術接受國發展研究出來的，也應受這類規範調整。在國際技術轉讓領域，目前尚無有關國際統一實體規範公約，相關的國際慣例較多。不過，聯合國貿易和發展會議正在起草一項「國際技術轉讓行動手則」，試圖將已有的實踐加以總結。

11.**國際融資規範** 這類規範用於調整國際融資中平等主體之間的借貸法律關係。國際融資是國際資本流動的一種重要形式。在國際融資中，由與有政府貸款、國際金融貸款、共同融資和國際商業貸款等形式，參加國際融資的主體複雜多樣，且其地位和性質各不相同，故不同形式的國際融資所適用的法律原則也往往有所區別。從國際立法來看，雖然已有一些調整國際借貸關係的協定，但這種國際條約並不多見。不過，在大量的國際融資實踐中，已有大量的國際慣例。

12.**國際工程承包規範** 國際工程承包，是指一國的承包人提供人力、物力、資金、勞務、設備和技術，在他國承建某工程，從而獲取酬金的一種綜合性的國際商事活動。在長期的國際工程承包實踐中，已逐步形成了許多國際慣例，並以標準合同的形式表現出來。例如，國際諮詢工程師聯合會擬定的「國際土木工程合同條款」及其所附的投標書（簡稱 FIDIC 合同）、聯合國歐洲經濟委員會主持制訂的關於成套設備和機器的供應和安裝合同條件以及世界銀行與國際研發協會貸款項下的採購準則（一九七五年）等。在國際工程承包業務中，為了方便起見，當事人往往都參照使用國際上通用的標準合同格式。

十二、國際民商事爭議解決規範

(一)我國學者：僅限於「法院管轄權」

我國傳統學者論及程序規範時均僅採「法院管轄權」之論述，稱為「直接管轄權」，且將「外國法院判決之承認與執行」問題認為是「間接的一般管轄權」，蓋其立論基礎在於英美法學者中所謂「三步走」：(1)決定該國或該法院有無管轄權，有了管轄權後才能進入法律衝突問題；(2)尋找案件之準據法，選擇應適用法律問題，即「法律衝突」(Conflict of laws) 與前者係「管轄衝突」(Conflict of jurisdictions) 不同；(3)外國法院判決之承認，應具備「有管轄權要件」始承認，因而稱「間接管轄權」 ❼，有關「管轄衝突」與「法律衝突」為國際私法範圍外，有

關國際民事訴訟法則、國際商務仲裁法則及國際統一實體規範皆不置於國際私法研究範圍內，故稱為「限制說」❼⓪。

(二)管見：提出國際民商事爭議解決規範說

筆者認為程序法不應僅限於「法院管轄權」為範圍，而提出國際民商事爭議解決規範，其主要指「國際民事訴訟程序規範」(International civil procedure rules) 與「國際商事仲裁程序規範」(Procedure rules for international commercial arbitration)，也包括解決國際民商事爭議之其他規範，例如和解程序、調解程序、國際破產程序❼②、國際保全程序及其他「替代爭議解決方式」(Alternative Dispute Resolution，簡稱 A.D.R.) ❼③。

(1)首先，所謂「國際民事訴訟程序規範」是指司法機關在審理涉外民商事案件時專門適用的程序規範，一國法院在審理涉外民商事案件時，當然要適用國內法中關於審理一般民商事案件的訴訟程序，但是，由於涉外民商事案件的特殊性，僅僅適用這些訴訟程序是不夠的，且不便於涉外民商事爭議的解決，因而還要適用一些專門用於審理涉外民商事案件的特別程序規範，其中包括關於涉外民商事案件的管轄權規範、司法協助規範、外國判決的承認與執行規範等，很多國家的國內法都有這類規範，如原一九六四年捷克斯洛伐克社會主義共和國國際私法和

---

❼⓪　(1) Ehrenzweig, *Private International Law*, 1967, p. 5.

　　(2) Dicey and Morris, *Conflict of Laws*, 11th ed., 1987, p. 9.

❼①　(一)馬漢寶，《國際私法總論》，自版，臺北，一九七七年六月第六版，第二十六頁至第二十七頁。

　　(二)曾陳明汝，《國際私法原理（第一集）》(國立臺灣大學法學叢書(12))，一九八四年五月修訂版，第十三頁。

　　(三)藍瀛芳，《國際私法導論》，自版，臺北，一九九五年一月初版，第二十二頁。

　　(四)林益山，《國際私法新論》(國立中興大學法學叢書)，自版，臺北，一九九五年六月出版，第十二頁至第十三頁。

❼②　黃進主編，《國際私法》，法律出版社，北京，一九九九年九月第一版第四編，第七六一頁至第九五一頁。

❼③　有關 A.D.R 之文獻見：(一)吳淳，《國際商事爭議解決 A.D.R. 方式》，武漢大學碩士論文，一九九八年五月；(二)羅楚湘，《英國仲裁法研究》，武漢大學博士論文，一九九九年九月；(三)寧敏，《國際商會仲裁制度研究》，武漢大學博士論文，二〇〇〇年四月；(四)藍瀛芳，〈簡述訴訟外解決爭議的方法 (A.D.R.)〉，載《商務仲裁》，第四十四期，一九九六年十二月三十日，第一頁至第二十三頁。

國際民事訴訟法第二部分為「國際民事訴訟法」，一九八二年南斯拉夫法律衝突法第三章為「管轄與程序」，第四章為「外國判決的承認和執行」，中國大陸地區民事訴訟法第四編「關於民事訴訟法程序的特別規定」均是關於涉外民事訴訟程序的規定。又如許多多邊國際條約，例如一九五四年「民事訴訟程序公約」、一九七一年「關於民商事件外國判決的承認和執行的公約」及二○○○年海牙國際私法會議外交大會上討論之「國際民商事管轄權和判斷之承認與執行公約」❼。

(2)所謂「國際商事仲裁規範」是指仲裁機構、仲裁當事人以及仲裁參與人對發生在各種國際商事交易中的爭議進行仲裁解決時所遵循的規範。這種規範涉及仲裁範圍、仲裁協議、仲裁人和仲裁機構、仲裁程序、仲裁判斷、仲裁費用、仲裁判斷的撤銷、仲裁判斷的承認與執行等方面的內容。由於國際商事仲裁是一種替代司法訴訟的最為重要的解決國際商事爭議的方式之一，國際商事仲裁法日益受到人們的重視，在國際私法中的地位越來越重要。

(3)筆者認為涉外程序法規範，一則國際民商事爭議解決程序規範與國際民商事法律關係最密切，二則國際民商事爭議解決程序規範尚未形成獨立之法律或學科，三則國際私法是最早的一門傳統具有國內法學與國際法學之中性法學，所以應將其列為國際私法範圍。

十三、準國際私法 (區際私法) (Quasi-international Privatrecht; interregional Conflict Laws)

(一)區際私法之概念

所謂「區際私法」(interregional Conflict laws) 係指一國之內，有不同之「法域」存在，於各法域相衝突時為之選擇某種法律應適用之法規，有稱「準國際私法」(Quasi-international Privatrecht)，即解決國內各地方法律衝突之法，例如一國國內各地方法律，有各異之私法，設有甲地人與乙地人，因某種法律關係，發生訴訟，此時應適用甲地法律，抑應適用乙地法律，決定此種問題之法。例如在英國人所稱「國家」(Country)，美國所稱「州」(state)，加拿大所稱「省」(provincial)，瑞士亦稱「州」(state)，故有稱「州際衝突」(interstate conflicts) 或「省際

---

❼ 值得說明：(一)在二○○○年十月召開外交大會，因很多歧見未獲解決而未通過；(二)有關一九九八年特委會，見古斌、孫昂，〈海牙「國際民商事管轄權和判決之承認與執行」特委會一九九八年會議情況〉，載《中國國際私法與比較法年刊》，法律出版社，北京，一九九九年九月第一版，第五二○頁至第五三六頁。

衝突」(interprovincial conflicts) 或「地際衝突」(interlocal conflicts)。

在國際私法上所謂「外國」(foreign country) 一詞，據英國學者 Dicey 教授見解認為「國家」(country) 一字，在政治上意義，固係指隸屬同一主權之全部領土而言，但在法律上意義，則不過係指同一法系之地域，亦指英語所謂「法域」(law district) 或德語所謂「法域」(Rechtsgebiet) 而已，固不問為國土之全部或一部。又如《美國國際私法第二次新編》第三條對州 (state) 定義謂：「在本國際私法新編中，『州』一詞指具有獨立法律系之區域」❼，甚至有學者將「法域」有屬地性法域（國際或區際法律衝突）、屬人性法域（人際法律衝突）、屬時性法域（時際法律衝突）三種法域衝突❼，亦有學者還加上屬法性法域（所謂屬法性法域係法律有效管轄的社會關係的範圍）❼，故所謂外國係指不同之法域而言。

㈡區際私法是否國際私法範圍之學說

區際私法（準國際私法）是否國際私法範圍之學說，說者不一，可歸納為二：

1.**甲說：消極說** 在採法域統一之國家，認為區際私法應不在國際私法之研究範圍內，歸納原因蓋一則兩法之運用似同，實則國際私法並無共同之最高主權者，區域私法則有共同之最高主權，其國有統治之權力，依如何手段解決為其自由；二則同為發生法律衝突，區際私法問題得設政府機關解決，國際私法問題甚難設政府機關解決；三則兩法之性質不同，就衝突法適用同一原則亦大異其趣，例如在國際私法中所謂「本國法」係以「國籍」為連結因素，同一國內概依統一之本國法，但區際私法中因當事人皆屬同一國家皆改為「住所地法」或「出生地法」，實際上因無所謂「本國法」。故有謂「中」、法、德、日、及其他多數國家均以準國際私法緣於一國內法域之差異而發生，與涉外的法律關係無關，自不能認為屬於國際私法之當然範圍。

2.**乙說：積極說** 在英美法判例及學說認為法律衝突論，為解決法域間法律衝突之法規，與「國域」無關，故無國際私法與準國際私法之分，準國際私法（區

---

❼ §3 State Defined

As used in the Restatement of this Subject, the word "state" denotes a territorial unit with a distinct general body of law.

❼ 黃進主編，《國際私法》，法律出版社，北京，一九九九年十月第一版，第二頁。

❼ 沈涓，《中國區際衝突法研究》(中青年法學文庫)，中國政法大學出版社，北京，一九九五年五月第一版，第四頁。

際私法）為國際私法之一部分，屬國際私法之範圍，蓋一則所謂外國（法或人）有二種含義，一為指其國國憲以外（之人或之法），二為指其國國憲之下而異其法域者（之人或之法）；二則在不統一法律而有一國數法（複數法域）之國家，國際私法即等於區際私法，自以此為「衝突法」(conflicts of Laws) 研究內容，英國、美國採行者很多❼。

(三)管見：我國應重視「區際私法」研究

我國學者通說均認為區際私法因性質上為一國內法域之差異而發生，與涉外的國際的民商事法律關係無關，均認為不屬於國際私法之範圍❼。管見認為區際私法非但應列入國際私法學範圍，更應重視區際私法研究，值得說明者：

1.就國際私法之沿革言　國際私法係由區際私法發展而來，蓋自十三世紀與十四世紀，在未統一國家之「城邦共和國」，產生「法則區別說」，在邦與邦或市與市之間法律不同，先有「區際私法」而慢慢發展成「國際私法」，為了瞭解國際私法理論之發展沿革與哲理變遷，自應重視區際私法研究。

2.就我國區際衝突法之歷史沿革言　中國是一個疆域廣大且多民族（滿、漢、蒙、回、藏、苗等）的國家，中國為維持國家統一需要維持法律統一，但中國歷代統治者向外族地區推行法律的統一，主要有非強制性，為成功納入中國體制的外族地區實行統治，不得不對這些區域之法律或習慣之獨立性與差異性給與適當承認，例如：

(1)「秦律十八種」中有關於少數民族是管理之「屬邦律」❽，可知外族與漢族地區法律是區別的。

---

❼　Von Mehren and Trautman, *The Law of Multistate Problems*, 1965; Cramton Currie Kay, *Content of Laws*, 2nd ed., 1975.

❼　我國下列學者主張區際私法不屬國際私法範圍者：(一)唐紀翔，《中國國際私法論》，前揭，第三十八頁至第三十九頁；(二)陳顧遠，《國際私法總論（上冊）》，前揭，第十六頁至第十八頁；(三)梅仲協，《國際私法新論》，三民書局，前揭，第六十二頁至第六十八頁；(四)曾陳明汝，《國際私法原理（第一集）》，前揭，第十五頁；(五)盧峻，《國際私法之理論與實際》（二十世紀中華法學文叢），中國政法大學出版社，北京，一九九八年四月第一版，第二十六頁至第二十七頁。

❽　見(一)沈涓，《中國區際衝突法研究》（中青年法學文庫），中國政法大學出版社，北京，一九九九年五月第一版，第三十七頁；(二)堀毅，《秦漢法制史論考》，法律出版社，北京，一九八八年八月版，第七頁。

(2)在漢律之律名中有「蠻夷律」**❸**，可知外族習慣與漢族地區間之關係。

(3)唐律中有「諸化外人，同類自相犯者，各依本俗法；異類相犯者，以法律論。」**❷**有解釋謂：「化外人，謂蕃夷之國，別立君長者，各風俗，制法不同。其有同類自相犯者，須問本國之制，依其俗法斷之。異類相犯者，若高麗之與百濟相犯之類，皆以國家法律，論定刑名。」**❸**此為西元六五一年，管見認為是全世界，當然也是中國歷史上最早見於文字的最近似現行法律選擇規則。

(4)宋律有關法律選擇原則與唐律及《唐律疏義》解釋完全相同**❹**。

(5)元朝有謂：「法之不立，其原在於南不能從北，北不能從南。然則何時而定乎？莫若南自南而北自北，則法自立矣。以南從北則不可，以北從南則尤不可，南方事繁，事繁則法繁；北方事簡，事簡則法簡。以繁從簡，則不能為治，以簡從繁，則人厭若之。或南北相關者，各從其重者定罪。若婚姻，男重而女輕，男主而女賓，有事則各從其夫家之法論，北人尚續親，南人尚歸宗之類是也。」**❺**意謂元朝時，北方蒙古族的習俗與南方中原漢族的法律相差較大，若強求以一種法律來完成法律的統一，則於治國不利。所以，元朝在建朝初期，只能允許法律的差異存在，讓各民族或各地區適用自己的法律。在產生南北法律的衝突時，對刑事法律衝突，適用定罪從重的法律解決；對民事法律衝突，如關於婚姻的法律衝突，則依丈夫一方所屬法律解決。元朝的民事關係主要由各民族的法律或習俗調整。在蒙古和色目習俗中，一夫多妻和父兄弟之間續婚是被允許的；而在漢族法律中，有妻再娶妻和亂倫的續婚是被禁止的。在繼承方面，漢律實行宗祧繼承制，而蒙古和色目習俗中，寡婦或無子之家的女子均享有繼承權。對於民事糾紛，元朝法律規定，如果當事人屬同一民族，即適用當事人共同遵守的法律或習俗。如元朝至元八年定制：「諸色人同類自相婚姻者，各從本俗法。」在繼承方面同樣如此，同族人之間的繼承，適用本俗法。如果發生不同民族的人之間的婚姻糾紛，即適用男方法律或習俗**❻**。

❸　張晉藩，《中國古代法律制度》，中國廣播電視出版社，一九九二年十一月第一版，第二四三頁。

❷　〔唐〕長孫無忌，《唐律疏義》，中華書局，北京，一九八三年十一月，第六二九頁。

❸　同上註，第一一三頁。

❹　〔宋〕竇儀等，《宋刑統》，中華書局，北京，一九八四年六月版，第九十七頁。

❺　林惠祥，《中國民族史（下）》，上海文藝出版社，上海，一九九〇年五月，第三十五頁。

(6)明朝：大明律中規定：「凡化外人犯罪，並依律擬斷。」❽根據其簡略的規定看，同一民族化外人之間、不同民族化外人之間和化外人與漢人之間產生糾紛的情況，都屬於這條規定調整的範圍，而且無論哪一種情況，都只適用明律。與唐律和宋律的有關規定相同，這項規定既可解決國際衝突，又可解決區際衝突。根據明朝時中原地區四周的「藩夷之國」已大部分被納入中國的情況看，這項規定更多地會被用來調整國內的區際衝突❽。

(7)清朝：清人入關，其所形成法律衝突，解決原則是「邊內人在邊外犯罪，照內律；邊外人在邊內犯罪，照外律」❽，外律即通行於外藩蒙古的律例，內律即通行於滿清八旗的法律，大致採行屬人法主義來確定法律適用。又「大清律·名例律」中謂：「凡化外人犯罪者，並依律擬斷，隸理藩院者，仍照原定蒙古例。」❾有學者認為在清朝統治時期制訂的調整民族關係和民族事務的立法，是整個立法中的重要組成部分，無論在數量和內容上均達到了中國古代民族立法的頂峰❾。乾隆時期，民族立法有了更大發展，清政府制定了「蒙古律例」，共一二卷、二〇九條。從內容看，「蒙古律例是一部適用於蒙古地區的涉及行政、民事、刑事、軍事、司法程序各方面的民族法規」❾。為進一步擴大蒙古律例的適用範圍，以適應調整更多民族地區間的關係，嘉慶年間，清政府在蒙古律例的基礎上，又制定了「理藩院則例」，共七一三條，適用的對象不僅有蒙古族，還有藏族；適用的地區除蒙古外，還有西藏、青海。理藩院則例沿用了前述大清律中的原則，規定蒙古人漢民人之間的案件，適用案件發生地區的法律。該則例還規定，審理蒙古案件時，若蒙古例中無專條規定，准比照刑律或吏、兵、刑部則例引用。由於理藩院則例也適用於西藏、青海地區，所以其他地區人民與青藏地區人民之間的

❽　張晉藩，《中國古代法律制度》，中國廣播電視出版社，北京，一九九二年十一月版，第五九五頁至第五九七頁。

❽　西南政法學院（在重慶），《中國法制史參考資料匯編（第一輯）》，一九八〇年十二月，第二八四頁。

❽　沈涓，《中國區際衝突法研究》（中青年法學文庫），中國政法大學出版社，北京，一九九五年五月第一版，第四十二頁。

❽　張晉藩，同註❽，第八七五頁。

❾　西南政法學院，同註❽，第四〇四頁。

❾　張晉藩，同註❽，第七八九頁。

❾　張晉藩，同註❽，第八七九頁。

案件，也應適用案件發生地的法律❸。西藏、青海地區除了適用理藩院則例外，還適用清政府為這些地區制定的其他法規。如對西藏，清政府還制定了「欽定西藏章程」、「新治藏政策大綱」等六部章程；對青海，清政府制定了「青海善後事宜十三條」、「禁約青海十二事」，以及最重要的「西寧青海藩夷成例」，即「藩例條款」。對回疆維族地區，有「回疆則例」，確立了其自治地位❹，在苗疆地區的有「苗例」❺。

3.就中國面臨不統一法律之現況言　中國大陸地區在一九九七年七月一日香港回歸，一九九九年十二月二十日澳門回歸，中國大陸地區原有法律、香港特區法律與澳門特區法律，中國大陸地區從統一法律制度往不統一法律制度已成為事實，臺灣地區自一九九二年七月三十一日決定兩岸採「區際衝突法理論」解決兩案民商事關係，所以中國應是共同面對「一國兩岸三地四法域（五大洲）」問題，尤其這四個法域是有史以來法律衝突最激烈的，大陸地區是社會主義之成文法地區，香港地區是英國法（資本主義）不成文法地區，澳門地區是葡萄牙法（資本主義）成文法地區，臺灣地區是三民主義成文法地區，兩岸三地四法域之國際法學界及政治家們應更加重視「區際私法」理論研究，以調和法律衝突達成法院判決一致與司法協助之結果❻。

4.就我國之**實定法規定言**　我國現在衝突法除了規定國際間法律衝突之涉外民事法律適用法外，規定了臺灣地區與大陸地區間民商事法律關係有臺灣地區與

---

❸　沈涓，《中國區際衝突法研究》(中青年法學文庫)，中國政法大學出版社，北京，一九九五年五月第一版，第四十六頁至第四十七頁。

❹　對回疆維族地區，清政府制定了「回疆則例」，確立了其自治地位。在新疆地區，伊斯蘭法是主要的法律，當這一地區法律與其他地區法律發生衝突時，多依屬地原則解決，如其他地區人在這一地區與穆斯林之間產生糾紛，要依伊斯蘭的法律解決。見費正清等主編，《劍橋中國晚清史（上卷）》，中國社會科學出版社，一九八五年二月版，第八十三頁。

❺　清朝時適用於苗疆地區的有「苗例」，當時苗疆地區泛指雲、貴、川、廣、湘各省苗民分布地區，苗民泛指苗、瑤、壯、黎、彝等多個少數民族。苗例既包括為清政府確認法律效力的苗民傳統習慣法，也包括清政府為合理苗疆地區而制定的條例。

❻　黃進，《區際衝突法》(國際私法系列⑤)，武漢大學博士論文，永然文化圖書公司，一九九六年十月初版。

大陸地區人民關係條例中第三章「民事」(§41～§74)，及規定了臺灣地區與香港地區或澳門地區間民商事法律關係有香港澳門關係條例第三章「民事」(§38～§42)，所以在未來法律適用實務上均有重要價值。筆者在香港澳門關係條例於立法審議時，連最基本的區際私法與國際私法間關係究應是「準用關係」抑或「類推適用關係」，立法體例上究以臺灣地區與大陸地區人民關係條例精緻化之逐條式、細密性之規範原則抑或以香港澳門關係條例第三十八條「準用」或「類推適用」涉外民事法律適用法，均缺乏任何學理依據。

5.就國際私法之適用外國法與複數法域言　國際私法適用準據法為外國法，外國法為複數法域或人際法衝突，及區際私法與國際私法發生直接關係時，該國之某法域之法律為其本國法，此時區際私法自應在國際私法之範圍內，且我國涉外民事法律適用法第二十八條亦明文採「直接指示主義」。筆者基於前述說明基於我國的區際衝突有淵源流長，我國現在法律衝突具有複雜性、特殊性，同時具有現實的、理論的與實踐的障礙，區際衝突法法學理論缺乏、立法不完善、司法實踐封閉與保守，實難以勝任現實區際衝突之規範，故深入研究我國區際私法之歷史與現代國際衝突法之區別，積極地在理論、立法和實踐方面加強理論研究，尋求消除障礙，尋找合理有效地解決區際衝突之良策，以完善我國區際衝突法。

第三節　國際私法學之理論體系

一、國際私法學體系之概念

所謂「國際私法學之體系」(System of the science of international private law) 是國際私法學者基於對國際私法認識，就其內容與範圍依照其內在聯繫進行編組與排列的系統或內部結構。國際私法學為一門社會科學，因其正在發展過程及各學者們對國際私法認識不同，因而國際私法理論體系多種多樣。吾人認為基於學術自由及學說林立，在開放多元社會中，多種多樣之理論體系存在，反映了學者們從不同立場與角度對國際私法之真理與學術之追求，對國際私法真理追求是一個漸進的過程。故每一位學者均在構建自己之理論體系，充分依據自己認為國際私法所包含的各種規範與內容，與其所規範法律關係進行科學分類與符合邏輯之順序。各種主張與流派應不爭一時長短，但求共存共榮，讓國際私法學之體系百家爭鳴，求真理尋完善，其有利於國際私法理論之豐富和繁榮。

二、國際私法理論體系之歸納

　　各國國際私法理論所確立之學說體系，由於不同國家的學者思維方式、研究角度與著眼點不同，顯現非常分歧，縱使在一個國家內部也存在很大差異，國際私法理論體系可歸納為五類：

(一)英美普通法系

　　英美國際私法學將(1)管轄權、(2)法律適用及(3)外國法院判決承認與執行，視為國際私法或衝突法之核心內容與範圍，並圍繞三大主要問題來建立國際私法理論體系，通常稱「英美法普通體系」。

(二)法國法體系

　　法國學者依順序討論(1)國籍、(2)外國人地位、(3)法律衝突、(4)國際管轄權與(5)外國法院判決之承認與執行問題，以五個問題為基礎，建立國際私法理論體系，通稱「法國體系」。

(三)小國際私法體系

　　有學者依內國民商法體系或比較民商法體系建立國際私法理論體系，這種理論體系因僅討論國際民商事關係之法律適用問題，簡稱「小國際私法體系」。

(四)中國際私法體系

　　有學者將國際私法分為(1)外國人之民事法律地位、(2)衝突法規範、(3)國際民事訴訟與國際商事仲裁規範三大部分，並在此基礎上建立國際私法理論體系，因其內容與範圍有三大部分，所以簡稱「中國際私法體系」。

(五)大國際私法體系

　　有學者將國際私法分為(1)外國人之民事法律地位、(2)衝突法規範、(3)統一實體法規範（有專採「國際統一實體規範」者，有更兼及於「國內專用實體規範」者）、(4)國際民事訴訟與國際商事仲裁四大部分，並在此基礎上建立國際私法理論體系，因其內容與範圍包括四大部分，所以簡稱為「大國際私法體系」。

　　另外筆者認為在國際私法學中除了四大部分外，仍應包括區際法律衝突與區際私法問題。

三、各國國際私法之理論體系

　　有關國際私法之理論體系各國學者體系，可謂百家爭鳴、學說林立，茲擇其要者略加說明：

(一)法國 Batiffol 教授之理論體系

　　法國學者 Batiffol 教授著《國際私法》上下兩冊，在一九八一年及一九八三

年出版之第七版，其理論體系謂：

　　Batiffol 教授著《國際私法》之理論體系係屬「中國際私法學」，蓋其除了「法律衝突法」外尚有「國籍」及「外國人之地位」問題且產生先論「國籍」，再述「外國人地位」，後敘「法律衝突」，我國學者有著作深受其影響[97]，故吾人稱為「法國理論體系」。

(二)德國 Kegel 教授之理論體系

　　德國 Kegel 教授所著《國際私法》(*Internationales Privatrecht*) 在二○○○年

---

[97]　何適，《國際私法釋義》(大學用書)，自版，臺北，一九八三年六月第一版。

第八版之理論體系：

第一編　國際私法之原則	第十三章　連結因素
第一章　概念	第十四章　規避法律
第二章　利益	第十五章　適用外國法
第三章　歷史	第十六章　公共秩序
第四章　法源	第三編　國際私法之分則
第五章　學說	第十七章　一般學說
第二編　國際私法之總則	第十八章　債法
第六章　法律衝突	第十九章　物權法
第七章　定性	第二十章　家庭法
第八章　調整（適應）問題	第二十一章　繼承法
第九章　先決問題	補述 (Anhang)
第十章　反致與轉致	第二十二章　國際訴訟程序法
第十一章　不統一國家法律	第二十三章　國際「公法」
第十二章　屈服條款	

　　德國學者 Kegel 教授所著《國際私法》之理論體系觀察可言：⑴就範圍言：在「補述」(Anhang) 中有二章，一為國際訴訟程序法及有關公法衝突之國際「公法」，擴張德國傳統採「小國際私法學」，顯示國際私法範圍不斷擴張中；⑵就發展言：有關「屈服條款」(Beugungsklausel)、新學說、新發展均有深入研究。

㈢蘇聯（俄羅斯）隆茨教授之理論體系

　　一九八四年蘇聯隆茨、馬蕾舍娃與薩季科夫教授主編高等院校法律專業學教科書《國際私法》❾❽，據悉隆茨教授曾受北京邀請指導大陸之教師有關國際私法教學，有謂中國大陸地區之國際私法深受蘇聯影響，茲說明隆茨教授之理論體系：

第一編　總則	第三章　國際私法之統一規範
第一章　國際私法之對象和體系	第四章　國際私法之衝突規範
第二章　國際私法之法源	第五章　衝突規範之效力

❾❽　隆茨、馬蕾舍娃、薩季科夫著，吳雲琪、劉楠來、陳綏譯，《國際私法》，法律出版社，北京，一九八六年六月第一版。

　　綜觀蘇聯（現俄羅斯）之國際私法學，有幾個特性：⑴將國際民事訴訟法與國際商事仲裁列入國際私法內容中：二十年前就將「程序法」列為國際私法範圍；⑵國際私法之「統一規範」列入國際私法範圍：二十年前「實體法」（其著第三章）與「衝突法」（著第四章）為平行地位，所以以「程序法」、「實體法」與「衝突法」三大部分構成，故其為「大國際私法」；⑶就分則中列有「國貿契約」「科技合作」「貨物運輸」「結算與信貸」「著作權與發明權」等國際工商經濟行為之重視，又特別規定「勞動關係（第十九章）均值得重視與觀察。」

㈣英國 Dicey 與 Morris 教授之理論體系

　　英國權威國際私法學者 Dicey 教授 (1835–1922) 與 Morris 教授所著《衝突法》一九八七年第十一版之理論體系為：

　　從上可知英美國際私法仍保持「三步走」：⑴管轄權；⑵法律適用；⑶外國法院判決之承認與執行。故稱英美法國際私法學派。

㈤日本之理論體系

　1.日本溜池良夫教授之理論體系　日本京都大學教授（法學博士）溜池良夫先生在一九九三年四月初版，一九九九年五月第二版之《國際私法講義》❾，其理論體系：

❾　溜池良夫，《國際私法講義》，有斐閣，東京，一九九九年五月第二版。

溜池良夫教授係一九二一年出生，其應歸納為傳統國際私法之「小國際私法學」，僅論述「衝突法」單一問題，而不及於「程序法」，更不及於「統一實體法」。

2.石黑一憲教授之理論體系　日本東京大學國際私法講座石黑一憲教授，屬少壯派，其著有《國際私法の解釋論的構造》、《現代國際私法（上）》、《國際家族法入門》、《金融取引與國際訴訟》及《國際私法》，就其著《國際私法》 ❿ 之理論體系：

❿　石黑一憲，《國際私法》，有斐閣，東京，一九八七年十二月修訂版第一刷。

第四章　國際私法各論	第三節　國際物權法
第一節　國際債權法	第四節　國際家族法
第二節　國際企業法	

　　石黑一憲教授之理論體系觀察可得而言者：⑴可歸類為「中國際私法學」，蓋其有第三章「國際民事訴訟法」之「程序法」納入國際私法之範圍；⑵國際私法各論中有「國際企業法」敘述「外人法與牴觸法」、「法人之屬人法」、「公司外部關係與準據法」等問題，重視公司企業之衝突法為本書之特色。

㈥中國大陸地區之理論體系

　　1.韓德培教授之理論體系　大陸地區武漢大學教授、中國國際私法研究會會長韓德培先生在其主編一九九九年三月出版《國際私法新論》❶之理論體系：

第一編　總論	第十五章　海事的法律衝突法
第一章　國際私法的概念	第十六章　票據的法律衝突法
第二章　國際私法的淵源	第十七章　破產的法律衝突法
第三章　國際私法的歷史	第十八章　知識產權的法律衝突法
第四章　國際私法關係的主體	第十九章　區際衝突法
第二編　衝突法	第三編　統一實體法
第五章　法律衝突	第二十章　國際貨物買賣的統一實體法
第六章　衝突規範	
第七章　準據法的確定	第二十一章　國際貨物運輸的統一實體法
第八章　衝突法的一般問題	
第九章　民事身分和能力的法律衝突法	第二十二章　國際貨物運輸保險的統一實體法
第十章　法律行為和代理的法律衝突法	第二十三章　國際貿易支付的統一實體法
第十一章　物權的法律衝突法	第二十四章　保護知識產權的統一實體法
第十二章　債權的法律衝突法	
第十三章　婚姻家庭的法律衝突法	第四編　國際民事訴訟法
第十四章　繼承的法律衝突法	第二十五章　國際民事訴訟法概述

❶　韓德培，《國際私法新編》，武漢大學出版社，武昌，一九九九年三月第一版。

　　韓德培教授採「大國際私法學體系」，包括(1)衝突法；(2)統一實體法；(3)程序法（包括「國際民事訴訟法」與「國際商事仲裁法」）為其特色，且衝突法中包括研究「區際衝突法」、「破產衝突法」、「商事衝突法」。

　　2.黃進教授之理論體系　大陸地區武漢大學教授黃進博士主編司法部高等學校法學教材一九九九年九月第一版《國際私法》❿，其理論體系：

---

❿ 黃進，《國際私法》，法律出版社，北京，一九九九年九月第一版。

第二十六章　國際民事訴訟

　　黃進教授亦採「大國際私法學體系」，有三大部分：⑴國際衝突法；⑵國際統一實體法；⑶將「程序法」稱「國際民商事爭議的解決」（包括和解、調解、仲裁與訴訟），但有關黃教授最專長之「區際衝突法」著墨並不多[103]。

　　3.余先予教授之理論體系　上海財經大學法學院余先予教授所主編高等財經院校教材一九九九年十二月第一版《衝突法》[104]之理論體系：

第一編是總論部分，包括五方面的內容：
1.衝突法的概述；
2.衝突法的歷史發展；
3.涉外民事法律關係的主體；
4.法律衝突與衝突規範；
5.外國法的適用及其限制。
第二編是專論部分，包括五方面的內容：
1.涉外物權的法律適用；
2.涉外債權的法律適用；
3.涉外知識產權的法律適用；
4.涉外婚姻與親權的法律適用；
5.涉外繼承權的法律適用。
第三編是區際法律衝突及其解決：

1.區際法律衝突概述；
2.大陸與港、澳、臺區際法律衝突問題的解決；
3.香港與大陸及澳、臺區際法律衝突問題的解決；
4.澳門與大陸及港、臺區際法律衝突問題的解決；
5.臺灣與大陸及港、澳區際法律衝突問題的解決。
第四編是程序部分，包括兩方面的內容：
1.涉外民事訴訟程序；
2.涉外商事仲裁程序。

　　余先予教授採「中國際私法學體系」有二大部分：「衝突法」與「程序法」，且本書最大特色為第三編「區際法律衝突及其解決」，對大陸、香港、澳門、臺灣間區際私法深入介紹。

四、我國國際私法學之理論體系

　　我國學者對國際私法理論體系深受各國學者體系之影響，可歸納說明：

---

[103]　黃進，《區際衝突法》，武漢大學博士論文，永然文化圖書公司，臺北，一九九六年十月初版。

[104]　余先予，《衝突法》（高等財經院校教材），上海財經大學出版社，上海，一九九九年十二月第一版。

㈠何適教授之理論體系

何適教授一九八三年六月初版《國際私法釋義》❶之理論體系：

<table>
<tr><td>第一編　緒論</td><td>第三章　法律涵義之衝突</td></tr>
<tr><td>　第一章　國際私法發生條件</td><td>　第四章　反致</td></tr>
<tr><td>　第二章　國際私法的定義、目的與性</td><td>　第五章　既得權問題</td></tr>
<tr><td>　　　　　質</td><td>　第六章　竊法作弊問題</td></tr>
<tr><td>　第三章　國際私法的演進</td><td>第五編　屬人法</td></tr>
<tr><td>　第四章　國際私法的淵源</td><td>　第一章　屬人法之意義</td></tr>
<tr><td>　第五章　國際私法的研究方法及範圍</td><td>　第二章　身分</td></tr>
<tr><td>第二編　國籍及住所</td><td>　第三章　能力</td></tr>
<tr><td>　第一章　國籍的概念</td><td>　第四章　婚姻</td></tr>
<tr><td>　第二章　固有的國籍</td><td>　第五章　父母子女</td></tr>
<tr><td>　第三章　取得的國籍</td><td>第六編　屬物法</td></tr>
<tr><td>　第四章　國籍之喪失</td><td>　第一章　動產</td></tr>
<tr><td>　第五章　國籍之回復</td><td>　第二章　不動產</td></tr>
<tr><td>　第六章　國籍之衝突</td><td>第七編　法律行為與事實</td></tr>
<tr><td>　第七章　住所之衝突</td><td>　第一章　法律行為之方式</td></tr>
<tr><td>第三編　外國人之地位</td><td>　第二章　契約行為與外契約行為</td></tr>
<tr><td>　第一章　外國自然人之地位</td><td>　第三章　夫妻財產制</td></tr>
<tr><td>　第二章　外國法人之地位</td><td>　第四章　遺產繼承</td></tr>
<tr><td>第四編　法律之衝突</td><td>第八編　裁判管轄之衝突</td></tr>
<tr><td>　第一章　法律衝突之存在</td><td>　第一章　內國之國際性裁判管轄</td></tr>
<tr><td>　第二章　法律衝突之解決</td><td>　第二章　外國判決之效力</td></tr>
</table>

何適教授採「中國際私法」，對(1)國際民事訴訟法，(2)國際商務仲裁法；(3)統一實體法均未提及，應與法國學者體系相同。

㈡陸東亞教授、梅仲協教授與洪應灶教授之理論體系

陸東亞教授所著《國際私法》、梅仲協教授所著《國際私法新論》與洪應灶教授❶之理論體系雷同為：

緒論	第六章　國際私法之範圍與研究方法
第一章　國際私法之意義與性質	本論
第二章　國際私法之名稱	第一篇　國籍與住所（有六章）
第三章　國際私法學之沿革	第二篇　外國人之地位（有四章）
第四章　國際私法制定之沿革	第三篇　法律之抵觸（有五章）
第五章　準國際私法	第四篇　國際民法（大綱）

(三)劉甲一教授之理論體系

劉甲一教授所著一九八二年九月初版《國際私法》 **⑩** 之理論體系為：

第一編　序論	第六編　涉外商事關係準據法上之幾個
第二編　抵觸法	問題
第三編　抵觸法理論發展史之研討	第七編　準則規範（國籍法則、住所法
第四編　抵觸法之適用	則、外國人地位法則）
第五編　涉外民事法律關係與其準據法	第八編　管轄規範

(四)蘇遠成教授之理論體系

第一編　總論	第三章　外國人之私法上地位
第一章　國際私法之概念	第四章　法律行為
第二章　國際私法之沿革	第五章　債權
第三章　國際私法之法源	第六章　物權
第四章　國際私法之基本問題(九節)	第七章　親屬
第二編　各論	第八章　繼承
第一章　自然人	第九章　遺囑
第二章　法人	

(五)曾陳明汝教授之理論體系

---

⑩ 採此理論體系見㈠陸東亞，《國際私法》，正中書局，臺北，一九八四年五月第一版第
　　　八刷；㈡梅仲協，《國際私法新論》，三民書局印行，臺北，一九八二年六月第四版；
　　　㈢洪應灶，《國際私法》，中國文化大學出版部印行，臺北，一九八四年九月第三版。
⑩ 劉甲一，《國際私法》，三民書局印行，一九八二年九月初版。

曾陳明汝教授所著《國際私法原理》●之理論體系：

第一章　國際私法之基本概念	第十三章　外國判決之效力
第二章　國際私法之發展史	第十四章　國際私法上法律詐欺之效力
第三章　國際私法之法源	第十五章　反致理論
第四章　國際私法與國際公法之關係	第十六章　選擇適用法律之先決問題
第五章　國籍之取得喪失與回復	第十七章　國際性契約之準據法
第六章　國籍衝突之解決	第十八章　工業財產權授權契約及其國
第七章　住所衝突之解決與一國數法之	際私法問題
問題	第十九章　商標不正競爭及其國際私法
第八章　外國自然人之地位	問題
第九章　外國法人之確定與認許	第二十章　不同國籍男女結婚及其適用
第十章　外國人訴權問題之研究	法律之研究
第十一章　國家司法豁免權範圍之研究	第二十一章　親子關係之準據法
第十二章　外國法適用之研究	第二十二章　法國收養制度之研究

㈥馬漢寶教授之理論體系

馬漢寶教授之名著《國際私法總論》●之理論體系：

國際私法總論	第十章　法院管轄權
第一章　國際私法之概念	第十一章　外國法之適用
第二章　國際私法之來源	第十二章　外國法本身之問題
第三章　國際私法之立法之體制與類型	第十三章　外國法適用之錯誤
第四章　連繫因素	第十四章　外國法適用之限制
第五章　國籍	第十五章　反致問題
第六章　住所	第十六章　定性問題
第七章　物之所在地與行為地	第十七章　規避法律
第八章　當事人意思	第十八章　國際私法學之發展與派別
第九章　外國人地位	國際私法各論講義

● 曾陳明汝，《國際私法原理（第一集）》（國立臺灣大學法學叢書⑿），一九八四年五月修訂一版。

● 馬漢寶，《國際私法總論》，自版，臺北，一九七七年六月第六版。

(七)藍瀛芳教授之理論體系

藍瀛芳教授在一九九五年一月第一版之《國際私法導論》❿之理論體系：

第一章 國際私法的概念
第二章 國際私法的形成因素
第三章 國際私法的演進史
第四章 國際私法的研究範圍
第五章 國際私法的法源
第六章 國際私法在法律體系中的地位
第七章 國際私法規範的特徵與其內容
第八章 衝突規範
　第一節 概念
　第二節 連繫因素與衝突法則
　第三節 衝突法則的結構
　第四節 衝突法則的解釋與運用
　　一、定性
　　二、反致
　　三、法律規避
　　四、先決問題
　　五、替代、轉換與適應問題
　　六、時間因素——動的衝突
　第九章 外國法的地位
　第十章 實體規範

第十一章 程序規範
　第一節 國際民事訴訟法
　　一、涉外民事訴訟的管轄
　　二、涉外訴訟程序的原則
　　三、國際司法合作——國外文書的送達
　　四、外國判決的承認與執行
　第二節 國際商事仲裁
　　一、仲裁協議與仲裁契約的適用法
　　二、仲裁程序與其程序的適用法
　　三、仲裁判斷的國際效力
　第三節 國際破產
　　一、破產事件的管轄
　　二、破產宣告的國際效力
　　三、破產宣告、強制執行與國際保全
　第四節 國際保全
　　一、保全事件的管轄
　　二、保全程序的國際效力

(八)柯澤東教授之理論體系

柯澤東教授在其著一九九九年十月第一版《國際私法》⓫之理論體系：

第一篇 總論	第一章 國際私法之目的與涵義

---

❿ 藍瀛芳，《國際私法導論》，自版，臺北，一九九五年一月初版。

⓫ 柯澤東，《國際私法》(國立臺灣大學法學叢書⑤⑤)，自版，臺北，一九九九年十月第一版。

㈨劉鐵錚教授與陳榮傳教授之理論體系

劉鐵錚教授與陳榮傳教授在合著一九九六年十月初版之《國際私法論》[112]之理論體系：

[112]　劉鐵錚、陳榮傳，《國際私法論》，三民書局印行，臺北，一九九六年十月。

五、總評與管見

就比較前述各國學者與我國學者，值得說明者：

㈠就我國理論體系多樣性言

我國學者基於學術自由與學術爭鳴，學校教學，教材不必統一，所以有僅規範「衝突法」之小國際私法者，亦有採中國際私法者，但幾乎未採「大國際私法」者。

㈡就統一實體法言

我國幾乎無學者論及，直接規範方法是現代跨世紀國際私法中最重要部分，亦是「中國際私法」邁入「大國際私法」範圍中最主要區別標誌。

㈢就國際商務仲裁法（規則）言

大部分學者均未論及，仲裁制度有專門性、迅速性、隱密性、自治性，為國際民商事爭議解決之重要方法。

㈣就國際民事訴訟法言

我國學者有論及者僅及於「管轄權」（直接一般管轄權與間接管轄權——外國司法判決之承認與執行），其他有關國際訴訟程序中當事人能力、訴訟要件、一事不再理、訴訟救助、司法互助等等均未深入研究❸。

㈤就區際私法言

---

❸　有關國際民事訴訟法文獻：㈠李雙元、謝石松，《國際民事訴訟法概論》，武漢大學出版社，一九九〇年版；㈡李浩培，《國際民事訴訟法概論》，法律出版社，一九九六年第一版；㈢劉振江，《國際民事訴訟法原理》，法律出版社，一九八五年十二月第一版；㈣趙相林、宣增益，《國際民事訴訟與國際商事仲裁》，中國政法大學出版社，一九九

僅有一本著作提及，且僅以臺灣有關者為限，殊為狹義，且以「草案」為敘述，最後通過者已為重大修正。

㈥就連結因素言

我國學者僅論及「國籍」、「住所」、「當事人意思」，連結因素論應有「物所在地」、「行為地」、「法庭地」三者外，新興連結因素如「最重要牽連關係地」、「慣居地」與「網址」，均須一一就歷史聲勢變遷、理論依據、實際困難，各國法例及我國表現等說明。

㈦就準據法適用之「衝突法」言

我國學者均以民事法律衝突為限，而有關商事法（公司、票據、保險、航空、海商）法律衝突論者不多，而有關智慧財產權、不正競爭、勞動關係之準據法更應一一研究。

㈧就教科書之性質言

我國學者均重在理論上敘述，而有關多年來實務見解，裁判令函等未注視；又有關理論之利用，即國際私法實例演習之方法與理論均未提及。

第四節　國際私法之立法體系：完善我國涉外民事法律適用法之體系

一、國際私法立法體系之總覽

所謂國際私法立法體系係指成文法國家之國際私法法典或單行法規之內容依據內在聯繫進行編組與排列的系統，簡言之，即成文法典分編分章分節之次序與內容。在世界上立法觀察就沒有一個統一的立法體系，且不必強求一個統一的立法體系，蓋在各國獨立、平等、分立之國際社會，各國擁有獨立立法權，各國立法機構可以依據自己的法律傳統、社會發展狀況、對外開放之程度及其他政治、歷史和文化之因素，以決定國際私法之立法體系。有些國家在民法或其他法律中規定簡單幾個條文有關衝突規範；有些國家在民法或其他法律專列一篇或一章規定衝突規範；有些國家是單獨之法典或單行法規全面的、系統的、詳細的規定有關國際私法之規範。

四年二月第一版；㈤謝石松，《國際民商事糾紛的法律解決程序》，廣東人民出版社，一九九六年一月；㈥王翰，《國際私法之程序法比較研究》(中國法治探索叢書)，陝西人民出版社，一九九八年十月第一版。

　　在採用單行法規方式之國家因立法內容與實質範圍繁簡或廣狹，且各國學者對國際私法學體系不同，而將影響之最後表徵與結果之立法體系，筆者歸納現行各國國際私法立法體系可分為六類：⑴有依內國民法體系僅對法律適用問題（衝突規範）而規定者，即採「小國際私法派」之立法體系，當然因各國民法體系並不完全相同，故採此類各國國際私法之立法體系也不相同；⑵有採「衝突規範」與「國際民事訴訟法規範」兩大部分，合併在國際私法法典而規定者，即國際私法內容與範圍採較廣義者；⑶有採「衝突規範」「外國人地位規範」與「國際民事訴訟法規範」三大部分合併在國際私法法典而規定者，其特色是將「外國人地位規範」，列入國際私法法典者；⑷有《美國國際私法第二次新編》(*Restatement of the Law, Second, Conflict of Laws*) 之立法體系者，英美等普通法國家一般無成文法典，一般學者認為國際私法或衝突法應由「管轄權」、「法律適用」與「外國判決承認與執行」三大部分組成，故「美國法律學院」(American Law Institute) 主持制定之《美國國際私法第二次新編》在體系上深受前述理論影響；⑸有瑞士聯邦國際私法之立法體系者，瑞士一九八九年國際私法立法體系融合了大陸法系與英美法系於一體，共有二百條分十三章，除前述問題均作了規定以外，還規定國際破產問題、國際仲裁問題及司法互助等問題，可謂是當代國際私法立法之典範；⑹有中國大陸地區國際私法（示範法）立法體系者，自一九九三年由大陸國際私法學研究會起草，經六年努力已有第五稿，計分「總則」、「管轄權」、「法律適用」、「司法協助」與「附則」五章，有一百六十條，立法體系非常獨特。

　　又我國在一九一八年八月五日有法律適用條例是採分章節立法體系，但一九五三年六月六日涉外民事法律適用法是不分章節僅大概依民法五編總則、債、物權、親屬、繼承而採狹義之小國際私法僅規定「衝突規範」，又自一九九八年起有「司法院國際私法研修委員會」，經二年努力涉外民事法律適用法修正草案初稿已完成，計有一百四十四條，分「總則」、「程序」、「法律適用」、「外國法院判決之承認與執行」與「附則」五章，受瑞士、中國大陸之影響很大，因將進入委員會細部討論，筆者忝為研修委員，將以如何完善我國國際私法立法體系為任務。

　　先就世界各國六類立法體系逐一分點說明，並最後說明我國立法體系。

二、依內國民法體系僅規定「法律適用」之立法體系

　　很多國家國際私法採「小國際私法論」，仿內國民法體系與內容，依順序僅規定「法律適用」（準據法）問題，致使國際私法僅為衝突法規範內容為限，國

際私法等於衝突法，例如一八九八年日本法例、一九三九年泰國國際私法、一九六六年波蘭國際私法、一九七八年奧地利聯邦國際私法及一九九五年越南國際私法。茲分別列舉：

㈠一八九八年日本法例

日本國際私法規定於法例，於明治三十一年，即一八九八年七月十六日施行，計有三十一條，其不分章節，茲畫圖歸納：

日本國際私法（法例）

- ㈠法律之施行日期：公布日起滿二十日施行 (§1)：時際法？
- ㈡法源：習慣法 (§2)
- ㈢行為能力準據法：本國法主義 (§3)
- ㈣禁治產準據法
  - 1. 原因：本國法主義 (§4 I 前)
  - 2. 效力：宣告國法 (§4 I 後)
- ㈤死亡宣告準據法：在日本財產及依日本法之法律關係，依日本法 (§6)
- ㈥法律行為實質準據法
  - 1. 依當事人意思原則 (§7 I)
  - 2. 意思不明依行為地法 (§7 II)
  - 3. 行為地不同之規定 (§9)
- ㈦法律行為方式準據法
  - 1. 依實質準據法 (§8 I) 與行為地法 (§8 II 前) 之選擇主義
  - 2. 物權行為方式，依物之所在地法 (§8 II 但、§8 I)
- ㈧物權準據法
  - 1. 依標的物之所在地法 (§10 I)
  - 2. 物之所在地變更：依原因事實完成時物之所在地法 (§10 II)
- ㈨法定債權成立與效力準據法
  - 1. 無因管理
  - 2. 不當得利
  - 3. 侵權行為
    - (1)原則：原因事實發生地法 (§11 I)
    - (2)例外
      - ①侵權行為：日本法認為不法 (§11 I)
      - ②損害賠償及處分：以日本法認許 (§11 III)
  - 法庭地法之抵制關係
- ㈩債權讓與對第三人效力之準據法：債務人住所地法 (§12)
- ㈡婚姻準據法
  - 1. 成立要件：依各該當事人本國法定之 (§12)
  - 2. 方式：依結婚舉行地法 (§13 I 但)
  - 3. 身分效力：依夫之本國法 (§14)
  - 4. 夫妻財產制：依婚姻時之夫之本國法 (§15)
  - 5. 離婚原因：依原因事實發生時夫之本國法 (§16 本文) 與法庭地法
- ㈢親屬準據法
  - 1. 婚生子女：依出生時其母之夫之所屬國家法律 (§17)
  - 2. 認領
    - (1)認領要件：關於其父或母依父或母所屬國家之法律，關於其子女，依子女所屬國家之法律 (§18 I)
    - (2)認領效力：依父或母之本國法 (§18 II)
  - 3. 收養
    - (1)收養要件：依各當事人本國法 (§19 I)
    - (2)收養效力與終止：依收養者本國法 (§19 II)

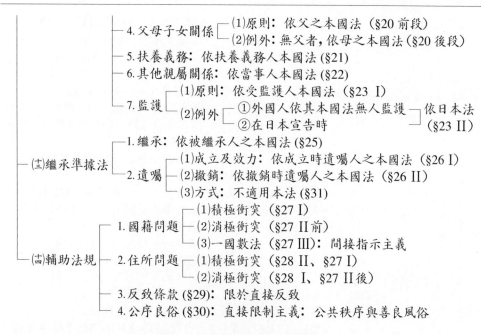

┌─4.父母子女關係┌─(1)原則：依父之本國法（§20前段）
│　　　　　　　　└─(2)例外：無父者，依母之本國法（§20後段）
├─5.扶養義務：依扶養義務人本國法（§21）
├─6.其他親屬關係：依當事人本國法（§22）
│　　　　　┌─(1)原則：依受監護人本國法（§23 I）
└─7.監護─┤　　　　　　┌─①外國人依其本國法無人監護┐依日本法
　　　　　└─(2)例外─┤　　　　　　　　　　　　　　　│（§23 II）
　　　　　　　　　　　└─②在日本宣告時　　　　　　　┘

(圭)繼承準據法─┬─1.繼承：依被繼承人之本國法（§25）
　　　　　　　　│　　　　┌─(1)成立及效力：依成立時遺囑人之本國法（§26 I）
　　　　　　　　└─2.遺囑┼─(2)撤銷：依撤銷時遺囑人之本國法（§26 II）
　　　　　　　　　　　　　└─(3)方式：不適用本法（§31）

(盂)輔助法規─┬─1.國籍問題┬─(1)積極衝突（§27 I）
　　　　　　　│　　　　　　├─(2)消極衝突（§27 II前）
　　　　　　　│　　　　　　└─(3)一國數法（§27 III）：間接指示主義
　　　　　　　├─2.住所問題┬─(1)積極衝突（§28 II、§27 I）
　　　　　　　│　　　　　　└─(2)消極衝突（§28 I、§27 II後）
　　　　　　　├─3.反致條款（§29）：限於直接反致
　　　　　　　└─4.公序良俗（§30）：直接限制主義：公共秩序與善良風俗

圖 7-5：日本國際私法之立法體系

㈡一九三九年泰國國際私法

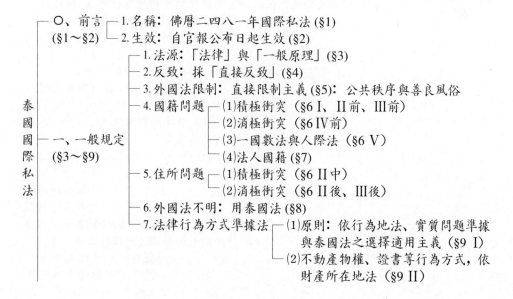

泰國國際私法─┬─○、前言　┌─1.名稱：佛曆二四八一年國際私法（§1）
　　　　　　　│　（§1～§2）└─2.生效：自官報公布日起生效（§2）
　　　　　　　│　　　　　　　┌─1.法源：「法律」與「一般原理」（§3）
　　　　　　　│　　　　　　　├─2.反致：採「直接反致」（§4）
　　　　　　　│　　　　　　　├─3.外國法限制：直接限制主義（§5）：公共秩序與善良風俗
　　　　　　　│　　　　　　　├─4.國籍問題┬─(1)積極衝突（§6 I、II前、III前）
　　　　　　　└─一、一般規定┤　　　　　　├─(2)消極衝突（§6 IV前）
　　　　　　　　　（§3～§9）│　　　　　　├─(3)一國數法與人際法（§6 V）
　　　　　　　　　　　　　　　│　　　　　　└─(4)法人國籍（§7）
　　　　　　　　　　　　　　　├─5.住所問題┬─(1)積極衝突（§6 II中）
　　　　　　　　　　　　　　　│　　　　　　└─(2)消極衝突（§6 II後、III後）
　　　　　　　　　　　　　　　├─6.外國法不明：用泰國法（§8）
　　　　　　　　　　　　　　　└─7.法律行為方式準據法┌─(1)原則：依行為地法、實質問題準據
　　　　　　　　　　　　　　　　　　　　　　　　　　　│　　與泰國法之選擇適用主義（§9 I）
　　　　　　　　　　　　　　　　　　　　　　　　　　　└─(2)不動產物權、證書等行為方式，依
　　　　　　　　　　　　　　　　　　　　　　　　　　　　　財產所在地法（§9 II）

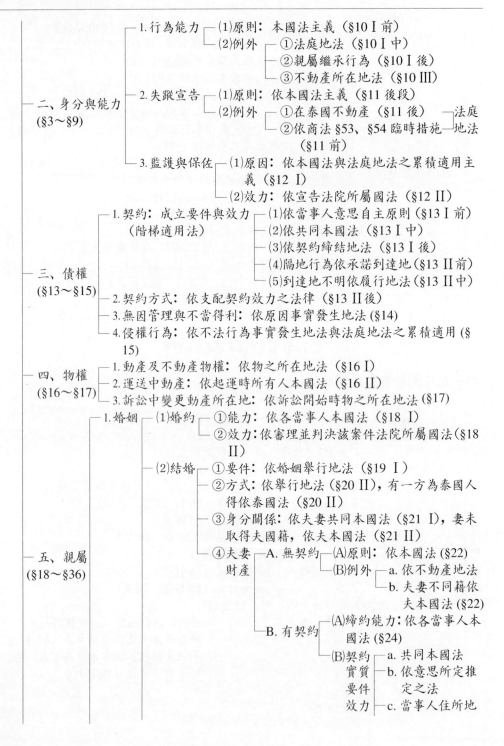

二、身分與能力
（§3～§9）
1. 行為能力
(1)原則：本國法主義（§10 I 前）
(2)例外
①法庭地法（§10 I 中）
②親屬繼承行為（§10 I 後）
③不動產所在地法（§10 III）

2. 失蹤宣告
(1)原則：依本國法主義（§11 後段）
(2)例外
①在泰國不動產（§11 後）
②依商法 §53、§54 臨時措施（§11 前）
法庭地法

3. 監護與保佐
(1)原因：依本國法與法庭地法之累積適用主義（§12 I）
(2)效力：依宣告法院所屬國法（§12 II）

三、債權
（§13～§15）
1. 契約：成立要件與效力（階梯適用法）
(1)依當事人意思自主原則（§13 I 前）
(2)依共同本國法（§13 I 中）
(3)依契約締結地法（§13 I 後）
(4)隔地行為依承諾到達地（§13 II 前）
(5)到達地不明依履行地法（§13 II 中）

2. 契約方式：依支配契約效力之法律（§13 II 後）
3. 無因管理與不當得利：依原因事實發生地法（§14）
4. 侵權行為：依不法行為事實發生地法與法庭地法之累積適用（§15）

四、物權
（§16～§17）
1. 動產及不動產物權：依物之所在地法（§16 I）
2. 運送中動產：依起運時所有人本國法（§16 II）
3. 訴訟中變更動產所在地：依訴訟開始時物之所在地法（§17）

五、親屬
（§18～§36）
1. 婚姻
(1)婚約
①能力：依各當事人本國法（§18 I）
②效力：依審理並判決該案件法院所屬國法（§18 II）
(2)結婚
①要件：依婚姻舉行地法（§19 I）
②方式：依舉行地法（§20 II），有一方為泰國人得依泰國法（§20 II）
③身分關係：依夫妻共同本國法（§21 I），妻未取得夫國籍，依夫本國法（§21 II）
④夫妻財產
A. 無契約
(A)原則：依本國法（§22）
(B)例外
a. 依不動產地法
b. 夫妻不同籍依夫本國法（§22）
B. 有契約
(A)締約能力：依各當事人本國法（§24）
(B)契約實質要件效力
a. 共同本國法
b. 依意思所定推定之法
c. 當事人住所地

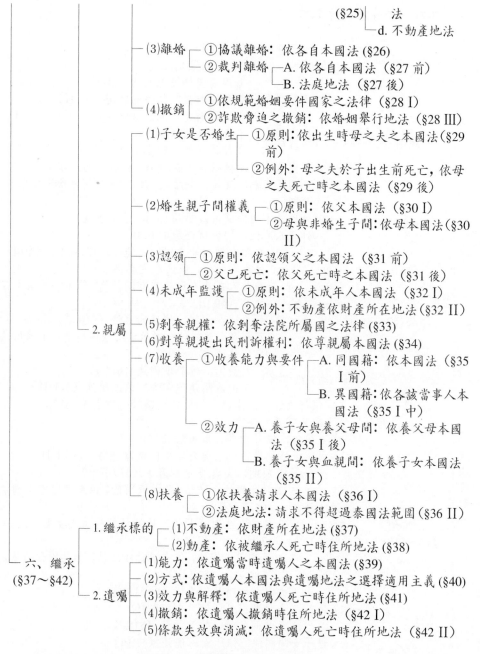

　　　　　　　　　　　　　　　　　(§25)　　法
　　　　　　　　　　　　　　　　　　　　└ d. 不動產地法
　　　　　├(3)離婚┬①協議離婚：依各自本國法 (§26)
　　　　　│　　　　└②裁判離婚┬A.依各自本國法 (§27 前)
　　　　　│　　　　　　　　　　└B.法庭地法 (§27 後)
　　　　　├(4)撤銷┬①依規範婚姻要件國家之法律 (§28 I)
　　　　　│　　　　└②詐欺脅迫之撤銷：依婚姻舉行地法 (§28 III)
　　　　　├(1)子女是否婚生┬①原則：依出生時母之夫之本國法(§29 前)
　　　　　│　　　　　　　　└②例外：母之夫於子出生前死亡，依母之夫死亡時之本國法 (§29 後)
　　　　　├(2)婚生親子間權義┬①原則：依父本國法 (§30 I)
　　　　　│　　　　　　　　　└②母與非婚生子間：依母本國法(§30 II)
　　　　　├(3)認領┬①原則：依認領父之本國法 (§31 前)
　　　　　│　　　　└②父已死亡：依父死亡時之本國法 (§31 後)
　　　　　├(4)未成年監護┬①原則：依未成年人本國法 (§32 I)
　　　　　│　　　　　　　└②例外：不動產依財產所在地法 (§32 II)
　　2.親屬├(5)剝奪親權：依剝奪法院所屬國之法律 (§33)
　　　　　├(6)對尊親提出民刑訴權利：依尊親屬本國法 (§34)
　　　　　├(7)收養┬①收養能力與要件┬A.同國籍：依本國法 (§35 I 前)
　　　　　│　　　　│　　　　　　　　└B.異國籍：依各該當事人本國法 (§35 I 中)
　　　　　│　　　　└②效力┬A.養子女與養父母間：依養父母本國法 (§35 I 後)
　　　　　│　　　　　　　　└B.養子女與血親間：依養子女本國法 (§35 II)
　　　　　└(8)扶養┬①依扶養請求人本國法 (§36 I)
　　　　　　　　　　└②法庭地法：請求不得超過泰國法範圍 (§36 II)
　　　　1.繼承標的┬(1)不動產：依財產所在地法 (§37)
　　　　　　　　　　└(2)動產：依被繼承人死亡時住所地法 (§38)
六、繼承┤　　　　　├(1)能力：依遺囑當時遺囑人之本國法 (§39)
(§37～§42)│　　　　├(2)方式：依遺囑人本國法與遺囑地法之選擇適用主義 (§40)
　　　　2.遺囑┤(3)效力與解釋：依遺囑人死亡時住所地法 (§41)
　　　　　　　　├(4)撤銷：依遺囑人撤銷時住所地法 (§42 I)
　　　　　　　　└(5)條款失效與消滅：依遺囑人死亡時住所地法 (§42 II)

圖 7-6：泰國國際私法之立法體系

㈢一九六六年波蘭國際私法

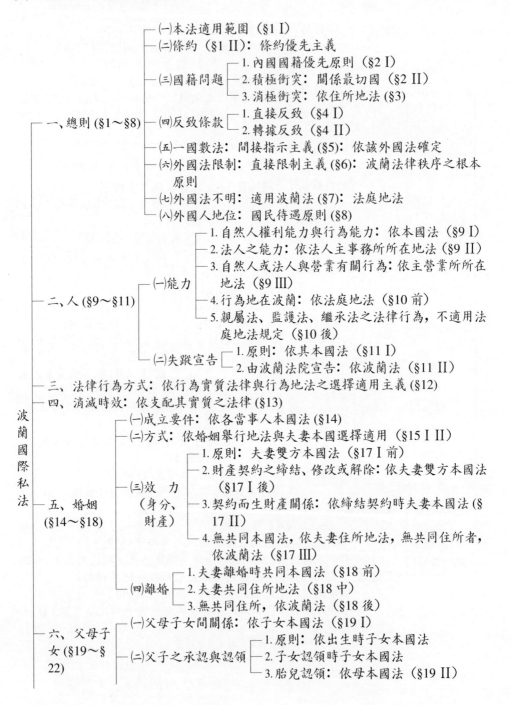

波蘭國際私法

一、總則 (§1～§8)
- ㈠本法適用範圍 (§1 I)
- ㈡條約 (§1 II)：條約優先主義
- ㈢國籍問題
  - 1. 內國國籍優先原則 (§2 I)
  - 2. 積極衝突：關係最切國 (§2 II)
  - 3. 消極衝突：依住所地法 (§3)
- ㈣反致條款
  - 1. 直接反致 (§4 I)
  - 2. 轉據反致 (§4 II)
- ㈤一國數法：間接指示主義 (§5)：依該外國法確定
- ㈥外國法限制：直接限制主義 (§6)：波蘭法律秩序之根本原則
- ㈦外國法不明：適用波蘭法 (§7)：法庭地法
- ㈧外國人地位：國民待遇原則 (§8)

二、人 (§9～§11)
- ㈠能力
  - 1. 自然人權利能力與行為能力：依本國法 (§9 I)
  - 2. 法人之能力：依法人主事務所所在地法 (§9 II)
  - 3. 自然人或法人與營業有關行為：依主營業所所在地法 (§9 III)
  - 4. 行為地在波蘭：依法庭地法 (§10 前)
  - 5. 親屬法、監護法、繼承法之法律行為，不適用法庭地法規定 (§10 後)
- ㈡失蹤宣告
  - 1. 原則：依其本國法 (§11 I)
  - 2. 由波蘭法院宣告：依波蘭法 (§11 II)

三、法律行為方式：依行為實質法律與行為地法之選擇適用主義 (§12)

四、消滅時效：依支配其實質之法律 (§13)

五、婚姻 (§14～§18)
- ㈠成立要件：依各當事人本國法 (§14)
- ㈡方式：依婚姻舉行地法與夫妻本國選擇適用 (§15 I II)
- ㈢效力（身分、財產）
  - 1. 原則：夫妻雙方本國法 (§17 I 前)
  - 2. 財產契約之締結、修改或解除：依夫妻雙方本國法 (§17 I 後)
  - 3. 契約而生財產關係：依締結契約時夫妻本國法 (§17 II)
  - 4. 無共同本國法，依夫妻住所地法，無共同住所者，依波蘭法 (§17 III)
- ㈣離婚
  - 1. 夫妻離婚時共同本國法 (§18 前)
  - 2. 夫妻共同住所地法 (§18 中)
  - 3. 無共同住所，依波蘭法 (§18 後)

六、父母子女 (§19～§22)
- ㈠父母子女間關係：依子女本國法 (§19 I)
- ㈡父子之承認與認領
  - 1. 原則：依出生時子女本國法
  - 2. 子女認領時子女本國法
  - 3. 胎兒認領：依母本國法 (§19 II)

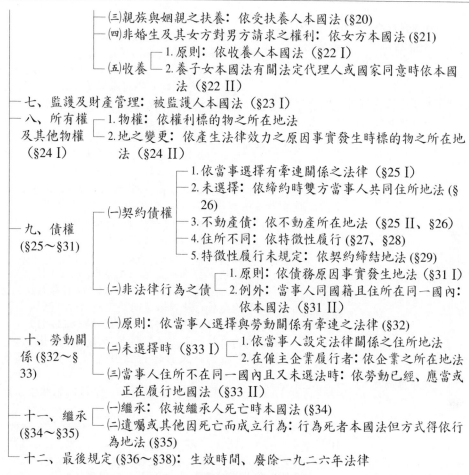

圖 7-7：波蘭國際私法之立法體系

㈣一九九五年越南民法典

越南在一九九五年越南民法典第七編「涉外民事關係」，仍置於民法之末，僅有十三條，且不分章節。

```
─㈠涉外民事關係 (§826)：三元論
                 ┌─1. 本法 (§827 ①)
─㈡法源 (§827)─┼─2. 國際條約 (§827 ②)
                 ├─3. 反致 (§827 ③)
                 └─4. 國際慣例 (§827 ④)
─㈢適用外國法律和國際慣例之原則 (§828)
```

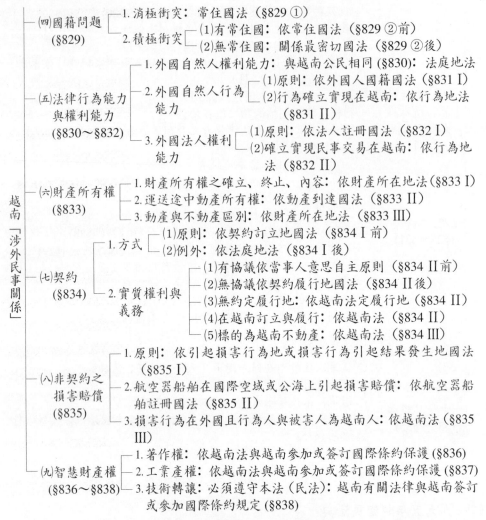

圖 7-8：越南國際私法之立法體系

三、採「衝突規範」與「國際民事訴訟法規範」二大部分之立法體系

將「衝突規範」與「國際民事訴訟法規範」兩大部分合併規定於國際私法法典或單行法中，當然後者「國際民事訴訟法」中有些國家則更細化規定「管轄權規範」、「訴訟程序規範」及「外國法院判決之承認與執行」三大部分說明，有匈牙利、土耳其、南斯拉夫、加拿大魁北克及羅馬尼亞五個國家：

㈠一九七九年匈牙利國際私法

匈牙利一九七九年第十三號法令匈牙利國際私法計有十一章七十五條，第一章「總則」(§1～§9)、第二章「自然人」(§10～§18)、第三章「智慧財產權」(§19～§20)、第四章「所有權和其他物權」(§21～§23)、第五章「債法」(§24～§35)、第六章「繼承法」(§36)、第七章「家庭法」(§37～§50)、第八章「勞動法」(§51～§53)、第九章「管轄權」(§54～§62)、第十章「關於訴訟程序法律規定」(§63～§69)、第十一章「外國判決之承認與執行」(§70～§74) 及最後條款 (§75)。

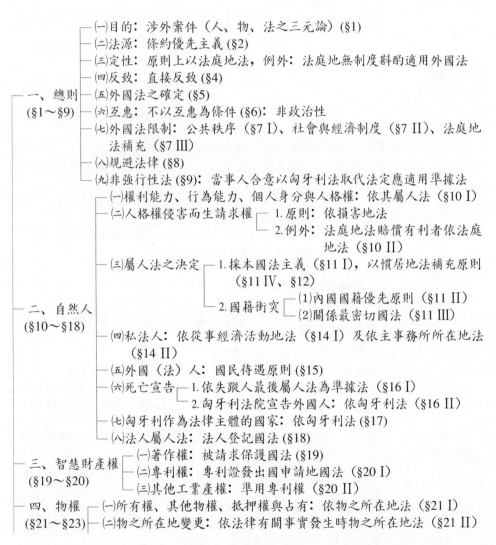

一、總則
(§1～§9)

㈠目的：涉外案件（人、物、法之三元論）(§1)
㈡法源：條約優先主義 (§2)
㈢定性：原則上以法庭地法，例外：法庭地無制度斟酌適用外國法
㈣反致：直接反致 (§4)
㈤外國法之確定 (§5)
㈥互惠：不以互惠為條件 (§6)：非政治性
㈦外國法限制：公共秩序 (§7 I)、社會與經濟制度 (§7 II)、法庭地法補充 (§7 III)
㈧規避法律 (§8)
㈨非強行性法 (§9)：當事人合意以匈牙利法取代法定應適用準據法

二、自然人
(§10～§18)

㈠權利能力、行為能力、個人身分與人格權：依其屬人法 (§10 I)
㈡人格權侵害而生請求權
　1.原則：依損害地法
　2.例外：法庭地法賠償有利者依法庭地法 (§10 II)
㈢屬人法之決定
　1.採本國法主義 (§11 I)，以慣居地法補充原則 (§11 IV、§12)
　2.國籍衝突
　　(1)內國國籍優先原則 (§11 II)
　　(2)關係最密切國法 (§11 III)
㈣私法人：依從事經濟活動地法 (§14 I) 及依主事務所所在地法 (§14 II)
㈤外國（法）人：國民待遇原則 (§15)
㈥死亡宣告
　1.依失蹤人最後屬人法為準據法 (§16 I)
　2.匈牙利法院宣告外國人：依匈牙利法 (§16 II)
㈦匈牙利作為法律主體的國家：依匈牙利法 (§17)
㈧法人屬人法：法人登記國法 (§18)

三、智慧財產權
(§19～§20)

㈠著作權：被請求保護國法 (§19)
㈡專利權：專利證發出國申請地國法 (§20 I)
㈢其他工業產權：準用專利權 (§20 II)

四、物權
(§21～§23)

㈠所有權、其他物權、抵押權與占有：依物之所在地法 (§21 I)
㈡物之所在地變更：依法律有關事實發生時物之所在地法 (§21 II)

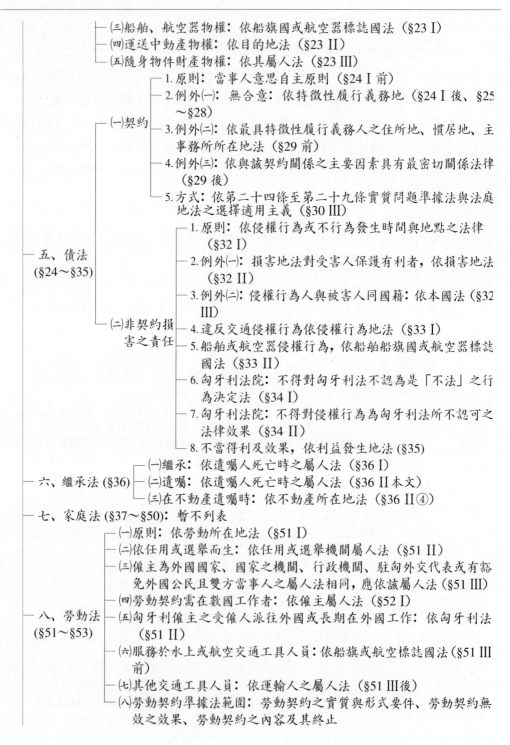

┌ (三)船舶、航空器物權：依船旗國或航空器標誌國法（§23 I）
├ (四)運送中動產物權：依目的地法（§23 II）
└ (五)隨身物件財產物權：依其屬人法（§23 III）

(一)契約
- 1.原則：當事人意思自主原則（§24 I 前）
- 2.例外(一)：無合意：依特徵性履行義務地（§24 I 後、§25～§28）
- 3.例外(二)：依最具特徵性履行義務人之住所地、慣居地、主事務所所在地法（§29 前）
- 4.例外(三)：依與該契約關係之主要因素具有最密切關係法律（§29 後）
- 5.方式：依第二十四條至第二十九條實質問題準據法與法庭地法之選擇適用主義（§30 III）

五、債法（§24～§35）

(二)非契約損害之責任
- 1.原則：依侵權行為或不行為發生時間與地點之法律（§32 I）
- 2.例外(一)：損害地法對受害人保護有利者，依損害地法（§32 II）
- 3.例外(二)：侵權行為人與被害人同國籍：依本國法（§32 III）
- 4.違反交通侵權行為依侵權行為地法（§33 I）
- 5.船舶或航空器侵權行為，依船舶船旗國或航空器標誌國法（§33 II）
- 6.匈牙利法院：不得對匈牙利法不認為是「不法」之行為決定法（§34 I）
- 7.匈牙利法院：不得對侵權行為為匈牙利法所不認可之法律效果（§34 II）
- 8.不當得利及效果，依利益發生地法（§35）

六、繼承法（§36）
- (一)繼承：依遺囑人死亡時之屬人法（§36 I）
- (二)遺囑：依遺囑人死亡時之屬人法（§36 II本文）
- (三)在不動產遺囑時：依不動產所在地法（§36 II④）

七、家庭法（§37～§50）：暫不列表

八、勞動法（§51～§53）
- (一)原則：依勞動所在地法（§51 I）
- (二)依任用或選舉而生：依任用或選舉機關屬人法（§51 II）
- (三)僱主為外國國家、國家之機關、行政機關、駐匈外交代表或有豁免外國公民且雙方當事人之屬人法相同，應依該屬人法（§51 III）
- (四)勞動契約需在數國工作者：依僱主屬人法（§52 I）
- (五)匈牙利僱主之受僱人派往外國或長期在外國工作：依匈牙利法（§51 II）
- (六)服務於水上或航空交通工具人員：依船旗或航空標誌國法（§51 III前）
- (七)其他交通工具人員：依運輸人之屬人法（§51 III後）
- (八)勞動契約準據法範圍：勞動契約之實質與形式要件、勞動契約無效之效果、勞動契約之內容及其終止

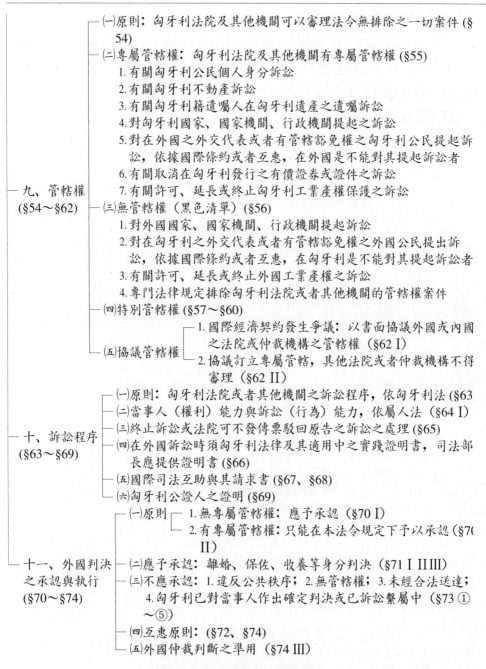

┌ 九、管轄權
│ （§54～§62）
│
│　㈠原則：匈牙利法院及其他機關可以審理法令無排除之一切案件（§54）
│　㈡專屬管轄權：匈牙利法院及其他機關有專屬管轄權（§55）
│　　1.有關匈牙利公民個人身分訴訟
│　　2.有關匈牙利不動產訴訟
│　　3.有關匈牙利籍遺囑人在匈牙利遺產之遺囑訴訟
│　　4.對匈牙利國家、國家機關、行政機關提起之訴訟
│　　5.對在外國之外交代表或者有管轄豁免權之匈牙利公民提起訴訟，依據國際條約或者互惠，在外國是不能對其提起訴訟者
│　　6.有關取消在匈牙利發行之有價證券或證件之訴訟
│　　7.有關許可、延長或終止匈牙利工業產權保護之訴訟
│　㈢無管轄權（黑色清單）（§56）
│　　1.對外國國家、國家機關、行政機關提起訴訟
│　　2.對在匈牙利之外交代表或者有管轄豁免權之外國公民提出訴訟，依據國際條約或者互惠，在匈牙利是不能對其提起訴訟者
│　　3.有關許可、延長或終止外國工業產權之訴訟
│　　4.專門法律規定排除匈牙利法院或者其他機關的管轄權案件
│　㈣特別管轄權（§57～§60）
│　㈤協議管轄權 ┌ 1.國際經濟契約發生爭議：以書面協議外國或內國之法院或仲裁機構之管轄權（§62 I）
│　　　　　　　　└ 2.協議訂立專屬管轄，其他法院或者仲裁機構不得審理（§62 II）

十、訴訟程序
（§63～§69）
　㈠原則：匈牙利法院或者其他機關之訴訟程序，依匈牙利法（§63）
　㈡當事人（權利）能力與訴訟（行為）能力，依屬人法（§64 I）
　㈢終止訴訟或法院可不發傳票駁回原告之訴訟之處理（§65）
　㈣在外國訴訟時須匈牙利法律及其適用中之實踐證明書，司法部長應提供證明書（§66）
　㈤國際司法互助與其請求書（§67、§68）
　㈥匈牙利公證人之證明（§69）

十一、外國判決
之承認與執行
（§70～§74）
　㈠原則 ┌ 1.無專屬管轄權：應予承認（§70 I）
　　　　　└ 2.有專屬管轄權：只能在本法令規定下予以承認（§70 II）
　㈡應予承認：離婚、保佐、收養等身分判決（§71 I II III）
　㈢不應承認：1.違反公共秩序；2.無管轄權；3.未經合法送達；4.匈牙利已對當事人作出確定判決或已訴訟繫屬中（§73 ①～⑤）
　㈣互惠原則：（§72、§74）
　㈤外國仲裁判斷之準用（§74 III）

圖7-9：匈牙利國際私法之立法體系

㈡一九八二年土耳其國際私法

　　土耳其在一九八二年五月二十日公布土耳其國際私法與國際訴訟程序法共分三章，第一章「國際私法」(§1～§26)、第二章「國際訴訟程序」(§27～§45)、第三章「最後條款」(§46～§47)。

　　1.國際私法 (§1～§26)

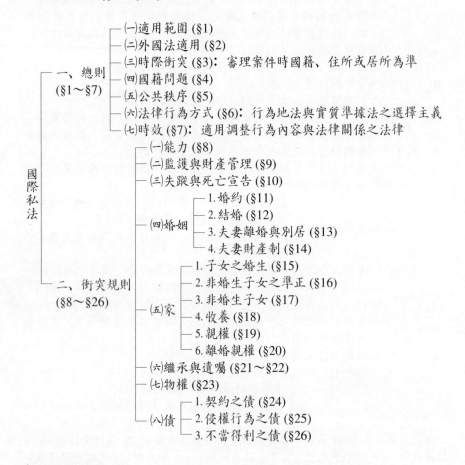

```
                          ┌ ㈠適用範圍 (§1)
                          ├ ㈡外國法適用 (§2)
               一、總則    ├ ㈢時際衝突 (§3)：審理案件時國籍、住所或居所為準
               (§1～§7)   ├ ㈣國籍問題 (§4)
                          ├ ㈤公共秩序 (§5)
                          ├ ㈥法律行為方式 (§6)：行為地法與實質準據法之選擇主義
                          └ ㈦時效 (§7)：適用調整行為內容與法律關係之法律

國                        ┌ ㈠能力 (§8)
際                        ├ ㈡監護與財產管理 (§9)
私                        ├ ㈢失蹤與死亡宣告 (§10)
法                        │           ┌ 1.婚約 (§11)
                          ├ ㈣婚姻     ├ 2.結婚 (§12)
                          │           ├ 3.夫妻離婚與別居 (§13)
                          │           └ 4.夫妻財產制 (§14)
               二、衝突規則 │           ┌ 1.子女之婚生 (§15)
               (§8～§26)  │           ├ 2.非婚生子女之準正 (§16)
                          │           ├ 3.非婚生子女 (§17)
                          ├ ㈤家       ├ 4.收養 (§18)
                          │           ├ 5.親權 (§19)
                          │           └ 6.離婚親權 (§20)
                          ├ ㈥繼承與遺囑 (§21～§22)
                          ├ ㈦物權 (§23)
                          │           ┌ 1.契約之債 (§24)
                          └ ㈧債       ├ 2.侵權行為之債 (§25)
                                      └ 3.不當得利之債 (§26)
```

　　2.國際訴訟程序

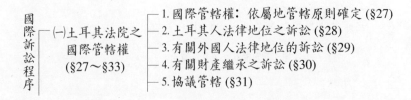

```
國際                      ┌ 1.國際管轄權：依屬地管轄原則確定 (§27)
訴訟   ㈠土耳其法院之      ├ 2.土耳其人法律地位之訴訟 (§28)
程序     國際管轄權        ├ 3.有關外國人法律地位的訴訟 (§29)
         (§27～§33)       ├ 4.有關財產繼承之訴訟 (§30)
                          └ 5.協議管轄 (§31)
```

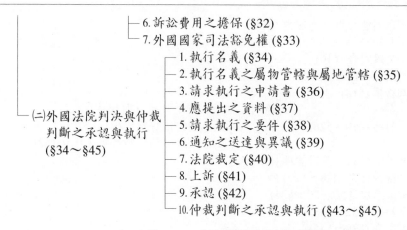

```
                    ┌ 6.訴訟費用之擔保 (§32)
                    └ 7.外國國家司法豁免權 (§33)
                         ┌ 1.執行名義 (§34)
                         ├ 2.執行名義之屬物管轄與屬地管轄 (§35)
                         ├ 3.請求執行之申請書 (§36)
     ┌(二)外國法院判決與仲裁  ├ 4.應提出之資料 (§37)
     │   判斷之承認與執行     ├ 5.請求執行之要件 (§38)
     │   (§34～§45)         ├ 6.通知之送達與異議 (§39)
     └                       ├ 7.法院裁定 (§40)
                             ├ 8.上訴 (§41)
                             ├ 9.承認 (§42)
                             └ 10.仲裁判斷之承認與執行 (§43～§45)
```

圖 7-10：土耳其國際私法之立法體系

(三)一九八二年南斯拉夫國際私法

　　在一九八二年七月十五日第一九二號法令南斯拉夫法律衝突法計分一〇九條六章，第一章「基本條款」(§1～§13)、第二章「應適用之法律」(§14～§45)、第三章「管轄與程序」(§46～§85)、第四章「外國判決之承認與執行」(§86～§101)、第五章「特別條款」(§102～§106) 與第六章「過渡與終結條款」(§107～§109)，擇第一章至第四章建立體系。

1.基本條款 (§1～§13)

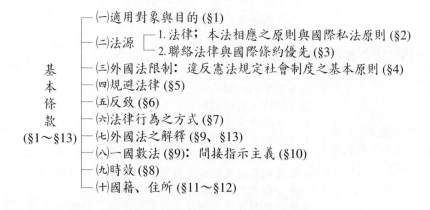

```
           ┌(一)適用對象與目的 (§1)
           │          ┌ 1.法律；本法相應之原則與國際私法原則 (§2)
           ├(二)法源  └ 2.聯絡法律與國際條約優先 (§3)
  基       ├(三)外國法限制：違反憲法規定社會制度之基本原則 (§4)
  本       ├(四)規避法律 (§5)
  條       ├(五)反致 (§6)
  款       ├(六)法律行為之方式 (§7)
  (§1～§13) ├(七)外國法之解釋 (§9、§13)
           ├(八)一國數法 (§9)：間接指示主義 (§10)
           ├(九)時效 (§8)
           └(十)國籍、住所 (§11～§12)
```

2.應適用法律 (§14～§45)

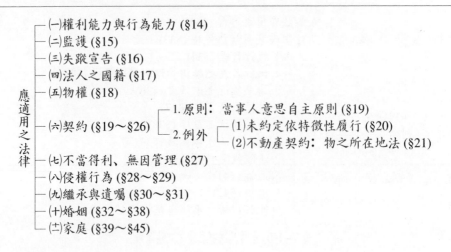

應適用之法律
├─(一)權利能力與行為能力 (§14)
├─(二)監護 (§15)
├─(三)失蹤宣告 (§16)
├─(四)法人之國籍 (§17)
├─(五)物權 (§18)
├─(六)契約 (§19～§26)
│   ├─1.原則：當事人意思自主原則 (§19)
│   └─2.例外
│   ├─(1)未約定依特徵性履行 (§20)
│   └─(2)不動產契約：物之所在地法 (§21)
├─(七)不當得利、無因管理 (§27)
├─(八)侵權行為 (§28～§29)
├─(九)繼承與遺囑 (§30～§31)
├─(十)婚姻 (§32～§38)
└─(土)家庭 (§39～§45)

3. 管轄與程序 (§46～§85)

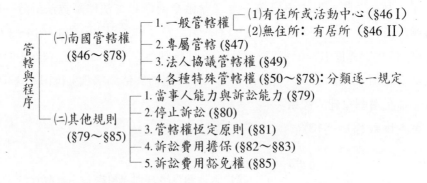

管轄與程序
├─(一)南國管轄權 (§46～§78)
│   ├─1.一般管轄權
│   │   ├─(1)有住所或活動中心 (§46 I)
│   │   └─(2)無住所：有居所 (§46 II)
│   ├─2.專屬管轄 (§47)
│   ├─3.法人協議管轄權 (§49)
│   └─4.各種特殊管轄權 (§50～§78)：分類逐一規定
└─(二)其他規則 (§79～§85)
     ├─1.當事人能力與訴訟能力 (§79)
     ├─2.停止訴訟 (§80)
     ├─3.管轄權恆定原則 (§81)
     ├─4.訴訟費用擔保 (§82～§83)
     └─5.訴訟費用豁免權 (§85)

4. 外國判決之承認與執行 (§86～§101)

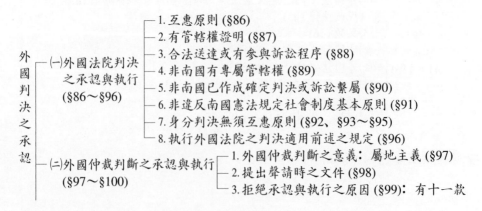

外國判決之承認
├─(一)外國法院判決之承認與執行 (§86～§96)
│   ├─1.互惠原則 (§86)
│   ├─2.有管轄權證明 (§87)
│   ├─3.合法送達或有參與訴訟程序 (§88)
│   ├─4.非南國有專屬管轄權 (§89)
│   ├─5.非南國已作成確定判決或訴訟繫屬 (§90)
│   ├─6.非違反南國憲法規定社會制度基本原則 (§91)
│   ├─7.身分判決無須互惠原則 (§92、§93～§95)
│   └─8.執行外國法院之判決適用前述之規定 (§96)
└─(二)外國仲裁判斷之承認與執行 (§97～§100)
     ├─1.外國仲裁判斷之意義：屬地主義 (§97)
     ├─2.提出聲請時之文件 (§98)
     └─3.拒絕承認與執行之原因 (§99)：有十一款

└─(三)承認與執行之程序(§101)
- 1. 管轄：應在其管轄區內進行承認與執行程序法院為地域管轄（§101 I）
- 2. 上訴期間：決定送達之日起十五日（§101 III）
- 3. 上訴法院：二審法院裁定（§101 IV）

圖 7–11：南斯拉夫國際私法之立法體系

(四)加拿大魁北克國際私法

第一篇　一般規定(第 3076 至 3082 條)
第二篇　法律衝突(第 3083 至 3133 條)
　第一章　人法（第 3083 至 3096 條）
　　第一節　一般規定（第 3083 至 3084 條）
　　第二節　具體規定（第 3085 至 3096 條）
　　　§1　無能力(第 3085 至 3087 條)
　　　§2　婚姻（第 3088 至 3089 條）
　　　§3　夫妻分居（第 3090 條）
　　　§4　基於血緣的親子關係和基於收養的親子關係(第 3091 至 3093 條)
　　　§5　扶養義務（第 3094 至 3096 條）
　第二章　物法（第 3097 至 3108 條）
　　第一節　一般規定（第 3097 條）
　　第二節　具體規定（第 3098 至 3108 條）
　　　§1　繼承（第 3098 至 3101 條）
　　　§2　動產擔保（第 3102 至 3106 條）
　　　§3　委託遺贈（第 3107 至 3108 條）
　第三章　債法（第 3109 至 3131 條）
　　第一節　一般規定（第 3109 至 3113 條）
　　　§1　法律文書的形成（第 3109 至 3110 條）
　　　§2　法律文書的內容（第 3111 至 3113 條）
　　第二節　具體規定（第 3114 至 3131 條）
　　　§1　銷售（第 3114 至 3115 條）
　　　§2　協議代理（第 3116 條）
　　　§3　消費合同（第 3117 條）
　　　§4　勞動合同（第 3118 條）
　　　§5　陸上保險合同(第 3119 條)
　　　§6　債權轉讓（第 3120 條）
　　　§7　仲裁（第 3121 條）
　　　§8　夫妻財產制（第 3122 至 3124 條）
　　　§9　其他特定來源之債(第 3125 條)
　　　§10　民事責任(第 3126 至 3129 條)
　　　§11　證據（第 3130 條）
　　　§12　時效（第 3131 條）
　第四章　程序法(第 3132 至 3133 條)
第三篇　魁北克當局的國際管轄權（第

3134 至 3154 條）

第一章　一般規定（第 3134 至 3140
　　　　條）

第二章　具體規定（第 3141 至 3154
　　　　條）

　第一節　不具有財產性質及有關家
　　　　　庭方面的對人訴訟（第
　　　　　3141 至 3147 條）

　第二節　具有財產性質對人訴訟
　　　　　（第 3148 至 3151 條）

　第三節　對物訴訟和混合訴訟（第
　　　　　3152 至 3154 條）

第四篇　外國判決的承認與執行及外國
　　　　當局的管轄權（第 3155 至
　　　　3168 條）

第一章　外國判決的承認與執行（第
　　　　3155 至 3163 條）

第二章　外國當局的管轄權（第 3164
　　　　至 3168 條）

㈤羅馬尼亞國際私法

　　一九九二年九月二十二日通過羅馬尼亞關於調整國際私法法律關係的一百
零五號法。

第一章　一般規定（第一至十條）

第二章　自然人（第十一至三十九條）

　第一節　國籍法（第十一至十七條）

　第二節　結婚與離婚（第十八至二十
　　　　　四條）

　第三節　親子關係（第二十五至三十
　　　　　三條）

　第四節　扶養義務（第三十四至三十
　　　　　五條）

　第五節　對無行為能力人和限制行為
　　　　　能力人的保護（第三十六至
　　　　　三十九條）

第三章　法人（第四十至四十六條）

第四章　關於自然人和法人的共同規定
　　　　（第四十七至四十八條）

第五章　物（第四十九至六十五條）

　第一節　一般規則（第四十九至五十
　　　　　一條）

　第二節　動產（第五十二至五十四條）

　第三節　運輸工具（第五十五至五十
　　　　　六條）

　第四節　有價證券（第五十七至五十
　　　　　九條）

　第五節　無形資產（第六十至六十三
　　　　　條）

　第六節　向公眾公示的要求（第六十
　　　　　四至六十五條）

第六章　繼承權（第六十六至六十八條）

第七章　法律行為（第六十九至七十二
　　　　條）

第八章　合同債權與非合同債權（第七
　　　　十三至一百二十六條）

　第一節　合同的實質要件（第七十三
　　　　　至八十五條）

四、採「衝突規範」、「外國人地位規範」與「國際民事訴訟規範」 三者之立法體系

有採「衝突規範」、「外國人地位規範」與「國際民事訴訟規範」三大部分規定於國際私法法典者，其最大特色為「外國人地位規範」，例如一九六四年捷克國際私法，一九六四年四月一日捷克斯洛伐克社會主義共和國國際私法與國際民事訴訟法，計有七十條，分「序論」(§1～§2)，第一部分「衝突規則與關於外國人地位之規則」(§3～§36)，第二部分「國際民事訴訟法」(§37～§70)。

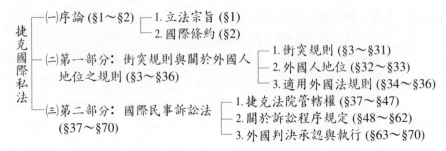

圖 7–12：捷克國際私法之立法體系

五、《美國國際私法第二次新編》之立法體系

英國和美國等普通法系國家一般均無成文的國際私法法典或專門的國際私法法規，由於普通法系國家之學者大多視國際私法或衝突法由三大部分組成，即(1)管轄權；(2)法律適用；(3)外國判決之承認與執行，故美國法律學院主持制定具有準立法、模範法與司法實踐總結性質的《美國國際私法第二次新編》在體系方面亦受到上述理論之影響。

《美國國際私法第二次新編》自一九七一年定稿，全文計有四百二十三條及十四章，每條均規定了「條文」、「註釋」及「例題」，就學生而言就如同一本教科書，中國大陸國際私法示範法構想來自於《美國際私法新編》，曾有幾年一直希望條文譯成英文、德文、法文外，並有「註釋」與「例題」逐條註解式，已經在二千年八月由法律出版社出版，體例亦仿美國新編，美國該新編體系是：

　┌(一)第一章：引言 (§1～§10)
　├(二)第二章：住所 ┌1. 意義與要件 (§11～§13)
　│　　　　　　　　　├2. 取得與變更 (§14～§20)
　│　　　　　　　　　└3. 已婚婦女、未成年人與無行為能力人 (§21～§23)

美國國際私法新編

├ㄧ (三)第三章：司法管轄權┬1.對人之司法管轄權 (§24～§55)
│　　　　　　　　　　　├2.對物之司法管轄權 (§56～§68)
│　　　　　　　　　　　└3.對身分事件之管轄權 (§69～§79)
├ㄧ (四)第四章：司法管轄權行使之限制┬1.契約之限制 (§80)
│　　　　　　　　　　　　　　　　　├2.法院之限制 (§81～§90)
│　　　　　　　　　　　　　　　　　└3.法域之限制 (§91)
├ㄧ (五)第五章：判決┬1.有效性之通則 (§92)
│　　　　　　　　　　├2.外國判決之承認 (§93～§98)
│　　　　　　　　　　├3.外國判決之執行 (§99～§102)
│　　　　　　　　　　└4.對承認與執行之抗辯 (§103～§121)
├ㄧ (六)第六章：程序┬1.通則 (§122)
│　　　　　　　　　　├2.通則的特殊用法 (§123～§143)
│　　　　　　　　　　└3.外幣之變換 (§144)
├ㄧ (七)第七章：不當行為┬1.侵權行為 (§145～§174)
│　　　　　　　　　　　　├2.不法侵害他人致死之訴 (§175～§180)
│　　　　　　　　　　　　└3.勞工賠償 (§181～§185)
├ㄧ (八)第八章：契約┬1.契約之效力及其產生之權利 (§186～§207)
│　　　　　　　　　　├2.契約權利之轉讓 (§208～§211)
│　　　　　　　　　　├3.契約因當事人一方或雙方行為而消滅 (§212～§213)
│　　　　　　　　　　├4.票據 (§214～§217)
│　　　　　　　　　　├5.商務仲裁 (§218～§220)
│　　　　　　　　　　└6.回復之一般原則 (§221)
├ㄧ (九)第九章：物權┬1.物權通論 (§222)
│　　　　　　　　　　├2.不動產 (§223～§243)
│　　　　　　　　　　└3.動產 (§244～§266)
├ㄧ (十)第十章：信託┬1.動產 (§267～§275)
│　　　　　　　　　　└2.土地 (§276～§282)
├ㄧ (土)第十一章：身分┬1.婚姻 (§283～§286)
│　　　　　　　　　　　├2.婚生子女 (§287～§288)
│　　　　　　　　　　　└3.收養 (§289～§290)
├ㄧ (土)第十二章：代理與合夥┬1.代理 (§291～§293)
│　　　　　　　　　　　　　　└2.合夥 (§294～§295)
├ㄧ (土)第十三章：商業公司┬1.成立認許及解釋 (§296～§300)
│　　　　　　　　　　　　　├2.公司的權利義務 (§301～§302)
│　　　　　　　　　　　　　├3.股東、董事及職員 (§303～§310)
│　　　　　　　　　　　　　├4.營業之資格 (§311～§312)
│　　　　　　　　　　　　　└5.內部事務之干涉 (§313)
└ㄧ (古)第十四章：財產之管理┬1.遺產管理 (§314～§366)
　　　　　　　　　　　　　　　└2.破產程序 (§367～§423)

圖 7–13：美國國際私法第二次新編之立法體系

六、一九八九年瑞士聯邦國際私法之立法體系

　　一九八九年瑞士聯邦國際私法是當代國際私法立法之典範，其體系兼採大陸法系與英美法系之內容，將兩者融為一體，極具特色，共有二百條文，分十三章，第一章為總則性的共同規定，第二章至第十二章是分則，分別就自然人、婚姻、親子關係、監護與其他保護措施、繼承、物權、知識產權、債、公司、破產與和解、國際仲裁等事項作出規定，第十三章為最後條款。其體系安排如下：

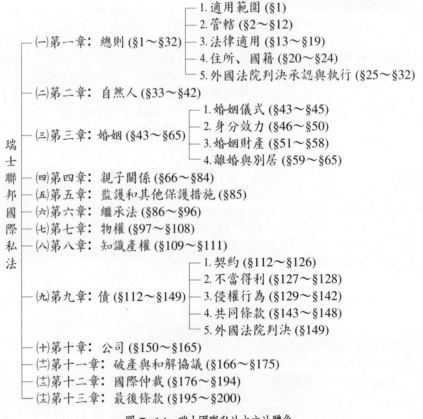

瑞士聯邦國際私法
- (一)第一章：總則 (§1～§32)
  - 1. 適用範圍 (§1)
  - 2. 管轄 (§2～§12)
  - 3. 法律適用 (§13～§19)
  - 4. 住所、國籍 (§20～§24)
  - 5. 外國法院判決承認與執行 (§25～§32)
- (二)第二章：自然人 (§33～§42)
- (三)第三章：婚姻 (§43～§65)
  - 1. 婚姻儀式 (§43～§45)
  - 2. 身分效力 (§46～§50)
  - 3. 婚姻財產 (§51～§58)
  - 4. 離婚與別居 (§59～§65)
- (四)第四章：親子關係 (§66～§84)
- (五)第五章：監護和其他保護措施 (§85)
- (六)第六章：繼承法 (§86～§96)
- (七)第七章：物權 (§97～§108)
- (八)第八章：知識產權 (§109～§111)
- (九)第九章：債 (§112～§149)
  - 1. 契約 (§112～§126)
  - 2. 不當得利 (§127～§128)
  - 3. 侵權行為 (§129～§142)
  - 4. 共同條款 (§143～§148)
  - 5. 外國法院判決 (§149)
- (十)第十章：公司 (§150～§165)
- (土)第十一章：破產與和解協議 (§166～§175)
- (土)第十二章：國際仲裁 (§176～§194)
- (土)第十三章：最後條款 (§195～§200)

圖 7-14：瑞士國際私法之立法體系

　　第一章總則首先規定了該法的適用範圍，然後就管轄權、應適用的法律、該法所使用的最重要的連結因素（住所、主事務所所在地、國籍）、外國判決的承認和執行作出了一般性的共同規定。分則除關於破產及和解的第十一章和關於仲裁的第十二章之外，其餘各章基本上是依照瑞士民法典和債務法典來劃分所調整

的事項的範圍的。大體上說，每一章都是就各該事項先規定直接國際管轄權規則，再規定法律適用規則，最後是關於外國判決承認和執行的規則，但關於債法的第九章先就合同、不當得利和侵權行為的直接國際管轄權和法律適用問題作出規定，然後就諸如債權讓與、時效及消滅等債法上一般問題作出與法律適用有關的共同規定，最後是關於承認外國判決的規定。從一定程度上說，關於公司的第十章的結構安排也與前面分則各章有所不同。第十三章「最後條款」包括關於現行法律的廢止和修改的規定、過渡條款以及關於公民複決和施行的規定❶。該法在結構方面所作的上述安排，會使總則部分的規定和分則部分的規定偶有重複之處，例如總則第二條和分則某些章均有關於被告住所地的瑞士司法或行政機關有管轄權的規定，但這種結構體現了管轄權與法律適用之間的有機聯繫，與受理國際性民商事案件的瑞士司法或行政機關的工作方法是相一致的，其最大優點是便於查閱和使用。由於分則各章的規定具有相對的獨立性，處理國際性民商事案件的瑞士司法或行政機關，很自然地會先按照案件的性質，在分則各章中尋找解決特別問題的辦法，在無特別解決辦法時，則會將注意力轉移到總則的共同規定上來。可見，總則部分的共同規定可起到填補分則部分的特別規定在實踐中不可避免地要出現的空白的作用❶。

七、中國大陸國際私法（示範法）之立法體系

㈠起草沿革

中國大陸地區「中國國際私法研究會」為積極發揮學術影響立法，一九九三年始有國際私法（示範法）之決定，該年十二月間研究會年會於深圳大學法學系與深圳市中級人民法院合辦，並在深圳召開，會議中決議起草國際私法（示範法）的決定，研究會理事會上決定成立以韓德培教授為首的起草工作小組，確定了小組的成員及其分工，並決定在一九九四年五月在武漢大學舉行起草工作小組的第一次會議，同年八月在北京舉行第二次會議，起草工作小組應完成國際私法（示範法）第一稿，以便在一九九四年年會中討論。但由於一部分起草工作尚未完成，

❶　見㈠ Afred E. von Overbeck, op. cit., *Forum Internationale*, pp. 6–7; ㈡陳衛佐，《瑞士國際私法法典研究》，武漢大學博士論文，一九九七年五月，法律出版社出版，北京，一九九八年一月第一版，第十五頁至第十六頁。

❶　見李浩培，〈論瑞士新國際私法關於國際裁判管轄權的規定〉，載《中國國際法年刊》，一九九一年，第三一二頁。

第一次工作小組會議未能如期在五月於武漢舉行,經協商後起草工作小組決定於一九九四年七月二十六日至三十日,在北京外交學院舉行,外交學院國際法研究所負責主辦工作,在會議期間,工作小組成員對分工起草的國際私法(示範法)各部分加以彙整與討論,且起草人根據大家意見對自己起草部分修正,修正後留在外交學院國際法研究所,由費宗褘教授、劉慧珊教授與盧松副教授負責為文字表述進行統稿,但未對起草內容為實質性的修改,統稿完成即為國際私法(示範法)第一稿。

「中國國際私法研究會」一九九四年年會及國際私法(示範法)研討會,由寧波大學法律系余先予教授籌辦,一九九四年十月二十八日至十一月一日在寧波舉行。會期中與會代表就國際私法(示範法)第一稿之內容、範圍、體例、用語與用字進行深入廣泛討論,並有許多修正意見。研究會理事會決定各起草委員會依據與會代表的意見對自己起草部分再為修改和補充,然後彙總至武漢大學法學院的「中國國際私法研究會」秘書處。本年研究會理事會並增加章尚錦教授與盧松副教授為起草工作小組成員。會後秘書處收到各起草委員之修改稿,由武漢大學的黃進教授與劉衛翔先生為形式彙整工作,形成國際私法(示範法)第二稿。

在一九九五年六月國際私法(示範法)修訂會由深圳大學法律系及其主任董立坤教授和「中國國際經濟貿易仲裁委員會深圳分會」及其會長肖志明支持下,於六月十二日至二十三日在深圳分會舉行。會議期間起草小組成員逐條討論了國際私法(示範法)第二稿,會後各起草委員根據討論意見再次修改自己起草部分,寄至武漢大學研究會之秘書處由黃進教授負責統稿,黃教授一則增加了部分內容,二則刪除了重複或重疊部分,三則對各章矛盾部分為適當處理,四則對文字和用語進行統一,五則對條文及章節排列次序為適當調整⓰。經國際私法研究會會長韓德培教授審定即為國際私法(示範法)第三稿,提交一九九五年年會討論,但因另有「司法協助」專題,致使國際私法(示範法)無法多討論,而決定一九九六年年會再行討論⓱。

一九九六年十月七日至十月十日在大連海事大學校長司玉琢教授支持下,九六年年會在大連海事大學舉行,筆者有幸與來自大陸地區近百位學者共同討論,

---

⓰ 詳見國際私法(示範法)第二稿說明書。

⓱ 見司法部司法協助局、中國國際私法研究會會編,《國際司法協助與區際衝突法論文集》,武漢大學出版社,一九八九年十月。

討論主題有兩部分。一為有關海事國際私法問題❶，關於此問題另為專文介紹；二為國際私法（示範法）第三稿討論。示範法之「總則」由武漢大學黃進教授主持，「法律適用」部分由北京政法大學錢驊教授主持，「管轄權」與「司法協助」部分由深圳大學董立坤教授主持，至於「海事國際私法」部分由大連海事大學校長司玉琢教授、胡正陽教授與筆者共同主持，就示範法每一單元筆者均為三十分鐘左右發言。會議期間有三十二篇論文發表，對示範法提供專業廣泛討論與修正建言，起草委員會將與會代表意見就自己負責部分再修正，會議並決議就第一百六十條條文除定稿條文外，將採逐條註釋與說明，希望能有三四十萬字，並仿美國法律學院出版《美國國際私法第二次新編》之例定稿發表，一方面可提供大陸地區立法機關和司法部門及涉外部門立法參考；另一方面可作為一項學術研究的成果，提供高等院校進行教學和研究時參考。吾人認為這部示範法定稿與公布對全世界國際私法發展史上將有「石破天驚」之劃時代意義 ❶。中國大陸國際私法學會在一九九七年會於十月七日至十一日在上海市及蘇州市召開，本年年會討論議題有三：⑴香港回歸後區際法律問題；⑵中國大陸參加海牙國際私法會議有關公約之可行性問題；⑶討論修改國際私法示範法（草案）（第四稿），最後一個議題是應國際私法學會會長、武漢大學法學院教授韓德培先生提議並經理事會議討論通過於年會開始前加上的。韓先生認為，經過幾年的反覆起草、討論，示範法日趨成熟與完善，這次提交討論的示範法條文已有一百六十條之多，就是最好的證明。他希望經過本次年會的討論修改後，能將示範法正式定稿。他還指出，定稿後的示範法文本應逐條註解，以便更好地為立法機關和司法機關提供立法、司法上的參考，與此同時，中國國際私法學會還計劃將示範法譯成英、法、德文予以發展。與會代表對示範法提出了很多好的建議。但爭論較大的，是示範法應否接受反致及示範法應採用的體系等問題。有代表針對示範法第八條的規定，認為示範法不應否定反致，而應接受反致；將接受反致作為一般原則，將不接受反致（如商事部分）作為例外。有代表建議，示範法的有關章節即體系應作變動，認

---

❶　大連海事大學校長司玉琢在一九九六年國際私法年會中對海商法與國際私法交錯問題。

❶　賴來焜，〈中國大陸地區國際私法之最新發展〉，載《國際私法理論與實踐(一)——劉鐵錚教授六秩華誕祝壽論文集》，學林文化事業有限公司出版，一九九八年九月，第四四五頁至第五〇六頁。

為示範法所分「總則、管轄權、法律適用、司法協助及附則」這五大塊的體系，是從法院角度而不是從當事人角度出發的，在目前我國公民法律素質並不是很高的情況下，這種體系劃分對當事人的指導作用是不大的。因此，建議示範法體系分為兩大塊，即法律適用與國際民事訴訟這兩大部分。具體作法是將「總則」改為「序言」，之後規定「法律適用」的內容；將「管轄權」、「司法協助」及「附則」部分合成一大塊，即「國際民事訴訟」程序部分。但也有代表認為，還是保持示範法所採取的體系為好。因為在我國制定完整的國際私法單行法以前，這個示範法正可供我國司法部門和涉外部門以及律師所在處理涉外民商事糾紛時參考，對它（他）們來說，示範法的體系最便於掌握運用。瑞士聯邦一九八九年開始實施的新國際私法，就是採取類似的體系。至於教學人員講授國際私法時，卻可按照國際私法這一學科的體系，先講法律適用問題，然後再講國際民事訴訟與國際商事仲裁問題，不必拘泥採用示範法的體系❿。

㈡起草委員

　　國際私法（示範法）起草工作小組成員計有十三位教授任起草委員，分別是來自大陸地區國際私法重鎮之武漢大學，包括韓德培教授（會長）、李雙元教授與黃進教授；北京政法大學法律系所之錢驊教授；北京人民大學法律系章尚錦教授；北京外交學院之費宗禕教授、姚壯教授、劉慧珊教授與盧松副教授；上海財經大學之余先予教授；武漢中南政法大學法律系之張仲伯教授；深圳大學法律系所主任董立坤教授及上海同濟大學袁成第教授等，其對國際私法（示範法）第六稿之法條起草、修正、再修正、統稿及定稿後之註釋，集眾人智慧打破校際完成了一部劃時代的國際私法。

㈢國際私法（示範法）立法體系

　　大陸國際私法（示範法）第六稿計有五章一百六十六條條文，將現行世界各國有關國際私法學中所探討之問題幾乎均已明文規定，第一章「總則」、第二章「管轄權」、第三章「法律適用」、第四章「司法協助」與第五章「附則」。

```
                  ┌─ ㈠第一章：總則（第 1 ～ 18 條），計 18 條
    一、《示範法》─┼─ ㈡第二章：管轄權（第 19 ～ 58 條），計 40 條
                  └─ ㈢第三章：法律適用（第 59 ～ 152 條），計 94 條
```

❿　羅楚湘，〈中國國際私法學會一九九七年年會綜述〉，載《中國國際私法與比較年刊（創刊號）》，法律出版社，北京，一九九八年九月第一版，第五五八頁至第五六七頁。

├─㈣第四章：司法協助（第 153 ～ 164 條），計 12 條
└─㈤第五章：附則（第 165 ～ 166 條），計 2 條

中國大陸《國際私法示範法》

├─ **二、「總則」（第 1 ～ 18 條）**
│　├─㈠立法目的（第 1 條）
│　├─㈡國際私法之作用與適用對象（第 2 條）
│　├─㈢外國人地位（第 3 條）
│　├─㈣國際私法適用主體（第 4 ～ 5 條）
│　├─㈤國際私法之法源（第 6 ～ 7 條）
│　├─㈥準據「法」之範圍與反致（第 8 條）
│　├─㈦定性（識別）標準與範圍（第 9 ～ 11 條）
│　├─㈧外國法之不明、證明與欠缺（第 12 條）
│　├─㈨規避法律之規範（第 13 條）
│　├─㈩外國法適用之限制與對策（第 14 條）
│　├─㈠先決（附隨）問題之確定（第 15 條）
│　├─㈡區際與人際衝突（第 16 條）
│　├─㈢時際法律衝突（第 17 條）
│　└─㈣訴訟程序之準據法（第 18 條）
│
├─ **三、「管轄權」（第 19 ～ 56 條）**
│　├─㈠一般管轄權
│　│　├─1. 司法管轄範圍（第 19 條）
│　│　└─2. 自然人之一般管轄（第 20 條）
│　├─㈡特別管轄權
│　│　├─1. 身分能力管轄權（第 21 條）
│　│　├─2. 死亡、禁治產宣告管轄權（第 22 條）
│　│　├─3. 物權之管轄權（第 23 條）
│　│　├─4. 信託之管轄權（第 25 條）
│　│　├─5. 破產之管轄權（第 26 條）
│　│　├─6. 各種契約之管轄權（第 27–31 條）
│　│　├─7. 各種侵權之管轄權（第 32–33 條）
│　│　├─8. 海難救助之管轄權（第 34 條）
│　│　├─9. 共同海損之管轄權（第 35 條）
│　│　├─10. 船舶扣押準據法（第 36 條）
│　│　├─11. 產品責任之管轄權（第 37 條）
│　│　├─12. 環境汙染之管轄權（第 38 條）
│　│　├─13. 不正競爭之管轄權（第 39 條）
│　│　├─14. 無因管理與不當得利之管轄權（第 40 條）
│　│　├─15. 親屬之管轄權（第 41 ～ 43 條）
│　│　└─16. 繼承之管轄權（第 44 ～ 45 條）
│　├─㈢專屬管轄（第 46 條）
│　├─㈣協議管轄（第 47 條）
│　└─㈤關於管轄的其他規定（第 48 ～ 58 條）
│
└─ **四、「法律適用」（第 57 ～ 150 條）**
　　├─㈠國籍、住所、慣常居所和居所（第 59 ～ 64 條）
　　├─㈡權利能力和行為能力（第 65 ～ 69 條）
　　├─㈢法律行為和代理（第 70 ～ 72 條）
　　└─㈣時效（第 73 條）

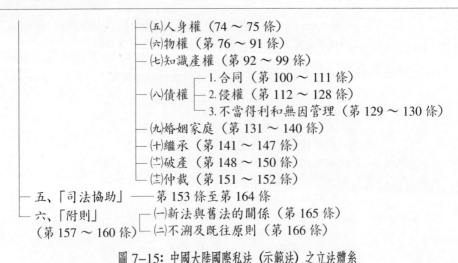

圖 7–15：中國大陸國際私法（示範法）之立法體系

八、我國國際私法立法體系：完善我國涉外民事法律適用法之立法 體系

我國國際私法法源，就法律適用條例、涉外民事法律適用法、涉外民事法律適用法修正草案（原稿）、臺灣地區與大陸地區人民關係條例第三章「民事」、香港澳門關係條例第三章「民事」，及世界各國立法體系綜合比較，值得說明：

㈠就完善立法體系言

我國五部衝突法，法律適用條例雖分章節但範圍僅有「準據法選擇」（衝突法）；涉外民事法律適用法一則不分章節，體系不明，二則仍僅有「準據法選擇」（衝突法）；兩岸關係條例雖有提及「程序」之「判決與判斷之承認與執行」，但一則仍不分節無法建立體系，二則有關管轄權、國際民事訴訟與國際商事仲裁之程序規定仍有不足；香港澳門關係條例捨兩岸關係條例之逐條式、細密性之規範方式而採概括式、籠統性之「準用」或「類推適用」一語（§38）帶過，無法處理複雜的法律適用問題；司法院涉外民事法律適用法修正草案（原稿）一則分章分節，有五章，甚至第三章有九款，故立法體系建立有重大完善作用，二則就內容與範圍言，「總則」（§1～§10）、「程序」（§11～§22）、「法律適用」（§23～§127）、「外國法院判決之承認與執行」（§128～§137）及「附則」（§138～§144）（見本書第六章圖 6–2），將國際私法自「小國際私法」（法律適用）進入「中國際私法」（法律適用及訴訟、仲裁程序），且統一實體法似為公約、條約，故自不應在國

際私法中明文，即立法體系採「中國際私法」而理論體系採「大國際私法」。

㈡就法律適用範圍言

涉外民事法律適用法修正草案（原稿）僅有「自然人」($§34 \sim §40$)、「法人」($§41 \sim §45$)、「法律行為」($§46 \sim §50$)、「債」($§51 \sim §81$)、「物權」($§82 \sim §91$)、「親屬」($§92 \sim §106$)、「繼承」($§107 \sim §110$)、「破產」($§111 \sim §121$) 與「仲裁」($§122 \sim §127$)，可惜對「公司」、「票據」、「保險」、「海商」及「航空」等國際商事法律適用問題尚未規定，且實務上應最常見，故有待填補。

㈢就兩岸修正草案比較言

大陸國際私法（示範法）亦分五章「總則」、「管轄權」、「法律適用」、「司法協助」與「附則」，且「法律適用」章亦分「權利能力和行為能力」、「法律行為方式和代理」、「時效」、「人身權」、「物權」、「知識產權」、「債權」、「婚姻家庭」、「繼承」、「破產」與「仲裁」 ⓛ，從五章之章名與結構體系完全相同，法律適用範圍亦幾乎雷同，是否國際私法之趨同化與統一化。

又關於我國涉外民事法律適用法修正之第二稿（初稿）及第三稿（部分條文修正案）之立法體系，前者僅有「總則」、「準據法」及「附則」三章，後者則有「總則」、「權利主體」、「債」、「物權」、「親屬」、「繼承」及「附則」七章，可見本書第六章（圖6–3及圖6–4）之內容。

ⓛ 中國國際私法學會，《中華人民共和國國際私法示範法（第六稿）》，法律出版社，北京，二○○○年八月第一版。

第八章　國際私法之基本原則論

5.就外國法查明、不明與錯誤而言

㈣就選擇準據法之具體表現

　1.契約準據法

　2.侵權行為準據法

　3.父母與子女關係準據法

　4.收養之準據法

　5.監護之準據法

四、保護弱者原則在我國國際私法

㈠早期：法律適用條例 (§18、§19)

㈡現時：涉外民事法律適用法 (§16、§20)

㈢未來：涉外民事法律適用修正草案 (§60、§61、§69、§70、§101、§100、§103、§104、§105、§106)

　1.僱傭契約之準據法

　2.消費者契約之準據法

　3.商品製造人責任之準據法

　4.不公平競爭及限制競爭之行為之準據法

　5.非婚生子女認領要件之準據法

　6.子女之身分之準據法

　7.有關收養之要件與效力之準據法

　8.父母與子女間親權之準據法

　9.監護之準據法

　10.扶養義務之準據法

第七節　兩性平權原則

一、兩性平權原則之概念

二、憲法與法理學上討論

三、我國有關兩性平權原則之實現

㈠結婚效力之準據法 (§12)、(§94)

㈡夫妻財產制之準據法 (§13)、(§94 ～ §97)

㈢離婚之準據法 (§14、§15)、(§98)

㈣子女婚生身分之準據法 (§16)、(§100)

㈤父母與子女親權之準據法 (§19)、(§104)

第八節　屈服條款 (Beugungsklausel) 與親近原則 (Grundsatz der grössern Nähe)

一、「屈服條款」與「親近原則」之概念

第一節　國際私法基本原則之概念

一、國際私法基本原則之含義

　　所謂「國際私法基本原則」係指在制定、起草、實施、運用與解釋國際私法，進行國際民商事法律關係行為與處理國際民商事爭議，應當自始至終加以貫徹執行或遵守主要準則，且是貫穿法律條文之基本精神，簡言之，國際私法之基本原則應是貫穿於國際私法各項制度與規範中之共同指導原則與理論思想。國際私法基本原則應是國際私法重要基礎理論之組成部分，應是國際私法之學術研究、實務適用與立法運行之重要支柱。

二、國際私法基本原則之各國總覽

　　關於國際私法基本原則不同國家學說有不同之歸納，各派學者有不同態度：

㈠西方英美歐陸國家採消極說

　　英美歐陸國家學者，一般不研究討論國際私法之基本原則，蓋彼等認為適用外國法之理論或指導選擇法律之原則，即有了國際私法基本原則作用，即確立一個法律適用之基本理論，舉凡法律關係本據說、意思自治說、國際禮讓說、既得權說、最重要牽連關係說等 ❶，作為國際私法之基本原則，所以在西方國家的傳統國際私法中不同的適用外國法理論，亦就是解決國際私法之基本原則或指導理論。現代國際私法要解決任務是整個國際民商事法律關係的合理規範，而不僅是法律選擇之理論說明，故消極說從現代國際私法之觀點而言，應遙遙落後於國際民商事法律關係發展之形勢。

㈡東歐及原蘇俄國家採積極說

　　東歐及原蘇俄國家之國際私法學者曾就國際私法之基本原則作過廣泛之討論，例如匈牙利學者 Szaszy 教授社會主義國家之國際私法之基本理論與基本原則應有七個方面，⑴社會主義國家的國際私法是規定產生於國家間鬥爭和合作過程中的法律關係的法律；⑵它的理論來源於這些國家的對外政策；⑶它的前提或根據是存在著兩個不同的制度並存的這一基本事實；⑷在社會主義國家之間，通過條約方式使國際私法規則得到加強與統一，是這些國家處理他們彼此之間關係的基本原則；⑸這些國家的立法機關在國際私法領域中的一個重要目標就是建立

---

❶　Gerhard Kegel und Klaus Schurig, *Internationales Privatrecht*, Verlag C.H. Beck, 8. Auflage, 2000, ss. 144–180.

起國際的法律的保障 (international legal security)，而這種法律保障的一個重要條件便是通過制定肯定的明確的統一的實體法規或衝突法規則，來盡可能消除法律的衝突，而在不可能消除法律衝突時，也應該盡可能適用那種不是只對法院國家自己有利的衝突規則；(6)社會主義國際私法的另一個基本原則就是反對在社會主義國家的法律和非社會主義國家的法律之間採取差別對待；(7)社會主義國家國際私法的最後一個基本原則是盡可能限制援用公共秩序保留來排除外國法的適用❷；又如原蘇聯學者隆茨教授歸納蘇聯國際私法之基本原則為三，「嚴守各國平等和獨立原則」、「國家及其財產豁免原則」及「互惠原則」❸。

三、中國大陸學者見解整理

中國大陸地區學者有採「消極說」者❹，有採「積極說」者，後者大致均論及(1)主權原則、(2)平等互利原則、(3)保護當事人合法權益原則與(4)遵守國際條約與參照國際慣例原則❺。

四、管見：提出十個基本原則

筆者認為國際私法基本原則有其重要價值，且是國際私法法理學與法哲學上重要成分，對學理研究、實務適用、司法解釋及立法議事學中有指導思潮與基礎

---

❷　I. Szaszy, *Conflict of Laws in the Western, Socialist and Developing Countries*, 1974, pp. 60–61；見李雙元主編，《國際私法》，北京大學出版社，北京，一九九一年九月第一版，第二十三頁至第二十四頁；余先予主編，《衝突法》，上海財經大學出版社，上海，一九九九年十二月第一版，第二十八頁至第二十九頁。

❸　隆茨、馬蕾舍娃、薩季科夫著，吳雲琪、劉楠來、陳綏譯，《國際私法》，法律出版社，北京，一九八六年六月第一版，第七十頁至第七十二頁。

❹　採消極說者有：㈠韓德培主編，《國際私法新論》(普通高等教育「九五」國家級重點教材)，武漢大學出版社，武昌，一九九九年一月第三次印刷；㈡黃進主編，《國際私法》，司法部法學教材編輯部編審，法律出版社，北京，一九九九年九月第一版；㈢劉仁山主編，《國際私法》，中國法制出版社，北京，一九九九年五月第一版。

❺　採積極說者有：㈠李雙元主編，《國際私法》，北京大學出版社，北京，一九九一年九月，第二十三頁至第二十七頁；㈡張仲伯主編，《國際私法學》，中國政法大學出版社，北京，一九九九年一月第一版，第二十三頁至第二十五頁；㈢趙相林主編，《國際私法》，中國政治大學出版社，北京，一九九八年四月第二次印刷，第二十一頁至第二十三頁；㈣余先予主編，《國際私法教程》，中國財政經濟出版社，北京，一九九八年九月第一版，第二十一頁以下；㈤趙生祥主編，《國際私法學》，法律出版社，北京，一九九九年九月第一版，第十八頁至第二十二頁。

理論之價值。就比較外國學者見解及平日思考歸納可得國際私法基本原則應隨著國際形勢之變化而發展，一些舊原則已經注入新的內容，且隨著國際私法之發展而形成了一些新的基本原則，就當代跨世紀國際私法學之基本原則應包括下列數端：(1)條約必須遵守 (pacta sunt servanda) 原則：有約必守原則是一個古老之民商法原則，故「當事人意思自主原則」在國際私法中自「契約」準據法，有逐漸擴充至「無因管理」、「不當得利」、「侵權行為」、「物權」及「夫妻財產制」之準據法之新趨勢；且國際私法之範圍擴及到國際衝突法、國際程序法及國際統一實體法，所以「法源」除包括「國內法源」外，應及於「國際法源」，即「條約必須遵守原則」❻，我國涉外民事法律適用法修正草案第二條規定：「前條（法源）規定之事項，條約另有規定者，依條約之規定。」及第一百三十九條規定：「涉外民事，條約另有規定者，依條約之規定。」表示國際條約在國際私法上之法源地位，亦表示條約必守原則；(2)就立法技術之科學性原則及(3)就立法程序之民主性原則，兩者為國際私法立法學上之基本原則；另外就立法實質內容有(4)國家主權原則；(5)平等互惠原則；(6)保護弱者原則❼；(7)兩性平權原則；(8)屈服條款 (Beugungsklausel) 與親近原則 (Grundsatz der grössern Nähe)❽；(9)追求判決結果可預見性與一致性之「一般安定性原則」❾及(10)追求具體案件判決之公正性與妥適性之「具體妥當性原則」❿。每一原則擇概念、各國法制之表現及我國現行法及修正草案之規定一一說明。

第二節　立法技術之科學性原則

❻　有關條約必須遵守 (Pacta sunt servanda) 見：㈠王鐵崖主編，《國際法》，五南圖書出版公司印行，臺北，一九九二年五月第一版，第四一六頁以下；㈡丘宏達主編，《現代國際法》，三民書局印行，一九七三年十一月初版，第四十四頁至第四十五頁。

❼　田園，《論國際私法中的保護弱者原則》，中南政法學院國際私法專業碩士學位論文（未刊本），二○○○年五月。

❽　Gerhard Kegel und Klaus Schurig, *Internationales Privatrecht*, Verlag C.H. Beck, 8. Auflage, 2000, ss. 366–379.

❾　肖永平，《中國衝突法立法問題研究》，武漢大學博士論文，武漢大學出版社，武昌，一九九六年八月第一版，第十八頁以下。

❿　見㈠李後政，《國際私法選法理論之新趨勢》，臺灣大學博士論文，一九九四年五月（未刊本）；㈡賴來焜，《海事國際私法中船舶優先權之研究》，政治大學博士論文，一九九二年五月（未刊本），第五九○頁以下。

一、 立法技術科學性原則之概念

　　所謂「立法技術」係法律制定、修改或廢止之原則與表達之技術，依照法律體例與根據一定法律格式，運用恰當文字，以臻表達立法原則之真意與實行法律中有「一般安定性」，實現正義與公平，舉凡法律起草機構、法律起草要義、起草步驟、法律體例、法律布局與法律格式等等均屬立法技術範圍❶，「立法技術學」講求或堅持科學性原則，科學的立法技術可以使法律所表述之形式與實質內容一致，使法律結構統一協調，條文清晰、字詞確切。

　　筆者認為國際私法立法技術科學性原則應可在(1)就觀念上言：更新國際私法觀念，實現立法的科學化；(2)就名稱上言：關於我國國際私法法規名稱講求正確、明白、簡化的原則；(3)就體系上言：國際私法應利用系統論之方法，建立合理的法律結構，使章節條文排列合乎內部聯繫關係與邏輯結構；(4)就法規結構言：正確理解衝突規範與衝突法條文之關係，掌握國際私法法規之結構，保持衝突法條文之完整性；(5)就法規特殊性言：區分「衝突規範」與「一般法律規範」之法規結構，選擇合適連結因素，衡量我國基本政策決定適用方式❷。就此五端逐一說明：

二、 就觀念上言：更新觀念，實現立法科學化

　　跨世紀國際私法應有新觀念，匡正舊的錯的觀念，國際私法應捨單純私法、國內法、程序法而採兼具公法與私法、國內法與國際法、程序法與實體法，衝突對象國際間地的衝突及於區際衝突，另有「人際衝突」與「時際衝突」等均應詳細規範，傳統國際私法有不明確的、有抽象的、有難以適用的，故立法觀念應科學化、細緻化、具體化、可適用性，凡此是法律的內在要求，使法律具有可適用性，以增強法律之權威性。

三、 就名稱上言：名稱應正確、明白、簡化

　　就國際私法法規之名稱達十餘種，一九一八年八月五日我國稱「法律適用條例」，一九五三年六月六日稱「涉外民事法律適用法」，主要十餘種有下列幾類：

---

❶　賴來焜，《立法程序與技術》，長弘出版社，臺北，一九八六年第一版，第一四八頁至第一五三頁。

❷　中國大陸民法通則第一四六條規定謂：「中華人民共和國公民定居國外的，他的民事行為能力可以適用定居國法律。」其規定「可以適用」顯然「可以不適用」，在立法技術是不成熟的。

(1)就法律形態命名者：稱「法則區別說」、「法律衝突論」或「衝突法」；(2)就法律適用範圍命名者：稱「外國法適用論」（或「外國法適用法」、「法律的域外效力論」、「域外效力法」與「法律適用法」）；(3)就法律所調整社會關係命名者：稱「國際私法」、「國際民法」、「國際民商法」、「涉外私法」與「私國際法」。筆者鑑於我國涉外民事法律適用法因一則現行國際私法之作用與範圍不限於「法律適用」，已包括「管轄權」、「判決承認」、「訴訟程序」與「仲裁程序」，「法律適用」已無法涵蓋；二則為「國際私法學」與法規名稱不一致；三則適用對象稱「涉外民事」，不如稱「國際民商事關係」為廣。到目前為止，不同學者、不同國家或地區，對國際私法仍存有不同稱謂，一般而言，大陸法系各國比較普遍適用「國際私法」，而英美法系國家更多稱為「衝突法」，我國學者大致均稱「國際私法」，管見認為未來新法之名稱問題並不是一個太重要的問題，只要正規、確定和簡化，在眾多不同名稱中選擇一個比較恰當，多數人可接受，捨「涉外民事法律適用法」而改稱「國際私法」是可採名稱。

四、就體系上言：建立合理邏輯結構，內部聯繫之大國際私法

國際私法應利用系統論方法，建立合理法律結構，現代系統論謂：如果一個系統內部各要素之間協調性大於矛盾性，正面作用大於負面作用，就會發生「整體大於部分之和」的效應❸。我國一九一八年八月五日法律適用條例係分章節，有總則與分章，體系完備；一九五三年六月六日涉外民事法律適用法則不分章節，不符合法律結構，致生很大爭議，例如第五條之體系地位究為「總則地位」抑或「分則地位」，例如認領方式究依第五條選擇準據法，抑或依第十七條「成立要件」之選擇準據法？收養方式究依第五條選擇準據法，抑或依第十八條「收養之成立」選擇準據法？同樣遺囑之方式，究應依第五條，抑或依第二十四條選擇準據法❹？認為國際私法之體系應說明者：

❸ 見㈠韓德培主編，《中國衝突法研究》武漢大學學術叢書，武漢大學出版社，武昌，一九九三年六月第一版，第七十五頁至第七十六頁；㈡肖永平，《中國衝突法立法問題研究》，武漢大學博士論文，武漢大學出版社，武昌，一九九六年八月第一版，第二十二頁至第二十三頁。

❹ 最高法院七十五年臺上字第一四一九號判決謂：「按收養之成立，依各該收養者被收養者之本國法，涉外民事法律適用法第十八條第一項定有明文。而法國採養子女屬人法主義；上訴人與呂芳芳之收養關係是否成立，非單以我國民法有關規定為準據法。我國民法第一千零七十九條修正前其但書雖規定自幼撫養為子女者，無須訂立書面契

　　(1)我國國際私法立法不能是各種衝突法規範之簡單相加，無內在邏輯關係之簡單堆砌，而必須建立合理的體系結構，以協調各個國際私法條文之間的相互關係，避免條文之間的重複、交叉，甚至相互矛盾之弊端，例如我涉外民事法律適用法修正草案第一章「總則」第一條規定：「涉外民事法律之適用，本法未規定者，適用其他法律之規定；其他法律無規定者，依法理。」「涉外民事事件之法院管轄及審理程序、外國法院判決及仲裁判斷之承認與執行，本法未規定者，適用其他法律之規定。」而在第五章「附則」第一百三十八條謂：「涉外民事，本法未規定者，適用其他法律之規定；其他法律無規定者，依法理。」兩者不僅規定重複且相互矛盾不一致；又第一章「總則」第二條及第五章「附則」第一百三十九條均規定：「涉外民事，條約另有規定者，依條約之規定。」**⓯**

　　(2)就立法體系前提之範圍言：國際私法之私法應包括民事及商事，筆者認為我國雖採民商合一，殊不知民商合一應僅為法源體系置於一體，而非民商事不分，甚至如我國涉外民事法律適用法及涉外民事法律適用法修正草案幾乎完全不顧商法之衝突；又有關「管轄權」、「訴訟程序」、「仲裁程序」及「外國法院判決與（仲裁判斷）之承認與執行」等「大」國際私法體系之建立基礎。

　　(3)就體系章節言：比較最新各國國際私法與我國現行其他法律之結構，我國未來國際私法法規應分「總則」與「分則」，總則應將國際私法之法源、性質基本原則與基本制度確定，而分則應包括「具體法律關係之準據法」、「管轄權」、「訴訟與仲裁程序」與「裁決之承認與執行」等問題一併規定。

五、就法規結構言：掌握國際私法法規之結構

　　一般法律規範之邏輯結構**⓰**有謂三元論（假定、處理與制裁），有謂二元論

　　約，惟法國民法規定必須由當事人在法院推事或公證人面前訂立書面契約，並經法院確認，始有效成立。茲上訴人謂其自幼撫養呂芳芳無須訂立書面契約，雙方卻成立收養關係，自非可採。」本判決值得檢討者：㈠本案逕依我國民法，違反適用國際私法之流程；㈡收養之方式依學者之見以採涉外民事法律適用法第五條為當。

⓯　有學者認為應列於憲法中，見司法院涉外民事法律適用法研修會議第二次會議紀錄。

⓰　見㈠羅玉中，〈法律規範的邏輯結構〉，載《法學研究》，武昌，一九八九年第五期，第十六頁至第二十頁；㈡張志銘，〈法律規範三論〉，載《中國法學》，北京，一九九○年六期，第四十頁至第四十二頁；㈢王澤鑑，《法律思維與民法實例》，自版，一九九九年十月出版，第二四○頁以下；㈣黃茂榮，《法學方法與現代民法》，自版，一九八二年十月版，第九十五頁以下。

（構成要件與效果），例如⑴民法第一百七十九條：「無法律上之原因而受利益，致他人受損害者，應返還其利益。」之不當得利規定，「無法律上之原因而受利益，致他人受損害者」為不當得利之構成要件，而「應返還其利益」為不當得利之效果；⑵民法第一百八十四條第一項前段規定：「因故意或過失，不法侵害他人之權利者，負損害賠償責任。」「因故意或過失，不法侵害他人之權利者」為一般侵害他人「權利」侵權行為之構成要件，而應負損害賠償責任為侵權行為之效果；而國際私法中主要條文或衝突規範之結構有採三分說（甲說：「範圍」(Categories)、「繫屬」、「關聯詞」❶、乙說：「法律關係類型」、「連結因素」(Connecting factor)、「準據法」）❶；有採二分說❶，筆者原來認為應採三分說，即「指定原因」、「連結因素」與「準據法」三者❷，但頃近細思與歸納各國學者見解後，認為國際私法主要條文應由四個構成元素組成，即指定原因、連結因素、準據法、指定原因與準據法間之關連性❷，故吾人應正確認識衝突規範與衝突法條文之關係，保持國際私法條文之完整性，吾人在制定國際私法時，必須依據每一法律條文之規範對象、規範方法與實際需要，將「指定原因」、「連結因素」、「準據法」、「指定原因與準據法之關連性」完整、明確地規定，保持內部聯繫之和諧，建立完整之國際私法立法體系。

---

❶ 余先予主編，《衝突法》，法律出版社，北京，一九八九年第一版，第八十頁至第八十一頁。

❶ 董立坤，《國際私法論》，法律出版社，北京，一九八八年第一版，第五十四頁至第六十頁。

❶ 見：㈠ Ernst Rabel, *The Conflict of Laws: A Comparative Study*, Vol. 1, University of Michigan Law School, 1958, p. 47; ㈡韓德培，《國際私法 (修訂本)》，武漢大學出版社，武昌，一九八九年第一版，第四十九頁至第五十頁；㈢李雙元，《國際私法 (衝突法篇)》，武漢大學出版社，一九八七年版，第一一五頁至第一一六頁；㈣劉振江，《國際私法教程》，蘭州大學出版社，一九八八年版，第九十四頁；㈤馬漢寶，〈國際私法規則之特性及相關問題〉，載《法令月刊》，第三十四卷第十一期，一九八三年十一月，第二頁以下。

❷ 同說見賴淳良，《從國際私法規則之結構及其適用上之相關問題談國際私法的特性》，輔仁大學碩士論文，一九八七年六月 (未刊本)，第二十七頁至第三十一頁。

❷ 賴來焜，《當代國際私法學之構造論》，神州圖書出版有限公司，二〇〇一年版，第七十七頁至第七十九頁。

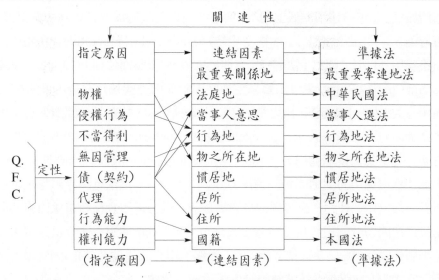

圖8-1: 國際私法法規結構圖

六、就法規特殊性言: 衡量國家基本政策決定準據法適用方式

基於國際私法之特殊性,為了使衝突規範達到完善,立法技術上應將四個元素組成一部正確之國際私法規定:

(一)就指定原因言

由於它所指的形式上正如一般的民事法律關係,實質上是一種特殊的涉及外國適用之特殊民商事法律關係,因此在制定國際私法衝突規範之指定原因,所涉及的法律術語具有特殊含義或在國內民法中無明確含義時,國際私法法規應有明確的界定。

(二)就連結因素之選擇言

對於「連結因素」之選擇,應真實地反映「指定原因」內之法律關係與一定地域之法律存在著內在的實質聯繫,而不能是任意的,更不應是虛構的,否則將發生選擇法律不當,外國不承認我國法院之判決,但常見之連結因素有國籍、住所、居所、習慣居所、訂約地、履行地、侵權行為、事實發生地、婚姻舉行地、物之所在地、當事人意思、法庭地與最重要牽連關係地等均是長期在立法實踐中逐漸形成的。

(三)就準據法之類型與適用方式言

依據國際私法中主要條文之準據法指示方向可分為「單一適用方式」與「複

數適用方式」。「單一適用方式」係指一個連結因素為基礎或橋樑指向一個準據法，其可分為二：「單面法則」（單面衝突規範）(Unilateral Conflict Rules) 僅指向內國法而不適用外國法，即以「法庭地」為連結因素❷；「雙面法則」（雙面衝突規範）(Bilateral Conflict Rules) 係以歸屬未定連結因素而內外國法均有適用可能❷。「複數適用方式」依一國國際私法之指示須適用數種準據法，其彼此間關係有(1)準據法選擇適用方式 (Choice rules for regulating the Conflict of Law)；(2)準據法併行適用方式；(3)準據法累積適用方式 (double rules for regulating the Conflict of Law)；(4)準據法梯級適用方式與(5)補充適用方式，詳言之，準據法選擇適用係數準據法選擇其一而適用，其立法政策係促其容易成立；併行適用立法政策係因應法典體系化及法律問題分割與維持雙方當事人地位平等；累積適用方式立法政策係以法庭地抵制外國法，維持法庭地公序良俗；梯級適用方式立法政策是依「承先啟後」與「逐項逐段」適用，維持連結因素先後重要次序等，每一個適用方式均有其立法政策，故簡單之單面法則與雙面法則，複雜之選擇、併行、累積、梯級與補充，此等七類衝突法則涉及立法技術，甚至國際私法衝突法指示準據法並不是一種抽象公式，其與一國政治、經濟生活密切相關，故具體採用哪一種方式常取決該國之實體政策。當今立法設計如何適應世界頻繁而複雜的國際經濟、民事交往之實際需要，立法技術或實質政策，從簡到繁，從單一到複雜之發展，無疑在國際私法立法技術上應有進一步努力。

表 8–1: 國際私法中準據法適用方式

	(一)含義	(二)實例	(三)特徵	(四)立法政策
選擇適	可選擇適用之數種準據法，選擇其中一種予以適用	1. §5 Ⅰ 實質準據法與行為地法之選用	1. 選擇其一（競合） 2. 特別準據法打破概括準據法（屈	1. 促其易於成立 2. 確明特定關係而選擇適用

---

❷ 有關單面法則與法庭地連結因素見(一)吳友明，《論國際私法上法庭地的研究》，中南政法學院國際私法專業碩士論文，一九九五年；(二)鄧杰，〈論國際私法中法院地法的適用〉，載《中國國際私法與比較法年刊》，法律出版社，一九九九年第二卷，第四三五頁以下。

❷ 見：(一)肖永平，《中國衝突法立法問題研究》，武漢大學博士論文，武漢大學出版社，武昌，一九九六年八月第一版，第七十九頁至第八十頁；(二)劉鐵錚、陳榮傳，《國際私法論》，三民書局印行，臺北，一九九六年十月初版，第二五八頁以下。

用		2. §11 I 夫本國法、妻本國法與舉行地法之選用 3. §13 I 與 .§13 III	服)	
併行適用	數種準據法就同一涉外案件，對於法律關係或當事人之觀點，分別適用不同之法律	1. §11 I 各該當事人 2. §17 各該認領被認領 3. §18 各該收養被收養	1.效力上互不牽連、互不影響、互無輔助 2.各自適用結果，合一決定其成立	1.法律關係：標的與非標的關係 2.當事人：維持雙方當事人平等
累積適用	對於同一涉外關係先後重疊適用數個準據法	1. §9 侵權行為地法與法庭地法 2. §14 夫之本國法與法庭地法	抵制關係	1.限制其成立 2.維持法庭地公序
梯級適用		1. §6 2.新法草案 §94、§95、§98、§103 II	1.承先啟後關係 2.逐段逐項適用	準據法一般確絕式
補充適用		1. §27 I 前 2. §27 I 後 3. §27 III前	補充關係	解決國籍、住所、居所之消極衝突

第三節　立法程序之民主性原則

一、立法程序民主性原則之概念

　　所謂「立法程序」係為規範立法機關會議之構成、法律案之研擬、提出，議程之編製、法律案之審查、討論、修正、再議與覆議諸種立法過程之必要程式[24]，立法程序表現「民主政治」與「立法業務」之功能，且因國際私法事涉專業且有「專家法」或「學者法」之稱，各國地域遼闊，人數眾多，勢無法每位國民直接參與立法，國際私法立法程序應堅守民主性原則，反映國際私法一方面能反映全體人民之意志，他方面能反映經濟發展之客觀規律，三方面能健全國際民商法律關係之解決潮流與新趨勢。

二、就立法之發動言：筆者在立法院建議

---

[24]　賴來焜，《立法程序與技術》，長弘出版社，臺北，一九八六年第一版，第四頁以下。

我一九五三年六月六日涉外民事法律適用法係將一九一八年八月五日法律適用條例簡單修正,所以國際私法應是最早立法法典之一,但卻近半世紀未修正,我政府日日提出「國際化、自由化」,但規範國際民商事之法律卻是落伍的、陳舊的,筆者任職立法委員時,多次在立法院向法務部與司法院提出口頭或書面建議速速修正國際私法與區際私法(臺灣地區與大陸地區人民關係條例),因法務部負責「實體法」之研修,司法院負責「程序法」之研修,國際私法之性質獨特,有採「程序法說」者,有採「實體法說」者,有採「程序法與實體法之兩性說」者,究應由法務部或司法院負責研修,彼此推托。幸一九九八年筆者代表立法院赴司法院審查「司法概算」會議,筆者建議撥預算成立「涉外民事法律適用法研修委員會」,負責國際私法研修,會議主席院長施啟揚博士當場裁示秘書長及民事廳長立即成立研修委員會,甚至研修委員會成員包括台大、政大、興大、輔大、東吳、文化、世新等校教授及司法實務界具有全面代表性之含義,使制定國際私法不僅有法學家、實務家,更有行政部內代表參加,在全面的廣泛的徵求意見基礎上,使法律代表性具有全面性與民意性。

三、就法律案提出言: 鼓勵各界提出不同之法律草案

最近國際民商事關係日益複雜化與多樣化,國際經濟相互依賴性不斷加強,由於國際私法規範之範圍不斷擴大,立法技術性專業化越來越高。吾人必須集思廣益,更鼓勵學者或各種團體提出各自不同之法律建議案,未來與司法院「涉外民事法律適用法研修委員會」所提出涉外民事法律適用法修正草案,提出於立法院一併審議與討論,數個法律修正案版本互相對照、比較、充實與提高。

四、就法律案討論言: 廣聽國內外學者專家高見

基於立法程序之民主性原則,筆者認為在司法院研修過程或研修完成送立法院前,或在立法院審議程序中,對國際私法修正草案之討論應可以採取下列方式:(1)適時公布全部草案,向全國人民徵求意見,尤其是有爭議的問題可以在報章、廣播、電視、網路上公開討論;(2)鼓勵法學研究所、法學研究團體、單位舉行學術討論會、公聽會或座談會,使法律草案有各種不同看法;(3)立法院應有組織、有計劃地舉行對法律草案公聽會,討論中提出意見,收集匯總,列入審查討論中斟酌;(4)國際私法具有涉外性,應將修正草案邀請國外學者、外交單位、國貿機關評論與意見,使我國國際私法立法與世界各國之立法與實踐有趨同化。

五、就立法程序言: 實現立法之現代化

就國際私法性質而言，我國學者對國際私法之許多問題均存在嚴重歧異，舉凡國際私法之名稱、國際私法之性質、國際私法之範圍，形成「大國際私法」、「中國際私法」與「小國際私法」三足鼎立之勢，國際私法每一具體問題，幾乎均存在分歧，所以立法程序中將面臨前所未有之爭議與複雜化，且立法行為是一種綜合科學能力和社會財的社會行為，吾人應盡速優化國際私法立法機關之組成，更應加強立法之計劃性與主動性，應集中力量對我涉外民事法律適用法立法作出預測與規劃❷。

第四節　國家主權原則

一、國家主權原則之概念

所謂國家主權原則是規範國際公法關係之最基本原則，基於國際私法所規範的是一種不同國家立法、管轄權、法律適用的關係，既是以國家之間發展平等互利之國際經濟、文化、民事關係為中心，既要維護內國之國家主權，且不能侵犯別國之國家主權，即平等國際交往關係。國際法上「主權」係指國家獨立自主地處理自己對內對外事務之最高效力，為國際公法上最基本最重要之原則，且衝突法發展歷史中，惟有所涉各國具有完全平等之關係，才會發生法律衝突問題，才有法律選擇之必要。例如我國早年雖有法律適用條例，但列強經由不平等條約，在我國攫取領事裁判權，徒有法律虛名，故國家主權原則為國際私法中之一項基本原則。

二、主權原則在國際私法之表現

國家主權原則在國際私法之具體表現言：

㈠就獨立自主制定國際私法言

世界各國基於國家主權之獨立與完整，每個國家都有權獨立自主地制定內國國際私法，一方面不受任何外來勢力之干擾和影響，且有系統編纂國際私法過程中堅持國家主權原則。

㈡就國家財產豁免權言

國際私法上互相尊重國家主權原則，承認「平等者之間無裁判權」之國際慣

---

❷ 見㈠韓德培主編，《中國衝突法研究》，武漢大學學術叢書，武漢大學出版社，武昌，一九九三年六月第一版，第七十三頁；㈡黃進、肖永平，〈中國國際私法領域內重要理論問題綜述〉，載《中國社會科學》，一九九〇年第六期，第一九三頁至第二〇二頁。

例，各國相互遵守國家及其財產享有不受其他國家管轄之豁免權。

(三)就場所支配行為原則言

主權原則要求外國法人和自然人在內國從事各種民事活動，必須遵守「地主」（東道國）之法律、法規，尊重所在國的領土完整和其對自然資源之永久主權，不得進行有損於所在國的主權與獨立之行為。

(四)就司法管轄權言

每一個主權國家均享有獨立的司法管轄權，外國人不得在所在地國家享有損於該國司法主權的特殊權利，例如領事裁判權，且主權原則要求在一國起訴之國際民商案件，該國有權確定有無管轄權，即有權決定受理或不受理。

(五)就法源制約言

國家主權原則並不意謂國家在處理國際民商事關係時，得為所欲為而不受制約，主權國家為了進行國際合作，發展彼此間平等互利關係，其主權行使仍然須受國際條約及國際慣例之制約。

(六)就國家主權與適用外國法間關係言

現今雖很少有人認為適用外國法有損於國家主權，但從現存之立法與當前之司法實踐言，片面擴大國內法的適用的傾向仍明顯存在。就理論上言，依據內國國際私法指示而適用外國法為準據法，以為公正、合理的處理國際民商事關係，不僅不損害國家主權，而且正好堅持和維護國家主權原則；就實踐上言，國際私法是間接法，不應該任何案件均適用內國實體法，反而有時適用外國法對我國當事人更為有利，故應盡量採用雙邊衝突規範（全面法則）增加適用外國法之機會 ❷。

(七)就國際私法制度直接受主權制約言

國際私法中許多制度之產生與確立，直接受國家主權制約者，例如用物之所在地法來解決物權關係的問題，用「場所支配行為」的原則來解決行為方式方面的問題，用法院地法來解決程序方面的問題，用屬人法來解決人的身分與能力問題，等等均受國家主權制約 ❷。

(八)就公序良俗條款維護國家主權重要制度言

---

❷ 韓德培、李雙元，〈應該重視對衝突法的研究〉，載《武漢大學學報》，一九八三年第六期，第五十四頁以下。

❷ 李雙元，《國際私法》，法律出版社，一九八六年第一版，第二十六頁至第二十七頁。

　　公序良俗保留條款是國際私法上一項維護國家主權之重要制度，各國國際私法均肯定此一制度，我國涉外民事法律適用法第二十五條規定：「依本法適用外國法時，如其規定有背於中華民國公共秩序或善良風俗者，不適用之。」既為維持我國立國精神與民間倫理觀念，即為主權原則之表現。

㈨就當事人維護國家主權言

　　國際民商案件之當事人在參與行為時，亦應維護內國主權，且須尊重他國主權，例如在簽訂契約時積極主張適用「本國法」，選擇適用內國法院管轄、使用內國之語言、文字，契約內容不得違反內國法律之強行或禁止規定等等問題，無一不是來源於國家主權原則或與國家主權原則存在著密切關係。

第五節　平等互惠原則

一、平等互惠原則之概念

　　所謂「平等互惠原則」係指一國家或法域在制定、運用和解釋國際私法時，應貫徹國家間、法人間及當事人間在法律上一律平等，在經濟關係中相互有利，有稱「互利原則」或「公平互利原則」。「相互性」占有很重要之地位，平等互惠原則是國際公法上互惠原則在國際私法上之運用。

　　平等和互利並非彼此孤立的，係相互緊密地聯繫成為一個整體，沒有雙方地位平等，就不可能互利，只有一方獲利就不可能是真正平等，尤其社會主義國家與資本主義國家的衝突法中兩種經濟制度並存的事實為基礎，強調不同社會與經濟制度之國家間主權平等與互相合作，平等互利原則確定是國際私法之基礎❷。

二、平等互惠原則之基本要求

　　平等互利原則有兩方面基本要求：⑴國際民商事法律關係當事人雙方法律地位平等，都具有享受民事權利與負擔民事義務之地位與資格，任何一方不得以「特權者」之地位出現；⑵在權益上要彼此有利，當事人之間確定權利義務關係之具有法律效力之文件，如契約、協議、證書，應滿足雙方利益要求，從雙方具體經濟條件出發，使經濟實力較弱一方確實得到該有實惠，不得以經濟、技術或其他實力優勢，誘使對方簽訂不平等協議或損害對方之利益。

三、平等互惠原則在國際私法上之表現

---

❷　肖永平，《中國衝突法立法問題研究》，武漢大學博士論文，武漢大學出版社，武昌，一九九六年八月第一版，第二十六頁。

平等互惠原則是國際交往之基本原則，在國際私法中可就(1)就民事權利之賦與：表現平等對待內外國人；(2)就法律適用之表現：內外國法律平等原則；(3)就司法協助之表現：司法協助常以相互承認為要件；及(4)就立法措施言：採法律對抗之表現，就此四端分別說明：

(一)就民事權利之賦與表現

首先，在民商權利賦與之表現平等互惠，易言之，一國賦與在內國境內之外國人某種權利，一般均要求以對方相互提供互惠為前提；國家與國家之間，應當互相賦與對方國家之自然人或法人以民商事權利。通常一個國家無理地限制對方國家自然人或法人的民商事權利，對方國家有權對該國自然人或法人的民事權利加以對等之限制。此種平等互惠原則表現在國際條約和國內立法中，(1)就國際條約言：例如一八八三年「保護工業產權的巴黎公約」與一八八六年「保護文學與藝術作品的伯爾尼公約」分別確立「國民待遇原則」與「互惠原則」；(2)就國內立法言：各國專利法與商標法均規定外國人在互惠條件下，向內國申請專利權與商標權，又如我國現存的國際私法制度亦表現了國際民商事法律關係之當事人間之平等互惠，在涉外民事法律適用法第六條規定國際契約之準據法係由契約當事人有權自主選擇應適用之法律，但選擇法律並非當事人一方獨斷選擇，而是當事人經由平等協商，就有利於雙方的法律所進行的共同選擇❷。這些規定原則上保證了在國際私法中貫徹平等互利原則。

(二)就法律適用之表現

就法律適用之表現必須平等對待內外國或法域之法律，蓋國際社會中，由於各國的社會制度、經濟制度、道德觀念各不相同，因而各國之民商法律制度間必存在一定差異，因此當各國人民在相互交往中發生衝突時，只有各國民商法處於平等之地位，才有國際私法之存在，從保護正常的國際民商事交往出發，內外國之間應互不歧視對方國家之民商法，且應當互相尊重對方國家之民商法，並在一定範圍內承認對方國家民事法律之域外效力，承認依對方國家法律所產生之既得權，從而導致內外國法律之選擇或適用問題，而允許依對方國家或法域之法律來規範有關之涉外民商事關係。反之，在民商法領域，各國均堅持法律效力具有狹隘之屬地主義或具有嚴格之地域性，在法律適用問題上強調內國法律優於外國法

---

❷ 黃進，〈中國衝突法體系初探〉，載《中國社會科學》，一九八八年第五期，第一五三頁以下。

律，對外國法採取排斥態度，各國法律既無平等，即無衝突法。故基於平等互利原則，依據一定條件，承認內外國法平等是有必要的。

㈢就司法協助之表現

就司法協助方面表現平等互利原則，蓋內國法院在處理國際民商事案件時，可能需向外國之當事人送達書狀文書、從外國調查證據、內國法院判決或仲裁判斷需要外國法院承認與執行，常生請求外國法院給與司法協助問題，不同國家之法院間進行司法協助常以相互承認為條件或原則，例如我國民事訴訟法第四百零二條規定：「外國法院之確定判決，有下列各款情形之一者，不認其效力：……四、無相互之承認者。」又如強制執行法第四條之一及仲裁法第四十七條均同精神。

㈣就立法採法律對抗之表現

法律對抗是根據平等互利原則引申出來之一個概念，當一國自然人、法人之正當權益受到另一國之非法限制、侵害或歧視時，受害國有權對另一國（加害國）之公民、法人採取報復性之相應的對等措施，例如中國大陸在一九四九年時，美國凍結大陸在美國之公私存款，中國大陸亦下令凍結美國在大陸境內之一切財產。可見法律對抗在維護當事人在國際民商事法律關係中合法權益，其係從屬於平等互惠原則之一種合理制度，有其必要性。

第六節　保護弱者原則

一、保護弱者原則之概念

所謂「保護弱者原則」係指保護民商事關係中處於弱勢或不利地位的當事人之合法權益，實現社會公正的一項法律原則。值得說明者有二：

㈠所謂「弱者」之含義

弱者係指平等主體的民商事關係中處於弱勢或不利地位的當事人。包括當事人之市場力量處於不平衡狀態，顯然一方當事人因其經濟地位較弱，惟有附合於經濟強者之他方當事人，或者一方當事人挾其豐富的信息與技術知識，在交易中不合理占取他方當事人利益，而使其利潤極大 (Profit-maximizing) 成本極小 (Cost-minimizing)，即弱者很可能因欠缺資本、技術、信息而出現錯誤、被詐欺、脅迫，以致合法的民商事權利受侵害或抑制。

㈡保護弱者原則之法理

因弱勢或不利地位所致不平等現象，一方面就法律之社會意義言，是社會本位的法律觀念所不允許，以保護弱者原則以校正這種不平等現象為功能之法律規則必須確立，二方面就經濟之社會意義言，其並非國家或國際社會之總體經濟秩序所能容忍，以免浪費社會財富或財富的不當分配，故保護弱者原則具有經濟與法律雙重社會意義，也是社會進步的必然趨勢。

二、保護弱者原則之特徵

保護弱者原則具有如下特徵：

(一)衡平性

所謂「衡平」(Equity) 之基本含義是公正、公平、公道、正義，並指嚴格遵守法律之一種例外，係在特定情況下，要求機械地遵守某一法律規定反會導致不合理、不公正的結果，因而就必須適用另一種合理的、公正的標準，保護弱者原則是在當事人之間存在懸殊之地位差異時，必須有一種更高層次的法律規則來進行調整，否則，難以實現法律平等地保護當事人合法權益的目的，所以保護弱者原則具有「衡平性」的功能特點。

(二)不確定性

所謂「不確定性」來自其所反映的事物的性質、狀態向立法者呈現模糊性，保護弱者原則即是一種不確定性之「模糊」，其表現有二：一方面「弱者」是一種比較概念，具有相對性與不確定性；二方面「公正」是具有討論與爭議之概念，在不同歷史、文化、觀念下即有不同解釋。

(三)靈活性

保護弱者原則在適用上富有靈活性，蓋民商事關係具有與日俱增之複雜性，立法者認識之有限性，正因其具有靈活性、模糊性調和複雜性與有限性之矛盾，所以保護弱者原則之內容具有模糊性而適用上富有靈活性。

(四)強制性

保護弱者原則之確立無疑是社會根本利益或社會正義的需要，當事人必須遵守而不得由當事人經由「意思自主」原則減損或取代，法院或當事人無條件須遵照執行，因其體現了社會價值和利益，不許任意破壞具有強制效力。

(五)補充性

保護弱者原則是一種補充原則，蓋一般情形民商事關係是平等主體之間權利義務關係，法律應當平等保護，但只有在需要特別關懷與強調保護弱者利益場合，

就應當發揮保護弱者原則之功能。最後須說明者，補充性與強制性應不矛盾，蓋補充性係針對其適用範圍而言；而強制性係針對其效力強度而言。

三、保護弱者原則在國際私法中若干表現

㈠地位說明

保護弱者原則涉及國際私法之各方面，其不僅對國際私法之基本制度、法律選擇方法與基本原則等有著重要影響。而且滲透至各種國際民商事中契約、侵權行為、婚姻、家庭、繼承、訴訟與仲裁等具體領域中，所以有謂在國際民商事關係之發生、發展與終止之整體程序中，均應考慮保護弱者利益之問題❸。

一九七八年奧地利聯邦國際私法有若干條文直接於一定情況下應適用於有利於弱者法律，例如⑴第二十一條「婚生子女」(Eheliche Abstammung) 之規定：關於婚生子女之成立要件及其否認，應依子女出生時夫妻之屬人法決定之，如子女出生前婚姻已經解銷者，依解銷時夫妻之屬人法決定之，如該子女之父母雙方屬人法不同時，依最有利於使該子女為婚生之一方之屬人法為準據法❸；⑵第二十二條「非婚生子女之認領」(hegitmation) 規定非婚生子女之嗣後婚姻而準正之要件，應依父母之屬人法決定之，若其父母雙方之屬人法不同，應以最有利於使該子女被認領之父或母一方之屬人法為準據法❸；⑶第二十五條第一項規定「非婚生子女及其效力」謂關於非婚生子女之父子關係之確定與承認之要件，應依非婚生子女出生時之屬人法決定之，但依據該準據法不允許確定或承認，而依嗣後之屬人法規定允許該非婚生子女對其生父確定或承認者，應依「嗣後」之屬人法而非依「出生時」之屬人法為準據法。適用於非婚生子女之父子關係之確定與承

---

❸　田園，《論國際私法中的保護弱者原則》，中南政法學院國際私法專業碩士學位論文（未刊本），二〇〇〇年五月，第九頁以下。

❸　§21. The prerequisites for the legitimacy of a child and for the contestation thereof shall be judged according to the personal status law which the spouses had at the time of the birth of the child, or, if the marriage was dissolved prior to birth, that which the spouses had at the time of dissolution. In the case of different personal status laws of the spouses, the one more favorable to the legitimacy of the child shall be determinative.

❸　§22. The prerequisites for the legitimation of an illegitimate child by subsequent marriage shall be judged according to the personal status law of the parents. In the case of different personal status laws of the parents, the one more favorable to legitimation shall be determinative.

認，亦適用於非婚生子女父子關係之否認 ❸；(4)第四十一條「消費者契約」第二項規定謂在前項法律之強制規定範圍內，如當事人合意所選擇之法律有害於消費者，不生效力 ❹；(5)第四十二條第二項規定「關於使用不動產契約」規定謂在前項租賃法律之強制規定範圍內，如當事人合意所選擇之法律不生效力 ❺ 等等均為保護弱者原則之實現。

同樣地，一九八六年聯邦德國關於改革國際私法之立法中亦在實現其一九四九年憲法第三條第二項原則而修改，所以在第二十一條非婚生子女準正，第二十三條請求認領、第二十九條消費契約及第三十條僱傭契約等等之準據法中均有保護弱者婦女、兒童、消費者、受僱人利益之條文規定 ❻。

㈡就選法方法論之表現

在傳統選法方法論中保護弱者原則在國際私法中地位(1)就法律規則之性質決定法律選擇（法則區別說）而言：在特殊情形下保護弱者原則很可能構成與國際民商事案件有關的內國或外國的強制性法律規則；或者構成該國公共秩序的一部分；(2)就法律關係之性質決定法律選擇（法律關係本據說）而言：由於這種法律選擇方法要求分析國際民商事關係之性質而後確定準據法，只要確定某種國際民商事關係屬於需要對弱者進行法律保護的特定情形時，最有利於保護弱者之該國家或法域即是國際民商事關係之本據所在地國家或法域，該國家或法域之法律就應當選擇適用；(3)就當事人意思自主選擇法律（當事人意思自治說）而言：隨著國際民商事交往之不斷發展與日益複雜化，某些當事人在國際民商事活動中基

---

❸ §25. (1) The prerequisites for the establishment and acknowledgment and acknowledgment of the paternity of an illegitimate child shall be judged according to his personal status law at the time of birth. However, they shall be judged according to a later personal status law of the child if establishment of acknowledgment is permissible according to that law, but not according to the personal status law at the time of birth. The law according to which paternity was established or acknowledged shall also be determinative for its contestation.

❹ §41. (2) To the extent that mandatory provisions of that law are involved, a contractual choice of law to the detriment of the consumer shall be disregarded.

❺ §42. (2) To the extent that mandatory provisions of that law concerning leases are involved, a contractual choice of law to the detriment of the lessee shall be disregarded.

❻ Gerhard Kegel und Klaus Schurig, *Internationales Privatrecht*, Verlag C.H. Beck, 8. Auflage, 2000, s. 549、591、ss. 789–790、815–826、829–831、905.

於壟斷地位，其憑藉優勢地位，一方面其可以左右準據法之選擇，二方面而且可以直接利用契約條款置對方當事人於不利地位，即所謂「附合契約」(Adhesion Contract)，故各國經由立法，例如消費者保護法、反壟斷法、一般契約條款法與不公平契約條款法等，或以司法程序對當事人意思自治加以限制，對弱者合法權益應有保護。

　　在新興選擇法律方法中保護弱者原則在國際私法中地位，(1)就最重要牽連關係原則而言：最重要牽連關係原則及其所揭示的法律選擇方法要求綜合分析法律關係有關之一切因素，並充分發揮立法者或法官之積極性與創造性，靈活地進行法律選擇，求得國際民商事之具體正義，決定法律的選擇操作程序中具有靈活性，比較適應當代國際民商事關係之廣泛性與複雜性；且在選擇操作效果上具有正義性，其能夠滿足特定的政策要求或利益需要，其正是國際私法中保護弱者原則之表現，蓋在國際民商事交往中，對弱者合法權益保護既是國際民商事關係之複雜性，在法律關係主體利益上的反映，且為一國家或法域，甚至為全人類社會特定之政策要求或立法目的之所在，即有利於保護弱者權益之國家或地區之法律即為特定國際民商事關係之最重要牽連關係地法；(2)就政府利益分析選擇法律而言：依政府利益分析決定法律選擇與國際民商事關係中弱者利益保護之關係而言，在通常而言，對弱者利益保護本身就是對該弱者利益所從屬政府利益之維護，故立法者或法院完全得依此法律選擇方法對某些國際民商事關係中弱者利益之保護，具體實現選擇適用弱者利益所在國家或地區之法律；(3)就其他當代之法律選擇方法而言：當代國際私法中較為常用之法律選擇方法，不論依分割方法決定法律之選擇、依比較損害方法決定法律之選擇、依有利於判決之承認與執行決定法律之選擇、依肯塔基方法決定法律之選擇❸、依功能分析方法決定法律之選擇或依直

---

❸　「肯塔基方法」(Kentucky Method)：這種方法在二十世紀在美國形成，係在肯塔基州法院的法官們努力之下，由判例而形成發展起來的，所以稱之為「肯塔基方法」。其構成主要體現在 Foster v. Leggett; Weseling v. Paris; Arnett v. Thompson 三個判例中。該方法的最基本的特點是採用所謂「足夠或充分聯繫」的原則，即對案件與兩個州是否有聯繫這一情況進行比較分析。只要肯塔基州與某個案件具有足夠的或者充分的聯繫，那麼肯塔基州法院就應該適用法院地法——肯塔基州法。這一原則完全背離了美國解決侵權法律衝突的傳統衝突法規範，在某種程度上克服了傳統衝突法規範的機械性和盲目性。「足夠或充分聯繫」原則與「最密切聯繫」原則有所不同，它在適用法律的時候，並不要求法院對案件進行全面分析，找出最密切聯繫因素，而是僅主張法院地與

接適用方法決定法律之選擇等等，有一個共同的特點：反映了各國對國際民商事關係的干預不斷加強，表現各國利益多元化和謀求社會公正、合理解決國際民商事爭議之特徵，故在法律選擇方法上堅持保護弱者原則，充分表現具體妥當性。

吾人可知在國際民商事關係中，不論傳統選法方法或新興選法方法，有校正或平衡當事人之間不公平之權利義務關係，這為符合跨世紀當代國際交往，以維護交易安全和實現社會公平正義。

(三)就國際私法基本制度之表現

在現代國際私法中基本制度已深受保護弱者原則之影響：

1.就公共秩序保留制度而言　國際私法上公共秩序或善良風俗條款制度之實質在於維護內國國家及其當事人利益，以二種方法實現保護弱者原則，一則在立法上國家可以從某些特殊類型之國際民商事關係中區分出強者，明確規定不利於保護弱者之外國法適用違反了內國公共秩序而排除其適用；二則在司法上法院可適當利用自由裁量權，依據不同之國家政策、時期、國內外形勢與具體國際民商事關係法律問題作出判斷，在認為必要時採取公共秩序保留制度以維護特定國際民商事關係中弱者之正當利益；甚至有關效果或對策言，以何國或法域之法律解決國際民商事爭議？傳統之理論與長期實務以適用法庭地法為一般原則，或許吾人可以考慮依保護弱者原則，適用有利於保護弱者國家或法域之法律。

2.就定性問題而言　定性標準之理論極不一致，吾人可能且必要在「定性」時更能表現對弱者之保護，則據之而為定性，且多數國家或法域之國際私法對定性通常無明文規定，法院得依「人道主義」或「衡平」觀念作出有利於弱者之定性。

3.就反致條款問題而言　反致之作用與目的有二，一為調和內外國間關於法律適用法則之衝突，二為參照外國之法律適用法則，對於具體系爭國際民商事法律關係，選擇其最適當之準據法 ❸，反致制度在具體案件中實現特殊政策或結果之選擇提供迴旋空間，增加了法律選擇之靈活性，故通過反致制度，法官可以在國際民商事關係之某些特定情形下，實現保護弱者利益之特殊目的，在保護弱者利益與反致制度之適用結果相一致時，即依反致制度適用；反之在保護弱者利益原

案件有足夠的或充分的聯繫。可見「肯塔基方法」的實質就是追求適用法院地法。

❸　行政院四十一年十二月九日以臺（四十一）法字第六八九〇號函立法院審議涉外民事法律適用法草案，載《立法院公報》，第十一會期第八期，一九五三年七月三十日出刊，第五十二頁至第五十三頁。

則與反致制度之適用結果相衝突時，即應由立法者授權法院充分自由裁量權，以決定並實施對弱者利益之保護。

4.**就規避法律 (Evasion of law) 而言**　就規避法律之構成要件觀察，國際私法中保護弱者原則是國家干預國際民商事活動之結果，應構成強行規範而非任意規範，所以不得規避；就規避法律之性質觀察，國際民商事關係當事人規避保護弱者原則之行為係「違法行為」；就規避法律之效力或性質觀察，當事人對保護弱者原則的規避行為之效力應一律「無效」；就規避法律之主體觀察，因一方當事人之規避法律行為而受害之對方或第三方當事人，即被視為弱者，值得保護；最後就規避法律之後果言，依保護弱者之規定因為當事人之規避法律行為而失去效力後，當事人必須為此承擔法律責任。

5.**就外國法查明、不明與錯誤而言**　舉凡外國法內容資料之獲取、信息之途徑、費用比較，小額投資者、受僱人或消費者，肯定比不上跨國公司；又外國法不明通常以法庭地法取而代之為準據法，及外國法適用錯誤得否上訴等等均須何種方式或以何為準據法，何者更有利於保護弱者之合法權益，而非一概採取絕對化標準。故總體而言，保護弱者原則已滲透到國際私法之各項基本制度之中。

(四)**就選擇準據法之具體表現**

1.**契約準據法**　國際私法上有關契約準據法之立法例，原則上採當事人意思自主原則，當事人未合意選法時，有採準據法一般確定式者，有採準據法個別確定式者，有採「最重要牽連關係原則」者，有採「特徵性履行」❸ 者。但各國法律對「當事人意思自主原則」普遍設有限制，其目的有二：一為防止當事人利用意思自治原則而規避內國法的適用；二為維護法律適用的公正性❹，為達此目的，各國在保護弱者原則經由不同的契約法律適用原則對意思自主原則加以限制並實現有關立法目的，在國際消費契約之法律適用問題為例，說明保護弱者原則對當事人意思自治原則之限制，其方式有：

(1)有採對消費者進行保護的強制性規則者：這些具有直接適用性的規則排除了國際消費契約當事人之法律選擇。例如德國一般交易條件法第十條第八項消費

---

❸　見(一)劉鐵錚，〈國際公約有關契約準據法之最新規範──羅馬公約與墨西哥公約之比較研究〉，載《法學叢刊》第一七四期，第八十七頁；(二)許睿元，《國際性契約準據法之研究》，臺灣大學碩士論文，一九九八年，第一○八頁以下。

❹　邵景春，《國際合同──法律適用論》，北京大學出版社，一九九七年版，第六十三頁。

契約中選擇的外國法，如未能表現應受承認的權益，則該外國法不具拘束力，消費契約仍受該一般交易條件法中強制性規則控制❹。

(2)有採不必對國際消費契約另外規定法律適用規則者，對消費者保護只能由法律適用之結果來決定，即依準據法適用結果與法庭地國家保護消費者之立法目的或根本利益相違背，則法庭地依公共秩序制度拒絕該準據法的適用。

(3)有採與一般契約區分而制定出特殊的法律適用原則者：有國家在未選擇國際消費契約準據法者，以消費者居所地法或慣居地法作為一種補充或限制，以消費者居所或慣居地法較能保護作為弱者的消費者之正當權益，例如一九八六年德國聯邦國際私法第二十九條第二項、一九八〇年海牙消費者買賣法律適用公約第七條❷。

(4)有採對當事人意思自主原則係為限制或排除者：主要是出於對消費者合法權益進行特殊保護之需要，例如一九七八年奧地利聯邦國際私法第四十一條、一九八〇年羅馬關於契約義務法律適用之公約第五條、一九八六年德國聯邦國際私法第二十九條第一項及一九八九年瑞士聯邦國際私法第一百二十條等❸規定。

---

❹ (一)徐冬根，《中國國際私法完善研究》，上海社會科學院出版社，一九九八年版，第一三九頁；(二)傅靜坤，《契約衝突法論》，法律出版社，北京，一九九九年十二月第一版，第八十五頁至第八十七頁。

❷ 一九八六年德國聯邦國際私法第二十九條第二項規定：「沒有選擇準據法的，在第一項規定情形下成立的消費契約，不適用本法第十一條第一項至第三項的規定，其契約形式適用消費者慣常居所地法。」一九八〇年海牙「消費者買賣法律適用公約」第七條規定：「如果當事人未選擇準據法，則適用消費者慣常居所地法。」

❸ (一)一九七八年奧地利國際私法第四十一條："Contracts for which the law of the state in which one party has his habitual residence grants this party special private law protection as a consumer shall be judged according to that law in those cases in which the contracts have resulted from an activity undertaken in that state and intended to result in such contracts by the entrepreneur or by persons employed by him for such purpose. To the extent that mandatory provisions of that law are involved, a contractual choice of law to the detriment of the consumer shall be disregarded." (二)一九八九年瑞士國際私法第一二〇條規定：「消費者為購買與其業務或商務活動無關的、專供個人或家庭使用的物品而形成的消費合同，適用消費者習慣居所地國家的法律：1.如果供貨人在該國收到訂貨單；2.如果締結合同的要約或廣告在該國發出，且消費者為締結合同而完成了必要行為的；或3.消費者受供貨人的鼓勵，為訂貨而來到外國的。不允許當事人自行選擇所適用的法律。」

⑸有採對國際消費契約當事人進行法律選擇之「方式」作出限制者：有認為當事人之選擇法律應限於「明示的」甚至「書面的」，排除了「默示的」選擇方式，蓋默示的選擇方式不利實現保護消費者之目的，例如一九八〇年海牙消費者買賣法律適用公約第六條第二項。

2.**侵權行為準據法**　有關侵權行為準據法在傳統有採侵權行為地法、法庭地法與折衷主義，又新興立法有依最重要牽連關係地法、有利於原告之法、重疊適用之法律、列序適用之法律與當事人自主選擇之法律，保護涉外侵權行為案件中弱者，即原告或被害人之合法權益，常是各國立法或國際條約所要達到的目的之一，值得說明者：

⑴就現代國際私法中採侵權行為地法原則之理論依據言：有採當事人之間權利平衡理論，有採既得權理論者，有認為損害發生地國家因此種侵權行為所受損失最大者，有採侵權行為法律是社會保護法，為了加重加害人對其行為之危險的預測與評價之責任者，故凡此理論無一不含有保護弱者原則之精神。

⑵就法庭地法原則言：單純有採法庭地法原則者，在薩維尼教授《現代羅馬法體系》第八卷中認為，侵權行為規則是建立在一國公序良俗之基礎上，屬強制性規則，具有絕對地排斥外國法之效力，故法庭地法原則對於維護作為弱者之法庭地國家所屬當事人之合法權益是有極大的保障。

⑶就最重要牽連關係原則言：最重要牽連關係地法之確定過程本身即充滿著保護受害人（弱者）之精神，前在選法方法中表現已敘述。

⑷就涉外侵權行為適用最有利於受害人或原告法律之新趨勢言：現在有立法例明確肯定保護弱者原則，例如一九八二年南斯拉夫法律衝突法第二十八條規定：「除個別情況另有規定者外，民事侵權責任，依行為地法或結果地法適用對受害人最為有利之法律。」又如一九八九年瑞士聯邦國際私法第一三五條（關於產品責任）、第一三九條（關於傳播媒介對人身之侵害）❹，一九九二年羅馬尼

---

❹　㈠第一三五條：「1.基於產品瑕疵或瑕疵敘述所生之請求權，以被害人之選擇，由下述法律所規範：⑴侵權行為人營業地國法，無營業地者，其習慣居所地；或⑵產品取得地國法，除非侵權行為人證明，此產品未經其同意於該國行銷。2.若基於產品瑕疵或瑕疵敘述所生之請求權由外國法所規範，除該侵害之損失為瑞士法所認許外，於瑞士不認許其他損失。」

㈡第一三九條：「（特則：人格權之侵害）1.基於透過媒體，特別是新聞、廣播、電視、

亞國際私法第一一二條（關於大眾傳播媒介對人身之侵害）、第一一四條（關於產品責任）、第一一八條（關於不正當競爭責任）❹及一九九五年義大利國際私法第六十二條第一項（關於一般侵權行為）及第六十三條（關於產品責任）等❹均表現了立法對弱者利益之重視與關注。

3.父母與子女關係準據法　有關子女婚生身分地位之準據法方面，⑴有採子女之屬人法以保護子女利益：例如一九六六年波蘭國際私法第十九條、一九八二年南斯拉夫法律衝突法第四十一條；⑵有採適用最有利於子女的有關屬人法者：一

或其他資訊之公共媒體所造成人格權侵害之請求權，以被害人之選擇，由下列法律所規範：⑴被害人習慣居所地國法，如侵權行為人可預見損害將於該國發生；⑵加害人之營業所或習慣居所地國法；或⑶侵權行為結果發生地國法，如侵權行為人可預見該結果將於該國發生。2.對有週期性質之公共媒體請求賠償之權利，專屬由出版品發行地或廣播傳送地國法所規範。」

❹ ㈠第一百一十二條：「對於通過大眾媒介，尤其是通過出版、廣播、電視或其他大眾傳播媒體而進行的人身侵害，要求賠償的權利適用受害人所選擇的以下法律：1.受害人住所或慣常居所所在國法律；2.侵害結果發生地法律；3.侵害人住所或慣常居所或其營業所所在國法律。在1.項和2.項規定的情況下還須符合以下要求，即在正常情況下侵害人應該會預料到，對人身權的侵害結果會在其中一國出現。」

㈡第一百一十四條：「對於因產品缺陷、錯誤的或引起混淆的使用說明或沒有使用說明而提起的賠償請求，適用消費者所選擇的以下法律：1.消費者住所或慣常居所地法；2.產品購買地國法，除非生產製造者或供應者能夠證明該產品是未經其允許而被輸入當地的。」

㈢第一百一十八條：「受害人可以選擇以下法律代替第一百一十七條所確定的法律：1.受害人住所地國法，如果該不正當競爭行為造成的損失只涉及其一人；2.適用於當事人之間所締結的合同的法律，如果該不正當競爭行為是基於此種關而採取並造成了損害。」

❹ ㈠第六十二條　【侵權行為】
1.侵權行為由損害發生地法支配。儘管如此，遭受損害方可以要求適用導致損害結果的事件發生地法。
2.如果侵權行為當事人係同一國國民，並且都是該國的居民，那麼該國的法律應予適用。

㈡第六十三條　【產品責任】
關於產品責任，被損害方可以選擇適用製造商所在地法或製造商品的管理機構所在地法，或者產品銷售地法，除非製造商能證明該產品未經其同意而在那個國家上市銷售。

九七八年奧地利聯邦國際私法第二十一條子女之婚生地位問題適用父母雙方之屬人法，如其屬人法不同，則適用其中更能使子女為婚生之法律，一九七九年匈牙利國際私法第四十六條及一九八四年秘魯民法第二八○三條均是。又有關父母與子女間親權關係之準據法，有些國家為了子女之利益與幸福，應適用子女之屬人法，例如一九八九年瑞士聯邦國際私法第八十二條及一九九五年義大利國際私法第三十六條❹。

4.**收養之準據法**　在解決涉外收養的法律衝突問題時，各國的具體制度並不一致：

⑴普通法系國家主要是從解決管轄權問題著手的：這些國家主要堅持將收養交由法院判決或行政主管機關裁定，法院或行政機關則主要依法院地法或行政機關所在地法來解決涉外收養問題，依職權賦予當事人新的法律身分或地位。這一作法通常稱為「管轄權的處理方式」。英國、愛爾蘭、澳大利亞、印度、斯里蘭卡、以色列、塞浦路斯、加拿大和美國，以及瑞士、義大利等少數大陸法系國家立法均採取了這種方式。

⑵法國、德國和日本等大陸法系國家以及拉丁美洲大部分國家採取了所謂「衝突法的處理方式」：這種方式偏重於解決如何確立涉外收養成立的條件和效力應適用的法律，主要通過衝突規範來解決涉外收養的法律適用問題，而當事人的屬人法原則是主要的法律適用原則。當然，無論是採取管轄權的處理方式，還是採取衝突法的處理方式，有一點總是相同的，那就是維護作為弱者的被收養人的最大利益和基本權利❹。

5.**監護之準據法**　在涉外監護的法律適用方面，由於監護制度的目的在於對處於弱者地位的未成年人或禁治產人的人身和財產利益依法實行監理和保護，所以，各國立法大多以被監護人的屬人法為涉外監護關係的準據法。

⑴如一九九二年羅馬尼亞國際私法典第三十七條規定，監護的產生、改變、效力和終止以及監護人與無行為能力人或限制行為能力人之間的法律關係適用被監護人的本國法。

---

❹　第三十六條　【父母子女關係】
　　父母子女間的人身和財產關係，包括親權在內，應由子女的本國法支配。

❹　田園，前揭碩士論文，第三十四頁；蔣新苗，《國際收養法律制度研究》，武漢大學博士論文，一九九七年，第一七六頁以下。

⑵義大利民法典第二十一條也作了類似規定。值得注意的是，日本、泰國和土耳其等國不僅規定了監護適用被監護人的屬人法，而且對在內國有住所或居所的外國人或無國籍人，或在內國有財產的外國人的監護問題也作了規定。

⑶如日本法例第二十四條第二項規定，在日本有住所或居所的外國人，依其本國法有監護原因而無人行使監護的，或在日本宣告禁治產的，其監護依日本法。這種立法考慮到在內國的外國人的人身或財產也可能需要設立監護的情況，比較全面，體現了保護被監護人利益的立法目的。

四、保護弱者原則在我國國際私法

我國國際私法有關保護弱者原則在⑴公序良俗 (§25)、⑵外國法證明、⑶外國法不明、⑷定性問題、⑸規避法律等等基本制度中均可斟酌「保護弱者原則」，茲就其在我國三個時期有關國際私法具體案件準據法選擇之表現：

㈠早期：法律適用條例 (§18、§19)

在一九一八年八月五日之法律適用條例第十八條本文規定：「監護依被監護人之本國法。」及第十九條規定：「前條之規定於保佐準用之。」二者之起草說明謂：「關於監護之法律，英美主義，依財產所在地法其結果多數適用之法律，為法、義、德、奧法系所不取。至監護之設立，其目的，在保護無能力人，自應以被監護人法律為準，一九〇二年海牙監護條約，亦取此義。」保護無能力人即為保護弱者原則之具體表現；有關第十九條之說明謂：「保佐，適用於準禁治產，為保護能力薄弱之人而設，自應與上條一律辦理。」同樣，為保護能力薄弱之人亦是保護弱者原則。

又有關「親權行使」準據法，在草案第十七條謂：「親權之行使，依子之本國法。」其理由係親權之行使，羅馬時代，認為保護父之利益，近世各國，均已一致承認為保護子之利益，故依子之本國法。其顯係保護弱者原則之實現。但通過法律適用條例第十五條規定卻為：「父母與子女之法律關係，依父之父國法。無父者，依母之本國法。」似有違保護弱者原則。

㈡現時：涉外民事法律適用法 (§16、§20)

我國現行涉外民事法律適用法中有關保護弱者原則有⑴第二十條本文規定：「監護，依受監護人之本國法。」⑵第十六條第一項規定：「子女之身分，依出生時其母之夫之本國法，如婚姻關係於子女出生前已消滅者，依婚姻關係消滅時其夫之本國法。」而其理由謂：「近世文明國家均維持父系家庭制度，關於子女之身

分，以父之本國法為準，其作用不僅在配合此制之精神，且可充分保護子女之利益，本條乃就婚生子女之身分而為規定。……」但仍採父之本國法，而不適用有利於子女或弱者母之本國法，吾人認為現時涉外民事法律適用法對保護弱者原則表現並不徹底。

㈢**未來：涉外民事法律適用法草案** (§60、§61、§69、§70、§101、§100、§103、§104、§105、§106)

我國正在研修中涉外民事法律適用法草案中有關保護弱者原則計有：

1.**僱傭契約之準據法**　草案第六十條第二項規定：「僱傭契約之當事人，就應適用之法律合意者，以不影響受僱人依前項未合意時應適用之法律，所受保護者為限，始為有效。」❹蓋僱傭契約為債權契約，仍可適用當事人意思自主原則，但受僱人在法律上處於較弱勢之地位，各國亦均有保護受僱人之規定，為貫徹保護受僱人之原則，爰規定當就應適用之法律之合意，以不影響受僱人依前項未合意時應適用之法律，所受保護者為限，始為有效。

2.**消費者契約之準據法**　草案第六十一條第一項規定：「企業經營者與消費者，以提供消費者財產或服務為內容之契約，不得合意定其應適用之法律。」其立法理由係按企業經營者與消費者間，以提供消費者財產或服務為內容之契約，訂約時當事人即立於非對等之地位，各國亦多制定消費者保護法規，以保護消費者。為避免消費者因合意定其應適用之法律，而受不測之損失，本草案特禁止此類合意，當事人縱就應適用之法律達成合意，亦視為無合意，其準據法除本條第二項另有規定外，應依與該契約關係最切國家之法律；且其第二項為消費者契約應適用之法律，既僅排除當事人意思自主原則，與一般債權契約之當事人就應適用之法律無合意者相當，固不妨依同一原則決定其準據法，但有特別保護消費者之必要時，則以依該消費者之住所地法，較為妥當。本草案第二項爰就有必要特別保

---

❹　草案第六十條第一項：「僱傭契約之當事人就應適用之法律無合意，而其受僱人執行職務有經常之行為地者，依其行為地法，無經常之行為地或其行為地跨連數國者，依僱用人之住所地法。」其理由按僱傭契約所生之債務，主要為受僱人之提供勞務，而對受僱人之保障，當以其勞務提供地或職務執行地，關係最切，執行職務之行為跨連數國者，則宜統一依僱用人之住所地法，較為妥當。爰規定僱傭契約，依受僱人經常執行職務之行為地法；受僱人經常執行職務之行為跨連數國者，依僱用人之住所地法。上述規定，僅係原則，如其他國家與僱傭契約關係更切，仍應依該其他國家之法律。

護消費者之三種情形❺，規定應依該消費者之住所地法。

3.**商品製造人責任之準據法**　草案第六十九條第一項規定：「被害人因商品之通常使用或消費而受損害者，其與製造人間之法律關係，依下列各款規定之法律中，關係較切之國家之法律：⑴損害發生地法；⑵被害人之住所地法」，其理由蓋商品製造人對被害人因商品之通常使用或消費所受之損害，應依侵權行為法則負其責任，以保護被害人。商品製造人此一責任之發生，主要是因製造人之商品流通，於損害發生地造成被害人之損害。爰參考一九七三年海牙產品責任準據法公約第四條、第五條規定之精神，規定法院得就損害發生地法及被害人之住所地法中，擇其關係較切者而適用之。

4.**不公平競爭及限制競爭之行為之準據法**　草案第七十條規定：「因不公平競爭或限制競爭之行為而生之債，依市場競爭秩序受妨害之國家之法律。」「因契約而為不公平競爭或限制競爭之行為者，得依被害人之指定，依該契約應適用之法律。」其理由一則按不公平競爭或限制競爭等違反競爭法規或公平交易法之行為，其法律上之主要效果，乃妨害藉該等法規維持之市場競爭狀態或競爭秩序，其因此而發生之債之關係，亦應依該市場所屬國家之法律，較為妥當；二則數人以契約之方式，而為不公平競爭或限制競爭之行為者，其結果之發生，亦與該契約密切相關，為保護被害人，爰規定其亦得依被害人之指定，依該契約應適用之法律。

5.**非婚生子女認領要件之準據法**　現行涉外民事法律適用法第十七條第一項規定：「非婚生子女認領之成立要件，依各該認領人被認領人認領時之本國法。」第二項規定：「認領之效力，依認領人之本國法。」而修正草案第一百零一條規定有四項：「認領及其效力，依認領人或被認領人認領時之本國法。但依被認領人之本國法，認領應得被認領人或第三人之同意者，應得其同意。」「胎兒為被認領人者，依認領時其母之本國法，為其本國法。」「第一項認領人以遺囑認領者，以其死亡時之本國法，為認領時之本國法。」「認領之方式，依行為地法者，亦為有效。」蓋一則我國現行法就涉外之認領採認領人與被認領人本國法並行適用主義，表面上保障雙方之利益，且無任何不平等情事，惟此兼顧雙方之準據法，可能造成任何一方之利益，均無法獲得保障，且認領行為難以成立；二則目前世界各國

---

❺　第二項謂：「前項契約有下列情形之一者，依該消費者之住所地法：一、提供者在該國訂定契約者。二、提供者在該國為要約或刊登廣告，消費者亦在該國採取訂定契約所必需之措施者。三、提供者誘使消費者至其他國家，與其訂定契約者。」

均不再強調認領事涉法庭地國之公序良俗,保護被認領人或子女之利益始為立法之最高原則,故應優先選擇適用多數國家之法律為準據法。本草案即採此立法例,原則上依認領人或被認領人認領時一方之本國法均可成立,僅在被認領人之屬人法中有關保護子女或被認領人之措施,即需得本人或第三人之同意時,例外應得其同意;三則遺囑認領或死後認領,於認領成立時,認領人業已死亡,而無本國法,故以其最後之本國法即死亡時之本國法為準;被認領人在認領時若屬胎兒,因其尚未取得人格,故依其母之本國法;四則至於認領之效力,應與認領之準據法一致,故應視認領之準據法而定,即包括在草案第一項內,不再另行規定。

6.子女之身分之準據法　現行涉外民事法律適用法第十六條第一項規定:「子女之身分,依出生時其母之夫之本國法,如婚姻關係於子女出生前已消滅者,依婚姻關係消滅時其夫之本國法。」「前項所稱之夫為贅夫者,依其母之本國法。」修正草案第一百條規定:「子女之身分,依出生時其母或其母之夫之本國法為婚生者,為婚生子女。如婚姻關係於子女出生前已消滅者,適用婚姻關係消滅時,認該子女為婚生者一方之本國法。」「胎兒以其將來非死產者為限,關於其利益之保護,得適用受胎時之法律。」究其理由蓋本草案採子女婚生身分絕對原則。蓋子女之婚生身分,指子女在家庭中地位之問題。為保護子女之利益,子女只要在出生時依其母或其母之夫任何一方之本國法,為婚生子女者,即為婚生子女;且為求家庭關係之和諧與一致,子女依任何一方之本國法為婚生子女者,應屬絕對,對子女與其母及其母之夫之間之關係,均得適用;母於受胎後、產出前離婚或婚姻被撤銷,夫於其間變更國籍之機會雖然不大,然仍有可能。又,以出生時為確定之時間因素,雖易於辨識,然以保護子女之利益為原則,考慮以最有利於子女之時點,仍有可取之處,故例外時得適用受胎之時點❸。

7.有關收養之要件與效力之準據法　現行涉外民事法律適用法第十八條規定:

---

❸　第一○二條規定:「子女之婚生身分,得因生父與生母結婚而取得者,依生父或生母結婚時之本國法。」蓋準正與認領,均為使非婚生子女取得與婚生子女效果之規定,然二者之法律事實性質並不相同;蓋認領乃以認領人與被認領人之意思為基礎,準正乃法律規定,與夫妻間、父母子女間之意思無關,故二者無法互相準用。準正之法律效果雖非婚姻之一般效力所及,但其因婚姻而生,與子女之婚生性一般均為婚姻行為對第三人之效力。本草案在子女婚生性之規定上,以保護子女之利益為最高指導原則,故與子女之婚生性規定一致,子女只要在準正時依父或母任何一方之本國法為婚生子女者,即生婚生子女之效果。

「收養之成立及終止，依各該收養者被收養者之本國法。收養之效力，依收養者之本國法。」修正草案第一百零三條規定：「收養及其效力，依收養時收養者之本國法。但依被收養者之本國法收養應得被收養人或第三人之同意，或其他保護之有關規定者，依該有關之規定。」「前項夫妻為共同收養或一方收養他方之子女時，夫妻無共同之國籍時，依共同之住所地法；無共同之住所時，依共同之居所地法；無共同之居所時，依其他與夫妻婚姻生活關係最切國家之法律。」蓋現行法就收養之成立及終止採當事人本國法並行主義，因各國法律寬嚴不一，故常難以成立涉外之收養契約。事實上，收養之成立、終止與效力，重點均以收養國發生之法律效果為中心，故除少數保護被收養人利益之規定者外，無須強以未來生活甚少牽連之被收養者之本國法，來妨礙涉外收養之有效成立。鑑於晚近各國收養法之發展，多傾向於國家監督主義，以保護養子女之利益，為使涉外收養關係能有效成立，並獲得他國之承認，增訂若依被收養者之本國法有其他保護之規定，亦應依該有關之規定。確定收養成立與終止之準據法固以收養時之法律為主，收養成立後之效果，更不允許收養人藉變更國籍或其他聯繫因素以變更其效力，故採不變更原則。夫妻為共同收養或一方收養他方之子女時，則應適用支配婚姻有效性之法律，爰為明文規定。

8.父母與子女間親權之準據法 現行涉外民事法律適用法第十九條：「父母與子女間之法律關係，依父之本國法，無父或父為贅夫者，依母之本國法。但父喪失中華民國國籍而母及子女仍為中華民國國民者，依中華民國法律。」修正草案第一百零四條規定：「父母與子女間之法律關係，依起訴時子女之本國法。」而立法理由蓋父母與子女間之關係，無論婚生或經由認領、準正與收養，亦無論在父母之婚姻關係存續中，或婚姻關係已消滅，其對子女之親權，已從過去強調家長權之權利部分，轉變成重視子女利益考量之義務內容，故現行法以父母之本國為屬人法之立法依據，已不符現況所需。晚近各國在保護子女利益之原則下，多採子女之屬人法為準據法。本草案採變更主義，即依訴訟前子女之舊國籍父母有親權，但依新國籍則喪失時，父母之親權固應隨國籍變更而消滅，惟依舊本國法父母已喪失其親權，但依新本國法仍得行使親權者，依第三十四條第二項有關行為能力「既為成年，永為成年」之原則，其親權不得因國籍之變更而回復。

9.監護之準據法 原條文第二十條及修正草案第一百零五條均依受監護人之本國法。

10.**扶養義務之準據法**　我國現行涉外民事法律適用法第二十一條規定：「扶養之義務，依扶養義務人之本國法。」而修正草案第一百零六條規定：「配偶間、離婚夫妻間之扶養義務，及父母對未成年子女之扶養義務，分別依第九十四條、第九十八條及第一百零四條，規定其應適用之法律。」「其他之扶養義務，依扶養義務人之本國法。」蓋現行法依其條文文義，對扶養義務之適用對象，並不明確，一般通說均認為配偶間、離婚之夫妻間及父母與未成年子女間之扶養義務，分屬於結婚之效力、離婚之效力與親權等規定之範疇，應分別適用該有關條文之規定，且按修正草案之規定，其與現代思潮有利於受扶養權利人之原則並無違背。惟對已成年之子女與父母間、祖父母與孫子女間、旁系血親間、姻親間、家長家屬間之扶養義務等，乃係各國家對其社會倫理價值判斷之反映，就應著重於受扶養權利人或義務人之保護，尚難獲得比較法上一致之共識。故對扶養義務人而言，此等扶養義務之加乎其身，乃其屬人法之作用，如以其屬人法所未規定之義務，強加其身，既缺乏其屬人法上之依據，亦無比較法上之通則可循，洵非合理。故使扶養義務人所負擔者，限於其個人之屬人法所規定之義務，免其負擔其屬人法所未課與之義務，較為妥當。故我國涉外民事法律適用法修正草案可觀察保護弱者原則在未來係愈來愈重要。

第七節　兩性平權原則

一、兩性平權原則之概念

德國一九四九年德意志聯邦共和國憲法第三條第二項規定：「男女享有平等權利」，導致許多德國國際私法學者主張在民法施行法中亦應貫徹兩性平權原則，一九八三年聯邦司法部提出且在一九八六年通過國際私法便正是為適應此原則而編制❷；我國憲法第七條規定：「中華民國人民，無分男女、宗教、種族、……，在法律上一律平等。」即男女兩性平權原則，但我國涉外民事法律適用法第十二條規定：「婚姻之效力依夫之本國法，……。」第十三條第一項前段：「夫妻財產制依結婚時夫所屬國之法。」第十四條本文規定：「離婚依起訴時夫之本國法及中華民國法律，均認其事實為離婚原因者，得宣告之。」第十五條第一項：「離婚之效力，依夫之本國法。」第十六條規定：「子女之身分，依出生時其母之夫之本國

---

❷　劉初枝，〈西德一九八六年新國際私法〉，載《國際私法論文集》（慶祝馬漢寶教授六秩華誕），五南出版社，一九八九年四月，第一一九頁至第一二○頁。

法，如婚姻關係於子女出生前已消滅者，依婚姻關係消滅時其夫之本國法。」「前項所稱之夫為贅夫者，依其母之本國法。」及第十九條本文規定：「父母與子女間之法律關係，依父之本國法，無父或父為贅夫者，依母之本國法。」六個條文中依「夫」之本國法或母之「夫」之本國法，值得提出：第一，就憲法與法理上言：如此規定究竟有無違反憲法兩性平權原則？各國學者或憲法法院見解如何？第二，就立法技術上言：各國究竟如何解決兩性平權原則？又我國涉外民事法律適用法修正草案有何新修正？

二、憲法與法理學上討論

　　國際私法之上位法性或間接法性，在國際私法上吾人要提出二個問題討論，(1)第一個問題，既然國際私法是上位性法律，實質私法是下位性法律，有關法律中「正義」觀念是否相同？例如在國際私法有關「兩性平等」觀念，我涉外民事法律適用法第十三條、第十四條、第十五條、第十六條及第十九條均依「夫之本國法」或「夫之所屬國法」或「父之本國法」，如此規定有無違反「兩性平權」觀念，有無違反憲法兩性平權問題，有學者認為國際私法既是間接性法、上位性法，應為抽象決定準據法，有無違反正義與兩性平等問題，應由實質私法決定具體的個別的權利義務，由實質私法實現正義理念，故國際私法與實質私法之「正義」觀念應是不同的，例如德國多數學者認為德國民法施行法所採用的夫之本國法主義，並未違反一九四九年德國基本法第三條第二項男女平權原則的規定。此說理由乃認為「基本法第三條第二項所規定男女平等權利是『實質的平權』，而非『形式的平等』。國際私法上以準據法規定之兩性平等問題，不過是後者而已。因為男女是否平等對待，係由具體直接規定權利義務關係之實體法決定，雖然依國際私法之規定，而指定準據法，使男女受不平等的待遇；但國際私法之規定既屬不以實質正義為內容之秩序規定，則該不平等待遇，亦不過是形式上的不平等。又適用夫……之本國法有時亦較妻……之本國法有利」❸；但亦有學者認為國際私法雖為上位法但國際私法與實質法有關正義之理念及兩性平等觀念應是同一的，實質法上之兩性平權係以個別的具體的權利義務決定關於兩性平權與正義之實現，國際私法之兩性平等係以一般的抽象的準據法之決定以實現兩性平等，即德國有學者認為採用夫之本國法主義之民法施行法係違反基本法第三條第二項

---

❸　鳥居淳子，〈國際私法上兩性平權〉，載澤木敬郎編《國際私法の爭點》，有斐閣，增刊，一九八〇年，第七十二頁。

之規定，其所持之理由歸納言之，有下列三點：「1.任何人最清楚其固有之屬人法，通常感覺其固有屬人法較其他法秩序更適合於自己，多少會將之視為其本身行為之基準，因此自己的屬人法本身被適用，是對本人之利益。2.一般人因國籍及住所之變更，能在某一程度上自由選擇自己的屬人法，就這點而言，夫……之本國法主義對夫……有利。3.抵觸法上之公正不同於實質法上之公正，抵觸法在決定準據法之任務上，考慮何者公正，而實現上述原則。」❺❹日本亦有學者認為衝突法上之平等權，雖與適用於個別的具體權利義務之實質法內容不同，但其規定仍屬對兩性之某一方實質上有利之準據法之決定方法❺❺，既然位階不同，同樣應有正義理念及平權觀念，但位階不同，標準應不同。(2)第二問題，國際私法與實質私法間有上位性法，而內國實質法、外國實質法、民事訴訟法、強制執行法、破產法與國際私法間之體系關係應如何排列，以建立理論體系，自為值得討論之問題。

三、我國有關兩性平權原則之實現

(一)結婚效力之準據法 (§12)、(§94)

我國涉外民事法律適用法第十二條規定：「婚姻之效力依夫之本國法，但為外國人妻未喪失中華民國國籍，並在中華民國有住所或居所，或外國人為中華民國國民之贅夫者，其效力依中華民國法律。」而修正草案第九十四條規定：「婚姻之效力，依訴訟時夫妻共同之本國法；無共同之國籍時，依共同之住所地法；無共同之住所時，依共同之居所地法；無共同之居所時，依其他與夫妻婚姻生活關係最切國家之法律。」現行法制訂之時，因各國國籍法之立法例均採妻從夫籍，現行法之立法意旨亦認為雖規定婚姻之效力依夫之本國法，實際上即多依夫妻共同之本國法，故採依夫之本國法之規定。此立法意旨，自一九五七年聯合國提出「已婚婦女國籍公約」後，世界各國之國籍法已採夫妻異籍之國籍獨立原則，妻不會因結婚而當然取得夫之國籍，故「妻從夫籍」之情形已非原則性之現狀❺❻；再者，因目前男女平等之世界潮流，夫之本國法本身雖非一定不利益於妻，但僅依一方之國籍，使其優先於他方適用之情形，即有違男女平等之原則。本草案依

---

❺❹　林菊枝，〈親屬法與男女平等原則〉，載《政大法律評論》，第十六期，第一頁以下。

❺❺　溜池良夫，〈國際私法之兩性平等〉，載《民商法雜誌》，第三十七卷第二號，第一五四頁以下。

❺❻　賴來焜，《國際（私）法之國籍問題》，自版，二○○○年九月第一版。

屬人法之性質,明文規定適用法律之優先順序:夫妻有共同國籍時,基於本國法主義之屬人法本質,依夫妻共同之本國法;無共同之國籍時,住所既為夫妻生活之中心,且依目前之各國有關夫妻住所地之法律,已朝向採合意住所之原則,故可認為夫妻雙方有以合意住所地之法律為準據法之意思。至於無共同之住所時,則依共同之居所地之法律,無共同之居所時,則以與夫妻婚姻生活中關係最切國家之法律以為準據法。

(二)**夫妻財產制之準據法** (§13)、(§95～§97)

　　我國涉外民事法律適用法第十三條規定:「夫妻財產制依結婚時夫所屬國之法。但依中華民國法律訂立財產制者,亦為有效。」「外國人為中華民國國民之贅夫者,其夫妻財產制依中華民國法律。」「前二項之規定,關於夫妻之不動產,如依其所在地法,應從特別規定者,不適用之。」而修正草案則第九十五條至第九十七條為夫妻財產制準據法增加當事人合意選擇準據法 (§96)❺❼及夫妻財產制對第三人之保護 (§97)❺❽外,第九十五條規定謂:「夫妻財產制,準用前條之規定。但夫妻得合意選擇夫妻一方之本國法或住所地法,為其夫妻財產制應適用之法律。」「前項關於夫妻之不動產,如其所在地法與前項應適用之法律規定不同者,適用不動產所在地法。」其立法說明謂(1)夫妻財產制屬於婚姻效力之範圍,現行法依夫之所屬國法有違男女平等之世界潮流,故應修訂,並使與前條婚姻一般效

---

❺❼　草案第九十六條謂:「夫妻合意選擇夫妻財產制應選用之法律時,應以書面為之。但依夫妻合意選擇應適用之法律所定之方式者,亦為有效。」蓋為避免合意選擇夫妻財產制之適用法律難以證明,故此合意應以書面或依夫妻合意選擇應適用之法律所定之方式為之。

❺❽　草案第九十七條謂:「關於在中華民國所為之法律行為及在中華民國之財產,除夫妻財產制應適用中華民國法律,或夫妻財產契約在中華民國登記者外,不得對抗善意第三人。」「前項情形,依中華民國法律。」蓋一則夫妻財產制之準據法因仍採屬人法主義,縱使改採變更主義,並新增合意原則,但對與夫妻財產為交易行為第三人之保護,則仍有相當之負擔。尤以夫妻財產制應適用外國法時,第三人委實難以認識該外國之夫妻財產制;二則為維護善意第三人之利益,在承認外國法所規定之夫妻財產制之同時,復兼顧內國之交易秩序,故夫與妻間之行為,或夫妻與第三人對在中華民國之財產及在中華民國所為之法律行為,除第三人明知或可得而知其外國之準據法外,不得對抗該善意第三人。此種不得主張夫妻財產制之情形,關於第三人與夫妻財產間之關係,適用中華民國法律;三則夫妻財產契約縱使以外國法為準據法,一旦在中華民國登記,即有公示之效果,故縱使第三人不知,亦得對抗之。

力之規定一致；(2)又，為兼顧夫妻財產制在財產法上之性質，尊重當事人對財產關係之明確性與固定性之期望，故許當事人合意選擇準據法。惟為避免合意選擇漫無止境，影響交易安全，故限制所選擇之適用法律在一定之屬人法範圍內，允許夫妻雙方選擇一方之本國法或住所地法為準據法；(3)廢除現行法第二項招贅婚之規定。現行法之規定，乃是根據民法嫁娶婚與招贅婚之區分。男女平權已為國際趨勢，各國法制均陸續修訂以夫妻平等為原則，我國現行民法亦在民國八十七年六月十七日修訂廢止贅夫冠妻姓、贅夫隨妻之住所等招贅婚之規定（僅餘子女之姓氏問題尚未修訂），是以無論為何種婚姻，基於男女平等原則，且依修正草案本條第一項即足以解決該問題，故刪除招贅婚之規定；(4)有關不動產之部分，仍貫徹現行法動產不動產統一原則，與原則依夫妻財產制應適用之法律規定。僅在不動產所在地之法律與夫妻財產制之適用法律不同時，例外規定適用不動產所在地法。因條文文義不甚明確，故修正條文文義，求其明確。

(三)**離婚之準據法** (§14、§15)、(§98)

我國有關離婚原因與效力準據法於涉外民事法律適用法第十四條規定謂：「離婚依起訴時夫之本國法及中華民國法律，均認其事實為離婚原因者，得宣告之。但配偶之一方為中華民國國民者，依中華民國法律。」而第十五條規定：「離婚之效力，依夫之本國法。」「為外國人妻未喪失中華民國國籍或外國人為中華民國國民之贅夫者，其離婚之效力依中華民國法律。」而修正草案合併規定為第九十八條謂：「離婚及其效力，依離婚時夫妻共同之本國法；無共同之國籍時，依共同之住所地法；無共同之住所時，依共同之居所地法；無共同之居所時，依其他與夫妻婚姻生活關係最切國家之法律。」「前項夫妻一方為中華民國國民且在中華民國有住所者，依中華民國法律。」其立法理由謂(1)現行法就離婚之原因與效力均依夫之本國法，有違男女平等之原則；且就離婚之原因累積適用屬人法與法庭地法，亦極端限制當事人之離婚。離婚原因固為法庭地國之公序問題，但與國際私法之公序問題則非同一概念，若有維持內國公序之必要，得以外國法適用限制之條文，排除外國法之適用，故本草案刪除現行法累積適用之規定，而將離婚之要件與效力，均適用與夫妻婚姻生活關係最切之屬人法。(2)離婚之法律制度包括兩願離婚與判決離婚，判決離婚固應依起訴時之法律為準據法，惟兩願離婚並不需要透過訴訟程序。為期法律規定周延，故修正條文文字為「離婚時」。(3)第二項為限制之內國人保護規定。蓋夫妻一方為我國國籍且在我國有住所時，我國

為其婚姻關係最切國家之一，要無疑義。故以第二項規定排除其他關係亦密切國家之法律，而適用內國之法律。(4)刪除招贅之規定，理由與前同。

㈣子女婚生身分之準據法 (§16)、(§100)

涉外民事法律適用法第十六條規定：「子女之身分，依出生時其母之夫之本國法，如婚姻關係於子女出生前已消滅者，依婚姻關係消滅時其夫之本國法。」「前項所稱之夫為贅夫者，依其母之本國法。」修正草案第一百條謂：「子女之身分，依出生時其母或其母之夫之本國法為婚生者，為婚生子女。如婚姻關係於子女出生前已消滅者，適用婚姻關係消滅時，認該子女為婚生者一方之本國法。」「胎兒以其將來非死產者為限，關於其利益之保護，得適用受胎時之法律。」蓋(1)本草案採子女婚生身分絕對原則。蓋子女之婚生身分，指子女在家庭中地位之問題。為保護子女之利益，子女只要在出生時依其母或其母之夫任何一方之本國法，為婚生子女者，即為婚生子女；且為求家庭關係之和諧與一致，子女依任何一方之本國法為婚生子女者，應屬絕對，對子女與其母及其母之夫之間之關係，均得適用；(2)母於受胎後，產出前離婚或婚姻被撤銷，夫於其間變更國籍之機會雖然不大，然仍有可能。又，以出生時為確定之時間因素，雖易於辨識，然以保護子女之利益為原則，考慮以最有利於子女之時點，仍有可取之處，故例外時得適用受胎之時點；(3)取消贅夫之規定，有關理由如前所述。

㈤父母與子女親權之準據法 (§19)、(§104)

有關父母與子女間親權之準據法於涉外民事法律適用法第十九條規定謂：「父母與子女間之法律關係，依父之本國法，無父或父為贅夫者，依母之本國法。但父喪失中華民國國籍而母及子女仍為中華民國國民者，依中華民國法律。」修正草案第一〇四條謂：「父母與子女間之法律關係，依起訴時子女之本國法。」其理由蓋(1)父母與子女間之關係，無論婚生或經由認領、準正與收養，亦無論在父母之婚姻關係存續中，或婚姻關係已消滅，其對子女之親權，已從過去強調家長權之權利部分，轉變成重視子女利益考量之義務內容，故現行法以父母之本國為屬人法之立法依據，已不符現況所需。晚近各國在保護子女利益之原則下，多採子女之屬人法為準據法；(2)本草案採變更主義，即依訴訟前子女之舊國籍父母有親權，但依新國籍則喪失時，父母之親權固應隨國籍變更而消滅，惟依舊本國法父母已喪失其親權，但依新本國法仍得行使親權者，依第三十四條第二項有關行為能力「既為成年，永為成年」之原則，其親權不得因國籍之變更而回復。

第八節　屈服條款 (Beugungsklausel) 與親近原則 (Grundsatz der grössern Nähe)

一、「屈服條款」與「親近原則」之概念

所謂「屈服條款」(Beugungsklausel) 係指在涉及標的物為不動產，非但物權之實質問題，依物之所在地法，即方式亦然，又繼承法上問題、行為能力之問題、夫妻財產制之問題、親屬之問題、甚至債之關係，如所涉及之標的物係不動產時，則應依物之所在地法，即領土地法之「屈服條款」❺❾，又有稱「優先條款」(Vortrittsklaused) ❻⓪或稱「親近原則」(Grundsatz der grössern Nähe; Grundsatz der Näherberechtigung) ❻①。例如德國「舊」民法施行法第二十八條規定：「第十五條（夫妻財產制）、第十九條（婚生子女關係）、第二十四條第一項（繼承）、第二十五條（繼承）及第二十七條（反致）之規定，物體不在這些規定所準據之法律領域內，而物之所在地國法律有特別之規定，應依物之所在地國法律。」即物之所在地法優先或取代原應適用本國法之規定，即物之所在地屈服或屈退其他連結因素；德國一九八六年新法德國聯邦國際私法第三條第三項規定：「依第三節與第四節之規定對個人財產指示依一國法律定之者，對不在該國之財產標的不適用之，關於該財產標的的適用其所在地國法之特別規定。」❻②

二、屈服條款之歷史觀察

就屈服條款之連結因素係「物之所在地」，就歷史觀察可分：

㈠動產不動產區別說

蓋法則區別說之理論將財產分為「動產」與「不動產」，由於不動產較之動

---

❺❾　㈠ Raape, *Internationales Privatrecht*, 3. Aufl., s. 58.

　　㈡久保岩太郎，《國際私法構造論》，有斐閣，東京，一九五五年，第一版，第二三七頁至第二五二頁。

❻⓪　Kahn, *Abhandlungen zum internationalen* Privatrecht, 1. s. 35.

❻①　Gerhard Kegel und Klaus Schurig, *Internationales Privatrecht*, Verlag C.H. Beck, 8. Auflage, 2000, ss. 366–380.

❻②　§3 (3) Soweit Verweisungen im Dritten und Vierten Abschnitt das Vermogen einer Person dem Recht eines Staates unterstellen, beziehen sie sich nicht auf Gegenstande, die sich nicht in diesem Staat befinden und nach dem Recht des Staates, in dem sie sich befinden, besonderen Vorschriften unterliegen.

產在社會經濟關係和人們生活當中具有更為重要的意義，多數國家為維護主權者利益，穩定社會生活為目的，在十三、十四世紀「法則區別說」，不動產物權依「物之所在地法」，但動產物權提出「動產隨人」(mobilia personam sequuntur) 或「動產附隨人骨」(mobilia ossibus inhaarent) 原則，即依動產所有權人之住所地法，又稱「動產不動產異則說」（如下圖 8–2）。

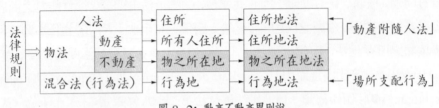

圖 8–2：動產不動產異則說

(二)靜止點 (ruhepunkt) 與自動服從 (freiwillige unterwerfung) 理論

　　十九世紀中薩維尼教授在其「靜止點」與自動服從兩種論據，而將動產區分為位置固定有靜止點之動產，舉凡傢俱、美術作品，與無位置固定無靜止點之動產，例如隨身物件、運送中貨物；關於位置固定之動產物權關係，應用靜止點之觀念，認為其本據應為「物之所在地」而適用物之所在地法；而關於所在地不固定之動產，則依自動服從之理論，適用其所有人住所地法（如下圖 8–3）。

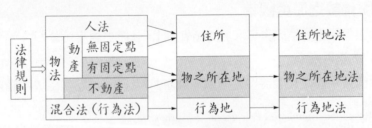

圖 8–3：靜止點與自動服從理論

(三)動產不動產統一說

　　德國學者 Wächter 教授主張關於動產，不論其位置是否固定，其準據法應與不動產物權相同，一律適用物之所在地法，於是動產不動產物權統一主義告成立且日益普遍，又稱「動產不動產同則說」（如下圖 8–4）。

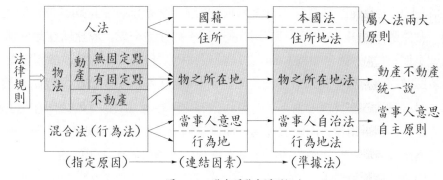

圖 8-4: 動產不動產同則說

㈣屈服條款或親近原則

近世以來物之所在地所支配範圍自早期「不動產物權」,擴及於「有固定點之動產物權」,再擴及於「無固定點之動產物權」(統一說),更應擴及於屬人法之能力、親屬及繼承,甚至「混合法」(行為法)之債之關係,涉及標的物為「不動產」,其他人法、混合法之連結因素或本據均被屈服、被取代,均應依「物之所在地」為本據,而改依「物之所在地法」(如下圖 8-5)。

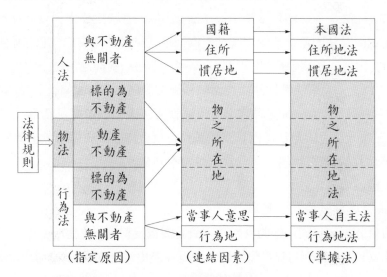

圖 8-5: 屈服條款或優先條款

從前述四個圖表中可觀察物之所在地法所支配之範圍:⑴在第一時期僅規範「不動產物權」而不及於「動產物權」;⑵在第二時期除規範「不動產物權」而

擴及於「有固定點動產物權」，但卻不及於「無固定點動產物權」，因其依「人法」，故稱「動產隨人法」；(3)在第三時期則採動產不動產統一說，物之所在地法所支配範圍不僅及於「不動產物權」，而及於「動產物權」(包括有固定點及無固定點)；(4)在第四時期物之所在地法所支配範圍除了「物法」外，擴及人法 (能力、親屬、繼承) 與行為法，涉及標的為不動產時均依物之所在地法。即「物之所在地」基於優先地位、親近地位，而屈服了其他原應適用之連結因素 (國籍、住所、慣居地、行為地)，易言之，「物之所在地法」取代「本國法」、「住所地法」或「行為地法」即為「屈服條款」。

三、屈服條款之理論價值

法律衝突 (Conflict of Laws) 是國際私法中重要規定與問題，其有各種分類，已在「法律衝突論」說明，依程度與範圍可分為(1)明顯衝突、(2)解釋衝突、(3)隱藏衝突，而有關「明顯衝突」可分為「實質私法衝突」與「國際私法準據法衝突」，蓋世界各國民商法之實質私法未統一，發生國際民商事關係時，即產生各國民商法實質私法之衝突，為解決此實質私法之衝突，國際私法於焉產生，故國內實質私法稱為「第一次元法」，而為解決第一次元法之衝突而設置之國際私法即可稱為「第二次元法」。又「國際私法準據法衝突」係因各國主權之獨立而互不讓步，各自制定國際私法因法律政策與國情不同而形成準據法衝突，準據法衝突可分為「積極衝突規則」與「消極衝突規則」，為解決準據法衝突之消極衝突規則為「反致條款」，反之，為解決準據法衝突之積極衝突規則為「屈服條款」，故解決第二次元法即各國國際私法衝突規定之反致條款與屈服條款，應可稱為「第三次元法」，第三次元法之國際私法已具有間接性，反致條款與屈服條款更具有「間接性之間接性」，兩者在理論上與性質上有所不同❻❸。

吾人應說明者：

㈠反致條款與屈服條款之比較

反致條款規定各國均較明文直接採肯定說或反對說，肯定說中「一部反致」或「全部反致」❻❹顯而易見；但屈服條款是在歷史演進過程前後時期比較中，何

---

❻❸ ㈠久保岩太郎，《國際私法構造論》，有斐閣，東京，一九五五年，第二五五頁至第二五七頁；㈡林秀雄，〈涉外民事法律適用法第十三條之研究〉，載其著《家族法論集㈠——夫妻財產制之研究》，一九八六年五月初版，第二三〇頁至第二三一頁。

❻❹ 有關「一部反致」(partial renvoi) 與「全部反致」(total renvoi) 之概念，見劉鐵錚，〈反

連結因素取代何一連結因素，所以是比較隱性的，所以前段敘述歷史觀察與物之所在地連結因素之聲勢變遷中顯而易見，倘在歷史發展之某一橫斷面比較很可能將屈服條款以「個別準據法打破包括準據法」或「特別準據法優先於包括準據法」之最基本觀念問題，但吾人深信國際私法之準據法愈來愈細緻化、複雜化，屈服條款之具體實現有其重要價值。所以有謂「……自覺本國國際私法之缺陷或顧慮本國法院之判決於外國之實效性，於方便上，才設置屈服條款，因此並非合理主義下之產物」❻，筆者認為其僅從形式、表面觀察。

㈡從歷史觀察、聲勢變遷及「國際司法效力實現」言

　　不動產物權、夫妻財產制及繼承、行為能力等標的物為不動產時，為實現物權、夫妻財產制等等之國際司法效力，唯有放棄原來之國籍、住所等連結因素，改依不動產所在地為連結因素，值得觀察的，行為能力、夫妻財產制或繼承之立法例可能自「統一主義」（同則說）趨向於「不統一主義」（異則說），但就物權準據法發展卻是自「不統一主義」漸漸趨向於「統一主義」，所以不得僅就形式上認定合理否。筆者認為為了使國際私法細緻化、國際司法效力實現、國內立法一致化與明白化均應有屈服條款之基礎理論。

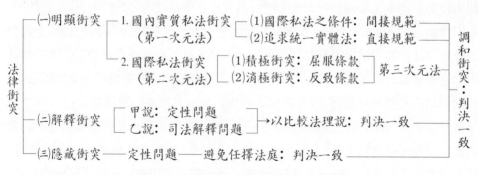

圖8-6：法律衝突與國際私法重要理論間關係

四、屈服條款之各國法制

致條款與判決一致〉，載其著《國際私法論叢》，三民書局印行，一九九四年六月增訂三版，第二〇〇頁至第二〇一頁。

❻　㈠久保岩太郎，《國際私法構造論》，有斐閣，東京，一九五五年，第二五六頁；

　　㈡林秀雄，〈涉外民事法律適用法第十三條研究〉，載其著《家族法論集㈠──夫妻財產制之研究》，一九八六年五月初版，第二三一頁。

(一)德　國

一九八六年德國國際私法第三條第三項規定謂：「依第三節與第四節之規定對個人財產指示依一國法律定之者，對不在該國之財產標的不適用之，關於該財產標的適用其所在地國法之特別規定。」其列在一般法律指定之規定為總則性規定，較之原民法施行法第二十八條：「第十五條、第十九條、第二十四條第一項、第二十五條、第二十七條」列舉主義不同，現行新法以「依第三節及第四節之規定對個人財產指示依一國法律定之者」係概括，依學者之見，應包括(1)第十五條夫妻財產制、(2)第十九條婚生子女、第二十條非婚生子女、第二十一條準正等涉及財產上權利、(3)第二十二條收養、(4)第二十四條監護與監理 (Vormundschaft und Pflegschaft) 與(5)第二十五條、第二十六條繼承與遺囑 ❻ 等涉及財產時，即能依屈服條款解決國際私法間積極衝突。

(二)日　本

日本一八九八年原法例及一九九〇年新法例比較：(1)就行為能力之準據法言：新舊法例第三條第三項規定：「前項規定不適用於應依親屬法或繼承法之法律行為及對在外國不動產所為法律行為。」為一屈服條款，與我國涉外民事法律適用法第一條第三項同旨；(2)就法律行為方式之準據法言：新舊法例第八條第二項但書規定：「但設定或處分物權及其他應登記權利之法律行為不在此限。」與我涉外民事法律適用法第五條第二項同旨，但日本法例文義較不清楚；(3)就夫妻財產制之準據法言：舊法例第十五條規定：「夫妻財產制，依結婚時夫之本國法。」新法例第十三條第三項規定：「前條之規定，於夫妻財產制準用之。但夫妻以經其署名並附有日期之書面選擇左列之一者，其夫妻財產制依其所選擇之法律。1.夫妻一方有國籍之國之法；2.夫妻一方慣居所地法；3.關於不動產之夫妻財產制，其不動產之所在地法。……」，日本在舊法例有關夫妻財產制未採「屈服條款」，而新法例原則與婚姻身分上效力同準據法 ❼，但採有限制之當事人意思自主原

---

❻　Gerhard Kegel und Klaus Schurig, *Internationales Privatrecht*, Verlag C.H. Beck, 8. Auflage, 2000, s. 370.

❼　日本新法例第十四條規定：「婚姻の效力は夫婦の本國法が同一なるときは其法律に依り其法律なき場合に於て夫婦の常居所地法が同一なるときは其法律に依る。其何れの法律もなきときは夫婦に最も密接なる關係ある地の法律に依る。」又日本原法例第十三條：「①婚姻成立之要件，就各該當事人依其本國法定之，但其方式依結婚舉

則，其中「不動產所在地法」之屈服條款為當事人意思自主三種選擇法律之一，即當事人得以合意選擇屈服條款，與海牙公約精神一致；(4)就繼承法之準據法言：舊法例第二十五條與新法例第二十六條均規定：「繼承依被繼承人之本國法。」似均不採屈服條款。

(三)泰　國

泰國一九三九年國際私法中有關屈服條款規定有：(1)就人之能力之準據法言：第十條第二項：「對於不動產法律行為之能力，依不動產所在地法。」即為屈服條款，而與我國、日本法制比較，泰國法規定較明確，蓋我國與日本僅規定「不適用前項規定」，泰國直接規定「依不動產所在地法」；(2)就夫妻財產制之準據法言：第二十二條規定：「夫妻財產關係，婚前無契約時，依本國法；夫妻國籍不同者，依夫之本國法，但不動產，應依物之所在地法。」係有屈服條款規範；(3)就繼承之準據法言：第三十七條規定：「不動產繼承，依財產所在地法。」第三十八條規定：「動產繼承，不論法定繼承或遺囑繼承，都依被繼承人死亡時之住所地法。」採繼承動產、不動產區別主義為屈服條款規定。

(四)秘　魯

秘魯一九八四年十一月民法典第十編「國際私法」中仍有屈服條款之表現：(1)就自然人之身分與能力準據法言：第二○七○條第二項規定：「在秘魯履行的，或與契約及債之法律有關的法律行為，依秘魯法當事人有行為能力，不能以無行為能力而無效。但係一單獨行為或是關於在外國之不動產物權，不在此限。」(2)就繼承準據法言：第二一○○條：「繼承，無論遺產在何國，只適用死亡最後住所地法。」第二一○一條：「如果依死者住所地法，遺產須交給外國或其權力機關，對死者在秘魯財產之繼承，依秘魯法。」似仍保留屈服條款之表現。

(五)國際公約之表現

一九○五年海牙「婚姻對夫妻身分與財產關係效力之法律衝突公約」第七條規定：「本公約的各項規定對於不動產由其所在地法置於特別土地制度之下者，不適用之。」及一九七八年三月「夫妻財產制法律適用公約」第三條第四項規定：「配偶雙方不論有無依照上述各款指定法律，得指定不動產之全部或一部適用該不動產所在地法律，並得規定以後可能取得的任何不動產概受該不動產所在地法律之支配。」似採當事人意思選擇屈服條款。

行地法。②前項規定，不妨民法第七百四十一條之適用。」

五、我國有關屈服條款之表現

(一)涉及人之「能力」：標的在外國不動產之行為能力之準據法

1.現時：涉外民事法律適用法（§1Ⅲ） 我國涉外民事法律適用法第一條第一項行為能力採本國法主義，而第二項符合要件則採例外：法庭地法主義；第三項規定：「關於親屬法或繼承法之法律行為，或就在外國不動產所為之法律行為，不適用前項規定。」其所謂「不適用前項規定」含義如何？通說認為第一項為原則，第二項為例外，第三項應為「例外之例外回歸原則」，即依第一項「就在外國不動產所為之法律行為」之行為能力之準據法採「本國法主義」❻；筆者基於三個理由認為在外國不動產所為法律行為能力之準據法應採「不動產所在地法」，蓋一則法學上例外之例外未必回歸原則（例如民法第一一八條、第八〇一條、第九四八條至第九五一條善意取得之原則 (§948)、例外(§949)、例外之例外 (§950)、例外之例外之例外 (§951)）；二則第三項文義僅謂「不適用前項規定」，依文義上無法解釋為依第一項規定；三則依屈服條款之理論及國際潮流，自應依物之所在地法 ❻。

2.未來：涉外民事法律適用法修正草案 (§36) 修正草案第三十六條規定：「前條規定，於親屬法或繼承法之法律行為，或關於不動產物權之法律行為，不適用之。」本條係規定一般行為能力準據法之適用範圍，按前條規定之行為能力，為一般行為能力，即當事人在其本國法上，依其年齡而定之法律地位，至於因禁治產宣告、結婚或其他原因，而影響其行為能力者，應分別依各該原因之準據法決定之。行為能力亦為法律行為之生效要件，直接影響法律行為之生效，故亦有認

---

❻ 將第三項解釋為「本國法主義」者有：㈠蘇遠成，《國際私法》，五南圖書公司，一九八四年五月第一版，第一七六頁；㈡劉甲一，《國際私法》，三民書局，一九八二年九月修訂第一版，第一九七頁；㈢林益山，《國際私法各論與實例解說》（國立中興大學法學叢書），一九九九年十二月增訂再版，第七頁；㈣柯澤東，《國際私法》（國立臺灣大學法學叢書(55)），一九九九年十月，第一七六頁；㈤洪應灶，《國際私法》，中國文化大學出版社，一九八四年九月三版，第一一一頁；㈥何適，《國際私法》，一九八三年六月初版，第二一七頁；㈦劉鐵錚、陳榮傳，《國際私法論》，三民書局，一九九六年十二月，第二八三頁至第二八四頁；㈧曾陳明汝，《國際私法原理續集——衝突法論》（國立臺灣大學法學叢書(88)），一九九六年三月第一版，第一二八頁。

❻ 採屈服條款說：㈠梅仲協，《國際私法新論》，三民書局，一九八二年六月第四版，第二三四頁；㈡馬漢寶，《國際私法各論》，臺大講義（未刊本），第二頁。

為應依系爭法律行為之準據法者。親屬法或繼承法之法律行為，例如訂婚、結婚、遺囑等，其當事人之行為能力應依各該法律行為要件之準據法，不動產物權之處分行為，則應依不動產物權行為之準據法，即不動產所在地法決定之，爰將現行法第一條第三項，另列為單獨條文，並調整文字，以期明晰，並杜爭議。

㈡涉及法律行為「方式」之屈服條款

1.**現時：涉外民事法律適用法（§5II）**　我國涉外民事法律適用法第五條第二項規定：「物權之法律行為，其方式依物之所在地法。」

2.**未來：涉外民事法律適用法修正草案 (§47)**　我國涉外民事法律適用法修正草案第四十七條規定謂：「處分不動產物權之法律行為，其方式依不動產之所在地法。」值得說明者：⑴就修法理由言：按不動產物權之處分行為，其方式與其所在地之交易秩序，密切相關，爰規定應依其所在地法。現行法未區別不動產及動產物權之處分行為，其方式皆依其所在地法，處分動產物權或權利物權之法律行為，未必與物之所在地關係最切，爰將此一例外規定之適用，限於不動產物權行為；⑵就修正重點言：一為限於「處分行為」；二則標的限於「不動產」，更符合屈服條款。

㈢涉及「夫妻財產制」之屈服條款

1.**現時：涉外民事法律適用法（§13III）**　我國涉外民事法律適用法第十三條第三項規定謂：「前二項之規定，關於夫妻之不動產，如依其所在地法，應從特別規定者，不適用之。」

2.**未來：涉外民事法律適用法修正草案（§95II）**　我國涉外民事法律適用法修正草案第九十五條第二項規定：「前項關於夫妻之不動產，如其所在地法與前項應適用之法律規定不同者，適用不動產所在地法。」蓋有關不動產之部分，仍貫徹現行法動產不動產統一原則，與原則依夫妻財產制應適用之法律規定。僅在不動產所在地之法律與夫妻財產制之適用法律不同時，例外規定適用不動產所在地法。因條文文義不甚明確，故修正條文文義，求其明確。

㈣涉及「繼承」之屈服條款

1.**現時：涉外民事法律適用法 (§22)：不採屈服條款**　我國涉外民事法律適用法第二十二條謂：「繼承，依被繼承人死亡時之本國法。但依中華民國法律中華民國國民應為繼承人者，得就其在中華民國之遺產繼承之。」我國不採屈服條款，但採統一本國法主義，理論上無法實現繼承之國際效力，依本國法得繼承，若依

不動產所在地法不得繼承，所以「屈服條款」理論得提供修法之依據。

2.未來：涉外民事法律適用法修正草案 (§107)：採屈服條款　我國涉外民事法律適用法修正草案第一〇七條規定謂：「繼承，依被繼承人死亡時之本國法。但繼承財產為不動產，如其所在地法與前項應適用之法律規定不同者，適用不動產之所在地法。」其修正理由蓋目前各國之立法例與國際公約，已明顯朝統一主義發展，故原則仍維持現行法之規定。但現行法之但書，雖在保護內國之公益，然因適用時，產生若干問題，且繼承間採繼承人之本國法為屬人法者，國際上亦未見先例。故修正但書，僅就繼承財產為不動產，而依其所在地法與繼承所應適用之法律規定不同時，例外採繼承分割主義，適用不動產所在地法。

第九節　一般安定性原則

一、一般安定性原則：追求判決結果可預見性與一致性

所謂一般安定性原則係指在傳統的國際私法學說中，不論大陸法系抑或英美法系之國際私法理論，不分立法機構制定國際私法或法院在解決法律衝突時，應採一般安定性原則主張應當貫徹簡單 (simplicity)、方便 (convenience) 的原則，以達到「判決一致」之目的，故國際私法理論追求之最高價值與主要目標為判決結果之確定性 (certainty)、可預見性 (predictability) 與一致性。就誠如 von Mehren 及 T. Trautman 謂：「往昔大多數衝突法學者認為簡單、方便與判決一致性更比較在具體案件中作出妥當的判決重要得多。……，Beale 教授之既得權學說及我們所見之《美國國際私法第一次新編》為此類學說之典範，在此，對簡單、方便與判決一致性之強調程度，可能達到了頂點。」❼識哉斯言！

法律一般安定性原則是所有法律領域所追求之最高價值，適用結果之確定性、可預見性和一致性，應是任何法律都應該具有的，例如我國民法第一百八十四條第一項前段規定因「故意或過失」不法侵害他人「權利」，及同條項後段因「故意」背於善良風俗侵害他人「法益」者構成侵權行為：

---

❼　von Mehren & T. Trautman, *Conflict of Laws*, 1981, 2nd. ed., p. 28.

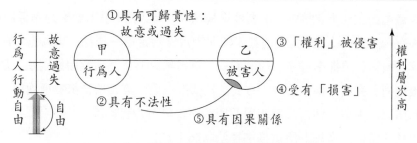

圖8-7: 侵害「權利」之一般侵權行為 (民 §184 I 前)

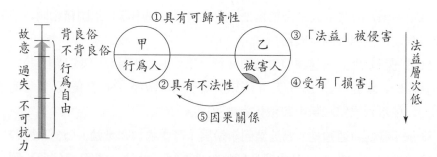

圖8-8: 侵害「法益」之一般侵權行為 (民 §184 I 後)

　　民法第一八四條第一項前段認為「權利」被侵害,行為人之可歸責性為故意或過失,即採過失責任主義;同條項後段認為「法益」被侵害,行為人之可歸責性為故意,即採故意責任主義為歸責原則,或問為何須不同? 應是(1)立法者追求法律一般安定性;(2)前段為「權利」層次高,後段為「法益」層次低,前者行為人應故意或過失即應負責,行動自由空間小,後者行為人須「故意」且「背於良俗方法」始可歸責,故意不背於良俗或過失等均屬行動自由而不可歸責,即以高度立法技術平衡「行為人行為自由」與「被害人權益尊重」之二大法益,適用結果具有確定性、一致性、可預見性,追求法律之一般安定性;反之法律規定之不確定、不一致或不可預見,將影響執法者無所適從,減損法律之效力。

二、一般安定性原則在國際私法之表現

　　國際私法為了追求一般安定性原則之目的,在大陸法系國家立法機關經由成文法來制訂「硬性衝突規則」(black-letter Conflict rules),法院適用國際私法選擇準據法為「機械性」依據立法者預設之連結因素為橋樑或基礎,法院幾乎無任何自由裁量權或無過大自由裁量權,例如我國現行涉外民事法律適用法第六條係規定契約等法律行為發生債之關係,一般國家國際私法在當事人有選擇準據法時依

當事人意思自主原則，當事人未選擇準據法時，大致採「最重要牽連關係原則」，法院即有彈性的自由裁量權，但我國前開第六條規定第一項採當事人意思自主原則，第二項第三項採準據法一般確絕式，筆者稱之為「逐項逐段適用法」及「承先啟後原則」完成「梯級適用」方式，蓋依第一項、第二項、第三項次序，而第二項有前段、中段、後段及最後段四段順序，計有六者：

(1)依「當事人意思」所選擇準據法（§6 I）；

(2)依「國籍」為連結因素適用共同「本國法」為準據法：依承先啟後原則，承先（第一項）即當事人未合意選法，啟後（第二項中段）須國籍相同，依第六條第二項前段適用共同本國法；

(3)依「行為地」為連結因素適用「行為地法」為準據法（§6 II中段）：依承先啟後原則，承先（§6 II前段）「國籍」須不同，啟後（§6 II後段）「行為地」須相同，依第六條第二項中段依行為地法。

(4)依「發要約通知地」為連結因素適用「發要約通知地法」（§6 II後段）：依承先啟後原則，承先（§6 II中段）須行為地不同，啟後（§6 II最後段）須承諾時知其「發要約通知地」，依第六條第二項後段依發要約通知地法；

(5)依「要約人住所」為連結因素適用要約人住所地法（§6 II最後段）：依承先（§6 II後段）須承諾時「不知」其發要約通知地，依啟後（§6 III）須非「兼跨二國以上或不屬任何國家」時，依第六條第二項最後段依「要約人住所地法」；

(6)依「履行地」為連結因素適用履行地法（§6 III）：行為地如兼跨二國以上或不屬於任何國家之一者，即依第六條第三項依履行地法。

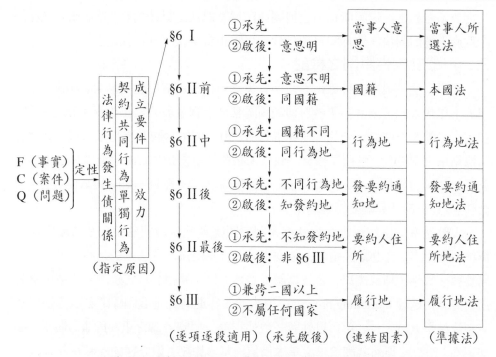

圖8-9: 梯級適用方式: 依「逐項逐段」及「承先啟後」原則

　　從我國涉外民事法律適用法第六條之法規結構圖及數準據法複雜適用方式，真可謂「機械」與「硬性」法則之登峰造極之代表，追求法律一般安定性之法理。

　　又英美法系國家之傳統理論和實踐是經由所謂「單點要素方法」(single-aspect methods) 解決，即法院先對涉外民商案件之性質進行定性，依據一定之「連結因素」將案件與連結因素所指向的法律地域連繫起來，且適用該地之法律，以達到不論案件在何國或法域之法院審理，均會適用同一法域之法律為準據法，使判決結果具有可預測性與結果一致性之目的。誠如澳大利亞學者 Scott 謂:「普遍法系所採用的國際私法規範，對於侵權行為規定了一套法律選擇規範，對於準契約又規定了另一套法律選擇規範，當債之關係被適當定性後，法律選擇也就自動確定」**❼**，亦有學者將國際私法比為火車站之一套信號燈，法官為火車司機，法官無須知道前方是什麼站，甚至有人指國際私法為「路標」指示方向**❼**。綜合言之，

---

❼　(一) A. W. Scott, *Conflict of Law*, 2nd. ed., 1979, p. 87.

　　(二)鄧正來，《美國現代國際私法流派》，法律出版社，北京，一九八七年第一版，第二十九頁。

法官無須考察衝突規範所指引之何國或法域實體法之具體內容。蓋依此方法在一定程度上達到判決一致性和可預見性，可防止當事人「任擇法庭」。

三、一般安定性原則之檢討

國際私法一般安定性原則之方法有失之機械性與盲目性之缺失，直到二十世紀五十年代末起美國許多學者對傳統國際私法之理論與方法提出了強烈之抨擊，並提出了諸多不同之新學說。理論雖有別，但可歸納共同點為追求一般安定性、判決結果之明確性、可預見性及一致性未必置於重要地位，而須追求具體案件之公正性與具體妥當性，使個案最好之價值判斷之法律為「判決」，使案件具有「機動性」（見下節「具體妥當性原則」）。

大陸法系成文法國家在立法機關制定國際私法法規或法院在解決衝突法選擇準據法之際，究應以「追求一般安定性」以「機械」方法達成判決結果之可預見性與一致性，抑或應以「尋找具體妥當性」以「機動」方式達成判決結果之公正性與軟化處理 (softening process)？吾人認為在此時此地我國國際私法立法仍應將判決結果之確定性、可預見性與一致性視為一個應考慮之重要因素，將「一般安定性」法哲法理列為應追求之基本價值與基本原則，但應在國際私法新理論與國際私法趨同化（統一化）中如何調和國際私法一般安定性與國際私法之具體妥當性，實現國際私法之公平與正義。

第十節　具體妥當性原則

一、具體妥當性原則之概念

所謂「具體妥當性原則」係指法院或處理案件之機關或當事人認為最重要的是具體案件之結果是否合於公平正義與妥適正確，而非在於判決結果之一致性與可預測性[73]。在傳統規範法學與分析法學盛行時代，法學追求明確、簡單、易行與一般安定性，但是隨著新自然法學派興起，人民對法律之內在性質又提出了正義與公平之要求，即法律之「正義價值」高於「其他價值」，在二十世紀初期起

---

[72] 有關「橋樑法」(bridge law) 或路標之概念，見沈涓，《衝突法及其價值導向》，中國政法大學出版社，北京，一九九三年十月第一版，第八頁以下。

[73] 見㈠李後政，《國際私法選法理論之新趨勢》，臺灣大學博士論文，一九九四年五月（未刊本），第二頁至第三頁；㈡賴來焜，《海事國際私法中船舶優先權之研究》，政治大學博士論文，一九九二年五月（未刊本），第五九〇頁以下。

美國實用主義哲學思想風靡社會科學之各個領域，相同的促使美國法學界發生了重大變革。誠如美國哈佛大學法院教授龐德 (Roscoe Pound, 1870–1964) 在實用主義哲學思想之影響而主張「社會法學派」，其主張：(1)社會法學派著重法的作用而不是它的抽象的內容；(2)社會法學派將法當作一種社會制度，認為可以通過人的才智和努力，予以改善，並以發現這種改善手段為己任；(3)社會法學派強調所要達到的社會目的，而不是法的制裁；(4)社會法學派認為法律規則是實現社會公正的指針，而不是永恆不變的模型❼ 。

二、國際私法具體妥當性之內涵

具體妥當性在國際私法選法法則之結構與國際民商事事件準據法選定過程中，有二種不同之內涵：

㈠準據法選定過程之妥當性

即國際私法選法法則處理國際民商事關係應合於公平正義，稱為「國際私法之具體妥當性」或「國際私法之正義」，其包括有二，其一指一般情形準據法選定上之關係最密切原則，係指法律關係再予細分後，各該法律關係所適用之準據法與該法律關係具有最密切之關係而言，此亦係就特定類型法律關係之一般情形而言。其二則係指具體個案中選定準據法之關係最密切原則，係指依據具體個案之不同情形，為該具體個案之法律關係所選定之準據法與該具體個案之法律關係具有最密切之關係，此係就具體個案之特殊情形而言。

㈡準據法適用過程之妥當性

即國際私法選定準據法後法院適用準據法結果之妥當性，稱為「實體法之具體妥當性」或「實體法之正義」。筆者認為應包括前兩者不可偏廢，蓋一則國際私法之性質包括程序法與實體法之中性或特殊法域；二則國際私法之範圍包括衝突法、程序法與實體法之「大國際私法」中自應包括實體法之具體妥當性。

三、具體妥當性原則在國際私法之表現

具體妥當性原則在國際私法中(1)定性問題、(2)法律關係之分類（細緻化）、(3)連結因素、(4)先決問題、(5)公序良俗、(6)調整問題、(7)反致問題及(8)選法方法論上均與具體妥當性原則有密切關係且有具體表現，舉其舉舉大者：

㈠定性與具體妥當性

---

❼ 肖永平，《中國衝突法立法問題研究》，武漢大學博士論文，武漢大學出版社，武昌，一九九六年八月第一版，第四十六頁至第四十七頁。

定性標準有：⑴法庭地法說、⑵階段的性質決定說（初步定性與次步定性說）、⑶事件準據法說、⑷多重的定性說、⑸比較法說（分析法理與比較方式說）。其究應以何國或何法域之法律為定性標準，何者符合「一般安定性」，何者符合「具體妥當性」，甚至「訴訟標的理論與定性關係」均為值得深入思考問題。甚至最新強調立法上解決定性問題之新方法，即所謂細緻化的國際私法法則，例如契約準據法細分為「一般契約準據法」、「涉外勞動契約準據法」與「涉外消費者契約準據法」，又如侵權行為準據法細分為「道路交通事故侵權行為準據法」、「商品製作人責任準據法」、「不正競爭侵權行為準據法」、「有害放射物質所生侵權行為準據法」與「各種媒介侵害人格侵權行為準據法」等等類型經由法律關係細分之細緻化，已解決「妥當」定性問題，規定「妥當」準據法之趨勢。

㈡反致條款與具體妥當性

我國涉外民事法律適用法第二十九條規定：「依本法適用當事人本國法時，如依其本國法就該法律關係須依其他法律而定者，應適用該其他法律，依該其他法律更應適用其他法律者亦同。但依該其他法律應適用中華民國法律者，適用中華民國法律。」所以我國反致包括有⑴直接反致；⑵間接反致；⑶轉據反致，甚至有可能包括⑷重複反致。一般學者稱反致目的在調和屬人法兩大原則之衝突 **⑦⑤**，筆者在此特別說明兩點：⑴我國國際私法第二十九條之目的不限於「調和屬人法兩大原則之衝突」而係「調和內外國間關於法律適用法則之衝突」（即內外國國際私法之衝突），充分表現國際私法之具體妥當性；⑵我國採徹底反致特別「參照外國之法律適用法則，對於系爭之法律關係，選擇其最適當之準據法」**⑦⑥**，即法官「得」依內國國際私法選法，亦「得」依當事人本國國際私法選法，選擇其最適當之準據法，即為具體妥當性之實現。

㈢國際私法「中間確認之訴」（先決問題）與具體妥當性

我國民事訴訟法第二百五十五條第一項第六款規定：「訴訟進行中，於某法

---

⑦⑤ 見㈠蘇遠成，《國際私法》，五南圖書公司，一九八四年五月第一版，第五十四頁；㈡劉甲一，《國際私法》，三民書局，一九八二年九月修訂第一版，第一二七頁；㈢馬漢寶，《國際私法論》，一九七七年十一月第六版，第一九九頁。

⑦⑥ 行政院四十一年十二月九日以臺（四十一）法字第六九〇號函立法院審議涉外民事法律適用法草案，載《立法院公報》，第十一會期第八期，一九五三年七月三十日出刊，第五十二頁以下。

律關係之成立與否有爭執，而其裁判應以該法律關係為據，並求對於被告確定其法律關係之判決者。」在訴訟法上稱「中間確認之訴」，在國際私法上稱「先決問題」或「附隨問題」，中間爭點或先決問題究應依何國國際私法選法，說者有四：(1)有採法庭地國際私法說者，(2)有採準據法國國際私法說者，(3)有採準據法國實體法說者，(4)有採分別處理說者，採(1)說較易實現法庭地之一般安定性，採(2)及(4)說較能獲得具體個案之公平、正義、妥當與妥適，即符合追求具體妥當性。

(四)選法方法論與具體妥當性

美國國際私法學者將實用主義觀點引入到他們各自的理論當中，他們認為，國際私法的基本任務之一就是要通過公正解決每個案件來達到社會公正的目的。而要實現每個案件的公正解決就必須根據具體案件的事實予以區別對待，並放棄所謂判決結果確定性、可預見性和一致性的目的，因為多年的實踐證明，這些目的不僅不能實現，反而阻礙了具體案件的公正解決，最終將影響整個社會公正的實現。最早對傳統的法律選擇方法進行直接批判的是哈佛大學教授卡佛斯(Cavers)，他於一九三三年發表了一篇著名的論文〈法律選擇問題之批判〉，指出：傳統的法律選擇方法是一種管轄權的選擇 (jurisdiction-selecting)，但對解決衝突案件真正具有意義的是實體法的內容，而法院常常忽視它，這就可能導致對當事人嚴重不公平的結果。此外，傳統的法律選擇方法還是一種「機械性」的方法，它依賴一些抽象的、不切實際的衝突規範，指導法官適用一定的法律，必然使以實現公正為使命的法官難以保護法律適用的公正結果，因而可能使一方當事人承受不公正的結果，或者危害到法院地的有關利益。因此，他主張直接通過「法律選擇」便可實現「結果選擇」(result-selecting) 的目的。至於如何進行結果選擇，他提供了兩條標準：一是要對當事人公正，二是要符合一定的社會目的。他還強調，法院的根本職責不是去選擇法律，而是要給當事人帶來公正的判決，選擇法律僅僅是作出公正判決的一個手段。在此後的近四十年時間內，卡佛斯一直在不斷地研究和探討，並隨著司法實踐和國際私法理論的發展逐漸豐富自己的理論原則，因而對美國乃至世界其他國家的衝突法立法和司法實踐產生了重大影響。從第二次世界大戰以來，一些國家頒布的新國際私法法規來看，各國雖然都保存和利用著傳統的衝突法框架，但都程度不同地重視有關當事人的正當權益，以較靈活的方法來實現法律適用的公正❼。其他如 Cook 教授之「當地法說」(local law

❼　見㈠張翔宇，《現代美國國際私法學說研究》，武漢大學出版社，武昌，一九八六年第

theory)、Ehrenzweig 教授之「法庭地法說」(Lex fori theory)、Baxter 教授之「比較損害法」(Comparative impairment approach)、Currie 教授之「政府利益分析說」及 Leflar 教授之「較佳法律方法」(Better Law approach) 等等新理論，其理論各異，但其共同特點有二：一則將傳統「僵固的」、「硬性的」、「機械的」衝突規範進行「軟化處理」(softening process) 為「彈性的」、「機動的」衝突規範；二則將傳統強調一般安定性，追求判決一致性與可預見性調整為新興強調具體妥當性、追求判決公正性與妥適性。

四、具體妥當性之結晶：最重要牽連關係原則

　　國際私法上有關各種涉外法律關係準據法之規定，亦即所謂選法規則，在以往不論是大陸法系抑英美法系，均採取剛性規則——硬性規定，例如侵權行為依侵權行為地法，契約依訂約地（或履行地）法。此種硬性規定有確定、預見可能、易於適用等優點，惟自美國紐約州 Auten v. Auten; Babcock v. Jackson 二案 **⑦⑧** 採取較富彈性之選法規則即所謂最重要牽連說 (Theory of the Most Significant Contact) 後，影響深遠，美國法律學院 (American Law Institute) 一九七一年之第二次國際私法整編，改以最重要牽連主義代替其第一次國際私法整編所採之硬性規則，使得世界國際私法受影響，時勢所趨，儼然成為國際私法的主要潮流。

　　剛性選法規則與彈性選法規則，理論上利弊互見，蓋彈性選法規則可補剛性規則之弊，予法官以較多自由，以尋求解決個案之最公平、合理之準據法。惟彈性選法規則，也並非無缺點，例如於涉外案件選擇適用法律時極為重要之特質，如單純、確定、易於適用、結果預見可能等難於保持，而判決一致之目標也較難實現，況通常法官恪於種種限制，並非均精於國際私法之技術，除非法律有簡單具體之指示，法官實際上很難自所有連接因素乃至分析關係法律中，以確定個案最適當之準據法 **⑦⑨**。

　　　　一版，第二十七頁以下；㈡鄧正來，《美國現代國際私法流派》，法律出版社，北京，一九八七年第一版，第二十九頁以下；㈢肖永平，《中國衝突法立法問題研究》，武漢大學博士論文，武漢大學出版社，武昌，一九九六年八月第一版，第四十五頁以下；㈣賴來焜，《涉外侵權行為問題之研究——以國際私法的新發展為中心》，政治大學碩士論文，一九八六年六月，第二六三頁至第三一九頁。

⑦⑧　⑴Auten v. Auten. 308 N.Y. 155, 124 N.E. 2d99 (1954).

　　　⑵Babcock v. Jackson, 12 N.Y. 2d 473; 191 N.E. 2d 279 (1963);(1963) 2 Lloyd's Rep. 286.

⑦⑨　剛性選法與彈性選法之比較，見㈠劉鐵錚，《國際私法論叢》，自版，臺北，一九八四

五、「一般安定性」與「具體妥當性」之思維

剛性規定之硬性法則，符合「法律一般的安定性」之原則，採「最重要牽連關係說」之彈性法則，符合「案件具體的妥當性」之原則，究竟著重「具體的妥當性」使個案更公正合理，抑或應著重「法律的安定性」使有確定及結果預見可能等，此乃千古來法理爭論，吾國國際私法面對此問題思維時，值得思考！

雖然或能調和，但就兩者之比重或適用優先順序上，吾寧採法律安定性為原則，具體妥當性為例外，適用順序上仍採剛性法則，將彈性法則為例外規定或補充規定或個別規定，以濟硬性法則之窮。深言之，蓋⑴現時各國之國民生活世界化的傾向次第增加，一國法院受理涉外的案件與國內的案件比較，後者乃占壓倒性的多數，通常言，法官對於涉外案件之處理程序比較生疏，關於涉外案件之準據法決定之處理經驗比較欠缺，就此國際私法之特殊性言之，關於國際私法上之準據法決定，有其明示的明確性的客觀標準，此為有力原因之一 **⑳**，尤其大陸法系之我國法院之法官，更習慣於硬性規則。⑵國際私法乃特殊專門的知識，其性質與其他實體法不同，實體法一般人依常情常理或可判斷，然國際私法的確屬法律家法律，須經歷多年實務歷練或學者對專門的知識獨特研究者，有稱之為「學說法」(Wissenschaftsrecht) 或「學者法」(Gelehrtenrecht) 或「法官法」(Richterrecht) 或「法律學中之法律學」 **㉑**，基於此一獨特法律特質，更可見國際私法有關準據法決定之基準應以明確形式規定之必要性。⑶國際私法規範的對象為涉外的私的生活關係，其與純粹國內案件性質不同。內國案件，純粹國內的生活關係，在共同地域內有一般社會慣行之共通的法意識與法感情可遵行，其對行為之法效果預測仍屬可能；然涉外私生活關係欠缺當事人共同之「依據」，就此嚴密意味之法知識下，行為之法效果預測性與可能性，依然應予保障，從此觀點，涉外私的生活關係之法的規範之國際私法，有明確定其基準之必要性。基於上述理由，筆者

年六月增訂三版，第十六頁以下；㈡賴來焜，《涉外侵權行為問題之研究——國際私法的新發展》，政治大學碩士論文，一九八六年六月，第二六三頁至第三三八頁。

⑳ 川上太郎，〈現時にずるわが國際私法の課題〉，載《神戶法學雜誌》，第十四卷，昭和三十九年，第四六三頁。

㉑ ㈠Neuhaus, *Legal Certainty versus Equity in Conflict of Law, Law and Contemporary Problems*, Vo128, (1963), p. 803.

　　㈡田中耕太郎，《世界法の理論》，有斐閣，東京，昭和二十年初版，第二卷第七章「國際私法と世界法」，第三四四頁。

贊成由立法者選擇一、二種連結因素，抽象制定普遍適用於一般案件，使符合法效果確定與預測可能性，達到法律安定性之保障，惟為了濟硬性法則之窮，得將「彈性法則」藉立法技術「滲入」硬性法則中，即如自然法與實定法之調和❽，使彈性法則與硬性法則達調和之功能。

六、大陸法系彈性法則調和之立法技術

綜合前述說明，完全放棄剛性法則改採彈性法則，為不可採，仍應以剛性法則為原則，此為前述德國、奧地利、瑞士、日本法制之大陸法系之新創舉，各國立法技術仍有不同，吾人可歸納為三：

㈠「除外條款」之規定

即國際私法中仍採剛性法則，惟在國際私法中明白為「除外條款」規定，依其規定，就某種涉外法律關係，依國際私法指示應適用某國法為準據法時，就周遭情況觀察，包括對各種牽連關係之分析，認該案件與準據法國僅有些微不足之牽連，而與另一未被指定為準據法之法域，卻關係密切，此時法院為求個案之適用法律正確，判決公平，即得依本規定不適用原應適用之法律，而例外地適用原未被指定為準據法之法律，例如一九八九年一月一日施行之瑞士聯邦國際私法第十五條規定：「1.依本法指定適用之法律，如從周遭環境觀察，很顯然地此特殊案件與該法僅有些微不足之牽連，而與另一法域之法律，卻有更密切牽連關係時，則例外的不予適用。 2.前項規定於當事人合意選擇法律時不適用之。」

㈡「補充條款」之規定

即在國際私法中原則上仍採剛性法則，惟乃在國際私法中明白規定「本法關於準據法之特別規定，均被認為最重要牽連原則之表現」，即法律明示選擇準據法之規定均為剛性法則，似乎僅在法律無明示準據法之案件，始有最重要牽連原則之適用，其僅為補充「法規欠缺」之漏洞而已，故為「補充條款」，如一九七八年六月十五日奧地利聯邦國際私法第一條規定謂：「1.涉外民事事件，依與事件有最重要牽連之法律定之。2.本法關於準據法之特別規定，均應視為是本原則

---

❽ 有關自然法與實定法之分析，見㈠馬漢寶，〈自然法之現代的意義〉，載其著《西洋法律思想集》，漢林書局，臺北，一九八五年第三版，第一〇九頁以下；㈡林文雄，《法實證主義》（國立臺灣大學法學叢書(7)），自版，臺北，一九八九年四月，四版；㈢田中耕太郎，〈法の本質〉，載尾高朝雄編《法哲學講座第一卷》，東京，有斐閣，昭和三十一年，第三十八頁以下。

之明示表現。」❽

㈢「特定副次條款」之規定

　　即在國際私法中原則上一般案件均選定一、二連結因素而非絕對硬性規定，僅在特定一、二種類型之案件，將最重要牽連說為劣後適用之連結因素，如日本一九九〇年「法例」部分修正時，就已修正之「身分法」部分，舉凡「婚姻成立要件」（第十三條）、「夫妻財產制」（第十五條）、「離婚」（第十六條）、「婚生子女」（第十七條）、「認領」（第十八條）、「準正」（第十九條）、「收養」（第二十條）、「親子關係」（第二十一條）、「監護」（第二十四條）、「繼承」（第二十六條）與「遺囑」（第二十七條）均不採彈性法則，仍採硬性規定，僅特定案件，即第十四條「婚姻效力」之準據法規定謂：「婚姻之效力，於夫妻有共同之本國法時，依其本國法之規定；無共同之本國法，而有共同之習慣居所地法時，依其習慣居所地法之規定；亦無共同之習慣居所地法者，依與夫妻具有密切關係之地之法律。」❽其僅限立法者明示之案件且此特定案件，先依「國籍」為連結因素，次依「慣居地」為連結因素，僅無共同國籍且又無共同慣居地時，始適用「最密切關係地」為連結因素，其為副次之地位，又西德一九八六年七月二十五日新國際私法（民法施行法）亦採此立法技術❽。

七、我國有關「具體妥當性」之新立法

---

❽　奧地利新國際私法第一條："Principle of the Strongest Connection (1) Factual situations with foreign contacts shall be judged, in regard to private law, according to the legal order to which the strongest connection exists; (2) The special rules on the applicable legal order which are contained in this Federal Statute (conflicts rules) shall be considered as expressions of this principle."

❽　一九九〇年日本法例第十四條：「【婚姻の效力】婚姻の效力は夫婦の本國法が同一なるとき其法律に依り其法律なき場合に於て夫婦の常居所地法が同一なるときは其法律に依る。其何れの法律もなきときは夫婦に最も密接なる關係める地の法律に依る。」

❽　德國一九八六年新國際私法受「彈性法則」影響，有五：㈠解決一國數法（§4 III）；㈡解決國籍積極衝突（§5 I）；㈢一般婚姻效力（§14 I ③）；㈣債法未合意選擇準據法之補充原則（§28 I II IIIIV）；㈤勞動契約及個人間之勞動契約（§30 II 後）。有關新發展見：賴來焜，《海事國際私法中船舶優先權之研究》，政治大學博士論文，一九九二年五月（未刊本），第五〇九頁以下。

㈠我國選法大方向

有關「具體妥當性」與「一般安定性」間在我國立法選法大方向上，前述三說均以「彈性法則」滲入「剛性法則」之立法技術可達調和目的，僅程度不同而已，管見認為仍偏好第三種說法，除前述一般安定性之三理由外，值得再言者，前兩說理性彈性選法之缺點仍存在，法院得假「理性選法」之名，行法庭地法之實，且仍須繼續思維者，硬性普遍法則若與具體妥當性偶有不合，該如何解釋？余意認為成文法治下不可避免之「危險」，誠如吾國晉朝杜預謂：「法者，蓋繩墨之斷例，非窮理盡性之書也，故文約而例直，聽審而禁簡。……唇刑之本在簡直，故必審名分，富名分者必忍小理。……今所註皆網羅法意，格之以名分，使用之者，執名例以富趣舍，伸繩墨之直，去析薪之理也」❽，識哉斯言！「法非窮理盡性之書」、「審名分者必忍小理」，言簡意賅矣！法律雖以追求正義為鵠的，但絕不可能完全正義。蓋以法律必須具有確定性及普通性，而在其適用之時，又必須以同一之原則，推論及於無窮之個別情事，是為法律適用之一致性。此種邏輯機械性之運用，實為維持社會秩序不可或缺之要件，其與正義偶有不合之處，固不得不忍痛予以犧牲。誠然亞里斯多德 (Aristotle, E.) 謂：「衡平者，公正而非法律上公正 (just, not legally just) 也，乃法律上正義之修正之謂也。蓋法律雖具一般性，有時卻對某些事務無法為一般性之對待。法律為一般性之規定後，依其情況不受其限制之案例即屬合法，惟倘立法者因疏忽而對原則之過度簡化，衡平即應於此時出而彌補其未作為，修正其因一般性所形成之瑕疵。」❽ 如何以衡平之自然法去彌補實定法之洞或瑕疵，須要在立法技術上為高度智慧去規範，絕無法完全道德化概念行之，更不得委由執法者任意行使，如何使「程序正當」與「推理嚴密」之社會科學思維能落實，實為當務之急！

㈡筆者將「最重要牽連關係原則」成為我國選法上第一個條文：港澳關係條例第三十八條

臺灣在一九九七年四月二日公布香港澳門關係條例計有六章六十二條，其中第三章「民事」(§38 ～ §42)，值得說明：⑴就立法方式言：捨兩岸關係條例之逐條式、細密性之立法，而改一條概括式立法，畢竟涉外民事法律適用法已經非常

---

❽　程樹德，《九朝律考（下）》，第九頁。

❽　Aristotle, *Ethics*, cited in L. B. Curzon, Equity (Estover, Plymoutl Macdonald & Evans Ltd., 2nd ed., 1974), pp. 4–5.

老陳，經由借用國際私法無法因應新事務；(2)就立法過程言：筆者曾在立法院時所提涉港澳事務法律適用條例草案計有條文一百一十條仿涉外民事法律適用法及兩岸人民關係條例係逐條式、細密性，惜後未被採取；(3)就區際私法與國際私法間之關係言：行政院所提港澳關係條例第三十三條規定：「民事事件，涉及香港地區或澳門地區者，準用涉外民事法律適用法以定其應適用之法律。但其事件另涉及大陸地區，而其法律關係與大陸地區最切者，依臺灣地區與大陸地區人民關係條例第四十一條至第六十三條以定其應適用之法律。」另沈富雄委員提出第三十八條規定：「民事事件，涉及香港或澳門者，依涉外民事法律適用法以定其應適用之法律。但其法律關係另涉及中華人民共和國者，得依臺灣地區與大陸地區人民關係條例第四十一條至第六十三條之規定，定其應適用之法律。」筆者所提除本條法源規定外，另有第三章「民商事」(§37～§92)，分「通則」(§37～§42)、「自然人與法人」(§43～§46)、「法律行為」(§47～§48)、「債」(§49～§57)、「物權」(§58～§64)、「親屬」(§65～§74)、「繼承」(§75～§80)、「工業財產權」(§81～§85)、「票據關係」(§86～§89)、「司法協助」(§90～§92)十節，其中第三十七條規定謂：「民商事事件，涉及香港地區或澳門地區者，依本條例規定，本條例未規定者，適用其他法律。其他法律未規定者，類推適用涉外民事法律適用法。涉外民事法律適用法未規定者，適用與民商事法律關係最重要牽連關係地區法律。」

值得說明者：(1)就區際私法與國際私法間言：行政院用「準用」，民進黨沈富雄委員改「依」，最後現行法第三十八條前段依筆者意見「類推適用」，蓋「準用」仍無法完成選法，例如香港地區人民幾歲成年，區際私法「準用」我涉外民事法律適用法第一條第一項人之行為能力依其本國法，依香港所屬國籍將適用大陸地區之法律，依「類推適用」可解為「本區法」；(2)現行法第三十八條後段捨行政院版及沈富雄委員版，而依筆者意見，蓋既與大陸地區關係最密切為何間接依兩岸關係條例依其指定之法，而何不直接依最重要牽連關係地之法律；(3)本條後段是我國第一次將最重要牽連關係原則於選法理論登入我國衝突法❸，我國立

---

❸ 有關香港澳門關係條例之立法程序可見：㈠立法院秘書處印行，《港澳關係條例法案》，立法院公報法律案專輯，第二百一十三輯（上）（下）兩冊，一九九七年十一月初版；㈡余先予主編，《衝突法》，高等財經院校教材，上海財經大學出版社，一九九九年十二月第一版，第四四七頁至第四四九頁擇其三段文獻：「新黨的草案是原臺灣立法委員

法技術上與一九九〇年日本新法例與一九八六年德國新國際私法之立法類型應是相同的。

(三)未來：我國涉外民事法律適用法修正草案 (§28、§32、§51、§68、§94、§98、§99、§103)

「具體妥當性原則」經由「最重要牽連關係原則」為最直接表現其選法方法，茲就我涉外民事法律適用法修正草案中相關規定，擇其重要者說明之：

1.就作為決定國籍積極衝突之功能而言　原條文第二十六條規定：「依本法應適用當事人本國法，而當事人有多數國籍時，其先後取得者，依其最後取得之國籍定其本國法。同時取得者依其關係最切之國之法。但依中華民國國籍法，應認為中華民國國民者，依中華民國法律。」修正草案第二十八條則規定謂：「依本法應適用當事人本國法，而當事人有多數國籍時，依其關係最切之國之法。但依中華民國國籍法，應認為中華民國國民者，依中華民國法律。」原採「區分說」中「關係最切說」修正為「統一說」中「關係最切說」 ❽❾ 。

2.就解決一國數法（複數法域）與人際私法而言　我原條文第二十八條規定一

賴來焜提出的，基本主張是：『民商事事件，涉及香港地區或澳門地區者，依本條例之規定。本條例所未規定者，適用其他法律。其他法律未規定者，類推適用涉外民事法律適用法。涉外民事法律適用法未規定者，適用與民商事法律關係最重要牽連關係地區之法律。』草案詳細列出了各類跨區的民商事關係的法律適用規則。」「新黨的主張也未見得很完善，但有新意：第一，『類推適用』之謂，說明其立論的基礎是把區際法律衝突與國際法律衝突分開，臺灣與港澳的法律衝突，屬區際法律衝突的範圍，它與國際法律衝突不同，既不能『依』也不能『準用』涉外民事法律適用法，只能類推適用之；第二，它第一次把最密切聯繫原則運用於臺灣衝突法的立法，明確無法類推適用涉外民事法律適用法時，適用與民商事法律關係最重要牽連關係地區的法律。這是符合公平選法原則的。」「臺灣立法機構經過辯論，三讀通過的香港澳門關係條例（下稱港澳條例），基本上採納了新黨草案的精神，處理與港澳的法律衝突。」

❽❾ 立法理由係現行法就多數國籍中，異時取得國籍者，採後國籍優先原則，認為基於國籍非強制原則，與尊重個人之自由意思，後法應優於前法。惟當事人取得新國籍，仍未放棄舊國籍者，或可顯示當事人與其舊國籍仍欲發生一定之關聯；復以近來之世界局勢，促使某些發展中國家之國民有取得第二國或第三國國家之國籍，但仍高度維持與其舊國籍國家關係之情形。是以後國籍優先原則，現階段已非妥適。故廢棄後國籍優先原則，亦採關係最切之國之法為解決方式。法院得衡量當事人之多數國籍，在新、舊或中間國籍中擇一關係最切之國之法律為準據法。

國數法謂:「依本法適用當事人本國法時,如其國內各地方法律不同者,依其國內住所地法,國內住所不明者,依其首都所在地法。」而修正草案第三十二條規定「地域衝突」外,增定「人際衝突」而規定謂:「依本法應適用當事人本國法時,如其國內多數法律因地或因人而異者,依該國法律之規定;該國法律無規定者,適用該國內關係最切之地之法。」一方面適用範圍自「地際衝突」擴及「人際衝突」,二方面立法主義自「直接指定主義」改為以「間接指定主義」為原則,而以「關係最切地法」為補充 ❿ 。

3.**就債權行為準據法而言**　我原條文第六條規定:「法律行為發生債之關係者,其成立要件及效力,依當事人意思定其應適用之法律。」「當事人意思不明時,同國籍者依其本國法,國籍不同者依行為地法,行為地不同者以發要約通知地為行為地,如相對人於承諾時不知其發要約通知地者,以要約人之住所地視為行為地。」「前項行為地,如兼跨二國以上或不屬於任何國家時,依履行地法。」係採「當事人意思自主原則」而當事人未合意時採「硬性法則」(逐項逐段、承先啟後、梯級適用方式),但新修正草案除第五十一條規定:「法律行為發生債之關係者,其成立要件及效力,依當事人意思定其應適用之法律。」「當事人意思不明或其意思表示無效者,除本法另有規定外,依關係最切國家之法律。」係採「關係最切原則」為補充原則 ❿ 外,另就當事人就應適用之法律無合意者,單務契約及

❿ 新修草案值得說明者:㈠一國數法,有因「地域」而併存者,有因「屬人」而併存者;㈡一國數法因「地域」而併存者,在屬人法上多採住所地法,現行法採直接指定主義,用法雖簡單明確,惟理論上若存在一非採住所地法之國家,則判決難免有不一致之弊,且國內住所不明時,直接適用可能與當事人無任何關聯之首都所在地法,是否合宜頗有疑義,故改採間接主義。惟在當事人本國無法律指示時,為解決間接主義之窮,則委由法院依職權,在當事人本國之內,或於現在之住、居所、或過去之住、居所等與當事人有關聯之地中,擇一與當事人關係最切之地之法律以為準據;㈢一國數法,因「屬人」而併存者,法律有因不同宗教、種族、社會階級而異,內國國際私法無從直接加以指定,適用法律端賴各國之國內法規加以指定。我國現行法未有明文,特增此規定。

❿ 採「關係最切原則」係當事人就債權行為,未以意思表示定其準據法者,現行法採硬性規定,適用上固較簡便,但有時未能兼顧個案之具體情事,本草案爰改採最重要牽連關係理論,以尊重當事人之主觀期待,並符合客觀正義及公平原則之要求。為落實此一理論,本草案亦就若干典型契約,明文規定其應適用之法律,即以各該應適用之法律,為關係最切國家之法律,其餘未明文規定者,則應由法院比較法相關國家之利

雙務契約關係最切國家之法律之擬制規定，即第五十五條：「契約當事人就應適用之法律無合意者，除本條另有規定外，推定下列法律為關係最切國家之法律：一、契約當事人僅一方負擔債務者，該當事人於訂約時之住所地法。二、雙方當事人均依契約負擔債務，且債務中有足為該契約之特徵者，負擔該債務之人於訂約時之住所地法。」**❷**。

4.就侵權行為而生之債之準據法而言　原第九條規定謂：「關於由侵權行為而生之債，依侵權行為地法。但中華民國法律不認為侵權行為者，不適用之。」「侵權行為之損害賠償及其他處分之請求，以中華民國法律認許者為限。」而新修正草案第六十八條規定謂：「因侵權行為而生之債，除行為人與被害人於損害發生後，合意適用中華民國法律者外，依侵權行為之實施地之法律。」「前項情形，其他國家顯較行為實施地關係更切者，依該其他國家之法律。」「被害人得請求之損害賠償及其他處分，以中華民國法律所認許者為限。」「數人共同實施同一侵權行為者，其應適用之法律，應就各行為人實施之部分，獨立決定之。」按法院於侵權行為之訴訟，多盼當事人達成訴訟上和解，如未能達成和解，其在訴訟前或訴訟中達成適用法庭地法之合意，對訴訟經濟亦有助益，當為法之所許，爰規定行為人與被害人於損害發生後，得合意適用中華民國法律。無合意者，侵權行為之債原則上採侵權行為地法主義，本草案為求明確，規定應依侵權行為之實施地之法律。侵權行為地法主義如全面適用於所有侵權行為之債，在侵權行為偶然於某地發生之情形，並非合理，外國近來多以最重要牽連關係之理論，予以修正。本草案為期法律適用之安定及個案公平，爰規定行為實施地以外之其他國家，顯較行為實施地關係更切者，即應依該其他國家之法律。關係較侵權行為實施地更切之國家，須由法院審酌個案情形決定之。依外國立法例觀之，其情形包括行為人與被害人有共同之屬人法連結因素者，該連結因素指向之國家；侵權行為之結果

益及牽連程度，而以關係最切國家之法律為準據法。

❷ 本條值得說明者：㈠按單務契約僅使一方當事人負擔債務，他方當事人不負對待給付之義務，該契約與負擔債務之當事人關係密切，於未就準據法達成合意時，宜推定該債務人於訂約時之住所地法，為關係最切國家之法律，以保護該債務人；㈡雙務契約之雙方當事人均負擔債務，但其債務中有足以代表其契約之特徵者，即應以該債務為契約之重心，故如當事人就準據法無合意時，宜推定負擔該債務之人於訂約時之住所地法，為關係最切國家之法律，以保護該債務人，似採「特徵性履行理論」。

發生地，為行為人所預期者，其發生地所在之國家；侵權行為之實施，亦為行為人與被害人間原有法律關係所禁止，而形成請求權競合之情形者，該法律關係應適用之法律之所屬國家。但行為實施地有關保護他人利益之安全標準或其他準則，原非其他國家之法律所得取代，故即使侵權行為之債應適用其他國家之法律，其行為之是否違反法令，仍應以行為實施地法為斷，併此說明。被害人向中華民國法院依侵權行為之債之準據法，請求損害賠償及其他處分者，涉及中華民國法院之職權及侵權行為相關法則之基本政策或公共秩序，爰規定其準據法雖為外國法律，仍應以中華民國法律所認許者為限，以示折衷。數人共同實施一侵權行為者，其實施地及關係最切之國家，均可能因行為人而異，如強依某國之法律，恐難期公平，爰規定其應適用之法律，應就各行為人個別決定之 ❸。

　5.就婚姻效力之準據法而言　原條文第十二條規定：「婚姻之效力依夫之本國法，但為外國人妻未喪失中華民國國籍，並在中華民國有住所或居所，或外國人為中華民國國民之贅夫者，其效力依中華民國法律。」而修正草案第九十四條規定：「婚姻之效力，依訴訟時夫妻共同之本國法；無共同之國籍者，依共同之住所地法；無共同之住所時；依共同之居所地法；無共同之居所時，依其他與夫妻婚姻生活關係最切國家之法律。」❹

---

❸　有關商品製造人責任 (§69)、不公平競爭、限制競爭行為 (§70)、不動產溢散物質而生之債 (§71)、媒介侵權行為之債 (§72)、被害人對責任保險人直接請求權之準據法 (§73)、船舶或航空器碰撞所生之債 (§74) 等均一一詳列選法方法，其中與「關係最切原則」有關者有第六十九條規定：「被害人因商品之通常使用或消費而受損害者，其與製造人間之法律關係，依下列各款規定之法律中，關係較切之國家之法律：一、損害發生地法。二、被害人之住所地法。」「前項各款之法律所屬之領域，均非製造人同意其商品流通之地域者，依製造人之住所地法。」

❹　立法值得說明：㈠現行法制訂之時，因各國國籍法之立法例均採妻從夫籍，現行法之立法意旨亦認為雖規定婚姻之效力依夫之本國法，實際上即多依夫妻共同之本國法，故採依夫之本國法之規定。此立法意旨，自一九五七年聯合國提出「已婚婦女國籍公約」後，世界各國之國籍法已採夫妻異籍之國籍獨立原則，妻不會因結婚而當然取得夫之國籍，故「妻從夫籍」之情形已非原則性之現狀；再者，因目前男女平等之世界潮流，夫之本國法本身雖非一定不利益於妻，但僅依一方之國籍，使其優先於他方適用之情形，即有違男女平等之原則；㈡本草案依屬法之性質，明文規定適用法律之優先順序：夫妻有共同國籍時，基於本國法主義之屬人法本質，依夫妻共同之本國法；無共同之國籍時，住所既為夫妻生活之中心，且依目前之各國有關夫妻住所地之法律，

6. 就離婚之原因與效力之準據法而言　原條文就離婚之原因與效力分別規定，第十四條謂：「離婚依起訴時夫之本國法及中華民國法律，均認其事實為離婚原因者，得宣告之。但配偶之一方為中華民國國民者，依中華民國法律。」第十五條規定：「離婚之效力，依夫之本國法。」「為外國人妻未喪失中華民國國籍或外國人為中華民國國民之贅夫者，其離婚之效力依中華民國法。」而新修正條文將原因與效力合併第九十八條規定：「離婚及其效力，依離婚時夫妻共同之本國法；無共同之國籍時，依共同之住所地法；無共同之住所時，依共同之居所地法；無共同之居所時，依其他與夫妻婚姻生活關係最切國家之法律。」「前項夫妻一方為中華民國國民且在中華民國有住所者，依中華民國法律。」⑨⑤

7. 就別居之準據法而言新修正條文第九十九條規定別居及其效力準用離婚之規定⑨⑥。

8. 就收養要件及效力之準據法而言　原條文第十八條規定：「收養之成立及終止，依各該收養者被收養者之本國法。收養之效力，依收養者之本國法。」而修正條文第一百零三條謂：「收養及其效力，依收養時收養者之本國法。但依被收養者之本國法收養應得被收養人或第三人之同意，或其他保護之有關規定者，依

　　　已朝向採合意住所之原則，故可認為夫妻雙方有以合意住所地之法律為準據法之意思。至於無共同之住所時，則依共同之居所地之法律，無共同之居所時，則以與夫妻婚姻生活中關係最切國家之法律以為準據法。

⑨⑤　修正理由有㈠現行法就離婚之原因與效力均依夫之本國法，有違男女平等之原則；且就離婚之原因累積適用屬人法與法庭地法，亦極端限制當事人之離婚。離婚原因固為法庭地國之公序問題，但與國際私法之公序問題則非同一概念，若有維持內國公序之必要，得以外國法適用限制之條文，排除外國法之適用，故本草案刪除現行法累積適用之規定，而將離婚之要件與效力，均適用與夫妻婚姻生活關係最切之屬人法；㈡離婚之法律制度包括兩願離婚與判決離婚，判決離婚固應依起訴時之法律為準據法，惟兩願離婚並不需要透過訴訟程序。為期法律規定周延，故修正條文文字為「離婚時」；㈢第二項為限制之內國人保護規定。蓋夫妻一方為我國國籍且在我國有住所時，我國為其婚姻關係最切國家之一，要無疑義。故以第二項規定排除其他關係亦密切國家之法律，而適用內國之法律；㈣刪除招贅婚之規定，理由與前同。

⑨⑥　別居，乃救濟失和之婚姻，緩衝離婚所帶來之苛刻後果而設之制度，性質上與離婚類似。我國實體法雖未有別居制度之規定，但並不代表適用法則即無須此種規定，此可從民國八十九年一月六日法務部提出之親屬法修正草案得知。現行法既未有別居之適用法則，解釋上均依法理予以補充，爰增訂之。

該有關之規定。」「前項夫妻為共同收養或一方收養他方之子女時，夫妻無共同之國籍時，依共同之住所地法；無共同之住所時，依共同之居所地法；無共同之居所時，依其他與夫妻婚姻生活關係最切國家之法律。」❾ 故新修正草案中滲入不少「關係最切國家之法律」以實現「具體妥當性」。

---

❾ (一)現行法就收養之成立及終止採當事人本國法並行主義，因各國法律寬嚴不一，故常難以成立涉外之收養契約。事實上，收養之成立、終止與效力，重點均以收養國發生之法律效果為中心，故除少數保護被收養人利益之規定者外，無須強以未來生活甚少牽連之被收養者之本國法，來妨礙涉外收養之有效成立；(二)鑑於晚近各國收養法之發展，多傾向於國家監督主義，以保護養子女之利益，為使涉外收養關係能有效成立，並獲得他國之承認，增訂若依被收養者之本國法有其他保護之規定者，亦應依該有關之規定；(三)確定收養成立與終止之準據法固以收養時之法律為主，收養成立後之效果，更不允許收養人藉變更國籍或其他聯繫因素以變更其效力，故採不變更原則；(四)夫妻為共同收養或一方收養他方之子女時，則應適用支配婚姻有效性之法律，爰為明文規定。

附錄：司法院《涉外民事法律適用法部分條文修正草案》總說明及條文對照表

　　筆者按：本修正草案應屬第三稿，第一稿（原稿）計有五章一百四十四條，曾在筆者拙書《當代國際私法學之基礎理論》（衝突法叢書4）中列於附錄一（第六百四十一頁至第七百八十頁）；第二稿（初稿）計有三章六十七條條文，亦曾在筆者拙書《當代國際私法學之構造論》（衝突法叢書5）中列於附錄一（第七百五十九頁至第八百四十頁）。三個版本之體系架構、條文內容與選法原則差別甚大，三個版本均列入國際私法研修委員會討論範圍，本諸「立法程序民主性原則」特公布三次草案，法學先進們多提供高見，供修法參考，使國際私法立法事業能更精進。

涉外民事法律適用法修正草案總說明

　　涉外民事法律適用法（以下簡稱本法）自民國四十二年六月六日公布施行以來，迄今已屆五十年。我國政治環境、社會結構、經濟條件乃至世界局勢，均已發生重大變化，而本法原來所參考之立法例與學說理論，亦有實質修正，益以長期間之適用經驗及學術探討，確可發現本法若干未盡妥適或疏漏不足之處，應予增刪修正。有鑑於此，司法院乃邀請國際私法學者及實務專家，組成涉外民事法律適用法研究修正委員會，確定修正方向及基本原則，再委託學者專家研擬修正條文，提交委員會分批討論。草案初稿完成後，經廣徵委員及相關機關意見，審慎考量各種因素後，幾經調整架構及內容，終成本稿。本法現行條文共三十一條，本稿增訂三十條、修正二十五條、刪除一條（合併二條文為一條）並調整條文之順序，變動幅度甚鉅。關於此等變動，仍待補充說明者包括：本稿規定之範圍，非以狹義之涉外民事為限，關於涉外商事之問題，適合於本法規定者，亦納入於本稿之中；外國法院判決、外國仲裁判斷及內國法院之國際管轄權等問題，雖亦屬於國際私法之領域，晚近外國立法例並有將其與法律適用問題合併，而以單一法規予以整體規定之趨勢，惟衡諸我國當前法制環境之各種因素，本稿乃維持本法之既有格局，仍以涉外民事之法律適用問題為規範重點；涉外民事之法律適用問題之範圍甚廣，本稿亦盡可能予以增訂及修正，以期提高法律適用之明確度及合理性，但就實務及學說尚無定見之主題，例如定性問題及先決或附隨問題等，為保留其於未來之發展空間，仍不設明文規定；本稿所含之各條文，其內容均係承本

法之名稱，而就法律適用問題所設之個別規定，其中性質接近之條文經集結成章後，亦未改變其內容為有關法律適用之規定之本質，故各章名稱僅取特定範圍之法律關係之類屬之名，未再重覆其決定各該法律關係應適用之法律之功能。本稿修正後之架構分為七章，第一章「通則」八條、第二章「權利主體」五條、第三章「債」二十條、第四章「物權」七條、第五章「親屬」十四條、第六章「繼承」四條及第七章「附則」二條，條文合計六十條。茲將修正之要點分別列述如下：

壹、第一章「通則」

一、增訂章名。

　　本法所涵蓋之條文性質並非完全一致，宜適度予以區分，以確立整體架構，爰將其中關於法律適用之基本問題之規定，集為第一章，並定名為「通則」。

二、現行法第三十條移列為修正條文第一條。（修正條文第一條）

　　現行條文第三十條未修正，但採現行民法之例，將其移列為修正條文第一條，以明重視各法源之旨。

三、修正異時取得多數國籍之規定。（修正條文第二條）

　　依本法應適用當事人本國法，而當事人有多數國籍時，無論其國籍取得之先後順序如何，均宜依其關係最切之國籍定其本國法，較為合理，爰參考國際慣例修正之。

四、現行條文第二十七條第一項前段移列為修正條文第三條。（修正條文第三條）

　　現行條文第二十七條第一項前段所規定者，為無國籍人之屬人法之連結因素或連繫因素，與同條之其餘部分宜各別規定之，爰將其單獨移列為修正條文第三條，其餘部分移列為第四條，並酌予修正。

五、現行條文第二十七條其他部分移列增訂為修正條文第四條，並酌為文字修正。（修正條文第四條）

　　現行條文第二十七條未移列為修正條文第三條之部分，移列為本條，並酌為文字修正。

六、修正一國數法之規定。（修正條文第五條）

　　依本法應適用當事人本國法時，現行條文就其國內各地方之不同法律，仍直接明定其應適用之地方法律，惟該國法律除因地域之劃分而有不同外，亦可能因其他因素而不同，且此等國家對其國內之法律衝突，通常亦自有其法律上之對策，爰就其國內法律不同之原因，修正為地域或其他因素，並對當事人本國法之確定，改採間接指定原則及關係最切原則，規定以該國法律規定應適用之法律，為其本

國法，該國法律無規定者，依其國內關係最切之法律。

七、修正反致之規定。（修正條文第六條）

　　現行條文第二十九條移列為修正條文第六條，並增訂直接反致之明文，規定依本
法適用當事人本國法時，如依其本國法應適用中華民國法律者，適用中華民國法
律。

八、增訂規避法律之規定。（修正條文第七條）

　　涉外民事事件原應適用中華民國法律，但當事人以不正當方法巧設連結因素或連
繫因素，致應適用外國法，而規避中華民國法律強行規定之適用時，該連結因素
或連繫因素已喪失真實及公平之性質，其法律之適用已難期合理，而有必要適度
限制其適用，爰明定其仍應適用該強制或禁止規定。

九、修正外國法牴觸內國公序良俗之規定。（修正條文第八條）

　　現行條文關於外國法適用之限制，係以「其規定」有背於中華民國公共秩序或善
良風俗為要件，惟其限制適用之具體內容仍待進一步予以明確界定，爰將「其規
定」一詞修正為「其適用之結果」，以貫徹其為內、外國法律平等原則之例外規定
之立法原意，並增訂明文，規定不適用該外國法時，即適用內國法。

貳、第二章「權利主體」

一、增訂章名。

　　法律上之權利主體為人，無論自然人或法人均有法律衝突之問題，爰修正現行相
關條文並增訂數條，依民法之例集為一章，並以「權利主體」為章名。

二、增訂人之權利能力並修正行為能力準據法之規定。（修正條文第九條）

　　現行條文關於人之一般權利能力，漏未規定其應適用之法律，爰於第一項增訂權
利能力，使其與行為能力併列，均依其本國法定之。人之行為能力，涉及當事人
之法律地位，不應因連結因素或連繫因素之變更，而影響過鉅，爰增訂第二項，
明定「既為成年，永為成年」之原則，避免依法律行為前之本國法已有行為能力
之當事人，復以依法律行為時之本國法為無行為能力或僅有限制行為能力為抗辯。
關於親屬法或繼承法之法律行為，其行為能力原非本條之適用範圍，而就在外國
不動產所為之法律行為所生之爭議，應專屬該外國法院管轄，並無在我國決定其
當事人行為能力準據法之必要，爰刪除現行條文第三項之規定。

三、修正死亡宣告準據法之規定。（修正條文第十條）

　　現行法第四條之內容未修正，依民法體例移列為修正條文第十條之第一項及第二
項，另再增訂第三項，明定死亡宣告之效力依中華民國法律。

四、現行法第三條移列為修正條文第十一條。（修正條文第十一條）

現行法第三條之內容未修正，依民法體例移列為修正條文第十一條。

五、修正法人屬人法之規定。（修正條文第十二條）

外國法人應適用其本國法之情形，並不以其經中華民國認許成立者為限，修正條文第一項爰將此項條件予以刪除，並將外國法人之屬人法修正為其據以設立之法律，以與內國法人屬人法之決定原則呼應。法人之屬人法之主要適用範圍，為法人之內部事務，其內容包含甚廣，法人之屬人法之主要適用範圍，為法人之內部事務，其內容包含甚廣，本草案爰為第二項明定八款例示規定，再輔以第九款之補充規定，以期完全涵括。

六、增訂外國法人在內國之分支機構之特別規定。（修正條文第十三條）

外國法人依中華民國法律設立分支機構者，該分支機構之內部事項即有依中華民國法律決定之必要，爰增訂其明文規定，以應實際需要。

參、第三章「債」

一、增訂章名。

涉外民事事件之性質為債權債務之法律關係者，其準據法之決定原則，亦可集為一章，爰仿民法體例增訂章名，且將特別法上之債權債務問題，均一併予以納入。

二、修正法律行為方式準據法之規定。（修正條文第十四條）

現行條文第五條規定之各類法律行為，性質本不相同，其方式問題宜配合各該法律行為之成立要件及效力予以規定，較為妥適，爰將其第一項有關債權行為之規定移列為本條，並明定行為地不同時，依任一行為地法所定之方式者，皆為有效，以貫徹立法旨意。

三、修正當事人意思自主原則之規定。（修正條文第十五條）

現行條文關於當事人意思不明時債權行為應適用之法律，係以硬性之一般規則予以決定，有時發生不合理情事，本草案爰改採關係最切之原則，由法院依具體案情個別決定其應適用之法律，在比較相關國家之利益及關係後，以其中關係最切之法律為準據法，以兼顧當事人之主觀期待與客觀需求。

四、增訂代理權授與行為準據法之規定。（修正條文第十六條）

代理權之授與，與其原因法律關係本各自獨立，並各有其準據法，代理權係以法律行為授與者，本人及代理人常可直接就其相關問題達成協議，爰明定代理權之成立及在本人與代理人間之效力，應依本人及代理人明示之合意定其應適用之法律，以貫徹當事人意思自主原則，至其無明示之合意者，則依與代理行為關係最

切地之法律，由法院依具體個案之實際情形認定之。

五、增訂本人與相對人間法律關係之準據法之規定。(修正條文第十七條)

本人因代理人代為法律行為，而與相對人發生之法律關係，與代理權之授與及代理人代為之法律行為，關係均甚密切，爰規定其與本人間之法律關係，原則上應依本人與相對人明示合意應適用之法律。至於無明示之合意者，則適用關係最切地之法律。

六、增訂相對人與代理人間法律關係之準據法之規定。(修正條文第十八條)

代理人為代理行為時，其與相對人間因此所生之法律關係，亦有決定準據法之必要，爰明定應與前條所定之法律關係適用相同之準據法。

七、增訂票據行為之準據法之規定。(修正條文第十九條)

關於票據行為，現行法僅就行使或保全票據上權利之法律行為，規定其方式之準據法，惟涉外法律行為發生票據上權利者，亦有決定其準據法之必要，爰增訂其明文規定，以杜爭議。

八、增訂指示證券或無記名證券之法律行為之準據法之規定。(修正條文第二十條)

關於指示證券及無記名證券之規定，各國法律並非一致，本法現行條文就法律行為發生指示證券或無記名證券之債者，復未設明文規定，對於其涉外法律關係之法律適用，並非妥當，爰增訂決定其成立要件及效力之準據法之規定，以杜爭議。

九、修正無因管理準據法之規定。(修正條文第二十一條)

本法對於法律行為及侵權行為而生之債，既均單獨規定其應適用之法律，如再輔以關於無因管理及不當得利之規定，即足以概括所有債之發生原因，爰刪除現行條文關於「其他法律事實」之規定，於本條保留關於由無因管理之規定，增訂次條關於不當得利之規定，並衡酌無因管理之法律事實之重心，修正其應適用之法律為其事務管理地法。

十、增訂不當得利準據法之規定。(修正條文第二十二條)

關於由不當得利而生之債，其法律事實之重心係在利益之受領，宜依其利益之受領地法決定是否構成不當得利及返還利益之範圍，爰明定應依其利益之受領地法，並就因給付而發生之不當得利，規定應依該給付所由發生之法律關係所應適用之法律。

十一、修正侵權行為準據法之規定。(修正條文第二十三條)

現行法第九條第一項關於侵權行為之準據法，採侵權行為地法主義，其結果未盡合理，亦與當前潮流有違，爰參考外國法例酌採最重要牽連關係理論，以濟

其窮。

十二、增訂商品製造人責任準據法之規定。（修正條文第二十四條）

被害人因商品之通常使用或消費而受損害者，該被害人與商品製造人間之法律關係，涉及商品製造人之本國法關於其商品製造過程之注意義務及所生責任之規定，亦與保護被害人之特別規定有關，爰明定以適用商品製造人之本國法為原則，並許被害人得例外選定特定之法律為其應適用之法律。

十三、增訂不公平競爭及限制競爭而生之債準據法之規定。（修正條文第二十五條）

不公平競爭或限制競爭等違反競爭法規或公平交易法之行為，其因此而發生之債之關係，亦與該市場所屬國家之法律密切相關，爰明定以依該市場所屬國家之法律為原則，並於不公平競爭或限制競爭之行為係以法律行為實施，且該法律行為所應適用之法律較有利於被害人時，適用該法律行為所應適用之法律，以保護被害人。

十四、增訂經由媒介實施之侵權行為準據法之規定。（修正條文第二十六條）

侵權行為係經由報紙、廣播、電視、網際網路或其他傳播方法實施者，其損害之範圍較廣，而行為地與損害發生地之認定亦較困難。為保護被害人，並兼顧關於侵權行為之基本原則及公共傳播媒介之社會功能，爰增訂本條，以為依據。

十五、增訂被害人直接請求保險給付之準據法之規定。（修正條文第二十七條）

侵權行為人投保責任保險者，被害人並非保險契約之當事人，為保護被害人之利益，爰增訂明文，規定被害人得選擇適用侵權行為之準據法或該保險契約之準據法，以直接向保險人請求給付。

十六、增訂當事人關於非因法律行為而生之債合意適用中華民國法律之規定。（修正條文第二十八條）

當事人就非因法律行為而生之債涉訟者，法院亦多盼當事人能達成訴訟上和解，如未能達成和解，其在訴訟中達成適用法庭地法之合意者，對訴訟經濟亦有助益，當為法之所許，爰明定當事人得於起訴後合意適用中華民國法律之規定。

十七、修正債權讓與準據法之規定。（修正條文第二十九條）

現行條文移列為第一項之本文，並明定為對於債務人效力之規定，增訂但書規定其得例外依債權之讓與人及受讓人合意之法律，以兼顧當事人意思自主原則及債務人利益之保護，至於該債權之讓與對於該第三人或其擔保之效力，則增訂第二項，規定宜依該擔保之成立及效力所應適用之法律，以維持公平並保護該第三人。

十八、增訂債務承擔之準據法之規定。（修正條文第三十條）

　　承擔人與債務人訂立契約承擔其債務時，債權人既未參與其間承擔該債務之法律行為，即不應因該債務之承擔而蒙受不測之不利益，爰規定其對於債權人之效力，應依原債權之成立及效力所應適用之法律，以保護債權人之利益；如第三人曾為原債權提供擔保，為保護第三人於擔保行為成立時之信賴，爰規定債務之承擔，對於第三人為該債權所提供之擔保之效力，依該擔保之成立及效力所應適用之法律。

十九、增訂第三人及共同債務人求償權之準據法之規定。（修正條文第三十一條）

　　第三人因特定法律關係而為債務人清償債務者，該第三人之清償問題與該特定法律關係之準據法關係密切，爰明定應依該特定法律關係所應適用之法律；數人負同一債務，而由部分債務人清償全部債務者，為清償之債務人就超過其應分擔額之部分之清償，與第三人清償債務之情形類似，爰規定此等清償之債務人對其他債務人求償之權利，依債務人間之法律關係所應適用之法律。

二十、增訂請求權消滅時效準據法之規定。（修正條文第三十二條）

　　請求權之消滅時效在我國法上為實體問題，現行條文對其準據法未予規定，仍難免發生疑義，爰增設明文，規定應依該請求權所由發生之法律關係應適用之法律。

二十一、增訂債之消滅之準據法之規定。（修正條文第三十三條）

　　債之免除或其他消滅之原因及其效果，均與原債權直接相關，爰規定應依原債權之準據法。

肆、第四章「物權」

一、增訂章名。

　　涉外民事事件之性質為物權關係者，其準據法之決定原則，亦可集為一章，爰仿民法體例增訂章名。

二、現行法第十條移列為修正條文第三十四條。（修正條文第三十四條）

　　本條各項規定之內容未修正，移列為修正條文第三十四條。

三、修正物權行為方式之準據法之規定並增訂為修正條文第三十五條。（修正條文第三十五條）

　　現行條文第五條第二項有關物權行為方式之規定，係針對以物為標的物之物權而設計，未能直接適用於其他類型之物權，爰修正其方式之準據法，為各該項物權所應適用之法律，以概括各種類型之物權行為。

四、增訂關於自外國輸入之動產之規定。（修正條文第三十六條）

自外國輸入中華民國領域之動產，於輸入前已依其所在地法成立之物權，在內國究應發生何種效力，非無疑問，爰規定如該物權依中華民國法律亦可成立，其效力依中華民國法律，俾使在外國成立之該物權，得以轉換為內國之物權，以示折衷，並保護內國財產之交易安全。

五、增訂運送中動產之物權準據法之規定。（修正條文第三十七條）

託運中之動產之所在地，處於移動狀態，不易確定，其物權係因法律行為而取得、喪失或變更者，與當事人之意思或期待關連甚切，爰規定依該動產之運送目的地法，以兼顧當事人期待及交易安全。

六、增訂智慧財產權之準據法之規定。（修正條文第三十八條）

智慧財產權係因法律規定而發生之權利，其於各國領域內所受之保護，原則上亦應以各該國之法律為準，爰規定以智慧財產為標的之權利，其成立要件及效力，依權利人主張其權利應受保護之各該地之法律，俾使智慧財產權之種類、內容、存續期間、取得、喪失及變更等，均依權利人主張其在該國有權利，而據以請求保護之該國之法律為斷。

七、增訂載貨證券相關問題準據法之規定。（修正條文第三十九條）

因載貨證券而生之法律關係，與當事人之法律行為實具有密不可分之關係，爰明定其原則上應依該證券上之記載決定其應適用之法律，至於無記載者，應依與載貨證券關係最切地之法律；數人分別依載貨證券主張權利，或對證券所載貨物直接主張權利者，其所主張之權利，既各有其準據法，自難決定其優先次序，爰規定此時應適用該貨物物權之準據法；因倉單或提單而生之法律關係，其所應適用之法律有準用關於載貨證券之規定之必要，爰亦明定之。

八、增訂集中保管之有價證券權利變動之準據法之規定。（修正條文第四十條）

有價證券由證券集中保管人保管者，其權利之取得、喪失或變更，均僅由該證券集中保管人為劃撥或交割，當事人僅在證券存摺為權利變動之登記，與傳統上以直接持有該有價證券為權利之公示方法者並不相同，爰規定其應依集中保管契約所明示應適用之法律，至於集中保管契約未明示應適用之法律，或該契約明示之法律與其權利之關係並非最切時，則應依關係最切地之法律。

伍、第五章「親屬」

一、本章新增

涉外民事事件之性質為親屬關係者，其準據法之決定原則，亦可集為一章，爰仿

民法體例增訂章名。

二、增訂婚約成立要件及效力準據法之規定。（修正條文第四十一條）

婚約成立要件應適用之法律，現行條文未予以明文規定，爰仿現行法關於婚姻成立要件之規定，明定原則上應依各該當事人之本國法，但婚約之方式依當事人之一方之本國法或依婚約訂立地法者，亦為有效；婚約之效力及違反婚約之責任問題，其準據法之決定宜與婚姻之效力採同一原則，爰明定其應依婚約當事人共同之本國法，無共同之本國法時，依共同之住所地法，無共同之住所地法時，依與婚約當事人關係最切地之法律。

三、現行條文第十一條移列為修正條文第四十二條。（修正條文第四十二條）

現行條文第十一條未修正，移列為修正條文第四十二條。

四、修正婚姻效力之準據法之規定。（修正條文第四十三條）

關於婚姻之效力，現行條文專以夫或妻單方之本國法為準據法，與男女平等原則之精神並不符合，爰修正為應依夫妻共同之本國法，無共同之本國法時，依共同之住所地法，無共同之住所地法時，則由法院依與夫妻婚姻攸關之各項因素，以其中關係最切地之法律，為應適用之法律。

五、修正夫妻財產制之準據法之規定。（修正條文第四十四條）

現行條文關於夫妻財產制應適用之法律，未能平衡兼顧夫妻雙方之屬人法，有違當前男女平等之世界潮流，爰合併現行條文第一項及第二項，規定夫妻財產制得由夫妻合意定其應適用之法律，但以由夫妻以書面合意適用其一方之本國法或住所地法之情形為限；夫妻無前項之合意或其合意依前項應適用之法律無效時，則依夫妻共同之本國法，無共同之本國法時，依共同之住所地法，無共同之住所地法時，依與夫妻婚姻關係最切地之法律。

六、增訂保護善意第三人之準據法之規定。（修正條文第四十五條）

夫妻財產制應適用外國法時，如夫妻就其在中華民國之財產與善意第三人為法律行為，關於其夫妻財產制對該善意第三人之效力，因與內國之交易秩序關係密切，爰規定其應適用中華民國法律，以維護內國之交易秩序。

七、修正離婚之原因及效力之準據法之規定。（修正條文第四十六條）

現行條文關於離婚僅規定裁判離婚，而不及於兩願離婚，關於離婚之原因及其效力應適用之法律，規定亦非一致，爰合併現行法第十四條及第十五條，並將原規定之內容酌予補充及修正；關於離婚之原因及其效力應適用之法律，現行條文並未兼顧夫妻雙方之連結因素或連繫因素，與當前實務需要及立法趨勢，均難謂合，

爰改以各相關法律與夫妻婚姻關係密切之程度為衡酌標準，規定夫妻之兩願離婚及裁判離婚，應分別依協議時及起訴時夫妻共同之本國法，無共同之本國法時，依共同之住所地法，無共同之住所地法時，依與夫妻婚姻關係最切地之法律。

八、修正子女身分之準據法之規定。（修正條文第四十七條）

關於子女之身分，現行條文規定應依其母之夫或其母之本國法，與當前男女平等之思潮尚有未合，爰修正為應依出生時其母及其母之夫婚姻之效力所應適用之法律，如婚姻關係於子女出生前已消滅者，依婚姻關係消滅時該婚姻之效力所應適用之法律。

九、修正非婚生子女認領之要件及效力之準據法之規定。（修正條文第四十八條）

現行條文關於非婚生子女認領之成立要件，採認領人與被認領人本國法並行適用主義，結果使涉外認領不易成立，影響非婚生子女之利益至鉅，爰改採選擇適用主義，規定其應依認領人或被認領人認領時之本國法；如被認領人之本國法為保護非婚生子女或被認領人，規定認領應得被認領人或第三人之同意者，仍應適用該規定，爰明定該認領仍應得其同意；被認領人在出生前以胎兒之身分被認領者，其國籍尚無法單獨予以認定，爰明定以其母之本國法為胎兒之本國法，以利認領行為之進行。

十、增訂準正之準據法之規定。（修正條文第四十九條）

非婚生子女之生父與生母結婚者，該非婚生子女是否因準正而取得與婚生子女相同之身分，與其生父及生母婚姻之效力息息相關，爰規定其亦應適用該婚姻之效力所應適用之法律；如依該婚姻之效力所應適用之法律，該子女仍為非婚生子女，但依子女之本國法為婚生子女者，仍應認定其為婚生子女，爰設但書之明文規定。

十一、修正收養之成立及終止之準據法之規定。（修正條文第五十條）

現行條文第二項僅就收養之效力，規定應依收養人之本國法，然收養終止之效力，亦有依同一法律決定之必要，爰予以增訂，以利法律之適用；夫妻之國籍不同，而共同收養時，其法律適用難免因收養人之本國法不一致，而發生困難，爰規定此時應以共同收養人婚姻之效力所應適用之法律，為收養人之本國法。

十二、修正父母子女法律關係之準據法之規定。（修正條文第五十一條）

關於父母與子女間之法律關係，現行規定以依父或母之本國法為原則，與當前國際潮流不合，爰修正為應依子女之本國法，並刪除但書之規定。

十三、現行法第二十條移列為修正條文第五十二條並酌修文字。（修正條文第五十二條）

現行法第二十條之內容未修正，移列為修正條文第五十二條，並依通例將「左列」修正為「下列」。

十四、修正扶養之準據法之規定。（修正條文第五十三條）

關於扶養之權利義務，現行條文規定應依扶養義務人之本國法，與當前國際潮流不合，爰修正為以依扶養權利人之本國法為原則，但於扶養義務人之本國法更有利於扶養權利人時，即適用扶養義務人之本國法，以保護扶養權利人之實質利益。

十五、增訂其他親屬關係之準據法之規定。（修正條文第五十四條）

本章未規定之其他涉外親屬關係，亦有可能在我國法院涉訟，並有決定其應適用之法律之必要，爰增訂明文，規定其成立依各該當事人之本國法，效力依當事人共同之本國法，無共同之本國法時，依共同之住所地法，無共同之住所地法時，依與該親屬關係關係最切地之法律，以資依據。

陸、第六章「繼承」

一、增訂章名。

涉外民事事件之性質為繼承關係者，其準據法之決定原則，亦可集為一章，爰仿民法體例增訂章名。

二、現行法第二十二條移列為修正條文第五十五條。（修正條文第五十五條）

現行法第二十二條之內容未修正，移列為修正條文第五十五條。

三、修正無人繼承遺產之準據法之規定。（修正條文第五十六條）

現行條文就外國人死亡，而在中華民國遺有財產之情形，規定如依其本國法為無人繼承之財產者，即依中華民國法律處理之，惟此時仍應考慮中華民國國民得依中華民國法律為繼承人之規定，爰將現行條文「依其本國法」之規定修正為「依前條應適用之法律」，以符合立法本旨。

四、現行法第二十四條移列為修正條文第五十七條並酌修文字。（修正條文第五十七條）

現行法第二十四條移列為修正條文第五十七條，並依民法之例，將遺囑之撤銷修正為遺囑之撤回。

五、增訂遺囑訂立及撤回之方式之準據法之規定。（修正條文第五十八條）

關於遺囑之訂立及撤回之方式，晚近立法例均採數法律之選擇適用原則，以利遺囑之有效成立及及撤回，並尊重遺囑人之意思，現行法未設類似規定，爰增訂之。

柒、第七章「附則」

一、增訂章名。

　　本章規定本草案增修條文之施行問題，爰仿國內法規之例，定其章名為「附則」。

二、增訂本草案增修條文不溯及既往原則之規定。（修正條文第五十九條）

　　本草案增修條文之適用以不溯及既往為原則，爰規定在本法修正施行前發生之涉外民事，不適用本法修正施行後之規定，但對於持續發生之法律效果，則規定本法修正施行前發生之涉外民事，其法律效果有於本法修正施行後始發生者，就該部分之法律效果，適用本法修正施行後之規定。

三、修正本法施行日期之規定。（修正條文第六十條）

　　本法修正條文之規定，其變動現行條文之程度甚鉅，對法院審理涉外民事事件亦有重大之影響，允宜加強宣導，充分準備，以利施行，爰增訂第二項，規定本法修正條文之施行，自公布滿一年之日起。

涉外民事法律適用法修正草案條文對照表		
修正條文	現行條文	說　　明
第一章　通則	（無）	一、本章名新增。 二、本法所涵蓋之條文性質並非完全一致，宜適度予以區分，以確立整體架構，爰將其中關於法律適用之基本問題之規定，集為第一章，並定名為「通則」。
第一條 　涉外民事，本法未規定者，適用其他法律之規定；其他法律無規定者，依法理。	第三十條 　涉外民事，本法未規定者，適用其他法律之規定；其他法律無規定者，依法理。	現行條文第三十條未修正，但採現行民法之例，將其移列為修正條文第一條，以明重視各法源之旨。
第二條 　依本法應適用當事人本國法，而當事人有多數國籍時，依其關係最切之國籍定其本國法。但依中華民國國籍法，應認為中華民國國民者，依中華民國法律。	第二十六條 　依本法應適用當事人本國法，而當事人有多數國籍時，其先後取得者，依其最後取得之國籍定其本國法。同時取得者依其關係最切之國之法。但依中華民國國籍法，應認為中華民國國民者，依中華民國法律。	依本法應適用當事人本國法，而當事人有多數國籍時，無論其國籍取得之先後順序如何，均宜依其關係最切之國籍定其本國法，較為合理，爰參考國際慣例修正本文之規定如上。
第三條 　依本法應適用當	第二十七條 　依本法應適用當	現行條文第二十七條第一項前段所規定者，為無國籍人之屬人法之連結因素或連繫因素，與同條

事人本國法,而當事人無國籍時,依其住所地法。	事人本國法,而當事人無國籍時,依其住所地法, 住所不明時,依其居所地法。 　當事人有多數住所時,依其關係最切之住所地法,但在中華民國有住所者,依中華民國法律。 　當事人有多數居所時,準用前項之規定,居所不明者,依現在地法。	之其餘部分宜各別規定之,爰將其單獨移列為修正條文第三條,其餘部分移列為第四條,並酌予修正。
第四條 　依本法應適用當事人之住所地法,而當事人有多數住所時,依其關係最切之住所地法。但在中華民國有住所者,依中華民國法律。 　當事人住所不明時,依其居所地法。 　當事人有多數居所時,準用第一項之規定,居所不明者,依現在地法。	第二十七條 　依本法應適用當事人本國法,而當事人無國籍時,依其住所地法, 住所不明時,依其居所地法。 　當事人有多數住所時,依其關係最切之住所地法,但在中華民國有住所者,依中華民國法律。 　當事人有多數居所時,準用前項之規定,居所不明者,依現在地法。	一、現行條文第二十七條未移列為修正條文第三條之部分,移列為本條,並酌予修正。 二、現行條文第二項移列為本條第一項,並酌為文字修正。 三、現行條文第一項後段未修正,僅移列為本條第二項。 四、現行條文第三項移列為本條第三項,並酌為文字修正。
第五條 　依本法應適用當事人本國法時,如其國內法律因地域或其他因素有不同者,以該國法律規定應適用之法律,為其本國法,該國法律無規定者,依其國內關係最切之法律。	第二十八條 　依本法應適用當事人本國法時,如其國內各地方法律不同者,依其國內住所地法,國內住所不明者,依其首都所在地法。	依本法應適用當事人本國法時,現行條文就其國內各地方之不同法律,仍直接明定其應適用之地方法律,惟該國法律除因地域之劃分而有不同外,亦可能因其他因素而不同,且此等國家對其國內之法律衝突,通常亦自有其法律上之對策,爰就其國內法律不同之原因,修正為地域或其他因素,並對當事人本國法之確定,改採間接指定原則及關係最切原則,規定以該國法律規定應適用之法律,為其本國法,該國法律無規定者,依其國內關係最切之法律。
第六條 　依本法適用當事人本國法時,如依其本國法就該法律關係須依其他法律而	第二十九條 　依本法適用當事人本國法時,如依其本國法就該法律關係須依其他法律而	現行條文第二十九條移列為修正條文第六條,並增訂直接反致之明文,規定依本法適用當事人本國法時,如依其本國法應適用中華民國法律者,適用中華民國法律。

定者,應適用該其他法律。依該其他法律更應適用其他法律者,亦同。但依其本國法或該其他法律應適用中華民國法律者,適用中華民國法律。	定者,應適用該其他法律。依該其他法律更應適用其他法律者,亦同。但依該其他法律應適用中華民國法律者,適用中華民國法律。	
第七條 　涉外民事之當事人,以不正當方法規避中華民國法律之強制或禁止規定者,仍適用該強制或禁止規定。	(無)	一、本條新增。 二、涉外民事事件原應適用中華民國法律,但當事人以不正當方法巧設連結因素或連繫因素,致應適用外國法,而規避中華民國法律強行規定之適用時,該連結因素或連繫因素已喪失其真實及公平之性質,其法律之適用已難期合理,而有必要適度限制其適用,爰參考匈牙利國際私法第八條規定之精神,增訂明文規定如上。
第八條 　依本法適用外國法時,如其適用之結果有背於中華民國公共秩序或善良風俗者,不適用之。 　涉外民事依前項規定不適用外國法者,適用中華民國法律。	第二十五條 　依本法適用外國法時,如其規定有背於中華民國公共秩序或善良風俗者,不適用之。	一、現行條文關於外國法適用之限制,係以「其規定」有背於中華民國公共秩序或善良風俗為要件,惟其限制適用之具體內容仍待進一步予以明確界定,爰將「其規定」一詞修正為「其適用之結果」,以貫徹其為內、外國法律平等原則之例外規定之立法原意,並杜爭議。 二、應適用之外國法如依前項規定被排除適用時,現行條文對於法院應適用之法律,尚乏明文規定,法院臨事審斷不免發生疑義,爰參考瑞士國際私法第十七條、第十八條、羅馬尼亞國際私法第八條、義大利一九九五年第二一八號法律(以下簡稱義大利國際私法)第十六條、第十七條等規定之精神,增訂適用內國法之明文如第二項,以貫徹中華民國公共秩序或善良風俗排除該外國法適用之立法意旨。
第二章　權利主體	(無)	一、本章名新增。 二、法律上之權利主體為人,無論自然人或法人均有法律衝突之問題,爰修正現行相關條文並增訂數條,依民法之例集為一章,並以「權利主體」為章名。
第九條 　人之權利能力及行為能力,依其本國	第一條 　人之行為能力,依其本國法。	一、現行條文關於人之一般權利能力,漏未規定其應適用之法律,爰將其增訂於第一項,使權利能力與行為能力併列,均依其本國法定

法。 　有行為能力人之行為能力，不因其國籍變更而喪失或受限制。 　外國人依其本國法無行為能力，或僅有限制行為能力，而依中華民國法律有行為能力者，就其在中華民國之法律行為，視為有行為能力。	外國人依其本國法無行為能力，或僅有限制行為能力，而依中華民國法律有行為能力者，就其在中華民國之法律行為，視為有行為能力。 　關於親屬法或繼承法之法律行為，或就在外國不動產所為之法律行為，不適用前項規定。	之。 二、人之行為能力，涉及當事人之法律地位，不應因連結因素或連繫因素之變更，而影響過鉅。爰增訂第二項，明定「既為成年，永為成年」之原則，避免依法律行為前之本國法已有行為能力之當事人，復以依法律行為時之本國法為無行為能力或僅有限制行為能力為抗辯。 三、現行條文第二項之內容未修正，移列為修正條文第九條第三項。 四、關於親屬法或繼承法之法律行為，其行為能力原非本條之適用範圍，而就在外國不動產所為之法律行為所生之爭議，應專屬該外國法院管轄，並無在我國決定其當事人行為能力準據法之必要，爰刪除現行條文第三項之規定。
第十條 　凡在中華民國有住所或居所之外國人失蹤時，就其在中華民國之財產或應依中華民國法律而定之法律關係，得依中華民國法律為死亡之宣告。 　前項失蹤之外國人，其配偶或直系血親為中華民國國民，而現在中華民國有住所或居所者，得因其聲請依中華民國法律為死亡之宣告，不受前項之限制。 　前二項死亡之宣告，其效力依中華民國法律。	第四條 　凡在中華民國有住所或居所之外國人失蹤時，就其在中華民國之財產或應依中華民國法律而定之法律關係，得依中華民國法律為死亡之宣告。 　前項失蹤之外國人，其配偶或直系血親為中華民國國民，而現在中華民國有住所或居所者，得因其聲請依中華民國法律為死亡之宣告，不受前項之限制。	一、現行法第四條之內容未修正，移列為修正條文第十條第一項及第二項。 二、中華民國對外國人為死亡之宣告者，既係依中華民國法律所定之要件，其效力亦應依同一法律，較為妥當。爰增訂第三項，明定其效力依中華民國法律，以杜爭議。
第十一條 　凡在中華民國有住所或居所之外國人，依其本國及中華民國法律同有禁治產之原因者，得宣告禁治產。	第三條 　凡在中華民國有住所或居所之外國人，依其本國及中華民國法律同有禁治產之原因者，得宣告禁治產。	現行法第三條之內容未修正，移列為修正條文第十一條。

前項禁治產宣告，其效力依中華民國法律。	前項禁治產宣告，其效力依中華民國法律。	
第十二條 　外國法人，以其據以設立之法律為其本國法。 　外國法人之下列事項，依其本國法： 一　法人之成立、性質、權利能力及行為能力。 二　社團法人社員之入社及退社。 三　社員之權利義務。 四　法人之機關及其組織。 五　法人之代表人及代表權之限制。 六　法人及其機關對第三人之責任。 七　章程之變更。 八　法人之解散及清算。 九　法人之其他內部事項。	第二條 　外國法人，經中華民國認許成立者，以其住所地法為其本國法。	一、現行條文關於外國法人之涉外民事問題，僅規定其經中華民國認許成立者，以其住所地法為其本國法，適用時發生不少疑義。外國法人應適用其本國法之情形，並不以其經中華民國認許成立者為限，修正條文第一項爰將此項條件予以刪除，並參照一九七九年泛美商業公司之法律衝突公約第二條、秘魯民法第二千零七十三條、匈牙利國際私法第十八條第一項及義大利國際私法第二十五條第一項等立法例之精神，將外國法人之屬人法修正為其據以設立之法律，以與內國法人屬人法之決定原則呼應。依外國法人之本國法，其屬人法為住所地法者，應依反致原則予以解決，乃屬當然。 二、法人之屬人法之主要適用範圍，為法人之內部事務，其內容包含甚廣。本草案爰參考瑞士國際私法第一百五十五條、羅馬尼亞國際私法第四十二條及義大利國際私法第二十五條第二項等立法例之精神，於第二項明定八款例示規定，再輔以第九款之補充規定，以期完全涵括。
第十三條 　外國法人依中華民國法律設立分支機構者，就該分支機構之內部事項，依中華民國法律。	（無）	一、本條新增。 二、外國法人依中華民國法律設立分支機構者，該分支機構之內部事項即有依中華民國法律決定之必要，爰參考匈牙利國際私法第十八條第五項規定之精神，增訂明文規定如上，以應實際需要。
第三章　債	（無）	一、本章名新增。 二、涉外民事事件之性質為債權債務之法律關係者，其準據法之決定原則，亦可集為一章，爰仿民法體例增訂章名，且將特別法上之債權債務問題，均一併予以納入。
第十四條 　法律行為之方式，依該行為所應適用之法律。但依行為地	第五條 　法律行為之方式，依該行為所應適用之法律，但依行為地	一、現行條文第五條第一項移列為修正條文第十四條，並酌予修正。 二、現行條文第五條規定之各類法律行為，性質本不相同，其方式問題宜配合各該法律行為

法所定之方式者,亦為有效,行為地不同時,依任一行為地法所定之方式者,皆為有效。	法所定之方式者,亦為有效。 　物權之法律行為,其方式依物之所在地法。 　行使或保全票據上權利之法律行為,其方式依行為地法。	之成立要件及效力予以規定,較為妥適,爰將其第一項有關債權行為之規定移列為本條,並明定行為地不同時,依任一行為地法所定之方式者,皆為有效,以貫徹立法旨意。
第十五條 　法律行為發生債之關係者,其成立要件及效力,依當事人意思定其應適用之法律。 　當事人無明示之意思或其明示之意思依前項應適用之法律無效時,依關係最切之法律。	**第六條** 　法律行為發生債之關係者,其成立要件及效力,依當事人意思定其應適用之法律。 　當事人意思不明時,同國籍者依其本國法。國籍不同者依行為地法。行為地不同者以發要約通知地為行為地。如相對人於承諾時不知其發要約通地者,以要約人之住所地視為行為地。 　前項行為地如兼跨二國以上或不屬於任何國家時,依履行地法。	一、現行條文第六條第一項未修正,僅移列為修正條文第十五條第一項。 二、現行條文關於當事人意思不明時債權行為應適用之法律,係以硬性之一般規則予以決定,有時發生不合理情事,本草案爰參考德國民法施行法第二十八條、羅馬尼亞國際私法第七十七條規定之精神,於本條第二項改採關係最切之原則,由法院依具體案情個別決定其應適用之法律,在比較相關國家之利益及關係後,以其中關係最切之法律為準據法,以兼顧當事人之主觀期待與客觀需求。為貫徹關係最切原則,並減少本條適用上之疑義,現行條文第二項關於「當事人意思不明」之用語,亦修正為「當事人無明示之意思或其明示之意思依前項應適用之法律無效」,以重申第一項當事人之意思限定於明示之意思,且當事人就準據法表示之意思,應以其事實上已表示之準據法為應適用之法律之旨。 三、現行條文第三項原係配合第二項之規定,現因修正條文第二項已改採關係最切之原則,爰配合予以刪除。
第十六條 　代理權係以法律行為授與者,其代理權之成立及在本人與代理人間之效力,依本人及代理人明示之合意定其應適用之法律,無明示之合意者,依與代理行為關係最切地之法律。	（無）	一、本條新增。 二、代理權之授與,與其原因法律關係本各自獨立,並各有其準據法,本條係針對代理權授與之行為,明定其應適用之法律,至其原因法律關係應適用之法律,則宜另依該法律關係之衝突規則決定之。代理權以法律行為授與者,本人與代理人常可直接就其相關問題達成協議,爰參考一九七八年海牙代理之準據法公約第五條、第六條規定之精神,明定代理權之成立及在本人與代理人間之效力,應依本人及代理人明示之合意定其應適用之法律,以貫徹當事人意思自主原則,至其無明示之合意者,則依與代理行為關係最

		切地之法律，由法院依具體個案之實際情形認定之。
第十七條 　代理人以本人之名義與相對人為法律行為，在本人與相對人間，關於代理權之有無、限制及行使代理權所生之法律效果，依本人與相對人明示合意應適用之法律，無明示之合意者，依與代理行為關係最切地之法律。	（無）	一、本條新增。 二、本人因代理人代為法律行為，而與相對人發生之法律關係，與代理權之授與及代理人代為之法律行為，關係均甚密切。本草案為保護相對人，爰參考一九七八年海牙代理之準據法公約第十一條至第十四條規定之精神，規定其與本人間之法律關係，原則上應依本人與相對人明示合意應適用之法律。至於無明示之合意者，則依與代理行為關係最切地之法律，俾由法院比較代理行為成立時代理人之營業地、其僱用人之營業地、代理行為地、代理人之住所地等連結因素或連繫因素之牽連關係，而適用關係最切地之法律。
第十八條 　代理人以本人之名義與相對人為法律行為，在相對人與代理人間，關於代理人依其代理權限、逾越代理權限或無代理權所生之法律效果，依前條所定應適用之法律。	（無）	一、本條新增。 二、代理人欠缺代理權或逾越代理權限，仍以本人之名義為法律行為者，其相對人與代理人因此所生之法律關係，例如就其所受損害請求賠償之問題，亦有決定其準據法之必要，爰參考一九七八年海牙代理之準據法公約第十五條規定之精神，規定應與前條所定之法律關係適用相同之準據法。
第十九條 　法律行為發生票據上權利者，其成立要件及效力，依各該法律行為之行為地法，行為地不明者，依其付款地法，付款地不明者，依其簽發地法。 　行使或保全票據上權利之法律行為，其方式依行為地法。	第五條 　法律行為之方式，依該行為所應適用之法律，但依行為地法所定之方式者，亦為有效。 　物權之法律行為，其方式依物之所在地法。 　行使或保全票據上權利之法律行為，其方式依行為地法。	一、現行條文第五條第三項未修正，移列為本條第二項，並增訂第一項。 二、法律行為發生票據上權利者，該票據上權利乃其票據行為所生效力之一部分，而票據行為與其行為地法密切相關，爰參考一九七五年泛美匯票、本票及發票法律衝突公約第三條至第五條及一九七九年泛美支票法律衝突公約第三條至第五條規定之精神，明定法律行為發生票據上權利者，其成立要件及效力，依各該法律行為之行為地法，行為地不明者，依其付款地法，付款地不明者，依其簽發地法。同一票據上有數票據行為之記載者，頗為常見，此時各票據行為均個別獨立，其應適用之法律亦應各別判斷，法文之所以規定「各該」法律行為，乃表示某一票據上權利依其應適用之法律不成立者，於其他依本身應適用之法律已成立之票據上權利無影響之旨。簽發票據之行為為票據上權利發

		生之根源，該行為之成立要件及效力，固應以其簽發地法為應適用之法律，但簽發票據與其他票據行為既個別獨立，其行為地法自未必相同，如其他票據行為之行為地不明，付款地亦不明時，自宜使該其他票據行為亦適用同一法律，爰設明文規定如上，以杜爭議。
第二十條 　法律行為發生指示證券或無記名證券之債者，其成立要件及效力，依各該法律行為之行為地法，行為地不明者，依其付款地法，付款地不明者，依其簽發地法。	（無）	一、本條新增。 二、各國法律在票據制度之外，多設有指示證券及無記名證券之制度，以補其不足，惟關於指示證券及無記名證券之規定，各國法律並非一致，本法現行條文就法律行為發生指示證券或無記名證券之債者，復未設明文規定，對於其涉外法律關係之法律適用，並非妥當，爰明定其成立要件及效力，依各該法律行為之行為地法，行為地不明者，依其付款地法，付款地不明者，依其簽發地法。
第二十一條 　關於由無因管理而生之債，依其事務管理地法。	**第八條** 　關於由無因管理、不當得利或其他法律事實而生之債，依事實發生地法。	一、現行條文第八條有關無因管理之部分移列為本條，並修正其內容。 二、現行條文第八條就關於由無因管理、不當得利或其他法律事實而生之債，原明定應依事實發生地法，但本法對於法律行為及侵權行為而生之債，既均單獨規定其應適用之法律，如再輔以關於無因管理及不當得利之規定，即足以概括所有債之發生原因，而無須再就「其他法律事實」另設規定，且無因管理及不當得利之法律事實之性質未盡一致，有對其個別獨立規定之必要，爰於本條保留關於由無因管理之規定，增訂次條關於不當得利之規定，並衡酌無因管理之法律事實之重心，參考奧地利國際私法第四十七條、羅馬尼亞國際私法第一百零六條、德國民法施行法第三十九條等立法例之精神，修正其應適用之法律為其事務管理地法。
第二十二條 　關於由不當得利而生之債，依其利益之受領地法。但不當得利係因給付而發生者，依該給付所由發生之法律關係所應適用之法律。	**第八條** 　關於由無因管理、不當得利或其他法律事實而生之債，依事實發生地法。	一、現行條文第八條有關不當得利之部分移列為本條，並修正其內容。 二、關於由不當得利而生之債，其法律事實之重心係在利益之受領，宜依其利益之受領地法決定是否構成不當得利及返還利益之範圍，爰明定應依其利益之受領地法。但不當得利如係因給付而發生者，當事人所受領之利益是否構成不當得利及應如何返還之問題，均為該給付所由發生之法律關係之延伸事項，

		爰參考奧地利國際私法第四十六條、土耳其國際私法第二十六條、瑞士國際私法第一百二十八條、羅馬尼亞國際私法第一百零五條、德國民法施行法第三十八條等立法例之精神，於本條但書明定應依該給付所由發生之法律關係所應適用之法律。
第二十三條 　　關於由侵權行為而生之債，依侵權行為地法。但有關係更切之法律者，依該法律。 　　侵權行為之損害賠償及其他處分之請求，以中華民國法律認許者為限。	第九條 　　關於由侵權行為而生之債，依侵權行為地法。但中華民國法律不認為侵權行為者，不適用之。 　　侵權行為之損害賠償及其他處分之請求，以中華民國法律認許者為限。	一、現行條文就因侵權行為而生之債，原則上採侵權行為地法主義，有時發生不合理之結果，爰參考奧地利國際私法第四十八條第一項、德國民法施行法第四十一條等立法例之精神，酌採最重要牽連關係理論，於但書規定有關係更切之法律者，依該法律，以濟其窮。本法對因侵權行為而生之債，另有關於其應適用之法律之規定者，其內容即屬關係更切之法律，應優先於本條而適用之。 二、現行條文第二項未修正。
第二十四條 　　被害人因商品之通常使用或消費而受損害者，該被害人與商品製造人間之法律關係，依商品製造人之本國法。但如商品製造人同意該商品於下列任一法律所屬領域內販賣，並經被害人選定該法律為應適用之法律者，依該法律： 一　損害發生地法。 二　被害人買受該商品地之法。 三　被害人之本國法。	（無）	一、本條新增。 二、被害人因商品之通常使用或消費而受損害者，該被害人與商品製造人間之法律關係，涉及商品製造人之本國法關於其商品製造過程之注意義務及所生責任之規定，故本條規定以適用商品製造人之本國法為原則。被害人之所以因商品之通常使用或消費而受損害，較直接之原因乃製造人創造其與商品接觸之機會，故有特別保護被害人之必要，爰參考一九七三年海牙產品責任準據法公約第四條至第七條、瑞士國際私法第一百三十五條、義大利國際私法第六十三條、羅馬尼亞國際私法第一百十四條至第一百十六條等立法例之精神，於但書明定如商品製造人同意該商品於損害發生地、被害人買受商品地或被害人之本國販賣者，被害人得選定該等領域之法律之一，為應適用之法律。
第二十五條 　　市場競爭秩序因不公平競爭或限制競爭之行為而受妨害者，其因此所生之債，依該市場之所在地法。但不公平競爭或限制競爭之行為係以法律行為實施，	（無）	一、本條新增。 二、不公平競爭或限制競爭等違反競爭法規或公平交易法之行為，其法律上之主要效果，乃妨害藉該法規維持之市場競爭狀態或競爭秩序，其因此而發生之債之關係，亦與該市場所屬國家之法律密切相關，爰參考奧地利國際私法第四十八條第二項、瑞士國際私法第一百三十六條、第一百三十七條、羅馬尼亞國際私法第一百十七條至第一百十

而該法律行為所應適用之法律較有利於被害人者，依該法律行為所應適用之法律。		九條等立法例之精神，明定其應依該市場所屬國家之法律。如不公平競爭或限制競爭之行為係以法律行為（例如契約或聯合行為）實施，而該法律行為所應適用之法律較有利於被害人者，為保護被害人之利益，爰明定此時應依該法律行為所應適用之法律。
第二十六條 　侵權行為係經由報紙、廣播、電視、網際網路或其他傳播方法實施者，其所生之債依下列各款中關係最切之法律： 一　行為實施地法，實施地不明者，行為人之住所地法。 二　行為人得預見損害發生地者，其損害發生地法。 三　被害人之人格權被侵害者，其本國法。 　前項侵權行為之行為人，係以其報紙、廣播、電視、網際網路或其他傳播方法為營業者，依其營業地法。	（無）	一、本條新增。 二、侵權行為係經由報紙、廣播、電視、網際網路或其他傳播方法實施者，其損害之範圍較廣，而行為地與損害發生地之認定亦較困難。為保護被害人並兼顧關於侵權行為之基本原則，爰參考瑞士國際私法第一百三十九條、羅馬尼亞國際私法第一百十二條、第一百十三條等立法例之精神，規定被害人得就下列各法律，指定其一為準據法：一、行為實施地法，實施地不明者，為行為人私法生活重心之住所地法。二、行為人得預見損害發生地者，其損害發生地法。三、人格權被侵害者，為被害人人格權應適用之法律，即其本國法。 三、侵權行為之行為人，係以其報紙、廣播、電視、網際網路或其他傳播方法為營業者，即公共傳播媒介為侵權行為之行為人時，其行為始於訊息之發出，故與其營業地關係密切，爰規定應依其營業地法，以兼顧公共傳播媒介之社會功能。
第二十七條 　侵權行為之被害人對賠償義務人之保險人之直接請求權，其成立得依第二十三條至第二十六條所定應適用之法律或其保險契約所應適用之法律。	（無）	一、本條新增。 二、侵權行為人投保責任保險者，被害人並非保險契約之當事人，保險人非為侵權行為之債之當事人，被害人之得否直接向保險人請求給付，有認為應以該保險契約之準據法為據，也有認為應依侵權行為之準據法者。惟為保護被害人之利益，宜使被害人得選擇適用此二準據法，以直接向保險人請求給付，較為妥當。爰參考德國民法施行法第四十條第四項、瑞士國際私法第一百三十一條、羅馬尼亞國際私法第一百零九條等立法例之精神，規定侵權行為之被害人對賠償義務人之保險人之直接請求權，其成立得依第二十三條至第二十六條所定應適用之法律或其保險契約所應適用之法律。

第二十八條 　非因法律行為而生之債，其當事人於起訴後合意適用中華民國法律者，依中華民國法律。	（無）	一、本條新增。 二、當事人就非因法律行為而生之債涉訟者，法院亦多盼當事人能達成訴訟上和解，如未能達成和解，其在訴訟中達成適用法庭地法之合意者，對訴訟經濟亦有助益，當為法之所許。爰參考德國民法施行法第四十二條、瑞士國際私法第一百二十八條等立法例之精神，規定當事人於起訴後合意適用中華民國法律者，即以中華民國法律為準據法。
第二十九條 　債權之讓與，對於債務人之效力，依原債權之成立及效力所應適用之法律。但讓與人及受讓人就其應適用之法律另有合意時，以債務人同意者為限，依其合意之法律。 　第三人為債權提供擔保者，該債權之讓與對其擔保之效力，依該擔保之成立及效力所應適用之法律。	第七條 　債權之讓與，對於第三人之效力，依原債權之成立及效力所適用之法律。	一、現行條文移列為第一項之本文，並明定為對於債務人效力之規定。債權之讓與人及受讓人之所以為債權之讓與，有時係以債權契約（如債權之買賣契約）為原因法律關係，並合意定其應適用之法律，如債務人亦同意適用該法律，即可兼顧當事人意思自主原則及債務人利益之保護，爰參考德國民法施行法第三十三條第一項、第二項、瑞士國際私法第一百四十五條、奧地利國際私法第四十五條等立法例之精神，增訂但書規定得例外依其合意之法律。 二、第三人為債權提供擔保者，第三人與債權人間即有以擔保債權為目的之法律行為（如訂定保證契約或設定擔保物權），此時該債權之讓與，對於該第三人或其擔保之效力，例如該第三人得否因而免責或其擔保是否應隨債權而移轉等，均宜依該擔保之成立及效力所應適用之法律，始足以維持公平並保護該第三人，爰參考德國民法施行法第三十三條第三項之精神，增訂第二項之明文如上。
第三十條 　承擔人與債務人訂立契約承擔其債務時，該債務之承擔對於債權人之效力，依原債權之成立及效力所應適用之法律。 　債務之承擔，對於第三人為該債權所提供之擔保之效力，依該擔保之成立及效力所應適用之法律。	（無）	一、本條新增。 二、承擔人與債務人訂立契約承擔其債務時，債權人既未參與其間承擔該債務之法律行為，即不應因該債務之承擔而蒙受不測之不利益，爰規定其對於債權人之效力，應依原債權之成立及效力所應適用之法律，以保護債權人之利益。 三、債務由承擔人承擔時，原有之債權債務關係之內容即已變更，故如第三人曾為原債權提供擔保，該第三人所擔保之債權內容亦因而有所不同，故該第三人得否因而免責或其擔保是否仍繼續有效，即發生問題。此時為保護第三人於擔保行為成立時之信賴，宜依該擔保之成立及效力所應適用之法律，較為妥

		當，爰增訂明文規定如上。
第三十一條 　　第三人因特定法律關係而為債務人清償債務者，該第三人對債務人求償之權利，依該特定法律關係所應適用之法律。 　　數人負同一債務，而由部分債務人清償全部債務者，為清償之債務人其對其他債務人求償之權利，依債務人間之法律關係所應適用之法律。	（無）	一、本條新增。 二、第三人因特定法律關係而為債務人清償債務者，例如保證人或其他擔保人代債務人清償債務時，該第三人是否得承受或代位行使原債權人對債務人之權利或向債務人求償之問題，所涉及者主要為原債權人及繼受人間之利益衡量，與第三人所據以清償之法律關係（保證契約）之準據法關係密切，爰參考德國民法施行法第三十三條第三項、瑞士國際私法第一百四十六條等立法例之精神，明定應依該特定法律關係所應適用之法律。 三、數人負同一債務，而由部分債務人清償全部債務者，為清償之債務人就超過其應分擔額之部分之清償，與第一項關於第三人清償債務之情形類似，其對其他債務人求償之權利，理應依相同原則決定其準據法，爰參考瑞士國際私法第一百四十四條、羅馬尼亞國際私法第一百二十五條等立法例之精神，規定此等清償之債務人對其他債務人求償之權利，依債務人間之法律關係所應適用之法律，至於其間之法律關係不明者，依該債務所應適用之法律。
第三十二條 　　請求權之消滅時效，依該請求權所由發生之法律關係所應適用之法律。	（無）	一、本條新增。 二、請求權之消滅時效，因其法律效果各國之規定不同，外國有以之為程序問題者，其在我國為實體問題，則無庸置疑。由於消滅時效係針對特定之請求權而發生，而請求權又為法律關係效力之一部分，爰參考瑞士國際私法第一百四十八條、秘魯民法第二千零九十九條等立法例之精神，規定消滅時效之問題，應依其請求權所由發生之法律關係之準據法。
第三十三條 　　債之消滅，依原債權之成立及效力所應適用之法律。	（無）	一、本條新增。 二、債之免除或其他消滅之原因，乃於債之關係發生後，因法律行為或法律規定而生之效果。此等效果與原債權直接相關，爰規定應依原債權之準據法。
第四章　物權	（無）	一、本章名新增。 二、涉外民事事件之性質為物權關係者，其準據法之決定原則，亦可集為一章，爰仿民法體例增訂章名，且將特別法上之物權問題，均

		一併予以納入。
第三十四條 　關於物權,依物之所在地法。 　關於以權利為標的之物權,依權利之成立地法。 　物之所在地如有變更,其物權之得喪,依其原因事實完成時物之所在地法。 　關於船舶之物權,依船籍國法。航空器之物權,依登記國法。	第十條 　關於物權,依物之所在地法。 　關於以權利為標的之物權,依權利之成立地法。 　物之所在地如有變更,其物權之得喪,依其原因事實完成時物之所在地法。 　關於船舶之物權,依船籍國法。航空器之物權,依登記國法。	本條各項規定之內容未修正,移列為修正條文第三十四條。
第三十五條 　前條各項物權之法律行為,其方式依各該項物權所應適用之法律。	第五條 　法律行為之方式,依該行為所應適用之法律,但依行為地法所定之方式者,亦為有效。 　物權之法律行為,其方式依物之所在地法。 　行使或保全票據上權利之法律行為,其方式依行為地法。	現行條文第五條第二項有關物權行為方式之規定,係針對以物為標的物之物權而設計,未能直接適用於其他類型之物權,爰將其移列為修正條文第三十五條,並修正其方式之準據法,為各該項物權所應適用之法律,以概括各種類型之物權行為。
第三十六條 　自外國輸入中華民國領域之動產,於輸入前依其所在地法成立之物權,如該物權依中華民國法律亦可成立,其效力依中華民國法律。	(無)	一、本條新增。 二、動產物權依其新所在地法之原則,有時與保護已依其舊所在地法取得之物權之原則,難以配合。自外國輸入中華民國領域之動產,於輸入前已依其所在地法成立之物權(例如動產擔保交易之擔保利益),在內國究應發生何種效力,非無疑問,爰規定如該物權依中華民國法律亦可成立,其效力依中華民國法律,俾使在外國成立之該物權,得以轉換為內國之物權,以示折衷,並保護內國財產之交易安全。
第三十七條 　託運中之動產,其物權因法律行為而取得、喪失或變更	(無)	一、本條新增。 二、託運中之動產之所在地,處於移動狀態,不易確定,其物權之準據法,向有爭議。本草案原則上採物之所在地法主義,以配合動產

者,依該動產之目的地法。		物權之基本原則，但動產非由所有人自為運送或隨身攜帶，且其物權係因法律行為而取得、喪失或變更者，與當事人之意思或期待關連甚切，爰參考義大利國際私法第五十二條、瑞士國際私法第一百零三條、羅馬尼亞國際私法第五十四條、德國民法施行法第四十三條第三項等立法例之精神，規定依該動產之運送目的地法，以兼顧當事人期待及交易安全。
第三十八條 　以智慧財產為標的之權利，其成立要件及效力，依權利人主張其權利應受保護之各該地之法律。	（無）	一、本條新增。 二、智慧財產權，無論在內國應以登記為成立要件者，如專利權及商標專用權等，或不以登記為成立要件者，如著作權及營業秘密等，均係因法律規定而發生之權利，其於各國領域內所受之保護，原則上亦應以各該國之法律為準，爰參考義大利國際私法第五十四條、瑞士國際私法第一百十條第一項、羅馬尼亞國際私法第六十一條等立法例之精神，規定以智慧財產為標的之權利，其成立要件及效力，依權利人主張其權利應受保護之各該地之法律，俾使智慧財產權之種類、內容、存續期間、取得、喪失及變更等，均依權利人主張其在該國有權利，而據以請求保護之法律（即該國之法律）為斷。
第三十九條 　因載貨證券而生之法律關係，依該載貨證券所記載應適用之法律。無記載者，依與載貨證券關係最切地之法律。 　數人分別依載貨證券或直接對所記載之貨物主張權利者，其優先次序，依該貨物之物權所應適用之法律。 　因倉單或提單而生之法律關係所應適用之法律,準用關於載貨證券之規定。	（無）	一、本條新增。 二、載貨證券固係因運送契約而發給，但二者之法律關係截然分立，因載貨證券而生之法律關係，非當然適用運送契約之準據法，海商法第七十七條亦因而規定應依本法決定其應適用之法律。因載貨證券而生之法律關係，與當事人之法律行為實具有密不可分之關係，故原則上仍應依該證券上之記載決定其應適用之法律，至於無記載者，應依與載貨證券關係最切地之法律，較為妥適，爰設明文規定如第一項。 三、數人分別依載貨證券主張權利，或對證券所載貨物直接主張權利者，其所主張之權利，既各有其準據法，自難決定其優先次序，爰參考瑞士國際私法第一百零六條規定之精神，規定此時應適用該貨物物權之準據法，以杜爭議。 四、因倉單或提單而生之法律關係，其性質既與因載貨證券所生者類似，其所應適用之法律

		自宜依同一原則決定，爰規定準用關於載貨證券之規定，以利法律之適用。
第四十條 　有價證券由證券集中保管人保管者，其權利之取得、喪失或變更，依集中保管契約所明示應適用之法律。集中保管契約未明示應適用之法律，或該契約明示之法律與其權利之關係並非最切時，依關係最切地之法律。	（無）	一、本條新增。 二、有價證券由證券集中保管人保管者，其權利之取得、喪失或變更，均僅由該證券集中保管人為劃撥或交割，當事人僅在證券存摺為權利變動之登記，與傳統上以直接持有該有價證券為權利之公示方法者並不相同，爰參照二○○二年海牙「中介者所保管之證券若干權利之準據法公約」，規定其應依集中保管契約所明示應適用之法律。至於集中保管契約未明示應適用之法律，或該契約明示之法律與其權利之關係並非最切時，則應依關係最切地之法律，較為妥適，爰設明文規定，俾由法院依具體情事，參照前述公約相關規定之精神，決定其應適用之法律。
第五章　親屬	（無）	一、本章名新增。 二、涉外民事事件之性質為親屬關係者，其準據法之決定原則，亦可集為一章，爰仿民法體例增訂章名如上。
第四十一條 　婚約成立之要件，依各該當事人之本國法。但婚約之方式依當事人之一方之本國法或依婚約訂立地法者，亦為有效。 　婚約之效力，依婚約當事人共同之本國法，無共同之本國法時，依共同之住所地法，無共同之住所地法時，依與婚約當事人關係最切地之法律。	（無）	一、本條新增。 二、婚約在民法上為結婚以外之另一法律行為，其成立要件應適用之法律，亦有必要予以明文規定，爰仿現行法關於婚姻成立要件之規定，明定原則上應依各該當事人之本國法，但婚約之方式依當事人之一方之本國法或依婚約訂立地法者，亦為有效，以利法律之適用。 三、婚約之效力及違反婚約之責任問題，其準據法之決定宜與婚姻之效力採同一原則，爰明定其應依婚約當事人共同之本國法，無共同之本國法時，依共同之住所地法，無共同之住所地法時，依與婚約當事人關係最切地之法律。
第四十二條 　婚姻成立之要件，依各該當事人之本國法。但結婚之方式依當事人之一方之本國法或依舉行地	第十一條 　婚姻成立之要件，依各該當事人之本國法。但結婚之方式依當事人之一方之本國法或依舉行地	現行條文第十一條未修正，移列為修正條文第四十二條。

法者,亦為有效。 　結婚之方式,當事人之一方為中華民國國民,並在中華民國舉行者,依中華民國法律。	法者,亦為有效。 　結婚之方式,當事人之一方為中華民國國民,並在中華民國舉行者,依中華民國法律。	
第四十三條 　婚姻之效力,依夫妻共同之本國法,無共同之本國法時,依共同之住所地法,無共同之住所地法時,依與夫妻婚姻關係最切地之法律。	第十二條 　婚姻之效力依夫之本國法。但為外國人妻未喪失中華民國國籍,並在中華民國有住所或居所,或外國人為中華民國國民之贅夫者,其效力依中華民國法律。	關於婚姻之效力,現行條文專以夫或妻單方之本國法為準據法,與男女平等原則之精神並不符合,爰參考德國民法施行法第十四條、日本法例第十四條、義大利國際私法第二十九條等立法例之精神,修正為應依夫妻共同之本國法,無共同之本國法時,依共同之住所地法,無共同之住所地法時,則由法院依與夫妻婚姻依關之各項因素,包含居所、工作地、財產所在地及家庭成員生活地區等因素,以其中關係最切地之法律,為應適用之法律,俾能符合男女平等原則及當前國際趨勢。
第四十四條 　夫妻財產制,夫妻以書面合意適用其一方之本國法或住所地法者,依其合意定其應適用之法律。 　夫妻無前項之合意或其合意依前項應適用之法律無效時,其夫妻財產制依夫妻共同之本國法,無共同之本國法時,依共同之住所地法,無共同之住所地法時,依與夫妻婚姻關係最切地之法律。 　前二項之規定,關於夫妻之不動產,如依其所在地法,應從特別規定者,不適用之。	第十三條 　夫妻財產制依結婚時夫所屬國之法。但依中華民國法律訂立財產制者,亦為有效。 　外國人為中華民國國民之贅夫者,其夫妻財產制依中華民國法律。 　前二項之規定,關於夫妻之不動產,如依其所在地法,應從特別規定者,不適用之。	一、現行條文關於夫妻財產制應適用之法律,未能平衡兼顧夫妻雙方之屬人法,有違當前男女平等之世界潮流,爰參考一九七八年海牙夫妻財產制準據法公約、德國民法施行法第十五條、日本法例第十五條、義大利國際私法第三十條、瑞士國際私法第五十二條等立法例之精神,兼顧夫妻財產制對於夫妻及交易第三人之重要性及影響,合併現行條文第一項及第二項,規定夫妻財產制得由夫妻合意定其應適用之法律,但以由夫妻以書面合意適用其一方之本國法或住所地法之情形為限。 二、夫妻無前項之合意或其合意依前項應適用之法律無效時,其夫妻財產制應適用之法律,仍應與夫妻之婚姻關係具有密切關係,爰規定其應依夫妻共同之本國法,無共同之本國法時,依共同之住所地法,無共同之住所地法時,依與夫妻婚姻關係最切地之法律。 三、現行條文第三項不修正。
第四十五條 　夫妻財產制應適用外國法,而夫妻就其在中華民國之財產與善意第三人為	（無）	一、本條新增。 二、夫妻財產制應適用之法律,原應適用於夫妻之所有財產,但如該法律為外國法時,其內容未必為與夫妻為法律行為之第三人所明知,故宜適度限制其對第三人之適用範圍,

法律行為者,關於其夫妻財產制對該善意第三人之效力,依中華民國法律。		以保護交易安全。夫妻財產制應適用外國法時,如夫妻就其在中華民國之財產與善意第三人為法律行為,關於其夫妻財產制對該善意第三人之效力,即善意第三人與夫妻財產制間之關係,因與內國之交易秩序關係密切,爰規定其應適用中華民國法律,以維護內國之交易秩序。
第四十六條 　離婚之原因及其效力,依協議時或起訴時夫妻共同之本國法,無共同之本國法時,依共同之住所地法,無共同之住所地法時,依與夫妻婚姻關係最切地之法律。	第十四條 　離婚依起訴時夫之本國法及中華民國法律,均認其事實為離婚之原因者,得宣告之。但配偶之一方為中華民國國民者,依中華民國法律。 第十五條 　離婚之效力,依夫之本國法。 為外國人妻未喪失中華民國國籍或外國人為中華民國國民之贅夫者,其離婚之效力依中華民國法律。	一、現行條文關於離婚僅規定裁判離婚,而不及於兩願離婚,關於離婚之原因及其效力應適用之法律,規定亦非一致,爰合併現行法第十四條及第十五條,並將原規定之內容酌予補充及修正。 二、關於離婚之原因及其效力應適用之法律,現行條文並未兼顧夫妻雙方之連結因素或連繫因素,與當前實務需要及立法趨勢,均難謂合,爰改以各相關法律與夫妻婚姻關係密切之程度為衡酌標準,規定夫妻之兩願離婚及裁判離婚,應分別依協議時及起訴時夫妻共同之本國法,無共同之本國法時,依共同之住所地法,無共同之住所地法時,依與夫妻婚姻關係最切地之法律。
第四十七條 　子女之身分,依出生時其母及其母之夫婚姻之效力所應適用之法律,如婚姻關係於子女出生前已消滅者,依婚姻關係消滅時該婚姻之效力所應適用之法律。	第十六條 　子女之身分,依出生時其母之夫之本國法,如婚姻關係於子女出生前已消滅者,依婚姻關係消滅時其夫之本國法。前項所稱之夫為贅夫者,依其母之本國法。	關於子女之身分,現行條文規定應依其母之夫或其母之本國法,與當前男女平等之思潮尚有未合,爰將第一項及第二項合併,並參照奧地利國際私法第二十一條、匈牙利國際私法第四十二條、羅馬尼亞國際私法第二十五條等立法例之精神,修正為應依出生時其母及其母之夫婚姻之效力所應適用之法律,如婚姻關係於子女出生前已消滅者,依婚姻關係消滅時該婚姻之效力所應適用之法律。
第四十八條 　非婚生子女認領之成立要件,依認領人或被認領人認領時之本國法。 　依前項規定適用認領人認領時之本國法時,如依被認領人認領時之本國法,	第十七條 　非婚生子女認領之成立要件,依各該認領人被認領人認領時之本國法。 　認領之效力,依認領人之本國法。	一、現行條文關於非婚生子女認領之成立要件,採認領人與被認領人本國法並行適用主義,結果使涉外認領不易成立,影響非婚生子女之利益至鉅,爰改採選擇適用主義,規定其應依認領人或被認領人認領時之本國法。 二、依第一項規定適用認領人認領時之本國法時,原無考慮被認領人之本國法之必要,但如被認領人之本國法為保護非婚生子女或被認領人,規定認領應得被認領人或第三人

認領應得被認領人或第三人之同意者，應得其同意。 　前二項被認領人為胎兒時，以其母之本國法為胎兒之本國法。 　認領之效力，依認領人之本國法。		（含機關）之同意者，仍應適用該規定，以貫徹該法律保護被認領人之意旨，爰參照奧地利國際私法第二十三條、第二十四條、匈牙利國際私法第四十二條第二項、羅馬尼亞國際私法第二十八條、日本法例第十八條第二項、瑞士國際私法第七十二條等立法例之精神，明定該認領仍應得其同意。 三、被認領人在出生前以胎兒之身分被認領者，其國籍尚無法單獨予以認定，爰明定以其母之本國法為胎兒之本國法，以利認領行為之進行。 四、現行條文第二項之規定未修正，移列為修正條文第四項。
第四十九條 　非婚生子女之身分，其生父與生母結婚者，依其生父及生母婚姻之效力所應適用之法律。但依子女之本國法為婚生子女者，為婚生子女。	（無）	一、本條新增。 二、非婚生子女之生父與生母結婚者，該非婚生子女是否因準正而取得與婚生子女相同之身分，原為各國立法政策之表現，並與其生父及生母婚姻之效力息息相關，爰參照奧地利國際私法第二十二條、德國民法施行法第二十一條、羅馬尼亞國際私法第二十七條、日本法例第十九條等立法例之精神，規定其亦應適用該婚姻之效力所應適用之法律。此外，準正係為子女利益之保護而設，與子女之本國法密不可分，故如依該婚姻之效力所應適用之法律，該子女仍為非婚生子女，但依子女之本國法為婚生子女者，仍應認定其為婚生子女，爰設但書之明文規定如上。
第五十條 　收養之成立及終止，依各該收養人被收養人之本國法。 　收養及其終止之效力，依收養人之本國法。 　夫妻之國籍不同，而共同收養時，以其婚姻之效力所應適用之法律，為收養人之本國法。	第十八條 　收養之成立及終止，依各該收養人被收養人之本國法。 　收養之效力，依收養人之本國法。	一、現行條文第一項未修正，移列為修正條文第五十條第一項。 二、現行條文第二項僅就收養之效力，規定應依收養人之本國法，然收養終止之效力，亦有依同一法律決定之必要，爰予以增訂，以利法律之適用。 三、夫妻之國籍不同，而共同收養時，其法律適用難免因收養人之本國法不一致，而發生困難，爰參照奧地利國際私法第二十六條、德國民法施行法第二十二條及義大利國際私法第三十八條等立法例之精神，規定此時應以共同收養人婚姻之效力所應適用之法律，為收養人之本國法。
第五十一條 　父母與子女間之法律關係，依子女之	第十九條 　父母與子女間之法律關係，依父之本	關於父母與子女間之法律關係，現行規定以依父或母之本國法為原則，參諸一九八九年聯合國兒童權利保護公約及一九九六年海牙關於父母保

本國法。	國法,無父或父為贅夫者,依母之本國法。但父喪失中華民國國籍而母及子女仍為中華民國國民者,依中華民國法律。	護子女之責任及措施之管轄權、準據法、承認、執行及合作公約所揭示之原則,已非適宜,爰參考日本法例第二十一條、瑞士國際私法第八十二條等立法例之精神,修正為依子女之本國法,並刪除但書之規定。
第五十二條 　監護,依受監護人之本國法。但在中華民國有住所或居所之外國人有下列情形之一者,其監護依中華民國法律: 一　依受監護人之本國法,有應置監護人之原因而無人行使監護之職務者。 二　受監護人在中華民國受禁治產之宣告者。	第二十條 　監護,依受監護人之本國法。但在中華民國有住所或居所之外國人有左列情形之一者,其監護依中華民國法律: 一　依受監護人之本國法,有應置監護人之原因而無人行使監護之職務者。 二　受監護人在中華民國受禁治產之宣告者。	現行法第二十條之內容未修正,移列為修正條文第五十二條,並依通例將「左列」修正為「下列」。
第五十三條 　扶養,依扶養權利人之本國法。但扶養義務人之本國法更有利於扶養權利人時,依扶養義務人之本國法。	第二十一條 　扶養之義務,依扶養義務人之本國法。	關於扶養之權利義務,現行條文規定應依扶養義務人之本國法,參諸一九七三年海牙扶養義務準據法公約及一九八九年泛美扶養義務公約所揭示之原則,已非適宜,爰修正為以依扶養權利人之本國法為原則,但於扶養義務人之本國法更有利於扶養權利人時,即適用扶養義務人之本國法,以保護扶養權利人之實質利益。
第五十四條 　本章未規定之親屬關係,其成立依各該當事人之本國法。其效力依當事人共同之本國法,無共同之本國法時,依共同之住所地法,無共同之住所地法時,依與該親屬關係關係最切地之法律。	(無)	一、本條新增。 二、親屬關係之範圍、成立要件及效力,均為各國國內法規定之事項,本章僅就其中之典型者予以規定,惟其他未規定之涉外親屬關係亦有可能在我國法院涉訟,並有決定其應適用之法律之必要,爰參考日本法例第二十三條規定之精神增訂明文,規定其成立依各該當事人之本國法,效力依當事人共同之本國法,無共同之本國法時,依共同之住所地法,無共同之住所地法時,依與該親屬關係關係最切地之法律,以資依據。
第六章　繼承	(無)	一、章名新增。 二、涉外民事事件之性質為繼承關係者,其準據法之決定原則,亦可集為一章,爰仿民法體

		例增訂章名如上。
第五十五條 　繼承，依被繼承人死亡時之本國法。但依中華民國法律中華民國國民應為繼承人者，得就其在中華民國之遺產繼承之。	第二十二條 　繼承，依被繼承人死亡時之本國法。但依中華民國法律中華民國國民應為繼承人者，得就其在中華民國之遺產繼承之。	現行法第二十二條之內容未修正，移列為修正條文第五十五條。
第五十六條 　外國人死亡時，在中華民國遺有財產，如依前條應適用之法律為無人繼承之財產者，依中華民國法律處理之。	第二十三條 　外國人死亡時，在中華民國遺有財產，如依其本國法為無人繼承之財產者，依中華民國法律處理之。	現行條文就外國人死亡，而在中華民國遺有財產之情形，規定如依其本國法為無人繼承之財產者，即依中華民國法律處理之，惟此時仍應考慮中華民國國民得依中華民國法律為繼承人之規定，爰將現行條文「依其本國法」之規定修正為「依前條應適用之法律」，以符合立法本旨。
第五十七條 　遺囑之成立要件及效力，依成立時遺囑人之本國法。 　遺囑之撤回，依撤回時遺囑人之本國法。	第二十四條 　遺囑之成立要件及效力，依成立時遺囑人之本國法。 　遺囑之撤銷依撤銷時遺囑人之本國法。	一、現行法第二十四條第一項之內容未修正，移列為修正條文第五十七條第一項。 二、現行條文第二項關於遺囑之撤銷，其意義係指遺囑之撤回，爰依民法之例，修正為遺囑之撤回。
第五十八條 　遺囑訂立及撤回之方式，得依前條所定應適用之法律或下列任一法律： 一　遺囑之訂立地法。 二　遺囑人死亡時之住所地法。 三　遺囑有關不動產者，該不動產之所在地法。	（無）	一、本條新增。 二、關於遺囑之訂立及撤回之方式，晚近立法例均採數法律之選擇適用原則，以利遺囑之有效成立及及撤回，並尊重遺囑人之意思，現行法未設類似規定，爰參考一九六一年海牙遺囑方式之法律衝突公約第一條及第二條規定之精神，增訂條文如上。
第七章　附則		一、本章名新增。 二、本章規定本草案增修條文之施行問題，爰仿國內法規之例，定其章名為「附則」。
第五十九條 　涉外民事，在本法修正施行前發生者，不適用本法修正施	（無）	一、本條新增。 二、本草案增修條文之適用以不溯及既往為原則，爰規定在本法修正施行前發生之涉外民事，不適用本法修正施行後之規定。

行後之規定。 　本法修正施行前發生之涉外民事，其法律效果有於本法修正施行後始發生者，就該部分之法律效果，適用本法修正施行後之規定。		三、本草案增修條文適用上之不溯及既往，原則上係以法律事實發生日，例如法律行為成立日或侵權行為實施日等為準，但對於持續發生之法律效果，例如結婚之效力、父母子女間之法律關係等，則依系爭法律效果發生時為準，爰參考瑞士國際私法第一百九十六條、日本法例之附則等立法例之精神，明文規定如第二項。
第六十條 　本法自公布日施行。 　本法修正條文自公布滿一年之日施行。	第三十一條 　本法自公布日施行。	一、現行條文未修正，移列為本條第一項。 二、本法修正條文之規定，其變動現行法之程度甚鉅，對法院審理涉外民事事件亦有重大之影響，允宜加強宣導，充分準備，以利施行。爰規定本法修正條文之施行，非始於公布之日，而係自公布滿一年之日起。

刑法概要

蔡墩銘／著

　　為處罰犯罪而制定之刑法，其內容牽涉犯罪理論（犯罪論）及刑罰理論（刑罰論），無論犯罪或刑罰理論，自古以來國內外學者莫不提出各種不同的學說，以促進刑法不斷改良，適應時代之需要。此亦使刑法教科書充斥各種理論學說，初學者甚難融會貫通，感覺刑法不易學習。作者以在大學三十多年教授刑法的經驗，在書中指出各個問題的重點，相信有助於初學者對刑法的學習。

刑事訴訟法論

朱石炎／著

　　刑事訴訟法是追訴、處罰犯罪的程序法，其立法目的在於確保程序公正適法，並求發現真實，進而確定國家具體刑罰權。實施刑事訴訟程序的公務員，務須恪遵嚴守。近年以來，刑事訴訟法曾經多次局部修正，本書是依截至九十六年七月最新修正內容撰寫，循法典編章順序，以條文號次為邊碼，是章節論述與條文釋義的結合，盼能提供初學者參考之用。

罪刑法定主義下的實例刑法

鄭逸哲／著

　　本書嘗試在刑法實例演習中，運用法學三段論法，將一般教科書較少著墨的事實與規範的「同位格」關係，完整呈現於小前提中，用以說明以罪刑法定主義作為指導原則的法治國，如何就犯罪事實適用於法律和理論的格式，並藉以反思法律和理論之形成目的。

醫事護理法規概論

蘇嘉宏、吳秀玲／編著

　　本書以醫療法、醫師法、護理人員法為主，介紹醫師、護理人員等之資格條件、業務事項與責任，以及醫療、護理機構應遵守之規範，期落實醫療人權，確保人性尊嚴。另針對全民健康保險法、人體器官移植條例、醫病關係之權利義務、醫療糾紛、訴訟，依法行政與行政處分概念及不服之救濟途徑等重點，併予介紹。

少年事件處理法

劉作揖／著

　　少年事件處理法是刑法及刑事訴訟法的特別法，也是實體法和程序法熔於一爐的特別法典，它是少年保護事件及少年刑事案件的處理程序及處遇政策，整部法典均以保護少年為依歸。本書體系完整、架構嚴謹，可供大學院校作為法律課程之教材，更是有志從事司法公職人員應考必備的第一手資料。

犯罪學

林山田、林東茂、林燦璋／著

　　本書的鋪陳：於上篇通論部分，介紹犯罪學的概念及其發展、犯罪學方法論、犯罪學理論、犯罪黑數、犯罪預測、犯罪分析、被害者學等；下篇各論部分，描述各種犯罪型態，包括少年犯罪、老年犯罪、女性犯罪、性犯罪、組織犯罪、政治犯罪、經濟犯罪、貪污犯罪、電腦犯罪等，而且增加恐怖活動與權貴犯罪兩章，期能提供與時俱增的新研究發現，並與當前國際犯罪學研究的趨向相接軌。

法學緒論

鄭玉波／著；黃宗樂／修訂

　　本書將「法學緒論」定位為「對於法律之概念、內容及其一般之原理原則，以至於法律思想等，加以初步之介紹者」，共分十二章，文字力求通順，敘述力求扼要，並盡量舉例說明，以幫助了解。本書允為法學之最佳階梯，乃學習法律之津樑。

國家賠償法

劉春堂／著

　　本書係採專題論述方式編寫，引證相關立法例，參考國內外學說及判例，就國家賠償法及有關規定加以分析與解說，除為必要的理論敘述、詮釋法條文義並澄清基本概念外，對於若干有疑義之問題並詳加申論辯明，引用相關解釋暨判例（決），以為對照，使讀者對國家賠償法之內容有基本的認識，得以有系統的把握並了解各種理念及疑難，知悉法院實務之見解，溝通理論與實務。

法學啟蒙叢書　民法系列

◎ 贈　與　郭欽銘╱著

　　本書以淺顯易懂的文字及活潑生動的案例，介紹我
國民法有關贈與規定之學說與實務見解，期使讀者能將
本書知識與現實生活中之法律問題相互印證。案例演習
中，若涉及民法贈與其他相關規定，本書均會詳為論述
解說，因此可讓非法律人或法律初學者在閱讀時，輕易
理解其內容。

◎ 承　攬　葉錦鴻╱著

　　承攬的條文雖不多，但在日常生活中卻常出現，相
當值得我們注意。本書除了介紹承攬的每個條文及其相
關實務見解外，對於學說上見解亦有所說明，希望藉由
這些解說，更加豐富承攬規定的法律適用。本書內容包
括概說、承攬人之義務、定作人之義務、承攬契約的效
力、合建、委建與承攬，並在附錄以例題對本書重點做
一回顧，希望讓讀者清楚了解承攬之全貌。

◎ 買　賣　陳添輝╱著

　　為什麼買賣契約是債權契約？為什麼出賣他人之
物，買賣契約有效？為什麼一物二賣，二個買賣契約均
為有效？就買賣的概念而言，一般人的理解與法律規定
之間，為何會有如此大的差異？本書盡力蒐集羅馬法及
歐陸各國民法之相關資料，希望幫助讀者了解買賣制度
之沿革發展，進一步正確掌握我國民法有關買賣規定之
意義。

法學啟蒙叢書　民法系列

◎ 抵押權　黃鈺慧／著

　　本書是針對民法中之抵押權制度而撰寫。為使法律初學者及一般民眾易於入門，本書特別避開爭議過多的法律問題及艱澀難懂之理論探討，而將重心置於法規意義及基本理論的說明。除了以淺顯易懂的文字來敘述，並儘可能輔以實例說明法規之實際運用，希望能將抽象的法律規定轉化為一般人皆能掌握的實用規範。

◎ 婚姻法與夫妻財產制　戴東雄、戴瑀如／著

　　本書主要內容以「婚姻」為主軸，說明婚姻如何成立、解消及因婚姻所生之各種權利與義務，特別是關於夫妻財產制之相關規定。並於各編之後，另附有實例題，期能使讀者了解如何適用法條及解釋之方法，以解決相關法律爭議問題。